赤十字標章ハンドブック

標章の使用と管理の条約・規則・解説集

Handbook on the Red Cross Emblem

編訳 井上忠男
訳 角田敦彦
　 河合利修
　 森　正尚

東信堂

はしがき

1．赤十字標章の適正な使用と管理のために

　本書は、赤十字標章の使用と管理に関する国際条約を中心に国内外の関連規則およびそれらの主要な解説を収録した文献集であり、平時および武力紛争時に赤十字標章を使用する諸機関ならびに使用を管理する関係当局がその運用にあたり参照できる資料を提供することにより、同標章の適正な使用と管理に資することを目的に刊行されました。

　また、赤十字標章に関する研究を担う方々および一般読者の方々の赤十字標章に関する疑問等に身近に応えることのできる資料としても活用されることを期待しています。

　赤十字標章(Emblem of the Red Cross)は、武力紛争時に傷病兵を保護救済する医療組織およびその要員、輸送手段、資機材などを保護するために1864年のジュネーブ条約で軍隊の医療組織の識別標章として初めて規定されました。今日では、戦時において軍隊の医療組織のみならず、文民の医療組織をも保護する国際特殊標章(International distinctive emblem)として使用されるほか、平時においては、各国赤十字社の施設と要員、資機材などを表示するためにも広く使用されています。

　一方で赤十字標章は、広く世界的に認知されているために、その商業的効果を期待した営利目的その他の濫用が多発し、その保護的価値が損なわれる状況が各国でみられます。歴史的にも赤十字標章の濫用の問題は、赤十字標章が1864年のジュネーブ条約で正式に使用されるようになって間もない1868年の赤十字国際会議において既に議題に上っています。わが国においても条約および国内法で禁止される濫用が多数見られる状況です。

また、冷戦終結後の民族紛争等の多発を背景に、国連機能の強化に伴う平和維持活動が増大したことにより、自国の領域外に展開される加盟国軍隊が自国の赤十字標章を使用する場合に生じる問題や国連軍による赤十字標章の使用に関する問題などが指摘されてきました。さらに、国旗の一部または全部に赤十字が含まれているような国旗の問題や企業と赤十字が提携関係に入る場合の標章の使用に関する問題、およびインターネットの普及による不特定多数の個人や団体による赤十字標章の濫用などの問題も標章を巡る新たな問題として提起されてきました。

　これらの諸問題は、赤十字標章が採用された当時から見られる伝統的な問題もあれば、近年の国際情勢の中で新たに提起されてきた問題もあります。また、ジュネーブ諸条約と同追加議定書は、赤十字標章の適正な使用と管理を行うための多くの諸規定を設けていますが、それらの規定は膨大多岐にわたり、適正使用のために一般の人々がその全体像を把握するのは必ずしも容易ではないようです。

　他方、わが国においては、平成16年に有事関連法の整備が行われ、わが国の武力攻撃事態等において国民の生命と健康を守るための医療活動を保護する視点から、また有事関連法制定の基本理念である「国際人道法の適確な履行の確保」の視点からも、赤十字標章の適正な使用と管理が重要であることが認識されてきました。

　こうした中で、平成16年8月、わが国は1977年のジュネーブ諸条約追加議定書に加入するとともに、同月、「赤十字の標章及び名称等の使用の制限に関する法律」の改正を行いました。さらに、平成17年3月には、「国民の保護に関する基本指針」の中で、「国〔内閣官房、外務省、厚生労働省、消防庁、文部科学省等〕は、地方公共団体等と協力しつつ、ジュネーヴ諸条約及び同第一追加議定書に基づく武力攻撃事態等における標章等の使用の意義等について教育や学習の場などの様々な機会を通じて啓発に努めるものとする」(第4章第4節6)との国の方針が示されました。

　こうした動きに連動して、平成20年7月、厚生労働省は有事における赤十字標章の適正運用に資するため「赤十字標章、特殊信号及び身分証明書の交付要綱」を作成し、各都道府県の担当当局が指定された医療機関に同標章を交付する際の交付事務の概要を示しました。

　このように近年、有事関連法の整備の一環として赤十字標章の使用と管理に関する国の法整備が急速に進んだことにより、今後、関係当事者には、赤十字標章の適正な使用と管理のために必要な基本的知識に習熟することが一層求められるといえるでしょう。

2．本書の構成について

　本書は、赤十字標章の使用と管理に関する主要な国際文書と国内文書ならびにジュネーブ諸条約等の規定を解説した赤十字国際委員会（ICRC）のコメンタリーの日本語訳から構成されます。

　その構成は、第1編で赤十字標章の使用と管理に関する主要な国際文書を扱い、ジュネーブ諸条約を中心とする関連諸規定と、これらの規定に関するICRCのコメンタリーを訳出し収録しました。また第2編では、赤十字標章の使用と管理に関する国内文書をほぼすべて網羅しました。

　第1編では、①1949年のジュネーブ第一条約、第二条約、第四条約および1977年のジュネーブ諸条約第一、第二追加議定書ならびに2005年のジュネーブ諸条約第三追加議定書の赤十字標章および医療組織等の保護に関する条文ならびにその解説、②国際赤十字・赤新月運動を構成する諸機関が赤十字標章を使用管理する際の指針となる「各国赤十字社の標章使用規則」の全文および同解説、③赤十字標章の運用に関して、近年、新たに浮上した諸問題を研究してきた国際赤十字の合同作業部会が、2009年11月23日から25日までケニアのナイロビで開催された赤十字代表者会議において各国に勧告的指針として報告した「赤十字標章の使用に係る事業上および商業上その他の非事業上の課題に関する研究（通称、「標章の研究（Emblem study）」という）の全文等を収録しました。

　ICRC発行の1949年のジュネーブ諸条約コメンタリーの邦訳本は、昭和32年に当時の防衛庁陸上幕僚監部から榎本重治氏訳の第一条約解説が、また昭和48年に朝雲新聞社から榎本重治、足立純夫両氏の共訳による第三条約解説が、さらに両氏共訳による第二条約解説および第四条約解説がそれぞれ昭和49年、昭和51年に刊行されましたが、本書のジュネーブ諸条約の解説はこれらを参照しつつ、今日の状況にも配慮しながら新たに訳出したものです。

　また、ジュネーブ諸条約追加議定書の解説については、ICRCのコメンタリーを使用したが、第三追加議定書の解説は、凡例で示したようにQuéguinerのコメンタリーを使用しました。さらに、2009年11月に報告された国際赤十字の合同作業部会が作成した「標章の研究（Emblem study）」は本書が初めて邦訳したものであり、今日の赤十字標章を巡る諸問題への見解を理解する上での参考になるものと思われます。

このほか、間接的に赤十字標章またはスイス国旗の紋章等の濫用を禁止する「1883年の工業所有権に関するパリ同盟条約」などの国際条約も収録しました。

第2編では、国内法等の主要文書の中から、赤十字標章の使用と管理に関する規定のみを抽出し、それらをほぼすべて収録しました。

具体的には、「赤十字の標章及び名称等の使用の制限に関する法律」、「国民保護法」、また自衛隊衛生部隊の標章の使用を規律する「防衛省訓令」のほか、平時における赤十字標章の使用許可権者である日本赤十字社の標章関連規定および赤十字標章の商標登録等を禁じた「商標法」等を収録しました。さらに「軽犯罪法」のように赤十字標章やその名称の使用を明示的には禁じていませんが、これらの違法使用を間接的に禁止するその他の法律の他、国民保護法の規定に基づき各省庁が作成した国民保護計画における赤十字標章の運用規定についても収録しました。

このように本書は、現在参照することのできる赤十字標章に関する国際文書および国内文書のほぼすべてを網羅しています。

赤十字標章の適正な使用と管理は、武力紛争時のみならず、平時からその履行を確保することが最も重要となります。その目的は、武力紛争時に活動する医療組織とその要員等の安全を確保することにより、究極的には紛争犠牲者の生命、安全および尊厳を守ることにあります。本書がそのために有効に活用され、標章の適正な使用と管理への国民の理解が一層深まることを期待しています。

2010年2月

編訳者代表　井上 忠男

本書を活用する前に

本書をより良くご活用いただくために、以下の解説をご覧ください。

I　赤十字標章の使用と管理に関する基本的な規則について

赤十字標章の使用は、国際法および国内法により厳しく制限され、許可を得た者以外の個人や団体が使用することは禁止されています。使用と管理にあたっての基本的な規則は、以下のとおりです。

1. 赤十字標章は、法律により使用が認められているもの、または公当局から正式な許可を得た者だけが使用することができます。
   ①平　時
   　a) 日本赤十字社が、社に所属する人やものを表示するために使用する場合。
   　b) 自衛隊の衛生部隊(医療組織)が使用する場合。
   　c) その他の団体が、無料の救護所を表示するために日本赤十字社の許可を受けて使用する場合。
   ②武力紛争時(武力攻撃事態)
   　a) 公的または民間団体を問わず、国もしくは自治体の使用許可を得た医療目的の組織(その要員、施設、資機材、輸送手段等)が使用する場合。
   　b) 自衛隊の衛生部隊(医療組織)が使用する場合。
   　c) 文民保護組織の医療組織が使用する場合(その要員、施設、資機材等：＊文民保護標章を併用することも可能)。

2. 上記１．以外の使用は、公的、民間団体を問わず、いかなる団体であっても国際法、国内法により赤十字標章の使用が禁止されています。また赤十字標章と色、形状が類似した記章または紋章、ロゴ、および「赤十字(Red Cross)」と類似した名称

（日本語、外国語を問わない）の使用も禁止されています。これらに違反すると法律による処罰の対象となります。

II　ここが知りたい

赤十字標章の重要規定に関する本書掲載のジュネーブ諸条約、同追加議定書諸規定およびその他の主な関連文書は、以下のとおりです。巻末の事項索引とともに参照ください。

- ●標章の使用と表示 ………… GC I -38、39、42、44条、GC II -41、43、44条、GCIV-18条、AP I -8、18条、AP II -12条、標章の使用規則、標章の研究、国民保護法、訓令
- ●標章の歴史 ………………… GC-I-38、標章の研究
- ●標章の濫用禁止 …………… GC I -53、54条、GC II -45条、AP I -38、85条、AP II -12条、AP III -6条、標章の使用規則、標章の研究、国民保護法
- ●腕章および身分証明書 …… GC I -39、40、41条、GC II -41、42条、GC IV -20条、AP I -18条、AP I 附属I、国民保護法、訓令
- ●腕章、身分証明書の様式 ……… GC I -40条、GC II -42条、GC IV -20条、AP I 附属書 I 、訓令
- ●標章の保護的使用と表示的使用 … GC I -44条、AP III -3条、標章の使用規則、標章の研究
- ●標章のデザイン、形状 ……… GC I -38、GC II -43条、AP I 附属書 I 、標章の使用規則、訓令
- ●赤十字旗の使用 …………… GC I -42、43条、GC II -43条
- ●医療組織、医療要員等の意味 …… GC IV -20条、AP I -8条
- ●赤十字国際機関の標章の使用 …… GC I -44条、AP III -4条、標章の研究
- ●その他の者（無料の救護所）の使用 GC I -44条、標章の使用規則
- ●標章の違反行為と処罰 ……… AP I -85条、標章法、商標法、軽犯罪法

目　次／赤十字標章ハンドブック

はしがき　　　　　　　　　　　　　　　　　　　iii
本書を活用する前に　　　　　　　　　　　　　　vii

第1編　赤十字標章に関する国際文書

第1部　ジュネーブ諸条約

■ジュネーブ第一条約　……………………………………… 6
　第38条　条約の標章　　　　　　　　　　　　　　6
　第39条　標章の表示　　　　　　　　　　　　　　15
　第40条　衛生要員の腕章および証明書　　　　　　17
　第41条　特別要員の腕章および証明書　　　　　　24
　第42条　旗の使用　　　　　　　　　　　　　　　26
　第43条　中立国衛生部隊の旗　　　　　　　　　　29
　第44条　赤十字の名称および標章の使用　　　　　31
　第53条　赤十字の標章および名称の濫用の禁止　　45
　第54条　濫用防止の措置　　　　　　　　　　　　56

■ジュネーブ第二条約　……………………………………… 63
　第41条　標章の表示　　　　　　　　　　　　　　63
　第42条　衛生要員の腕章および証明書　　　　　　69
　第43条　病院船および小舟艇の表示　　　　　　　75
　第44条　標章の使用制限　　　　　　　　　　　　81
　第45条　濫用防止の措置　　　　　　　　　　　　81

■ジュネーブ第四条約　……………………………………… 84
　第18条　文民病院の保護　　　　　　　　　　　　84
　第20条　文民病院の職員　　　　　　　　　　　　96
　第21条　陸上および海上の輸送　　　　　　　　　109
　第22条　航空輸送　　　　　　　　　　　　　　　112
　附属書1　病院地帯および安全地帯に関する協定案　第6条　表示　　117

第2部　ジュネーブ諸条約追加議定書

■ジュネーブ諸条約第一追加議定書 ………………………………… 120
　第8条　用　語　　　　　　　　　　　　　　　　120
　第18条　識　別　　　　　　　　　　　　　　　　147
　第38条　認められた標章　　　　　　　　　　　　163
　第85条　この議定書に対する違反行為の防止　　　178

■ジュネーブ諸条約第一追加議定書附属書Ⅰ　識別に関する規則　180
　第1条　総　則　　　　　　　　　　　　　　　　　180
　第2条　軍の医療要員以外の常時の医療要員および軍の宗教要員
　　　　　以外の常時の宗教要員の身分証明書　　　　181
　第3条　軍の医療要員以外の臨時の医療要員及び軍の宗教要員以
　　　　　外の臨時の宗教要員の身分証明書　　　　　182
　第4条　形　状　　　　　　　　　　　　　　　　　183
　第5条　使　用　　　　　　　　　　　　　　　　　183
　第6条　（特殊信号）使　用　　　　　　　　　　　184

■ジュネーブ諸条約第二追加議定書 ………………………………… 218
　第12条　特殊標章　　　　　　　　　　　　　　　218

■ジュネーブ諸条約第三追加議定書 ………………………………… 223
　序　文　　　　　　　　　　　　　　　　　　　　223
　前　文　　　　　　　　　　　　　　　　　　　　228
　第1条　この議定書の尊重および適用範囲　　　　235
　第2条　特殊標章　　　　　　　　　　　　　　　236
　第3条　第三議定書標章の表示的使用　　　　　　242
　第4条　赤十字国際委員会および国際赤十字・赤新月社連盟　247
　第5条　国際連合の主催の下の任務　　　　　　　248
　第6条　濫用の防止および抑止　　　　　　　　　250

第3部　標章の使用に関するその他の規則と勧告 255

■各国赤十字社による赤十字標章の使用規則 256

前文　256
序文　257

第1部　一般規則　258

第1条　標章の目的　258
第2条　赤十字社の権限　259
第3条　標章の威信と尊重　259
第4条　二つの使用の区別　260
第5条　標章のデザイン　260
第6条　保護手段として使用する標章の可視性　261
第7条　赤十字社の内部規則　262

第2部　標章の保護的使用　263

第8条　当局の同意および標章の使用を管理する条件　263
第9条　赤十字社の医療要員　263
第10条　赤十字社の医療組織および輸送手段　264
第11条　表示の特別規則　265
第12条　その他の識別信号　266
第13条　平時からの表示　266
第14条　保護および表示手段としての標章の同時使用　267
第15条　中立または紛争当事者以外のその他の国の赤十字社　267

第3部　標章の表示的使用　267

第16条　赤十字社の構成員および職員　267
第17条　赤十字・赤新月ユースのメンバー　268
第18条　赤十字社が標章の着用を許可したその他の者　268
第19条　赤十字社が使用する建物および敷地　269
第20条　赤十字社が所有するが占有しない建物および敷地　269
第21条　赤十字社の病院、救護所または輸送手段　270
第22条　第三者が運用または使用する救護所および救急車　270
第23条　赤十字社が組織するキャンペーンおよびイベント　271
第24条　第三者による標章使用の申請　275

第4部　特別の規則　277

第25条　その他の団体との協力　277
第26条　メダルおよびその他の記念品　277
第27条　救援物資　278

■国際赤十字・赤新月運動規約 ……………………………… 279

■赤十字国際委員会規約 ……………………………………… 279

■赤十字国際委員会と赤十字社連盟の協定 ………………… 280

■赤十字標章の使用に係る事業上および商業上その他非事業上の
　課題に関する研究（標章の研究）………………………… 281
　　はしがき　　　　　　　　　　　　　　　　281
　　序　文　　　　　　　　　　　　　　　　　282
　　　目的および方法論　　　　　　　　　　　282
　　　一般原則および概念　　　　　　　　　　288
　　第1部　標章の使用に係る事業上の課題に関する勧告　　299
　　〈A．国の当局による使用〉
　　　Q.1：武力紛争の当事国は軍隊の医療組織の標章を一時的に
　　　　　　変更することができるか。　　　　　　　　　　　　　299
　　　Q.2：国の軍隊の医療組織は赤十字と赤新月の二重標章を使
　　　　　　用することができるか。　　　　　　　　　　　　　　304
　　　Q.3：同一の合同軍で活動する国の軍隊の医療組織は二つの
　　　　　　異なる承認された標章を同一の場所および輸送手段に
　　　　　　表示することができるか。　　　　　　　　　　　　　307
　　　Q.4：戦闘救命員(CLS)：これらのものは標章を使用すること
　　　　　　ができるか。　　　　　　　　　　　　　　　　　　　309
　　　Q.5：標章を使用することができる軍の医療要員および医療
　　　　　　用輸送手段は武器を携行することができるか。　　　　314
　　　Q.6：保護標章の使用を許可する権限は誰にあるか。各国赤
　　　　　　十字社は、これに関していかなる役割を担うか。　　　322
　　　Q.7：占領地域では、標章をいかに使用すべきか。　　　　　326
　　　　　a）占領国軍隊の医療組織による使用
　　　　　b）被占領国の文民病院（およびその要員）、文民医
　　　　　　　療組織、医療要員および輸送手段による使用
　　　Q.8：文民病院および医療組織は、平時から標章を表示する
　　　　　　ことができるか。　　　　　　　　　　　　　　　　　331
　　　Q.9：国が提供する救援物資に標章を表示することはできるか。339
　　　Q.10：国は承認された白地の特殊標章を自国の国旗に使用
　　　　　　することができるか。　　　　　　　　　　　　　　　341

〈B．赤十字社による使用〉

Q.11： 各国赤十字・赤新月社は、一時的に標章(保護的または表示的使用)を変更することができるか。 344

Q.12： 赤十字社は、表示的または保護的目的のために赤十字・赤新月を並記した「二重標章」を使用することができるか。 347

Q.13： 二つの異なる承認された標章を同じ敷地で複数の赤十字社が共有する輸送手段に表示することができるか。 351

Q.14： いかなる条件で赤十字社は、標章を保護標章として使用することができるか。 354

Q.15： 武力紛争時に赤十字社は、当局の明示の許可なしに保護標章を使用することができるか。 362

Q.16： 赤十字社の要員は、軍の医療組織の補助機関としての役割の枠内で、保護標章をどのような活動のために使用することができるか。 366

Q.17： 赤十字社の医療要員は、軍の医療組織の補助要員として活動する時に、赤十字社のロゴを使用することができるか。すなわち、赤十字の医療要員は、保護標章をいつ使用することができるか。 369

Q.18： 赤十字社は大型の表示標章(赤十字社のロゴ)を使用できるか。 372

Q.19： 赤十字社は、自国政府の海外での人道支援活動に参加する場合、1949年のジュネーブ第一条約第26条の範囲を超えて、その要員に当該赤十字社のロゴの使用を許可できるか。 377

Q.20： 赤十字運動の構成員が国連機関またはその他の外部提携団体と提携して活動する場合、標章／赤十字社ロゴの使用については、どのような規則が適用されるか。 380

Q.21： 被援助者の領域で支援を提供する援助社の標章および赤十字社のロゴの使用に関して、被援助社はどのような役割を持つか。 386

Q.22： 赤十字社が提供する救援物資に赤十字社のロゴ(または標章)を表示することができるか。 393

Q.23： いかなる状況において各国赤十字社は、国旗またはその他の国の紋章を赤十字標章と同時に使用できるか。 396

〈C．ICRCによる使用〉

Q.24： ICRCは、いかなる場合に赤十字標章を表示しない決定を行うことができるか。その場合、いかなる条件で；
    a)　いかなる標章も使用しない決定ができるか。
    b)　赤のクリスタルを使用する決定ができるか。
    c)　赤新月標章を使用する決定ができるか。 400

Q. 25：赤十字標章とICRCロゴの違いは何か。ICRCは、それらをどのように使用するか。 405
Q. 26：ICRCは、武装保護を受ける場合、標章をいかに使用することができるか。 408

〈D．その他の団体による標章使用〉
Q. 27：国際機関（例えば国連、アフリカ連合、欧州連合、NATO）は、標章を使用することができるか。 410
Q. 28：非国際的武力紛争において武装集団の医療組織は、標章を使用できるか。 415
Q. 29：国の軍隊または赤十字運動の構成員の医療組織以外の団体、特に非政府機関(NGO)は標章を保護標章として使用することができるか。 418
Q. 30：民間軍事／警備会社(PMC/PSC)は、標章を使用することができるか。 426
Q. 31：1949年のジュネーブ第一条約第44条第4項による第三者の救急車および救護所への標章の使用について赤十字社の役割は何か。 433

第2部　商業上その他の非事業上の標章使用に関する課題への勧告　438

〈A．国の当局による使用〉
Q. 32：「1968年11月8日の道路標識および信号に関する国際連合条約」および「1971年5月1日の道路標識および信号に関する条約を補足する欧州協定」：これらの条約は標章使用に関する規則と矛盾しないか。 438

〈B．各国赤十字社による使用〉
Q. 33：各国赤十字社は一般に配布または販売する物品に標章および社のロゴを表示することができるか。 445
Q. 34：各国赤十字社は、提携企業が配布または販売する物品もしくは広告資材に標章または赤十字社ロゴを表示することを許可できるか。 448
Q. 35：各国赤十字社は：
　a）　赤十字への支援企業の名称またはロゴを赤十字社のウェブサイトに表示することができるか。
　b）　標章または赤十字社のロゴを支援企業のウェブサイトに表示することができるか。 452
Q. 36：赤十字社が所有または管理し、その利益または資金が赤十字社に納付される赤十字社の営利会社もしくはその他の法人は、標章または赤十字社のロゴを使用することができるか。 458

Q. 37：スポンサー：スポーツ・チームまたは選手は、どの程度、宣伝もしくは資金募集の目的で赤十字社の標章またはロゴを使用することができるか。どのような契約が可能で、その制限は何か。 463
Q. 38：どの標章およびロゴをどのような方法で赤十字社の出版物の表紙に使用するか。 469
Q. 39：赤十字社はそのレターヘッドにどの標章とロゴを使用すべきか。 471

〈C．ICRCによる使用〉
Q. 40：ICRCは、国際赤十字・赤新月運動に関する出版物に、いかなる標章を表示すべきか。 477
Q. 41：ICRCは、その名称、ロゴおよび画像を商業目的でいかに使用できるか。 479

〈D．その他の団体による使用〉
Q. 42：赤十字社がすでに承認されている国において、NGOまたは民間企業が「赤十字」「赤新月」または「赤のクリスタル」として登録する問題にどう取り組むか。 488
Q. 43：「自発的な募金者」は標章／赤十字社のロゴを使用することができるか。 498

第3部　標章濫用の防止および停止の勧告　502

〈A．国の責任〉
Q. 44：国がとるべき法的、規程上および実際的措置は何か。 502
Q. 45：標章の使用を管理する諸規則の普及に関する国の責任とは何か。 509

〈B．赤十字の役割〉
Q. 46：標章の使用に関する赤十字社の使命と責任は何か。 513

〈C．ICRCの役割〉
Q. 47：標章の使用に関するICRCの使命と責任は何か。 521
Q. 48：ICRCがセビリア合意に基づき主導的機関として活動する場合、標章使用に関するICRCの責任は何か。またICRCはいかなる措置を講ずるべきか。 528
Q. 49：標章またはその名称の「模倣」という用語の国際人道法上の意味は何か。 531
Q. 50：インターネット上の標章およびその名称の濫用にどのように取り組むべきか。 536

〈D．特別な問題〉
Q. 51：標章への意識を高め、濫用を防止、減少させるためには、どのような戦略が有効か。「標章保護キャンペーン」から得られる教訓。 542

■「工業所有権の保護に関する1883年のパリ同盟条約」(1979年改訂)　553

第2編　赤十字標章に関する国内文書

第1部　赤十字標章の使用を制限する規定

■赤十字の標章及び名称等の使用の制限に関する法律 …………… 558

■赤十字の標章及び名称等の使用の制限に関する法律
　施行上留意事項の件 ………………………………………………… 559

■商標法(抄) …………………………………………………………… 561

■軽犯罪法(抄) ………………………………………………………… 562

■意匠法(抄) …………………………………………………………… 562

第2部　赤十字標章に関する国民保護関連の規定

■武力攻撃事態等における国民の保護のための措置に関する
　法律(抄) ……………………………………………………………… 566

■赤十字標章等及び特殊標章等に係る事務の運用に関する
　ガイドライン ………………………………………………………… 568

■厚生労働省の赤十字標章、特殊信号及び身分証明書に関する
　交付要綱 ……………………………………………………………… 583

■国民の保護に関する基本指針(抄) ………………………………… 599

■各省庁の国民保護計画(抄) ………………………………… 600

■都道府県国民保護モデル計画(抄) ………………………… 608

■市町村国民保護モデル計画(抄) …………………………… 612

第3部　赤十字標章に関する自衛隊の規定
■赤十字標章及び衛生要員の身分証明書に関する訓令 …………… 615

第4部　赤十字標章に関する日本赤十字社関連の規定
■日本赤十字社法(抄) ………………………………………… 622

■赤十字の標章の表示標章としての使用に関する規程 ……… 622

■赤十字の標章使用許可規程 ………………………………… 624

■赤十字標章の適正使用について …………………………… 625

■巻末資料
赤十字・赤新月標章の描き方　　　　　　　628
その他の主な国際特殊標章　　　　　　　　629

索　引 ……………………………………………………………… 630

装丁：CRAFT　OTOMO

凡 例

1. 本書のねらい

　本書は、赤十字標章を使用、管理する関係機関が、その運用にあたり参照することができるように、関連する国際文書およびその解説ならびに国内文書を収録したものである。

2. 文献について

　1949年のジュネーブ第一条約、第二条約および第四条約の当該条文の解説は、いずれもICRC発行の英語版コメンタリー、"Commentary: I Geneva Convention, 1952, First reprint, 1995"、"Commentary: II Geneva Convention, 1960, First reprint, 1994"、"Commentary: IV Geneva Convention, 1958, First reprint, 1994"を使用し、ジュネーブ諸条約第一、第二追加議定書については、"Commentary on the Additional Protocols of 8 June 1977 to the Geneva Conventions of 12 August 1949, ICRC, Martinus Nijhoff Publishers, 1987"を使用した。また同第三追加議定書については、ICRCコメンタリーが依拠している"International Review of The Red Cross" Vol.89, No.865 March 2007に収録のJean-François Quéguinerのコメンタリーを使用した。

　なお、ジュネーブ諸条約第一追加議定書附属書Ⅰの解説については、1993年11月30日に改訂された同附属書Ⅰに伴う改訂コメンタリーが未刊行であるため、上記ICRCコメンタリー(旧附属書のコメンタリー)を使用した。したがって、一部条文の位置は改訂附属書Ⅰのそれとは異なるが、旧付属書の解説は改訂附属書の解説としても十分有益なものであると思われる。

　さらに、解説の中には、本書に収録していない条文と解説への言及があるが、これらについては、当該ICRCコメンタリーを参照していただきたい。

3. 文書の名称

　本書の目次および各章の見出しにある国際条約などの文書の名称は、正式名称ではなく、略称(又は通称、俗称)で表記した。

4. 表記

(1) 条約文、国内法令文書等については、日本語の正文または公定訳が官報で公布された条約等については、原則、そのまま収録したが、ジュネーブ第三追加議定書については、現在、日本語の公定訳がないため仮訳とした。

(2) 〔 〕の条文見出しは、原文書にはないがICRCのコメンタリーにあるものを原則そのまま付した。

(3) 条文、年月日、番号の数字については、読者の読み易さを考慮し、日本語の正文または公定訳で、例えば「第百四十四条」とあるものは、「第144条」に、「千九百四十九年八月十二日」は、「1949年8月12日」のようにアラビア数字で表記した。

(4) ジュネーブ諸条約第一、第二追加議定書解説文の各節冒頭の数字は、ICRCコメンタリーの各節冒頭に記されたパラグラフ番号を示す。
(5) 条文の表記については、「項」は、条約文の第1項、第2項等を、「節」は各項中の段落を意味する。
(6) 解説が各項毎になされている条約条文については、読者の利便を考慮し、条約正文にはない項番号を(①②③のように)条文中に付した。
(7) 1949年のジュネーブ諸条約の日本語正文は、英語正文のmedical unitを「衛生部隊」と表記しているが、1977年の同条約追加議定書の公定訳は、同語を「医療組織」と訳している。
　　本書の解説では状況により両語を併用するが、意味は同じである。
(8) コメンタリーでは、armlet(腕章)とbrassard(臂章)の語を併用しているが、その相違は微少であるため本書ではともに「腕章」とした。
(9) 脚注番号は、本書では条約毎に通し番号としたので、原書の脚注番号とは一致していない。
(10) 読者の便宜のため、必要により〈訳者注：〉を挿入した。
(11) 人名の表記は原文のまま用いたが、日本語表記が一般化している人名(アンリ・デュナンなど)は、(　)内に日本語を記した。
(12) 「GCの解説」は、本書に邦訳を掲載しているコメンタリーを示し、「GC Commentary」は本書未掲載のコメンタリー(英文原典)を意味する。「APの解説」「AP Commentary」等の表記についても同様である。
(13) 「標章(emblem)」と「記章(sign)」が混在するが意味はほぼ同じである。詳細な解説は本書231頁の第4項の解説を参照のこと。

■主な略語一覧■

ジュネーブ第一条約【GC I】	戦地にある軍隊の傷者及び病者の状態の改善に関する1949年8月12日のジュネーブ条約
ジュネーブ第二条約【GC II】	海上にある軍隊の傷者、病者及び難船者の状態の改善に関する1949年8月12日のジュネーブ条約
ジュネーブ第三条約【GC III】	捕虜の待遇に関する1949年8月12日のジュネーブ条約
ジュネーブ第四条約【GC IV】	戦時のおける文民の保護に関する1949年8月12日のジュネーヴ条約
第一追加議定書【AP I】	1977年のジュネーブ諸条約第一追加議定書
第二追加議定書【AP II】	1977年のジュネーブ諸条約第二追加議定書
第三追加議定書【AP III】	2005年のジュネーブ諸条約第三追加議定書
1907年ハーグ規則	陸戦の法規慣例に関する規則(ハーグにおける1907年10月18日の陸戦の法規慣例に関する第四条約附属書)
2003年の最低限必要な事項	2003年の赤十字代表者会議により採択された規則10に付属する「国際赤十字の構成員と外部事業、提携団体との事業協定に含まれるべき最低限必要な事項」
ICRC	赤十字国際委員会
連盟(IFRC)	国際赤十字・赤新月社連盟
IRRC(RICR)	国際赤十字雑誌(International Review of the Red Cross)
赤十字運動	国際赤十字・赤新月運動
CDDH	武力紛争時に適用される国際人道法の再確認と発展のための外交会議
O.R.	CDDHの公式記録文書
標章の使用規則	1991年の各国赤十字社の標章の使用規則
標章の研究	赤十字標章の使用に係る事業上および商業上その他の非事業上の課題に関する研究(Emblem study)
赤十字標章法	赤十字の標章及び名称等の使用の制限に関する法律
訓令	赤十字標章及び衛生要員の身分証明書に関する訓令

赤十字標章ハンドブック

標章の使用と管理の条約・規則・解説集

第1編　赤十字標章に関する国際文書

第1部　ジュネーブ諸条約

■ジュネーブ第一条約

第7章　特殊標章

第38条〔条約の標章〕

> 　スイスに敬意を表するため、スイス連邦の国旗の配色を転倒して作成した白地に赤十字の紋章は、軍隊の衛生機関の標章及び特殊記章として維持されるものとする。
> 　もっとも、赤十字の代りに白地に赤新月又は赤のライオン及び太陽を標章として既に使用している国については、それらの標章は、この条約において同様に認められるものとする。

【解説】……………………………………………………………………………

1. 赤十字標章の起源[1]

　赤十字が設立されるはるか以前には、病院および救急車両は戦場で単色の旗を表示し、その色は状況により、また国により異なっていた。当初から赤十字とジュネーブ条約に責任を負う者たちは、衛生要員および負傷者を攻撃から保護するための視覚的標識として、統一の国際的標章が必要であることを認識していた。

　白地に赤十字の記章は、1863年10月26日から29日までジュネーブで開かれ、赤十字運動の基礎を築いた歴史的な国際会議において誕生した。その当時は、篤志の看護兵の記章を選ぶ問題にすぎなかった。Dr. Appia（アッピア）は白の腕章を提案した。会議は、おそらくDufour（デュフール）将軍の提案により、それに赤十字を追加する

---

[1] 以下、紋章に関する場合は、"red cross"と小文字で記し、機関としての"Red Cross"を表す場合は、大文字を使用するものとする。もし、この方法が一般に採用されれば混同は避けられたであろう。

ことに決めた。

その翌年、最初のジュネーブ条約を作成した外交会議は、このとき、すべての衛生要員と軍隊の病院および救急車両のために単一の特殊標章として、白地に赤十字を正式に採用した。

1863年または1864年の当時、スイス国旗の配色を逆転しようとする意識的な意図があったかどうかは確かではない。その時代の文書にそのような事跡を示すものはなく、このようなことが言われたのは後日になってからのようである。これに関する最初の言及は、1870年のGustav Moynier（グスタフ・モアニエ）の記述に見られる。条約の改訂を行った1906年の会議は、スイス連邦に敬意を表するために連邦色を転倒して作成される標章を採用する条文を追加した。

「赤十字」の用語は、軍隊の傷者への篤志の救護活動を示すため、1867年にオランダ赤十字が初めて採用したが、一般に受容されるまでには若干困難があった。しかし、1885年までには広く使用されるようになった。

赤十字標章は、しばしば「ジュネーブ十字」と呼ばれるが、これはジュネーブ市の紋章に関係があるからではなく（ジュネーブ市の紋章は赤十字とは全く異なる）、ジュネーブで誕生したからである[2]。

2. 承認された例外

単一の標章を持つことが重要だと考えたことは正しかったが、標章の統一は、少なくとも1864年の条約により世界中で法的には定着したにもかかわらず、長続きはしなかった。

1865年、トルコはジュネーブ条約に留保なしで加入したが、最初にセルビアと、次いでロシアとの戦争中の1876年にスイス連邦政府に対し、赤十字標章がイスラム教徒の兵士には不快感を抱かせるために衛生部隊は赤十字を使用せず、赤新月を表示すると通告した。彼らは明らかに十字軍のことを忘れていなかった。1877年に参戦したロシアは、当初、トルコが一方的に条約の規定を修正する権利に抵抗したが、後にトルコが敵の赤十字を引き続き尊重する約束をしたのと引き換えに赤新月を使用することに同意した。

1899年のハーグ平和会議は、1864年のジュネーブ条約を海戦に適用する条約を成

---

[2] 赤十字標章の起源に関する詳細は、The sign of the Red Cross (Revue internationale de la Croix-Rouge, English Supplement, April 1949, p.143) を参照。

立させたが、この会議でトルコ代表は、トルコの病院船が赤十字に代えて赤新月の旗を使用することを宣言した。シャム（タイ）およびペルシャ（イラン）の代表は、それぞれ赤の炎および赤の太陽を使用する権利を認めるよう要請した。またアメリカ代表は、赤十字はすべての国に受け入れられる標章に変えるべきだと提案した。ハーグ会議はジュネーブ条約改訂の権限を有せず、単に留保または勧告を記録するにとどまった。ICRCは、単一の普遍的な標章を持つ原則が維持されなかったことを遺憾とし続けてきた。

　ジュネーブ条約を改訂した1906年の会議は、赤十字標章の採用を確認した。それは、いかなる例外も認めることを許さず、後述するように全会一致の投票で、標章はいかなる宗教的意味も持たないことを強調した。もっとも、トルコはこの会議に代表を送らなかったが、その翌年、赤新月を使用できることを唯一の条件に、この条約に加入した。1907年にハーグで海戦条約が改訂された折、同会議は、1899年の時と同様、単にトルコとペルシャの留保を記録するにとどまった。

　トルコ、ペルシャ、エジプトの提案に基づき、ジュネーブ条約の二回目の改訂を行った1929年の会議は、既にこれらの国（すなわち三カ国）により使用されていた赤新月、赤のライオン及び太陽を全会一致で承認した。これにより、これら以外の例外を防ぐことが期待された。しかし、若干のイスラム教国は、1929年以降、赤新月を採用したが、ICRCは、それらの国の社の承認を拒否すべきだとは考えなかった[3]。1924年には、ペルシャの「赤のライオン及び太陽社」さえも承認した——それは明らかに早計な決断だった[4]。

　ICRCは、少なくともこれ以外に提案された標章を採用することには強く反対し、成功を収めることができた。

3. 単一標章への復帰

　1929年の条約改訂を検討した外交会議では、単一標章に復帰しようとする強い傾向が見られた。1937年に最初の草案を作成したICRCは、この点では全員が一致していた。ICRCは、赤十字はいかなる宗教的な意味もない国際的記章であり、これ

---

[3] レバノンとパキスタンが、赤十字標章を採用したことは注目に値する。レバノン赤十字（The Lebanese Red Cross）は、1947年、赤十字国際委員会により承認され、パキスタン赤十字（The Pakistan Red Cross）は、1948年に承認された。〈訳者注：現在、パキスタンは赤新月を使用している。〉

[4] 1929年まで、ジュネーブ条約はこの標章を承認しなかった。またペルシャは、1929年の条約当事国ではないので、この標章に関する規定は正式に発効していない。

を国家的、宗教的な標章に替えようとすることは非論理的であること、そしてそうした行動は、戦時において交戦国のシンボルである国旗との混同を来たす危険があることを強調した。1946年の赤十字予備会議も同様の意見だった。若干の代表は中東諸国[5]に対して、赤十字標章の本当の意味を説得する措置をとるべきことを勧告した。ある代表は、数学のプラス記号である十字は、こうした理由では、いかなる国にも反対されないことを指摘した。しかし、赤新月を使用しているある国の代表は、イスラム教国では赤十字を採用することは依然、不可能であるが、いつの日かそれが可能となるかもしれないことを否定するものではないと述べた。会議は、条約文の修正提案を行わなかった。

この問題は、1947年の政府専門家会議およびその翌年の第17回赤十字国際会議において再び議論された。赤十字国際会議は、条約文のいかなる修正も勧告しなかったが、「当該政府および各社は、単一の赤十字標章にできるだけ早急に復帰するよう努める」との希望を表明した。

これが、ICRCが1949年の外交会議の直前に直面していた状況である。また、イスラエルの救護団体として活動していた「ダビデの赤盾社」は、白地に赤の「ダビデの盾」[6]を標章として使用する権利を留保しつつ、国際赤十字の一員として承認されるよう要望した。ICRCは、ジュネーブ会議に参加している各国政府宛ての「意見および提案」の中で、この困難な問題に対する各種の解決策を提案した。

その一つは、一定期間に限り例外を認め、その間に関係各国は、世論を教育する措置を取り、漸次、各自の標章を赤十字に代えるというものだった。他の提案は、赤十字標章はすべての国が使用すべきであるが、若干の国は、その旗の一角に各国固有の標章(小型のもの)を加えることが認められるというものだった。ICRCは、また唯一の標章(赤十字を受け入れることが絶対に不可能な国で使用することができる全く新たな、厳に中立な標章)に限り、認めることができると考えた。最後に、赤のライオン及び太陽を採用している唯一の国であるイランが、それを放棄することに同意すれば、唯一使用される特別な標章は赤新月だけになることが指摘された。

4. 1949年の会議における議論

---

5 すべてのアジアおよび極東の諸国は、躊躇せずに赤十字を採用した。
6 「ダビデの盾(六芒星)」とは、ユダヤ人のもので、二つの三角形が交差して形成される六個の尖端のある星形である。

文言の軽微な変化を別とすれば、第38条は、1929年の条文を踏襲している。しかし、それは会議の重要かつ長い議論のテーマとなった。主に三つの傾向が明らかとなった。

(a) 唯一の特殊標章としての赤十字に復帰すること。

会議は、世界のすべての国々が唯一の特殊標章として白地に赤十字を採用する時が来ることを望みつつも、唯一の標章に復帰することは不可能であることを認めざるを得なかった[7]。

(b) 例外の数を増やすこと。

会議は、最初に赤の「ダビデの盾」を承認すべきだとするイスラエル代表の提案を検討した。その後、各国は白地にどのような赤のシンボルをも選択することが許されるべきだとする提案がなされた。これらの提案は、会議で否決されたが、それはこれが意味する危険性を十分認識していたからである。つまり、それは、必ず中立でなければならない博愛の標章を国家的、宗教的なシンボルに代えようとする危険性であり、赤十字の普遍性を損ない、その保護的意味を低下させるような標章の多重性への道を開く危険性である[8]。ICRCは、炎、寺院、弓、棕櫚、車輪、三叉のヤス、杉、イスラム寺院などの新たな標章の承認を求める多くの要請を受領していたことを想起しなければならない。イスラエル代表の修正提案は、総会の最終投票でわずか1票の差（22対21、棄権7）で否決された[9]。

(c) 代替の標章だけでなく、赤十字標章自体をも廃止し、新たに幾何学模様の標章を制定し、それに代えること。

ある代表は、慈愛の象徴として赤のハート形を提案した。これは等辺三角形を逆さにしたありきたりの形のものだった。この革新的な提案は議論されなかった。赤

7　Final Record of the Diplomatic Conference of Geneva, 1949, Vol.II-A, p.197を参照。

8　会議の本会議に対するICRC総裁Paul Ruegger氏の声明を参照。Final Record of the Diplomatic Conference of Geneva, Vol.II-B, p.223.

9　この条約の調印に際し、イスラエル代表は、イスラエルでは「赤の盾」を使用するとの留保を付した。若干の代表は、この留保は無効であると主張した。この留保については、現在、国際的に検討されているが、われわれは、今ここで留保の効果について困難な問題を提起するつもりはない。しかし、若干の著述家によれば、留保の唯一の効果は、条約で受諾した義務を制限することである。留保は、他の締約国に対し、条約に規定する以上の義務を課すことはできない。〈訳者注：イスラエルの「ダビデの赤盾」標章の使用は、2005年12月8日に採択されたジュネーブ条約第三追加議定書により、同国内で使用する場合に限り単独で使用することが認められた。〉

十字(標章)のように長い間、誰にも知られ、尊重される重要な意味を持つ標章を放棄することは、人間の命を危険にさらすことが即座に直感されたからである。

　そのため、現状が維持された。赤十字は、正式に承認された標章として存続し、従来の二つの例外(赤新月、赤のライオン及び太陽)は、1929年にこれらを使用していた国のみならず、1929年と1949年の間にこれらを採用した国においても使用することができることとした。この条約は、1949年以後、これ以上の国々がこれらを採用することに反対する[10]。

5. 赤十字標章の性格

A. 中　立

　1864年以来、現在までジュネーブ条約で認められた白地に赤十字の記章(sign)は、特に第38条に規定するとおり、「軍隊の衛生部隊の標章及び特殊記章」である。それは第44条との関連で見るとおり、赤十字運動の標章(emblem)でもある。

　この記章は、国際的かつ中立で、敵味方の差別なく負傷兵に与えられる公平な援助のシンボルとしての意味がある。それには赤十字が生まれた国に敬意を表する意図があったにせよ、採用されたのはスイスの紋章ではなかった。それはスイス国旗の色を転倒し、いかなる国との関連もない新たに創作された標章である。

　同様に、選ばれた標章は、あらゆる信仰を持つ人々により使用されなければならないので、いかなる宗教的な意味も持たないことが意図された。これは公式な場では自明のことと思われ、実際、この問題を大きくする必要はない。しかし、1949年の会議において、若干の代表は赤十字標章を拒否し、その代わりに事実上、宗教的、国家的意味を持つ独特の標章を使うことを正当化するために、この問題に疑義を投げかけることができると考えた。したがって、この問題についての立場を明確にすることが最善である。

　1863年と1864年の会議は、赤十字標章を採択し、その普遍的、中立的な性格を強調した。20年近くICRC総裁であったMax Huberは、次のように書いている。

10　ジュネーブ条約締約国で赤新月社を承認し、また1949年以前に赤新月を採用した国は、エジプト、イラク、ヨルダン、シリアおよびトルコである。ソビエト連邦の中の若干の共和国、アゼルバイジャン、タジキスタン、トルクメニスタンおよびウズベキスタンも赤新月を採用した。アフガニスタンでは、赤新月社の設立が数年間にわたり進んでいる。赤のライオン及び太陽は、イランにおいてのみ使用されている。〈訳者注：イランは、1980年以降、赤新月を使用することとなり、現在、赤のライオン及び太陽を使用する国はない。また、アフガニスタン赤新月社は、1954年に国際承認を受けた。〉

「赤十字事業と標章が、宗教的な刻印を押され、特定の哲学的な理念に結び付けられるようなことはデュナンの希望ではなく、彼の協力者の希望でも、ジュネーブ条約加入国の希望でもない。それどころか、この運動はあらゆる種類、あらゆる状態の人々に奉仕するだけでなく、それらの人々をこの運動の下に結集させた」[11]。

スイスに敬意を表するために、「スイス連邦の国旗の配色を転倒して作成された赤十字」、といった文言は、1906年の外交会議によりジュネーブ条約に採用された。ジュネーブ条約の著名な解説者であったPaul Des Gouttesは、「1906年のこの成果は、それ以外の目的も持っていた。すなわち、この標章が宗教的意味を持たないことを正式かつ明白に確認したことである」と記している[12]。

ジュネーブ会議およびハーグ会議における中心人物であったLouis Renaultは、1906年の会議に提出した一般報告書の中で次のように記している。

「周知の通り、赤十字(標章)がわれわれの先人によって採用されたことには、何ら宗教的象徴としての意味はない。彼らは自分たちを招聘し、またその会合を発議してくれたスイスのことを想起していた。(中略)以上の説明で、採用されたこの標章は、いかなる宗教的信念も害するものでないことを示すに十分であろう。会議は、この標章がいかなる宗教的な意味も持たず、提案された方式は、純粋に赤十字の歴史的起源および標章の性格を強調することを意図していることを明確にした。宗教的な意味がないことは、暗黙裡ではあっても、この表現により十分明らかにされた」[13]。

われわれは、Louis Renaultが指摘した通り、1906年の外交会議は、赤十字標章に宗教的な意味がないことを全会一致で承認したことを繰り返し強調する。次の文章は、公式議事録から引用したものである。

「Sir. Ardaghは、この会議は、現行の制度が宗教的な性格を持っているか否か

11　Max Huber, The Red Cross:Principles and Problems, Geneva, 1946, p.62.同様の考えが同書p.25およびThe Good Samaritan, London, Gollanz, 1945, p.31にも記されている。
12　Paul Des Gouttes, Commentaire de la Convention de Genève du 27 juillet 1929, Geneva, 1930, p.143.
13　Actes de la Conférence de Revision rèunie a Genève en 1906, Geneva. 1906, p.260を参照。

を明確に決めなければならないと提案した。議長は会議に諮ったが、各代表は誰も発言しなかったので、この標章に誰も宗教的意味付けをしていないと議長は記録した」[14]。

1929年の外交会議の全権代表も同じ見解を表明した。エジプト代表は、「われわれが赤新月または赤のライオン及び太陽を使うのは、宗教的な理由からではない」とさえ言ったとされる[15]。

1949年の会議では、ヴァチカンの主席代表は、「赤十字はスイスに敬意を表するために選定され、赤十字のシンボルに何らの宗教的意味がないことは、常に、特に1906年に明らかにされてきた」と回想した[16]。

こうような証言を前にして、この件を更に述べる必要はないだろう。ジュネーブ条約の標章は、赤十字の標章でもある。一方にとり真実なものは、他方にとっても真実である。宗教的な事項に関して中立であることは、赤十字の基本的な規約上の原則である。その点で、その旗が異なる性格を持つようなことは考えられないことである。

赤十字標章は、ただ一つのことだけを意味しようとしている。しかし、それは非常に重要なことである。つまり、苦難の中で無防備にさらされ、支援が必要とされる人々を国籍、人種、宗教、階層または意見により区別することなく、敵味方を問わず尊重することである。

人々はこの十字により、心の中でキリスト教の十字架を連想するかもしれないが、そうした解釈は、いかなる公式または国際的な根拠があるものでもない。Max Huberが記したように、「赤十字は、宗教的に中立であり、常にそうあらねばならない。協力者の参加を促す慈善的な動機は、宗教的またはその他の感情によるものであれ、それは全く個人的な事柄であり、各自はそれを心の中に封印し、決して世間に力説しないことがこの事業のためである」[17]。

B. 赤十字の形状

ジュネーブ条約の中の白地に赤十字の標章は、「スイス連邦の配色を転倒して作成

14　Actes de la Conférence de Revision rèunie à Genève en 1906, Geneva, 1906, p.162.
15　Actes de la Conference diplomatique de Geneve de 1929, Geneva.1930, p.248を参照。
16　Final Record of the Diplomatic Conference of Geneva, 1949, Vol. II -A, p.150を参照。
17　The Good Samaritan, London, Gollanz, 1945, p.29を参照。

される」という文言から、赤十字は既に固定しているスイス国旗の十字[18]と同じ形状でなければならないと、しばしば考えられてきた。これは明らかにそうではない。「配色」という語は、文字通り、単に赤と白の色を指しているものと解すべきである。もしそれが連邦旗を指すつもりならば、「転倒して」の語は使用されなかったであろう。1906年の外交会議の議事はさらに明確である。会議は、赤十字の形状を定義すると危険な濫用を招くおそれがあるために、定義することを意図的に避けたのである。その理由は明らかである。もし十字の形状が厳密に規定されると、表示された標章が指定の規格と異なることを口実に、この条約で保護される施設への攻撃を正当化しようとする企てがなされるかもしれない。同様に、不謹慎な者が厳密な規定を逆手にとって、少し大きいか小さい赤十字を営利目的で使用することも起こるかもしれない。

同様の理由から、条約は、白地の形状や厳密な十字の赤の色調を、スイスが自国の旗に定めているようには規定していない。若干の赤十字社は、使用する赤十字の様式を定めている[19]。そうすることは、彼らに許されている。大多数の赤十字社は、五つの等しい正方形をもって作成した十字（最も簡単に大量生産できる形）を選んでいるようである。

C. 公の地位

第38条は、「白地に赤十字の紋章(the heraldic emblem of the red cross on a white ground)」について述べている。「紋(heraldic)」の語は、1906年に安易に選ばれたものではなく、相当熟慮の末に選ばれたものである[20]。それを使用する意図は、赤十字の標章に公の紋章と同等の地位を与えようとすることにあった。

ジュネーヴ条約第53条中の規定[21]とは別に、公の紋章の濫用は、工業所有権の保護に関する1883年3月20日のパリ同盟条約(1925年に改正され、目下再び改正中である。〈訳者注：同条約は、さらに1979年に改正された。同条約については、本書の553ページ参照。〉)によって禁止されていることに留意する必要がある。

---

18 1880年、スイス連邦議会は、連邦の紋章を次のように定めた。「赤地に白十字を直立で入れ込み(upright and humetty)とし、十字の腕は互いに均等とし、その縦の長さは横幅より6分の1だけ長くすること」。紋章上の用語では、"humetty"の語は、十字の腕が紋地(楯形)の縁にかからない場合に使用される。
19 トルコ赤新月社の標章は定款で定められている。すなわち、標章は白地に赤新月とし、尖端を左方向に向けることとしている。しかし、旗の場合には、新月尖端は旗竿を背にした方向に向けることとしている。旗および新月は、法律に規定するトルコの国旗と同じ寸法、割合である。
20 1906年の会議第4委員会第5会合議事録。
21 本書p.45以下を参照。

第39条〔標章の表示〕

> 標章は、権限のある軍当局の指示に基き、衛生機関が使用する旗、腕章及びすべての材料に表示しなければならない。

【解説】 ……………………………………………………………………………………

本規定は、1929年の条約第20条に用語の軽微な修正を加えて再現したものである。

1. 保護記章(the protective sign)

第44条を説明する際に再び言及するが、ここで基本的な区別をしなければならないことがある。それは白地に赤十字[22]の二つの異なる使用方法についてである。第一の場合は、第39条に関する唯一の場合だが、記章が条約に基づく実質的な保護の要素を構成する場合である。これを簡単に保護記章と呼ぶ。この条約により尊重される建物、人および物に表示される場合は、この意味を持つ。

第二の場合は、第44条第2項に基づくものだが、この記章は純粋に表示的なものにすぎない。すなわち、記章は単に赤十字に関係する人または物を示すにすぎず、条約の保護を意味せず、意味させる意図もない。

標章は、保護記章として使用される場合に重要な意味を持つ。それゆえそれは「条約の標章」として知られる。その使用は、戦時に、特に作戦地帯において現実的な重要性を持つ。

原則として、白地に赤十字は条約の保護を受ける建物、人[23]および物に表示しなければならない。もし敵の軍隊が遠方から、これらの人、物または建物に条約上要求される尊重を与えようとする場合には、敵の軍隊はそれらのものが何であるかを認識する立場になければならない。

われわれは二つの理由から「原則として」という条件をつける。第一に、交戦者は衛生部隊に標章を表示する義務はない。前線地帯では、指揮官はしばしば衛生部隊を偽装させ、部隊の存在または実際の戦力を隠蔽することがある。しかし、敵は衛

---

[22] この表現は、以下、赤新月ならびに赤のライオン及び太陽の標章を使用する国についても、これらの標章をも含むものとする。

[23] 「人(persons)」とは、明らかに衛生要員および宗教要員を意味し、傷者および病者そのものを意味するものではない。

生部隊の存在を知っている場合に限り、それを尊重することができるのであるから、偽装した衛生部隊に対する尊重は全く架空のものにすぎない。衛生部隊は敵の長距離砲火に曝され、大部分の安全が損なわれるだろう。しかし、例えば占領の場合には、敵は衛生部隊であることを知ったならば、言うまでもなく、それを尊重しなければならない。われわれが、この標章は条約に基づく実質的な保護の要素を構成すると上述したのはこのためである。

　第二に、物に標章を表示することは、物理的に常に可能なわけではない。外科用小器具が好例である。しかし、これらの器材は、表示がなされる大きな医療組織の不可分の一部を構成する。

　ジュネーブ条約の特殊標章は、赤い十字だけでは十分ではない。それは白地に赤十字である。つまり赤十字は白地の上に表示しなければならない。これは紛議を未然に防ぐだけでなく、その対照的な色彩により良好な視認性をも与える。しかし、何らかの理由により条約で保護される物が白地でない赤十字だけで表示される場合でも、交戦者はそのように表示されていることを口実として尊重を拒否することはできない。

2. 軍当局による管理

　標章の使用は、「権限のある軍当局の指示に基き」という第39条の始めの文言が最も重要である。これは1929年の条約の「権限ある軍事官憲の認許を得て」という文言を入れ替えたものである。

　この新たな表現は一層好ましいものである。それは、旧規定と同様、標章を管理し、その使用を許可または許可しないことができるのは軍の指揮官であることを明確にしている。さらに後述することだが、衛生部隊に偽装を命じることができるのも指揮官だけである。

　また、この新たな表現は軍の当局が常に標章の使用に責任を負い、注意を払い、部隊または個人が不当に使用しないように監視しなければならないことを示している。また従来の表現は標章が使用される度に特別な許可が必要であるとの誤解を生じさせることがあったが、実際の慣行では一般的な命令がすべてに対し一度だけ与えられる。軍隊の医療組織に関しては、この許可は広範囲に与えられているものと考えられる。

　「権限のある軍当局」とは誰なのか。1929年には、柔軟性を維持するために定義が

意図的に避けられた。この問題は各国の軍隊内部の問題である。もし将校に越権行為があった場合には、彼は上官に対してのみその行為の責任を負う。傷者はそのために困難を強いられてはならず、敵国は衛生部隊への保護を拒否する口実として、条約の要件を満たす権限がないと主張することはできないだろう。

　重要なのは、あらゆる軍隊は標章の使用について公的管理を行わなければならないということである。

第40条〔衛生要員の腕章および証明書〕

　　　第24条、第26条及び第27条に掲げる要員は特殊標章を付した防水性の腕章で軍当局が発給し、且つ、その印章を押したものを左腕につけなければならない。
② 　前記の要員は、第16条に掲げる身分証明書の外、特殊標章を付した特別の身分証明書を携帯しなければならない。この証明書は、防水性で、且つ、ポケットに入る大きさのものでなければならない。この証明書は、自国語で書かれていなければならず、また、この証明書には、少くとも所持者の氏名、生年月日、階級及び番号が示され、且つ、その者がいかなる資格においてこの条約の保護を受ける権利を有するかが記載されていなければならない。この証明書には、所持者の写真及び署名若しくは指紋又はそれらの双方を附さなければならない。この証明書には、軍当局の印章を浮出しにして押さなければならない。
③ 　身分証明書は、同一の軍隊を通じて同一の型式のものであり、且つ、できる限りすべての締約国の軍隊を通じて類似の型式のものでなければならない。紛争当事国は、この条約に例として附属するひな型にならうことができる。紛争当事国は、敵対行為の開始の際、その使用する身分証明書のひな型を相互に通報しなければならない。身分証明書は、できれば少くとも二通作成しなければならず、その一通は、本国が保管しなければならない。
④ 　いかなる場合にも、前記の要員は、その記章又は身分証明書を奪われないものとし、また、腕章をつける権利をはく奪されないものとする。それらの要員は、身分証明書又は記章を紛失した場合には、身分証明書の複本を受領し、又は新たに記章の交付を受ける権利を有する。

【解説】

第1項　腕　章

1. 着用する者

　腕章(the armlet or the brassard)、つまり遠方から衛生要員と認識することができる識別章に関して1929年の規定と異なる唯一の点は、それが防水性のものとなる点である。

　従来と同様、すべての常勤の衛生要員および宗教要員は、衛生部隊または交戦国もしくは中立国の赤十字社あるいはその他の承認された救済団体のいずれに属するかを問わず、腕章を着用する資格を有する。これらの者は第24条、26条および27条に規定される。特別な腕章を着用することができる臨時の衛生要員に対する措置については第41条で規定する。

　第44条第2項の規定により、赤十字社は戦時においてジュネーブ条約の保護を受けない業務(すなわち、医療活動とともに行う業務以外の業務)を行う場合には、この腕章を使用してはならない。腕章は常に保護標章である。

2. 様　式

　1929年の条約と同様、腕章には「特殊標章を付す」ことになっている。この標章は白地に赤十字であるので、理論上、腕章自体を白色とする必要はない。一方、第41条には臨時の衛生要員が着用する特別の腕章は白色とすると明定されている。

　いずれにしろ、現在ではどこでもすべての衛生要員に対し赤十字を付した白色の腕章を交付する慣行になっており、この慣行は存続することが望ましい。腕章は作成が容易であるだけでなく、コントラストのある配色により良好な視認性を確保する唯一のものである。

　腕章は「防水性」があるものとする。腕章を良好な状態に保つことを目的としたこの規定は、勧告的性格を持つものと考えるべきである。腕章が防水性のものでないことを口実に、その保護的価値が奪われるものでないことは明らかである。

　一般的に赤十字の場合と同様、腕章の形状および寸法は規定されていないが、これは赤十字の場合と同様の理由による。しかし、腕章は左腕に固着すべきことを規定している。「固着する(affixed)」とは、腕章は随意に着脱するものではないためであり、また紛失の危険を防がなければならないからである。「左腕に」とは、視線が自然に止まる所定の位置に着用することが望ましいからである。しかし、交戦国は

何らかの理由で腕章を右腕に着用している衛生兵に対し、保護を拒否する権利を主張することはできない。

3. 軍当局の印章

しかし、特に重要なことは着用者の信頼性を確保することである。腕章の着用は条約により着用が許される者に限られなければならない。

腕章自体は十分な証明とはなりえない。既述した通り、腕章を作成し、それをこっそり着用することは容易なことである——その場合には、着用者はたとえ傷者の援助を行うという合法的な目的のためであっても処罰される。交戦者は適切な保証の手段を講じなければならない。

腕章は軍当局が押印し、発給したものでなければ保護の意味はなく、合法的に着用することはできない。この条件は重要であり、本条約では例外を認めていない。1864年の条約のように、発給だけでは十分ではなく、腕章が軍当局から発給され、軍当局の責任の下にあることを示すために押印されなければならない。もちろん、敵は相手を拘束した場合には押印されていることを確認するであろうから、この種の確認を行うことは最も効果があり、濫用を防止することができるだろう。

腕章に押印し、発行する権限を有するのはいかなる「軍当局」であるか。第39条で用いられる「権限のある軍当局」の文言に関連して指摘した通り、1929年の条約ではこの点は意図的に曖昧なまま残されたが、それには相当の理由があった。

1929年には、現在の第40条に対応するそれ以前の規定にあった「権限のある」の語も意図的に削除されたが、その理由は場合により腕章の発給が特に緊急を要することがあり、そのために便宜を図るべきであったことによる。しかし、このように設けられた微妙な区別は非現実的なものと思われる。第39条は一般的な意義を持っており、腕章にも適用があるものと考えられる。さらに、建物や車両に標章を表示する必要性は、腕章の発給と全く同じように緊急性を有するだろう。特に重要なことは、第39条に関連して述べた通り、権限の問題は各国の軍隊個々の内部事項であるということである。

「権限のある」の語が条文中にあるなしにかかわらず、標章の使用はその責任を十分認識している公の軍当局が確実に管理しなければならず、その場限りの者の主導に委ねるべきではない。本条の下で必要なことは、押印にその名が表示されている公の軍当局が腕章の発給に責任を負わなければならないことである。

ここでわれわれは、第18条の規定に基づき指揮官の要請に応じて傷者の看護を申し

出た者に対し、指揮官が腕章を発行することができるかどうかの問題に移ることにする。標章の使用に関する規定(第40条第1項および第44条第1項)の性格が制限的なものであることから、一般的にはこの問題に対する答えは「できない」であると考えられるが、事情によっては例外を認めることもあるだろう[24]。

4. 衛生要員による旗の使用

腕章は便利であるが識別の手段として完全とは言えない。腕章は小型であるため、必ずしも遠方から十分認識できるものではなく、着用者の安全を確保するには不十分である。傷者を収容するために戦線に派遣される衛生兵と担架兵の一人が赤十字を描いた白旗を携行し、それをはためかす例がしばしばある。

条約中にこれを阻止するものは何もない。衛生兵の集団はいかにそれが小さくとも(たとえ一人であっても)衛生部隊として認められなくてはならない。当然、このような場合の旗の使用は絶対的な信義により行われなければならない。いかなる場合にも、それをもって戦闘部隊を保護するために使用してはならない。

衛生要員の安全を確保する最善の方法は、戦闘部隊が着用する制服とは異なる色の各国共通の特別な制服を着用することにあることは疑いようがない。この発想は赤十字が創設されたときに提示されたものだが、今日に至るまで採用されなかった。おそらく、これは他日再び取り上げられるであろう。

第2項および第3項　身分証明書

腕章それ自体は、その着用者の身分を証明するのに十分ではない。もし、その者が敵の権力内に陥った場合、それを着用する権利を有することを証明できなければならない。また条約により与えられる地位を享受し、かつ送還される適格者であるためには、衛生要員または宗教要員の一員であることを証明できなければならない。そこで特別な身分証明書が必要となる。

1. 規　格

1929年の条文の証明書に関する規則は全面的に改訂された。従来の制度は簡潔さに欠け、統一性もなかった。公の要員は軍隊手帳(pay-book)への記入または特別書

---

[24] GC I Commentary, p.188 を参照。

類により身分を証明した。写真を添付した証明書の携帯を要求された者は、軍隊の衛生部隊を支援する赤十字社およびその他の救済団体の職員のみであった。第一次および第二次世界大戦中は、上記の規則の遵守は非常に不徹底であった。捕虜となった衛生要員はしばしばその地位を認められず、承認されている本国送還の権利を持つことができず、ICRCはそれらの者の身分証明を容易にするために際限のない苦労を強いられた。

　こうした重大な欠陥を取り除くために、1949年の会議は改正案にあった同一の軍隊では身分証明書を統一する提案を採択した。今日では衛生要員であるか宗教要員であるか、また軍隊に属する者か赤十字社に属する者であるかを問わず、常勤の要員は同一の身分証明書を所持することになった。

　また身分証明書はすべての軍隊で同一の様式であるべきことが勧告された。その一つのひな形として、この条約に一例が附属されている[25]。各国がそれを使用することが望ましい。いかなる場合でも、紛争当事国は敵対行為の開始の際、その使用するひな形を相互に通報しなければならない。

　身分証明書はできれば二通作成し、一通は携帯者に交付し、もう一通は本国が保管しなければならない。もし、その者が拘束された場合に身分証明書を紛失していたならば、副本を参照して身分を証明することができるだろう。この予防策はICRCが勧告したものだが、紛議を回避するのに役立つだろう。改正の予備作業中、若干の専門家は発行した身分証明書全部の写しをICRCに送付すべきことを提案した。しかし、この方法は、各国政府が自国の衛生要員の正確な数を公表したがらない場合もあるので実現しそうになかった。

2. 様　式

　会議により立案された身分証明書の種々の記載事項とそこに記載される情報により、身分証明書は真に実用的価値のある文書となる。

　第一に、身分証明書には赤十字を付さなければならない。また耐久性をもたせるために、証明書は腕章と同様、防水性のものでなければならない。国によっては取り外すことのできない透明で不燃性のビニール幕で被覆している。

　この証明書はポケットに入る大きさでなければならない。これには相当の理由が

25　証明書のひな形は、本書p.217を参照。

あるが、証明書が大きすぎると携帯者は通常、戦場に携帯しない荷物の中に収納したり、宿舎に置いてくる傾向があることが分かったからである。

証明書は自国語で表記しなければならない。実際的な理由から、会議は各事項を数カ国語で表記することを義務化しようとする先の提案を否決した。これは希望するならばそうすることもできるが、自国語がほとんど知られていない国にとっては、おそらく自国語に加えて、より一般的に知られた第二言語を使用する方を好むだろう。複数の言語を使用する国も同じになるだろう。

記載しなければならない事項は、所持者の氏名、生年月日、階級および認識番号である。各国は希望によりこれ以外の細目事項を加えることができる。

証明書には、いかなる資格において条約の保護を享受する権利があるかを記載しなければならない。最小限記載する必要があると思われることは、衛生要員であるか宗教要員であるか、固有の医療職か管理要員か、公の医療活動に属する者か承認された救済団体に属する者か、そして救済団体に属する場合、その団体が交戦国に属するか中立国に属するかといった事項である。

傷病者のためには、これ以上の詳細を記載することが実に望ましい。拘束された衛生要員については、その個々の専門性に従って直ちに活動できるように詳細を記載すべきである。会議においてこの規定を提案した代表は、「専門および訓練を受けた医療業務」を明らかにすべきであると示唆した。この表現は最終条文には見えないが、この着想は留意しておくべきと思われる。医師、外科医、歯科医、衛生兵、担架兵等の区別をすることは有益であるが、さらに医師を細分化して眼科医、神経科医などとする方がよい。

証明書には所持者の写真を付さなければならない。この重要な識別方法は、1929年には複雑すぎると思われたが、現在では非常に広く用いられており、会議は議論なしに採択した。

指紋については同じようにはいかなかった。指紋は写真よりも確実な識別方法であり、一層容易に得られるものであるにもかかわらず、これを義務化する提案は否決された。問題は感情的性格のものだった。ある国では、犯罪者または訴追された者に限り、指紋を採られることになっており、人々はそれを連想していた。時の経過とともに、こうした偏見は消え去るだろう。

現在では、指紋は任意である。所持者の署名についても同様である。これは20世紀においても字の読めない人が一般的に想像されているより遥かに多くいるためである。結局、政府が証明書に所持者の指紋または署名もしくはその双方を記載する

かどうかを決定することになるが、そのいずれかを記載しなければならない。可能ならばその両方が記載されることを強く奨励する。これにより二重の照合ができるからである。

条約が課す最後の条件は最も重要である。つまり身分証明書には軍当局の印章を浮き出しにして押さなければならない。腕章と同じく、この証明書に信頼性を与えるのがこの印章である。「浮き出しにして押す」の文言——すなわち圧力をかけて押す——が使用されていることに留意しなければならない。経験によれば、通常のインキ印は消すことができ比較的容易に偽造することができる[26]。

3. 識別票(the identity disc)

第2項の冒頭で、衛生要員は身分証明書を携帯しなければならないと規定した文章の中に「第16条に掲げる識別票に加え」の文言がある。この文言は、死亡した場合に死体を識別できるようにするために、すべての軍人が携帯しなければならない識別票(なるべく複式のもの)に関するものである。第16条のコメンタリーで詳細に言及した。

4. 没収の禁止、再発行

会議は、衛生要員は捕虜となっている同胞を援助するために、敵対当局に抑留されている場合でも身分証明書類を携帯し、いつでも腕章を着用することができる1929年の規定を継続し、一層明確にした[27]。

この規定は必要な規定である。二度の世界大戦において、衛生要員はしばしば腕章と証明書を没収された(これは抑留国にとっては、その義務を回避するのに便利な方法である)。このような慣行は厳重に禁止しなければならない。衛生要員の特別の記章および証明書は、自国の軍隊の軍当局のみが剥奪することができる。

腕章を紛失または毀損した場合は、その所持者に新品を交付しなければならない。身分証明書を紛失した場合には副本を受ける権利がある。この規定は本国のみならず拘束している国にも、拘束した敵の衛生要員のうち証明書などを所持していない者に対し、新たな身分証明書および腕章を伝達するためにあらゆる便宜を図る義務

---

[26] 外交会議は、最終決議において、各国および各国赤十字社は、衛生要員に身分証明書と腕章を発給するために、平時に必要な一切の措置をとらなければならないことを勧告した。

[27] GC I Commentary, p.171を参照。〈訳者注:第16条は、「傷者、病者及び死者の記録」に関する規定であり、それらの識別に役立つ明細をできる限り速やかに記録しなければならないことを規定する。〉

を課している。第二次世界大戦では、多数の身分証明書がICRCの仲介により拘束された衛生要員に伝達された。

第41条〔特別要員の腕章および証明書〕

> 第25条に掲げる要員は、衛生上の任務の遂行中に限り、中心に小型の特殊記章を付した白色の腕章をつけるものとする。その腕章は、軍当局が発給し、且つ、その印章を押したものでなければならない。
> ② それらの要員が携帯すべき軍の身分証明書類には、それらの要員が受けた特別訓練の内容、それらの要員が従事している任務が一時的な性質のものであること及びそれらの要員が腕章をつける権利を有することを明記しなければならない。

【解説】

　これまで見てきた通り、第40条は常勤の衛生要員のみに言及しているが、第41条は第25条に規定するように時間の一部を医療業務に従事する補助衛生要員の識別について扱う。それらの者は病院衛生兵、看護手または補助担架手として訓練されているので、必要がある場合に傷者の捜索および援助のために派遣される。それ以外の時間は、その他のいかなる形の軍務にも従事することができる。現在までは、そのような部隊は一般的には軍楽隊であった。

　第25条との関連で見てきたように[28]、補助衛生要員は、厳密に言えば1929年の条約では戦場で保護されることはなかったが、捕虜となれば本国に送還される権利があった。この権利は現在では全く異なる。すなわち、前線で医療業務に従事している間は保護を受けるが、一旦拘束されると送還は許されない。したがって、彼らの識別に関する規定は変更しなければならなかった。

28　GC I Commentary, p.222を参照。

第1項　特別の腕章

　1929年の会議は、補助衛生要員は腕章の着用が許されないと考えられていたので、戦場において条約の保護を受けられなかった。濫用を恐れて、会議は所持者が戦闘員となったり非戦闘員になったりするに従い、腕章を取り外したり着用したりするという考えを受け入れることを拒否した。会議は、腕章が「取り外しできる」ことを望まなかった。

　1949年の条約の作成者は、補助要員は実際に戦場で医療業務を遂行している間は保護が与えられると考えた。一方、作成者は常勤の衛生要員が正規に着用すべき腕章の使用をこれらの者にも同時に認めることは濫用の危険があると考えた。彼らは補助衛生要員に対して、特別の腕章を与える決定をすることで妥協した。

　新たな標章は、混乱を引き起こすおそれがあったので採用されなかった。例えば、腕章の上に「補助要員（Auxiliary personnel）」の頭文字を付す考えは放棄された。これらの文字は、使用する国語により結局変えなければならないだろう。

　したがって、赤十字または条約により承認された特殊標章のいずれかを識別標章とせざるを得なかった。しかし、新たな腕章に付ける標章は、常勤要員が着用する腕章に表示されるものと区別するために、小型のものとされている。

　条約では、臨時の腕章は白色であるべきことを規定していることが留意される。常勤要員の腕章の場合には、こうした詳細には言及していない。また条約は、小型の識別標章を腕章の中央に付けることを規定している。

　この腕章は他のものと同様、軍当局が発給し、押印されていなければならない（前記第40条の項を参照）。

　非常に精緻な規定ではあるが、採用されたこの措置は、赤十字を遠方から認識しにくくし、実際上、大きな欠陥がある。いずれにしても、腕章は可視性という点からは到底完全とは言えないうえに、標章の寸法を小型にすることは補助衛生要員を保護するこの規定の目的を無にしかねない。さらにまた、二種類の形の腕章の間に相当な混乱を来たす危険性もある。

　換言すれば、特別の腕章に記す赤十字が小さければ視認することが困難であろうし、大きければ特別の腕章と通常の腕章との区別ができないことになる。そのため、この中間の方法を見つけなければならないが、これは実際の経験に委ねるのが良策であることは間違いない。いずれにしても常勤の衛生要員が着用する通常の腕章は幅の広いもので、その上の赤十字はできるだけ大きいことが望ましい。そうすれば、

特別の腕章は、例えかなり小さなものでも十分に視認できる赤十字とすることができるだろう。もし、特別の腕章上の赤十字が通常の腕章の赤十字の半分の長さがあれば、おそらく一層識別が可能となるだろう。

第2項　身分証明書類

補助衛生要員は、一度敵の権力内に陥れば捕虜となり、帰還の権利を有しない(第29条を参照)。それゆえ、専門家はそれらの者に特別の身分証明書を携帯させることは不必要だと考えた。

しかし、抑留国は必要が生じた場合には、補助要員を医療業務に従事させることができるので、彼らの通常の身分証明書類には彼らが受けた医療上の訓練、従事する一時的な業務の性質および特別の腕章を着用する権利を明記することになる。この場合、1949年のジュネーブ第三条約(捕虜条約)第17条第3項の規定を参照すべきであり、同項には捕虜となる可能性のある者は、すべてその身分を正確に示す身分証明書を支給されなければならない旨を規定している。

第42条〔旗の使用〕

> 　この条約で定める特殊の旗は、この条約に基いて尊重される権利を有する衛生部隊及び衛生施設で軍当局の同意を得たものに限り、掲揚するものとする。
> ②　移動部隊及び固定施設においては、それらの部隊又は施設が属する紛争当事国の国旗を前記の旗とともに掲揚することができる。
> ③　もっとも、敵の権力内に陥った衛生部隊は、この条約で定める旗以外の旗を掲揚してはならない。
> ④　紛争当事国は、軍事上の事情が許す限り、敵対的行為が行われる可能性を除くため、敵の陸軍、空軍又は海軍が衛生部隊及び衛生施設を表示する特殊標章を明白に識別することができるようにするために必要な措置を執らなければならない。

【解説】..

第1項　条約旗の使用

　本条約は、「条約の特殊な旗(the distinctive flag of the Convention)」を定義していないが、その意味は、中心に赤十字を配した白旗であることに間違いない。これは常識的な事柄である。白地に赤十字の代わりに他の色の旗を用いることは想像できない。ここでは旗について論じており、比率は腕章のものとは異なるので、腕章の場合には可能と思われることは除外される。良好な可視性を必要とすることから、この解釈が必要とされる。こうして条約の旗は、スイス国旗の色を転倒した外観を呈する。

　「旗」という語は最も広義に解さなければならない。それは必ずしも布地で作られる必要はない。病院はしばしば屋根に塗装した白地に一個または数個の赤十字を表示することがある。

　この標章は、その享受することのできる保護と尊重とを確保するために移動衛生部隊および衛生部隊に所属する固定医療施設に掲げられる。しかし、第39条に示される一般原則の適用により、軍当局の同意が必要とされる。読者は同条文の解説を参照されたい。

　概観した通り、腕章には軍当局の押印を付さなければならないが、同様の方法は旗については提案されなかった。押印は、標章が屋根に塗装される場合には実際的ではない。

　重要なことは、保護を受ける権利のある建物に限り、この旗が使用されることを確保するために、軍当局が特別な注意を払うことである。そして必要と認める場合に軍当局だけが(標章を表示しないで)衛生部隊を「偽装」することができる。

　この条約の予備作業において、相当数の専門家は、近代戦術では表示することが敵に交戦部隊の場所や数に関する情報を提供してしまうことを恐れて、しばしば前線部隊の表示を行わなかったことを指摘した。既に第39条の項で述べた通り、このようなやり方は禁止されていないが、このようにして偽装された衛生部隊は、敵がその部隊の性格を認識できた場合に限り、敵により尊重されることは明らかである。

　1937年の委員会は、この問題について相当な注意を払った。委員会自身の報告には、Schikckelé軍医総監の作成した報告書が附属書として添付されており、これを参照すべきである。その筆者は、軍事行動を隠密裏にする絶対的な必要性がない限り、衛生部隊は偽装すべきではなく、戦闘を開始した以上は、もはや隠すべきもの

は何もなく部隊を識別すべきであると勧告した。この勧告は実行されるべきである。

第2項　国旗の使用

　1906年の条約は、移動衛生部隊および衛生部隊の固定施設には国旗を掲揚するという一般的規則を規定していた。この規則は、1929年の条約では固定医療施設についてのみ維持されており、移動衛生部隊の場合は任意規定となっていた。1949年の条約では、双方の場合とも条約の旗とともに国旗を掲げることを任意とした。
　この方法には合理性があると思われる。既に指摘した通り、戦場では国旗は交戦の象徴であり、それゆえに攻撃を誘発する可能性がある。

第3項　敵の権力内にある部隊

　第19条は、敵の権力内に陥った医療施設および衛生部隊は、抑留国が被抑留者の中にいる傷病者に対する必要な看護を自ら確保しない場合には、引き続きその業務を行うことができると規定する。この期間中、それらの者は条約の旗に限り掲げることができる。
　本国の旗も拘束した国の旗もどちらも掲げることには反対があるので、赤十字標章の横に国旗を掲揚することについては規定がない。
　本項では「衛生部隊」についてのみ規定するが、この表現は移動部隊と固定医療施設を含むものと思われる。それらの地位は1949年以来、極めて類似しており、旗に関する区別は無意味である。

第4項　表　示

　本規定は、1929年の類似規定と同様である。
　これまでなされた勧告は十分正当なものである。特殊標章は、移動部隊および固定施設、特に固定施設に表示されるときに最も重要な目的を果たす。このような建物の大きな収容力は、非常に多くの人々の安全が危機にさらされることを意味する。さらに空襲に対する予防措置も講じなければならない。
　この標章は遠方から、またあらゆる方角から識別できなければならない。堅固な板を使用し、地上に対して水平、垂直、または斜めに設置すべきであり、白地に大

きな赤十字を屋根や壁面に塗装し、あるいは適当な材料を使用して地上に表示すべきである[29]。

　標章は十分な大きさのものでなければならない。一例を示すと、ICRCの依頼により、ある政府が行った実験によれば、屋上に表示した5m四方の白地に赤十字は、2,500mを超える高度からは識別できなかった[30]。

　衛生部隊および医療施設は、夜間に例えば、赤十字の輪郭を灯火で照明して表示すべきことが当然望ましい。しかし、全面灯火管制が空襲に対する地域防空の最も効果的な実際的手段であるので、軍の指揮官がそれに同意することはありそうもない。もし、昼間にその所在を明らかにされた衛生部隊が夜間に照明を施せば、敵の航空機に対し、有益な目標を与えることになるだろう。しかし、攻撃の場合に限り、衛生部隊に照明を施すことは想像できるだろう[31]。第19条第2項で述べた通り、衛生部隊の安全は軍事目標から十分に分離しておくことにより最大限確保することができる。

第43条〔中立国衛生部隊の旗〕

> 　中立国の衛生部隊で、第27条に定める条件に基いて交戦国に役務を提供することを認められたものは、その交戦国が第42条によって与えられる権利を行使するときは、いつでも、その交戦国の国旗をこの条約で定める旗とともに掲揚しなければならない。
> ②　それらの衛生部隊は、責任のある軍当局の反対の命令がない限り、すべての場合（敵国の権力内に陥った場合を含む。）に自国の国旗を掲揚することができる。

【解説】

29　詳細に関しては、1937年の専門委員会が作成したジュネーブ条約改正草案附属書Schickelè将軍の報告書"Visibilité, signalisation et camouflage des formations sanitaires"を参照。
30　RICR, May 1936, p.409（挿入表）を参照。
31　Schickelè将軍の報告書も、この可能性を示している。

第1項　交戦国の国旗

本規定は、第27条に定める条件に従い交戦国に役務を提供することを認められた中立国に所属する衛生部隊に関するものである。第1項は、交戦国の指揮官がその所属する衛生部隊がそうすることを決定した場合には、それらの部隊は、この条約に定める旗とともにその交戦国の国旗を掲揚すべきことを規定している（第42条第2項の規定によれば、これは義務的ではない）。

これは常識的な事柄である。もし、交戦国がその衛生部隊および医療施設に国旗を掲揚しているならば、その医療活動に随伴する中立国の衛生部隊も国旗を掲揚すべきである。もし、交戦国が掲揚しなければ、中立国の部隊がその活動で掲揚しなければならない理由はない。

第2項　中立国の国旗

中立国の衛生部隊が、条約の旗およびその組織が協力している交戦国の旗に加えて自国の国旗を掲げる権利は、1929年に認められた。それは、われわれにとっては説得力のない原則上の理由で反対されていたものである[32]。

1949年の規定では、中立国の衛生部隊は拘束された場合でも（これが新しい規定なのだが）その国旗を掲げることができる。

しかし、「責任ある軍当局のそれに反する命令がない限り」という文言が加えられている。交戦国の国旗の場合にとられた方法とは異なり、この文言は中立国の部隊が一般的に自国の国旗を掲げることができるか否かは交戦国が決定できるという意味ではない。それは、特殊な場合に一定の期間に限り、前線地域において衛生部隊を隠蔽する必要がある場合のような戦術上の理由から課される制限を意味する。

それが、この規定に与えることのできる唯一の解釈であると思われる。さらに、これはこの規定の起草者の意図にも合致する。これ以外の解釈では、「それに反する命令がない限り」の文言と「すべての場合に（中略）できる」という文言の間に矛盾が生じ、本項は全く意味をなさなくなる。

32　Paul Des Gouttes, Commentaire de la Convention de Genève de 27 juillet 1929, Geneva, 1930, p.171を参照。

第44条〔赤十字の名称および標章の使用〕

　本条の次項以下の項に掲げる場合を除く外、白地に赤十字の標章及び「赤十字」又は「ジュネーヴ十字」という語は、平時であると戦時であるとを問わず、この条約及びこの条約と同様な事項について定める他の条約によって保護される衛生部隊、衛生施設、要員及び材料を表示し、又は保護するためでなければ、使用してはならない。第38条第2項に掲げる標章に関しても、それらを使用する国に対しては同様である。各国赤十字社及び第26条に掲げるその他の団体は、この条約の保護を与える特殊標章を本項の範囲内でのみ使用する権利を有する。

② 　更に、各国赤十字社（赤新月社又は赤のライオン及び太陽社）は、平時において、自国の国内法令に従い、赤十字国際会議が定める原則に適合する自己のその他の活動のために赤十字の名称及び標章を使用することができる。それらの活動が戦時に行われるときは、標章は、その使用によりこの条約の保護が与えられると認められる虞がないような条件で使用しなければならない。すなわち、この標章は、比較的小型のものでなければならず、また、腕章又は建物の屋根に付してはならない。

③ 　赤十字国際機関及び正当に機限を与えられたその職員は、いつでも白地に赤十字の標章を使用することを許される。

④ 　例外的措置として、この条約で定める標章は、国内法令に従い、且つ、各国赤十字社（赤新月社又は赤のライオン及び太陽社）の一から明示の許可を受けて、救急車として使用される車両を識別するため、及び傷者又は病者に無償で治療を行うためにもっぱら充てられる救護所の位置を表示するため、平時において使用することができる。

【解説】

　1929年の条約の類似規定（第24条）は、非常に不十分なものだった。それは赤十字標章の二つの使用の間の基本的な区別をしなかったが、この区別は標章の真の意味を理解し、その使用を規制するにあたって複雑な問題を解決しようとするならば絶対的に必要なことである。この区別は明白なように見えるが、それが文書化されたのは最近のことである。この区別が長い間無視されてきたことが問題の全体を不明確にし、特に1929年の外交会議において多数の人々に誤解を生じさせた。

白地に赤十字には二つの異なる使用がある。その使用法は基本的に異なっており、共通の点は標章の外形だけである。標章が本質的な意義を持つ第一の場合は、ジュネーブ諸条約により人または物に与えられた保護の視覚的記章の場合である。したがって、これは条約による保護の事実上の構成要素であり、略して「保護記章」と呼ぶことにする。それは表示する物に比較して大型のものでなければならない。

表示することは、実際上、保護の必須条件ではないので、われわれはことさら、事実上、という但し書きを用いた。公然と標章を表示しない衛生部隊も、理論上は、なお保護を享受する。しかし、保護は敵がその部隊が何であるか(例えば、占領の場合)を認識した限りにおいてのみ有効であることは明らかである[33]。

第二の場合は、標章は「純粋に表示的」である。それは、条約による保護または保護を意図する意味を有せず、単に赤十字に関係する人または物を表示するために使用される。それは建物または刊行物に人々の注意を促すように使用される。したがって、この標章は概して小型であり、その使用条件はその標章が保護記章と混同される危険を排除しなければならない。

この区別を認めなかったために、1929年の外交会議は、各国赤十字社は衛生部隊とともに業務に従事する場合以外は、平時に限り標章を使用する資格を有するとの決定に至った。このことは戦争が起きた場合には、軍の傷者のため、または軍の衛生部隊に付すもの以外、赤十字社はすべての要員が標章の使用を控え、また建物や物に使用することを控えなければならないということである。実際上、この規定は通常死文化していた。

第44条は、保護記章と単なる表示記章との間に明確な区別を設け、明らかになった二つの必要性を調和させることに成功している。なぜなら、それは保護記章の使用を厳格な保護措置で包囲し、同時に各国赤十字社が標章を広汎に使用することを認めている。そうした広汎な使用は一般化しており、その権利を赤十字社は有している。

第1項　保護記章

1. 保護される人および物

前述の通り、標章が本来の重要性を持つのはそれが保護的な力を持つ場合である。

33　本書p.15を参照。

したがって、それは「条約の標章」と呼ばれる。標章が成文国際法となったのは1864年のジュネーブ条約によってであり、この条約は軍隊の傷病者に与えられる攻撃からの保護の象徴として標章に大きな意義を与える。

　第1項は、次項以下の項で掲げる場合（主として表示記章）を除き、特殊記章は、平時戦時を問わず、この条約または類似の事項を規定する他の条約により保護される衛生部隊および同施設、要員ならびに資材を表示するためでなければ使用してはならないことを規定する。

　第38条および第39条は、赤十字の記章は軍隊の衛生部隊の記章であり、それらに関係するすべてのものに表示するよう規定するが、第44条はこれ以外のものに表示してはならないことを明記する。ジュネーブ条約で規定するもの以外のあらゆる記章の使用は厳に禁止される。「この禁止は絶対的であり、特定の当局が廃止することはできない」とLouis Renaultは述べている[34]。各国政府も赤十字社も、この禁止を無視することはできない。それは個人を拘束するとともに政府、赤十字社を拘束する。それは1929年の会議で権威者の意見により再三強調された事実である[35]。

　同様に第1項は（常に次項以下の項で掲げる場合を除き）、「赤十字」または「ジュネーブ十字」[36]の語は、この条約により保護される建物、人または資材を表示する[37]場合に限り使用することができる旨を規定する。

　本項の第2節は、赤新月または赤のライオン及び太陽を使用する国に対し、同様の規定が当然適用されることを確認する。

　本条約により保護記章を使用する権利を有するのは、次の通りである。

　(a) 軍隊および救済団体の移動医療組織ならびに固定医療施設（第19条および第42条）
　(b) 交戦国を援助する中立国の団体の医療組織（第27条および第43条）
　(c) 管理職員を含む軍隊および救済団体の常勤の衛生要員ならびに宗教要員（第24条、第26条および第40条）
　(d) 交戦国を援助する中立国の団体の医療要員（第27条および第40条）
　(e) 医療業務に従事中の軍隊の補助衛生要員（特別の腕章を着用する）（第25条および第41条）

34　Actes de la Conférence de Revision rèunie à Genève en 1906, p.265を参照。
35　Actes de la Conférence diplomatique de Genève de 1929, Geneva, 1930, pp.306, 307, 311, 317を参照。
36　本書p.7参照。
37　本条において「表示する（indicate）の語は、「赤十字（Red Cross）」に掛かり、「保護する（protect）」の語は、「標章（emblem）」に掛かる。誤記のため、これらの語は間違った順序で印刷された。本書p.59の脚注70も参照。

(f) 軍隊および救済団体の医療資材(第33条、第34条および第39条)
　(g) 医療護送車両隊および輸送手段(第35条および第39条)
　(h) 医療用航空機(第36条)

　これに加えて、この条約の附属書の「病院地帯および病院地区に関する協定案」はその第6条で、病院地帯および病院地区は白地に赤十字の標章で表示するものとすると規定する。しかし、同協定案は拘束力を有せず、その効力発生は関係国間の協定締結による[38]。
　赤十字標章は、主として第一条約に依拠し、その使用に関しても同条約で規定するが、第二条約および第四条約にも関係規定をおく。
　以下のものは、1949年のジュネーブ第二条約において保護記章を使用する権利を有するものである。
　(a) 国、救済団体および個人が使用する病院船(第22条、第24条および第43条)
　(b) 中立国の救済団体および個人が使用する病院船で交戦国を援助するもの(第27条および第43条)
　(c) 病院船の救命艇、沿岸救命艇および衛生部隊が使用するあらゆる小型救命艇(第27条および第43条)
　(d) 救命艇が使用する沿岸固定施設(第27条および第41条)
　(e) 船舶内の病室(第28条および第41条)
　(f) 病院船の衛生要員、宗教要員および乗組員(第36条および第42条)
　(g) 海軍および商船隊の衛生要員ならびに宗教要員(第37条および第42条)
　(h) 医療資材(第41条)
　(i) 医療用航空機(第39条)

　また、1949年のジュネーブ第四条約の以下のものである。
　(a) 文民病院(第18条)
　(b) 文民病院の職員(第20条)
　(c) 文民の傷病者を輸送する陸上の護送車両隊または病院列車もしくは海上の特別調達の船舶(第21条)
　(d) 文民の医療用航空機(第22条)

38　本書pp.117-118を参照。

さらに第四条約に附属する病院地区および安全地帯に関する協定案第6条は、もっぱら傷病者のために確保された地帯は赤十字標章で表示することができると規定する。第一条約附属の協定案に関する上記の意見は、ここでも適用される。

2. 特権を享受する機関

　本項で研究する第一条約の下で保護記章を使用する資格を有するのは、いかなる機関であるか。

　第一に、軍隊の衛生部隊である。白地に赤十字が制度としての赤十字標章となる以前においても、条約は白地に赤十字を軍隊の衛生部隊の国際記章として採用していた。

　第二に、第26条の規定に基づき軍隊の衛生部隊を支援する承認された救済団体である。これらは、第一に各国赤十字社であり、幸いにもそれは1949年の条約中に明確に規定されている。しかし、赤十字社は医療組織は別として、何ら特殊標章を独占するものではない。各国政府は衛生部隊を支援するその他の団体を承認することができ、これらの団体は、赤十字社と何ら関係がなくとも、平時、戦時において赤十字記章を使用することができる。実際、そのような団体は二、三あるのみである。われわれが引用した例はマルタの騎士団(Knight of Malta)およびエルサレムの聖ヨハネ騎士団(Order of St.John of Jerusalem)である。

　本研究の本項後節は、赤十字社およびその他の承認された団体は本項の範囲内においてのみ保護記章を使用できることを強調しているが、それは当然なことである。これは、このような団体は公的な衛生部隊を支援し、その活動と同じ目的にもっぱら使用され、かつ資材および要員が軍法に従う場合に限り、保護記章を使用できることを意味する。その場合でも、これらの団体は、軍当局の同意を得た場合に限り保護記章を使用することができる。

　各国赤十字社の幹部および職員は、ジュネーブ条約で保護される場合を除き保護記章を使用する資格を有せず、腕章を着用することはできない。そのため、これらの者は職務として軍隊の傷病者の看護に尽力しなければならず、第24条に規定する義務に合致しなければならない。それ以外の場合には、次の第2項で解説する通り、これらの者は単に表示記章を着用できるだけである。同様に、その建物が本条約による保護を受けない場合、すなわち、それが病院または軍隊の傷病者のための医療資材を収める倉庫でない場合には、赤十字社に所属する建物の屋根に赤十字を塗装

することはできない[39]。

第44条第3項の規定によれば、赤十字国際機関および正当に権限を与えられたその職員は、いつでも赤十字標章を使用することが許される。後述するように[40]、この記章は状況により、また業務の性質により保護的意味を持つ場合がある。

最後に、第44条の文言によれば、「赤十字」または「ジュネーブ十字」の語を使用する権利は、この標章自体を使用する権利に依拠することに留意すべきである。したがって、衛生部隊は各国赤十字社と同様にこれらの名称を使用する資格を有するように見える。

しかし、これは明らかに条文作成上の誤りによるものであり、全く非論理的である。この名称はもっぱら赤十字団体に留保されるべきものである。いずれにしても、医療組織が実際上、これらの名称を使用する理由を見出すのは困難である。

第2項　純粋な表示的記章

1. 性格および使用制限

上記の通り、赤十字標章がジュネーブ条約に基づく保護または保護を想起させる意図を持たずに、人または物が赤十字に関係あることを示すために使用される場合には、それは純粋に表示的意味を持つ。したがって、この記章は人または物に比較して小型のものでなければならず、使用上の条件は、敵の攻撃からの保護を与える標章と混同されるようなあらゆる危険を排除しなければならない。

標章の二つの使用方法には根本的な相違があることに鑑み、当初から二通りの特殊標章を採用する方が良かったのではないかとの疑問が生じるのも無理はない。すなわち、一つは本条約により与えられる保護の識別記章とし、他の一つは各国赤十字社の業務全般のための旗である。われわれは、二つの異なる意味を持つ一つの記章を持つことに若干の欠陥があることを知ったが、この問題をさらに検討すると一層その欠陥が理解できる。しかし、同時にその利点にも留意しなければならない。

赤十字は、苦難を受けるあらゆる人々に対して公平な援助を与える普遍的シンボ

---

[39] 1949年のジュネーブ第四条約第18条に基づき、文民病院(赤十字社その他の救済団体に属することがある)は、国の承認を受け、標章の使用を許可された場合には保護標章を付けることができる。同様に、同条約第20条に基づき、赤十字社の幹部または職員は常に、かつ専ら国により承認された文民病院の運営または管理に従事している場合には保護され、腕章を付けることができる。

[40] 本書p.42を参照。

ルとして人々の脳裏に刻まれてきた。また、標章の下であらゆる一般の人々を対象に実施される赤十字の福祉活動は、攻撃からの保護のシンボルとしての標章の地位の恩恵を受けている。逆に言えば、赤十字の尊重は保護標章の権威を高めることになる。

　いずれにしても、今日、新たなシンボルを採用することを考えるのは明らかに時機を失している。しかし、赤十字標章の二つの使用方法の区別を明確にすることに常に注意を払わなければならない。

　1929年の条約では、戦争の発生と同時に、赤十字社は直ちに軍隊の傷者のために供される人、建物または物からこの標章を撤去しなければならなかったが、この規定はほとんど死文化している。1929年の会議議事録によれば、赤十字社のいわゆる「平時活動」が戦時に継続される場合、各国代表は(戦時と無関係な活動に)標章が使用されることを防ぐ意図はなかったことを示している。にもかかわらず、彼らが採択した規定は堅苦しいものとなった。

　1949年に条約により保護記章と純粋な表示記章の間に区別が設けられたので、表示記章は危険を伴うことなくその使用を拡大することができた。

　各国赤十字(赤新月、赤のライオン及び太陽)社は、平時において自国の法令に従い、軍隊の衛生部隊の支援以外の活動のために赤十字の名称および標章を使用することができる。戦時においても、彼らはその活動のために引き続き標章を使用することができるが、それは本条約による保護を示唆するものと見なされない条件においてのみである。

　敵に混乱を生じさせ、単に表示的な記章に保護的意味があるかのようにすることがあってはならない。すなわち、この場合の標章は比較的小型のものでなければならず、腕章や建物の屋根に付してはならない。この後段の規定は、表示記章を付けている者と軍隊の衛生要員との間の混同または赤十字に所属し、保護の資格のない建物と本条約により攻撃からの保護が与えられる医療施設が混同される危険を防いでいる。

　これらの制限は戦時にのみ適用される。しかし、赤十字社は平時においても軍隊の傷病者を救済する以外の活動では、小型の記章を使用することが強く期待される。戦争が起きた場合に記章の大きさを縮小することは経費を要し、短時間で実行するのは困難な仕事だが、これがなおざりにされ適切に実行されないと重大な事態に至るかもしれない。

　会議は、実際上の理由により、表示標章の最大の大きさを規定すべきとする提案

を否決した。会議は、この標章が比較的小型のものでなければならないこと——すなわち、人または物に使用される保護標章に比較して小さいこと——を規定したにすぎない。具体的な大きさは良識により決定しなければならない。したがって、建物の入口に掲げられる1m四方[41]の旗は表示標章として通用するだろうが、車両に表示される同じ大きさの標章は保護標章と見られるであろうから、例えば、20cm四方に縮小しなければならないだろう。また20cm四方の大きさの標章は人が付けるには大きすぎるから、1～2cmの記章で十分であろう。

各国赤十字社以外の承認された救済団体は保護記章を使用することができるが、赤十字と関係があることを示す表示記章を使用する資格があるのは赤十字社だけである。

本条約は、各国赤十字社に対し、軍隊の衛生部隊との共同活動以外に標章を使用する許可を与える場合には、それらの活動が「赤十字国際会議が定める原則に合致する」ものでなければならないと規定する。この文言は理由なく追加されたものではない。これは、改正の予備作業の間、長らく議論された問題に解決策を与えるものである。

各国赤十字社の活動は、最初は軍隊の傷病者の看護に限られていたが、その後、事実上、あらゆる種類の人間の苦痛を含むまでに拡大された。しかし、その活動は常に戦争または社会的災害の直接的な犠牲者を支援することであった。しかし、第二次世界大戦中、若干の国の赤十字社は新たな分野に参入し、前線の兵士への小包の送付、軍隊の福利計画の立案、軍人への水泳講習、兵士の家族への支援等の社会的、愛国的性格の活動を実施した。初めて赤十字は、実際には戦争犠牲者ではない人々の面倒を見たのである。

ICRCは、これらの優れて有用な活動を批判しようとは思わなかったが、そうした活動は、赤十字の本来の性格や主要任務とはかけ離れた業務であるのに、赤十字の名称と標章を無意識のうちに使用することになる可能性があることを指摘した。

赤十字活動の分野は、許される活動と禁止される活動を列挙して境界を定めることができないことが直ぐに明らかになった。個々の問題(予見される個々の新たな活動)は、一定の基準を適用して、その価値を考慮しなければならない。過去と将来の赤十字国際会議により明確にされた赤十字の基本原則が必要な基準を提供する。

41　1mは、39.37インチに相当する。20cmは、8インチより僅かに短い。1～2cmは、0.4～0.8インチに等しく、概ね1/2～1インチである。(原訳者注)

2. 種々の使用方法

この記章の純粋に表示的な使用方法は、従属標章、装飾標章、および連想標章に分類することができる。

A. 従属標章(the appurtenant emblem)

これは人または物が赤十字機関に所属することを示す。旗、ドア・プレート、ナンバー・プレートに表示して赤十字の建物または車両であることを示す。ナースキャップまたはボタン穴にバッジとして付けて、その機関の職員であることを示す。出版物、筆記用紙および小包に押印または印刷マークとして使用される。この標章には、それを使用する組織の名称を付すのが通例である。

赤十字社の活動にあたるメンバーは、バッジを付けなければならないが、小額の実費を支給され、実務を要求されない赤十字社の多数のメンバーまたは支援者が、この標章を付けることができるかどうかの問題が生じる。

この問題を規定する国内法は極めて稀である。多くの場合、国内法は赤十字社に対し、単に標章の使用を許可するのみである。場合によっては「赤十字メンバー」もこの資格を持つが、しばしば、法の趣旨は人道活動を行うメンバーだけを意図していることは明らかである。若干の国には一層詳細な規定がある。例えば、ニュージーランドの法律では、ボタンおよびブローチは制服着用のメンバーに限り使用することができると規定する。ドイツでは、赤十字標章を赤十字メンバーが私的目的で使用することを法律で禁止している。

現在の赤十字の慣行は、国により相当異なっている。ある赤十字社は、メンバーが標章を付けることを禁止し、他の赤十字社は特定の場合に、例えば赤十字大会の間に限り付けることを許している。他方、ある赤十字社はメンバーが適当と考えるときには標章を付けることを許可しており、赤十字社の中には寄付金の対価としてそれを販売している社もある。

この問題は、一般的な赤十字諸原則に照らして判断しなければならない。標章を管理する規則の一般的傾向は、公平な博愛的援助のシンボルとして重要な意義があるような場合には、その使用を留保していることは確かである。第12回赤十字国際会議(1925年、ジュネーブで開催)が採択したある決議は1930年にブリュッセルの会議で確認されたが、その決議は「各国赤十字社は、そのメンバーに対し、業務従事中に限り赤十字のブローチを付けることを許可するものとする。この措置は、特に

赤十字ユース・メンバーについては非常に厳密に行われなければならない」と勧告した。Paul Des Gouttesは、次のように記している。「標章は赤十字に所属し、個々のメンバーには所属しない。…メンバーによる標章の使用は、現に業務に従事している場合を除き許可してはならない」[42]。ICRCは、この見解に同意するものであり、各国赤十字社に対して赤十字社の会合の期間を除き、現に業務を行っていないメンバーには標章の着用を許可しないことを勧告する。

B. 装飾標章(the decorative emblem)

赤十字社は、メダルおよびその他の賞品、ポスター、パンフレットのような広告資材ならびに建物の内部装飾に装飾標章を使用することがある。室内装飾の場合には、通常の規則にかかわらず大型の標章を使用することができる。会議では、いつも巨大な赤十字旗が演壇に掲げられる。この場合の旗は屋内に掲げられるので、その目的が航空機または砲撃からの保護を確保するためであるとは誰も思わない。

C. 連想標章(the associative emblem)

連想標章の名称は、赤十字社とは無関係だが、標章を表示することを赤十字社に許可された救護所および救急車が赤十字を使用する際に用いられる。この問題は第4項において検討する。

3. 標章の外観

ジュネーブ条約に規定する白地に赤十字から成る保護標章は、常にいかなる変更も追加もせずに原形のまま表示しなければならない。これは、使用する組織の名称を除き、従属標章にも適用することが大変望ましい。それは、組織としての赤十字の独自性と固有の尊厳を象徴するからである。さらに、赤十字の意義を人々の心に定着させ、混同を避けるためには、標章は赤十字社に無関係な他の機関の標章と組み合わせるべきではない。

連想の効果を十分に確保するために、連想標章もできる限り原形を留めるようにすべきである。一方、ほとんどの国では、装飾的標章の取り扱いについてはデザイナーの創意を自由に認めている。しばしば、赤十字が切り抜かれ、金色が施されるか標語が添えられる。これが抑制的で気品が保たれ、装飾的標章だけに限られるな

---

42 Paul Des Gouttes, Commentaire de la Convention de Genève du 27 juillet 1929, Geneva, 1930, p.181を参照。

らば全く不安は生じない。

4. 標章の威信

標章の濫用防止のために取るべき措置[43]は、第53条で議論する。しかし、法律で禁止される濫用を止めさせるだけでは十分ではない。標章は、あらゆる状況で高い意義と威信を保たなければならず、それを低下させるいかなる慣行も徹底的に避けなければならない。

一例を挙げれば、赤十字機関は、しばしば資金調達のために赤十字を付した物品を販売してきた。こうしたやり方は多少なりとも標章の地位を低下させるものであり、全体的な赤十字の名声を傷つけるものである。

第一に考慮すべきことは、保護記章の濫用防止であるが、純粋な表示記章の濫用も避けなければならない。なぜなら表示記章の濫用は、間接的に保護記章に寄せられる尊重を低下させるからである。記章は、それぞれの場合における法的意味がどうであれ、常に白地に赤十字であることを忘れてはならない。赤十字の描き方によっては、苦しむ者への公平無私な援助を意味する記章の崇高な重要性をある程度、強めたり弱めたりする。

この新条約は、記章の使用に関して赤十字機関に大幅な特権を与えている。それに伴う名誉と責任を自覚し、赤十字機関は自らに付託された役割を油断なく監視しなければならない。もし標章の直接的な利害関係者とその当然の守護者が、みだりに標章を使用して名誉を損ねたら、標章に伴う名声を無節操に利用する商業的利害関係者を上手く阻止することが望めるだろうか。標章の威信が失墜することで濫用がなくなることを見るよりも、標章が広く認知されているが為に起こる濫用に対し終始闘うことの方がはるかに良い。

第3項　赤十字国際機関

1929年の条約では、ICRCは、自ら考案して最初に使用したこの標章を使用する権利を理論上与えられていなかった。しかし、スイスでは条約の文言よりもその精神に合致する国内法により、ICRCが標章を使用する権利が認められていた。いずれにしても、戦時においてICRCがなすべき重要な任務に鑑み、ICRCが標章を使用

43　本書p.46以下を参照。

する権利に異議を唱える者は誰もいなかった。同様の見落としが、赤十字社連盟（The League of Red Cross Societies〈訳者注：1986年以降は、The International Federation of Red Cross and Red Crescent Societies：国際赤十字・赤新月社連盟と呼称する。〉）の場合にも見られたことが留意される。

　先の世界大戦中、ICRCは、戦争犠牲者の直接的な利益に照らし、特定の場合には政府の正式な同意を得て、栄養不良の捕虜および文民への食糧輸送のために使用する特定の輸送手段に標章を表示すべきことを政府に提案するのが望ましいと考えた。それらは主として、もっぱら救援輸送に使用され、ICRCまたは各国赤十字社の管理下で航行する船舶だった。

　戦争の最終段階において、ドイツ国内の捕虜および追放された文民に食糧を供給するためにICRCが緊急に編成した鉄道および護送車両隊にもこの記章が表示された。

　1949年の会議は、1929年の条約の奇妙な見落としを修正したので、赤十字国際機関は今日、正式に赤十字記章を使用することが承認されている。

　この承認には留保が付されていない。したがって——会議における議論で明らかに分かるように[43]——状況または仕事の性質により、この記章は保護的意味を持つことができる。

　1949年の四つのジュネーブ諸条約は、ICRCに多くの重要な任務を付託している。またこれら条約は、ICRCが行う実際の条文以外の戦争犠牲者保護のための業務も認めている。これらの活動の大部分は、厳密に言えば軍隊の衛生部隊の保護のようにはジュネーブ条約で「保護」されるものではない。しかし、保護記章の使用を拡大して、これらを含ませることは十分正当性がある。それらの活動は、大部分、条約の規定によりICRCに与えられた権限から派生するものであり、それを容易にすることには大きな人道的利益がある。

　保護記章の使用を必要としない場合（大部分の場合がこれに該当する）は、記章は純粋に表示的なものである。国際機関も各国赤十字社と同様に、かなり寛大に許されたこの権利を行使するに当たっては注意深く慎重を期し、真に必要な場合のみに使用を限るべきである。

43　特に、Final Record of the Diplomatic Conference of Geneva, 1949, Vol.III-A, p.198（総会へ提出の第1委員会報告書）を参照。

第4項　救急車および救護所

　1929年の条約は、何ら赤十字と関係ない場合であっても、当該赤十字社の許可を得て、傷病者である文民の無料の看護にもっぱら当てられる救護所の場所を示すために純粋な表示記章を使用することができると規定した。

　集会その他の多人数が集まる場所には、救護所はこのように表示される。同様に、自動車事故に備えて幹線道路の沿線に一定の間隔で設置される救護ポストのことは誰もが知っている。赤十字記章を使用することになったのは、その実際上の高い連想力のゆえである。矢印が無意識的に進むべき方向を示唆するように、白地に赤十字は誰もが受けることのできる救護を連想させるからである[45]。

　1949年の条約は、この標章の例外的な使用を存続させ、それを同様の条件で救急車にも拡大した。多くの国々では、消防車と同様、救急車には法令により道路上の優先権が与えられているので、救急車は明瞭かつ統一した標識を付けなければならない。いずれにしても、この新たな規定は、概ね法を実際の慣行に合致させたものである。

　第4項は、標章に関する条約の指導原理の適用除外であり、1929年の会議では直ちには採択されなかった。同会議は、規定の適用範囲をできる限り制限し、濫用を防止するために厳格な保護措置を採用した。1949年の条約には同様の躊躇はなかったが、次のような予防措置は存続した。

　(a) 標章は、例外的な措置としてのみ使用することができる。その使用は定められた場合以外に拡大することはできない。

　(b) 標章の使用は、国内法令に従わなければならない。それゆえ政府はその使用を制限し、または適当と考える追加の保護措置(公当局の同意、監督など)に従わせることができる。

　(c) 標章の使用は、明示の許可を必要とする。したがって、黙示の同意では不

---

[45] 1931年3月30日の道路標識の統一に関する条約は、附属書において、付近の救護所を表示するために使用する標識に関する勧告を行っている。それによれば、「この標識は長方形とし、短い方の(水平の)側は、長い方の側の2/3の長さとし、板の素地は暗色とし、白色の線条を以って囲み、板の中央に30cmを下らない各辺を持つ白色の四角形の中に赤十字標章を付けたものとする」とある。ひな形として付してある図面によれば、板の素地を青色としているが、この色は一般的に採用されているようである。第14回赤十字国際会議(1930年、ブリュッセルで開催)により設置された「道路上の救護所に関する常設国際委員会(The Standing International Commission on Highway First Aid)の作業にも注目しなければならない。〈訳者注：現在は、1968年の道路標識条約附属書に類似規定がある。〉

十分である。(b)で述べたように、赤十字社(赤新月社、赤のライオン及び太陽社)だけがこの許可を与えることができる。許可を与える権利は、他のいかなる団体にも帰属せず、国にも帰属しない。また、赤十字社自身はこの権利を他に委譲することはできない。

(d) 救護所は、もっぱら傷病者のために使用しなければならず、看護は無償でなければならない。このようにして標章に伴うイメージが保護される。料金を徴収したり、薬品を販売したときは、標章の使用許可は取り消さなければならない。

(e) こうした標章の使用は平時に限り許可される。国が紛争当事国になった場合は、そうした標章はその全領域から直ちに撤去しなければならない。許可を与える目的は、戦時においても等しく有用であることを考慮すると、これは厳し過ぎると思えるかもしれない。しかし、この規定は極めて明確である。赤十字の本来の価値は、それが攻撃からの保護の象徴となる戦時にあることを忘れてはならない。その他の一切のことは、この理念より優先されることはない。

赤十字社がこれらの規定に従い許可を与える場合は、標章がいかなる場合にも維持しなければならない威信を失墜させるような濫用が起こらないように、その使用を注意深く監視しなければならない。

私たちは本項において、公共の場で開かれる集会の場所で赤十字が救護所を表示し、また道路上の救護ポストを表示するために、しばしば使用されることを見てきた。しかし、国によっては事故の犠牲者や病人が使用する救急キットを収めた救急箱にも標章が使用されている。これらの箱は、大型店のような公共の建物、工場、鉄道車両および航空機内に見られる。

第4項の規定が正しく遵守される限り、こうした慣行は条約の精神または文言を侵害するものではない。しかし、これは赤十字記章の使用の拡大を意味し、それは赤十字標章の威信を損なう危険性を著しく高める。赤十字社は、新たに使用を許可する前に、いかなる害も生じないことを確かめるよう奨励される。赤十字社が効果的かつ永続的な管理ができない場合には、赤十字社は許可を与えるのを拒否することもできるだろう。若干の国では、私的使用、特に自動車利用者のために市販される救急箱や救急キットに赤十字記章を表示できるかどうかの問題が生じた。事故や病気のときに救急箱や救急キットを素早く認識させることは有効かもしれないが、

このような慣行はやめるべきであると思われる。

　このような使用慣行は、条約が規定する限界を越えている。標章の使用が増加すれば、その価値は低下するだろうし、商業目的の広告が参入するだろう。しかし、われわれの見解では、最大の難点は管理の方法がないことであろう。容器が常に本来の目的のために使用される保障はない。一旦空箱になれば、容器は小道具箱として使用され、その上、赤十字マークが見せびらかされることになる。箱に「救急」または「医薬資材」などの文字があれば、極めて容易に識別することができるはずである。

　われわれは、1929年の会議の全体報告者の言葉を想起して結語とする[46]。「これらの条文を採択するに当たり、本委員会は、条約の標章の普遍的威信とすべての人々の眼に映るこの原則の高い道義的な意義を完全に、かつ、損なうことなく維持したいという願いを厳粛に表明したいと思う」。

第53条〔赤十字の標章および名称の濫用の禁止〕

　公のものであると私のものであるとを問わず、個人、団体、商社又は会社でこの条約に基いて使用の権利を与えられていないものが、「赤十字」若しくは「ジュネーヴ十字」の標章若しくは名称又はそれを模倣した記章若しくは名称を使用することは、その使用の目的及び採用の日付のいかんを問わず、常に禁止する。
② スイス連邦の国旗の配色を転倒して作成した紋章の採用により同国に対して払われる敬意並びにスイスの紋章及びこの条約の特殊標章との間に生ずることのある混同を考慮して、商標としてであると又はその一部としてであるとを問わず、商業上の道徳に反する目的で又はスイス人の国民感情を害する虞のある状態で私人、団体又は商社がスイス連邦の紋章又はそれを模倣した記章を使用することは、常に禁止する。
③ もっとも、この条約の締約国で1929年7月27日のジュネーヴ条約の締約国でなかったものは、第1項に掲げる標章、名称又は記章を既に使用していた者に対し、その使用をやめさせるため、この条約の効力発生の

46　Actes de la Conférence diplomatique de Genève de 1929, Geneva, 1930, p.619

> 時から3年をこえない猶予期間を与えることができる。但し、その使用が戦時においてこの条約の保護を与えるものと認められる虞がある場合は、この限りでない。
> ④ 本条第1項に定める禁止は、第38条第2項に掲げる標章及び記章に対しても適用する。但し、従前からの使用により取得されている権利に影響を及ぼさないものとする。

【解　説】

総　論

A. 二種類の濫用

第44条で見た通り[47]、白地に赤十字の記章は二つの全く異なる意味で使用される。条約の規定により尊重される人または物に記章が表示される場合は、保護の意味を持つ。また単に人または物が赤十字に関係あることを示すだけで、条約の保護を受ける資格があることを意味しない場合は、記章は単に表示的なものにすぎない。

したがって、保護記章の濫用と表示記章の濫用とを区別しなければならない。第一の濫用は、戦時においては人命に係わるものであるから、極めて重大なものである。違反行為の軽重は状況により異なる。例えば、衛生要員ではないにもかかわらず、悪意なくして赤十字の腕章を付けるような無思慮な医師の行為もあるし、敵を欺くために軍需品集積場に大型の標章を掲げるような背信行為もある。こうした両極端の中間に、程度の差こそあれ様々な濫用があることを想像することができる。

表示記章の濫用の代表的事例としては、赤十字社の記章を許可なく使用すること、または薬局もしくは商標として標章を使用することを挙げることができる。

B. 歴史的背景

赤十字標章の濫用は、ジュネーブ条約そのものとほぼ同じ位古くに遡る。1864年の条約には違反を抑止する規定はなく、特殊記章の濫用の問題にも沈黙している。濫用は、1866年の戦争〈訳者注：普墺戦争〉において起こり、1870年から1871年の戦争〈訳者注：普仏戦争〉ではさらに濫用が増加したが、それは保護記章のみに影響を与えた。しかし、1880年には表示記章も様々な方法で違法に使用されていた。薬剤

---

[47] 本書p.31以下を参照。

師、医療機器製造者、無資格の看護人および理髪師も自分たちの標識として赤十字を使用し、ピルケースやミネラル・ウォーターの広告にも使用された。

ICRCおよび各国赤十字社は、そうした濫用に対しキャンペーンを実施し、今日までそれは続いている[48]。第3回赤十字国際会議(1884年)は、「平時も戦時も、条約の標章である白地に赤十字の濫用を防止するため、あらゆる国において強力な立法措置または類似の措置をとること」を勧告した。同様の決議が第4回会議(1887年)で採択され、ICRCは、1888年に濫用の防止、抑止の最善の方法に関する論文コンテストを開催し、入選論文二点を刊行した[49]。

こうした努力にもかかわらず、記章の違法使用は次第に増加した。業者の中には、赤十字を少し変えたものを使用し、条約の標章を使用しているのではないと臆面もなく主張する者もいた。各国は刑法の中で、商号および商標等には厳格な保護を与えていたが、ジュネーブ条約署名の際に正式に承認した極めて意義あるシンボルは無防備のまま残された。若干の国では、標章の法的保護に関する幾つかの規則を制定したのは事実だが、それらは不十分なものだった。

そこで、記章の濫用を禁止し、各国に適切な立法措置を講ずるよう要請する規定を条約自体に盛り込むべきであるとの提案がなされた。これはジュネーブ条約を全面的に改正した1906年の会議で実現した。かなり詳細に規定した第27条で、政府は赤十字の名称および標章の濫用を防止するために常に必要な措置をとるか、あるいはそれを立法府に提案することを約束した。さらに第28条[50]は、戦時における標章の濫用は「軍記章の侵犯」として処罰すべきことを規定した。その当時はまだ、標章の二種類の使用方法を区別することが明確に意識されていたわけではないが、条約は保護記章と表示記章の双方の濫用を禁止した。

ちなみに、戦時における保護記章の濫用は、長年、国際法で処罰すべき違法行為と認識されていた。1899年の第2ハーグ条約附属規則第23条は、「ジュネーブ条約の特殊徽章を不当に使用すること」を禁止し、この規定は1907年に改正された規則の第23条にそのまま踏襲され、今日も有効である。

1929年の改正の際は、1906年の条約採択の結果生じた問題、すなわちスイス連邦の紋章の保護問題に主な関心が向けられた。無節操な業者は、赤地に白十字が赤

48　ここに、ICRC事務総長および会員たる故Paul Des Gouttes氏に特に敬意を表さなければならない。同氏は、その輝かしい生涯を通じ、標章についての不屈の闘士の一人であった。
49　Buzzati, Castori両教授著：De l'emploi abusif du signe et du nom de la Croix-Rouge, Geneva 1890.
50　同じ規定が翌年、ハーグ第十条約(ジュネーブ条約の原則を海戦に適用する条約)に規定された。

十字記章と似ているために互いに混同される可能性があることを期待して使用し、1906年の禁止規定を踏みにじろうとした。

　第27条は存続したが、この改正では1906年の規定にはなかった赤十字標章の模倣も禁止された。一方、条約のあらゆる違反行為を抑止する義務が明確に規定されたが、保護記章の濫用の特殊な事例を扱う第28条の規定は不幸にも見落とされてしまった。こうして、性格が全く異なる二つの形態の濫用の区別は、少なくともジュネーブ条約からは姿を消した。使用された文言は、双方の濫用に対して取るべき措置を認めているが、唯一明示的に言及されている、いわゆる商業的な濫用のみを扱うような印象を与えた。結果として、1929年の条約の義務を履行するために導入された国内法は、一般的に商業的な濫用のみを扱っている[51]。

C. 新たな条文の絶対的性格

　1949年のジュネーブ第一条約第53条は、真の前進を示すものである。1949年の条約は、第一に、1929年の条約(第28条)の類似条文において以前は政府が「採用または立法府に提案すべき措置」によるとしていたもの——規定の効果を著しく弱める条件である——を絶対的な禁止とした。

　この新たな条文は、条約中のその他の各種禁止(傷者、医療組織などに関する禁止)規定と同じ地位を占める。したがって、この条文を置く適切な箇所は第7章(特殊標章)であり、現在ある第9章(濫用および違反の抑止)ではない。それは第44条の直後に来るか、あるいは第44条の一部とすべきである。代表の一人はこの点を指摘したが、手続上の理由から会議はこの問題を取り上げなかった[52]。

第1項　赤十字標章の濫用

1. 禁止の対象

51　1934年、ICRC発行Recueil de textesを参照。それには特に標章の濫用防止に関するジュネーブ条約の適用に関する法令を掲げてある。
52　この変更には、第9章のその他の規定の重視を強化した利点があったはずである。1929年には、特殊標章の保護は、不幸にも条約全体が課す各種義務の最上位のものとして提示された。その結果、多くの国の立法府は主として一点に注意を集中した。もっとも、その点においても十分な立法を行ったわけではなかった。実際問題として、しばしば攻撃の対象となる傷者および衛生要員ならびに資材の保護問題は、刑法の一般規則よりも詳細な規定によることが緊要であることに留意すべきであるとされた。幸いにも1949年の会議は、1929年の会議よりも違反行為の防止を遥かに強化した。

A. 保護記章

　1929年の条約第28条と同様に、第1項は、主として表示記章の濫用（すなわち商業目的の使用）を禁止することを目的としている。しかし、同時に第49条でも規定する戦時における保護記章の濫用をも対象としている[53]。禁止は「いかなる記章にも、常にその使用の目的を問わず」適用される。

　しかし、1929年の条約と同様、二つの濫用の間に区別を設けていない。第53条の文言は混乱を生む可能性があり、いわゆる商業的な濫用について詳細に規定し、これだけを扱っていると思われるかもしれない。

　国は、国内法令の一般規定のみに頼らずに保護記章の濫用に明確かつ厳しい罰則を定めることが重要である。この場合、刑罰は赤十字の名称または商標の不法使用に対する罰則よりも一層厳しいものでなければならない。戦闘地域の建物に資格がないのに赤十字記章を表示することは、合法的に記章を表示する病院の安全を脅かし、条約への尊重を損なうことになる。われわれが既に指摘したように危機に直面するのは人命である。ICRCは、1949年の会議に本条文の改善を提案したが、不幸にも見過ごされてしまった[54]。

　いずれにしても、1949年の条文は一層精緻なものであるべきだったかもしれないが、それは現在でも妥当なものである。政府はこの規定を十分に機能させるために、二つの類型の濫用を防止し、処罰を行うために必要な立法措置を講じる責任がある。

B. 表示記章

　保護記章を守ることに第一義的な配慮をしなければならないが、純粋な表示記章の濫用も厳に防止しなければならない。なぜなら、これは赤十字運動に極めて有害であり、標章の威信を失墜させるからである。いかなる慈善活動とも全く無関係なものに表示される赤十字を目にする一般の人々[55]は、他の最も重要な場合において赤十字が持つ不可侵の性格を認識することができなくなるだろう。

53　現に有効である1907年のハーグ第四条約附属規則第23条が、戦時におけるジュネーブ条約の特殊徽章の不当使用を禁止していることにも留意する必要がある。
54　保護記章の濫用は、第50条に定義する「重大な違反行為」の中に挿入すべきであったとする主張には理由がある。
55　奇妙な例を挙げてみる。ある軍隊では、内容を表示するため着色した十字でガス砲弾を表示する慣行があり、その幾つかの砲弾には実際に赤十字が記され、「赤十字弾（red cross shells）」と呼ばれていた。この慣行は幸い存続しなかった。

C. 名称の保護

　赤十字標章の濫用を禁止するだけでは不十分なことは明らかである。赤十字として知られている偉大な人道機関の正式な名称となっている言葉にも保護を拡大しなければならない。この言葉は標章と同じように人々に馴染み深いものであり、それゆえに同等の権威を持たせなければならない。1906年以来、「赤十字」およびその同義語である「ジュネーブ十字」の名称は、標章と同様に保護されている。

D. 標章の模倣

　1929年の適切な改正は標章の原型だけでなく、標章と名称の模倣となる記章または名称の許可なき使用を禁止した。この重要な規定は1949年にも存続した。

　1906年以降、営利事業者は訴追される危険なしには標章を使用することはできなくなったので、赤十字とは言えないが、赤十字であるような印象を与える巧妙（もっと善い事に使うべき才知だが）な記章を工夫した。こうして彼らはその製品について罰せられることなく多少なりとも標章に伴う威信のおこぼれにあずかることができるようになった。その例としては、図形を配したり、その他の十字を添えた赤十字がある。また輪郭もしくは一部を赤色にした十字、地色を他の色にした十字、二色を逆にした地色に半分赤色、半分白色にした十字、遠方から見ると赤十字に見える赤色の星などがある。標章および赤十字団体に対して有害な、こうした慣行は排除しなければならない。

　ある記章が模倣であるかどうかを決めるのは、各国当局である。これを決めるのは時には困難を伴うかもしれない。その基準は、一般の人々にその記章と赤十字標章との間に混乱を生じさせる危険があるかどうかである。この規定が防止しようとしているのは、これに他ならない。

　使用者の責任を判断するにあたり、使用者が実際に人々を騙す意図があったか、または標章の威信を利用する意図があったかどうかを裁定する試みがなされることもある。その場合、条文は条約と赤十字にとり最も有利となるように解釈すべきである。もし使用者に悪意がないとしたら、なぜ彼は赤十字に似たマークを選ばねばならないのだろうか。全く異なるシンボルに代えるのに何も支障はないはずである。

2. 禁止の効果

A. 団体および個人について

　標章の使用は、条約で明確に承認されていない者すべてに禁じられている。第44

条は、標章を使用することのできる者の一覧を限定的に掲げている。団体では、赤十字機関および赤十字社ならびにその他の救済団体だけが明記されている。個人が標章を使用することはできない。唯一の例外は、救護所または救急車を識別する場合であり、これは赤十字社の明示の許可がある場合に限り許される(第44条第4項)。政府自らは、衛生部隊の要員と資材を識別するために限り記章を使用することができる[56]。

B. 使用について

標章の使用(許可されている場合を除く)は、「その使用の目的のいかんを問わず」禁止されている。この禁止は、保護記章および表示記章のいずれにも適用されることを既に見てきた。それは、標章はいかなる物にも条約で規定する場合の他には、いかなる人道目的のためにも使用することができないことを意味する。赤十字は、しばしば医薬品まがいの代物を売るために酷い方法で利用されるが、その他、違法ではあっても道義的悪意のない濫用もある。医師や薬剤師による使用がこの顕著な例である。

共に人道に奉仕するこれら二つの職業の代表者が、その住居、車両または自身を表示するために統一した特殊な標章を付けることは極めて妥当なように見える。しかし、なぜ医師たちは、許されない赤十字またはスイス十字をその標章として使用する代わりに、若干の国の医療当局の勧告に従い、アスクレピオス(Aesculapius)の杖(杖と蛇——商業の象徴であるマーキュリーの杖と混同してはならない)の記章を採用しないのだろうか。一方、薬剤師はその職業の古代の記章であるアスクレピオスの娘で健康の女神であるヒュギエイア(Hygeia)の杯の周囲に蛇を絡ませた印を使用していた[57]。

赤十字(の標章)は、病気と闘うことに関係ある一切のものを表示するために使用できると信じている人々の根本的な誤解を取り除くためには、一般向けの教育を強化することが必要である。

---

[56] 現在扱っている条約、すなわち第一条約に規定する制限に言及している。この制限は1949年の第二条約および第四条約では若干拡張されている。第44条に関する解説も参照する必要がある。同条には、赤十字標章を使用することができる場合の完全な一覧を示している。本書p.33以下を参照。

[57] IRRC;1933年2月、3月、4月号、各p.128、218、310；1935年2月号、p.113、1942年1月号、p.77、1943年2月号、p.111を参照。

C. 時機について

　第一に、この禁止は戦時平時を問わず「常に」有効である。第二に、未承認使用はその採用の日付に関係なく止めなければならない。この条件は、1906年および1929年の条約の中に既に明確に規定されていた[58]。

　もっとも、若干の国では憲法上の原則に従い、従来からの使用により取得された権利については例外を設けた。したがって、現在は文言が明確にされたことは実に幸いである。赤十字を組み込んだ商標および名称は、たとえ一世紀以上使用されていようとも破棄しなければならない。商業上の利益がいかに合法的なものであっても、人道上のより高い目的のためには、その犠牲がいかに大きくても一歩譲らなければならない。

第2項　赤地に白十字の濫用

A. 濫用の形態

　1906年の条約で宣言され、各国の法令により法的効果を与えられた赤十字記章の不当使用の正式な禁止により、多数の企業によるスイスの紋章の濫用を招くようになった。例えば、若干の国では、赤地に白十字の紋章が薬剤師の特別な記章として用いられた。それらの者は、赤十字を使用することは許されていないが、その権威を引き続き利用しようとして赤十字に酷似するが実際は赤十字ではなく、法律上も赤十字の模倣とは見なされない標章を選択した。スイス国旗は、配色を転倒すれば赤十字標章の原型そのものなので、それは露骨な選択といえる。経験によれば、人々は街中ではほとんど常にこの二種類の十字を混同している。スイスの紋章は、安物雑貨を含むあらゆる種類の医薬品や医薬品まがいの代物に見られるようになった。

　それによる条約および赤十字運動の標章に与える損害は、二次的なものとはいえない。濫用の結果は大衆を誤解へ誘導する。赤十字または赤地に白十字は、一般の

58　この点について、われわれはPaul Des Gouttes氏の意見（Commentaire de la Convention de Genève du 27 juillet 1929, Geneva, 1929, pp.206-207）に同意できない。1929年の条約第28条の禁止は、既に絶対的であった。それに遡及力があることに疑いの余地はない。条約が作成される前に標章を使用した者を処罰する意図があったならば、遡及力があったことになるだろう。しかし、条約は将来に対してのみ規定している。それは条約の発効から5年の後は条約に定める場合のほかは、標章の使用は違法となると規定している。第28条の最終節の唯一の目的は、この期間における新たな違法な標章の登録を防止することにある。最後に注意すべきことは、1929年の条約の批准の際、2カ国がスイス連邦の紋章に関する限り、明らかに従前からの使用者の権利を保護する考えから留保を付したことである。もし、条約がそうした権利を容認していたならば、これら2カ国はそのようなことはしなかっただろう。

人々から、これらが表示されている食料品や薬剤には医学上の検査が行われていることを保証する性格のものとして少なからず意識的に受け取られている。これらの濫用は他人の名声の盗用にすぎない。それだけではなく、外交会議がスイス連邦に対して敬意を表しようとした意図は、その国旗の冒涜により無に帰してしまった[59]。

しかし、国の紋章は必ずしも国際的な保護がまったくなかったわけではない。工業所有権の保護に関する1925年11月6日のパリ同盟条約〈訳者注：同条約は、1979年に改正された。本書p.553を参照〉は、1883年3月20日の従前の条約を改正する際、大きな前進を見た。その第6条第3項において、締約国は、(1)国の紋章の使用を禁止し、紋章学上の見地から、その模倣およびそれを商標もしくはその一部として使用することを禁止し、かつ(2)国の紋章の商業的な使用が製品の出所について誤解を生じさせるような場合には、その使用を禁止することを約束した。

これらの規定は、現在の濫用を排除するには不十分だった。国の法令にはその規定が適切に反映されておらず、適用は商標だけに限られていた。さらに紋章学上の基準は特に不適切に見える。紋章学は極く少数の専門家だけが理解できる複雑な科学であり、あまりにも精密な細部に拘っているため、一般の人々が違いに気づかないような些細な変化でも模倣とは見なされなくなるほどである。紋章の尺度は、詐欺師にとっては打ってつけだといわれても仕方がなかった[60]。その上、スイス国旗の配色は外国にはほとんど知られていなかったため、その使用により人々に誤解を生じさせたことを証明するのは困難だった。

B. 禁止の範囲

したがって、赤地に白十字の記章は、条約自体の中に必要な規定を導入することで保護しなければならないことは明らかであり、これは1929年の外交会議で実現した。

この規定は、若干の細目規定を追加して1949年の条約にも引き継がれた。この禁止規定が存在するのは、単に「スイスに敬意を表するため、スイス連邦の国旗の配色を転倒して作成した」ためだけではなく、特に「スイスの紋章とこの条約の特殊標

59　頻繁ではないが、デンマーク国旗も同様に冒涜されてきた。それは赤地に白十字でできているが、スイス十字と異なり、入れ込みではなく、十字の腕が旗の各辺の縁にかかっている。
60　工業所有権保護国際事務局は、現在パリ同盟条約の改定作業を行っている〈訳者注：同条約は、1979年に改訂された〉。そこでは、特に標章との混同の可能性について、紋章学上の基準に代わり一般的基準を求めようとしている。

章との間に生じることのある混同」のためでもある。この禁止規定の主要な目的が例え間接的なものであれ、あらゆる種類の違法行為から赤十字記章を保護することにあることがここに強調され、またこの二つの標章の類似性を悪用して人々を誤解させる企業の不正行為に注意が払われている。

　赤十字それ自体と同様、スイス十字の模倣も禁止されている。それは、ここでも模倣者の悪知恵が自由に働く余地があるからである[61]。

　しかし、スイス十字は赤十字ほど十分に保護されていなかった。スイス十字の使用を一般的に禁止することは、それがスイス国民により自国の標章として広く使用されているためにほとんど不可能である。それゆえ、商標もしくは名称またはそれらの一部として使用する場合ならびに商業道徳に反する目的で、またはスイス人の国民感情を害するおそれのある状態で使用する場合に標章の使用禁止が適用される。

　商業目的でなされるスイス十字の一切の不当使用を無制限に防止する、より明確な文言を採用した方が良かったかもしれない。しかし、現在のままでも、この規定は政府がジュネーブ条約の文言および精神を適用し、赤十字と混同をきたすか、または医学上の保証もしくは準公的な推薦を示すようなスイス十字のあらゆる使用を排除するのに十分である。

　第1項は、「その採用の日付のいかんを問わず」許可のない赤十字記章の使用を禁止するが、この語句は、スイスの紋章について規定する第2項にはない。このことにより、各国が赤地に白十字を既に使用している者の既得権を留保することができるのではないかとの疑問が生じる。これは、外交会議でこの文言の削除を提案した代表の意思であったが、われわれの見解では、これに対する答えは「否」である。第2項の現在の表現は絶対的であり、以前からの使用者に例外を設けるためには明示の留保が必要であったはずである。前述の通り[62]、1929年の該当条文には、赤十字記章に関して「採用の日付のいかんを問わず」の文言をおいていなかったにもかかわらず、既に既得権留保の可能性を排除していた。そのうえ、既述した通り、国の紋章は相当以前から国際法および国内法令により保護されている。したがって、その濫用はすべて消滅していなければならないはずである。もし、未だに濫用が残っているとしたら、それは国内法が不備であるか、あるいは当局が十分厳格でないためで

61　すべての赤十字は、その地色のいかんを問わず、標識の模倣として拒否されねばならないが、われわれは、白十字をすべてスイス国旗の模倣と見なすことはできない。

62　本書p.52(特に脚注58)を参照。

ある。われわれがこれまで非常に有害なものとしてきた状況を、これ以上長引かせることは正当化できない。

第3項　1929年の条約の非締約国に対する猶予期間

　赤十字記章の濫用およびスイス連邦の紋章の濫用を禁止する規定は、1929年の条約の締約国の場合には、各国で条約が発効した日から直ちに効力を発する。1929年の条約は既にそうした濫用を禁止していた。

　1929年の条約[63]の非締約国である極く少数の国々では、赤十字記章を既に使用していた者に対し、三年を越えない猶予期間を与えることができる。この新たな制度の採用は歓迎だが、この猶予期間に使用される記章および標章は、戦時においてこの条約の保護を受けるものと見なされるおそれのないものでなければならない。したがって、制限期間に使用できる記章は純粋に表示的なものだけである。

　スイス連邦の国旗の不当使用については猶予期間は認められない。国の紋章は、実際、赤十字そのものよりも長い間保護されてきているので、これは当然のことである。

第4項　代替標章の保護

　この規定は、全く新しいものである。以前は、赤新月および赤のライオン及び太陽は、赤十字の代わりにこれらを使用する国では国内法により保護されていたが、その他の国では(保護する)義務はなかった。これらの二つの代替標章の違法使用は、現在はすべての締約国に対し禁止されている。

　第4項の規定は第1項に再び言及しているので、この禁止の範囲は赤十字の場合と同様である。したがって模倣も同様に禁止されている[64]。

　しかし、重要な違いが一つある。二つの代替標章に関する禁止は、従来からの使用により取得した権利にはいかなる影響も与えず、条約の発効後に標章を使用する権利を要求する者にのみ適用されるのである。

63　既に赤十字標章を保護していた1906年の条約も引用すべきであったかもしれない。しかし、この条約は明確には模倣を禁止していなかった。
64　外交会議において、トルコ国営タバコ公社が製造した巻き煙草の箱には、白地に星を添えた赤新月の表示があることが指摘された。このマークは、われわれにはその配色から見れば、赤十字に星またはその他の追加物を付した模倣のように思われる。

もし、この規定が挿入されなかったら、第4項は決して採択されなかったであろう。実際、極くわずかの国々[65]の中だけで中立のシンボルとして使用される記章を世界中から排除することは不可能であったろう。

第54条〔濫用防止の措置〕

> 締約国は、自国の法令が充分なものでないときは、第53条に掲げる濫用を常に防止し、且つ、抑止するため必要な措置を執らなければならない。

【解説】

標章を保護する条約の規定は、すべての国において国内法により履行されなければならず、それは何らかの国際的管理が実施されるまで継続する必要がある。国際的管理は望ましいことであるが、現在の世界情勢ではその見込みは疑わしい。

各国は、権限のある当局が常に実施しなければならない行政的措置の他、包括的であると個別的であるとを問わず、濫用を禁止し、処罰するために立法措置をとる必要がある。

戦時の保護標章に対する違反行為は、戦争の法規慣例に対する違反を扱う刑法の対象となる。それ以外の濫用行為は、通常、ジュネーブ諸条約の適用における特別法の対象となる。これらの法規は、公法または行政法の一部をなすものであり、その中には勿論罰則が含まれる。

既述したとおり、第53条は特殊標章に関する章におくべきであるが、一方、第54条はその本来の箇所である濫用および違反防止に関する章におくべきである。あるいは、この規定は第49条（条約の規定に対する違反行為を防止するために必要な措置について、一般的な国の義務を規定する条文）に含まれるべきであったかも知れ

---

[65] イランのみが赤のライオン及び太陽を使用しており、しかも（同国は）、最初に赤十字に代わる標章としての使用を承認した1929年の条約の当事国ではない。また、1906年の条約の当事国でもないので、自国の領域における赤十字または赤新月の濫用に対して、それらを保護する義務を負っていない。したがって、他国における赤のライオン及び太陽の保護を規定するのは不合理のように思われる。イランが1949年の条約を速やかに批准することにより、この変則に終止符が打たれることが望まれる〈訳者注：イランは、1957年2月20日に1949年のジュネーブ諸条約を批准している。その後、1980年に同国は赤新月を使用することに変更し、現在、赤のライオン及び太陽を使用する国はない〉。

ない。この方法は1949年の外交会議で提案されたが、この点は本件を扱った委員会で見過ごされ、第54条は既に採択された第49条について議論を再燃するのを避けるために別の条文として起草された。

　第54条は義務規定であるが、これに対し1929年の類似条文(第28条第1項)はそうではなかった。従来の規定は、法律が不備な締約国政府が標章の濫用を防止するのに必要な措置をとるか立法機関に提案すべきことを規定するのみだった。この文言は、政府の「提案」の一部または全部を拒否する選択肢を立法機関に与えていたが、それが拒否されたのは正しかった。国際条約を批准することにより、批准から生じる一切の義務を受け入れるのは締約国自身である。当然、主権国家の意思は議会の投票により表明される。赤十字の保護のような重要な事項について例外を設けなければならない理由があるだろうか。この奇妙な例外は、幸いなことに現在は消滅している。

　法律が不備な場合は——あらゆる国がそうなのだが、それがたとえ赤新月ならびに赤のライオン及び太陽を保護する新たな規定に関してのみ不備であるとしても——、そのような場合には、法律を改正しなければならない。条約はこれについて猶予期間を定めていない。したがって、もし可能ならば、各国の法律に必要な改正は条約が発効する時まで、つまり批准後6カ月以内に既に実施されていなければならない。

　前記の改正の他は、第53条は1929年の類似条文を一般的に踏襲している。この点は法令に必要な改正を容易にするので好都合である。

　しかし、多くの場合、立法措置は未だに不十分であり、1929年の規定についてさえも不十分である。したがって、各国は新たな条文により課せられた正式な義務を認識し、条約発効の機会をうまく捉えて、濫用に対する真に有効な措置をとることが望まれる。標章の濫用および模倣の例は、未だに数多くあるからである。

　さらに注意すべき点がある。1949年の条約は、標章の使用が許される場合を著しく拡大させた。従来は、厳密に軍の管理を受ける明確に規定された特定の人と物だけが使用していたが、現在では文民病院、その職員、文民の病人のための一定の輸送手段も(保護を低下させて)使用している。こうして、標章の脆弱性は従来よりも一層増すこととなった。したがって、その保護を強化し、増加し続ける濫用に対して警戒することが重要になっている。

　第53条について記述する際、われわれは国内法で補足し、あるいは一層明確にすべき様々な点を強調した。この重要かつ複雑な業務を各国当局にとり容易なものと

するためにICRCは、1929年の条約に関して1932年に行ったことを再び繰り返すのが適当であると考えた。そこで赤十字の名称および標章の保護に関する国内法の拠り所となるべき法のひな形を作成した。その本文は下記の通りであるが、これは一般的な手引きとすることを意図したものに過ぎない。

しかし、この法のひな形の目的は、保護記章の濫用を防止することではない。つまり、そのような濫用は戦時法規の違反行為(赤十字の保護下での敵対行為、ジュネーブ諸条約で保護されない建物への赤十字の表示、承認されていない者が敵前で腕章を着用すること等)であり、武力紛争の場合にのみ発生しうるからである。これらの違反行為は、この法のひな形に規定する違反行為よりも明らかに重大なものであるため厳重に処罰しなければならない。したがって、刑法規定には、戦時における標章の濫用防止についても罰則規定を設けなければならず、実際上、その規定の中にはジュネーブ諸条約のあらゆる違反行為を盛り込むべきことになる。

最後に、いかに法律自体が十分なものであっても、それを制定するだけでは十分ではない。濫用を発見し、その責任者を確実に訴追するように絶えず厳重に監視しなければならない。多くの場合、違法な慣行は警告が発せられた後に終息することが望ましい。法の執行に責任ある公当局は、この場合、赤十字社から有益な協力が得られるはずである。標章は、赤十字の大いなる遺産であるので、赤十字社は怠ることなく、その監視を行うだろう。なぜなら、赤十字のシンボルが幸いにも守られ、その高い意義が損なわれずに維持されるのは、ひとえに、弛みない努力によるからである。

赤十字の名称および標章の保護に関する法のひな形[66]

戦地にある軍隊の傷者及び病者の状態の改善に関する1949年8月12日のジュネーブ第一条約第44条、第53条および第54条、海上にある軍隊の傷者・病者及び難船者の状態の改善に関する1949年8月12日のジュネーブ第二条約第43条、第44条および第45条ならびに戦時における文民の保護に関する1949年8月12日のジュネーブ第四条約第18条から第22条までの規定を実施するため、次の通り定める[67]。

66　改訂訳文、各条文の英文は、原文のフランス語の法律用語から再生したものであり、単に概略の指針とすべきものである。
67　前文は、これよりも長いものとすることができ、その形式は各国が準拠する通常の慣行によるべきである。例えば、関係国がジュネーブ条約を批准した結果、赤十字標章を保護する義務を負うようになった事実に注意を喚起するような類である。

第1条

白地に赤十字の標章および「赤十字」または「ジュネーブ十字」の語は、1949年8月12日のジュネーブ第一および第二条約[68]により保護される人および物、すなわち陸上、海上および航空部隊の衛生部隊に属する施設、部隊、要員、資材、車両、病院船および小舟艇、○○[69]赤十字社および正当に承認されたその他の救済団体で軍隊の衛生部隊および宗教要員を援助することを公に認められたものに属するそれらのものの保護または表示のために、いつでも留保しておかなければならない[70]。

この標章は、第2条から第5条までの規定に定める場合を除き、他の目的に使用してはならない。

第2条

赤十字標章は、国[71]の明示の許可を受け、公に承認された文民病院の建物および職員、傷者ならびに病者のために設けられた病院地帯および病院地区、沿岸救命作業のために公に承認された救済団体の使用する小舟艇、傷者および病者たる文民、虚弱者、妊産婦を輸送する護送車両隊または特に設備された列車、船舶もしくは航空機を表示するために使用するものとする。

第3条

○○赤十字社は、軍の傷者および病者を援助する業務に加え、その活動が赤十字国際会議で規定された原則に合致し、かつ国内法令および赤十字社の定款に従っている場合には、いかなる活動にも赤十字の名称および標章を、いつでも使用することができる。標章使用の条件は、戦時に使用される場合にはジュネーブ条約の保護を与えるものと見なされないようにしなければならない。すなわち、標章は比較的

---

68 この法のひな形は、1949年の条約に準拠したものであるが、1929年のジュネーブ条約または1907年のハーグ第十条約のみの当事国も使用することができるだろう。海に接していない国々は、ジュネーブ第二条約及び同条約で保護される物への言及は削除することができる。
69 必要により国名を記入のこと。
70 統一するために、本項は本条約第44条第1項と綿密に合致させてある。しかし、「赤十字」の用語を専ら赤十字機関が使用するためだけに留保しておくことは一層合理的である。(本書p.35以下を参照)。同様に、「保護または表示」という代わりに、真に意図されている実際の観念、すなわち一定の人が標章を「着用する」ことおよび建物材料に「標識としてそれを使用する」ことをここに含むことが望ましい。
71 国に言及するところは、権限のある当局と置き換えることができる。戦時においては、軍当局が赤十字標章のすべての使用を監督し、規制する必要があるように思われる。

小型[72]のものとし、腕章または建物の屋根に付してはならない。

　〇〇赤十字社は、自ら赤十字の名称および標章を使用する場合の規則を定めなければならない。これらの規則は政府の承認を得なければならない。

第4条
　赤十字国際機関およびその正当に権限を与えられた職員は、いつでも、赤十字の名称と標章を使用することができる。

第5条
　赤十字標章は、例外的措置として、〇〇赤十字社および政府の明示の許可を受けて、平時において救急車として使用される車両を識別するため、および傷者または病者に無償で治療を行うために、もっぱら充てられる救護所の位置を示すために使用することができる。

第6条
　許可を与えられていない者で、赤十字標章または「赤十字」もしくは「ジュネーブ十字」の名称、またはそれらを模倣し、もしくはそれらと混同を生ずるおそれのあるその他の記章あるいは名称を故意に使用する者(特に、かかる標章または名称を記章、ポスター、広告、パンフレットまたは商業用チラシに使用する者、または、これらの物を製品もしくは包装紙に表示し、それらを販売あるいは販売のために供し、頒布する者)は、その使用の目的および採用の日付のいかんを問わず、拘禁または罰金に処する[73]。

第7条
　スイスの紋章とスイス国旗に敬意を表するため、スイス連邦の国旗の配色を転倒して作成した赤十字標章との間に生ずる可能性のある混同を考慮して、スイス連邦の紋章またはそれを模倣した標章を商標、または商標の一部として、もしくは商業

---

[72] ジュネーブ条約は、純粋な表示記章の実際の最大寸法を規定していないが、国際法でそれを規定してはならない理由はない。例えば、その寸法は建物に表示する場合には最大1m四方とし、車両の旗の場合には、20cm四方、個人が付ける記章の場合には、2cmとすることができるかもしれない。

[73] ここで最高、最低の量刑を規定することができる。刑罰は、当該国の刑罰規定に沿ったものでなければならない。軍刑法の相当条文よりも軽いものであっても、抑止効果を達するに足るものでなければならない。

道徳に反する目的で、あるいは製品を識別するためのその他の標章、商業記号として使用することは、採用の日付のいかんを問わず常に禁止する。違反者は罰金に処する[74]。

第8条

この法律が定める要件に合致しない製品、商標および工業的意匠またはひな形は、その登録を認めない[75]。

第9条

法人が第6条および第7条の違反行為を行った場合には、違反行為を行った株主、社員、役員、権限のある代表者、従業員および業務執行または監査もしくは清算機構の構成員が、その違反行為につき刑事責任を負う。

第10条

権限のある当局は、特にこの法律に違反して標章を表示する製品および包装の押収を含む暫定措置を命ずることができる。

裁判所は、無罪判決の場合においても不法な標章の除去および標章を表示するためにもっぱら使用した器具器材の破壊を命じなければならない。押収した製品および包装は、標章を除去した後にその所有者に返還するものとする。

第11条

この法律は、戦時に効力ある軍刑法の規定を害することなく、いつでも適用しなければならない。

第12条

第4条、第6条および第8条から第11条までの規定は、白地に赤新月、白地に赤のライオン及び太陽の標章ならびに「赤新月」および「赤のライオン及び太陽」の名称につき、これを準用する。

もっとも、この法律の発効の日以前において、これらの標章または名称を使用し

---

[74] ここに最高刑、最低刑を規定することができる。
[75] 登録官庁の正確な名称は国により異なるので、その名称を明示した方がよいかもしれない。使用される用語は異なることがある。

ていた者が有する権利は留保されるものとする。

第13条

司法当局は、この法律に対するすべての違反事件につき、自動的に手続を開始しなければならない。

更に、○○赤十字社は、自己のために、この法律の違反行為の責任者を権限のある裁判所に告訴することができる[76]。

第14条

この法律は、公布の日から施行する。法律施行の日から、○○法は、その効力を失う。権限のある当局[77]は、この法律の実施につき責任を有する。

---

[76] 用語は国により異なることがある。重要なことは、赤十字社が訴追する権利を有し、かつ訴訟の当事者であるべきことである。
[77] ここに権限のある当局を掲げる。

■ジュネーブ第二条約

第6章　特殊標章

　特殊標章に関する一般的知識については、1949年のジュネーブ第一条約の解説第7章を参照されたい。特殊標章に関しては、第一条約が母体である。医療用航空機の表示については、本条約のこの章ではなく第39条で扱う。

第41条〔標章の表示〕

> 　白地に赤十字の紋章は、権限のある軍当局の指示に基き、衛生機関が使用する旗、腕章及びすべての材料に表示しなければならない。
> ②　もっとも、赤十字の代りに白地に赤新月又は赤のライオン及び太陽を特殊標章として既に使用している国については、それらの標章は、この条約において同様に認められるものとする。

【解説】..
　本規定は、1907年の条約には存在しなかった。第1項は、ジュネーブ第一条約第39条に、第2項は第38条第2項に対応する。

第1項　標章の使用

1.　性格および使用
　白地に赤十字[1]の標章は、1863年、赤十字運動と共に誕生し、1864年のジュネー

1　混乱を避けるため、紋章型の標章を言う場合には小文字の「red cross」を、機関をいう場合には大文字の「Red Cross」を使用する。

ブ条約により国際的な地位が認められた。それは、とりわけ軍隊の衛生部隊の特殊標章である。また赤十字運動の標章でもあり、各国赤十字社の特別な任務の一つは、衛生部隊の補助として活動することである。ここでは特に言及しないが、これらの赤十字社および軍隊の衛生部隊の補助機関として公に承認されたその他の団体は、陸上または海上において赤十字標章を使用することができる[2]。

本条約は、いわゆる「保護記章」についてのみ規定している。すなわち、標章が条約に基づき尊重される権利を有する建物、要員および物に表示される本質的に保護の要素を構成する場合である。これ以外の場合は、ジュネーブ第一条約(GC I)第44条第2項に基づき標章は純粋に表示記章であり、例えば、赤十字に関係のある人または物を表示する場合に限り使用し、条約の保護を意味したり、意図するものではない。ここではその詳細に言及する必要はない。

標章は、保護記章として使用する場合に極めて重要な意味を持つのは当然である。標章の使用は、戦時において、特に作戦行動地域において実際上、重要となる。

原則として白地に赤十字は、この条約の保護を受ける建物、人[3]、輸送手段および物に表示しなければならない。

次のものは、本条約に基づき保護記章を使用する資格がある。

(a) 国、救済団体および民間の病院船(第22条、第24条および第25条)
(b) 交戦国に援助を与える中立国の救済団体または民間の病院船(第25条および第43条)
(c) 病院船の救命艇、医療機関が使用する沿岸救命艇および小舟艇(第27条および第43条)
(d) 救命艇が使用する沿岸固定施設(第27条)
(e) 艦船の病室(第28条および第41条)
(f) 病院船の衛生要員および宗教要員ならびに乗組員(第36条および第42条)
(g) 海軍および商船の衛生要員ならびに宗教要員(第37条および第42条)
(h) 医療資材(第41条)
(i) 医療用航空機(第39条)

---

2 GC I第44条、本条約第42条および第43条(第36条、第37条、第24条、第25条ならびに第27条を引用している)に従い使用できる。
3 「人」とは、明らかに衛生要員および宗教要員をいい、傷者自身ではない。しかし、われわれは緊急の場合には、傷者または難船者の集団が、例えば攻撃を中止させるために、敵に対して赤十字旗を表示する可能性を排除するものではない。結局、これらの者が病院または医療車両の中にいる場合には、この標章がこれらの者を保護する。

1949年のジュネーブ第一条約第44条3項に基づき、国際赤十字機関は、赤十字標章の使用を許され、その業務の性格が保護を必要とする場合には、この標章は保護の価値を持つことに留意しなければならない。したがって、ICRCは、例えば第二次世界大戦中に行ったように[4]、戦争犠牲者のために救護物資を輸送する目的で傭船した船舶には、この標章を表示する場合がある。

同様に、ジュネーブ第四条約（第21条）は、文民の傷病者、虚弱者ならびに妊産婦を輸送するため特別に提供された船舶は、陸上の文民病院と同様、尊重され、かつ保護されると規定する。したがって、それらの船舶は赤十字標章を表示することができる。

遠方にある敵部隊が、これらの人、物、建物または車両に条約で要求される保護を実際に与えることができるためには、それらが何であるかを識別できる立場にいなければならない。本条約が規定するとおり、標章は一般的に旗および腕章により表示される。しかし、建物の屋根、地上または病院船の側面および甲板等に塗装することもできる（第43条）。

われわれは、二つの理由から「原則として」の語を使用してきた。第一に、交戦国にはその衛生部隊を標章で表示する義務はない。時には、軍隊の指揮官は部隊の所在または兵力を隠蔽するために衛生部隊を偽装し、例えば、表示を行わずに隠密裏に使用する場合もある。これは海上よりも陸上で起こりやすい。偽装した部隊の尊重は、純粋に理論上でのことであるのは明らかである。敵は衛生部隊の所在を知った場合に限り、それを尊重することができる。この部隊が敵の長距離砲撃にさらされる場合には、部隊の安全の大部分が失われるだろう。しかし、例えば敵が接近し、衛生部隊であることを識別した場合には、敵は明らかにそれを尊重しなければならない。標章は条約に基づく保護の構成要素の一つであると既述した理由はこのことである。

第二の理由は、すべての物に標章を表示することは物理的に常に可能なわけではないことである。小型の外科器材はその一例である。そうした物品は、表示することのできるより大きな組織の不可分の一部を構成する。

ジュネーブ諸条約に基づく特殊標章は、赤十字だけでは不十分である。白地に赤十字であることが必要である。したがって、赤十字は白地に表示しなければならない。ここで最も重要な病院船の場合には、第43条が病院船の外装のすべてが白色で

---

[4] GC I の解説、本書 p.41 および、Report of the International Committee of the Red Cross on its activities during the Second World War, Vol.III, p.124 を参照。

なければならないと規定しているので、当然そうなるだろう。しかし、条約で保護される物が白地でなく赤十字だけで表示される相当な理由がある場合には、交戦国はそのように表示されていることを口実に標章の尊重を拒否してはならないのは明らかである。

第一条約で、赤十字の標章は「スイス連邦の国旗の配色を転倒して作成した」と記述していることから、赤十字は当然、形が決められたスイス十字[5]と同じ形でなければならないと思われることがある。

それは明らかにそうではない。「配色」の語は、単に赤と白の色に言及したにすぎない。もし、連邦旗のことを言うつもりであったならば、「転倒して」の語は使用されなかっただろう。さらに、1906年の外交会議の記録は明瞭である。会議は、十字の形を定義すれば危険な濫用に陥るとの理由で、その形を敢えて定めなかった。その理由は明らかである。十字の形が厳密に定義されていたら、表示される標章が規定の寸法でないことを口実に、条約で保護される物への攻撃を正当化する企てがなされてきたかもしれない。同様に、不謹慎な者たちが規定の寸法を逆手にとり、それより少し大きいか少し小さな赤十字を営利目的で使用することもできるだろう。

同じ理由により、条約はスイスがその国旗について規定しているように、白地の形状または十字に使用する赤色の正確な色合いを特定していない。

しかし、特殊標章としてはギリシャ十字を使用することが一般的慣行となっている。これは一本が垂直、他の一本が水平の二本の棒で、それが中央で十字に交差し、楯形の縁にかからない十字である相等しい四本の腕から構成される。スイス十字はギリシャ十字である。

形が異なる多くの十字が現れると混乱が生じるので、この慣行が継続するよう希望する。「十字」の語は無数の種類の記章に使用されている。その中で最も簡単なものを挙げれば、聖アンデレの十字架（X形の十字）、聖アントニウスの十字架（T形の十字）およびエジプト十字（生命の鍵）がある。

2. 軍当局による管理

本条の冒頭の語が最も重要である。標章の使用は「権限のある軍当局の指示に基き」行うものとする。

この文言は、標章を管理し、その使用を許可または不許可とできるのは軍の指揮

---

[5] スイス十字は十字を直立で入れ込み、十字の腕は互いに均等とし、その縦の長さは横幅より6分の1だけ長い。

官であることを示している。さらに、その指揮官だけが衛生部隊の偽装を命ずることができる。

この文言は、軍当局は常に標章の使用について責任を負い、その使用を常時監視し、かつ、部隊または個人が不当に使用しないように注視しなければならないことを示している。この旗は使用する都度、特別の許可を得る必要はないとされている。実際には、包括的な命令が通常一度だけ下される。軍隊の衛生部隊に関する限り、この許可は広範に与えられているものと考えられる。

「権限のある軍の当局」とは誰を指すのか。柔軟性を持たせるために、この定義は意図的に避けられた。この問題は、各国軍隊の内部問題である。もし、将校に越権行為があった場合には、その者は上官に対してのみ、その責任を負う。そのために傷者が犠牲を強いられることは許されず、敵は条約の要件を満たす衛生部隊の保護を拒否するのを正当化するために、権限の不在を主張することはできないだろう。重要なことは、すべての軍隊が標章の使用を正式に管理しなければならないことである。

第2項　承認された例外

赤十字の創始者は、標章を国際的かつ中立的なものとし、敵味方の区別のない負傷兵への公平無私な援助の象徴とすることを意図した。採用されたのはスイスの紋章ではない。スイス国旗の配色を転倒して新たな標章とし、国家とは何の関係もないものである。同様に、選ばれた標章はあらゆる信条を持つ者が使用するため、いかなる宗教的な意味も持たないものとした[6]。

唯一の標章のみとすることが極めて重要と考えられ、標章の統一は少なくとも法的には1864年のジュネーブ条約により確立した。もっとも、それは長くは続かなかった。1899年のハーグの海戦条約(その改訂版をここで研究しているのだが)の起草段階で、ある東洋諸国の代表は、自国では十字はキリスト教を意味すると主張して他の標章を採用することを要求したが、会議はジュネーブ条約に関連する事項を扱う権限がなかった。同様のことが1907年のハーグ会議で再発した。1929年には、例外として承認された二つの標章、すなわち赤新月ならびに赤のライオン及び太陽がジュネーブ条約に採用された[7]。1949年に海戦条約の規定と一致した第一条約の規

6　GCⅠの解説、本書p.11において、われわれは標章の中立性について証明した。
7　大多数のイスラム教国が赤新月を採用している。赤のライオン及び太陽はイランのみが使用している。

定は、標章に関して既に承認した二つの例外を存続させたが、同時にその他の標章は認めないこととした[8]。

本条は、第一条約の類似規定と同様に、「既に使用している国の場合」には例外を認めている。「既に」とは1949年以前のことをいう。

ICRCは、これまでイスラム教国の救済団体が、1949年以降に赤新月を採用した場合にも承認に反対すべきでないとの見解をとっている。この見解に問題はない。

重要なことは、いつか近い将来であることを望むが、すべての国が世界中で唯一の標章に復帰することに同意することである。赤十字はなんら宗教的な意味を持たない国際標章である。これを戦時に交戦の象徴となり、攻撃からの保護の象徴とはなりえない国家的、宗教的な印に変えようとすることは論理的ではない。中東諸国において、赤十字標章の真性かつ普遍的な意義について説明する措置がとられることが切望される。それにより人道は確かなものとなる。

イランは、イスラム教国であるが、シーア派に属するので赤新月の標章を使用できない。イランは、1929年の条約を批准しなかったが、1949年のジュネーブ諸条約文書は批准した。〈訳者注：イランは、その後1980年に赤新月に変更し、現在、赤のライオン及び太陽を使用する国はない。〉

8　こうして外交会議は、イスラエルが赤の「ダビデの盾」の承認を求める要請を拒否した。〈訳者注：イスラエルなど、既に承認された三つの標章以外の標章を使用したいと希望する国が使用することのできる新たな標章として、2005年12月8日に「赤のクリスタル」の使用を認めるジュネーブ諸条約第三追加議定書が採択された。〉

第42条〔衛生要員の腕章および証明書〕

　　　第36条及び第37条に掲げる要員は、特殊標章を付した防水性の腕章で軍当局が発給し、且つ、その印章を押したものを左腕につけなければならない。
② 　前記の要員は、第19条に掲げる身分証明書の外、特殊標章を付した特別の身分証明書を携帯しなければならない。この証明書は、防水性で、且つ、ポケットに入る大きさのものでなければならない。この証明書は、自国語で書かれていなければならず、また、この証明書には、所持者の氏名、生年月日、階級及び番号が示され、且つ、その者がいかなる資格においてこの条約の保護を受ける権利を有するかが記載されていなければならない。この証明書には、所持者の写真及び署名若しくは指紋又はそれらの双方を附さなければならない。この証明書には、軍当局の印章を浮出しにして押さなければならない。
③ 　身分証明書は、同一の軍隊を通じて同一の型式のものであり、且つ、できる限りすべての締約国の軍隊を通じて類似の型式のものでなければならない。紛争当事国は、この条約に例として附属するひな型にならうことができる。紛争当事国は、敵対行為の開始の際、その使用する身分証明書のひな型を相互に通報しなければならない。身分証明書は、できれば少くとも二通作成しなければならず、その一通は、本国が保管しなければならない。
④ 　いかなる場合にも、前記の要員は、その記章又は身分証明書を奪われないものとし、また、腕章をつける権利をはく奪されないものとする。それらの要員は、身分証明書又は記章を紛失した場合には、身分証明書の複本を受領し、又は新たに記章の交付を受ける権利を有する。

【解説】
　本規定は、新たな規定であり、第一条約の類似規定（第40条）を海戦の状況に適用したものである。

第1項　腕　章

1．着用する者

　衛生部隊を遠方から識別する特殊標章である腕章を着用する資格を有する者は、第36条および第37条に規定する者、すなわち、衛生部隊の要員（正規の海軍または商船に所属するとを問わない）および赤十字社の職員または交戦国のその他の承認された救済団体の職員もしくは、いずれか一方の紛争当事国の医療機関を援助する中立国のその他の承認された救済団体の職員である。これらの「篤志の要員」は、制服を着用してもしなくてもよい。

2．腕章の様式

　腕章には特殊標章を付すものとする。これは白地に赤十字であり、十字を白地で囲んでいる限り、理論上は腕章自体を白色とする必要はない。

　いずれにしても、現在ではすべての衛生要員に赤十字を付した白色の腕章を交付することが、どこでも慣行となっており、この慣行が存続することが望まれる。腕章は作成が容易である上、配色のコントラストが高いので、視認性の良い唯一のものである。

　腕章は、「防水性」のものとする。この規定は腕章を良好な状態に保つためであり、勧告的性格であると考えるべきである。腕章が防水性でないことをもって、保護の価値が失われてはならないことは明らかである。

　一般的な赤十字標章の場合と同様の理由から、腕章の形状と寸法は特に規定していない。しかし、腕章は左腕に固着すると規定している。「固着する（affixed）」とあるのは、腕章を自由に着脱することは意図していないためであり、また紛失の可能性を避けなければならないためである。「左腕に」とあるのは、目で自然に見ることができる所定の位置に着用することが望ましいからである。ここでも交戦国は、相当な理由により右腕に腕章を着用している衛生兵に保護を拒否する権利を主張することはできない。

3．軍当局の印章

　とりわけ重要なことは、着用者の信頼性を確保することである。腕章は、条約で資格を与えられた者だけが着用することができる。

　腕章自体は、十分な証明とはなりえない。既述したように、腕章を作成し、着用

することは容易なことである。その場合、着用者は、たとえ傷者の援助を行う合法的な目的のために着用する場合でも処罰の対象となる。交戦者は、適切な保証を確保しなければならない。

腕章は、軍当局が押印し、発給したものでなければ保護的価値を持たず、合法的に着用されないだろう。この場合の条件は重要であり、例外を認めていない。交付だけでは十分ではない。腕章は、軍当局がその責任において発給したことを示すために公の印章がなければならない。当然、敵は相手を拘束した場合には、この点を確認することができる。しかし、この種の確認を行うことは最も重要であり、濫用を防止するものとなる。

いかなる「軍当局」が腕章に押印し、発給する権限を有するのか。「権限のある軍当局」の語が使用される第41条で指摘したように、この点は相当の理由から意図的に曖昧になっている。重要なことは、標章の使用は、その責任を十分自覚している公の軍当局が管理しなければならず、申請者の意のままにすることはできないということである。本条の下で必要なことは、公の軍当局は、押印に名称が記され、腕章の発給に責任を負わなければならないことである。

現在では、条約の利益は商船にも適用するように拡大されているので、商船の衛生要員は、赤十字標章を使用する資格を有する。本条は、軍当局が腕章に押印し、発給すると規定しているから、1949年の条約の起草者は、確かにこの点を十分認識していなかったといえる。次条も、軍当局が身分証明書を押印し、発給すると規定している。最後に、この条約に附属する身分証明書のひな形は、海上の軍隊に随伴する衛生要員および宗教要員のみに言及している。しかし、商船は海軍の一部ではない。

いずれにしても、軍当局に特殊標章の使用に関する包括的な管理を行わせることは、実際には良いことであろう。

4. 衛生要員による旗の使用

腕章は便利であるが、識別の手段としては完全とはいえない。それは小さいために着用する者の安全を確保するには遠方からの可視性が常に十分とはいえない。戦線で傷者の収容の任務につく衛生兵および担架兵がしばしば行う慣行は、彼らの中の一人が赤十字を配した白旗を携行し、掲げることである。難船者を収容する救命艇についても間違いなく同様のことができるだろう。

これを妨げるものは条約には何もない。衛生兵の集団は、それがいかに小集団で

あれ、たとえ一人であっても、衛生部隊として認められなければならない。このような場合の旗の使用は、当然、絶対的な信義則に従ったものでなければならず、いかなる場合にも戦闘部隊を援護するために使用してはならない。

　衛生要員の安全を確保する最良の方法は、彼らが、戦闘部隊とは異なる各国共通の配色の特別の制服を着用することであることは疑うべくもない。この考えは、赤十字が最初に創設された時に提案されたが、これまで採用されなかった。いつか、このことが再び取り上げられるだろう。

第2項、第3項　身分証明書

　腕章それ自体は、着用者の身分を明確にする上で不十分である。その者が敵の権力内に陥った場合、それを着用する資格があることを証明できなければならない。また、条約によって与えられた地位を享受し、送還される適格者であるためには、衛生要員または宗教要員の一員であることを証明する立場に置かれなければならない。そこで、特別な身分証明書が必要となる。

1. 規　格

　第二次世界大戦時の重大な欠陥を取り除くため[9]、1949年の外交会議は、改正案の中で同一軍隊を通じて身分証明書を統一するという提案を採択した。現在では、すべての常勤の要員は、それが衛生要員、管理要員（例えば、病院船の乗組員）または宗教要員であれ、あるいは海軍、商船、または赤十字に所属する者であるか否かを問わず、同じ形式の身分証明書を所持することになっている。

　この身分証明書は、すべての軍隊において同一の形式のものでなければならないことも勧告されている。一つの見本が、一つのひな形として条約に附属してある[10]。各国がそれを使用することが望まれる。いかなる場合にも、紛争当事国は、敵対行為の発生の際に互いに使用するひな形を相手に通告しなければならない。

　身分証明書は、できれば二通作成するものとし、一通は所持者に交付し、他の一通は本国が保管する。その者が捕虜となり、しかも身分証明書を紛失した場合は副本によりその身分を証明することができる。この予防措置はICRCから勧告された

9　GC I の解説、本書pp.20-21を参照。
10　証明書様式はp.217を参照。軍隊に所属しない商船の衛生要員の場合には、その表題を変更しなければならない。

もので、紛議を回避するのに役立つ。改正の準備作業中に、若干の専門家は、発給されたすべての身分証明書の副本をICRCに送付すべきであると提案した。しかし、各国政府は、衛生要員の実数を常に公表する用意があるわけではないので、この方法は実現性がないように思われた。

2. 身分証明書の様式

　身分証明書の様々な様式が会議で考案され、そこには情報が記載されるため、身分証明書は真に実用的な価値をもつ文書となっている。

　第一に、それは赤十字標章を配さなければならない。それに耐久性をもたせるため、腕章同様、身分証明書は防水性のものとする。若干の国では、現在、取り外すことのできない透明で不燃性のビニール皮膜で完全に被覆している。

　この証明書は、ポケットに入る大きさでなくてはならない。これにも、もっともな理由がある。身分証明書が余りに大きいと、所持者は通常、戦場に携行しない荷物の中に収納したり、宿舎に置いてくる傾向があることが分かったからである。

　証明書は、自国語で書かれていなければならない。会議は、各事項を数カ国語で書くことを義務とした当初の提案を実際的な理由から否決した。勿論、希望する場合には、そうすることはできるが、ほとんど知られていない言語を使用する国は、おそらく自国語の他に、より一般的に知られている第二言語を使用することになろう。数個の国語を有する国も同様の立場になるだろう。

　記載しなければならない事項は、所持者の氏名、生年月日および兵役番号である。各国は、その他の記載したい詳細事項を追加することができる。

　証明書には、所持者がいかなる資格により条約の保護を受けることができるかを記載しなればならない。最低限度、その者が衛生要員であるか宗教要員であるか、本来の衛生要員であるか管理要員であるか、衛生部隊に所属するか承認された救済団体に所属するか、また救済団体に所属する場合には、その団体が交戦国の団体であるか中立国の団体であるかを記載する必要がある。

　傷病者の利益のために、これ以上の詳細事項を記載することが強く望まれる。抑留された衛生要員は、その専門適性に相応しい仕事に就けるようにしなければならない。会議でこの規定を提案した代表は、「専門および(または)訓練を受けた医療業務」を明記すべきであると提言した。この表現は最終条文には見られないが、この発想は留意すべきであると思われる。医師、外科医、歯科医、衛生兵、担架兵等の区別をするだけでなく、さらに医師を眼科医、神経科医等に細分化すれば有益であ

る。

　証明書には所持者の写真を添付しなければならない。この重要な識別方法は、1929年には非常に複雑すぎると考えられたが、現在では広く用いられており、会議では議論を行わずに採択された。

　指紋の場合には同じようにはいかなかった。指紋は写真よりも確実な識別方法であり、かつ、一層容易に得られる方法ではあるが、これを義務とする提案は否決された。その難しさは感情的な問題にあった。若干の国では、犯罪者または訴追された者だけが指紋を採取され、一般の人々はこのことを連想する。時の経過とともに、こうした偏見は消滅するだろう。

　現在では、指紋は任意である。所持者の署名についても同様である。これは、20世紀においても、一般に想像されているよりも遥かに多くの読み書きできない者が存在しているからである。結局、証明書に所持者の指紋または署名もしくは、その双方を記載するかどうかを決定するのは各国政府である。しかし、いずれか一つは記載しなければならない。これによって二重の照合ができるので、可能ならばその双方が記載されることを強く希望せずにはいられない。

　この条約が課す最後の条件が最も重要である。証明書には軍当局の押印がなされなければならない。腕章と同様、身分証明書を権威あるものとするのは、この印章である。「浮き出しにして押す」の語──すなわち、圧力をかけて押す──が使用されていることに留意しなければならない。経験によれば、通常のインキ印は消すことができ、比較的簡単に偽造することができる[11]。

3. 識別票

　第2項の冒頭で、衛生要員は身分証明書を携帯しなければならないと規定した文章の中に「第19条に掲げる身分証明書の外」の文言がある。この文言は、死亡した場合、死体を識別できるように、すべての軍人が着用しなければならない識別票（identity disc）でなるべく複式のものに言及したものである。その詳細は、第19条の解説で説明している[12]。

11　最終決議において、外交会議は、国および赤十字社は、平時において衛生要員に身分証明書および腕章を支給するためにすべての必要な措置をとるよう勧告した。GC I Commentary, p.286を参照。

12　GC II Commentary, p.143.を参照。

第4項　没収の禁止、再発行

　本項は、衛生要員は、いかなる場合にも、例え敵国が彼らを捕虜である同国人に援助をさせるために抑留する場合でも、身分証明書を所持し、かつ、腕章を着用する権利があることを明文で確認している。

　この規定は必要なものである。二度の世界大戦で衛生要員が腕章と身分証明書を没収されることがしばしば起きた。それは抑留国にとり、その義務を回避するために便利な方法であった。そうしたやり方は、厳禁しなければならない。衛生要員の特別な記章および身分証明書は、自国の軍隊の軍当局のみが没収することができる。第二次世界大戦時は、ICRCの仲介により多数の身分証明書が拘束された衛生要員に伝達された。

第43条〔病院船および小舟艇の表示〕

> 　第22条、第24条、第25条及び第27条に掲げる船舶及び小舟艇は、次のように特別の表示をしなければならない。
> （a）　すべての外面は、白色とする。
> （b）　海上及び空中からの最大限の可視度を確保するように、できる限り大きい一又は二以上の濃色の赤十字を船体の各側面及び水平面に塗って表示するものとする。
> ②　すべての病院船は、その国旗を掲げることによって識別されるものとし、また、それらの病院船が中立国に属している場合には、その外にそれらの病院船が指揮を受ける紛争当事国の国旗を掲げることによって識別されるものとする。メイン・マストには、白地に赤十字の旗をできる限り高く掲げなければならない。
> ③　病院船の救命艇、沿岸救命艇及び衛生機関により使用されるすべての小舟艇は、白色に塗り、且つ、明白な濃色の赤十字を表示するものとし、また、一般に、病院船のための前記の識別方法に従うものとする。
> ④　前記の船舶及び小舟艇で、それらが受ける権利がある保護を夜間及び可視度が減少したときに確保することを希望するものは、それらをその権限の下に置く紛争当事国の同意を条件として、その塗装及び特殊標章

⑤　第31条に従って一時的に敵国により抑留された病院船は、それらが属する紛争当事国又はそれらが指揮を受ける紛争当事国の国旗をおろさなければならない。
⑥　沿岸救命艇は、占領された基地から占領国の同意を得て引き続き作業する場合には、すべての関係紛争当事国に対して予告することを条件として、基地を離れている間、白地に赤十字を付した旗とともに自国の国旗を掲げることを許される。
⑦　赤十字の標章に関する本条のすべての規定は、第41条に掲げるその他の標章についても、ひとしく適用する。
⑧　紛争当事国は、病院船の識別を容易にするための最新式の方法を使用するため、相互に協定を締結するように常に努力しなければならない。

【解　説】

　この長文の規定は、1907年の条約第5条を発展させ、更新したものに過ぎず、同条はまた、1899年および1868年の条約〈訳者注：1864年のジュネーブ条約の原則を海戦に適用する追加条約。14カ国が署名したが未批准に終わった。〉の類似規定を拡大して作成されたものである。しかし、第6項および第8項は、全く新しい規定である。

第1項　識別方法

　空軍がなかった当時の1907年に採択された病院船の表示制度は、全く不適当であることが長い間認識されていた。病院船は、外装を白色に塗装し、そこに緑色または赤色の横帯を施し、かつ、赤十字旗を掲揚することとしていた。専門家は、1937年の会議で病院船の船体および甲板に白地に大型の赤十字を塗装すべきであると勧告した。第二次大戦時、交戦国は、この識別方法をしばしば採用した。非常に遠方から視認できるような最新の表示方法がなかったため、それが第二次世界大戦では病院船への攻撃の大部分の原因となったことは記録からも明らかである[13]。
　したがって、この点について1949年の外交会議は、1907年の条文を大幅に修正することにした。しかし、会議は、例えば、船舶全体をオレンジ色と黒色に塗り分け

13　Report of the International Committee of the Red Cross on its activities during the Second World War, Vol.I, p.213 を参照。

るというような若干の代表が行った急進的な改正提案は採用しなかった。その真意は、実際的な単純な解決を図ることであり、上部構造物〈訳者注：船楼など船の主甲板上の部分〉の表示を含むものではなかった。

病院船が国、交戦国または中立国の救済団体のいずれに属するかを問わず、統一した表示方法が採用された。これに対し、1907年の条約は、船舶の所属先に応じて扱いが異なる1868年の条約条文を継承し、ある船舶には緑色の横帯を付し、他の船舶には赤色の横帯を付すことにしていた。

過去と同様、船舶のすべての外面は白色とする。船舶を白色に「塗装する」との文言は意図的に削除された。なぜなら、着色することについては、別のより便利で耐久性のある方法があるかもしれないからである[14]。一方、「塗装する」の語は、救命艇(第3項)および赤十字については残されている。

条文は、「すべての外面は白色とする」と規定しており、したがって、これは甲板の視認できる部分にも適用される。大変な維持管理が必要となるだろうが、甲板の極く一部に汚れがあったり、踏み跡があることを理由に船長を非難するのは不適当であろう。重要なことは、航空機から一見して甲板が白色であると識別できればよいということである。

条文では、最大可能な可視性を確保するために、一または二以上の濃色の赤十字を船体の各側面および水平面に塗装するものとすると規定する。塗装する十字の数および大きさを特定していないのは、それらは船舶の大きさと形状次第によるからである。重要なことは、その船舶が病院船であることをできる限り明瞭にすることである。同様に「濃色の赤」の規定は、別の色調の赤十字を付した船舶は保護されないという意味ではない。これは、色により良好なコントラストを与えて、水上に浮かぶ病院船の効果的な安全を強化させることを意図したものである。

条約の他の条文を参照することにより、本項は、病院船のみならず、沿岸救命艇にも適用される。第3項のもう一つの規定を参照すれば、本規定は、「一般的に」病院船の救命艇、沿岸救命艇および医療活動に使用するすべての小舟艇にも適用される。

第2項　旗

本規定は、病院船(および第3項の規定によりその他の保護される舟艇)に適用さ

14　Final Record of the Diplomatic Conference of Geneva of 1949, Vol.II-A, p.160を参照。

れる三種類の旗に関する規則を規定する。

病院船は交戦国の国旗を掲げなければならないが、軍艦の掲げる長旗(pennant)は掲げないものとする。中立国に所属し、交戦国を支援する病院船は、自国の国旗と当該交戦国の国旗を掲げなければならない。1907年のハーグ会議の記録は、旗を掲揚する場所について言及している。すなわち、中立国の国旗は、通常の場所に掲げ、交戦国は国旗を赤十字旗とともにメイン・マストに掲げるものとしている[15]。

最後に、最も重要なことは、病院船は赤十字を配した白旗を掲げなければならないことである。その規定は、既に従来の条約文にあったものだが、1949年の外交会議は掲げる場所を規定することにした。もっとも、前述の説明から分かるように、その場所は既に伝統的なものになっていた。それは、できるだけ高くメイン・マストに掲げることである。なぜそうすべきか。それは、船のその部分が最初に水平線上に現れるからである。したがって、赤十字を配した白旗は交戦国の国旗の上方に掲げられるものとする。

第3項　救命艇

この規定は、(a)病院船の救命艇(第26条により保護される)、(b)沿岸救命艇(第27条により保護される)、および(c)衛生部隊により使用される小舟艇、に用いる表示方法を示している。この最後の部類の船舶の保護を特記した規定は他にないが、同様の例外規定は、1907年の条約条文にも存在した。

前述の三部類の舟艇は、表示に関する第5条により間接的に保護されていた。最初の二部類の場合は、1949年には正常な状態に戻されたが、三番目の部類については依然としてこの例外規定が残された。これは、「衛生部隊が使用するすべての小舟艇」は、本項にある特殊標章に関する規定に含まれる唯一の規定によってのみ保護されることを意味する。しかしながら、この規定は保護を確かな事実としたが、形式が例外規定であるということは、他の紛争当事者に小舟艇について通告することが義務ではないことを意味する。しかし、実際には、国は第22条に定める規則に従い、通告を行うのが賢明である。

これらの小舟艇の表示に関する二つの義務的な規則がある。第一は、これらの舟艇は白色に塗装することである。第二に、これらは濃色の赤十字を分かりやすく配

15　1907年の会議議事録、Vol.Ⅲ, p.296を参照。

置することである。その他、例えば、これらの舟艇は「一般的に病院船のための前記の識別方法に従うものとする」というような義務的ではない規定もある。ここで繰り返した要件に加え、識別方法には、第1項および第2項(甲板および旗の表示)から派生する要件をも含むものとする。「一般的に」とは、それらの舟艇には甲板がなく、マストもないことから、舟艇の大きさと形状を考慮して可能な限り、という意味である。

　ここで、もっぱら沿岸救命艇が使用し、かつ、第27条で保護される固定沿岸施設の表示の問題に言及しなければならない。ジュネーブ第二条約は、実際には、これらの施設は白地に赤十字の標章で表示するとも、表示しなければならないとも規定していない。これは明らかに条文の欠陥である。その建物が傷者を収容する病院の建物ではなく、舟艇庫、繋留場または修理場であっても、戦時にそれらに特殊標章の表示を認めることは理論上正しく、関連規定の合理的な解釈であると思われる。条約が要求するように、敵がこれらを尊重することができるためには、敵はこれらの物を遠方から識別できなければならない。

　沿岸施設にはどのような表示方法を用いるべきか。赤十字標章を掲げるだけで十分か。それとも施設の外面すべてを完全に白色で塗装すべきか。条約はこの点に関して何も規定していないので、白地に赤十字の標章を表示すれば十分であると思われる。船舶の場合には、その外部をすべて白色とする必要があるが、陸上の病院については同様の規定はない。しかし、沿岸救命施設を白色で塗装することを妨げるものは何もないことは明らかである。

第4項、第5項

　夜間の表示に関する第4項については、1949年の外交会議の第一委員会報告者による関連議事録を引用するにとどめる。「夜間および可視度が低下した場合は、その権力内に病院船を保有する交戦国が禁止する場合を除くほか、病院船は、各種の標章を表示するものとする。委員会は、十字の照明、投光照明、内部照明などの方法を規定するまでの用意はなかった。この問題の解決策は、船舶の大きさ、特殊な構造によっても、また地理的条件や気象条件等によって多様である」[16]。

　抑留された病院船に関する第5項は、自明である。もし、病院船が例外的な状況

16　Final Record of the Diplomatic Conference of Geneva of 1949, Vol.II-A, p.205を参照。

で、第31条に従って敵により一時的に最大限7日間、抑留された場合には、当該船は、特別な状況にあることを明らかにするために通常、勤務している交戦国の旗を降ろさなければならない。病院船を抑留している交戦国の国旗を掲げることは要求されない。

第6項～第8項

　第6項は、全く新しい規定で、オランダ代表が提案したものである。1949年の外交会議の最終議事録に記されているように、それは「先の大戦で困難を経験した被占領国に属する多数の国の救命艇団体の希望に沿ったものである。大戦時には救命艇の乗員は、占領国の国旗の下で海上に出動することを拒否した。報告者(これらの問題を検討した作業班の報告者)は、それらの救命艇は、赤十字旗の下でのみ活動できるようにしたいと考えていた。しかし、この提案は、救命艇の所属国を認識する必要があると考えた他の代表からは危険であると思われた」[17]。

　本項の文言は、状況が必要とする場合には、占領国は救命艇の使用に同意しないことを示している。しかし、一般的にそうした同意は、特に本条約第27条および第四条約第16条に基づく原則に従って与えなければならないものである。「基地を離れているときは」の表現は、救命艇が出航して海上に出ている場合を意味すると解さなければならない。

　第27条および第22条に規定する通告のほか、ここに規定する通告は、利益保護国の仲介により通常は占領国により送付される。

　第7項は、第41条に鑑みて余分なもののように思われる。同条解説を参照されたい。

　第8項は、新たな規定であり、その考え方は良いものである。技術の進歩の速度を考えると、条約はいつもこの分野では、戦争に一歩後れをとっている。したがって、前述の表示方法のすべてを後で更新する必要がある。1949年に新たな方法について言及されたが、紛争当事国は、その使用について同意しなければならないだろう。

　1949年の外交会議では、病院船は、「その位置、航路および速度を定期的、かつ、適切に通告するよう努める」ことが提案された。この提案は否決されたが、その趣旨は会議の決議(決議第7)に盛り込まれた[18]。

17　Final Record of the Diplomatic Conference of Geneva of 1949, Vol.II-A, p.161を参照。
18　決議文書については、GC II Commentary, p.287を参照。

第44条〔標章の使用制限〕

> 第43条に掲げる識別用の標章は、他のいずれかの国際条約又はすべての関係紛争当事国間の協定に規定する場合を除く外、平時であると戦時であるとを問わず、同条に掲げる船舶の標識又は保護のためにのみ使用することができる。

【解説】

　本規定は、実質上、1907年の条約第6条と同じであり、1949年にはまったく議論されなかった。

　しかし、「他のいずれかの国際条約又はすべての紛争当事国間の協定に規定する場合を除く外」の語句が1949年に追加された。第四条約第21条は、文民の傷病者を搬送する船舶は、赤十字標章を表示しなければならないと規定する。さらに、既に見てきたように[19]、ICRCは、かつてと同様、関係当事国の同意を条件に、特に戦争犠牲者に対する救済品輸送のため、同一の標章で表示した船舶を使用するよう要請される。そうした船舶の使用に関しては、1949年の第三条約第75条および第四条約第111条が規定する。

　現在では、本条で何ら問題は生じない。それは、既述した場合を除く外、病院船、救命艇および医療活動に使用される小舟艇を表示し、保護するためにのみ特殊標章が使用できることを明らかにすることにより、前条を有益に補完しているのである。

第45条〔濫用防止の措置〕

> 締約国は、自国の法令が充分なものでないときは、第43条に定める識別用の標章の濫用を常に防止し、且つ、抑止するため必要な措置を執らなければならない。

【解説】

　本規定は、1907年の条約第21条の一部に対応する。その条文のその他の禁止規定

19　本書、p.65を参照。

は、現在は本条約第51条に規定する。

しかし、1907年の条約第21条は、現在は規定されていない一つの規定、すなわち、船舶が赤十字標章を濫用することを「海軍または陸軍徽章の不当使用として処罰する」との規定を設けていた。この厳しい規則は刑法により有効となるが、それは海上で生じる特殊な状況から、多くの場合、非常に重大な違反行為となる行為に対する適切な規則であった[20]。

この規則は、厳格過ぎて条約に残しておくことはできないと考えられたが、戦争目的のために保護標章を故意に濫用するような重大な事例を防止するために、国内法制定者が本規定を援用することを妨げるものではない。

他方、この新たな規定は、第43条第7項を引用しているため、白地に赤十字の標章のみならず、現在、条約で承認されるその他の二つの標章、すなわち、赤新月ならびに赤のライオン及び太陽にも適用するものであり、旧規定よりもその適用範囲が広い。

本条は、1949年のジュネーブ第一条約第53条および第54条を要約したものである。既に見てきたように、後者の条文は特殊標章に関する母体であるので、読者はそれらの条文に関する解説を参照されたい。さらに、現条約の第45条は、第43条のみに言及し、船舶が表示する標章の濫用防止のみを意図している。第41条および第42条（要員、資材等）に規定する標章の濫用に関しては、第一条約を参照しなければならない。

赤十字標章により攻撃から免れることを要求する船舶を保護する本条約の規定は、すべての国で国内法により履行されなければならない。権限のある当局がいつでもとらなければならない行政的措置の他、各国は包括的なものであれ個別的なものであれ、濫用を禁止し、かつ、処罰する立法を行わなければならない。

戦時における保護標章の違反行為（ここでは、それが最も頻繁に生じる事例である）は、当然、戦争の法規慣例に対する違反行為を規定する刑法の対象となる。その他の濫用は、通常、ジュネーブ諸条約の適用に関する特別法の対象となり、それには、本条約、特に第45条に規定する禁止を実行する規定が含まれるだろう。これに関しては、「赤十字の名称および標章の保護に関する法のひな形」を参照されたい。同ひな形は、ICRCがこれに関する各国の立法作業を支援するために一般的な指針

20　これと併行して、1907年のハーグ第四条約附属規則第23条は、国旗または軍用標章および制服の不当使用とともに、「『ジェネヴァ』条約の特殊徽章を擅に使用すること」を禁止している。

として役立つよう作成したものである[21]。

　第44条は、特殊標章に関する本章に含むのが適切であるが、第45条は、濫用の防止と違反に関する第8章に含めた方がより論理的であったであろう。それは第50条に統合することもできたであろう（同条の規定により、締約国は一般的に本条約の規定に違反するすべての行為を防止するため必要な措置をとる）。1949年の外交会議では、四つの条約すべてに共通する条文の一つとして合同委員会が第50条を作成したが、これに関する議論が再燃するのを避けるために、この第45条が別の規定として作成されたのである。

　1907年の条約の類似規定が義務的でなかったのに対し、第45条は義務的である。前者規定は、法制度が不備な締約国は、立法府に対し、標章の濫用を防止する必要な措置をとるか提案するよう規定したのみである。これに相当する規定を持つ第一条約の場合と同様、外交会議が、政府の「提案」の一部または全部を拒否できる選択の自由を立法府に与える文言を採用しなかったのは正しかった。国際条約の起草および批准に際し、それから生ずるあらゆる義務を受諾する意思を全権代表が表明し、その投票により宣言するのは締約国自身、すなわち主権国家である。非常に重要な赤十字標章の保護が絶対的な義務とならない理由はない。幸いにも、この奇妙な例外規定は、現在は存在しない。

　新たに規定された赤新月ならびに赤のライオン及び太陽の保護についてだけでなく、すべての国において（法整備は）不備ではあるが、立法措置が不適当である場合には改正しなければならない。条約は、期限を設定していない。できれば、各国の法令の必要な改正は、条約が発効する時までに、すなわち批准または加入後六ヵ月以内に既に行われているべきであろう。

　最後に、立法措置が適切であっても、立法だけでは十分ではない。指導を行い、監督を行い、責任者を訴追しなければならない。責任ある当局が赤十字標章を保護し、その保護的価値と深い意義を守るためには不断の努力が必要である。人間の命に関わることであることを忘れてはならない。

21　法のひな形条文は、本書 p.58以下を参照。

■ジュネーブ第四条約

第18条〔文民病院の保護〕

> ① 傷者、病者、虚弱者及び妊産婦を看護するために設けられる文民病院は、いかなる場合にも、攻撃してはならず、常に紛争当事国の尊重及び保護を受けるものとする。
> ② 紛争当事国は、すべての文民病院に対し、それらの病院が文民病院であること及びそれらの病院が使用する建物が第19条の規定に従って病院の保護を失うこととなるような目的に使用されていないことを示す証明書を発給しなければならない。
> ③ 文民病院は、国の許可がある場合に限り、戦地にある軍隊の傷者及び病者の状態の改善に関する1949年8月12日のジュネーヴ条約第38条に定める標章によって表示するものとする。
> ④ 紛争当事国は、軍事上の事情が許す限り、敵対行為が行われる可能性を除くため、敵の陸軍、空軍又は海軍が文民病院を表示する特殊標章を明白に識別することができるようにするために必要な措置を執らなければならない。
> ⑤ それらの病院は、軍事目標に近接しているためさらされる危険にかんがみ、できる限り軍事目標から離れた位置にあることが望ましい。

【解説】……………………………………………………………………………

総　論

　ハーグ規則第27条は、宗教、技芸、学術および慈善の用に供される建物の保護とともに病院の保護について簡単に規定している。それは、その所在を識別性および視認性のある標識で表示するものと規定するが、標識がいかなるものであるかは言

及していない。ハーグ第九条約第5条は、「病院および病者または傷者の収容所」は、「大型の堅固な方形の板で、対角線により上部が黒色、下部が白色の二つの三角形に区画された可視性のある標識」で表示し、保護すると規定している。ここでは、特別な標識が正確に規定されているが、第九条約は海軍が行う砲撃に関してのみ規定している。

これらの規定が不適当なため、第一次世界大戦以降、軍病院が1864年から享受してきた保護を文民病院にも拡大する努力が行われた。

若干の国は、文民病院にジュネーブ条約を適用するために文民病院を軍事化した。それは、文民病院を軍の監督、管理および軍律の下に置くことを意味した。しかし、この方法の妥当性を敵が認めるものであったならば、軍に帰属された病院は、少なくともその一部が軍の傷病者のために実際に使用されたであろう。戦時に文民病院を軍の管理下に置くとする規定は、事実上、本条約の保護の権利を病院に与えるものではない。病院は、条約による保護の権利を要求し、軍当局から白地に赤十字の旗を掲げる許可を得るためには、二つの条件を満たすことが必要であろう。

第二次世界大戦末期に、ドイツ、イタリアを含むある交戦国は、白色の円形の中心部に赤の四角形を描いて文民病院を表示した。この標章は、相手国に承認された。セイロン〈訳者注：現スリランカ〉当局も同様の措置をとり、文民病院に白色の方形の中心に面積の9分の1を占める赤の四角形から成る標章を表示した[1]。

これら三つの方法は、多少は役立ったが、一時的な当座しのぎの解決策でしかなかった。普遍的な管轄権を有する条約の規定に基づき、文民病院を効果的に保護する普遍的な解決策を探す必要があった。1946年にICRCは各国赤十字社予備会議でこの問題を提起したが、文民病院にもジュネーブ条約の標章を使用する権利を与えるべきだと考え、新たな標章を作成する考えには賛成しなかった[2]。

翌年の政府専門家会議は、ジュネーブ条約は、その伝統的な領域に限定されるべきであり、軍隊に関するものだけを扱うべきであるとの考えから、条約の諸原則は、文民の一般的保護に関する条約草案に特別規定を挿入することで文民の傷病者にも保護を拡大できると提言した。専門家は、文民病院は国の承認を得て、文民の傷病者を恒常的に看護することができることを条件に、特別の保護を享受すべきである

---

1 Report of the International Committee of the Red Cross on its activities during the Second World War, Vol.I, p.708を参照。
2 Report on the Work of the Preliminary Conference of National Red Cross Societies for the Study of the Conventions and of various Problems relative to the Red Cross, Geneva, 1947, p.64を参照。

とする各国赤十字社予備会議の見解に賛同した。専門家および予備会議の双方が、病院は軍当局の同意を得て赤十字標章[3]を使用すべきであると主張した。

1948年の第17回赤十字国際会議にICRCが提案した規定は、専門家会議が提示した考え方に大いに依拠しており、会議は重要な変更もせず、それらを採択した。文民病院が具備すべき性格に関する規定は維持され、文民病院を赤十字で表示することは、国と赤十字社の合同の許可によることとされた[4]。

条約草案が最終決定のために付託された1949年の外交会議は、文民病院に一層強固な保護を与える必要性を全会一致で承認し、それに標章を付すことを規定した。議論からは、文民病院の定義および表示条件について相当大きな見解の相違があることが明らかになった。以下に見るように、最終的に採択された文言は、妥協案としてのあらゆる特徴を帯びている。

第1項　定義および保護

1. 目　的

A.　一般原則

第18条の主たる目的は、文民病院を保護することにある。この事実により、本条は文民病院で看護を受ける傷者、病者、虚弱者および妊産婦を保護する。第19条第2項の規定〈訳者注：敵に有害な行為と見なしてはならない行為に関する規定〉に従い網羅的なこの一覧は、文民病院を正確に定義するものではない。

第17回赤十字国際会議が勧告した条文は、国により承認された恒常的に治療を行うことができる文民病院のことを指している。その定義は一層明確である。それは文民病院について二つの制限的な要件を規定する。すなわち、正式の承認および病者に恒常的(常時)に治療を行うことのできる能力である。しかし、これは合意に至らなかったため、会議は臨時作業部会にこの規定を研究するよう指示した。多くの困難を克服し、作業部会はすべてが受け入れ可能な文言を見出すことに成功した。総会が文民病院の定義を反対なしで採択することができたのは、この微妙なバランスを保つほとんど得がたい妥協の産物を危うくするのを恐れたからである。

3　Report on the Work of the Conference of Government Experts for the Study of the Conventions for the Protection of War Victims, Geneva, 1947, p.69 以下を参照。

4　XVII th International Red Cross Conference：Revised and New Draft Conventions for the Protection of War Victims, Geneva, 1948, p.120を参照。

しかし、慎重に検討すれば、第18条の文民病院の定義の特徴が明らかになり、また、それは外交会議の意図を明らかにし、条約の精神と一般的合意に合致していることが分かる。

第一に、第1項の部類の一覧は、重層的(すべてを満たさねばならない)ではない。したがって、文民病院は、第18条に規定する要件を満たすために列挙するすべての部類の者を看護する必要はない。病院は、産科病院のように一部類の者の利用に供されるだけで十分である。

文民病院は、管理要員を含む職員およびその目的を達成するために必要な器材を備えていなければならない。文民病院は、病院での看護を提供するために組織されていなければならない。これが本質的な点である。病院は、病院として必ずしも恒常的に機能する必要はない。外交会議は、戦争の結果、緊急の措置として補助病院に転用された施設が条約の保護から除外されてはならないと考えた[5]。それは、これらの病院は頻繁に戦闘地域に設置されることがあり、これらを保護する必要性が一層大きいからである。決定的な要素は、既述したように文民病院が病院での治療と看護を効果的に行えることであり、必然的に少数の組織を意味することになる。

施設の収容能力は、文民病院であるか否かの決定的な基準にはならない。第18条には規模について言及はなく、予備討議は、この点が意図的に削除されたことを示している。しかし、各国は、条約適用に関する国内法で基準となる規模を定め、また病床数により承認を与えることができる。最低限20床とする政府専門家の提案は、合理的のように思える。

文民病院は、患者を収容していてもいなくても条約による保護を享受する。これは規定の文言から言えることであり、同規定は、文民病院は組織化されていなければならず、治療を受ける者の部類について記載しなければならない事実だけを規定している。しかし、一つ明確で、かつ非常に重要なことは、病院が条約の下での特別の保護を享受しようとするならば、病院は、いかなる場合にも医療目的以外の目的に使用してはならないということである。例えば、仮に学校が応急病院に転用された場合には、たとえ教室に傷病者がいない期間においても、教室を学校として使用することはできない。

最後に、第18条は、いかなる意味でも、当該国の法律による病院の法的地位に影響されないことに留意すべきである。民間病院、国または自治体病院は規定の条件

5　Final Record of the Diplomatic Conference of Geneva of 1949, Vol. II -A, pp.701-703を参照。

を満たす限り、等しくジュネーブ条約による特別保護の資格を有する。

B. 適 用

　医療行為が行われる施設は、それが病院、診療所、サナトリウム、健康センター、眼科または小児科診療所と呼ばれようと、第18条の意味における病院であることに疑いの余地はなく、この点を詳述する必要はない。

　しかし、健康状態が病気とは呼べないまでも処置が必要とされる者のための施設の場合、問題は一層複雑になる。例えば、児童、幼児または老人、予防療養所、肢体不自由者施設、水治療院(hydropathics)などの施設である。

　もちろん、条約には病人または虚弱者の定義はどこにもない。もっとも、一般原則および想定される目的から、真に病院の機能を満たさない施設を除外する適当な境界線を設けるような方法で本規定の適用範囲を決めることは可能でなければならない。

　老人施設は、文民病院としての性格を有しない。それらは、老人および独居者が住居と生活の糧に困らずに生活を営むためのものであり、被収容者の医療看護を目的としたものではない。これらの施設は、病院というよりも寄宿舎または施設に近いといえる。これらを病院に分類することは、この用語の理解とは矛盾するだろう。こうした理由により、老人施設は第18条が規定する施設とは見なすことはできない。

　一方、その目的がもっぱら病人、虚弱者、老人または不治の病気を抱える老人の看護である施設は、第18条の意味における文民病院に分類することができるだろう。

　虚弱・障害者の看護を目的とした施設、例えば盲・聾唖者施設については、収容者が医療行為を受けている場合には、第18条で規定するように文民病院の部類に含まれる資格がある。

　肢体不自由者は、第18条の一覧には含まれない。もっとも肢体不自由者は、健康状態が病院での治療を必要とする限りは傷病者といえるので、これらの者が治療を受ける施設は、文民病院と見なされる。しかし、第18条は、健康状態が病院治療を必要としない肢体不自由者を単に受け入れるのが目的の施設を含むものではない。

　幼児・児童施設は、老人施設同様、介護が必要な弱者を収容するが、これらの者の健康が害されているわけではない。そのため、これらの施設は文民病院とは分類できない。

　少なくとも多くの場合、予防療養所を療養所および病院に分類することは合理的であると思われる。予防療養所と療養所を区別するのは、しばしば困難である。も

ちろん、その名称だけを考慮すれば、予防療養所は、原則として実際に病気に罹った者は受け入れず、病気に罹りやすい者だけを受け入れる。もっとも、これらの施設が文民病院とほとんど同じように組織され、そこに収容される者が医療上の規律に従い、予防的治療を受けている場合には、これらの施設を文民病院として扱うことは正当化されると思われる。予防療養所は、たとえ僅かとは言え、しばしば既に病気に罹った者を収容しているので、「予防療養所」の名称は、多くの場合、単なる婉曲表現であることを付言しておく。

他方、大多数の水治療院は、もっぱら虚弱者または病弱者が利用するだけでなく、様々な理由により、健康な者または言葉の厳密な意味において病人とは言えない者が利用する。さらに、これらの施設を頻繁に利用する者は、ほとんどの時間をホテルまたは寄宿舎で生活し、水治療法以外には医療上の監督に服するわけではない。したがって、彼らは病院の患者ではない。よって、一般的に水治療院は第18条には含まれない。しかし、水治療院が文民病院の一環として組織され、その利用者が言葉の厳密な意味において病人であるような場合もあるかもしれない。その場合には、水治療院は、文民病院に分類される。

起こりえる非常に多様な事例を想起すると、第18条で規定する文民病院の一般的な定義を事前に行うことは困難である。したがって、各国における適用措置は、文民病院として施設を承認する条件をできるだけ正確に明記することが望ましいだろう。

条約で規定する文民病院として分類できる施設に関する本研究から幾つかの施設が除外されたとしても、それらの施設は、国際法のその他の規定による保護の利益を受けないという意味ではない。したがって、前述の施設の幾つかは、本条約の規定に該当しないと判断されたとしても、慈善の目的に供されるので、前記で引用したハーグ規則の規定に基づく保護を要求することができるのは確かである[6]。さらに、これらの施設が保護される資格があるかどうかが疑わしいとしても、そこに収容される人々は、戦闘行為に参加したこともなく、または参加することもない者(児童、女子、老者、傷病者)であり、すべて被保護者であることに留意しなければならない。

---

6 本書、p.84以下を参照。

2. 尊重および保護

　第1項は、保護の目的を定義した後、保護が与えられるものについて言及している。規定では、二つの指摘を行っている。第一は、禁止命令の形で病院は攻撃の対象にしてはならないと規定し、第二は、肯定命令の形で交戦者に一定の義務を課している。

　「攻撃の対象とすることはできない」という文言の概念は、「尊重」の概念に含意されている。それは、ジュネーブ第一条約の類似規定でも同様に殊更強調しており、条文の作者は、空中からの爆撃の増加を念頭に置いていたと思われる[7]。第1項の禁止規定は、主に故意に病院に向けられた攻撃に言及していることは明らかである。しかし、戦争状況下では意図的にそうすることは稀なことであり、いずれにしてもそれを証明することは困難である。したがって、禁止規定はその意義をより広く解さなければならない。「尊重」の語を使用することにより、また第1項（「いかなる場合にもしてはならず」および「常に」）で示した義務の絶対的な性質により、この点に若干の光明が差し込むだろう。交戦者は、病院を保護するためにあらゆる可能な措置をとるべき一般的義務を負う。これが本質的な点である。

　当然、そのように理解すれば、病院の攻撃の禁止は、今日、多くの病院が置かれている状況から見て、極めて的確な結果をもたらすだろう。病院は、軍事目標が含まれる市街地に近接または囲まれて位置することがしばしばである。これらの軍事目標を攻撃する際は、攻撃軍には第1項により、病院を保護するために人道的にできる限りの特別な予防措置を講ずる義務がある。これは、第18条の最終項で勧告しているように、病院が所属する国自身が、病院を軍事目標からできるだけ遠方に配置しなければならない予防措置に対応する当然の措置である[8]。

　概して、勧告以上のものではないこの要件を病院が満たす場合には、軍事目標に対する作戦行動にあたり予防措置を講ずることなく攻撃軍が病院に直接攻撃を行うことは、まさに第1項の違反行為と見なされるだろう。

　さらに、状況（例えば、空挺部隊による攻撃の間）によっては、病院に近接した地点が予告なく軍事目標になり、病人や病院資材を十分離れた位置に移送することが

7　GC I Commentary, p.196を参照。また、Report on the Work of the Conference of Government Experts, Geneva, 1947, pp.23-24も参照。

8　これに関連して、Les Conventions de Genève et la Guerre aèrienne, par R.-J.Wilhelm, Revue internationale de la Croix-Rouge, janvier 1952, p.30を参照。

実際、不可能な場合もある。

　このような場合でも、病院を保護する一般的義務は、交戦者双方が攻撃および敵対行為一般による病院への被害ができるだけ軽微で済むように予防措置を講ずるべきことを要求している。

　原則の否定的な表現の記述に続き、「当事者は、文民病院を常に尊重し、保護しなければならない」と規定する通常の肯定的な文言がある。「尊重」の語が攻撃の禁止という背景理念を肯定的に表現しているのに対し、「保護する」の語は、尊重を確保し、交戦の他方当事者に義務を課すことにより、この理念を強化している。攻撃の禁止と同様、尊重し、保護する義務は絶対的かつ普遍的である。もっとも、占領地域の文民病院は、本条約第57条に規定される制限内で徴発されることがありうる。

第2項　公の承認

　承認された施設だけが、保護を受ける目的で標章を使用することができる。この承認は、文民病院であることを証明する公の文書で行われる。これは言うまでもないことである。しかし、規定では、この文書は第18条の用語の下で、建物がこれらの病院から保護を奪うような目的で使用されないことを示さなければならないと付言する。外交会議により追加されたこの第二の条件には批判がある。実際には、そうした保証は非常に曖昧な価値しかもたないだろう。なぜなら、開戦当初あるいは平時にはよくあることだが、国は、病院が将来、敵に有害な行為を行わないとはっきり約束することは不可能だからである。理論上可能なことは、証明書の発給時に病院が厳に人道的任務を目的とし、軍事目的に貢献するものは何も保有していないことを宣言することである。

　まず最初に、承認は、関係国が作成した法的文書の形式を取らなければならない。承認の証明書を発給する責任ある当局は特定されていない。したがって、各国はそれを自由に指定し、その機能を赤十字社に委任することができる。条約上は、この機能を委任することに反する規定はない。委任の可能性は、外交会議の協議の過程で特に議論された[9]。

　交戦国は、承認の証明書を発給する義務(権利ではない)を有する。この規定は義務規定である。病院が第1項に規定する条件を満たした場合には、公の承認を得る

9　Final Record of the Diplomatic Conference of Geneva of 1949, Vol.II-B, p.469を参照。

権利を有する。承認とは、承認する国が病院に対して責任を負うことを意味し、それは、国が国の行政機関ではない団体に承認の権限を委任している事実により影響を受けることはない。この行政的機能を付与される団体が行った濫用の結果については、国があらゆる締約国に対して引き続き責任を負う。

第3項　表　示

1. 国の許可

　文民病院は、1949年のジュネーブ第一条約第38条に定める赤十字標章、すなわち白地に赤十字(赤新月、赤のライオン及び太陽)の標章をもって表示する[10]。

　しかし、「文民病院は…表示するものとする」という一般的規則は、国の承認を条件としており、承認は任意である。原則として文民病院の表示は義務である一方、その適用は国の承認次第である。したがって文民病院の表示は、承認とは別の問題である。表示は必ずしも承認に伴うものではない。保護標章を表示するすべての文民病院は、当然、正式に承認されなければならないが、すべての文民病院が必ずしも赤十字標章を表示するわけではない。もちろん、実際には、公の承認は多くの場合、特殊標章を表示する権限を伴うものである。しかし、交戦者がその状況または重要性に鑑み、一定の病院施設に対して保護標章を表示することを承認し、その他の(承認済み)病院に対しては、時宜に適さない場合には、何らかの理由により表示を認めない場合もある。

　国に選択権を委任したこの制度は、標章の使用拡大に伴う危険性に留意して、標章の許可を任意とするよう慎重に進めた外交会議の配慮を明確に示している。外交会議は、表示は国の許可事項とし、各国の事情と過去の経験により、この権利を行使するものとした。実際問題として、結果が良ければ、この制度は広範に適用され、これに反し、赤十字の使用が拡大し、その威信および保護の対象を害する濫用の原因になることが分かれば、表示標章の使用は制限されるだろう。このため、責任を自覚している国は、この事項の実施を規制することができる。

　前項と同様、本項は表示を許可する当局を特定していない。単に表示の権限が国にあることを述べているにすぎない。このように、この規定は必要な柔軟性を持ち、責任ある当局を決めるのは国内法であるとしている。

108　GC I Commentary, Geneva, 1952, p.330以下を参照。

ストックホルムで採択された国と赤十字社の共同承認制度は、外交会議では採用されなかった。また政府専門家会議の草案で規定され、さらに外交会議でも若干の代表が再度盛り込もうとした軍の機関の同意を条件とすることも採用されなかった。

しかし、現行規定では、国がこの問題に関する権限を軍当局、赤十字社またはその他の資格ある団体に委任することを妨げていない。重要なことは、国の責任は条約により確立していることである。

文民病院の表示は、本質的に戦時のために行われる。真に重要性があるのは戦時である。しかし、表示が十分に効果を生むように具体的な配慮を行い、規則は適用にあたり十分柔軟性のあるものにすることができる。あらゆる可能性を考慮する責任のある国が、実際上、平時から文民病院を表示してはならない理由はない。

表示する最善の時機の選択については、関係国政府に広範な裁量権を委ねておくことが望ましい。特に平時において、戦争が急迫していると見なされ、また紛争の発生に備えて何らかの準備措置(動員準備、一部動員または全面動員など)がとられる事態では、国が病院に標章を使用させることは妥当といえるだろう。しかし、この場合には作業量と時間を要する固定の標章(例えば、屋根への標章の塗装など)を表示する措置に限定するのが望ましいと思われる。

赤十字社に所属しない建物に、平時から赤十字を不必要かつ過度に表示すれば、人々の混乱を招くかもしれない[11]。それは同じように表示される別の建物と赤十字社の敷地を混同させ、当該赤十字社に影響を及ぼすだけでなく、標章の威信と象徴的な力を損なうことになるだろう。

2. 監 督

国内法に基づき、病院に証明書を発行し、赤十字標章の表示を許可する権限を有する機関には必要な監督権限も与えなければならないことが重要と思われる。国の許可を受けた施設は、継続的かつ厳重な監督に服さなければならないことが重要となる。それは標章を表示する権利を与えられた病院には絶対に必要である。そうしなければ濫用の危険があり、標章の意義と威信を失墜させるおそれがある。そのため、厳重な監督は赤十字標章の使用の拡大に伴う当然の結果である。したがって、

---

11 何らかの混乱を避けるためには、赤十字社の施設に標章と併せて名称を明瞭に掲げることが赤十字のためになるだろう。

文民病院が旗を掲揚する権利は、同時に必ず監督に服する義務を伴うものでなければならない。

第4項　表示の可視性

　保護標章は、それが容易に識別できる場合にのみ実際的な価値がある。そのため条約は、文民病院を表示する特殊標章が敵の陸軍、空軍および海軍に明白に識別されるようにすることを紛争当事国に勧告している。

　この標章は、遠方、特に高空を飛行する航空機から、かつ、あらゆる方角から識別できるように十分な大きさのものでなければならない。

　例えば、ICRCの要請により、ある政府が行った実験によれば、屋上に設置された5m四方の白地に赤十字は、8,000フィート〈訳者注：約2,500m〉以上の高度からはほとんど識別できなかった[12]。

　標章が遠方およびあらゆる方角から見えるようにするためには、各面(水平面、垂直面、斜面)に堅固な板を置くか、屋根および壁に大型の白地に赤十字を塗装するか、適当な材料で地上に表示することができる。

　夜間には、例えば、赤十字の外縁に灯火を連続的に配列して文民病院を識別するのが当然望ましい。しかし、空中からの攻撃に対して地区を防御する最も有効な具体的手段は全面灯火管制であるため、軍の指揮官が照明に同意することはほとんどありえない。昼間に、その位置を明らかにされた文民病院が夜間に照明を行えば、敵の航空機に格好の地上の標識を与えることになる。しかし、文民病院の照明は、軍事目標への攻撃が行われている場合に限り行われるものと想像される。次項で述べるとおり、文民病院の安全は軍事目標から十分に距離を離しておくことで最良に確保される。

　表示が敵の作戦に資する結果になる危険性は夜間に限らず、程度の差はあれ、昼間にも存在する。GCⅠ第42条第4項の類似規定の文言のように、保護標章の完全な可視性を確保する義務は軍事的要請に従うとあるが、その理由はこのためである。病院の表示は、何らかの理由により敵部隊に資する結果となることがあるので、この留保は当然である。

12　RICR, 1936年5月号、p.409を参照。

第5項　軍事目標からの分離

　本項は、責任ある当局が、病院をできる限り軍事目標から離れた位置に配置すべきことを勧告している。この規定は、空中からの爆撃の可能性を盛り込んだものであり、目標を外れた爆弾から文民病院を確実に保護することを意図した規定であることは明らかである。ジュネーブ第一条約では、軍隊の衛生部隊は、類似の規定により保護される（第19条第2項）。いずれの規定にも「軍事目標」の定義はない。第二次世界大戦前に、若干の政府は、軍事目標が1923年のハーグ規則第24条に掲げる定義に該当すると宣言したが、ジュネーブ条約以外でこの用語を定義する試みはこれまで失敗している。

　もっとも、文民保護の一連の措置は、その用語の用法に基づくものであるから、国際間の合意により軍事目標という用語に何らかの定義を行う必要があり、また、人道上の観点からもその重要性は明らかであるように思われる〈訳者注：軍事目標の定義は、1977年のジュネーブ諸条約第一追加議定書第52条で初めて言及された〉。したがって、ICRCは、文民一般を保護する国際法規則の再確認を視野に単なる示唆ではあるが一つの提案を行った。

　「軍事目標」の表現は、明確に定義された実際的または潜在的な軍事上の重要事項として、最も厳密な意味で理解すべきことに疑いの余地はない。言うまでもなく、一般住民を軍事目標と見なすことはできない。この真理こそが戦争法規全体の基礎である。

　第1項の研究において、病院の攻撃を禁止する規定の適用範囲を考察した。この最終項は、第1項の適用範囲同様広いものだが、病院に近接して位置する軍事目標を攻撃から免除したり、それらを軍事目標として攻撃する権利を制限することを意図していないことは明らかである。そうした理由から、軍病院に与えられる法的保護は、それを軍事目標からできる限り離れた場所に置くこと、また軍事目標への攻撃の結果生じる影響からの保護を確実にするために具体的措置を伴わなければならない。その措置がとられていない場合には、たとえ病院が明瞭に表示されていても保護は極めて疑わしくなる。

　既に設置されている多数の文民病院の位置を変更することは、決して容易なことではない。この規定の性格が勧告的なものであり、強制的なものでない理由はこのためである。その場合、予防措置はいかなる軍事目標もその付近にないことを確かめ、もし軍事目標が既に近接してある場合には、できればそれらを移動させるべき

である。責任ある文民当局と軍当局とが緊密に協力することが極めて望ましいことは言うまでもない。

第20条〔文民病院の職員〕

> 文民病院の運営及び管理に正規にもっぱら従事する職員(傷者及び病者たる文民、虚弱者並びに妊産婦の捜索、収容、輸送及び看護に従事する者を含む。)は、尊重し、且つ、保護しなければならない。
> ② 前記の職員は、占領地域及び作戦地帯においては、身分を証明し、本人の写真を添附し、且つ、責任のある当局の印を浮出しにして押した身分証明書及び任務の遂行中左腕につけなければならない押印した防水性の腕章によって識別することができるようにしなければならない。この腕章は、国が交付するものとし、且つ、この腕章には、戦地にある軍隊の傷者及び病者の状態の改善に関する1949年8月12日のジュネーヴ条約第38条に定める標章を付さなければならない。
> ③ 文民病院の運営及び管理に従事するその他の職員は、その任務を遂行する間、本条で定めるところにより、且つ、本条に定める条件の下に、尊重及び保護を受け、並びに腕章をつけることができる。身分証明書には、それらの職員が従事する任務を記載しなければならない。
> ④ 各病院の事務所は、常に、それらの職の最新の名簿を自国又は占領軍の権限のある当局に自由に使用させるため備えて置かなければならない。

【解説】..
　本条については、条約の予備作業の中で多くの重要な変更が行われた。それは1947年の政府専門家会議で起草された一条項が最初のものであり、会議は、文民である傷者および病者の看護に当たるすべての者を保護する制度を設けるべきか、あるいは保護を与えるのは文民病院に限るべきか迷っていた。専門家会議は、後者を採用した[13]。
　翌年、ICRCは、第17回赤十字国際会議に提出した条約草案の第18条に、専門家

13　Report on the work of the Conference of Government Experts, Geneva, 1947, pp.72-73を参照。

が表明した意見に非常に近い規定を盛り込んだ。草案の第1項は、文民病院職員の保護の原則を宣言し、職員が使用する身分証明書を規定した。しかし、ここでは赤十字標章の使用は、病院そのものの場合のようには考慮されなかった。草案の第2項は、職員および患者の最新の名簿を作成する病院管理の義務を規定した。

　第17回赤十字国際会議(1948年、ストックホルム)は、文民病院の表示に赤十字標章を使用することを承認した後、さらに前進することとし、文民病院の職員にも特殊標章の使用を承認する新たな第2項を採択した。

　外交会議は、いかなる部類の文民医療要員が特殊標章の使用を許されるかを決めることに注意を集中したが、意見は広く分かれた。二つの意見の対立が見られた。若干の代表は、ストックホルム案よりもさらに一歩前進し、標章の使用を公衆保健衛生業務を担当する当局にも拡大し、かつ文民保護(Civil Defense)業務の代表にも拡大することを希望した[14]。

　これとは反対に、他の代表は、ストックホルム案で認められたものと比べて標章の使用を制限することを望んだ。

　ICRCは、会議の直前に刊行された「覚書および提案」[15]と題する覚書の中で、自らの見解を次の言葉で説明した。

　　赤十字標章の適用を拡大することは、必然的に非常に大きな濫用と違反の危険を伴う。そして、その引き換えとして標章に伴う威信を害し、本来の重要な意義と名声を損なうことになる。これまで標章の使用は、軍律に服する明確に定義された部類の者に限られてきた。この場合でも、濫用を防ぐことは大きな困難を伴ってきた。したがって、もし標章の使用が規律や適切な登録または監督に服することのない全国に散らばった不完全な定義の部類の文民に拡大されるならば、濫用防止は不可能となり、法的に標章の保護を受ける権利のある人々がその結果を負わされることになる。

　　軍の衛生部隊の構成員は、軍隊の要員、つまり、合法的に攻撃される者の部類に属するために、もっぱら標章を着用することが許される。

　　しかし、国際法は、敵対行為は軍隊に限定すべきであり、文民は一般的に攻撃を免れるべきであるとの原則に立っている。新たな文民条約のあらゆる秩序は、これを認めることから導かれる。文民に発砲することは違法であり、病者を看護

14　Final Record of the Diplomatic Conference of Geneva of 1949, Vol.II, pp.632および819を参照。
15　Remarks and Proposals, pp.72-73を参照。

する文民を攻撃することは明らかに許されない。事実、本条約第13条は、紛争当事国はすべての部類の衛生要員が自らの任務を遂行することを許されなければならないと明記している。一定の部類の文民について保護を求めることは、そもそも、その他の文民は尊重されないことを新たな条約が是認することになる。これは新たな条約の信頼性の低さを自認するものであり、権威を弱めるものである。

　疑うまでもなく、第17回赤十字国際会議は、この問題のあらゆる局面を検討する時間も、使用を拡大する提案の全体的な影響を評価する十分な時間的余裕もなかった。国に正式に登録し、それを示す身分証明書を所持する明確に定義された部類の要員である文民病院の正規職員(regular staff)の標章使用については、おそらく一つの例外的措置が取られるだろう。しかし、すべての文民医療要員に保護標章を付けることを望むならば、それは赤十字標章とはまったく異なる特別な手段を使用することを検討する方が良いだろう。

　外交会議は、より広い部類の人々に標章の使用を認めることを望みながらも、標章の価値を低下させる程度にまでその使用を拡大することは避けたいと願った。そこで、会議は最終的に現在の条文に見られるような方法を採用した。その主要点は、次のとおりである。
(a) 特殊標章の使用は、全体組織の構成員であり、かつ、規律に服し、比較的に監督が容易である文民病院の職員に限定すること。
(b) 標章の使用を占領地域および作戦地帯に限定すること。

第1項　常勤職員

　この規定は、第3項に規定する臨時職員とは異なる文民病院の常勤職員(permanent staff)に関するものである。

1. 地位および責務

　職員が第1項に掲げる定義に該当するために、職員は、条約第18条に定める文民病院の運営または管理に正規に(regularly)、かつ、もっぱら(solely)従事しなければならない。

　職員が、病院の業務に正規に従事しなければならないとの規定は、臨時の職員(temporary staff)を除外するのに対し、「もっぱら」の語は、職員が他の業務を行うこ

とを禁止する。

　これら二つの条件は、すべてを満たさなければならない。例えば、正規に病院に勤務している外科医が、時間の一部を個人営業に充てているため病院に専従していない場合、または篤志の検査助手や補佐で一日の一部または一週間の一両日を病院の業務に従事する場合には、それらの者は病院の任務に「もっぱら」従事するものではなく、結果的に第1項に該当しないだろう[16]。

　このように、条約が設定する病院とその職員との間の緊密な関係が第一の基準を構成する。病院職員の任務に関する記述は、さらにその内容を示している。本項は、「文民病院の運営および管理に正規にもっぱら従事する職員（傷者および病者たる文民、虚弱者ならびに妊産婦の捜索、収容、輸送および看護に従事する者を含む）」に関するものである。掲げられた四つの特定業務の運営および管理という一般概念の表現の様式は、性格上限定的である。それは、当該要員がこれらの業務の一つだけに従事しなければならないという意味ではない。ここに掲げられていない業務を除き、要員は、これらの業務のいくつかに従事することができる。

　本規定の表現は、職員が病院内にいる場合だけに限らず、病院の建物から離れて任務を遂行しなければならない場合を含むことは極めて明らかである。例えば、病院管理者が、空襲後に爆撃された地域に職員の中から救護班を送り、傷者を収容し、看護し、さらに病院に搬送する場合には、当該職員は病院外で任務を遂行中も第20条の規定が適用される。

　病院外での活動は一定の制限に従うが、施設内で行う業務には何ら制限はない。このように、医師や看護師など入院患者に直接接する職員に保護が与えられるだけではなく、検査部、放射線部、医務室、管理業務、厨房、洗濯業務等に従事する職員を含む病院の運営および管理に必要な職員すべてに与えられる[17]。

　本規定が根拠とする理念は、病院は組織化された全体であり、各部署が正常に働かない限り、有効に機能することができないということである。医療職に該当しない者であっても、その支援がなければ期待される任務を果たすことができないので、彼らもやはり病院の不可欠な一部である[18]。これらの部類の者も、要員は病院に正規に、かつ、もっぱら勤務する者でなければならない。

16　Final Record of the Diplomatic Conference of Geneva of 1949, Vol.II-A, pp.705および819参照。後述の第3項に関する解説、本書p.104も参照。

17　Final Record of the Diplomatic Conference of Geneva 1949, Vol.II-A, p.819参照。

18　GC I Commentary, p.219を参照。

病院の多くは、託児所のような病院附属の補助事業を行っている。このような託児所に勤務する職員の法的地位はいかなるものか。それらの者は、「文民病院の運営および管理に正規にもっぱら従事する職員」と考えることができるか。われわれは、それらの者はそのようには見なされないと考える。それらの職員と入院患者の間には、条約が強調する緊密な関連性がない。一方、通常、病院で患者と同じ建物で生活する医療職と管理業務の職員の場合には、緊密な関連性が確かに存在する。このように医療および管理の職員は、患者とともに共通の目的で結ばれる一つの共同体を構成している。こうした理由により、「運営」および「管理」の語は病院そのものに言及し、補助事業に言及するものではないと理解し、第20条は適用上、限定的に解釈すべきである。

2. 尊重および保護

文民病院の常勤職員は、「尊重し、且つ、保護」される。これは1906年以来、ジュネーブ第一条約（GC I）で使用される伝統的な表現であり、第18条で既に使用した。

病院職員が攻撃から免れる権利を享受するものとするならば、彼らは、例え間接的であっても敵対行為への参加を当然慎まなければならない。文民病院が享受する保護は、敵に有害な行為を行った場合には消滅することを第19条で見てきた。

第2項　常勤職員の識別

1. 身分証明書

保護標章を付した腕章を着用する資格を証明するために、病院職員は身分証明書を携帯するものとする。

証明書は、所持者の職務、地位、氏名および生年月日を記載し、所属する病院を示し、かつ、衛生要員であるか管理要員であるかを明らかにしなければならない。

識別のもう一つの重要な要素は、証明書に添付する所持者の写真である。他方、証明書には指紋を付すべきであるとしたストックホルム案の規定は、外交会議では便宜上削除された[19]。

条約が課したもう一つの条件は、証明書には責任ある当局の印を浮き出しにして押印しなければならないことである。証明書を信頼性あるものとするのがこの印で

19　Final Record of the Diplomatic Conference of Geneva of 1949, Vol.II-A, pp.633および705を参照。

ある。経験によれば、通常のインキで押した印は消え易く、また簡単に偽造され易いため圧力をかけて押すという意味をもつ「浮き出しにして押す」の語が使用されていることが留意される。

外交会議は、責任ある当局が何であるかを特定せず、この制度に必要な柔軟性を残した。各国は、国内問題として権限のある当局を自由に決めることができる。重要な点は、この身分証明書の使用については、国が十分に責任を自覚して規制しなければならないことである。

2. 腕　章

文民病院の常勤職員は、「戦地にある軍隊の傷者及び病者の状態の改善に関するジュネーブ第一条約第38条に定める標章」を付した腕章により識別される。標章は、白地に赤十字とする。

本規定は、それまでは軍隊の衛生部隊にもっぱら留保されていた標章の利益を、それ以外の部類の人々にまで拡大したので、従来の規定に比べて大変革新的であることは既に明らかにした。

A. 腕章の様式

特殊標章は、白地に赤十字であるので、理論上、腕章自体を白色とする必要はない。しかし、病院の職員には、どこでも軍隊の衛生要員の慣行となっている赤十字を付した白色の腕章を交付することが大変望ましい[20]。実際、この腕章は、配色のコントラストから良好な可視性を与える唯一のものである。

腕章は、防水性のものとする。この予防措置は、身分証明書を良好な状態に保つためであり、明らかに絶対的に必要なものではない。

一般の赤十字標章の場合と同様、腕章の形状と寸法は規定されていない。それを厳密に規定すると、規定の寸法でないことを理由に、腕章で保護される者への攻撃が正当化され、危険な濫用への途を開くことになるかもしれないからである。

軍隊の衛生要員の場合と同様、視線が自然に腕章に注がれる所定の位置に着用するのが望ましいので、腕章は左腕に着用するものと規定している。ここでも、交戦者は衛生要員が何らかの理由で腕章を右腕に付けていることを理由として、その保護を拒否する権利を主張することはできない。

20　GC I の解説、本書p.18を参照。

B. 腕章の交付・印

　条約は、腕章は国が交付すると規定している[21]。国の権限およびそれに伴う責任がそれにより明確になるので、権限の行使を管理する規則を作成することが個別国家の立法に委ねられている。

　腕章は、占領地域または作戦地帯においてのみ着用されるので、国は腕章を交付する権限を委譲することが肝要と思われる。まったく予期することなく、ある地域が作戦地帯に変容することがあり、それにより腕章の交付が特に緊急課題となることがある。したがって、腕章はいつどこでも病院職員が使用できるようにしておくことが大切である。交付が大幅に地方に権限委譲されていなければ、これは不可能である。この業務を間違いなく委譲されるのは、主として病院管理者である。このような腕章交付の委譲は、濫用を助長するかもしれないが、もし条約の規定を早急に実行しようとするならば必要なことだと思われる。病院管理者は、この責任を自覚し、職員に対し厳正、かつ、不断の監督を行わなければならない。

　適正な者に確実に交付することが特に必要である。腕章は、条約でそれを着用する資格がある者だけが着用すべきことが重要であるが、腕章だけがそれを保証するものではない。既述した通り、腕章を作成し、着用することほど簡単なことはない。たとえ、そうした（不正に作成された）腕章が正当な動機により傷者を救護するために使用されたとしても、着用者は処罰を免れないだろう。交戦者は、信頼できる保証をしなければならない。

　結局、腕章は国が押印し、交付したものでなければ何の価値もなく、また合法的に着用することもできない。これは強制的かつ絶対的条件である。交付だけでは十分ではない。国が交付した事実を公の印により示さなければならない。本条は、腕章に印を押す権利を有する当局については特定していない。実際には、おそらく腕章の交付について責任を有する機関がそれを行うことになるだろう。

C. 腕章の着用を管理する条件

　腕章の着用は、身分証明書の携帯と同様、占領地域および作戦行動が展開される地域に限り想定される。

　占領地域とは、一方の交戦国が敵軍隊の排除に成功し、自己の権力を樹立した敵国の領域を意味する。占領は、一国の全土または一部に及ぶ。

21　Final Record of the Diplomatic Conference of Geneva of 1949, Vol.II-B, pp.396-397を参照。

「作戦地帯」の語は、主として戦闘が行われている地域をいう。しかし、この語は、軍当局に一定の権限が与えられ、文民の移動に制限が課せられた地域、例えば部隊の移動は行われているが戦闘が行われていない地域および、実際には部隊の移動はないが軍の上級指揮官が直前の通告で部隊の移動を意図している地域にも適用される。一般的に、作戦地帯は布告により明示的に設定される。このように、腕章を着用することができる、または着用しなければならない場所および時機を全権限をもって決定するのは国である[22]。

爆撃は明らかに一つの作戦行動であり、それを広範な規模で使用する可能性から、作戦地帯の概念は、交戦国領域の全体に及ぶと解することができるかもしれない。しかし、そのような広義の解釈は、この規定の背景理念とは合致しない。爆撃にさらされているという事実だけでは、ある領域を「作戦地帯」とするには不十分である。これに反し、敵の地上部隊との接触が確認されなければならず、または少なくとも接触が急迫したものでなければならない。腕章の着用が保証されるのはその場合である。この場合に、腕章は実際に保護的役割を果たし、着用者の移動を助け、侵略者による拘束から彼らを守ることができる。これが、既に見た通り、空からの攻撃の影響から病院の建物を保護するために文民病院に表示される標章と腕章が区別される点である。

この地域的制限に加え、条約は第二の条件、即ち、腕章は常勤の病院職員が任務を遂行している間に限り着用できると規定している。この意味は、職員は、例えば休日などの休暇中または病院の勤務を終えて、夜間外出するときは、腕章の着用が認められず、第1項に規定する特別任務の一つを病院の内外で実際に従事している間に限り認められるということである[23]。

腕章着用のこの制限は、特殊標章とそれが保護しようとする任務との間には密接な関連性がなければならないとの理念に基づいている。病院職員は、職員であるから特別の保護を受けるのではなく、彼らが行っている人道的任務の故に保護を受けるのである。さらに、この制限があることで濫用の危険を低下させる可能性がある。それは、職員が勤務外のときは、腕章の着用を監督することは不可能でないとしても困難だからである。

この制限は腕章のみに適用され、休暇中であっても病院職員が常に携帯する身分証明書には適用されないことに注意すべきである。

22　Final Record of the Diplomatic Conference of Geneva of 1949, Vol.II-A, p.819を参照。
23　「任務を遂行する間」の語の正確な意味については、本書pp.105-107を参照。

第3項　臨時職員

1. 地位および責務

　常勤職員が常時、病院に雇用されているのに対し、本項は病院に臨時に雇用される特定の部類の者について扱う。本条約は、それらの者を「その他の要員」と規定し、それは、病院に正規に、もっぱら雇用されないで病院業務に従事するあらゆる者を意味する。これらの者は、実際には個人診療所を持つ外科医で手術を行うために定期的に病院に通う者、または病院に毎週午後二回仕事に行く補助看護師、もしくは昼間は別の仕事を持つ夜間警備員などである。これらの者に共通することは、病院における任務がこれらの者の職業であるとは限らないことである。したがって、これらの者は第1項には該当しない。しかし、これらの者が病院で勤務する間、彼らから特別の保護を奪うことは余りに行き過ぎである。これらの者のために第1項の適用を拡大するために作成されたのが第3項である。

　この部類の職員に適用される条件は、それらの者が病院という職位、職階のある統一された組織に属していなければならないことである。この場合の決定的な要素は、彼らが病院に雇用されていることである。臨時職員は、病院の管理に服さなければならず、管理者は、彼らが病院業務に従事している間は、管理上の命令を下すことができなければならない。

　第3項は、第1項で掲げた病院外における四つの特定業務を再度規定していないことから臨時職員は、病院内の業務に従事している場合に限り、保護されると結論づけることはできないと思われる。その業務一覧は、「文民病院の運営および管理」の語を詳述して明確にし、同じ用語を再び第3項で使用することで、この場合にも同一覧が有効であることを暗黙裡に示している。外交会議が、二つの部類の職員を区別する根拠とした唯一の基準は、病院と職員の関係の性格であり、与えられる業務の性格ではなかった[24]。それ故、第3項の適用は、臨時職員が病院内部で勤務するか、あるいは第1項に示す業務のいずれか一つ、すなわち病院外において文民の傷病者、虚弱者ならびに妊産婦の捜索、移動、輸送および看護に従事するか否かを問わない。いずれの場合にもこれらの者は保護される。

24　Final Record of the Diplomatic Conference of Geneva of 1949, Vol.II-B, pp.395-397を参照。

2. 尊重および保護

臨時職員は、常勤職員と同様に尊重し、保護しなければならない[25]。病院に役務を提供するという事実が、彼らを常勤職員と同等の地位に引き上げ、かつ、同等の特別保護に値する者としている。

しかし、これらの者は、病院で任務を遂行している間に限り攻撃を免れることができる。各自が通常の職業に復帰した場合には、直ちに免除の特権は消滅し、再び病院の業務に従事すれば再度その特権が与えられる。

最後に、臨時職員も常勤職員も、直接であると間接であるとを問わず、いかなる敵対行為に参加することも厳に慎まなければならないことは明らかである。

3. 識別
I. 腕章
A. 腕章の使用を管理する条件

臨時職員は、「その任務を遂行する間、本条で定めるところにより、かつ、本条の定める条件の下に」腕章を着用することができる。臨時職員は常勤職員より広い権利が与えられるとは考えられないので、この文言は、第一に占領地域および作戦地帯においてのみ腕章を着用できることを意味している。

それはまた、臨時職員が着用する腕章は、常勤職員が着用する腕章と本質的な形状が同じものであることを意味する。すなわち、腕章は国が交付し、かつ、押印しなければならない。防水性で白地に赤十字を表示し、左腕に着用しなければならない[26]。

腕章は、着用者が第1項に掲げる任務のいずれかに従事している間に限り、着用することができると規定している。この制限は、常勤職員は任務遂行中に限り、腕章を着用すると規定する前項の制限に酷似している。この制限の要点は、臨時職員の場合には容易に理解できるが（何故なら、これらの者は病院の業務に従事している間は、腕章を着用する権利があると正当に要求できるが、自己の個人業務を行っている間は、それを主張できないからである）、常勤職員の場合には、この規定の意義を理解するのは一層困難である。

---

25 これらの用語の意味は、本書p.100の2.を参照。
26 この問題の詳細は、本書p.101以下を参照。

B. 常勤職員と臨時職員の腕章着用の違い

　第三委員会が外交会議に提出した条文草案[27]は、常勤職員であると臨時職員であるとを問わず、すべての文民病院の職員に腕章着用の権利を与えていたが、その権利は業務に従事している間の実際の期間に限られていた。

　外交会議総会では、若干の代表を集めて本条文の修正を検討しなければならなかった。修正は、僅差の多数決で採択され、条文は現在の文言となった[28]。

　この修正には、以下のように条文提出の理由説明が付された。

　　病院職員の場合、赤十字などの標章の保護は、現在では第18条により病院の任務に正規に従事するすべての職員に拡大されている。これには、あらゆるパート・タイム雇用者、例えば病院業務に一日数時間従事し、その日の他の時間は兵器工場の仕事のようなその他の業務に従事する者をも含む。そのような者が赤十字などの腕章を着用し、兵器工場の仕事に従事する間も完全な保護を受けるとしたら、それは明らかに間違ったことである。したがって、本条の完全な保護は、病院業務に「正規にもっぱら」従事する者に限るべきであることが提案された。その他の病院の被雇用者、例えばパートタイム労働者も含ませるために、病院の業務に実際に従事する間は、彼らに十分な保護と腕章着用の資格を与える新たな規定を追加することが提案された[29]。

　この説明で、修正案の作成者が職員を二つの部類、すなわち、いつでも腕章を着用できる常勤職員と文民病院で実際に業務を遂行する間に限り、腕章により保護される臨時職員に区別することを望んでいたことが分かる。この説明は、実に満足のゆくものである。もし他に解説がなかったとしても、作成者の意図に沿って、一つの解釈に到達するのは比較的容易である。しかし、総会で修正を提案した代表の一人が、上記で述べた内容とは矛盾する発言を行った。

　その発言は、次の通りである。

　　ジュネーブ条約では、衛生要員の保護は、これらの者は戦闘外にあるというHenry Dunant（アンリ・デュナン）の初期の考えに依拠している。すなわち、彼ら

---

[27] Final Record of the Diplomatic Conference of Geneva of 1949, Vol.II-A, p.851を参照。
[28] 同Vol.II-B, p.391を参照。
[29] Final Record of the Diplomatic Conference of Geneva of 1949, Vol.III, p.109参照。

は実際の戦闘には参加せず、その地位は戦闘の犠牲者を看護することにある。同様に、もしわれわれが文民の傷病者を看護する者への効果的な保護を維持しようとするならば、保護される要員が、事実上、敵との戦争で戦闘行為を行わないことを確保しなければならない。

　一日の一部または全部を傷病者の看護に従事する医師またはその他の病院の職員が愛国心から、それ以外の時間は敵との敵対行為でより積極的な役割を果たそうと願うことは十分ありえることであり、実際、そうしたことが起こったかもしれない。もし、病院の業務に専念する一方で病院の医療要員がそうした活動に巻き込まれるならば、彼らを保護することは益々困難となるだろう。それ故、われわれは、本条第1項の「正規に」の語の後に「もっぱら」の語を追加すべきであると提案する。それにより病院の常勤(full-time)職員は、彼らの病院の業務と相反する活動に参加することができないようになる[30]。

　これらの修正案の作成者の意図は、常勤職員を含む文民病院の職員が病院に勤務していないときに、占領軍に対する抵抗活動に従事しないようにすることだったことが分かる。さて、病院の内外を問わず、関係者が病院の業務に従事しているときに、腕章の着用を制限せずに上記のことをいかに達成できるかを理解するのは困難である。

　それ故、外交会議の議事録では、作成者の意図が何であったかを確信をもって断定することはできない。この二種類の職員を区別することの厳密な意義は、多少曖昧なままである[31]。

　しかし、本規定が作成された際の議論に照らして考えれば、この規定の解釈について一定の結論を導くことは可能であると思われる。一般的に、この二種類の職員を区別する外交会議の明らかな意図は、各々に別個の地位を与えることだったと言える。用いられた用語では、この区別を明確にすることはできなかった。したがって、この区別は各国の国内法で明らかにしなければならない。われわれの見解によれば、次の一般規則がこの問題をうまく解決するのに役立つかもしれない。それは、立案者の意図を考慮しつつ、同時に本規定の文言にも合致している。

30　同Vol.II-B, pp.395-396を参照。
31　1949年のジュネーブ第一条約における常勤衛生要員と臨時衛生要員の区別(GC I Commentary, pp.218-224を参照)は、この条約において同様の解決を図ろうとした外交会議の決定に影響を与えたことは疑いえない。この点については、Final Record of the Diplomatic Conference of Geneva of 1949, Vol.II-B, p.396を参照。

1. 臨時職員は、病院の内外を問わず、第1項に規定する任務のいずれかを委任された場合には、病院業務を実際に遂行している間に限り腕章を着用する。
2. 常勤職員は、一層自由に腕章を使用する権利が認められるべきと思われる。例えば、病院内で生活していない常勤職員が自宅と病院を直接往復するときには、腕章の着用を認めることができる。彼らの自宅と病院の通勤は、規定を自由に解釈することで業務の一環と考えられるので、結果として、「その任務を遂行する間」の文言に含まれるだろう。こうした解釈は論理的かつ賢明であり、いかなる法規定の適用も論理的な良識に基づかなければならない。

Ⅱ．身分証明書

臨時職員および常勤職員は、文民病院に所属し、腕章着用の権利を有することを証明するため身分証明書を携帯しなければならない。

証明書は、常勤職員が携帯する身分証明書と同一の様式である。したがって、証明書は次の事項、すなわち、携帯者の氏名、写真、交付当局の浮き出しにした押印がなければならない[32]。臨時職員が携行する身分証明書には、従事する業務を記載することも規定されている。

第4項　病院職員の名簿

文民病院の管理者は、常勤職員および臨時職員双方の業務を記載した病院職員全員の最新の名簿を備えておかなければならない。

これは、監督のためには不可欠な措置である。文民病院の管理者は、これにより腕章の着用が濫用されないようにすることができる。

さらに、この名簿は、要請があった場合には権限のある当局、つまり関係国の当局または占領軍の当局に提供しなければならない。当局は、腕章着用の資格がある者だけが腕章を使用していることを常に確認することができる。したがって、常に最新のものである名簿は、国内法により腕章の濫用を防止する役割を付託された当局にとり不可欠な管理手段であるように思われる。その業務は、しばしば困難で大変責任の重いものであるが、赤十字標章使用の権利を新たな部類の人々に拡大するために必要な当然のことである。

32　身分証明書の記載事項に関する詳細は、本書p.22, 73を参照。

第21条〔陸上および海上の輸送〕

> 陸上にある護送車両隊若しくは病院列車又は海上にある特別仕立の船舶で傷者及び病者たる文民、虚弱者並びに妊産婦を輸送するものは、第18条に定める病院と同様に尊重し、且つ、保護しなければならず、また、国の同意を得て、戦地にある軍隊の傷者及び病者の状態の改善に関する1949年8月12日のジュネーヴ条約第38条に定める特殊標章を掲げて表示しなければならない。

【解説】

1. 定　義

　本条は、文民の傷病者および虚弱者または妊産婦を搬送する輸送手段に適用され、これらには陸上の護送車両隊または病院列車もしくは海上の医療目的の船舶がある。航空の医療用輸送手段は次の条文で扱う。

　護送車両隊とは、隊列を組む多数の車両を意味する。運転手および護衛に権限を行使する隊列の指揮官が存在すれば、このような移動部隊は組織的性格を持つことになる。本規定は、隊列を組む輸送手段に限定され、したがって単独の医療用輸送手段は、この範囲から除外される。

　「車両」の語は、最も広義に解さなければならない。それは陸上の輸送手段のいずれをも含むものである。それは必ずしも、医療目的専用に使用される必要はない。もちろん、臨時に医療目的に使用され、その間は他の目的に使用しなければ、それで十分であろう。したがって、通常は農産物の輸送に使用される馬車から成る医療用護送車両隊が、臨時に傷者のために使用されるならば、専用救急車両隊と同様に保護しなければならない[33]。

　本規定の論理的正当性に疑問の余地はないと思われる。傷者は、病院にできる限り迅速に輸送されることが絶対に必要である。そうした業務に専用に使用される救急自動車は、常に利用できるものではないため、しばしば行われてきたように、利用可能な車両なら何でも使用することがある。これをもって傷病者を搬送する輸送手段を攻撃する口実とすることはできない。

33　Final Record of the Diplomatic Conference of Geneva of 1949, Vol.II-B, pp.398-399を参照。

本規定では、陸上の輸送手段の一形態として病院列車が特記されている。これは軌道上を動く移動部隊で、病院治療に用いられる客車と傷病者その他これに類する者を輸送する客車とで構成される。ここでも、病院列車は医療目的専用に使用されるものである必要はない。臨時または時々、そのように使用される場合でも、病院列車として使用される実際の期間に限り、本条の保護が与えられることは当然である。

海上の輸送手段は、「特別仕立ての〔特別に供された〕船舶」でなければならない。「特別」の語がフランス語版では削除されたのは、外交会議が"affectés"の語には、既に船舶が特別に供されたものであることが示唆されていると考えたからである。外交会議総会で、この問題について行われた議論では、「供された」の語は、恒常的にそのために提供されたことを必ずしも意味しないことが明らかになった。船舶がその時において、そのために提供されれば、それで十分である[34]。

第21条に基づく保護を享受するためには、保護される関係者を本来の病院船、すなわち、医療目的専用に建造され、特別の装備を施した船舶で海上輸送する必要はない。臨時の病院船として使用する商船もこの規定に基づき保護される。

また、敵対行為の間は、病院船に転用された商船を医療用輸送手段として使用する必要もない。この点で本条の規定は、1949年のジュネーブ第二条約第33条の規定と異なる。乗組員、病院職員および医療資材の他は、本条に掲げる部類の者以外の者または物資をこの船舶で輸送することはできない。

2. 尊重および保護

本条は、第18条に規定する文民病院と同様、医療用輸送手段は尊重され、保護されることを規定する。したがって、医療用輸送手段は、移動病院と見なされると結論づけることができる。

この点については、第18条の解説を参照されたい。「尊重および保護」という伝統的な用語の起源および意味に関しては、傷者および病者の保護に関する第16条で述べられたことを参照されたい。

医療用護送車両隊を尊重することは、第一に、これらを攻撃せず、いかなる方法でも危害を加えないことを意味し、これらの運行を妨害しないことを意味する。敵

34　Final Record of the Diplomatic Conference of Geneva of 1949, Vol.II-B, pp.471-472を参照。

はこれらを妨害しないようにしなければならないが、それだけでは十分ではなく、それらの者が業務を遂行することを許可しなければならない。

　医療用護送車両隊等の保護は、それらの尊重を確保することを意味する。それは、これらの者が第三者により尊重を確保されることをも含む。また必要な場合には、援助を与えることを意味する。

　文民病院およびその職員の場合と同様、医療用輸送手段の保護は、直接、間接を問わず、厳にいかなる敵対行為にも参加しないことが条件である。

　既述した通り、文民病院は軍隊の傷者および病者を看護しているという理由により、保護を剥奪されることはないと条約は規定する。この規定は、第21条の医療用輸送手段にも適用される。

　本規定の用語により、保護には一定の制限条件が課せられているが、それは、いかなる場合にも、そのような条件が満たされない場合には、輸送手段または傷病者のすべての保護が失われるという意味ではない。例えば、単独で移動する車両の中の傷病者は、依然として攻撃を免れる資格があり、理論上は保護されている。しかし、単独の車両は、赤十字標章を掲げることは許されないから、その乗客は、実際には隊列を成して移動する者と同等の安全が保障されないことは確かである。要約すれば、第21条は、第16条に基づく傷者または病者に与えられる個々の保護に加え、医療用護送隊の一般的な保護を規定したものである。

3. 表　示

　文民の医療用護送車両隊の保護を確保するために、条約は赤十字標章を表示することを許可している。これは特殊標章の使用を文民に拡大する第三番目の例である。他の二つの例（文民病院およびその職員）の場合と同様、この規定は、すべての文民の医療用輸送手段に標章の使用を許可すべきであるという自由な見解と、使用を制限しようとする見解との妥協の産物である。既述したように、この規定の解決方法は後者の見解を採用しており、本条は、第20条の解説で指摘したように、標章の価値を低下させるいかなる危険も回避したいという熱意を表している。標章の使用は、組織的な隊列を組み、かつ、何らかの形式の規律に従う明確に定義された者の集団に限定して拡大される。したがって、重要なことは、標章の使用にあたっては不断の監督を行わなければならないことである。白地に赤十字の標章は、車両が医療用輸送手段として使用される間に限り表示しなければならず、その業務終了後は、確

実に標章を取り外すよう最大の注意を払わなければならない。公のものであれ私のものであれ、医療輸送に従事する機関、特に車両隊または病院列車の指揮官および病院船の船長には、このような徹底した指示をしなければならない。濫用の危険がないと騙されてはならないが、赤十字の保護の下に戦闘地域から後方に文民の負傷者を搬送した車両が、帰途に戦争物資を積載して前線に戻るようなことは想像に難くない。その際、赤十字標章が取り外されていない場合には、この条約の重大な違反行為を招く。したがって、もし、特殊標章により与えられる道義的な権威と保護を脆弱にしたくないならば、不断の警戒が必要である。

第22条〔航空輸送〕

> 　傷者及び病者たる文民、虚弱者並びに妊産婦の輸送又は衛生要員及び衛生材料の輸送にもっぱら使用される航空機は、すべての紛争当事国の間で特別に合意された高度、時刻及び路線に従って飛行している間、攻撃してはならず、尊重しなければならない。
> ②　それらの航空機は、戦地にある軍隊の傷者及び病者の状態の改善に関する1949年8月12日のジュネーヴ条約第38条に定める特殊標章で表示しなければならない。
> ③　反対の合意がない限り、敵の領域又は敵の占領地域の上空の飛行は、禁止する。
> ④　それらの航空機は、すべての着陸要求に従わなければならない。この要求によって着陸した場合には、航空機及びその乗員は、検査があるときはそれを受けた後、飛行を継続することができる。

【解説】･･･

第1項　一般原則

1．定　義

　第22条は、医療用航空機の保護を目的としている。「航空機」の語は、ジュネーブ第一条約第36条[35]から採用したもので、飛行機、ヘリコプター、飛行船その他の飛

35　GC I Commentary, p.285以下を参照。

行する乗物をいう。医療用航空機は、前条に規定する輸送手段と同様、傷者、病者、虚弱者および妊産婦の護送のためにのみ使用することができる。

2. 保　護

　本条と陸上の輸送手段を規定する前条との本質的な相違は、医療用航空機は単独で飛行する場合でも、護衛付き編隊で飛行する場合と同様、保護が必要であると考えられることである。もっとも、これは関係紛争当事国のすべてが特別に合意した高度、時刻および路線に従って飛行する場合に限り尊重される。第一条約に基づき、この方法を採用した専門家は、現代の戦争では、標章の塗装表示が役に立たない識別方法であることを指摘した。航空機は国旗または表示が識別される前に地上または他の航空機からしばしば攻撃されたからである。専門家の意見では、路線、高度および飛行時刻に関する事前の合意がある場合に限り、医療用航空機に真の安全が付与され、交戦者に適切な保護が与えられるのである。

　ここで採用された解決策は、将来、保護される医療用航空機の使用は、交戦国間の協定の締結によることとしている。路線および飛行時刻の設定は個々の場合によるので、協定は確かに軍の指揮官と責任ある文民当局との間の通信連絡だけで可能であろう。しかし、敵対行為の期間中だけに締結する一般的な性格の協定も考えられるだろう。

　協定がない場合には、交戦者は自己の危険責任において医療用航空機を使用することになる。しかし、その場合でも、敵国は利用できるすべての調査を尽くした後でなければ極端な措置に訴えないことが望まれる。特に、当該航空機が特殊標章で表示されている場合はそうである。

　前条と同様、医療用航空機が保護を受けるためには、医療業務のために特別な装備を施し、または恒常的にその業務に従事するものである必要はない。したがって、航空機を臨時の救護業務に使用することができる。この柔軟な発想が正しいのは、医療用航空機は、緊急事態の援助のために急遽作成した協定に基づき動員されるからである。医療業務に臨時に使用される航空機は、業務遂行中に限り特殊標章を付さなければならず、またその活動の間に限り尊重される。

　さらに、すべての医療用航空機が保護を受けるためには、救護業務に従事する間は、もっぱらその目的のために使用しなければならず、結果的に完全に非武装でなければならないことは条約規定から明らかである。最後に、軍事上の安全の理由から、傷病者または難船者の捜索に当たる航空機に保護を与えることは不可能と思わ

れることに注意しなければならない。

第2項　表示および識別

　飛行条件は紛争当事国の合意によるため、表示は義務ではない。したがって、本条の下では、既知の表示記号(code letter)をつけて事前に設定した路線、高度および飛行時刻に飛行する医療用航空機を表示する義務はない。表示は任意であり、その決定は交戦国の自由裁量に委ねられる。航空機に表示を施すかどうかは協定事項による。標章を表示する場合には、条約の特殊標章が明確に識別できるように、航空機の上面、下面および側面に国旗とともに明瞭に表示しなければならない。
　しかし、特殊標章の表示は、実際には不可欠であるというべきである。例えば、医療用航空機が自己の過失に因らず、所定の路線から外れることがある。その場合には、保護はもっぱら白地に赤十字の標章によることになる。
　医療用航空機は赤十字で表示する他、その他の識別手段を用いることもできる。例えば、白地は非常に見やすく軍用機の配色とは全く異なるため、機体全体を白色に塗装することもできるだろう。この方法は、1929年のジュネーブ条約が軍隊所属の衛生航空機に関して採用したものである。
　交戦国は、第1項に規定する協定の中で、医療用航空機の安全を増すその他の表示または識別方法を定めることができる。航空機が本質的に救護業務に従事していることを示す最善の方法は、無線で地上および他の航空機と常時連絡をとることである。現在は、いずれの航空機も自己の呼出符号(コールサイン)を保有している。医療任務のための特別な国際信号は本当に合意されることがあるだろうか。海軍や空軍が使用しているような簡単な国際信号があれば、飛行中に航空機と交信することができ、航空機にその業務の性格およびその実施方法を質すことができるだろう。また、同じ方法を用いて航空機に飛行に関する指示を与え、必要な場合には着陸を命じることができるだろう。

第3項　敵の領域上空の飛行禁止

　1929年には、敵国の領域上空の飛行の問題が大きな障害だった。この点について、軍事上の安全の要求に一歩譲る必要があることがわかった。そうでなければ、軍の衛生航空機を保護するという全体構想を放棄しなければならなかっただろう。参謀

本部は、衛生航空機が不当な偵察を行う危険性が多分にあると考えた。文民の医療用航空機の場合にも、同様の理由が明白だと思われた。

　本禁止規定は、敵国の実際の領域上空および敵国が占領した領域上空の飛行に関するものである。しかし、敵国の領域上空の飛行禁止は、従来信じられてきたように人道上の利益を害するものとは思われない。医療用航空機は実際には何を行うのか。医療用航空機は、衛生要員および医療資材を傷病者その他の関係者に輸送し、彼らを戦線後方の病院に搬送する。このために、航空機は、その所属する国の領域またはその国の軍隊が占領した領域の上空を飛行する[36]。

　最後に、本項が「反対の合意がない限り」の語で始まっていることを忘れてはならない。事情が必要とする場合、例えば包囲された地区または場所に傷者がいる場合などは、敵の管理する領域の上空を飛行する特別の許可が要請される場合がある。そのような措置は、条約の第15条第3項と完全に一致する。

　もし、通告上の手違いの結果、医療用航空機が敵の管理する領域上空の飛行禁止規則を遵守しなかった場合にはどうなるだろうか。その場合には明らかに特別保護の権利を失い、その結果、それに伴うあらゆる危険にさらされることになる。もっとも、自己の義務を自覚している交戦者ならだれでも、極端な措置に出る前に、違反機に対して無線で警告を発し、または着陸命令(第4項)を下すであろう。航空機が着陸した場合には、傷者および衛生要員はあらゆる場合に、彼らに与えられた保護を完全に享受する権利があることは明らかである。

第4項　着陸命令

　着陸命令は、相手当事者に対して保護を与えるものである。それは濫用に対する唯一の真の防御手段である。特に重要なこの規定も、1949年のジュネーブ第一条約から採用したものである。第一条約は、医療用航空機はすべての着陸命令に従わなければならないと明記している。まず第一に、飛行が許可されているか否かを問わず、敵国の領域または敵の占領地域の上空を飛行する航空機に適用される。また、自国の領域上空であっても、敵の戦線に近接して飛行している航空機にも適用され

---

[36] 「領域」の語は、国際法上の用語の意味に解すべきである。これに関連して、国際民間航空に関するシカゴ条約(1944年12月7日、署名)第2条によれば、国の領域とは、国の主権、宗主権、保護または委任統治の下にある領土およびこれに隣接する領水をいうものとされる。ジュネーブ条約では、これらの詳細には立ち入る必要はないと思われる。

る。

　航空機が命令を拒否する場合、それは当該航空機の自己責任で行うのであり、これを攻撃することは合法となる。航空機が既に圏外にあれば、着陸命令は明らかに単なる形式的なものとなる。しかし、航空機が命令に従うことを拒否し、追跡されれば、当該機はその固有の義務に従わなかったので条約の保護を失うことを忘れてはならない。

　着陸命令に従った後、航空機はどうなるのか。敵は航空機を検査し、通常は機体がもっぱら医療目的に使用されていることを自ら確認する。その場合、そのために生ずる遅延のために傷者が被害を被ることのないように必要な措置が執られるだろう。検査終了後、航空機は搭乗員とともに飛行を再開することができる。これは当然のことである。医療目的の飛行は、本条に規定する部類の者を迅速に後送することにその目的がある。したがって、それらの者は敵の検査権の行使により被害を被ってはならないし、さらに、いわゆる誤った着陸命令の場合には、特にそうである(通常、搭乗員に何ら不正行為の嫌疑がないと仮定した場合)。最後に、航空機が実際に着陸命令に従った事実を忘れてはならない。この事実は、航空機の搭乗員が信頼に値することを示している。

　そのようなことは例外的であると願いたいが、仮に検査の結果、第19条に規定する「敵を害する」行為、例えば、航空機が武器の輸送または偵察に使用されていたなどの行為が明らかになれば、航空機は本条約による利益を失う。敵は、当該航空機を押収し、搭乗員および乗客を抑留し、場合によっては本条約第5条に従って取り扱うことができる。一方、航空機で搬送中の傷者および病者は、彼ら自身が有罪または従犯である場合に執られる処罰措置に従うことを条件に、条約に基づき尊重され、必要とする医療看護を受ける権利を失うことはない。

■附属書Ⅰ―病院地帯および安全地帯に関する協定案

〈訳者注：附属書Ⅰは、ジュネーブ第四条約第14条〔病院地帯及び安全地帯の設定〕の規定に基づき、傷者、病者、老者、15歳未満の児童、妊産婦および7歳未満の幼児の母を戦争の影響から保護するために組織される病院および安全のための地帯ならびに地区の設定に関する協定案である。関係当事国は、これらの地帯および地区を相互に承認するために協定を締結することができ、必要な場合には修正を加えて本協定案の規定を実施することができる。これらの地帯および地区については、ジュネーブ第四条約第14条を参照のこと。〉

第6条　表　示

> 病院及び安全のための地帯は、その周囲及び建物の上に、白地に赤の斜めの帯を付して表示しなければならない。もっぱら傷者及び病者のために確保された地帯は、白地に赤十字（赤新月又は赤のライオン及び太陽）の標章で表示することができる。それらの地帯は、夜間適当な照明によって同様に表示することができる。

【解説】

　ICRCは、1949年の政府専門家会議のために準備した文書において、安全のための地帯および地区を標章により表示することを決定するよう要請した。ICRCは、1948年の第17回赤十字国際会議に提出した協定案において赤十字標章を使用する構想を放棄し、新たな表示方法、すなわち白地に斜めの赤帯を提案した。しかし、傷者および病者のために設定された地帯は、赤十字標章を使用できることも規定された。外交会議はその提案を承認したが、ある代表は新たな記章を作成することは不都合をもたらすと指摘した。

　実際には、白地に斜めの赤帯は安全地帯に適用される。すなわち、傷者および病者のみを収容する病院地帯には、新たな標章は作成されていない。既述したように、

病院地帯を構成するあらゆる部分は、政府が許可を与えた場合に限り、条約に規定する記章を使用する権利を有する。したがって、記章の使用は条約により規制され、特別協定によってのみ修正可能となる。居住する住民が存在する場合には、関係当事国間で正式な協定が必要となる。

一方、安全地帯および地区は、独自の標識、すなわち白地に斜めの赤帯を有する。帯の数は規定されていない。安全地帯は通告により、およびその特殊表示[37]により保護されるが、実際にはそのデザインの詳細を規定し、使用を規制することが望ましい。

第1項は地帯および地区の表示を義務としているが、夜間照明は任意としている。夜間に特殊標識がない場合または標識が不適当な場合には、おそらくこれら地帯および地区を危険にさらすことになるかもしれない。一方、周知のとおり、領域のある部分を照明すれば敵の航空機に地上の目標を与え、軍事目標の攻撃を助けることになる。

37　Lieux de Genève国際協会は、白地に2本の斜めの赤帯の記章を標章として使用している。

第2部　ジュネーブ諸条約追加議定書

■ジュネーブ諸条約第一追加議定書

〈訳者注：ジュネーブ諸条約第一追加議定書第8条は、赤十字標章の使用に直接言及する規定ではないが、赤十字標章を使用することのできる医療組織、医療要員、医療用輸送手段および特殊標章の用語の定義に関する重要な規定であるので本議定書の冒頭で解説する。〉

第8条　用　語

この議定書の適用上、
(a)「傷者」及び「病者」とは、軍人であるか文民であるかを問わず、外傷、疾病その他の身体的又は精神的な疾患又は障害のために治療又は看護を必要とし、かつ、いかなる敵対行為も差し控える者をいう。これらの者には、産婦、新生児及び直ちに治療又は看護を必要とする者(例えば、虚弱者、妊婦)であって、いかなる敵対行為も差し控えるものを含む。
(b)「難船者」とは、軍人であるか文民であるかを問わず、自己又は自己を輸送している船舶若しくは航空機が被った危難の結果として海その他の水域において危険にさらされており、かつ、いかなる敵対行為も差し控える者をいう。これらの者は、敵対行為を差し控えている限り、救助の間においても、諸条約又はこの議定書に基づいて他の地位を得るまで引き続き難船者とみなす。
(c)「医療要員」とは、紛争当事者により、もっぱら(e)に規定する医療上の目的、医療組織の管理又は医療用輸送手段の運用若しくは管理のために配属された者をいう。その配属は、常時のものであるか臨時のものであるかを問わない。医療要員には、次の者を含む。
（ⅰ）　紛争当事者の医療要員(軍人であるか文民であるかを問わない。また、第一条約及び第二条約に規定する衛生要員並びに文民保護組織に配属された医療要員を含む。)

（ⅱ）　各国の赤十字社、赤新月社又は赤のライオン及び太陽社及び紛争当事者が正当に認める各国のその他の篤志救済団体の医療要員
　　　（ⅲ）　次条2に規定する医療組織又は医療用輸送手段における医療要員
(d)「宗教要員」とは、聖職者等もっぱら宗教上の任務に従事する軍人又は文民であって次のいずれかに配置されているものをいう。
　　　（ⅰ）　紛争当事者の軍隊
　　　（ⅱ）　紛争当事者の医療組織又は医療用輸送手段
　　　（ⅲ）　次条2に規定する医療組織又は医療用輸送手段
　　　（ⅳ）　紛争当事者の文民保護組織
　　宗教要員の配置は、常時のものであるか臨時のものであるかを問わない。また、宗教要員については、(k)の規定の関連部分を準用する。
(e)「医療組織」とは、軍のものであるか軍のもの以外のものであるかを問わず、医療上の目的、すなわち、傷者、病者及び難船者の捜索、収容、輸送、診断若しくは治療（応急治療を含む。）又は疾病の予防のために設置された施設その他の組織をいう。これらのものには、例えば、病院その他の類似の組織、輸血施設、予防医療に関する施設及び研究所、医療物資貯蔵庫並びにこれらの組織の医薬品の保管所を含む。医療組織は、固定されたものであるか移動するものであるか、また、常時のものであるか臨時のものであるかを問わない。
(f)「医療上の輸送」とは、諸条約及びこの議定書によって保護される傷者、病者、難船者、医療要員、宗教要員、医療機器又は医療用品の陸路、水路又は空路による輸送をいう。
(g)「医療用輸送手段」とは、軍のものであるか軍のもの以外のものであるか、また、常時のものであるか臨時のものであるかを問わず、もっぱら医療上の輸送に充てられ、かつ、紛争当事者の権限のある当局の監督の下にある輸送手段をいう。
(h)「医療用車両」とは、陸路による医療用輸送手段をいう。
(i)「医療用船舶及び医療用舟艇」とは、水路による医療用輸送手段をいう。
(j)「医療用航空機」とは、空路による医療用輸送手段をいう。
(k)「常時の医療要員」、「常時の医療組織」及び「常時の医療用輸送手段」とは、期間を限定することなくもっぱら医療目的に充てられた医療要員、医療組織及び医療用輸送手段をいう。「臨時の医療要員」、「臨時の医療組

> 織」及び「臨時の医療用輸送手段」とは、限られた期間につきその期間を通じてもっぱら医療目的に充てられた医療要員、医療組織及び医療用輸送手段をいう。別段の定めがない限り、「医療要員」、「医療組織」及び「医療用輸送手段」には、それぞれ、常時のもの及び臨時のものを含む。
> (l)「特殊標章」とは、医療組織、医療用輸送手段、医療要員、医療機器、医療用品、宗教要員、宗教上の器具及び宗教上の用品の保護のために使用される場合における白地に赤十字、赤新月又は赤のライオン及び太陽から成る識別性のある標章をいう。
> (m)「特殊信号」とは、もっぱら医療組織又は医療用輸送手段の識別のためにこの議定書の附属書Ⅰ第3章に規定する信号又は通報をいう。

【解説】295〜406節

総 論

295 本章で最も多用される用語を定義する意図は、1971年の政府専門家会議の第2会期で生まれた[1]。定義する用語およびこれらの定義を議定書のどこに入れるべきかについて多くの議論を重ねた末[2]、ICRCは、定義に関する規定の一つを第2編冒頭に、またもう一つの規定を医療上の輸送に関する第2編第2部冒頭に導入することにした。

296 これらの定義は、「武力紛争時に適用される国際人道法の再確認と発展のための外交会議(CDDH)」の第Ⅱ委員会で審議され、同委員会は幾つかの修正を行い、特に次の二つを追加する決定を行った。

　1) 修正案を提出したローマ教皇庁[3]が「宗教要員と医療要員は、1949年のジュネーブ諸条約の数カ条で一緒に言及されている」こと、また「誤解を避けるために前者(宗教要員)の定義を行うべきである」[4]と発言したのを機に、「宗教要員」の語の定義が第8条に挿入された。この提案が他の数人の代表の支持を得て、これら代表はローマ教皇庁と合同で新たな修正案を提出した[5]。

1　特にCE1971, Report, p.24, 46節を参照。
2　特に同書、p.24, 46.節；p.32, 90節；CE1972, Report, Vol.Ⅰ.p.33, 1節、11節；p.209, 5節、48節を参照。
3　O.R.Ⅲ, p.51, CDDH/Ⅱ/58.
4　O.R.XI, p.50, CDDH/Ⅱ/SR.7, 6節.
5　O.R.Ⅲ, p.53, CDDH/Ⅱ/374.

2) 第Ⅱ委員会の起草委員会は、定義された用語の幾つかに「常時」または「臨時」の概念が適用されることに留意し、修正案を基礎に[6]、反復を避けるため第8条にこれらの用語[7]の定義を挿入することを提案した。この提案は承認された。

297 さらにCDDHの起草委員会は、第2編のすべての定義を第8条にまとめる決定をしたため、同委員会は、医療上の輸送に関する第2部で使用される用語の定義を本条に移すことにした。同定義は当初、この部の冒頭に置かれていたものである[8]。

前 文

298 CDDHに提出された草案では、定義は「この議定書の適用上」行われた。

299 第1会期で、「本編で使用される用語は、以下の意味を有する」に代えて「この議定書の適用上」とする修正案が提出された[9]。この修正の目的は、

「独立した文書としては存在せず、単に1949年のジュネーブ諸条約および武力紛争法全体を補完する第一議定書草案の規定の過度に制限的な解釈」[10]

を避けるためであった。

若干の代表が、ジュネーブ条約を修正する会議の権限について疑問を呈したため、この修正案は、第Ⅱ委員会の起草委員会に付託され、同委員会が「この議定書の適用上」の表現を暫定的に採用した。この決定は、CDDHの起草委員会で確認された。同委員会は、定義を議定書の別の箇所に置くこと、また特に第2編に関する定義をその冒頭にまとめることに決めたが、その適用範囲を本編に限定することは望まなかった。それは特に、定義した用語の幾つかは、第2編以外にも見られるからである。

---

6 同書、p.52, CDDH/II/239.
7 CDDH/II/240/Add.1, p.1を参照。
8 CCDH/ICR/RD/13/Rev.1, p.1, 脚注1を参照。
9 O.R.Ⅲ, p.46, CDDH/II/17.
10 O.R.XI, p.21, CDDH/II/SR.3.

小節(a)

300　1973年の草案は、「傷者および病者」という語を一つにまとめ、厳密に同等の保護を享受する一つの部類の者として定義した。現在では、一つの部類の者の存在は疑問の余地がない。この語を分ける決定がなされた理由は、これらの語を多様に結合させて一層柔軟に使用することを可能にするためだった（例えば、「傷者および病者に」のように）。傷者でも病者でもない者がこの部類に含まれるという事実は、実際にはただ一つの部類だけがあることを示している。例えば、新生児は傷者でも病者でもない場合でも「傷者」および「病者」の部類に含まれる。

301　議定書が傷者および病者に言及する場合は、これらの言葉の通常の意味における傷者および病者ではなく、ここで定義する者を意味する。同時に、「傷者」および「病者」の定義は、これらの用語のより一般的な定義よりも広くまた狭くもある。この定義は、われわれが指摘したように、これらの用語の通常の意味で傷者および病者でない者も含むという点で一層広い。しかし、これらの者があらゆる敵対行為を差し控えない限り、これらの者を全体として（すなわち、通常の意味における傷者および病者も）保護するものではないという点では狭いことになる。

302　これらの二つの要素を以下で考察する。

1. 保護の利益を享受する者
    a)　言葉の通常の意味における傷者
    b)　肉体的疾患であるか精神的疾患であるかを問わず、言葉の通常の意味における病者

303　これらの者の基準は、彼らが医療看護を必要とする点にある。しかし、この第一の要素を行動中に見極めることは極めて困難であり、戦闘員は、負傷または病気の特徴を明らかに持たないような者に遭遇した場合に、いかなる敵対行為をも差し控えるこれらの者の要件に関して、自らの態度を決めなければならない。この場合戦闘員にとり、その者が「傷者」および「病者」の部類に入る者か、あるいは「明らかに投降の意志を表明する」（第41条―戦闘外の敵の保護）兵士であるかどうかは重要ではない。戦闘員は、これらの者は戦闘外にあるので双方ともに尊重しなければならない。もし、これらの者が拘束された場合には、彼らが実際に医療看護を必要とするか否か、つまり「傷者」か「病者」の部類に入るか否かの決定を

するのは、事後のことである。

304　さらに医療看護を必要とするというこの基準は、その者が議定書の意味における「傷者」か「病者」かを判断するための唯一有効な基準（後記2の第二の条件を満たす場合においては）であることに留意すべきである。その者が文民であるか兵士であるかを問わず、議定書は、傷者および病者に関する条約によるこれらの二つの部類の者に区別を設けていない。この基本に立てば、敵に拘束された場合に両者に適用される地位（特に戦闘員には捕虜の地位）に大きな相違があるとしても、負傷兵および負傷した文民は、同等の保護を享受する。

c) これらの言葉の通常の意味における傷者または病者でない者であっても、早急な医療看護を必要とする場合がある。

305　これらの者は、上記 a) および b) の者のように、当初、必ずしも緊急の医療看護を必要としないが、その症状次第では、緊急の医療看護を必要とする場合がある者である。これら者の一覧が示されているが、これらは単に例示にすぎない。それらは以下の通りである。
　　―妊産婦
　　―新生児
　　―虚弱者[11]
　　―出産を控えた母親

2.　あらゆる敵対行為を差し控える必要性

306　したがって「傷者」および「病者」の地位は、これらの言葉の通常の意味で傷者または病者でない者にも与えられるが、一方で、この地位から利益を享受するた

---

[11] これは、明らかに原則として軍務を免除された重篤な虚弱者のことである。しかし、ここで言う虚弱性が、どの程度重篤なものかを正しく認識することは重要ではない。その者の虚弱性が十分とは見なされない場合、虚弱者が戦闘員として軍務につく場合には、その者は戦闘に従事する限り、いかなる場合にも特別保護の権利を有しない。一方、その者の状況により明らかに戦闘を継続することができない場合、またはその者が投降することを希望し、敵対行為を止める意志を示すならば、その者を権力内に置く戦闘員は、第10条または第41条に従い、その者を保護しなければならない。その者が拘束された場合にのみ、その者の虚弱性がかなり重篤であると判断されれば——つまり、早急な治療が必要とされれば——その者を「傷者」および「病者」の部類に分類することが認められる。

めに敵対行為を差し控える必要がある者には拒否される場合がある。仮に足を骨折した者でも、発砲を継続するならば本議定書の意味における傷者ではない。これは論理的な結論である。兵士に対し、自分に脅威を及ぼす者、あるいは逃走を企てる者を保護するよう要求するのは不合理だろう[12]。

307　これらの者が「傷者」または「病者」の地位による利益を享受しようと望む場合には、この地位を有する者はこの要件を満たさなければならないが、それは、この要件がこれらの者に適用される限りにおいてである(当然、この問題は無意識の傷者や新生児には起こりようがない)。

小節(b)

308　「傷者」および「病者」の定義に関して言及した二つの本質的要素は、「難船者」の定義に関しても繰り返される。言葉の厳密な意味において難船していない者も、この定義に含まれる。しかし、難船者は言葉の通常の意味で難船した場合でも、その者が敵対行為を差し控える場合にのみ難船者であると考えられる。

309　難船者が享受する保護に関して特に困難な問題、すなわち「難船者」の地位の期間についても扱う。われわれはこれらの三つの要素を、特に三番目に注視して継続して考察する。

1. 保護の利益を享受する者

310　ここで定義した条件は、その者が「海その他の水域で」危険にさらされることである。第二条約は、「海」で危険にさらされる者だけを規定している。1973年の草案も、この限定的な定義に従った。ある代表は、内水(湖沼、河川など)で危険にさらされる者が一見除外されることを遺憾とし、第二委員会は、結局、「海その他の水域で」の表現を使用して定義を拡大することにした。一方、委員会は、ICRCが作成し、外交会議の冒頭で数カ国の代表が採用した陸上(例えば、砂漠)で危険にさらされる者を難船者と同等に扱うという提案は採択しなかった。

311　この定義は、原案に比較して拡大され、厳密な意味での難船者、すなわち難船または船舶の損傷の結果、危険にさらされる者だけでなく、特にこれらの者を

12　「敵対行為」の詳細な概念については、AP I Commentary、第41条、pp.488-489を参照。

輸送している船舶に損傷がない場合でも、海上に投げ出された者を含む危険にさらされる者すべてに拡大された。さらに航空機から、または航空機と共に海上に墜落した者も明示的に含まれる。

312 「傷者」および「病者」の場合のように、これらの者は難船者と見なされる限り、文民と兵士の区別はない。これは条約の重要で革新的な部分である。

313 ここに含まれる「難船者」は、災難の結果、危険にさらされる者でなければならないということは、これらの者の範囲を過度に制限すべきであるという意味ではない。経験不足や無謀な行為の結果として遭難した者も保護される。この趣旨は、軍のコマンド部隊やコマンド部隊の個々の潜水夫のように、任務を遂行するために自発的に自らを危難に至らしめる者を排除することにある。

314 しかし、そうした者が困難や危難に遭い、その任務およびその他のあらゆる敵対行為を放棄するならば、これらの者もまた「難船者」の地位を享受することに留意すべきである。

2. 敵対行為を差し控える必要性

315 通常、議定書により難船者に与えられる保護を享受する資格がある者が戦闘を継続、特に発砲を継続するような例外的な場合には、その者は明らかに保護の権利を喪失し、議定書の意味での「難船者」としては定義されないだろう。この点で「傷者」および「病者」に関するこれまでの見解がここでも適用される[13]。

3.「難船者」の地位の期間

316 最初に、上記で見た通り、敵対行為を差し控える者だけに与えられる「難船者」の地位は、同地位を享受しながら敵対行為を行う者がいた場合には自動的に喪失することを明確にすべきである。敵対行為の遂行と、その間を通じての「難船者」の地位とは両立しない。

317 「難船者」の地位を有し、敵対行為を差し控える者が、どれだけの間、その地位を享受することができるかは判断による。この期間は厳密に規定していないが、ジュネーブ第二条約は、難船者は救助活動の間――例えば、その者が安全に陸上

---

13 前記306節、307節、p.126を参照。

に戻るまで——は、引き続き難船者と見なされることを示唆している。これは、例えばジュネーブ第二条約（GC II）第14条に見られ、同規定は「軍の病院船に乗船する難船者」に言及している。

318　議定書は、難船者は、「その救助の間は、難船者と見なす」と明記しており、これは、難船者は陸上に戻るまではその地位を享受することを意味する。もっとも、彼らが諸条約または議定書に基づきその他の地位を得る場合には、難船者の地位を失う。

319　明確にするために、起こりえる可能性を一覧にする必要である。難船者が兵士の場合と文民の場合では区別がなされる。

3. 1. 難船者が兵士である場合
　a)　自国の軍隊に救助された場合

320　この場合、可能性は二つある。
　—その者が傷者でなく、または自己の経験に起因する心的外傷を負っていない場合（これは例外的であることに留意しなければならない）は、再び即座に積極的な任務を引き受けることができる。この時点から彼は再び戦闘員となり、「難船者」としての地位を失う。
　—その者が負傷し、または心的外傷を負っている場合は、結果として「傷者」または「病者」の地位を得、その者に「難船者」の地位と同等の権利が与えられる。これは船舶が攻撃された場合には、その者ができる限り保護されることを意味する（つまり、実際には、その者は船舶が敵に横付けされ、——今日では、実際上は例外的であるが——軍に拘束された場合には保護される）[14]。その者は、もし救助した船舶が拘束された場合には、「傷者」および「病者」の地位を享受する（さらに捕虜となる）。

　b)　敵の軍隊に救助された場合

321　この場合、難船者は捕虜となる。その者は、乗船した段階で「難船者」の地位を失うが、捕虜の地位に加え、その者の状態が当該部類に入り、その状態がその

14　ただし、GC II 第28条も参照。

地位を相当とする状態にある場合には、「傷者」または「病者」となる。

322　敵対行為に参加して難船した者で、捕虜資格を有しない者[15]は、その者の状態が傷者および病者(これは実質的にその者に同等の保護を保証する)の部類に含まれない限り、救助活動の間、原則として陸上に復帰するまでは難船者として見なされる。これは、その地位が明確でない者にも適用される[16]。

c)　中立船に救助された場合[17]

323　この場合は、仮にその者の状態が傷者または病者と認められれば、救助活動の間、傷者または病者のどちらかに、またはどちらでもない場合には難船者と見なされる[18]。

d)　自己が所属する紛争当事者の病院船、沿岸救命艇またはその他の医療用船舶もしくは艇に救助された場合

324　その者は、上陸するまでの間、その状態により傷者または病者もしくは難船者と見なされる。これは、その者を救助した船舶に乗船している間、その者にいかなる権利を与えるものではないが[19]、船舶が横付けされ、捜索された場合には、本人および船舶にとり重要となる。その者の敵軍艦への移送が命じられた場合には、その者は、当該軍艦により直接救助されたものとして待遇される〔上記b)を参照〕。なお、その者を移送した船舶は、戦闘員の移送に関して訴追されないものとする。

325　傷者、病者または難船者が他の船舶に移送されない場合は、その者を救助した船舶は、その者を中立港に上陸させなければならない場合を除き、自国当局に移送するのが最も一般的である。この場合、その者は、その状態がそう認められる場合は[20]、「傷者」および「病者」の地位を有し、いかなる場合にもジュネーブ第

15　特にAP I 第45条第3項および第47条第1項を参照。
16　特にAP I 第45条第2項、第3項を参照。
17　すなわち、紛争当事国以外の国による救助。これについてはAP I Commentary、p.61の第2条小節(c)解説を参照。
18　AP I 第19条およびGC II 第15条を参照。
19　だだし、AP I Commentary、pp.152-154の第11条解説を参照。
20　AP I 第19条を参照。

二条約第17条が適用される。

e) 敵対当事者の病院船、沿岸救命艇またはその他の医療用船舶、艇に救助された場合

326　その者の状態がそう認められる場合は、上陸するまで「傷者」または「病者」もしくは「難船者」の地位のいずれかを享受する。その者は、自国軍艦がその者を救助した船舶に横付けし、捜索した後に自国軍艦に移送された場合は、既に前者により直接救助されたものと見なされる〔上記a)を参照〕。その者が上陸するまで当初の船舶に留まる場合には、捕虜として扱われる。さらにその者が敵国の港に上陸する場合には、その者の状態がそう認められれば「傷者」および「病者」の地位を享受し続ける。中立国の港に上陸する場合には、第二条約第17条がその者に適用され、その状態がそう認められれば、議定書第19条(中立および紛争当事者以外のその他の国)に従い、「傷者」および「病者」の地位が認められる。

f) 医療目的でない文民船舶に救助された場合

327　d)およびe)の解説は、それぞれ自国の文民船舶または敵対国の文民船舶に救助された難船者に適用されるが、この場合、船舶自体も拘束される場合がある。

328　それが紛争当事国以外の国の文民船舶である場合は、c)で言及した方法がその者に適用されるが、当該船舶は横付けされ、捜索を受ける場合がある。この場合、a)で言及した方法(捜索船が難船者の属する国に所属する場合)またはb)で言及した方法(捜索船が敵国に所属する場合)のいずれかが適用される。

3. 2. 難船者が文民である場合

a) 自国の軍用船に救助された場合

329　その者は、上陸するまでその状態により「傷者」および「病者」または「難船者」の地位を享受する。その地位は、その者に自国との関係でいかなる権利も与えるものではない[21]。一方、船舶が拘束された場合、次のことが重要である。軍艦に

21　ただし、AP I Commentary、pp.152-154の第11条の解説を参照。

乗船し、制服を着用していない者は、間諜（かんちょう）として見なされることがある。そのような拘束の場合、以下で記述するb)の方法が適用される。

b) 敵の軍用船により救助された場合

330　その者は、中立港に上陸するまでは、その状態により「傷者」または「病者」もしくは「難船者」の地位を享受する。救助活動は終了しているので、いかなる場合もその者は難船者とは見なされないが、その者が「傷者」および「病者」の部類に入る場合には、議定書第19条（中立国および紛争当事国以外の国）が引き続き適用される。

331　その者が敵国の領域に連行された場合は、通常の場合、その時までに救助活動は終了しているため、その者は上陸と同時に「難船者」の地位を失うが、第四条約第4条の意味での「被保護者」の地位を享受する。その者には、同規定、特に第3編第2部（紛争当事国の領域にある外国人）が適用される。さらに、その状態がそう認められるならば、「傷者」および「病者」の地位も享受する。

c) 中立国の軍艦に救助された場合

332　その者は、上陸するまでその状態により「傷者」または「病者」もしくは「難船者」の地位を享受する。中立国に上陸した後は、必要な要件を満たす場合には、「傷者」または「病者」の地位を引き続き享受する[22]。要件を満たさない場合には「難船者」の地位を失い、もはや諸条約および議定書の適用範囲には入らない。

d) 自国の病院船、沿岸救命艇またはその他の医療用舟艇もしくは船舶により救助された場合

333　その者は、上陸するまでその状態により「傷者」または「病者」もしくは「難船者」の地位を享受する。この場合は自国の要員の権力内にあるので、その者にいかなる特別な権利も与えるものではないが[23]、船舶が臨検を受ける場合には、その者の存在を正当化することが重要である。原則として、その者は敵国の船舶に移送

22　AP I 第19条を参照。
23　ただし、AP I Commentary、pp.152-154の第11条の解説を参照。

すべきではない[24]。

e) 敵国の病院船、沿岸救命艇またはその他の医療用舟艇もしくは船舶により救助された場合

334　その者は、上陸するまでその状態により「傷者」または「病者」もしくは「難船者」の地位を有する。

335　敵国の港に上陸する場合は、第四条約第4条の意味における被保護者となり、同条約が適用される。さらに、その者の状態がそう認められれば、「傷者」または「病者」の地位を有する。

336　その者が中立港に上陸する場合は、その者の状態が「傷者」または「病者」の地位を満たさない限り、諸条約および議定書はその者に適用されない。これは、議定書第19条(中立国および紛争当事国以外のその他の国)に従い、その者が上陸した国により尊重されなければならない。

337　船舶が自国の軍用船により横付けされ、捜索され、その者が後者に移送される場合は、a)で言及した方法が適用される。

f) 中立国の医療目的でない文民船舶に救助された場合

338　c)で言及した方法が適用される。

339　軍用船が中立の文民船舶に横付けし、捜索する場合でも、同軍用船は、難船者の移管を要求することはできない。

g) 自国の文民船舶に救助された場合

340　原則として、その者が健常であるなら何ら問題はない。しかし、その者の自国が、武力紛争に関連する理由(反逆罪、脱走など)でその者を確保しなければならない場合は、その者は少なくとも第75条(基本的保障)の利益[25]を享受すべきであり、またその状態がそう認められれば「傷者」および「病者」の地位を享受すべき

24　AP I 第22条第1項および第23条第6項を参照。これについては、AP I Commentary、p.253の第22条および第23条解説を参照。

25　AP I Commentary、p.866、第75条の解説を参照。

である。

341　船舶が敵国の軍用船により拘束された場合には、b)で言及した方法が適用される。

h)　敵国の文民船舶に救助された場合

342　その者は、上陸するまでその状態により「傷者」または「病者」もしくは「難船者」の地位を享受する。

343　敵国の港に上陸した場合は、第四条約第4条の意味における「被保護者」の地位を有する。同条約の特に第3編第2部(紛争当事国の領域内の外国人)がその者に適用される。さらに、その状態がそう認められれば、その者は「傷者」または「病者」の地位を享受する。

344　中立港に上陸した場合は、その状態がそう認められれば、議定書第19条(中立国および紛争当事国以外のその他の国)に従い、その者は、「傷者」および「病者」の地位を引き続き享受する。そうでない場合は、諸条約および議定書の適用範囲外となる。

345　船舶がその者が属する紛争当事国の軍用船に拘束された場合は、a)で言及した方法が適用される。

小節(c)

346　ICRC草案は、当初、「医療要員」の語の定義を行わず、その語に含まれる者の部類に言及していた。しかし、七カ国が提出した修正案に基づき[26]、第Ⅱ委員会は、その部類に属する者の一覧を掲げる前に、その語を定義することにした。

1.　医療要員の定義

347　医療要員とは、傷病者の福利に必要な特定の業務に配属される者を含む。実際には、医療要員の保護は、傷病者という第一義的に配慮すべき者の保護を確保するために与えられた付随的な保護である。

26　O.R.Ⅲ, pp.46-47, CDDH/Ⅱ/19およびCorr.1.

348 諸条約に規定するように、重要度が異なる多くの修正が医療要員の保護についてなされた。

349 第一に、軍人であるか文民であるかを問わず、あらゆる傷病者の保護をより良い方法で確保するために紛争当事国の医療業務に配属される場合には、文民の医療要員もこれに含まれる。

350 さらに、医療業務にもっぱら配属される者だけを意味することが明記された。諸条約の場合には、それは臨時要員を示すとみられる場合でも常勤の要員だけを意味する。常勤業務の配属期間は議論のある問題である。これについては、常勤および臨時の医療要員の概念が修正された小節(k)に関連して議論する[27]。

351 最後に、諸条約では規定していた異なる部類の医療要員の識別上の区別は、(本規定では)消滅した。あらゆる種類のあらゆる医療要員ができるだけ容易に識別できなければならない[28]。

352 明確にすべき幾つかの点は、以下の通りである。

1. 1. 医療要員は、次の業務のいずれかに配属されるものでなければならない。

    a) 小節(e)に列挙された医療上の目的。本件については、後記小節(e)を参照のこと。

    b) 医療組織の管理業務。「医療組織」の語の意味については、後記小節(e)を参照のこと。ここでは管理業務は広い意味に解さなければならない。これには直接、傷病者の看護は行わないが医療組織の機能を確保するあらゆる要員を含む。したがって管理者および、例えば病院の調理者ならびに清掃員のような者を含む。

    c) 医療用輸送手段の運用または管理業務。「医療用輸送手段」の語の意味については、後記小節(g)を参照のこと。これもまた直接、傷病者の看護は行わないが、保護制度の不可欠な構成要素である者に関するものである。特にこれらの者には、医療用輸送手段を運転、操縦する者およびこの業務を支援する者(医療用航空機の副操縦士または航空士、医療用船舶の乗組員など)、医療用輸送手段の保守に責任を有する者、もしくは医療用輸送手段の運用計画を作成する者を含む。これらのすべての者は、保護制度が適切に機能するた

---

[27] 後記pp.143-144を参照。
[28] 後記p.147の第18条の解説を参照。

めに不可欠である。

1.2. 医療要員は、もっぱら、これらの業務に配属されなければならない。

353 これは、保護される医療要員は、医療業務に配属されている間は、異なる業務に従事することができないことを意味する。これは、例えば営利目的または特に軍事目的による標章の濫用を防ぐために必要な予防措置である。

1.3. 医療要員は、紛争当事者により、これらの業務に配属されなければならない。

354 軍の医療要員の場合には、権限のある当局が職権により配属するので問題は生じない。一方、本条項は文民の医療要員にとり重要である。すべての文民医師が条約により保護されるわけではない。実際、例えば、整形外科医を当然のごとく保護すべき理由はない。しかし、その者が業務を行う領域にある紛争当事者がその者を上記業務に配属する場合、つまり、その者が傷病者の保護に有益となる場合には保護を受けるに値する。これは医療要員の保護の二次的な性格の一例であり、それはこれらの要員が傷病者の保護に従事する限りにおいてのみ意味がある。さらに保護標章の濫用を防止する責任ある紛争当事者は、保護を享受する資格のある医療要員を決定する権限を有する。

1.4. 配属は常時でも臨時でもよい。

355 これらの用語の意味については、後記小節(k)を参照のこと。

2. 「医療要員」の語に含まれる部類(小節(c)(ⅰ)(ⅱ)(ⅲ))

356 これらの部類は、議定書に規定される。

2.1. 小節(c)(ⅰ)

357 第一の部類は、紛争当事者の医療要員で構成される。すなわち、
　—ジュネーブ第一、第二条約で既に保護される軍の医療要員(もっとも、議定

書の締約国は、その衛生機関の組織、特に臨時衛生要員の問題を議定書との関連で評価すべきである。）
　―文民の医療要員、すなわち、紛争当事者により上記一覧にある業務のいずれかに、もっぱら配属される文民の要員
　―文民保護組織（Civil Defense organizations）に配属される医療要員。原則として、これは文民要員であるが軍の要員を含むことができる[29]。これらの要員は、文民保護組織に配属されている場合でも、医療要員としての地位を継続する。これは、これらの者が赤十字または赤新月[30]の特殊標章により引き続き識別されなければならない事実から明らかである。

2.2. 小節(c)(ⅱ)

358　これは、第一条約第26条に既に含まれる者である。当該赤十字社は三つの条件を満たさなければならない。
　―それらの社は、国の赤十字社でなければならない。すなわち関係紛争当事者の領域内に設立された社であること。
　―これらの社は、関係紛争当事者により承認されていなければならない。紛争当事者とは、通常の場合は国家であり、社は国内法に従い、少なくとも恒常的に設置されていなければならないことを意味する。したがって非公式の社は除外する。
　―これらの社は、関係紛争当事者により承認されなければならない。つまり関係紛争当事者は、これらの社の要員が医療要員としての職務を遂行することに同意しなければならない。

2.3. 小節(c)(ⅲ)

359　第三の部類は、紛争当事者に所属しないが、紛争当事者が常勤の医療組織および医療用輸送手段（第二条約第24条に規定する別の管理形態に従う病院船は除外する）と共に利用することのできる医療要員を含む。一定の国、社または団

---

[29] AP I Commentary、p.791の第67条の解説を参照。
[30] AP I Commentary、pp.788-789の第66条の解説を参照。

体のみが、これらの要員を一定の条件の下で利用できることに留意すべきである[31]。

小節(d)

360　議定書の原草案は、宗教要員の定義を含まなかったが、従軍牧師は、提案された医療要員の定義に含まれると考えるのが妥当である。これは実際には、ジュネーブ第一、第二条約で定義したように軍の衛生要員を含み、これらの牧師はこれら要員の定義に含まれた。

361　しかし、これは若干の代表には不適切に思われた。主に二つの修正の結果、本項が宗教要員を明確に定義するために追加された（前記、p.122を参照）。

362　本項関連の要員は、二つの条件を満たさなければならない。
―これらの者は、その職務にもっぱら従事すること。したがって、これらの者は宗教的職務以外の職務を行うことはできない。しかし、医療業務を実施することは、この規則の違反と見なすことができないのは明らかである。一方、これらの者が所属する宗教は問題ではない。したがって、「牧師(chaplain)」の語は、実際上、例示として使用されているだけであり、キリスト教の要員だけに言及したものではないとされてきた[32]。これらの者自身が軍隊に編入される必要はない。つまり、これらの者は軍人であるか文民であるかを問わない。
―これらの者は、関係紛争当事者の合意を前提とする一覧にある四つの部類のいずれかに配属される。

小節(d)(ⅰ)

363　これは、第一条約第24条に含まれる要員である。

小節(d)(ⅱ)

364　「医療組織」および「医療用輸送手段」の語の意味については、それぞれ、後記

31　これについては、AP I Commentary、pp.140-143の第9条第2項の解説を参照。
32　O.R.XII, p.220, CDDH/II/SR.75, 20節を参照。

小節(e)および(g)を参照のこと。

小節(d)(iii)

365　本件については、AP I Commentary, pp.140-143の第9条第2項の解説を参照のこと。

小節(d)(iv)

366　本件については、AP I Commentary, pp.732-735の第61条小節(b)解説を参照のこと。

367　医療要員と同様、宗教要員も常勤または臨時に配属することができる。ある代表は、宗教要員を臨時に配属することは、本来は常勤である宗教要員の地位の形態になんら影響を与えないとの意見を表明した[33]。しかし、議定書は、素人を宗教目的で臨時に配属することを禁止しておらず、また、これらの者が業務を遂行する間、保護される可能性は開かれている。「常勤」と「臨時」の用語の意味については、これとは別に後記の小節(k)を参照のこと。

小節(e)

368　事柄を簡潔かつ明確にするために、医療施設およびその他の医療組織の領域全体を包含する一つの語が選ばれた。
369　医療要員の場合と同様、医療組織は軍のものであるか文民のものであるかを問わず、また「軍の」または「文民の」の形容詞で限定せずにこの語を使用する場合は、両部類を包む。
370　医療組織は、固定のものであるか移動するものであるかを問わず保護される。すなわち、本来ある場所に建てられた建物で構成されるものか、あるいは必要により移動可能な構造物または施設であるかを問わない。さらに、これらのものが常時のものであるか臨時のものであるかを問わない(これらの語については、後記の小節(k)を参照のこと)。

33　O.R.XII, p.217, CDDH/II/SR.75, 3節。

371 これらの施設またはその他の組織が医療組織の資格を得るために課される唯一の決定的条件は、これらの物が「医療上の目的のために組織される」ことであり、この目的のためにもっぱら配置されることである。

372 組織が設置された理由のいかんを問わず、重要なのは、その時の使用方法である。兵舎として使用される病院は医療組織ではなく、応急病院としての装備を持つ兵舎は医療組織となる。

373 ここで想定する医療上の目的は広義である。傷者、病者および難船者の捜索、避難、輸送は、特に移動組織に関連する。これらの組織と医療用輸送手段(特に原則として後者に見られる輸送の要素と前者に見られる看護実施の要素)との間に多少の混乱が生じるかもしれない。いずれにしろ、医療用輸送手段は、移動医療組織と同等の保護を与えられるから、そのような混乱は特に重要ではない。さらに医療用輸送手段の保護は車両を駐車するガレージおよび修理工場のような固定施設の保護をも意味する。

374 傷者および病者の診断ならびに治療は、通常、固定施設で行われるが、野戦病院のような移動施設で行われる場合もある。

375 与えられる看護の程度は、決定的な要素でない。戦場近くに応急に設置された簡単な応急救護所も医療組織と見なされる。

376 同様に、犠牲者、つまり傷者、病者および難船者の治療は直接行わないが、疾病予防により犠牲者の数を低下させようとする施設もまた医療組織と見なされる。特に、これらには予防接種施設またはその他の予防医療施設および研究所ならびに輸血施設が該当する。

377 さらに外科医は、外科器材および薬品無しでは仕事ができないのは明らかである。このため、薬品、手術器材および一般的にあらゆる医療資材が貯蔵される場所も医療組織の資格を有し、例えば、それが病院附属の簡単な倉庫であるか、またはこれらの施設が供給を受ける施設であるかを問わない。

378 最後に、本条を扱った外交会議第Ⅱ委員会は、第三会期末に起草した報告書の中で、歯科治療も本項で言う医療上の目的に含むことを希望したことに留意すべきである[34]。したがって、歯科治療が行われる施設は医療組織と考えられる。また病院およびその他の医療組織には、「医療介護を提供するリハビリテーションセンター」も含むと述べている[35]。

---

34 O.R.XII, p.238, CDDH/II/SR.77, 8節およびO.R.XIII, p.253-254, CDDH/235/Rev.1, 20節を参照。
35 O.R.XIIIの同箇所。

379　このように医療上の目的への配属は、大変柔軟に解釈しなければならないことが明らかである。しかし、上述したように、その配属はその他の業務を除外することが医療組織としての資格を有するために必要である。

　　これは、ここで考察する項から帰結するのではなく、以下で行う「常時」および「臨時」の語の定義から生じる[36]。医療要員に関して、この条件は明白な理由により極めて論理的である。病院が仮に多数の傷病者を収容していようと、病院が兵力を地下室に隠蔽したり、病棟の一つを軍の司令部に充てていたら、紛争当事者にその病院を保護するよう求めるのは不可能であろう。

380　本項で言う「医療組織」の語に含まれる施設の一覧は、例示である。それを更に解説する必要はない。

小節(f)

381　これは、使用する手段を問わない医療用輸送手段の定義である。あらゆる移動を含むよう意図されており、陸路、水路、空路による輸送の詳細を説明している。水路の語は、当初の草案にあった海路の語より好ましく、海上または洋上の輸送だけでなく、河川または湖沼のような内水の輸送をも含むことを強調している。

382　輸送手段の概念は、あらゆる分野の輸送手段を含むことを意図する。あらゆる形態の輸送手段が医療目的になることができる。しかし、医療用輸送手段の資格を有するには、もう一つの条件を明らかに満たさなければならない。つまり、直接、間接的に諸条約および議定書で保護される傷者、病者および難船者と関連していることである。輸送される者が傷者、病者および難船者自らであれば直接的な関連があり、またこれらの者が医療要員または宗教要員もしくは医療器材および医療品であれば間接的な関連がある。「傷者」「病者」または「難船者」「医療要員」および「宗教要員」の用語または語は他の箇所で定義されるので、ここではこの問題は再考しない。「医療用器材」または「医療用物資」の語については広く解すべきである。それは医療介護に必要なあらゆる資器材および物資——特に外科器材——を含むだけでなく、重器材（例えば手術室または野戦病院全体）もしくは単なる医薬品も含まれる。

383　これらの部類に属する者、器材、物資の一つがそのために輸送されることで

36　後記pp.143-144の小節(k)の解説を参照。

医療用輸送手段としての資格を有するに十分である。一方、医療用輸送手段としての地位を維持するためには、これら以外のいかなる要員、器材、物資も輸送してはならないことは明らかである。負傷者を健常な兵士と一緒に輸送すること、または医療器材と武器を一緒に輸送することは議定書の意味における医療用輸送手段とはならない。

小節(g)

384　使用する手段を問わない特定の要員、器材、物資の輸送を(f)で定義した。ここでは、手段そのものを定義する。これらのものも大変広い意味に定義される。これらのものが文民または軍の使用のために指定されたものかは重要ではない。傷者、病者および難船者と同様、医療用輸送手段はそのような指定とは無関係に、医療用輸送手段と見なされる。さらに、それらは常時のものであるか臨時のものであるかを問わない。最後に、この規定はあらゆる輸送手段を含む。牛車から超音速ジェット機に至るまで、また将来のあらゆる輸送手段も除外されない。一覧は網羅的ではないので将来の輸送手段に制限を設けていない。

385　しかし、いかなる輸送手段も医療用輸送手段としての資格を有するためには、二つの条件が規定されている。

　1)　医療用輸送にもっぱら配属されていること。実際の用語では、これは第一に輸送手段は医療用輸送手段の定義に入る要員、器材、物資のみ積載しなければならないことを意味する[37]。上述したように、こうした制限がなければ、いかなる医療用輸送手段もありえないだろう。しかし、もっぱら配属とは、この業務に配属されている限りは輸送手段を医療用輸送以外の目的に使用してはならないことを意味する。例えば、前線から負傷者をかなり遠方に輸送するよう命じられたトラックで編成する医療用護送車両隊を例に考えてみよう。旅程は一週間を要し、負傷者の収容は毎晩行われる。仮に、夜間、トラックが武器の輸送またはその他の軍事目的のために配属されれば、これらのトラックは医療用輸送手段にもっぱら配属されているとは言えない。しかし、これは「臨時の配属」の定義を巡る大変難しい問題でもある。これについては、以下で「常時」と「臨時」の用語の定義とともに考察する[38]。

37　前記p.140の小節(f)の解説を参照。
38　後記pp.143-144の小節(k)の解説を参照。

2) 医療用輸送手段は、紛争当事者の権限のある当局の管理下に置かなければならない。紛争当事者は、可能性のあるあらゆる濫用に対して責任を有するので医療要員の場合と同様、紛争当事者は保護標章を表示する資格のある要員、器材、物資の管理を行うのは当然であり、医療用輸送手段の場合もそうである。紛争当事者は、配属する場合にだけ管理を行うのではなく常時管理を行う。実際、これらの輸送手段は紛争当事者の権限のある当局の管理下で使用しなければならず、それは結局、当該国の最高権限を有する当局に従属する当局である。

小節(h)、(i)および(j)

386 輸送手段を定義したので、陸路、水路、空路による輸送手段の特定名称、すなわち医療用車両、医療用船舶、医療用航空機についてはほとんど説明を要しない。

387 「医療車両」の語は、陸路のあらゆる輸送手段を含むので、ここでは広い意味で使用されることに留意するだけで十分である。例えば、鉄道車両は自動車と同様、医療車両と見なされる。

388 さらに医療用船舶と舟艇の語は、水路のあらゆる輸送手段を含むので、いかなる水上輸送手段も医療用輸送手段になりえることに留意すべきである。これは病院船と沿岸救命艇だけを保護していた第二条約の場合とは異なる。議定書においては、例えば特定の間、医療用輸送手段として配属された商船も保護を享受する。それは負傷者を輸送するため海戦の状況以外で航行可能な運河で使用される「はしけ」と同様である。

389 最後に、医療用輸送手段の三つの部類について、次のことを指摘するのが適切である。輸送手段は「医療車両」「医療用船舶および舟艇」または「医療用航空機」の定義に該当するだけで自動的に保護が得られるわけではない。保護を受けるには、それらの輸送手段は一定の規則に従い使用しなければならない(第21条〜第31条を参照)。

小節(k)

390 諸条約に比べ、議定書では、常時および臨時の医療要員ならびに医療器材、

資材の保護に関して(要員以外のものの一般的意味で)進歩が認められる。医療要員に関しては、常時の要員と臨時の要員の間の保護の差を縮小する傾向があり、同時にあらゆる医療要員が臨時に雇用される可能性を増大した。その一方で、臨時要員がその配属期間中は、医療業務にもっぱら従事する義務を強く要請している。器材および物資については、医療目的のためにこれらを臨時使用することをより柔軟にする傾向がある。

391　常時と見なすためには、医療要員、医療組織および医療用輸送手段は、「期間を限定することなく、もっぱら医療目的に充てられなければならない」。

392　もっぱら配属されることの意味については、上記で既に考察した[39]。第Ⅱ委員会の起草委員会が要員、組織および医療用輸送手段が常勤である場合には「配属する(assigned)」の語を使用し、これらが臨時の場合には、「充てる(devoted)」の語を使用したことの説明に留意することが適切である。〈訳者注：邦語の公定訳は、いずれも「充てる」の語を使用している。〉

　　「これらの別々の言葉が選ばれたのは、常時の組織または要員の保護は、命令、配属または同組織を編成するための命令行為を行った時点、あるいは要員に医療業務を発した時点で開始することを明確にするためである。しかし、臨時の組織または要員の保護は、彼らが実際に医療業務以外の業務を停止した場合に限り開始する」[40]。

393　「医療上の目的」の語は、既に考察したので再考しない。

394　一方、「期間を限定することなく」の語の意味について確認することが適切である。この語はICRCの原草案でも使用された。この語の正確な意味は深く議論されなかったが、実際には極めて明瞭である。それは医療上の目的に限定的に配属されることが期待される要員および物を含む。つまり、病院が建設され、手術室および必要な器材を備えていれば、これは病院としてもっぱら、かつ、限定的に使用する意図が明らかである。同様に、兵士が衛生部隊に配属されるとしたら、その者が召集される場合は常に医療上の資格で機能するということである。新たな病院が建設され、旧病院が学校または武器庫もしくは兵舎に転用されるようなことが起きることも確かである。

39　前記p.135の小節(c)およびp.141の小節(g)の解説を参照。
40　O.R.XIII.p.338, CDDH/II/379.

また戦闘員が不足する結果、軍隊が衛生兵の任務の変更を余儀なくされ、彼らを戦闘員の任務に転属させることもありえる。もっとも、これは予測しがたい要素による。もし、当初の考えが、要員、組織または輸送手段を医療上の目的に限定的に（すなわち時間制限を課すことなく）配属するものであるなら、これらの者は常勤である。

395　「臨時」の語の意味はさらに微妙である。上記の第Ⅱ委員会起草委員会の説明にあるように、臨時要員の保護は、これらの組織が実際に医療業務以外の業務を停止した場合にのみ開始される。これは、これらの者がもはや医療業務を実施しなくなった時には保護が停止することを意味するのだろうか。これでは極めて不確実な保護しか与えられないだろう。採用する基準は、むしろ新たな業務または使用の基準である。当該の医療要員または医療物資が他の目的のために充てられ、もしくは配属された時から、これらは保護の権利を失う。しかし、解決すべき本当の問題は、「もっぱら(exclusive)」の用語が使われる業務または使用に充てられる最小時間の問題である。使用がもっぱらであることの性格を強調することにより、議定書は一定の保証を行うことにしたのは確かである。時間の制限は設けなかったが、上記の医療用護送車両隊の例でわれわれが示そうとしたように、業務中は最大限、医療要員および医療用物資の業務を変更すべきでないことを常識は命じている[41]。医療業務が短期間で頻繁に変更される場合には、一般的に医療要員および医療物資の保護にとり有害な不信感を招くだけであろう。これら医療要員および物資の識別が将来、常時の医療要員および物資の識別と同様になる場合には特にそうである。

396　もっとも、時には極めて短期間だが、臨時の医療要員が行う援助に相当依存する場合があるので、この点について教条的にならないことが重要である。時には、医療要員に所属しない兵士が自発的に担架手として活動し、業務の遂行中は尊重されることも、これまでにあったことである。したがって、負傷者に最大可能な援助を確保するのに必要な柔軟性と保護制度を維持するのに不可欠な医療業務の専従的性格に関する信頼を基礎とする厳格な規則との間に実際的な均衡を図ることが必要である。

397　本項の最終章は、多くの解説を必要としない。それは、議定書の規則が常時または臨時の性格を問わず、医療要員、医療組織および医療用輸送手段に関する

41　前記p.141の小節(g)の解説を参照。

ものであることを説明している。もっとも、同規則が医療要員、医療組織および医療用輸送手段の部類のいずれか一つだけを特定していない場合である。

小節(1)

398 条約には、特殊標章の本質的な定義はなされていない。一方、GC I 第38条では、「軍隊の衛生機関の標章および特殊記章」の表現が見られる。それは、「標章」「特殊標章」「条約の特殊標章」または「条約の保護を与える特殊標章」として記述されている。また「条約の識別旗」または「条約旗」の記述もある。

399 ちなみに、「特殊記章」の語は、「遠方から認識できる固着の特殊標章」への記述で示されるように、赤十字標章ではない標章を表すために使用されることがある。この場合は、紛争当事者の軍隊の構成員でない民兵組織およびその他の篤志団体が表示し、傷病者が第一条約により保護されるようにしていることに留意すべきである[42]。

400 簡潔かつ明確に定義された語が以後、議定書に一貫して使用されるが、その利点は議定書作成のための協議において即座に認められた[43]。

401 外交会議の第Ⅱ委員会は、この問題に時間を割くことをせず、形式を若干修正しただけで1973年に提案された定義を存続させた。条約および議定書で承認された現行の三つの標章、すなわち白地に赤十字、赤新月および赤のライオン及び太陽[44]は、こうして議定書で使用されている通り、「特殊標章」の語で網羅された。

　また議定書第18条(識別)は、この標章の使用を規定し、議定書附属書Ⅰは、識別の技術的問題に初めて言及している[45]。

402 しかし、起草委員会の提案を受けて、委員会は原草案の定義に一節を追加し、記述する各標章は、「医療組織および輸送手段または医療要員、宗教要員、医療器材もしくは物資を保護するために使用される場合には」、「特殊標章」の語だけにより表現することを明確にした。これは赤十字、赤新月および赤のライオン及び太陽標章の使用は、議定書では保護目的で規定されているだけである事実により明

42　GC I 第13条第2項を参照。
43　1971年の政府専門家会議で国際的武力紛争における傷病者の保護に関する議定書草案を審議する任務を与えられたICRCは、議定書冒頭に導入することを提案していた定義の中に「特殊標章」を既に含めていた。
44　赤のライオン及び太陽標章については、AP CommentaryのEditor's noteを参照。
45　これについては、後記p.147以下の第18条の解説およびp.180以下の附属書Ⅰの解説を参照。

らかである[46]。人および物が赤十字機関と関連することを表す純粋に「表示的」な記章としての標章の使用については、実際には条約の保護を可能にするものでも、それを意図するものでもないので、この議定書では言及していない[47]。

403　短言すれば、議定書で特殊標章に言及する場合は、常に保護目的の標章使用に言及している。政府外交会議の第Ⅱ委員会による定義への追加は、この点に関するあらゆる曖昧さを取り除いた。

小節(m)

404　医療用輸送手段の安全の問題は、「表示、正確な位置の特定および識別の最新手段」に適合する方法を見出すことで解決できることが、1971年の政府専門家会議の第1会期において既に明らかとなっていた[48]。実際、現在では効果的な保護は視覚的な特殊標章だけでは不可能である。この避けられない進化が、赤く塗装された標章よりも更に遠方から視認できる閃光信号、および視覚のみに依存しない信号(無線信号、電子的識別手段など)を採用する議定書附属書の採択へと導いた。

405　議定書で特殊信号に言及する度に、特殊信号の正確な技術的解説を行っていたら大変複雑になっていたであろう。そこで、「特殊信号」の定義を採用し、それを議定書附属書Ⅰ第3章で規定して、そこにこれらの技術的解説を含ませることが有益であると考えられた[49]。

406　さらに、特殊信号の定義は、これらの信号の目的、すなわち医療組織および輸送手段の識別を可能にすることに言及している。さらに、このような使用はもっぱらでなければならないと規定する。この点が重要である。附属書Ⅰ第3章に規定する信号をその他の目的で使用することは、これらの信号の尊重に対する非常に重大な不信感を招くことになり、議定書で規定する保護制度を脆弱化させる深刻な危機を招くことになる。

46　しかし、これについては、後記p.147の第18条第7項を参照。
47　保護目的で使用する標章と表示記章として使用する標章の区別については、本書、p.31以下を参照。また第20回赤十字国際会議(ウィーン、1965年)の決議32で採択された「各国赤十字社による赤十字・赤新月標章の使用規則」も参照。
48　CE1971, Report, p.28, 91節。
49　これについては、AP I Commentary, pp.1185-1255の附属書Ⅰの解説を参照。

第18条　識　別

1. 紛争当事者は、医療要員、宗教要員、医療組織及び医療用輸送手段が識別されることのできることを確保するよう努める。
2. 紛争当事者は、また、特殊標章及び特殊信号を使用する医療組織及び医療用輸送手段の識別を可能にする方法及び手続を採用し及び実施するよう努める。
3. 軍の医療要員以外の医療要員及び軍の宗教要員以外の宗教要員は、占領地域及び戦闘が現に行われ又は行われるおそれのある地域において、特殊標章及び身分証明書によって識別されることができるようにすべきである。
4. 医療組織及び医療用輸送手段は、権限のある当局の同意を得て、特殊標章によって表示する。第22条に規定する船舶及び舟艇は、第二条約に従って表示する。
5. 紛争当事者は、特殊標章に加え、附属書Ⅰ第3章に定めるところにより、医療組織及び医療用輸送手段を識別するために特殊信号の使用を許可することができる。同章に規定する特別の場合には、例外的に、医療用輸送手段は、特殊標章を表示することなく特殊信号を使用することができる。
6. 1から5までの規定の適用は、附属書Ⅰ第1章から第3章までに定めるところによる。医療組織及び医療用輸送手段がもっぱら使用するために同附属書第3章に指定する信号は、同章に定める場合を除くほか、同章の医療組織及び医療用輸送手段を識別する目的以外の目的で使用してはならない。
7. この条の規定は、平時において第一条約第44条に規定する使用よりも広範な特殊標章の使用を認めるものではない。
8. 特殊標章の使用についての監督並びに特殊標章の濫用の防止及び抑止に関する諸条約及びこの議定書の規定は、特殊信号について適用する。

【解説】 732～794節

総論

732　尊重および保護の資格を有する人および物を、敵対行為の発生地域において識別できることが、この権利の当然の結果として重要である。

733　諸条約および議定書で第一に保護される者、すなわち傷者、病者および難船者は、これらの者の状態により識別が可能であるとしても、可能ならば特殊標章による補助的な識別が望ましい。負傷兵は病床に伏し、戦闘行為を継続することはできず、幸運にも救助された難船者の状態はさほど混乱を生じることはない。

734　しかし、同様のことはその業務の職務上、保護される人および物には当てはまらない（すなわち、これらのものは、第一に保護される者の保護を確保するためにある）。医療業務を遂行する兵士は、実際上、戦闘にも従事することができる健常者である。医療用車両は、負傷者または医療物資ではない弾薬を輸送するために利用することも可能である。したがって医療要員、医療組織、医療器材および医療用輸送手段が傷者、病者および難船者に賦与される保護と同等の保護を確実に享受するためには、これらのものを識別することが不可欠である。

735　この必要性は明らかであり、1864年8月22日の最初のジュネーブ条約の起草者の関心を集めた。同条約第7条は、既に白地に赤十字を配した旗と腕章の使用を規定した。1949年の条約はこの問題をより詳細に扱った[50]。

736　さらに、条約で作成された保護の制度全体は、特殊標章の適正使用の上に築かれた信頼を基礎にしており、その使用の監督と濫用の抑止は極めて重要である[51]。

737　識別については、議定書は二つの条件に従わなければならなかった。つまり、尊重および保護の資格を有する文民および民間物の識別方法を決めること、および識別手段を最新技術に適応させることである。

738　第一の条件は、議定書の予備交渉の当初から議論された。最も微妙な問題は、保護を受ける文民の医療要員および物を識別するためにいかなる標章を選ぶべきかであった。赤十字、赤新月または赤のライオン及び太陽の使用を単に拡大すべきか、あるいは文民の医療要員と物のために新たな標章を採用する方が良いかで

50　「特殊標章」と題する7カ条からなるGC I 第7章、同標題で5カ条からなるGC II 第6章、GC IV 第18条第3、第4項、第20条第2項、第21条および第22条第2項を参照。

51　これについては、後記p.162の第8項の解説を参照。

ある。当初は後者の方法が選択され、これは第20回赤十字国際会議に提出された「紛争時における傷者、病者および文民医療要員ならびに看護要員の保護に関する規則案」の中に盛り込まれた[52]。白地にアスクレピオスの杖の印も提案された。しかし、第20回赤十字国際会議は、赤十字、赤新月および赤のライオン及び太陽の標章の拡大に同意することを宣言した。

739　1971年の政府専門家会議に提出された追加議定書草案では、ICRCはこの拡大を受け入れたが、アスクレピオスの杖の印を完全には放棄しなかった。実際には、この草案は、「国により組織され、正式に承認」された[53]赤十字（赤新月、赤のライオン及び太陽）標章の使用資格を有する文民の医療要員と「関連当局の同意を得て」識別手段として白地に赤のアスクレピオスの杖を表示することができる「国の医療組織の要員ではない医師と看護師」を区別した[54]。しかし、1971年の赤十字専門家会議も同年の政府専門家会議も、専門家の大多数はこの新たな標章を放棄するのが最善であると考えた。

740　「医療国際法（Entretiens consacrés au droit international médical）」[55]の第3会期へのICRCの寄稿から引用した次の文章は、新たな標章に賛成して提示された議論を取り上げている。

　　「標章の使用をあらゆる医師に区別なく拡大することは、ほとんど不可能であるだけでなく望ましくもない。実際、この標章の価値を維持しようとするならば、条約で使用する資格を有する者に使用を制限することが重要である。さらに標章の拡大使用は管理を不可能にする。一方、明瞭かつ容易に識別でき、赤十字でもその模倣でもなく、また世界中で医療職に使用され、各国の国レベルで承認する『意味のある』標章を作成すれば、それは間違いなく赤十字と共に早々、無辜の医療支援の象徴となるであろう」[56]。

52　AP I Commentary, p.107のintroduction to Part IIを参照。
53　草案第7条、CE/b, p.6を参照。
54　草案第11条、CE/7b, p.8を参照。
55　これについては、AP I Commentary, p.107のintroduction to Part IIを参照。
56　ICRC訳。フランス語原文は、"Une extension de l' usage de l' emblème à tous les médecins sans distinction〔…〕ne serait guère possible ni souhaitable.Il importe en effet, si l' on veut conserver à cet emblème toute sa valeur, d' en limiter l' emploi aux seuls bénéficiaires préves par les Conventions;de plus , sa multiplication rendrait tout contrôle ne serait ni la croix rouge ni une imitation de celle-ci et serait adopté par l' ensemble du corps médical dans le monde et reconnu sur le plan national, par chaque Etat〔…〕deviendrait rapidement sans doute, à côté de la Croix-Rouge, le symbole de l 'assistance médicale, dévouée et innocent." Contribution of the ICRC to the

保護される医療要員は、関係紛争当事者により正式に承認され、許可された要員だけであると決定された今は、これらの議論はある程度その妥当性を失ったことは明らかである。赤十字(赤新月、赤のライオン及び太陽)の使用を許可されないあらゆる文民医療要員が別の標章を使用することに関しては、1971年の政府専門家会議が出した意見が最終的に優勢となった。

　「しかし、委員会は、1971年3月のハーグの赤十字専門家会議の時と同様に、この新たな標章はいかなる特別な保護も与えるものではなく、相対的に極く限られた数の要員に関わるものであり、同じ議定書の中に二つの異なる標章を表示することで混乱が生じるかもしれないと感じた。そこでこの議定書の中ではアスクレピオスの杖については何ら言及しないことに決定した」[57]。

741　こうして最終的に、議定書の赤十字(赤新月、赤のライオン及び太陽)標章の使用を拡大することに決定した。これにより混乱の可能性を回避し、結果としてより良い保証を与えることとなった。

742　識別のために議定書の規定が満たさなければならない第二の条件――現代の戦闘技術に識別を適応させること――は、特に医療用航空機にとり極めて重要だった。
　実際、医療用航空機の活用は、1949年には技術的な理由により極めて制限されていた[58]。現代の戦争手段を考慮したとき、赤十字、赤新月、赤のライオン及び太陽標章を単に機体に塗装するだけでは効果的な保護を確保するには不十分に思われた。

743　こうした医療用航空機に関する実際的な問題に対処するためには、技術的な問題を解決することが必要だった。法律専門家よりも技術専門家に要請が行われるのに時間はかからなかった。

744　結局、これらの問題は第18条を補完する議定書附属書Ⅰの中で一つに集約された。

745　識別の問題は、議定書第一草案の様々な条文、特に1972年の政府専門家会議

"Entretiens consacrés au droit international médical" (Liège, April 1956), Document ICRC, D.430, pp.6-7.
57　CE1971, Report, p.26, 66節。
58　これについては、特にGCⅠ第36条およびAPⅠCommentary, pp.284-293を参照。

第2会期に提出された草案で扱われたことに留意しなければならない。最終的に政府外交会議に提出された草案の解説で言及されたように；

> 「反復を避けるため、医療組織、医療用輸送手段および医療要員の識別ならびに表示に関するあらゆる規定は、一つの条文に集約することが望ましく思われた。そのために本編と附属書が結合された」[59]。

第1項

746　基本原則は、この第1項に記されている。医療要員および医療物資の保護と尊重の権利は、これらのものが明瞭に識別できない限り無意味である。したがって紛争当事者は、医療要員および同物資が敵に確実に識別されることに大きな関心を持つ。そこで、ここに規定する規則はそれを遵守する責任を有する者の利益となる。実際、識別手段が貧弱な場合に損害を受け、識別できないために敵の標的になるのは関係当局の医療要員と医療物資である。さらに識別手段は保護を受ける権利の構成要素ではないことを強調しなければならず、医療要員または医療物資を識別したときからは、識別手段の不備を理由にこれらのものを尊重しない口実とすることはできない。

747　紛争当事者は、これらの要員および物資が確実に識別できるよう努めなければならない。これは一定の成果を達成すべき義務だが、その義務は義務を負う当局のみに課されるのではないため絶対的な義務ではない。

　場合によっては、あらゆる努力を払い正しく表示されていたとしても、要員または物資が敵に識別されない場合があることは間違いない。しかし、義務が絶対的でないもう一つの理由は、識別手段によっては大変高価であるか高度な技術を要するため、それらを活用する財政的、技術的手段を持たない紛争当事者にこれを課すことはできないからである。紛争当事者は、上記で見てきたように可能なあらゆる措置をとらなければならず、それが自己の利益にもなる。

748　誰が識別しなければならないかは明記されていない。しかし、これは第一に(もっぱらではないが)識別されるべき要員および物資に危害を加える者に言及していることは明らかである。すなわち、主に敵対当局の軍の構成員である。しかし、この問題は第2項で再び提起されるので本項では意図的に強調しない。本項

---

[59] Commentary Draft, p.27.

で要求されることは、議定書および同附属書Iで規定するように誰にも理解できる明確な識別である。

749　最終的に、識別しなければならない要員および物(医療要員、宗教要員、医療組織および輸送手段)は、議定書第8条(用語)で定義される[60]。

第2項

750　第2項は、第1項の当然の結果である。自国の医療要員および医療用物資が識別されるようにする必要があるならば、他国のそれらをも識別する努力が必要である。こうした条件の下で初めて標章を尊重し、保護する義務が達成される。

751　草案では、この問題のこれら二つの側面の区別はなされず、草案の第1項に規定された規則の適用範囲は、明確に規定されなかった。これは政府外交会議の第II委員会で明らかになり[61]、二つの別々の項にするという極めて妥当な決定がなされた。

752　もちろん、こうした規定が常に必要なわけではない。形式的には、識別は純粋に視覚的なものであり、取るべき特別な手段はなかった。尊重および保護しなければならない人と物を識別するために必要なのは、視力の良さが全てだった。しかし、上記のように戦争手段が発展し、長い射程距離からの戦闘方法が純粋に視覚的な識別方法を不適切なものにしてしまった。さらに長距離からの識別の技術的手段は、敵対当事者がそれを認識できる装備を保有する場合にのみ実効性がある。これは特に信号および電子的識別手段に当てはまる。

753　本項では、再び紛争当事者が適切な手段と手続きをとることを義務付けていない。その理由は、特定の国または紛争当事者に過度に面倒な財政的あるいは技術的負担を強いることになる絶対的な義務を課すことは望ましくないと思われたからである。こうして国は単に努力が奨励されること、すなわち、あらゆる可能な措置を実施するよう努め、本項で規定する義務を履行することが求められる。

754　これを実施するには、明らかに実際的な問題が生じる。ある紛争当事者が、受信するには一定の技術が必要な信号手段を使用できる状況にある場合、敵もそのような技術を利用でき、これらの目的で信号を使用する用意があるという保証がないままに使用すれば、それは無謀な行為となるだろう。したがって紛争当事

60　前記pp.133-141、第8条小節(c), (d), (e)および(g)の解説を参照。
61　O.R.XI, p.166, CDDH/II/SR.18, 7節を参照。

者間の事前の合意がほぼ不可避と見られる。

755 本項は、紛争当事者が「手段及び手続を採用し、及び実施するよう努める」ことを要請している。したがって、この義務は二面性を持つ。第一は手段(つまり必要な技術と装備)および手続き(つまり、そのような技術が効果的に利用できる方法)の選択に関するものであり、第二はその実施に関するものである。これらは広範な訓練と教育計画を必要とし、器材を保有するだけでは十分でなく正しく使用されなければならない。

756 最後に、本項では医療要員の識別ではなく、医療組織および同輸送手段の識別に言及していることに留意すべきである。それは信号の使用を除外しないとしても、医療要員は一般的に視覚的な標章により識別され、識別に特別な手段や手続きを必要としないからである。

757 特殊標章および特殊信号については上記で定義した[62]。

第3項

758 本項は、文民の医療要員および宗教要員が使用しなければならない識別方法に関するものである。それは、これらの者の識別の問題を規定するジュネーブ諸条約で定める医療要員および宗教要員に関するものではない[63]。

759 しかし、附属書Ⅰは、識別手段の有効性、つまり結果として可視性の重要性を強調していることに留意すべきである。これは、標章(腕章)の限定的な使用に関する条約の規定、特に臨時要員に小型の標章を着用することを義務づける規定は時代遅れと考えるべきことを意味する。本当の問題は、要員が識別標章を使用する権利の有無である。一旦使用する権利が認められたならば、標章の視認性を低下させ、効果的な保護を不確実にするような方法を課すことは論理的ではない。

760 前項の規定は、特殊標章を使用する資格のあるすべての要員に適用されるが、第3項は文民の医療要員および宗教要員のみに適用されることを想起すべきである。これらの要員にとり、識別に関する規則は「占領地域及び戦闘が現に行われ又は行われるおそれのある地域」においてのみ課せられるものである。われわれは、ここで占領地域の概念を再考することはしない[64]。「戦闘が現に行われ又は行

---

[62] 前記pp.145-146の第8条小節(l)および(m)の解説を参照。
[63] GC I 第40条‐41条；GC II 第42条を参照。
[64] これについては、特にGC IV Commentary, p.2以下およびp.59以下を参照。

われるおそれのある地域」という表現は、政府外交会議の第Ⅱ、第Ⅲ委員会合同作業部会の作業の成果であり、同部会は以下を勧告した。

「a) 1949年のジュネーブ諸条約追加議定書ⅠおよびⅡの草案に含まれる若干の規定が想定した様々な軍事的状況に対応するために使用すべき用語、および

b) 推奨される用語の定義」[65]

現在の条文では、この作業部会は「戦闘地域」の表現を「武力紛争において敵の軍隊が現に戦闘に従事し、軍を直接支援する者が位置する地域」[66]と定義した。

761 ここで検討する例は、当該地域はそのような地域だけでなく、「戦闘が起こりそうな地域」、つまり上記で定義したような戦闘地域になることが予想される地域である。明らかに「起こりそうな」との表現は判断の程度による。しかし、関係当局は過度に抑制的になる理由はない。敵との接触が現実になるか予測される事態となれば、当局は速やかに文民の医療要員および宗教要員に特殊標章および身分証明書を支給する権利を有する。それは彼らの保護の問題である。

762 もっとも、「識別されることができるようにすべきである」の表現（フランス語文書では、"se feron en règle générale reconnaître"）は、ある程度、この義務の厳密さを低下させる。実際、この表現は長い議論の末の選択だった。若干の代表は、特に身分証明書の支給制度全体は、既に平時から準備すべきことが望ましいとした[67]。その他の代表はこの考えに反対し、紛争時にはこの制度を任意にすることを希望した。第Ⅱ委員会起草委員会が考えた一つの方法は、常勤要員については身分証明書の発行を義務とし、臨時要員には任意とするものだった[68]。この方法に対する主要な議論の一つは、「特異な戦闘状況では、臨時の文民医療要員に身分証明書を支給することは不可能かもしれない」というものだった[69]。しかし、この種の区別は、特に「身分証明書の携帯は常勤であるか臨時であるかを問わず、その所持者の資格を証明する」という理由で否定された。したがって、このような証明書を携帯することがすべての者の利益であった[70]。識別に関するこのような区別は第18条で放棄されたが、議定書附属書Ⅰでは、臨時要員のための一層簡

65　合同作業部会の報告、1975, O.R.XIII, p.199, CDDH/II/266-CDDH/III/255.
66　同報告p.203の附属書A.
67　特にO.R.XI, p.169, CDDH/II/SR.18.27節を参照。
68　CDDH/II/240/Add.1（O.R.では未刊行）の文書に提出された第18条の文書を参照。
69　O.R.XI, p.307, CDDH/II/SR.30, 17節.
70　同書p.310, CDDH/II/SR, 30, 31節；33節および34節も参照。

略化された証明書の可能性が導入された[71]。さらに何人かの代表は、若干の国々が直面する現実的な問題を提起した[72]。

763　最後に、したがって「識別されることができるようにすべきである」の表現の採用は妥協の産物である。これは、要員はそうした標章および証明書を支給されなければならないが、それが保護の必要条件ではないことを意味する。代表の一人が「保護は医療要員の機能の故に与えられるものであり、特殊標章は単に保護の証明にすぎない」と明確に指摘したように、身分証明書も特殊標章も保護の権利を発生させるものではない[73]。そうした証明がない場合、特に標章の表示がない場合にはこれらの要員の安全が不確実になる事実があるので、実際には、この規則が一般的に遵守されることが望ましい。さらに、「すべきである」(フランス語では"en règle générale")の表現は、例外的な状況では、文民の医療および宗教要員は自らの地位を証明する規定の手段がなくても活動できることを認めているが、そうした例外的な状況でも、その他の特殊記章の使用を認めるものと解することはできないことに留意すべきである。ある代表がこれに関して、「特殊標章を表示する義務はないが、特殊標章を一つ表示するとしたら、それは赤十字(赤新月、赤のライオン及び太陽)の特殊標章でなければならない」と述べたのはその通りである[74]。

764　身分証明書および特殊標章に関する詳細は、議定書附属書Ⅰの第1条から第4条を参照のこと[75]。

第4項

765　本項は、医療組織および輸送手段の表示の原則を規定する。なぜ人の場合のように、本項は文民の医療組織および輸送手段のみに関するものでないのか不思議に思う者もいるだろう。その理由は、議定書の医療組織および医療用輸送手段の概念は、ジュネーブ諸条約で使用される概念と全く同じではないからである。

766　医療組織および輸送手段が文民のものであるか軍のものであるかを問わず、その使用はこれらが属する当局の管理に従う。したがって、特殊標章は権限のあ

71　APⅠ第2条第2項を参照。
72　O.R.XI, pp.310-311, CDDH/II/SR.30, 35節；39節および41節も参照。
73　同書p.309, CDDH/II/SR.30, 27節。
74　同書p.313, CDDH/II/SR.30, 60節。
75　これについては、後記p.200の附属書の解説を参照。

る当局(占領地域の場合は、当該事項を管轄する敵の当局)の同意なくして表示してはならない。明らかに、この当局には一つの選択肢しかない。つまり、組織と輸送手段に議定書の意味における医療組織または医療用輸送手段としての性格を認め、その場合にはこれらを特殊標章で表示することを許可または要請する。あるいはこの性格を認めず、標章の使用を認めないかのいずれかである。

767　しかし、現実の状況はさらに多様である。確かに当局は、議定書の意味における医療組織または医療用輸送手段とは認められない組織または輸送手段がこのように標章を表示することを認めることはできない。一方で、当局は、多くの場合、表示が当局の利益に反する場合でも、医療目的と認められた組織または輸送手段への表示を止めさせることはできない。実際、例外的な状況では、特殊標章が目立ちすぎるため軍事的に切迫した状況下では不利になることも起こりえる[76]。

768　医療組織と輸送手段を表示する方法は議定書附属書Ⅰで規定され、同規定は標章の可視性を強調している[77]。

769　もっとも、病院船および沿岸救命艇の表示のためのジュネーブ第二条約で採用された特別な方法を議定書の中に考慮することが必要だった。この点については、医療用船舶と舟艇に関する議定書条文を議論する前に、いかなる決定も行われなかった[78]。議定書第22条(病院船および沿岸救命艇)[79]は、第二条約第22条、第24条、第25条および第27条に規定された船舶および舟艇の利用の可能性を拡大し、一定の柔軟性を取り入れた。したがって、最終的に採られた方法は、これらの船舶および舟艇の表示に関する第二条約で規定された制度を維持することだった。これは、ほとんど第二条約第43条に係るものであり、ここではこれに言及する。この規定は既に特殊標章の可視性を強調していることに留意すべきである。さらに、状況により掲揚または降納しなければならない国旗に関する規則の採用も規定している。最後に、第43条の最終項は特別な価値があり、紛争当事者は常に「病院船の識別を促進するために相互協定を締結し、利用できる最新の方法を活用する」よう努めることを奨励している。本項を基に、また本項が要求する方法を補完するために、議定書の非締約国も議定書附属書Ⅰの適当な規定を適用することが奨励される[80]。

76　これについては、特にGCⅠ第42条第3項も参照。また後記p.158、第5項の解説の第2節を参照。
77　これについては、附属書Ⅰ第3条および第4条ならびに後記p.208以下の同解説を参照。
78　O.R.XI, p.560, CDDH/II/SR.49, 66-67節を参照。
79　これについては、APⅠ Commentary, p.253を参照。
80　特に、APⅠ第3-5条および7条-11条、ならびにAPⅠ Commentary, p.65およびp103の同解説を参照。

770 加えて、議定書第23条(その他の医療用船舶および舟艇)は、第二条約に含まれない医療用船舶および舟艇を使用する可能性を採用していることに留意すべきである。これら船舶および舟艇の表示が第23条(その他の医療用船舶および舟艇)第1項に規定された。この規定は、これらの船舶および舟艇は特殊標章で表示し、できる限り第二条約第43条第2項(病院船のメイン・マストに掲揚する旗の問題を規定する)に従うことを求めている。さらに、医療組織および輸送手段に関する議定書および同附属書Ⅰの規定は、これらの船舶および舟艇にも適用される。

第5項

771 前記で考察したように[81]、識別方法に関して議定書が従わなければならない要件の一つは、これらを最新の技術に適応させることだった。特殊標章に加えて特殊信号の使用は、この要請に沿うものである。

第1節

772 第5項第1節は、紛争当事者に特殊信号の使用を許可する権限を与えるが、この権限を行使しない自由も有する。しかし、それが使用される目的と方法に関して、この権限にある制限を課す。実際、これらの信号は「医療組織およびその輸送手段を識別する」以外の目的で使用してはならない。すなわち第一に、保護が必要な医療組織および輸送手段と接触していることを敵に知らせるために使用される。この権限を行使する方法は、議定書附属書Ⅰに規定される。したがって特殊信号はこの附属書に従い使用する。

773 さらに同項第2節に規定する例外を除き、これらの信号は、基本的要件である特殊標章を補完する場合にだけ使用しなければならないことに留意すべきである。規定された例外を除き、特殊標章を表示していない医療組織および輸送手段を識別するために特殊信号を使用することは違法となるだろう。

---

81 前記p.150を参照。

第2節

774　既述したように、特殊標章を表示した医療組織と輸送手段だけが特殊信号を使用できるという規則には、一つ例外がある。この例外は、政府外交会議の第Ⅱ委員会で議論を呼んだ。それは、議定書附属書第5条(その他の使用)第2項に含まれるもので、「時間不足またはその性格のいずれかにより、特殊標章を表示することができない臨時の医療用航空機」に関するものである。草案では「緊急の場合には」という例外を、すべての臨時の医療用輸送手段に含めた。

775　ある代表が述べたように、この問題に関して三つの異なる見解がある。第一は、特殊信号は緊急時に特殊標章の代わりに使用できるというもの。第二は、いかなる場合にも特殊信号は当該組織または輸送手段が特殊標章で表示されている場合を除き使用してはならないというもの。第三は、特殊信号は通常は特殊標章が表示されている場合にのみ使用できるが、極度の緊急性がある場合には、医療目的で臨時に使用する輸送手段を識別するために利用可能なあらゆる手段を使用できる、というものである[82]。ある代表は、さらに幾つかの中間的な可能性、特に航空機だけに例外を制限する方法があると述べた[83]。結局、委員会が全ての問題を付託した作業部会の報告に基づき、委員会自身が採用したこの最後(第三)の方法により妥協がもたらされた[84]。

776　特殊信号の使用は、特殊標章と併用する場合に限り認めることに賛成する主要意見は、特殊標章を表示しない特殊信号の使用は、一方で識別の中心的手段としての特殊標章の性格を損なう危険があり[85]、また他方で特殊標章を表示しない航空機に特殊信号の発信を認めることで、その濫用の危険性を高めるおそれがあるというものだった。つまり、軍用航空機が「所定の周波数を発信または青色灯を点灯すること」は容易だからである[86]。

777　特殊標章を表示していない医療組織が特殊信号を使用することに賛成する主要意見は、

　　　「負傷者の輸送専用に必要とされる小型航空機またはヘリコプターの数は、ほとんどの国の能力を超えたものであり、これらの国は、一日の一定時間は戦

82　O.R.XI, p.170, CDDH/II/SR.18, 32節を参照。
83　同書第37節。
84　同書pp.214-217, CDDH/II/SR.22, 6節－30節。
85　同書p.166, CDDH/II/SR.18, 9節。
86　同書p.168, 18節。

闘に従事し、その他の時間は人道活動に使われる航空機を使用することになるだろう。」
というものだった。

このため、特殊標章を表示していないこれらの航空機は、人道的任務に従事している場合には特殊信号を使用できる必要があるだろう。

778 最終的に採用された方法は、1864年8月22日の最初の条約採択以来、有効である特殊標章の基本的性格を維持している。したがって、特殊標章を表示していない臨時の医療用航空機による特殊信号の使用——特に同航空機による専用使用——は、例外として維持されているが、これは人道的な視点からは歓迎すべき例外である。緊急の場合には、傷者の救援を行うために利用できるあらゆる医療用航空機を使用できることが重要だからである。

779 第5項第2節を正しく解釈するためには次のように理解すべきである。つまり、議定書附属書Ⅰ第3章に含まれる「特殊な状況」とは、臨時の医療用航空機が「時間不足あるいはその性格から、特殊標章を表示することができない場合」(附属書Ⅰ第5条第2項第1節－その他の使用)であり、ここで言及する医療用輸送手段だけが、これらと同じ臨時の医療用航空機である[87]。

780 最後に、青色閃光灯は空路の医療用輸送手段が使用できるが、陸路および水路においては特別協定が締結されない限り、これを利用することはできないことに留意しなければならない。もっとも、これは別の問題である。この場合、青色閃光灯は明らかに議定書の意味での特殊信号とは見なされないからである[88]。

第6項
第1節

781 第1項から第5項は、特に新たに使用される技術的手段を考慮すると、実施が極めて困難な原則かもしれない。必要な技術的な詳細規定を提供し、議定書の本文を極度に肥大化しないために附属書が必要とされたのは、この理由による。第6項1節は、第18条と附属書の関係を簡潔に記している。それが明確にしていること——それこそが本節の真の存在理由であるが——は、締約国または紛争当事者は、附属書Ⅰの第1章から第3章(それぞれ、身分証明書、特殊標章、特殊信号の

---

[87] さらに、AP I Commentary, pp.1202-1204の附属書Ⅰ第5条第2項の解説を参照。
[88] これについては、AP I Commentary, pp.1210-1211の附属書Ⅰ第6条の解説を参照。

表題を持つ)に従い、第18条第1項から第5項の規定を履行する義務を負うということである。附属書の若干の規定は絶対的な義務ではなく、任意であるという事実は、決してこの義務を変更するものではない。若干の規定は、附属書がそのように規定するので義務的でないだけであり、第18条第1項から第5項の規定を履行する上で附属書を遵守することが任意であるという意味ではない。

782　本節に含まれる原則は、附属書Ⅰ第5条(その他の使用〈訳者注：改訂附属書の第6条〉)第1項1節で反復されるが、同節は、ある代表がその有用性に疑義を差し挟んだ理由を説明している[89]。実際、第18条第6項第1節は、上記で見た通り、本附属書を絶対的に遵守し、第18条第1項から第5項の規定を履行することを要請しているので、この原則を二つの箇所に含む必要はなかった。しかし、それが最終的に第18条に規定されたのは、恐らく同条が原則に関するものであるので、附属書の中だけでなく議定書本文に盛り込むことが当然と考えられたからである。

783　この規則は特に重要である。保護の有効性は、実際には信号に寄せる信頼に依存する。紛争当事者が合意された信号を発信する航空機の性格に多少なりとも疑惑を抱くならば、当該航空機に保護を与える気にはならないだろう。同じ特殊信号をその他の平時目的で使用することを想起することはできるが、あらゆる曖昧さと疑惑を取り除くためには医療組織および輸送手段を識別する目的だけにもっぱら使用することが唯一の方法である。このような使用の場合には、疑惑を抱くことはあまりに危険であり認めることはできない。一般的には軍務に就く航空機もこれらの信号を使用することはできるだろうが、それは議定書の重大な違反であり、それには重大な結果が伴う。この規則の排他的な性格は、いかなる中途半端な対応も認めない。尊重するか、意識的に違反するかのいずれかである。

784　ここでは特殊信号だけを扱う。それは、既にジュネーブ第一条約第44条第1項で特殊標章に関連して同じ原則を規定しているからである。同項の場合、医療組織と輸送手段に関してだけでなく、医療要員と同物資にも言及しているのは明らかである。

785　第18条第6項第2節は、附属書Ⅰ第3章に規定された例外に言及している。これらの例外は、附属書第5条(その他の使用)第1項の冒頭でも言及しているが、附属書第6条(発光信号)第3項で言及する。これらは医療用航空機が使用する特殊信号である青色閃光灯の使用のみに関するもので、それは紛争当事者間に特別の協定がある場合を除き、車両または船舶は使用することができない。したがって、こ

---

[89]　O.R.XI, pp.215-216, CDDH/II/SR.22, 13および14節を参照。

れらの例外は医療用車両、同船舶、同航空機のあらゆる部類に適用される。もっとも、本節は輸送手段がある場合には医療用輸送手段としての識別目的で、またある場合にはその他の目的で信号を使用することを認めていない。したがって例外にはいかなる曖昧さもあってはならず、原則はその効力と必要な明確さを維持している[90]。

第7項

786　赤十字、赤新月の特殊標章は、第一に武力紛争時に保護すべき人と物を保護する目的でこれらを識別するためにある。もっとも、既に平時から標章のイメージが誰からも尊重されることが重要である。例えば、商業目的で赤十字標章が広範に使用されれば、標章のイメージが損なわれるのは確かであり、武力紛争時に標章で識別される人および物の保護と尊重を要求する規則の適用に不幸な結果を及ぼすかもしれない。

787　ジュネーブ諸条約の起草者はこの危険性を認識し、平時における赤十字標章の使用に関して厳密な規則を規定した。第一条約第44条において、戦時と平時の特殊標章の使用に明確な区別がなされたのは1949年のことである。戦時には特殊標章は保護の記章であり、平時においては単なる表示の記章である。もっとも、上記の理由で、標章の信頼性を損なわなければ、平時にはその重要性が劣るので誰もが標章をどのような目的でも使用できるという意味ではない。そこで第一条約第44条は、その使用に厳密な制限を課している。その後、この規定を補完するため、1965年の第20回赤十字国際会議は「各国赤十字社による赤十字・赤新月標章の使用規則」を採択した[91]。

788　本解説では、特殊標章の平時の使用に関する規則に言及することはできない。この件については、第一条約第44条および同解説[92]ならびに前記規則を参照することができる。

789　第18条第7項の目的は、武力紛争時における特殊標章の使用の拡大を防ぐことにあり、特に文民医療要員および同組織が、平時に表示目的で標章を使用すると

90　AP I Commentary, pp.1210-1211, 附属書 I 第6条第3項の解説も参照。
91　これらの規則は、現在改訂されたが、「国際赤十字・赤新月ハンドブック」12版, 1983年、ジュネーブ発行、p.514で参照できる。
92　本書、p.31以下。

の口実で、GC I 第44条で認められたものよりも広範に使用することを防ぐことにある。したがって、こうした使用の拡大は違法であり、本項はこの問題に関するいかなる疑問も取り除く。

790　1973年の草案にはなかった本項の採用は、本規定を研究する第Ⅱ委員会が設置した作業部会が提案した。第Ⅱ委員会は、総会においてこの新たな条項と作業部会報告の内容を採択した[93]。本項は重要なものではなく、単なる既定事実の確認にすぎないと思うかもしれない。しかし、その他の場合と同様、外交会議は補完している制度にいかなる空白も残さないことに関心を示した。

第8項

791　ジュネーブ諸条約の体系は、特殊標章に対する信頼に大きく依存している。その使用の監督および濫用の防止は、この体系の不可欠な要素である。

792　既に指摘したように[94]、戦争の最新技術は信号および識別の新たな手段を要請しており、この目的に沿い、議定書は異なる特殊信号を採用してきた。特殊標章の使用を監督し、濫用を防止する理由は、これらの信号に関しても適用されるのは明らかである。したがって、これらの問題を扱う条約および議定書の規則を参照することが最も容易であった。したがって、これらの規則は議定書当事国にとり、特殊標章のみならず特殊信号にも適用される。

793　関連規定は、第一条約第7章および第53条、第54条、第二条約第6章、第四条約第18条、第20条およびここで考察する条文ならびに議定書第85条（この議定書の違反の抑止）に含まれる。ここではこれらの規定を詳細に論じることはできない。これについては同解説を参照できる。

794　もっとも、締約国に属する人および物による特殊標章および特殊信号の使用を監督する締約国（または議定書の場合は、それに拘束される他のあらゆる紛争当事者）の義務は、より一般的には締約国が条約と議定書を常に尊重し、尊重の確保を保証することから生じる[95]。

93　O.R.XI, p.217, CDDH/II/SR.22, 30節を参照。
94　前記p.150を参照。
95　諸条約共通第1条およびAP I 第1条第1項を参照。

第38条　認められた標章

> 1. 赤十字、赤新月若しくは赤のライオン及び太陽の特殊標章又は諸条約若しくはこの議定書に規定する他の標章若しくは信号を不当に使用することは、禁止する。また、休戦旗を含む国際的に認められた他の保護標章又は信号及び文化財の保護標章を武力紛争において故意に濫用することは、禁止する。
> 2. 国際連合によって認められた場合を除くほか、国際連合の特殊標章を使用することは、禁止する。

【解説】　1526～1561節　……………………………………………………

総　論

1526　武力紛争法の存在は、保護標章の承認を意味する。実際、特定の人と物に保護を与える保護協定の慣行は古代にまで遡る。同様に、戦争の必要性は、常に交戦者が相互に同じ儀礼行為を以って相手を待遇する義務を課してきた。最終的には、当事者の一方が承認した者が白旗を使用し、交戦相手と交渉に入る慣習が確立し、1864年のジュネーブ条約は、軍隊の衛生部隊に与えられる保護の特殊標章として白地に赤十字の標章を採用した。1899年のハーグ規則第23条(f)は、休戦旗および「ジュネーブ条約の特殊徽章」[96]を承認し、これらの不当使用を禁止した。この禁止は、同様に敵の国旗、軍の徽章および制服にも適用される。この規定は1907年に修正なしに採択された。

1527　外交会議の目標と目的に従い、武力紛争法のこれら規則は、議定書において二つの別々の規定の中で再確認され発展した。ここで考察する規定は、国際的に承認された保護標章のみに関するものであり、国連の標章も若干含んでいる。

---

[96] 「ジュネーブ条約の特殊徽章と同様」の語が初めて提案されたのは、1874年のブリュッセル会議であった。原条文は、敵を欺くことを意図する濫用を禁止したが、結果的に不必要と見なされたこの表現は削除された。「濫用」の語に代わる「不当使用（improper use）」の語は、1899年に採用された。(A.Mechelynck, La Convention de La Haya concernant les lois et coutumes de la guerre sur terre, Ghent, 1915, pp.244, 246および248.)

第1項—不当使用または濫用の禁止

1528 第1項は、諸条約または議定書(第1節)で規定もしくは制定された保護標章、記章または信号とその他の国際的に承認された保護標章、記章または信号(第2節)を区別している。

1529 したがって、本項で言及する保護標章、記章または信号の一般的な範囲は、二つの部類に分けられる。

1. 諸条約または議定書で規定もしくは制定された主な標章、記章または信号[97]

 a) 白地に赤十字、赤新月または赤のライオン及び太陽の保護標章[98]（第一条約第38条；議定書附属書Ⅰ第2章第3条〈訳者注：改訂附属書の第4条〉―形状および性質ならびに第4条〈訳者注：改訂附属書の第5条〉―使用)
 b) 特殊信号(議定書附属書Ⅰ第3章)
 c) 危険な力を内蔵する工作物および施設を表示する標章(議定書第56条―危険な力を内蔵する工作物および施設の保護―第7節、附属書Ⅰ第6章第16条〈訳者注：改訂附属書の第17条〉―国際的な特別標章)
 d) 文民保護のための国際特殊標章(議定書第66条―識別、第4節；附属書Ⅰ第15条〈訳者注：改訂附属書の第16条〉―国際特殊標章)

 2. 議定書で言及している標章、記章または信号
  a) 特定の言及
  －休戦旗(議定書第37条―背信の禁止―第1節および第38条―承認された標章；1907年のハーグ規則第23条(f)、第32条)
  －文化財の保護標章(議定書第38条―承認された標章―第1項；1954年、ハーグの武力紛争時の文化財保護条約第5章第16条、17条)
  b) 一般的言及：その他の国際的に承認された保護標章、記章または信号[99]

---

[97] その他の記章：
a) 白地に斜め赤帯(oblique red bands on a white ground)（GC Ⅳ 附属書Ⅰ第6条)
b) 捕虜および文民抑留者の抑留施設の表示：PG、PW、ICまたは合意による手段(GC Ⅲ 第23条第4項、GC Ⅳ 第83条第3項)；
c) 無防備地区(AP Ⅰ 第59条第6項)および非武装地帯(第60条第5項)：当事者間の合意による方法。
[98] 1980年7月以降、赤のライオン及び太陽の名称の社または同標章を使用する締約国は存在しない。
[99] 戦時海軍力を以てする砲撃に関するハーグ第九条約第5条は、宗教、芸術、科学または慈善目的、歴

1530 この一覧は、承認された保護標章が特に議定書の発効により拡大していることを明瞭に示している。これをあまり過大評価するのは危険であるが、この拡大が公式に宣言されることを期待する者もいたが、保護標章の数が増加すれば濫用の危険性が高まり、その信頼性に影響する。他の分野同様、この分野でも節度を保つことが利益となる。

2. 条約およびこの議定書で規定または制定された標章、記章または信号

1531 議定書の採択に至った武力紛争時に適用される法規慣例の再確認と発展のための作業にICRCが着手したとき、ICRCは主として保護標章に関する二つの問題に関心を抱いていた。つまり、それまで軍隊の衛生部隊に認められていた赤十字標章の使用を文民の医療組織にも拡大すること、および赤十字標章の使用管理規定の強化である。ICRCの見解では、最も重要な点は単に濫用が背信的であるとの理由からではなく、極めて重要な利益が危険にさらされるとの理由から、武力紛争時に保護標章の濫用を防止することにあった[100]。したがって、ハーグ規則第23条(f)を破棄することなど論外だった。むしろ、ICRCは違反の防止措置を規定することにより、同規定を再確認し強化することに関心があった。それが第85条―議定書の違反の抑止―第3項(f)の目的である。

1532 本項は、禁止そのものに関するものであるが、第37条(背信行為の禁止)第1項とは異なり絶対的な性格を持つ。第37条(背信行為の禁止)の意味における単なる背信的な使用、つまり結果として敵の殺人、傷害または拘束もしくはそれらを意図してなされる使用だけでなく、あらゆる不当使用が禁止される。この禁止の絶対的な性格は規定全体にとり意義深く、そのため本項は明らかに第37条(背信行為の禁止)を強化している。

1533 文言については、本項はハーグ規則の「不当使用は禁止する」の文章に極めて

史的遺産などの建物は、同時に軍事的目的に使用されないとの理解の下、これらを識別するために対角線により上部を黒色、下部を白色とした二つの色の三角形で分けた大型で堅固な長方形の板を規定した。

100 1949年の条約附属決議第5にもかかわらず、各国は実施のための法律において商業的濫用の防止に関するものを除き、濫用にほとんど関心を向けてこなかった。同決議は、以下の通りである。「赤十字標章の濫用がしばしば発生したことに鑑み、会議は各国が、戦地にある軍隊の傷者および病者の状態の改善に関する1949年8月12日のジュネーブ条約第38条に規定する赤十字標章およびその他の標章が諸条約で規定される制限内でのみ使用されることを確保するために厳密な措置を講じ、これらの標章の権威とその高い意義を保護することを勧告する」。保護標章と表示標章の区別については、後記pp.167-168を参照。

近い。もっとも、会議は既にICRCが政府外交会議に提出した草案にあった文言を採用しなかった[101]。相当の数の代表が、「不当（improper）」の語を一層厳密に定義することを望んだため[102]、ICRC最終草案は「これらの標章を制定する国際協定およびこの議定書に規定するもの以外の場合」には、承認された標章の使用禁止を規定した[103]。しかし、会議は最終的には諸条約および議定書に規定された標章に関してはハーグ規則の文言を採用し、その他の国際的に承認された標章に関しては第2節の分析で見るように多少異なる文言を採用した。これについて報告者は、この規定を強調する基本的原則は容易に承認されたが、規定の言い回しは予想より遥かに難しいことが分かったとだけ述べている[104]。

1534　最終的に会議は、予測不能な事態は常に起こりえるものであり、あらゆる不測の事態を予測することは非現実的だと考えた。したがって、これらの記章または信号を、それが意図したのと異なる状況または目的で使用することは、必ずしも常に禁止されるわけではない。保護の分野では、恐らく他のどのような分野よりも法の精神により法の文言を解釈すべきである。法は将来、慣習法規則（法的必要信念：opinio juris sive necessitates）が形成される可能性を視野に常に例外的な状況を考慮に入れることができなければならない。もっとも、諸条約または議定書で規定する特殊標章およびその他の記章、信号または標章の不当使用を禁止する文言は、第一に本文の制限内で厳密に理解すべきであることは言うまでもない。この点は大いに強調すべきであり、諸条約および議定書で承認された赤十字、赤新月、赤のライオン及び太陽の特殊標章もしくはその他の保護記章を第37条（背信行為の禁止）に違反して背信的に使用することは、それが故意になされ、敵の死亡または身体もしくは健康に重大な傷害を及ぼす場合には重大な違反行為（第85条―この議定書に対する違反行為の防止、第3項（f））を構成することを再度想起することが適切である。

101　CE1972, Report, Vol.II, p.5, ad Art.32.この文書は、休戦旗および赤十字（赤新月および赤のライオン及び太陽）の特殊標章、文化財保護標章ならびに国際会議で規定されたその他の保護標章について言及した。
102　改訂CE/COMIII/C73：「これらの標章を制定しているジュネーブ諸条約およびこの議定書に規定されたもの以外の目的のために」および同 p.64を参照。
103　議定書草案第36条第1項。
104　O.R.XV, p.270, CDDH/215/Rev.1, 34節。

1. 赤十字、赤新月または赤のライオン及び太陽の特殊標章

1535 赤十字か赤新月であるかを問わず、特殊標章の不当使用の禁止規定は、その表示および表示される人ならびに物の部類にも適用される。これは、ある程度標章の使用条件を決定することに等しい[105]。

1536 第一条約第38条は標章について規定する。標章は、それぞれ白地に赤十字、赤新月、赤のライオン及び太陽で構成される。赤の濃度は重要ではない。十字の形状は規定していない。標章は特に図柄を描いた記章である。十字は二つの直線の交差により形成される。あまり詳細な規定を求めると容易に濫用を招くことになるだろう。例えば、十字の一つまたは他の棒が正確な長さや幅でないとか、条約で規定された寸法と異なる偽物であるといった口実により標章の尊重が否定されることになる。赤十字標章は単純なので、諸条約および議定書で規定された目的のためにいつでも簡単に作ることができる。

1537 いわゆる「ギリシャ十字」、すなわち、二本の直線（垂直と水平）が直角に交差して形成される同じ長さの四本の棒が、白地の縁に掛からずに形成される十字を使用することが慣習となってきた〈訳者注：ギリシャの旧国旗および現国旗に描かれる十字は、実際にはいずれも十字が白地の縁に掛かっている〉。最も簡単かつ頻繁に使用される形は、五つの正方形から構成される。三日月の寸法、形状および方向は厳密には規定されていない。実際、イスラム教国の中には尖端が左向きの三日月を採用する国もあれば、逆の方向を選ぶ国もある[106]。

1538 白地に赤十字の標章は、後に赤新月と赤のライオン及び太陽も追加されたが、1863年に篤志の看護者の保護のために選ばれたものである。戦地にある軍隊の傷者の状態改善のための1864年のジュネーブ条約が締結されると、標章はあらゆる軍隊の衛生要員および野戦病院ならびに救急車の唯一の特殊標章となった。当時も現在も、それは条約により規定される一定の要員および物の保護を視覚的に明示する保護標章となっている。この標章により、それを着用する者は人道的任務を遂行するために戦場で活動することができる。

---

[105] これらの条件は、第18条で標章の表示を許可された人、活動、施設に関して規定する。識別については、本書p.147以下の解説を参照。

[106] 詳細については、本書p.6以下のGC I の解説を参照。また、F.Bugnion, The Emblem of the Red Cross, A Brief History, ICRC, Geneva, 1977およびPh.Eberlin, Protective Signs, ICRC, Geneva, 1983を参照。

標章は、それが明示する人および物が完全に無害な性格を持つと同時に、それらの人道的任務が公平かつ有益で規律ある性格を持つことの証拠であり、結果としてそれらの人および物は攻撃を免れる。したがって、標章は信義に基づき規定された条件に従って表示しなければならず、その使用条件の厳正な管理の下で可能な限り広範かつ永続的に効果的運用がなされなければならない。

1539 しかし、同時に標章は物が赤十字機関と関係を持つことを示すためにも使用される。標章は、平時において各国赤十字社および赤十字の構成員ならびにボランティアにより表示記章として使用されるが、これは武力紛争時に条約で規定する保護目的の標章といかなる意味でも混同してはならない。表示記章の使用に関する規則を規定し、特にジュネーブ第一条約第53条、第54条に従い、その濫用を防止するのは各国赤十字社および赤新月社であり国内法である[107]。表示記章は、例え全く合法的であっても、いかなる場合にも表示記章とは無関係な保護的使用と混同を生じないようにすることが最も重要である。いかなる武力紛争下でも、表示記章は常に小型のものとし[108]、腕章または屋根に表示することはできない。本項で規定される特殊標章の不当使用の禁止は、この件に関するあらゆる必要な立法措置を各国赤十字社の協力を得ながら講じる義務を有する政府に向けられたものである[109]。もし、条約の記章——条約の下では標章自体が事実上、保護の源であることを想起しつつ[110]——が、「武器を持たない戦士(Warrior without Weapon)」[111]として丸腰で戦場に赴き、傷病者や恐怖に慄き、遺棄された文民への支援だけを目的にする者に効果的な保障を与えるものであるならば、この点に関していかなる混同もあってはならないことが重要である。

1540 本項に従えば、武力紛争時に不可欠な条件とは、標章の適正表示、諸条約および議定書に規定する業務に従事する者だけが使用する保護記章と表示記章の明瞭かつ厳正な区別および使用が認められていない者、民間企業ならびに団体が表示する記章を排除することである[112]。議定書はこの問題を射程外とし、この点(第

---

107 これについては、J.Pictet, le signe de la croix rouge et la répression des abus du signe de la croix rouge, ICRC, Geneva, 1951を参照。
108 GC I 第44条第2項。
109 1983年、ジュネーブで刊行された国際赤十字ハンドブックのpp.514-521に収録の第20回赤十字国際会議で採択された「各国赤十字社による赤十字・赤新月標章の使用規則」を参照。
110 GC I の解説、本書p.15以下を参照。
111 "Warrior without Weapon"は、元ICRC代表Dr.Marcel Junodが1947年に刊行し、以後、数回再版された。
112 この点については、1977年、ブカレストで開催の第23回赤十字国際会議決議11「赤十字標章の濫用」を参照。

18条第7項)について新たな規定を含まないので依然として第一条約第44条は表示標章の使用を管理する。

1541 諸条約および議定書の規定では、次のものが保護標章の利益を享受する資格を有する。

- a) 紛争当事者または紛争当事者が利用することのできる固定または移動の常時もしくは臨時の医療組織、すなわち、
    - i) 文民保護組織(civil defence)に属する者を含む軍または文民の組織[113]、船内病床、および紛争当事者の文民病院(第8条—用語、小節(e))、第18条—識別および第66条—識別、第9項；第一条約第19条、第28条、第41条および第42条；第四条約第18条
    - ii) 紛争当事者が利用することのできる人道目的のための軍または文民の組織で、紛争当事者でない中立国またはその他の国のもの(第9条、適用範囲、第2項(a))；もしくは
    - iii) 紛争当事者が人道目的のために利用することのできる文民組織；
    －紛争当事者でない中立国またはその他の国の承認、許可を受けた援助団体(第9条－適用範囲、第2項(b))；[114]
    －公平で国際的な人道的団体(第9条—適用範囲—第2項(c))
- b) もっぱら医療用輸送手段に配属され、紛争当事者の権限のある当局の管理下にある軍または文民の常勤もしくは臨時の医療用輸送手段(第8条—用語、小節(g))、すなわち、
    - i) あらゆる陸路の医療用輸送手段(医療用車両)(第8条—用語、小節(h))で、これらの条件に従うもの、また同様に、
    - ii) あらゆる空路の医療用輸送手段(医療用航空機)(第8条—用語、小節(j))で上記a)のii)およびiii)に該当するものを含む。または
    - iii) あらゆる水路の医療用輸送手段で同様の条件に従うもの(医療用船舶または舟艇)(第8条—用語、小節(i))で、以下のいずれかであるもの

---

113 第12条は、文民医療組織の保護は、以下の条件の一に従うと規定する。すなわち、それらは、a) 紛争当事者のいずれかに属する b) 紛争当事者のいずれかの権限のある当局の承認、許可を受ける または c) 本議定書第9条第2項または第一条約第27条に従い、承認を受けるものであること。

114 GC I 第27条の規定では、この援助は、当該団体の所属国政府の事前の合意に従うものとし、かつ、紛争当事者自らの承認による。この援助を受ける相手国は、この援助を利用する前に、中立国政府および援助受諾国双方からの事前通告を受けるものとする。GC I 第27条の適用は、議定書により明白に要請されるものである。第9条第2項および第12条第2項(c);前記脚注113を参照。

―ジュネーブ第二条約第22条に従う紛争当事者の軍隊の病院船が、第二条約第13条に規定するいかなる部類にも属さない文民の傷病者または難船者を輸送している場合(第22条―病院船および沿岸救命艇、第1項、第二条約第22条、第43条および第44条)

―上記条件と同一の条件下にある紛争当事国に属する援助団体の病院船および民間の病院船で、かつ、できる限り第二条約第43条第2項の規定に合致するもの(第23条―その他の医療用船舶および舟艇、第1項、第二条約第24条、第43条および第44条)

―中立国の援助団体の病院船および民間の病院船、または紛争当事者が利用することのできる中立国もしくは紛争当事国でないその他の国、あるいは上記と同様の条件下にある公平で国際的な人道団体の病院船(第22条―病院船および沿岸救命艇、第2項；第二条約第25条、第43条および第44条)[115]

―病院船の救命艇、沿岸救難所の救命艇および上記と同様の条件下の医療組織に属する小舟艇で、第二条約第27条(沿岸救命艇)の要件となる通告がなされなかった場合を含む(第23条―その他の医療用船舶および舟艇、第1項；第二条約第27条、第43条および第44条)

―救命艇が使用する固定の沿岸施設(第二条約第27条および第41条)

c) 常勤であるか臨時であるかを問わず、もっぱら以下に配属された医療要員；
  i) 医療上の目的のための医療組織
  ii) 医療組織の管理
  iii) 医療用輸送手段の運行または管理、すなわち、

―第一および第二条約に規定する医療要員を含む紛争当事者の軍隊または文民の医療要員[116]、および文民保護組織[117]に配置された要員(第8条―用語、小節(c))

―各国赤十字(赤新月、赤のライオン及び太陽)社および紛争当事者により公

---

[115] 第25条の用語では、これらの病院船は、自国政府の事前の合意およびこの当局の許可により紛争当事国のいずれかの管理下に置かれなければならない。さらに通告に関する条約第22条に従うものとする。

[116] これは、a) 管理要員を含む軍隊および救済団体の常勤の医療要員(GC I 第24条、第26条および第40条)、b) 医療任務を遂行中の軍隊の臨時衛生要員(GC I 第25条および第41条)、c) 病院船の医療要員およびその乗組員(GC II 第36条および第42条)、d) 海軍および商船の医療要員(GC II 第37条および第42条)、e) 文民病院の要員(GC IV 第20条)に関係する。

[117] AP I 第66条第9項。

に承認、許可されたその他の国の篤志救済団体[118]の医療要員(第8条―用語、小節(c)(ii))

－紛争当事者が人道目的のために利用することのできる中立国またはその他の紛争当事者でない国の医療組織の医療要員または輸送手段(第9条―適用範囲、第2項(a))およびこれらの国の承認、許可を受けた救済団体が提供するこれらのもの(第9条―適用範囲、第2項(b))[119]および公平な国際的な人道的団体が提供するこれらのもの(第9条―適用範囲、第2項(c))

d) 宗教要員、すなわち牧師のような軍または文民の要員で、もっぱら宗教上の任務に従事する紛争当事者の軍隊および紛争当事者の医療組織に常時または臨時に随伴する者、もしくは紛争当事者が利用することのできるこれらの者(第8条―用語、小節(d))、すなわち、

　i) 陸軍(第一条約第24条)、空軍または海軍(第二条約第37条)であるかを問わず、紛争当事者の軍隊の宗教要員(第8条―用語、小節(d)(i))

　ii) 船内病棟(第二条約第28条)、病院船(第二条約第36条)、商船(第二条約第37条)および文民病院(第四条約第20条)を含む紛争当事者の医療組織または医療用輸送手段に随伴する宗教要員(第8条―用語、小節(d)(ii))

　iii) 上記c)に言及する条件の下で紛争当事者が利用することのできる医療組織または輸送手段に随伴する宗教要員(第8条―用語、小節(d)(iii))、もしくは、

　iv) 紛争当事者の文民保護組織の宗教要員(第8条―用語、小節(d)(iv))

e) 上記a)からd)に規定する医療組織、医療用輸送手段、医療要員および宗教要員の医療器材(第一条約第33条、第34条および第39条、第二条約第41条)

f) 赤十字国際機関およびその正式に承認された要員(第一条約第44条第3項)

g) 紛争当事者の領域内に設置された傷病者を戦争の影響から保護するための病院地区および地帯(第一条約第23条および第四条約第14条ならびに第15条第1項(a)、附属書Ⅰ第6条および第6条第2項、議定書第8条―用語、小節(a))

1542　諸条約および議定書の規定から直接引用した上記一覧の文脈では、軍隊のものであるか文民のものであるかを問わず、武力紛争時に国の管理下に置かれ、保

---

[118] 実際には、これらの団体の数はあまり多くはない。例示としてエルサレムの聖ヨハネ騎士団およびマルタの騎士団がある。もっとも、第1条第4項に係る紛争の文脈においては、設立途上にある国の赤十字または赤新月社も含まれるであろう。またAP I Commentary, p.935の第81条の解説も参照。

[119] 条件については、前記脚注114を参照。

護標章の表示を許可される人、施設、組織および医療用輸送手段の一覧を作成するのは、各締約国の責任である。現代戦は文民および軍隊の医療組織の混合、あるいは少なくとも両者の調整が必要となるので、ジュネーブ条約により伝統的に軍隊が負ってきた役割は現在では議定書により紛争当事国に負わされている。したがって、もはやこれらの問題を軍隊に委ねることは不可能であり管理は国自身に委ねられている。この分野における国家の役割は事実上最重要である。

1543　保護標章を表示できる人および物の数と類型に関して諸条約と議定書が課しているこれらの制限は、緊急の場合に、一般住民および各国赤十字社または赤新月社のような「侵略地域または占領地域で独自のイニシアチブで傷病者および難船者の収容看護を行うことを認められた」救済団体を活用する場合には、制限を逸脱することができる(第17条　一般住民および救済団体の役割、第1項)[120]。何らかの(保護)手段を見つける必要がある場合には、当面の業務に必要の間、これらの文民および救済団体が保護標章を使用するのを拒否するのは困難と思われる。したがって、これらの者が独自のイニシアチブで活動する場合は、彼ら自らの責任において赤十字標章を着用することになる。しかし、これは締約国がその義務を免れることを意味せず、締約国はあらゆる濫用の防止を確保しなければならない。

2. 特殊信号

1544　上記の1. a)およびb)の一覧にある条件を満たす医療組織および輸送手段は、附属書Ⅰ第3章に規定する特殊信号を使用することができる。すなわち、第6条(閃光灯)、第7条(無線信号)、第8条(電子的識別)である。これらの信号手段は、もっぱら[121]、医療組織および同輸送手段(第8条—用語、小節(m))の識別を可能にすることを意図し、通常、保護標章と併用して使用される。しかし、例外的な場合

120　したがって、これは一般住民の自発的な介入であり、国の要請とは別のものである(第12条第2項)。例えばスイスは、戦時に文民および軍隊の医療組織を強化するために全住民の4%に当たる住民、すなわち、600万人の内の約25万人を動員する計画である。国家が組織するこれらの文民支援は、文民または軍隊の医療組織またはその活動と同様、自動的に国家の管理下に置かれるため、保護標章を使用する権利に関して何ら問題は生じない。これらの者は医療組織および同活動に編入されるか、またはそのように類推することで医療組織と同類化される。

121　もっとも、医療用車両、船舶、舟艇の識別のために青色閃光灯の使用を留保する紛争当事者間の特別協定がない場合には、これらの閃光信号を他の車両または船舶に使用することは禁止されない(附属書Ⅰ第3章第6条第3項)。

には時間の不足またはその性格から特殊標章を表示できない臨時の医療用航空機は、特殊信号(第18条―識別、第5項および附属書Ⅰ第3章第5条―その他の使用、第2項)のみを使用することができる[122]。

1545 「識別に関する規則」と題する議定書附属書Ⅰの解説は、これらの点に関する必要な詳細と説明を与えている[123]。

3. 危険な力を内蔵する工作物および施設の標章

1546 この標章は、上記の特殊信号および次項で扱う文民保護標章と同様、議定書で制定された。われわれは、第56条(危険な力を内蔵する工作物および施設の保護)に関する解説、および本標章の定義ならびにその使用条件に関するあらゆる問題を扱う議定書附属書Ⅰ第16条第6章を参照する[124]。

4. 文民保護の国際特殊標章

1547 われわれは、文民保護(第61条〜第67条)に関する議定書の規定、特に第66条(識別)に関する解説、および議定書附属書Ⅰ第5章第15条(国際特殊標章)を参照する。

第2項―その他の国際的に承認された保護標章、記章または信号[125]

1548 本規定は、第1項で扱われていない現在および将来のあらゆる国際的に承認

---

122 決議17-19を参照。
123 GC Ⅳ 附属書Ⅰでは、白地に斜め赤帯(oblique red bands on a white ground)が規定されているが、同附属書はこの条約第14条に規定する病院および安全地帯ならびに地区に関する協定案を含む。これらの地帯が傷病者のために確保される場合には、それらは病院地帯と見なされ、既述したように白地に赤十字または赤新月で表示しなければならない。しかし、これらの地帯への立ち入りが、第8条小節(a)に規定する傷病者の定義に該当しない者に認められている場合には、もはや病院地帯とは見なされず安全地帯となる。GC Ⅳ 第14条の文言では、この部類の地帯は、弱者、老人、5歳以下の児童、妊婦および7歳未満の児童の母親および傷病者を保護することができる(GC Ⅳ Commentary, pp.125-126およびpp.627-629を参照)。この地帯は赤十字を表示することはできず、GC Ⅳ 附属書Ⅰに規定する協定案第6条に従い、白地に斜め赤帯で表示することができる(GC Ⅳ の解説、本書pp.117-118を参照)。しかし、議定書は赤十字標章による保護を文民の傷病者にも拡大したため、斜め赤帯はその意義をかなり喪失している。
124 AP Ⅰ Commentary, p.1295を参照。
125 捕虜収容所および文民抑留施設の標章は、GC Ⅲ 第23条第4項およびGC Ⅳ 第83条第3項に規定する。第二次世界大戦では、収容所長の許可の有無にかかわらず、捕虜は日中、自発的にPGまたはPWの文字

された保護記章を扱う。したがって、これは諸条約または議定書で規定していないあらゆる記章、特に幾つかの国際機関が制定した信号を含む承認された救難信号を含む[126]。

1549　武力紛争中は、例えば殺人、傷害または敵の拘束を目的としたものに限らず、いかなる故意の濫用も禁止されるという意味で禁止は絶対的である。しかし、文言は第1項とは著しく異なり、結果としてハーグ規則第23条(f)の文言とも異なることに留意すべきである。この違いは「武力紛争時には」と明示的に規定するだけでなく、従来使用されていた「不当な使用」の語に代わる「故意の濫用」の語による。第Ⅲ委員会の報告者は、この矛盾を次のように説明した。

「多くの代表は、自国政府は自国が締約国ではない条約に規定される標章の不当使用を予防し、防止する本議定書の義務を受け入れることはできないと述べた。一方でこれらの政府自身は、これらの標章を故意に濫用しないことに合意した」[127]。

1550　この留保は、武力紛争時における文化財保護条約の特殊標章に関するものである。相当数の政府がこの条約の締約国だが、未だ当事国でない国もある[128]。

で自らの抑留場所を示し、上空から明瞭に識別できるようにした。この先例が1949年の外交会議で承認され、その方法が拡大され、文民の抑留施設はICの文字で表示することとなった。捕虜収容所および文民の抑留施設だけが、このような表示を行うことができる。いずれの場合にも、表示を行うか否かは軍事的考慮に従うことになる(この点については、GC Ⅲ Commentary, p.190 およびGC IV Commentary, pp.383-384を参照)。無防備地区および非武装地帯については、当該地区を無防備または非武装地帯とする合意の対象となる地域を管理する当局は、当該地域をできる限り、他方当事者との合意による標章で表示しなければならないと規定するだけであるので、議定書は標章の規定を有するものの、それらを特定していない。これらの標章は、特にその周囲、境界および幹線道路に明瞭に視認できるように表示しなければならない(第59条第6項および第60条第5項)。無防備地区および非武装地帯の定義ならびにこれらの標章の使用条件については、われわれは、これらの問題に関する規定のコメンタリーを参照する(AP I Commentary, pp.699-707を参照)。

126　本書p.184以下の附属書Ⅰの解説を参照。
127　O.R.XV, p.270, CDDH/215/Rev.1, 第2節。
128　武力紛争時における文化財保護条約の識別標識は、「下方がとがり、かつ、青色面と白色面とで斜め十字に四分された楯の形をしたもの(第16条)」である。この標識は単独で使用するか、あるいは三個を三角状に並べて使用する(同条)。三個を並べる標識は、特別保護の不動産文化財(第17条第1項(a)および第8条)、文化財の輸送(第17条第1項(b)および第12条、第13条)および臨時避難施設(第17条第1項(c))だけに使用することができる。特別保護を享受する文化財の攻撃からの免除は、師団長と同等またはそれ以上の軍の司令官のみが決定できる避けられない軍事的必要性がある例外的な場合には、撤回されることがある(同条)。武力紛争中は、いかなる場合にも、規定による以外の識別標識の使用、または識別標識に類似する標識をいかなる目的にも使用することが禁止される(第17条第3項)。戦時平時の芸術・

本条約は、規定される場合以外の場合における特殊標章の使用禁止を武力紛争時に限定するが、この制限を議定書にも含めたことは適切であった。「故意に」の語は、作意[129]を意味し、いかなる圧力も受けないで規則を自発的に無視する意図を十分に認識してなされる濫用のことである。「故意の濫用」の禁止は、通常、文化財保護条約に規定されたものと同一である[130]。奇妙なことに、「故意の濫用」の語は、第18条(識別)第8項にも使用され、濫用を予防または抑止する文脈で特殊標章および信号に言及している[131]。

1551 休戦旗の使用は、ハーグ規則第23条(f)に規定され、その不当使用を禁止している。一方、軍使(parlemantaire)については、第32条から第34条で規定する。伝統的に休戦旗は白色である。それは、これを掲げる者が相手と連絡をとる意図があることを示す。しかし、この連絡の目的は、しばしば投降の交渉であるので、小隊または兵士が個々に戦闘を休止する意思を示すだけの目的で白旗を掲げることがある。この場合、その意思表示は投降の意思を立証する明白な行動を伴わなければならない。ともあれ、白旗を使用する理由は連絡が行われたときに明らかになる。

1552 白旗を掲げる者は発砲を停止しなければならない。伝令を送る行為は、白旗を掲げるや即座に行わなければならない。相手方、すなわち非交戦接触を受け入れるよう要請される当局は発砲を停止する義務はないが、休戦旗の所持者およびその随伴者に向けて発砲することはできない。後者は明示された場所に向かい慎

科学機関および歴史的遺産の保護条約(Roerich Pact)に関しては、白地に三つの球体を囲む赤の円から成る標識を規定する。この条約は、北アメリカおよびラテン・アメリカ諸国を拘束する。第53条(避けられない軍事的必要性の留保を行わない)および議定書附属決議20の解説も参照。

129 作意の概念は、規則に個人的、主観的性格を与え、単に背信行為の定義に見られるだけでなく、その他の箇所にも別の形で議定書規定、特に第41条第1項(戦闘外にあると見なされ、またはその状況において、そのように見なすべき者を攻撃の対象とすることの禁止規定)、第44条第3項(区別するための記章の無表示を悪用して、敵につけこむ戦闘員)および第55条第1項(自然環境に損害を与えることを意図する戦争手段)に表現されている。この概念が最も明確なのは、第85条(違反行為の防止)であり、「故意に(willfully)」または「知りながら(in the knowledge)(第3項および第4項)」なされた行為とある。この場合は刑法上の責任を伴う。

130 前記脚注128を参照。権利の濫用の概念は議論がある。法学者の中には、acts ad aemulationem、すなわち、危害を与えることのみを目的に権利を行使することと、権利として許される目的とは異なる目的で権利を行使する行為とを区別するものがいる。この区別は、濫用を犯した者の意図の視点以外からは重要ではないように思われる。それは結果には無関係である。いずれの場合にもそれは違法行為である。最後に法学者の中には、許される目的とは異なる目的で行使する権利は実際には存在しないと主張して権利の濫用の概念全体の有効性を否定する者もいる。

131 前記pp.161-162の第18条の解説を参照。

重に前進することになる。帰路も同様の手順で行う。理由なく、または進行中の軍事行動から注意をそらす目的、もしくは助命を与えない脅迫など武力紛争法に反するその他の目的で休戦旗を掲げることは違法行為となり、処罰の対象となる。

1553　あらゆる兵士が白旗を見る状況に置かれる場合があるので、このような場合に従うべき行為の指導を受けるべきである[132]。

1554　また白色は、他に標章がない場合に、特に一定の航空機に保護を与えるものとして使用される[133]。

1555　異なる文言(ハーグ規則では「不当使用」、議定書では「故意の濫用」)にも拘らず、議定書の起草者は、慣習法に依拠する休戦旗の使用条件を変更する意図はなかったと思われる。

1556　第37条(背信行為の禁止)第1項(a)の意味における休戦旗の背信的使用は、それが故意に、かつ殺人または身体もしくは健康に重大な傷害を及ぼす場合には重大な違反行為(第85条――この議定書の違反行為の防止、第3項(f))にあたる。

1557　「その他の国際的に承認された保護標章、標識または信号」の語は、それが文化財保護標章のように普遍的に受容されているか否かを問わず、その他の現在および将来のあらゆる標識に言及している。特に議定書附属書決議17、18および19は、国際民間航空機関(ICAO)、政府間海事機構(現在は、国際海事機構(IMO)という)、および医療用輸送手段、特に医療用航空機の識別の分野における世界無線通信会議(WARC)の権限を承認している。これらの決議は、これらの機関が議定書に規定された信号を承認するか、または同調した制度(決議18第1項(c))を設立するか、もしくは医療用航空機(決議17第1項(a))が使用する適切な手続を整えることを要請している[134]。戦時海軍力を以ってする砲撃に関するハーグ条約第5条については既に参照した[135]。

132　詳細については、M.Greenspan, op.cit., pp.380-385を参照。
133　M.Greenspan, op.cit., p.380; J.M.Spaight, Air Power and War Rights, London, 3rd edition, 1947, p.134を参照。
134　これらの規定に関する解説は、後記p.184を参照。
135　前記脚注99。ここでイスラエル代表が会議の最終総会で行った宣言を想起するのが適切である。「追加議定書草案第36条に関して、イスラエル代表は、第1項第2節に特別な重要性を見出すことを宣言したい。本節は、国により承認または他方当事者の認識のもとに使用されてきたその他のいかなる保護標章の濫用をも禁止している(O.R.VI, p.116, CDDH/SR, 39, Annex)」。この宣言は条約で承認されていないが、イスラエルの軍および文民の医療組織が使用するダビデの赤盾に関するものであり、同国では他国では赤十字および赤新月が果たす役割を同社が果たしている。こうしてイスラエルは、武力紛争時における国際的に承認された保護標章、標識または信号の故意の濫用の禁止は、ダビデの赤盾にも適用されると主張した。

第2項　国連標章

1558　国連機関により承認されたものを除く国連標章の使用を禁止する本項は、国連の提案により政府外交会議[136]の第2会期で提出された修正案に続いて採用された。

1559　国連旗の使用は、1947年12月19日に国連事務総長が初めて発行し、1952年11月11日に改定された規則で規定される[137]。同規則第6条は、国連の権限ある機関が特別に承認しない限り、国連旗を軍事行動中に表示することはできないと規定する。

1560　本項の規定は、国連標章が国際的に承認された保護標章であると規定していないが、それに関する規定は、「承認された標章」の一般的名称の下に保護標章の文脈の中に置かれている。この点に関して、われわれは上記第37条（背信行為の禁止）第1項(d)に関して言及したことを参照する[138]。国連標章は、それが中立国またはその他の紛争当事者でない国の標章と同等のものとされる場合に保護的性格を有するが、それは国連が紛争に戦闘員を派遣して介入しない場合である。人によってはこの制約を遺憾とし、国連標章の保護的性格は、平和維持活動に従事する場合は常に承認されることが望ましいとする。

結　論

1561　諸条約および議定書で規定または制定された標章の不当使用の禁止は、第一に条文で規定した制限内で解釈すべきである。第37条（背信行為の禁止）の意味における背信的使用だけでなく、いかなる不当使用も禁止される。その他の国際的に承認された保護標章、標識または信号についても同様である。

136　CE.1972/Report, Vol.II, p.64, CE/COMIII/C73.
137　国連旗規約および規則、ST/GB /132, 国連、1967年1月.
138　AP I Commentary, p.439.を参照.

第85条　この議定書に対する違反行為の防止

> 1〜2（略）
> 3　第11条に規定する重大な違反行為のほか、次の行為は、この議定書の関連規定に違反して故意に行われ、死亡又は身体若しくは健康に対する重大な傷害を引き起こす場合には、この議定書に対する重大な違反行為とする。
> 　（a）〜（e）（略）
> 　（f）赤十字、赤新月若しくは赤のライオン及び太陽の特殊標章又は諸条約若しくはこの議定書によって認められている他の保護標章を第37条の規定に違反して背信的に使用すること。
> 4　（略）
> 5　諸条約及びこの議定書に対する重大な違反行為は、これらの文書の適用を妨げることなく、戦争犯罪と認める。

【解説】3494〜3499節……………………………………………………………………

第3項　(f)

3494　第一条約第53条および第54条は、赤十字、赤新月、赤のライオン及び太陽標章[139]の濫用を禁止し、こうした濫用を防止し、抑止すべきことを要請している。しかし、条約は標章の背信的な使用を重大な違反とはしなかった。この欠陥がここで修正される。

3495　条約および議定書が認めた保護標章および記章は、第一に条約と議定書が制定し規定した標章である。

　—赤十字、赤新月（第一条約第38条、第一議定書、附属書Ⅰ第3条〈訳者注：改訂附属書の第4条〉—形状および性格）

　—白地に斜め赤帯（第四条約附属書Ⅰ第6条）

　—オレンジ色地に青色の正三角形（第一議定書第66条—識別、第4項；附属書Ⅰ第15条〈訳者注：改訂附属書の第16条〉—国際特殊標章）

139　この後者の標章については、AP I Commentaryのeditor's noteを参照。

―三つのオレンジ色の円(第一議定書第56条―危険な力を内蔵した施設および工作物の保護、7項;附属書第16条〈訳者注：改訂附属書の第17条〉―国際的な特別標章)

　　―紛争当事者間での協定による記章(第一議定書第59条―無防備地区、第6項;第60条―非武装地帯、第5項)

3496　第18条(識別)は、濫用の防止に関して特殊信号を特殊標章と同一基盤においているので、議定書に規定され、関連規定に従い使用される特殊信号をこの一覧(第18条―識別、第5項;附属書Ⅰ第6条―閃光灯、第7条―無線信号、第8条―電子的識別)に追加すべきである。

3497　次に、第37条(背信行為の禁止)は国連または紛争当事者でない中立国もしくはその他の紛争当事国以外の国[140]の記章、標章あるいは制服の保護的地位に明示的に言及している(第1項(d))。

3498　最後に、第38条(承認された標章)第1項は、条約または議定書で規定しないあらゆる標章、記章または信号もしくは休戦旗ならびに文化財保護標章を含むその他の国際的に承認された保護標章、記章あるいは信号の不当使用を禁止している。

3499　要約すれば、条約または議定書で規定された標章、記章または信号もしくは議定書第37条(背信行為の禁止)および議定書第38条(承認された標章)で言及する標章、記章、信号あるいは制服の背信的な使用は、それが敵の殺人、傷害または拘束を目的とし、冒頭に規定する結果を生じさせる場合には、本小節における重大な違反行為を構成する[141]。

140　「中立国またはその他の紛争当事国以外の国」の表現については、AP I Commentary, p.61, 解説、第2条小節(c)を参照。

141　もっとも、国連が敵対行為に参加し、その標章がもはや第37条および本小節の意味における保護標章ではない場合については、AP I Commentary, p.439 の第37条および本書、p.163以下の第38条の解説を参照。

■ジュネーブ諸条約第一追加議定書附属書Ⅰ
識別に関する規則

〈訳者注：本附属書は、1977年に作成されたが、その後、1993年11月30日に一部改訂された。一方、附属書のコメンタリーは、1987年にICRCから発行されたものが唯一であり、1993年の改訂に伴うコメンタリーの改訂は行われていない。したがって、本解説は、改訂前の附属書に準拠しているため現在の条文とは若干の齟齬がある。もっとも、その内容は、現在の条文を理解する上で十分有益なものである。〉

第1条　総則

1　この附属書の識別に関する規則により、諸条約及びこの議定書の関連規定を実施する。この規則は、諸条約及びこの議定書によって保護される要員、物品、組織、輸送手段及び施設の識別を容易にすることを目的とする。

2　識別に関する規則それ自体は、保護を受ける権利を設定するものではない。保護を受ける権利は、諸条約及びこの議定書の関連規定によって規律される。

3　権限のある当局は、諸条約及びこの議定書の関連規定に従うことを条件として、いつでも、特殊標章及び特殊信号の使用、表示、照明及び探知可能性について定めることができる。

4　締約国、特に紛争当事者は、いつでも、識別可能性を向上させ及びこの分野における技術の進歩を十分に利用する追加的な又は他の信号、方法又はシステムについて合意するよう求められる。

□第1章　身分証明書

第2条　軍の医療要員以外の常時の医療要員および軍の宗教要員以外の常時の宗教要員の身分証明書

1　議定書第18条3に規定する軍の医療要員以外の常時の医療要員及び軍の宗教要員以外の常時の宗教要員の身分証明書は、次の要件を満たすべきである。

　(a)　特殊標章を付し、かつ、ポケットに入る大きさのものであること。
　(b)　できる限り耐久性のあるものであること。
　(c)　自国語又は公用語及び適当な場合には関連地域の現地の言語で書かれていること。
　(d)　氏名、生年月日(生年月日が明らかでないときは、身分証明書の発給時の年齢)及び所持者の識別のための番号がある場合にはその番号が記載されていること。
　(e)　所持者がいかなる資格において諸条約及びこの議定書の保護を受ける権利を有するかが記載されていること。
　(f)　所持者の写真及び署名若しくは拇印又はその双方が付されていること。
　(g)　権限のある当局の印章が押され、及び当該当局の署名が付されていること。
　(h)　身分証明書の発給年月日及び有効期間の満了日が記載されていること。
　(i)　可能な限り、身分証明書の裏面に所持者の血液型が記載されていること。

2　身分証明書は、締約国の領域を通じて同一の形式のものとし、また、できる限り、すべての紛争当事者について同様の形式のものとする。紛争当事者は、第1図に示す単一の言語によるひな型に倣うことができる。紛争当事者は、敵対行為の開始に際し、その使用するひな型が第1図に示すものと異なる場合には、当該ひな型の見本を相互に送付する。身分証明書は、可能な場合には、二通作成するものとし、そのうちの一通は、発給当局が保管する。当該発給当局は、発給した身分証明書の管理を行

うべきである。
3　いかなる場合においても、軍の医療要員以外の常時の医療要員及び軍の宗教要員以外の常時の宗教要員は、その身分証明書を奪われない。身分証明書を紛失した場合には、その複本の発給を受ける権利を有する。

第3条　軍の医療要員以外の臨時の医療要員および軍の宗教要員以外の臨時の宗教要員の身分証明書

1　軍の医療要員以外の臨時の医療要員及び軍の宗教要員以外の臨時の宗教要員の身分証明書は、可能な限り、前条に規定する身分証明書と同様のものとすべきである。紛争当事者は、第1図に示すひな型に倣うことができる。

2　軍の医療要員以外の臨時の医療要員及び軍の宗教要員以外の臨時の宗教要員は、前条に規定する身分証明書と同様の身分証明書の発給を受けることができない場合には、これらの者が臨時の要員としての任務を遂行していることを証明し並びにその任務を遂行している期間及び特殊標章を使用する権利を可能な限り記載する証明書であって、権限のある当局が署名するものの発給を受けることができる。この証明書は、所持者の氏名、生年月日(生年月日が明らかでないときは、証明書の発給時の年齢)、任務及び識別のための番号がある場合にはその番号を記載すべきである。当該証明書には、所持者の署名若しくは拇印又はその双方を付する。

第1図　身分証明書ひな形(表面、裏面)は、p.217を参照。

注)　併せてひな形については、本書p.590を参照。

□第2章　特殊標章

第4条　形　状

特殊標章(白地に赤色)は、状況に応じて適当な大きさとする。締約国は、十字、新月又はライオン及び太陽(注)の形状について、第2図に示すひな型に倣うことができる。

第2図　白地に赤色の特殊標章

注) いずれの国も、1980年以降、赤のライオン及び太陽の標章を使用していない。

第5条　使　用

1　特殊標章は、できる限り様々な方向から及び遠方から(特に空から)識別されることができるよう、可能な限り、平面若しくは旗に又は地形に応じた他の適当な方法によって表示する。
2　夜間又は可視度が減少したときは、特殊標章は、点灯し又は照明することができる。
3　特殊標章は、探知に関する技術的な方法によってこれを識別することができるようにする材料で作ることができる。赤色の部分は、特に赤外線機器による識別を容易にするため、黒色の下塗りの上に塗るべきである。
4　戦場で任務を遂行する医療要員及び宗教要員は、特殊標章を付した帽子及び衣服をできる限り着用する。

□第3章　特殊信号

第6条　使　用

> 1　医療組織又は医療用輸送手段は、この章に規定するすべての特殊信号を使用することができる。
> 2　特殊信号については、もっぱら医療組織又は医療用輸送手段が使用することができるものとし、他のいかなる目的にも使用してはならない。ただし、発光信号の使用については、この限りでない(3参照)。
> 3　青色のせん光灯の使用を医療用車両並びに医療用船舶及び医療用舟艇の識別の目的に限定する紛争当事者間の特別の合意が存在しない場合には、他の車両、船舶及び舟艇は、青色のせん光灯の使用を禁止されない。
> 4　時間的余裕がないこと又はその特性から特殊標章を付することができない臨時の医療用航空機は、この章において認められた特殊信号を使用することができる。
>
> 以下省略

【解　説】3893～4000節、4014～4072節 ‥‥‥‥‥‥‥‥‥‥‥‥‥‥‥‥‥

総　論

序　文

3893　「識別に関する規則」と題する第一追加議定書(AP I)附属書 I は、以下のものの表示と識別に関する技術的な規則を含む。

　　－医療要員、組織、輸送手段
　　－文民保護(civil defense)要員および輸送手段
　　－危険な力を内蔵する工作物および施設

　これらの規則は、これらのもの専用に使用する特殊標章および附属書 I で規定する特殊信号その他の技術的な機器により、これらのものを視覚的に識別することを可能にする。

3894　これらの技術的な規定は、AP I 第18条(識別)、第56条(危険な力を内蔵する工作物および施設)および第66条(識別)の規定の履行に必要となる。附属書 I は、

全16条からなり、6章に分かれる。その規定の幾つかは、1977年の外交会議第4部会においてAP I とともに採択された決議第17、18および19と関連する。

追加議定書附属書 I の名称

3895　ICRCが1974年の外交会議第1部会に提出した附属書 I 草案は、「医療要員、組織および輸送手段ならびに文民保護要員、資機材および輸送手段の識別に関する規則」と題されていた[1]。

3896　この草案を審議するため、外交会議の第 II 委員会は技術小委員会を創設し、同委員会は第1および第3部会の間、会合を持った。第 II 委員会への報告の中で技術小委員会は、ICRCの附属書 I 草案の名称を変更なしに採択した[2]。

3897　しかし、1976年5月、第3部会において第 II 委員会は、技術小委員会報告の検討過程において附属書の英語版の名称だけに「認識（recognition）」の語を挿入することを求める英国の提案を受け入れた[3]。報告を採択の後、翻訳において相違が生じうるという結論を得て、フランス語版とスペイン語版にも「認識」の語が挿入されたが、ロシア語版とアラビア語版には挿入されなかった。こうして名称は「医療要員、組織および輸送手段ならびに文民保護要員、資機材および輸送手段の識別、認識および表示に関する規則」と命名された[4]。

3898　附属書の名称および条文は、外交会議の第3および第4部会において、1976年11月および1977年1月に本会議の起草委員会の作業準備のために会合をもった会議事務局とICRCおよび会議の技術顧問が指名した専門家により更なる検討が加えられた[5]。「認識」の語は、上記の言語版に挿入することは承認されたが、第3部会と第4部会の間の短期間、これらの版とその他の言語版との間に意図せぬ齟齬が生じた。この齟齬は、起草委員会が名称を変更したことで解消した。

3899　この長い名称は簡略化され、改善された。会議の起草委員会は、AP I およ

1　*O.R.* I, Part III, p.28

2　*O.R.* XI, p.5, CDDH/II/SR.1, 4節; pp.83-91, CDDH/II/SR.11, 2, 5, 53-66節; pp.93-95, CDDH/II/SR. 12, 1-18節.　*O.R.* XIII, pp.23-51, CDDH/49/Rev.1, Annex II, Appendices I-III; p.159; CDDH/221/Rev.1, 260節.　1975年の第 II 委員会で承認された外交会議の第1部会において技術小委員会により準備された報告　*O.R.* V, p.226, CDDH/SR.22, 5節. *O.R.* XII, pp.165-174, CDDH/II/SR.70, 1-62節, 第3部会技術小委員会の報告; pp. 175-185, CDDH/II/SR. 71, 1-87節.

3　*O.R.* XII, pp.178-179, CDDH/II/SR.71, 21, 27-30節.

4　*O.R.* XIII, pp.266-269, CDDH/235/Rev.1, 50-66節.

5　*O.R.* II, p.466, CDDH/SEC/INF.1, Vol.1（1977年1月31日, p.135）; p.656, CDDH/404/Rev.1, 6節.

び同附属書で使用される「識別(identification)」の語は、関係するあらゆる言語で同義であり、第4部会で採択された以下の新たな規定を含む附属書の意義を十分に満たすものであると考えた。
　－文民保護の国際特殊標章[6]
　－危険な力を内蔵する工作物および施設のための国際的な特別標章[7]

3900　APⅠの条文に関する第Ⅱ、第Ⅲ委員会がこれら二つの標章に関する最終採択をした後、その名称が起草委員会により見直され、その結果「識別に関する規則」という短い名称が本会議に提案され、その準備会合において附属書Ⅰの定義づけの名称として同意を得て採択された。附属書Ⅰに引き続く各条の名称は、条文に関する改訂一覧とともに本会議の公式記録の第三巻末に掲載される[8]。

「識別(identification)」、「信号(signals)」、「認識(recognition)」の用語

3901　これらの用語は、1949年8月12日のジュネーブ諸条約および同追加議定書、附属書Ⅰならびに医療要員、組織および輸送手段の安全に関する様々な条文で使用される[9]。

3902　APⅠ第8条(用語)小節(m)において、「信号又は通信」とは、もっぱら諸条約および追加議定書の下でこれらの信号または通信を使用することが認められた要員または物の識別のために定める識別記章もしくは信号を意味する。

3903　APⅠ第18条(識別)において意味する「識別」とは、諸条約および追加議定書の下で保護することが認められる要員および物を認識すること、または認識することを可能とすることを意味する。

3904　附属書Ⅰの名称に関する暫定草案においてわずかの間使用された「認識」という語は、附属書第5条(可視使用)第2項において使用され、「認識可能とする」という表現は、第15条(国際的な特殊標章)第3項および第16条(国際的な特別標章)第4項に使用されている。追加議定書において、「認識されなければならない」という

---

[6]　*O.R.* XIII, pp.373-375, CDDH/406/Rev.1, 59-62節
[7]　*O.R.* XV, p.456, CDDH/407/Rev.1, 31節; pp.471-473, Annex I.
[8]　*O.R.* VII, pp.52-57, CDDH/SR.48, 11-19項 およびAnnex. *O.R.* III, pp.369-402, 附属書草案の改訂新旧対照表
[9]　GC I 第36条、GC II 第43条、APⅠ第8条小節(m)、および第18条第5項および6項、附属書Ⅰ第5条第2項、CE/7b, Part II, pp.39-77, 特に pp.39, 40, 43, 44; CE 1971 報告p.36, Annex IV; CE 1972, Technical Memorandum.

表現は、第18条(識別)第3項で使用されている。追加議定書および同附属書Ⅰの意味において、これらすべての用語は識別と同義である。これに関連して第Ⅱ委員会においてソビエト連邦代表は、ロシア語では認識という概念は識別の概念と同義であると発言した。同様にフランスおよびスペイン代表もまた、「識別」の後に「認識」を挿入することは不要であると考えた[10]。

適用の範囲

3905 識別に関する規則の範囲は、以下に列挙する追加議定書の条文に規定される。関連する文書が記載された外交会議の決議とともに規則の類似条文にも言及する。
1) 医療および宗教要員の識別、また文民および軍の医療組織ならびに輸送手段、特に医療用航空機(第ⅠからⅣ章、第1条から第13条および決議第17, 18ならびに19)の識別に関する第18条(識別)
2) 第56条(危険な力を内蔵する工作物および施設の保護)(第Ⅳ章、第16条)
3) 文民保護要員、建物、資機材(第Ⅴ章、第14および第15条)の識別に関する第66条(識別)

改 訂

3906 追加議定書第98条(附属書Ⅰの改訂)は、附属書Ⅰが技術的発展の視点から時宜を得て改訂されることを規定している。その効力を維持するために保護の識別および表示の方法ならびに手段は、陸、海、空軍の技術的進歩に遅れないようにしなければならない。

3907 したがって法的規定を含む条文を簡素化するために、また追加議定書第98条(附属書Ⅰの改訂)で想定された改訂手続きを定期的に見直せるように、議定書の附属書の中に技術的規定を盛り込むことが望ましいと思われた。

---

10 *O.R.* XII, pp.178-179, CDDH/II/SR.71, 21-30節 ; pp.167-168, CDDH/II/SR.70, 14-16節、「識別」と「認識」の意味。

歴史的背景

3908　1949年、ジュネーブに会した外交会議の役割は、医療要員、組織、輸送手段の識別と表示について規定した「戦地における傷者及び病者の状態の改善に関する1929年7月27日のジュネーブ条約」、「1906年7月6日のジュネーブ条約（1907年のハーグ第十条約）の原則を海戦に適用するための1907年10月18日のハーグ条約」という二つの国際条約を改正することであった。

3909　航空および海上の医療用輸送手段の表示と識別に関する作業の発展については、上記国際条約の改正に先行してなされた会合およびその他の準備作業を時系列的に参照することで確認できる。

1930年　－　第14回赤十字国際会議、ブリュッセル

3910　決議第17　－　平時における医療用航空機：平時における文民および軍の医療用航空機の開発、越境、通信の優先、手続きの簡素化、商業航空輸送の参画。

3911　決議第22　－　海上における赤十字の活動：特に1907年のハーグ第十条約の改正に関する事項の検討のための専門家会議の計画。

3912　決議第23　－　戦時における医療用航空機：1929年のジュネーブ条約（第18条）、および医療目的の航空機の使用を規定する一層明確な規則のための1929年の外交会議の勧告第Ⅲを補完する条約草案。決議第23はこの勧告を達成することを目的とする[11]。

1934年　－　第15回赤十字国際会議、東京

3913　決議第33　－　海上における赤十字の活動：1930年の決議第22でICRCに課せられた使命の刷新、海戦に関するハーグ第十条約の改正[12]。

11　決議第22：RICR, 1930年10月, p.862（フランス語版のみ）。決議第23：RICR, 1934年11月, p.896（フランス語版のみ）。
12　決議第33：RICR, 1937年4月, p.409（フランス語版のみ）。

1934年　－　航空に関する国際法務委員会、パリ

3914　戦時における衛生航空機の使用に関する1929年7月27日のジュネーブ条約に追加する条約の新草案

3915　医療用航空機のための視覚および無線信号の国際規則を含む附属書とともにJulliot氏とSchickelé氏により準備された草案[13]。

1935年　－　ICRCによる赤十字標章の可視度実験

3916　上空からの保護標章の可視度：実験の結果は「国際赤十字雑誌(IRRC)」に掲載される[14]。

1936年　－　7月31日のICRC回報　No. 328

3917　ジュネーブ条約改正の視点から各国赤十字社に専門家会議への代表派遣を求める招請。会議は1937年10月19から23日まで開催。

3918　1936年7月に発生したスペイン内戦において軍用機が重要な役割を果たした。

1937年　－　4月5日のICRC回報　No. 337

3919　1907年のハーグ第十条約の改正：各国赤十字社宛ての質問状および第十条約の改正条文草案の送付。

3920　質問状は、病院船の識別（小型信号弾の使用）および航空機および船舶による海上の捜索、救助を対象とした。改正条約草案は、病院船による無線電信の使用に言及している[15]。

13　RICR, 1935年2月, pp.77-79; 同 1936年3月, pp.177-203（フランス語版のみ）。
14　RICR, 1936年3月, pp.204-207: オランダ空軍による実験。RICR, 1936年5月, pp.408-412: スイス空軍による実験（フランス語版のみ）。
15　RICR, 1937年4月, pp.409-448（フランス語版のみ）。

1937年 － 1929年のジュネーブ条約の改訂を検討するために10月19日から23日まで開催されたICRC専門家会議

3921 小委員会は、医療組織、施設および航空機の表示および偽装に関する技術的事項を検討するよう要請された[16]。

1937年 － 1907年のハーグ第10条約の改訂を検討するために6月15日から18日まで開催されたICRC海事専門家会議

3922 専門家は、ICRCから提出された病院船に関する以下の規定を含む草案に基づく「海戦条約」草案を採択した。
 －両部類の病院船は白色の船体に赤帯線を施すことを標準化
 －無線電信および視覚信号による暗号使用の禁止[17]

1946年 － 7月26日から8月3日まで開催されたICRCの各国赤十字社予備会議、ジュネーブ

3923 将来の「海戦条約」のためにフランス赤十字から提出された技術的な提案；
 －病院船がその位置を通報するために600mの波長(人命の安全のために採用された波長)の無線の六時間毎の使用
 －陸上の海事当局への中継のための病院船航路の無線による信号発信
 －レーダーによる病院船の識別

3924 第Ⅰ委員会が詳述した信号もしくは無線による暗号使用の禁止は、次のような文言で提案された。
 「信号もしくは無線でなされるあらゆる通信は、明瞭でなければならない」。

3925 白色の船体に描かれる赤色もしくは緑色の帯線の効果について疑問が投げかけられた。海事専門家らは、既に1937年にその報告書の中で、長距離の航空機および火砲などの近代兵器の開発に関連して、純粋に視覚的な信号は不適切である

---

16 ICRC, 1938年, 文書 No.11a, 第16回赤十字国際会議、ロンドン、1938年6月, pp.1, 2, 22, 23, 25, 27, 56-79.
17 ICRC, 第16回赤十字国際会議(ロンドン、1938年)に提出された報告。(1937年6月15日、ジュネーブで開催された海事専門家委員会により採択された海の条約草案の条文)文書 No. 2 a, Annex, pp.65-75(第15および24条)。

ことを指摘していた[18]。

1947年 － 戦争犠牲者保護に関する条約の研究のための政府専門家会議、ジュネーブ、4月14日－26日

3926　医療用航空機の表示：1947年に会した専門家らは、1929年の条約第18条に、いかなる変更も加えようとは思わなかった。彼らは「空中戦および対空砲の技術的進歩により、医療用航空機の使用を促進させる考え方は非現実的になる」と考えた[19]。

3927　病院船の表示：「技術的に可能な限り速やかに、すべての病院船は交戦国および中立国の探索機器により識別できるようレーダー機器を搭載しなければならない」との提案は否決された[20]。

3928　したがって第二次世界大戦中に使用された新たな探索、識別および無線通信技術——赤外線灯、レーダー・トランスポンダ、水中音響システム——は、1947年には陸上、海上、空中における医療用輸送手段の安全を強化するために全く適用されなかった。

3929　もっとも、これらの近代的な信号および識別手段は、後年再びストックホルムで開催された第17回赤十字国際会議で協議された。

1948年 － 第17回赤十字国際会議　ストックホルム　8月20日－30日

3930　1947年の専門家会議の報告に基づくICRCの準備草案の検討の後、第17回赤十字国際会議は、医療用航空機の識別および表示のために、次のような文言の提案を行った。

　　「医療用航空機は、敵対行為の開始時もしくは途中において、交戦国との間で合意された表示もしくは識別手段を具備しなければならない。その識別を確実にするために、医療用航空機はその交戦相手に路線、高度および飛行時刻を通告するよう努めなければならない」。

18　ICRC, 1947年1月, 各国赤十字社の予備会議および赤十字の各種問題に関する検討についての報告、ジュネーブ、1946年7月26日－8月3日, pp.57-64.
19　ICRC, 1947, 戦争犠牲者保護に関する条約の研究のための政府専門家会議の検討に関する報告(ジュネーブ、1947年4月14日－26日), pp.1-11, 44-47.
20　同書pp.97-99.

3931　医療用航空機は白色に塗装し、特殊標章を付すという条件については何ら変更がなされなかった[21]。

3932　病院船に関しては、1907年のハーグ第十条約改正の一環としてストックホルムで採択された第40条が特殊灯火信号およびレーダー、水中音響識別信号を規定することにより1947年の第24条を補完、変更した。

　「（…）海上および上空のすべての方角から最大限の視認性を確保するような方法で明るくできるだけ大きな赤十字を甲板上のできるだけ高い位置に掲げること。この十字は、一つの垂直線と他の二つの水平線の三つの明瞭な要素で構成するものとする。二つの直線のうち、一つは船体に沿って長く、他は直角に配置するものとする。十字は、自動点灯装置を付し、二つの水平線に閃光および点滅照明を当てることができる」。

　「（…）技術的に可能な限り速やかに、すべての病院船は交戦国および中立国の探索機器により識別されるようレーダー機器を搭載しなければならない（…）」[22]。

1949年　－　外交会議、ジュネーブ、4月21日－8月12日

3933　ICRCが準備し、1948年の第17回赤十字国際会議で承認された改正条約草案は、1949年の外交会議に提出された。それは会議の第Ⅰ委員会に付託され、同委員会は、それを「傷者および病者」ならびに「海戦」条約改正の基礎として使用した。第Ⅰ委員会および海戦の状況に関する作業部会は、保護表示に関してかなりの時間を割いて協議した。1949年の会議総会への第Ⅰ委員会報告は、特に以下のように記述している。

　「表示に関しては、委員会は主に医療用航空機および病院船の表示について扱った。現状の空中戦では、白地に赤十字はもはや容易に認識できる標章とはいえず、効果的な保護を与えることができないとの一般的な合意があった。現在の速度では、航空機はその形状でのみ認識できる。さらにほとんどの特殊記章は、夜間は全く識別不可能であり、ましてや無線誘導ミサイルには認識でき

21　ICRC公文書；1948年8月、ストックホルムで開催の第17回赤十字国際会議、法律委員会小委員会の議事概要文書、pp.12-19, 23（フランス語版のみ）。

22　1949年の外交会議最終記録、第I巻、条約草案が第17回赤十字国際会議において承認された。pp.53, 68。

ない。

　したがって、条約では新たな概念が追加された。交戦国は軍用航空機の路線、高度、飛行時刻について相互に合意することが求められる。航空機はこれらの点に事前の合意がある場合に限り尊重されることになる。

　委員会では、同様の条件を病院船に適用することは合意に至らなかったが、それは敵に航路を知らせることにより、特定の海域における航海の安全に関する貴重な情報を与えることを委員会が恐れたためである。いずれにしろ、保護を確実にする最善の方法は、保護を必要とする船団の正確な位置を敵に通報することであることは全会一致を見た。したがって、偽装は論外である。むしろ、認識を促進するためにあらゆる措置がとられるだろう。さらに交戦国は公海上では病院船として2,000tを超える船舶に限り使用すべきとする海戦条約（GC II）の勧告は、同規模の船舶は視認性が高まるため安全性を向上させる傾向があるので、この意味で解されることになる」[23]。

3934　1949年の医療用航空機および病院船の表示と識別の技術的方法に関する専門家の研究は、実際に使用される技術的方法を明らかにせず、紛争当事国間の事前の合意に関する提案のみ行った。

3935　無線通信の使用については、1949年の会議は、1949年8月12日のジュネーブ条約の付帯決議第6および第7を採択した[24]。決議第6の前文は、技術的事項に関する本会議の検討が限定的であったことを説明している。

　「（…）本会議は、病院船、軍艦および軍用航空機間の通信手段の技術的研究の問題を取り上げることはできなかったが、それは本会議の業務内容を逸脱したからである（…）」。

3936　病院船の水中音響識別の問題は解決されなかった。この問題は、第10回赤十字国際会議（ジュネーブ、1921年）に提出された1917年のオランダ赤十字の第一次世界大戦時の活動報告の中に既に取り上げられていた。同報告には以下の記述がある。

　「しかし、1917年7月2日、オランダ政府の仲介により、英国とドイツ政府間に一定数の捕虜の抑留を相互に行う協定が締結された。これらの捕虜に加え、以後、文民および軍人、障害者および医療要員が交換されることになった。魚

23　同第II巻A章、pp.187-188。
24　同第I巻、p.362。

雷攻撃に対する安全策として、ドイツ政府は少なくとも二隻の外輪船を護衛として航行させることを要求した。それは外輪の音のみが遠方から潜水艦によって識別できるからである。そしてZélande社の『Zélande』と『Koningin Regentes』ならびにRotterdamsche Lloyd社の『Sindoro』が病院船として徴用された。これらの船舶は、1907年の条約による病院船のための識別標章を付し、病者、障害者、精神疾患者の輸送に当たった。病床は九百床にまで増加した。ボストンは英国の港として使用され、そのため通過には19時間を要したが、危険のため更に時間がかかった。」(原著者訳)

1949年以後、特に病院船および医療用航空機のレーダー識別に関して若干の齟齬がみられた。この方法は、第二次世界大戦時に用いられたが、「友軍」の軍用機や艦船のみが備えるトランスポンダにしか対応していなかった。さらにストックホルムでの第17回赤十字国際会議で作成された草案にあったレーダーおよび水中音響機器と共に記述されていた病院船の特殊灯火信号は、1949年に採択された本文からは削除された。

3937　1949年に「海戦」条約草案第40条で提案された表示および識別に関する技術的方法の採用については、外交会議の第Ⅰ委員会で初めて詳細に協議され、総会で取り上げられると再び極めて議論の多い問題であることが明らかとなった[25]。

3938　病院船および軍艦、軍用機との間の無線通信に関する規則は起草できなかったが、本会議はこの問題について決議第6を採択した。同様に病院船の位置の無線通報に関する決議第7は、本会議で採択された[26]。

1949年－1970年

3939　外交会議の後、決議第6および第7の補足として1950年に無線手続の草案が政府専門家により作成され、1949年のジュネーブ諸条約寄託国のスイス政府に付託された。これは1959年にICRC本部で専門家により修正され、同年ジュネーブで開催された国際電気通信連合(ITU)の全権代表会議に提出された。手続草案は、これらに含まれる救難無線周波数の修正を経て、国際電気通信連合の要件に適う

25　同第Ⅱ巻A章、pp.163-164、第Ⅱ巻B章、pp.262-265。
26　同第Ⅱ巻A章、p.162、第Ⅱ巻B章、pp.489-492、第Ⅲ巻、p.178、決議案第390。

こととなった。

3940 1961年、スイス連邦評議会は、草案をジュネーブ諸条約締約国に送付し、若干の締約国は内部規則として一方的に適用するものとして草案を受諾した。他の国々は、専門的な国際機関（ITU, IMCO, ICAO）の主導で起草された国際規則を適用するべきであると主張した[27]。

3941 病院船の識別を促進するための無線通信の法典化の努力がなされる一方で、1950年から1953年および1961年から1975年の間、アジアで発生した戦争においてヘリコプターの医療用輸送手段としての効果が明らかとなった。当時としては最新のこの種の航空機は、戦地から野戦病院あるいは病院船へ何千という負傷者を直接移送することを可能にした。加えて、大型の貨物機が「空中病院」に転用され、大陸を越えて従来よりも迅速に負傷兵を送還できるようになった。

3942 保護記章を常に表示するわけではないこれらの医療用輸送手段の発達は、若干の国において、武力紛争時にこれらの航空機の保護の強化を求める組織を促進し、これらの利用を最大限可能にした。実際に、1949年のジュネーブ第一条約第36条および類似規定のジュネーブ第二条約第39条は、1929年の条約第18条の条件よりも一層厳しい条件で医療用航空機に攻撃からの保護を与えている。第18条は、医療用航空機に求められる三つの要件を規定している。：

— これらは、もっぱら傷者および病者の移送および医療要員ならびに同機材の輸送のために使用しなければならない。
— これらは、特殊標章、塗装および規定された表示を施さなければならない。
— これらは、「特別の明示の許可がある場合を除き」砲列線（firing line）、前線地域または敵の占領地域の上空を飛行してはならない。

3943 1949年の条約第36条および第39条は、上記の三つの要件に加え、第四の要件を掲げている。医療用航空機は、「関係交戦国間で特別に合意された高度、時刻および路線を飛行する場合に限り」攻撃から保護される。さらに医療用航空機に「その他の表示又は識別の手段」を付与するためには交戦国間の事前の合意が必要である[28]。

27　CE/7b, pp.66-73、RICR, 1959年8月、pp.375-391および426-423（フランス語版のみ）．IRRC、1961年5月、p.103

28　GC I Commentary、第36条、pp.288-290. G. Schwarzenberger著 "The Law of Air Warfare and the Trend toward Total War", in Mélanges Gilbert Gidel, Paris, 1969, pp.537-538.

3944　空中戦における技術的進歩と共に医療用航空機への純粋に視覚的な表示の不適切さは、1952年の「国際赤十字雑誌(IRRC)」に既に簡潔に言及されている[29]。

3945　さらに、1949年の条約第36条および第9条は、1954年には既に時代遅れとなっていた[30]。

3946　これらの文書は、第36条第2項の解説の直後に刊行され、表示および識別の技術的方法が研究されるべきことを提唱しているが、1949年の条約では何ら規定されなかった識別の補足的な手段の欠如が深刻な事態を生んだことを教えている。この欠陥への関心が一層高まったことは、文民および軍のための探索、位置測定および識別技術の絶え間ない進歩に顕著に見られる。軍用機および軍艦のレーダー識別技術は、第二次世界大戦の初期に使用されたことに留意しなければならない。

3947　1954年4月24日から26日までサンレモで開催された第3回垂直飛行機に関する国際会議には多数の国から多くの専門家が出席し、戦時下に医療目的で使用されるヘリコプターの一層の保護を促進するための規則の基礎研究をICRCに要請する決議を採択した[31]。

3948　陸、海、空軍の衛生部隊に関する国際誌(Liège, April 1957)は、1956年4月付の会報で、極東において戦闘中に医療用ヘリコプターが攻撃されたと報じた。筆者は第一条約の改正を呼びかけ、第36条がヘリコプターの技術的条件を考慮していないことを指摘した上で、新たな規定が必要であることを強調した[32]。

3949　1965年、ベルギー空軍衛生部隊の司令官E. Evrard将軍は、医療用航空機の保護に関する研究を発表し、1949年以来この問題の研究に多くの学会、法律団体、専門家が携わっていることを指摘している。彼はまた、灯火信号、無線およびレーダー・トランスポンダといった補足的な識別手段の使用を提唱している[33]。

3950　1965年には、モナコ医療法律委員会(the Commission médico-juridique de Monaco)が武力紛争時における航空機による医療輸送に関する規則草案を作成した。第4条は、白地の識別標章に加えて、灯火信号システムの継続または電子的

29　R.J. Wilhelm, "Les Conventions de Genève et la Guérre aérienne", RICR, 1952年1月, p10 特にp.31脚注1

30　M. Le Goff, Manuel de Droit Aérien, Paris, 1954. Id., "La guérre aérienne", Revue générale de l' Air, No.2, Paris, 1955.

31　RICR, 1954年6月, p.511(フランス語版のみ)。

32　RICR, 1957年8月, p.464(フランス語版のみ)。

33　E. Evrard, "Legal Protection of Aero-Medical Evacuation in War-Time"(戦時下における航空衛生避難の法的保護), in 12 Annales de droit international médical, Monaco, 1965, and IRRC, 1966年7月, p.343.

および無線識別の即時的使用、もしくはそれらの併用を意図していた。これらの補足的な識別方法は、規則案の附属書に記載された[34]。

3951 モナコ医療法律委員会の草案とEvrard将軍の研究は、1966年7月および10月発行の「国際赤十字雑誌(IRRC)」に掲載された。

3952 海戦に目を転じると、第二次世界大戦後もアジア地域の紛争で活動していた病院船は、早晩、医療用航空機に取って代わられると思われた[35]。1949年以後、病院船の保護に深刻な問題は生じなかったが、ICRCは、1970年にジュネーブで開催した専門家会議で病院船に対する補足的な識別手段の使用について協議した[36]。

3953 1947年のオスロ会議以降、武力紛争時における救命艇の保護は、四年毎に開催される国際救命艇会議(International Life-Boat Conference)の関心を集めてきた。この問題は、1955年6月16日にエストリル(ポルトガル)で開催された第7回国際救命艇会議(ILC)の後、フランス海難救助中央協会総裁のGilbert Gidel教授により詳細に記述された。同会議は、第二条約第27条および救命艇の乗員に関する重要な決議を採択している[37]。

3954 ILCは、1974年から1977年の外交会議以来、この分野の研究を継続しているが、海戦に関する事項は会議の管轄でないため外交会議には招請されなかった。

3955 その特殊な性格から、海戦に関する人道法は、武力紛争時に適用される法規慣例の再確認と発展の視点から研究されるべき事項には含まれなかったが、第21回赤十字国際会議(イスタンブール、1969年)の議題には盛り込まれた。しかし、1969年2月、ICRCの諮問を受けた専門家の一人が、海戦に適用される人道法を早急に見直す必要があると指摘した[38]。

---

34 Commission médico-juridique de Monaco, 1965年、決議 (1966年6月4日), and IRRC, 1966年10月, p.534; CE/7b, pp.50, 56。
35 J.H. Plumridge, 病院船および病院列車(Hospital Ships and Ambulance Trains)、ロンドン、1975年、p.159
36 この協議は非常に有益であることが認められ、1982年、南大西洋において交戦国により運用された6隻の病院船の事例は、新たな識別および表示が非常に重要であることを示した。
37 G. Gidel, "La protection des embarkations de sauvetage", RICR, 1955年9月, p.549
38 ICRC, D.S. 4a, b, e, 第21回赤十字国際会議、イスタンブール、1969年9月へのICRC報告、pp.31, 33。

1974年から1977年の外交会議

3956　第21回赤十字国際会議は、「武力紛争時に適用される法規慣例の再確認と発展」と題する決議第13を採択し、ICRCに対し、既存の人道法を補完する規則の提案ならびに同提案をICRCと協議するために政府専門家会議を招請することを要請した。

3957　表示と識別に関してICRCは、まず最初に探索、識別および通信の技術的方法に詳しい有識の専門家と個別に非公式協議を持つことが必要であると考えた。

3958　1970年に行われたこれら協議の成果は、外交会議の準備作業および技術小委員会の作業と並行して附属書Ⅰ第Ⅲ章(識別信号)の序文で議論する。附属書草案に基づく識別信号の研究は、外交会議の第Ⅱ委員会小委員会が行った実質的な作業だった。

3959　附属書草案第Ⅴ章に規定された文民保護の国際的な特殊標章——オレンジ色地に青色の正三角形——は、1977年5月6日の第Ⅱ委員会の第89回会合で最終的に採択された。附属書草案第Ⅴ章は、第Ⅱ委員会が第一追加議定書草案の第59条を採択したときに最終的に承認された[39]。

3960　第一追加議定書草案第49条第3項において、ICRCは、危険な力を内蔵する工作物および施設を視覚的な記号で表示することを規定した。外交会議第4会期において、第49条草案の研究を担当した第Ⅲ委員会は、危険な力を内蔵する工作物および施設の国際的な特別標章に関する小作業部会を立ち上げた。この小作業部会が提案した標識——一列に並べられた三つのオレンジ色の円——は、1977年5月10日の第Ⅲ委員会第59回会合において第49条とともに採択された。起草委員会は、第一追加議定書の附属書Ⅰにこの条文を挿入することを決定した[40]。

3961　第Ⅱ委員会の第4会期で修正された附属書Ⅰ草案および三つの決議は、1977年5月20日の第Ⅱ委員会最終会合で、最終的に賛成多数で採択された[41]。

3962　外交会議は、1977年6月1日の第48本会議において附属書Ⅰ草案を第一追加議定書草案第18条とともに賛成多数で採択したが、この第18条は同追加議定書最終版では第98条(附属書Ⅰの改正)となった。技術小委員会が起草した三つの決議案

39　*O.R.* XIII, pp.374-375, CDDH/406/Rev.1, 60-62節。
40　*O.R.* XV, p.456, CDDH/407/Rev.1, 31節; p.471, Annex; p.486 (Art. 49); pp.505-506, Protocol II (Art. 28)。
41　*O.R.* XII, pp.489-490, CDDH/II/SR.101, 26-33.節

は、1977年6月7日、外交会議の第54本会議で賛成多数で採択された[42]。

決　議

3963　外交会議に続く1985年末までの決議第17, 18および19の追加事項は、関連条文の解説で議論する。

第1章　身分証明書(第2条、第3条)
序　文

3964　この章で述べる身分証明書は、議定書第18条(識別)第3項に規定されているものである。これらは、議定書第8条(定義)小節(c)、(d)、(k)に定義されている文民の医療および宗教要員に適用される。これらの要員は、常時もしくは臨時のものであり、身分証明書のひな形とともに以下の分類の規定がなされている[*1]。

3965　その結果、第Ⅰ章は、常勤要員および臨時要員それぞれの身分証明書に関する二つの条文に分けられている。第1条(常勤の文民の医療および宗教要員のための身分証明書)の関係規定は、附属書第5章(文民保護)の第14条(身分証明書)における文民保護要員のための身分証明書にも適用される。

3966　権限のある当局から発行された身分証明書は、その所持者が尊重と保護の対象となる文民の医療および宗教要員の一員となることを保障するものである。特に占領地域ならびに紛争地域において、これら文民要員にとって身分証明書は、特殊標章を身に付ける権利があることの証明となる。

3967　1974年の草案において、第Ⅰ章は「文書(document)」と題され、四カ条からなっていた。これらの身分証明書に関する最初の二つの条文のみが最終版に反映された。草案の第4条は、第3条[*2]が削除される中で、第12条(飛行計画)となった。第一回会合において技術小委員会は、手続きの要旨を定めた草案第3条は、管理業務の負担を増やし、保護を強化する効果を持たないと考えた。さらに、ジュネーブ第四条約(GC Ⅳ)第20条の最終節は、文民病院で活動する要員の一覧について規定している。

42　*O.R.* Ⅶ, pp.52-54, CDDH/SR.48, 11-19節; p.171, CDDH/SR.54, 44-45節.
＊1　AP Ⅰ 第8および18条の解説、本書p.120以下およびp.147以下を参照。
＊2　「要員一覧」と題されている。

総　論

3968　この身分証明書の特徴は、ジュネーブ第一条約(GC I)第40条に規定する軍の医療および宗教要員の身分証明書と同等のものであるが、議定書第18条(識別)についての第Ⅱ委員会の協議をうけ、それらは義務的なものではない[43]。各国は、自国の国民登録方式および文民の記録ならびに身分証明書の所持に関する手続きをそれぞれ有することから、この書類の文民に関する規定を厳格に標準化することは避けることが考慮された。現在、この分野での国際標準はない。国際標準化機構(ISO)は、身分証明書の国際標準の研究について権限のある機関である。その技術委員会のいくつかは、国名標記の基準や、アラビア語、中国語、キリル語、ヘブライ語のローマ字表記に関する制度や文書を制定した[44]。

3969　身分証明書に関するいかなる国内標準があろうとも、第1節に示された身分証明書の性格は、文民および紛争当事国の軍当局にその所持者の身分および特殊標章の着用についての資格を確認できるようにするものである。身分証明書の色は特定されていないが、第Ⅱ委員会の技術小委員会は白地に赤の特殊標章が容易に識別できるよう、白を提案した。

3970　近年のコンピュータによる情報処理システムの発展は、非常に小型の軍用の身分証明(「電子ドッグタグ」)を作り出した。このタイプの身分証明書も、キャッシュカード型のものも、高度な警備区域への侵入を制限するものも生体認証技術を使った身分証明書も、いずれも先進技術に頼らずに作成でき、誰もがどこでも確実に情報を理解できるジュネーブ諸条約および同追加議定書に規定する身分証明書に取って代わることはできない[45]。

3971　第1条は、常勤の文民の医療、宗教要員が身に付ける認識票のひな形を規定していない。もっとも、そのような要員は、GC I 第16条および第40条に規定する軍隊の要員と類似の認識票を支給されるよう規定されなければならない。このような警告は、少なくとも議定書第18条(識別)第3項に示されるような地域においてはなされなければならない。

---

[43]　*O.R.* XI, p.166, CDDH/II/SR. 18, 8節.

[44]　ISO標準 R9-68, ISO 233-1984, ISO 259-1984, ISO R843-1968, ISO 7098-1982, ISO3166, ISO 216-1975.

[45]　生体認証(生物測定学)：「統計的観点から、特に、多様性の問題に関連する生物学」(Funk & Wagnalls Dictionary)指紋、顔や手の形状などからの認証を可能にする。

第1項

3972　身分証明書および認識票の作成は、可能ならば平時から研究し、準備すべきであり、一旦武力紛争が始まるや、これらの文書の作成は検討なしに即座になされるべきである[46]。

小節(a)

3973　身分証明書に使用される特殊標章は、赤十字または赤新月であり、附属書Ⅰの図2にひな型が示されており、赤のライオン及び太陽もまた、図2に示されているが、後者は1980年にイランが赤新月標章に変更したことから、もはや使用することはない[47]。

3974　図1にある身分証明書のひな形の上部にある二つの赤十字は必須のものではない。単独の赤十字または赤新月で十分であり、身分証明書のどこに付しても良い。国の紋章を国名とともに付すこともできる。身分証明書が白であれば、特殊標章は赤で押印または印刷される。特殊標章は白地に赤でなければならない。

3975　身分証明書はポケットに入れて持ち運びやすいように、技術小委員会は、74mm×105mmのカードが左右（見開き）に印刷できるようA7版のものを提唱している。ISOの国際標準において、A7版はA4版の8分の1の297mm×210mmであり、A4用紙は一般に手書きやタイプに使用される[48]。

3976　A7版の身分証明書は、縦型または横型で、少なくとも55mm×40mmの写真を添付するデザインとなっている。

小節(b)

3977　技術小委員会は、「できる限り耐久性があること」の文言は、折れにくく防水であり、汚れにくいカードを意味するとしている。これらの要件は被膜された紙

46　ジュネーブ諸条約およびその追加議定書は、認識票のひな形を示していない。それらのいくつかは幅6cm×高さ4cmの楕円形で、1mmの厚さのステンレス製である。それらは、二つに分割できるよう短辺に沿ってミシン目が開けられており、それぞれにGC Ⅰ 第16条の特別規定による項目が刻印されている。認識票の長辺の両端には二つの穴があけられ、60cmのステンレス・チェーンで首にかけられる。

47　イスラエルの代表は、（六角の星型の）ダビデの赤盾を特殊標章として使用することを宣言した。その標章の図柄はPh. Eberlinの「保護標章」（Protective Signs, Geneva, 1983）に見ることができる。

48　比較のため、ジュネーブ諸条約の附属書における身分証のひな形は次のとおりである：GC Ⅰ および GC Ⅱ：75mm×100mm、GC Ⅲ：130mm×100mm。

または板目紙、またバッジやクレジットカードを作るための硬質プラスチックが満たしている。そして、身分証明書は透明の密閉されたホルダーもしくはファイルなどあらゆる保護カバーに入れなければならない。

小節(c)

3978　若干の国において、文民の身分証明書は二カ国もしくは三カ国語で表記されているが、その他の多くの国では単一の言語である。図1のひな形では、二つの言語で多くの事項を印字するのに十分なスペースがあり、この場合、保護に関する文言が目立つように表示するよう留意しなければならない。

3979　身分証明書に記す情報の自国語以外の言語への翻訳を促進するために、記載事項は番号が付され、国名および発給当局が1番から始めなければならない[49]。記載事項番号1番から16番までは、他の言語に翻訳することができ、紛争当事国の他方当事国の登録一覧と交換され、必要に応じて再版および配布することができる。

3980　この小節にいう公用語とは、当該国での公用語として認められている言語である。したがって、この公用語または自国語とは、議定書第102条(正文)に規定されている正文に使用される言語のいずれかを示すものではない。さらに、それらの国には一つ以上の自国語または公用語があるかもしれない。

3981　その国内で他の言語が話されている場合、身分証明書に公用語とともに使用することができる[50]。それが可能な場合、その身分証明書に国際言語を使用する

49　図1における記載事項の番号順のひな形は以下のとおりである。
　　1－国名およびこのカードの発給当局
　　2－常時または臨時の文民医療・宗教要員の身分証明書
　　3－氏名
　　4－生(年)月日
　　5－認識番号(もしあれば)
　　6－所持者(フルネームで)
　　7－発給日
　　8－カード番号…発給当局の署名
　　9－有効期限
　　10－身長
　　11－目の色、12－髪の色
　　13－その他特記事項・情報
　　14－所持者写真
　　15－押印
　　16－所持者の署名または拇印またはそれら両方

50　*O.R.* XII, p.189, CDDH/II/SR. 72, 18-20節.

小節(d)

3982　姓名またはその他の名前を構成する部分の表示法は、国により、また時には同一国内においても様々である。長期にわたる協議の結果、第Ⅱ委員会は、名(first name)は身分証明書に独立した項目として表記しないことを決めた。したがって、権限のある当局は必要により、名(first name)とともに、ある個人を特定するためにその国で慣習的に使われる名前を記すことができる。この慣習名は、最初に表記され、その個人を明確に識別するために下線を付す。そして固有の名はその名前のすぐ後に記入される[51]。

3983　識別の重要な手段である生年月日は、若干の国では人口が多いために分からないことがある。そのような場合、その者の年齢は、推定される生年からの推定年齢の証明書を発行する医学委員によって設定される。正確な生年月日が不明な場合、その者の年齢は、少なくともおおよその事項として身分証明書に記入しなければならない。

3984　技術小委員会の代表の一人が、すべての国が同じ暦を使用していない事実から生ずると思われる複雑さを予想した。実際、種々使用されているカレンダー相互の違いが知られており、必要な場合には、権限のある当局が日付の変換に必要なあらゆる情報を公表することもできるだろう。

3985　一般規則として、平時には文民に識別番号は発行されない。もっとも、武力紛争時に識別番号が常勤の文民医療および宗教要員に与えられる場合には、識別を促進するために身分証明書にそれらが記載されれば役立つかもしれない。そのような場合、これら文民要員にも認識票が発行される場合には、それにも同じ番号を付さなければならない。

小節(e)

3986　身分証明書には、所持者の医療業務もしくは宗教任務の地位を明記しなければならない。両者の要員の分類は、図1に再掲されている証明書の見本に示されている。そしてこれに適合しない事項は削除しなければならない。

3987　外科、麻酔科、医師、看護師、救急隊員といった所持者の専門性を示すこと

---

[51] 同　p.180, CDDH/II/SR. 71, 34-36節; pp.183-184, 64-80節.

により証明書の所持者の能力を明示することもまた、望ましい。

3988　聖職者の場合には、宗派、資格――例えば病院牧師など――または所属する救済団体といった補足情報が識別には有用である。

3989　身分証明書の所持者の地位を明確に証明するにあたっては、証明書は議定書第18条(識別)第3項の規定に従う。

小節(f)

3990　常勤の文民要員の場合、身分証明書に所持者の写真を貼付することは難しくない。写真はすべての証明書類において重要であり、すべての国において使用されている。

3991　身分証明書には、所持者がその地位を正確に記入していることを確認する証明として、所持者の署名がなければならない。署名もまた、識別の手段であり、拇印も署名に代えてまたは署名とともに識別の手段である。間違いを防止するために、写真の裏面にも所持者の署名を付すことが奨励される。

小節(g)

3992　権限のある当局の押印と署名は、その身分証明書の有効性を証明するものとして重要である。ひな型図1において、「発給当局の署名」の位置は、押印が背面の場合には前面となる。この指定は絶対的なものではなく、当局の署名と押印は同列に同じ位置にあってもよい。

3993　第1条は、身分証明書に番号を付すことを求めていないが、ひな型図1には「証明書番号」の欄がある。これはGC I 第40条の規定(医療および宗教要員の識別)に従った提案であり、同条約附属書における軍隊の身分証明書のひな型に習ったものである。

小節(h)

3994　常勤の医療、宗教要員の身分証明書が、発給日および有効期限の明記を必要とすることは、文民の証明書類が一定期間ごとに更新されることと一致している。適宜更新することは、所持者の身体的特徴の変化、業務の変更などを反映させることができる。

3995　必要なら、証明書の有効期限の延長が、ひな型図1に示す「その他特記事項」の欄に権限のある当局により証明され、署名される。

第2項

3996　GC I 第40条第2項の規定同様、この項の規定は義務規定である。常勤の文民医療要員および宗教要員の身分証明書がその国内全域において同一様式でなければならないという要件は、非常に重要である。それは保護を必要とする者が、平時に通常その専門業務を行うところでは、証明書は必ずしも発行されないからである。通信は途絶される場合があるので、国内のあらゆる場所で発行される証明書は、標準様式に準拠する場合に効果的に管理することができる。

3997　保護される文民要員に発給した証明書の管理を行う当局は、医療施設の人事部、文民および宗教団体ならびに各国赤十字・赤新月社などの関係専門機関と連絡をとることとなる。各国は、その固有の状況を勘案し、発給された証明書の記録や写しの保管、紛争時の再発行、延長または更新などを所管する当局を決定する[52]。

3998　紛争当事国が相互に身分証明書の見本を交換する場合、証明書の記載事項に相手国の言語の翻訳を付さなければならない。

第3項

3999　常勤の文民医療および宗教要員は、その身分証明書を剥奪されることはないとする規定は、これらの要員の人道活動を危険にさらす恣意的な決定からこれらの者を保護することを意図している。禁止事項はこのように解釈すべきである。その所持者がその人道的使命または医療倫理を侵害する罪を犯すならば、その者は証明書の資格を失うのは明らかである。とはいえ、その者は証明書類をすべて剥奪されるべきではない。

4000　第3項は、GC I 第40条第4項に類似しており、保護を受ける要員は、特殊標章(腕章)を着用する権利を奪われないとしている。文民の要員は、身分証明書が発給されることにより尊重と保護が与えられる同様規定が適用される。

第2章　特殊標章(第4条、第5条)

序　文

4014　ジュネーブ諸条約およびその議定書の適用上、「特殊標章」という表現は、第

---

[52] GCI第40条の解説、本書p.18以下を参照。

一追加議定書第8条(用語)小節(l)に定義されている。医療要員、組織および輸送手段を識別するための特殊標章の使用は、第一議定書第18条(識別)に規定されている[53]。

4015　特殊標章の使用に関する規定を最も効果的かつ可能な限り履行するために必要な規則は、第Ⅱ章を構成する第3条(形状)および第4条(使用)に要約されている。

4016　特殊標章が効果的であるためには、他の視覚による標章のように、指定された視野の範囲内において十分に見ることができ、識別できなければならない。したがって標章は、日中、晴天(霧、雪、雨などでない)時に遠方から目視で射撃する戦闘員の裸眼で医療要員、組織および輸送手段を識別することができなければならない。

4017　この距離は、当該武器(歩兵、装甲戦車、火砲、海軍および空軍兵器など)の性格により大きく異なるだろう。

4018　特殊標章の上空からの可視性について、1936年にオランダおよびスイス空軍が実験を行った。専門家によれば、この実験は現代の飛行機の速度にもかかわらず、現在でも有効である。詳細な結果については、国際赤十字雑誌にICRCが掲載した[54]。

オランダ空軍による実験

4019　赤十字の寸法は直径6m、腕幅0.8mであった。白地は一片6mの正方形であった。実験の結果は以下のとおりである。
　―高度1,500mからは、赤十字の位置を知っている場合には赤十字を識別できる。
　―高度2,500mからは、赤十字の位置を知っている場合でも赤十字を識別することはほとんどできない。
　―高度3,500mからでは、赤十字を識別することはできない。

4020　天候不良で視界が制限される場合は、大型の標章(十字の大きさ50m、腕幅10m)が必要で、しかも照明すべきである。

53　AP I 第8条小節(l)および第18条の解説(それぞれの解説は、本書p.145とp.147以下)を比較参照のこと。また、AP I 第38条、第85条3項小節(f)および関連の解説(それぞれ本書p.163以下およびp.178)を比較参照。
54　オランダ空軍による実験については、RICR, 1936年3月号, p.204(フランス語版のみ)。スイス空軍による実験については、RICR, 1936年5月号, p.408(フランス語版のみ)。

4021　晴天時でも高度4,000mから識別されるためには、特殊標章はこの大きさでなくてはならない。

4022　上記実験がなされた高度では、大きさ3mの赤十字は識別できなかった。

スイス空軍による実験

4023　赤十字の寸法は直径5m、腕幅は不明だが、スイス国旗の比率からして、おそらく幅1.5m、長さ1.75m(長さが幅より6分の1だけ長い)[55]と思われる。白地は一片5mであり、以下の結果が得られた。
　　―低空飛行(200mから300m)の航空機からは、病院の屋根の頂稜にまたがる十字は極めて近距離からしか識別できなかった。それは屋根の傾斜により十字が歪んで見えるからである。したがって赤十字は屋根の頂稜にまたがった状態で配置してはならず、各斜面の平面に配置しなければならない。
　　―上空1,000mから垂直に見ると、十字の位置を知っている場合には十字を識別できる。
　　―上空2,000mから垂直に見ると、十字の位置を知っている場合には十字は歪んで見えるものの識別はできる。
　　―上空2,500mから3,000mからでは、特殊標章を識別することはできない。

4024　オランダとスイスによる保護標章の上空からの可視(視認)度実験は、同じ結果だったことに留意すべきである。

4025　地上では、ICRCが1972年および1976年の二回、技術分科会の専門家のために可視度実験を行ったが、この実験で以下の距離では特殊標章を識別できないことが明らかとなった。
　　―60m離れた白の腕章上の直径10cmの赤十字
　　―300m離れた救急車にある白地に直径40cmの赤十字
　　―500mから600m離れた救急車または旗にある白地に直径30cmの赤十字

4026　海上でも、ICRCが活動のために傭船した船舶ならびに多くの病院船の船体および艦橋部分にある特殊標章の可視性に関する研究が行われてきた。結果は上記の上空からの観察結果とほぼ同様である。二海里離れたところからは、船舶の

55　GC I 第38条第1項を参照。Ph.Eberlin, Protective Signs, op.cit., pp.23-26も参照。

船体に塗装された白地に3mの赤十字はかろうじて視認できるが、裸眼では識別できない[56]。

4027　病院船および沿岸救命艇による特殊標章の使用は、1977年に外交会議が国際海事機構（IMO）に付託した決議第18の主題である。決議は、特殊標章の使用が、例えば国際信号書のような適当なIMOの文書で認められるよう求めている。

4028　決議第18が提起した目視による識別の問題は、IMOにより、同海事安全委員会および同安全航行小委員会に付託された。これらの作業の結果、新たな第XIV章「武力紛争時の医療用輸送手段の識別及び救命艇の恒常的な識別」が国際信号書に加わった。本解説書附属の新たな文書は、1986年1月1日に発効した[57]。

4029　赤外線機器に対する特殊標章の可視性も、赤十字および赤新月を使用してICRCにより実験された。

4030　スペイン赤十字社は、赤の特殊標章は赤外線フィルムには見えないことを示す救急車の写真をICRCに送付した。これらの実験の結果、技術小委員会は、特殊標章を技術的な手段により探索できるようにするために必要な措置をとるべきことを勧告した。

第3条　形　状　〈訳者注：現附属書第4条〉

第2図　白地に赤色の特殊標章（省略：p.183第2図を参照）

総　論

4031　第2図に再現した特殊標章は、1949年の諸条約の特殊標章である。先に指摘したように、赤のライオン及び太陽は1980年以降使用されていない。

4032　しかし、赤のライオン及び太陽は、修正手続きが行われた場合に限り、この議定書から削除することができる。

4033　赤十字および赤新月は常に白地に描かなければならない。白地の形および大きさについては規定がなく、病院船の船体でも医療用航空機の胴体でも、または白壁でもよい。医療用航空機または救急車を白く塗装する義務はない。しかしながら、白は遮熱体であるため、医療用航空機または救急車はしばしば白く塗装される。

56　Ph. Eberlin, "Identification of Hospital Ships", RICR, 1982年11月-12月号, p.315.
57　International Code of Signals, IMO, London, 1985, p.27.

4034　特殊標章の大きさまたは比率に関する義務規定はない。したがって、緊急事態において、利用可能な材料を使用して標章を作成することができる。同じ理由により、赤色および白色の規格はなく、必要ならば即席で作ることもできる。

4035　第二条約第43条は、病院船および沿岸救命艇に使用される特殊標章については、濃色の赤と言及している。これは良好な赤と白の色彩上の対比を確保することを意図した勧告でしかない[58]。第一条約第48条により、白地に赤十字の紋章はスイスに敬意を表するため、スイス連邦の国旗の配色を転倒して作成された。スイスの記章の赤色は法律で規定され、かなり濃色である。しかし第38条には特殊記章の形状または色については規定がなく、国際赤十字雑誌に掲載された技術的論文で説明しているように特殊記章は、赤および白の色合いにかかわらず、その保護的価値を有する[59]。

4036　特殊標章の大きさについては、その高さ、幅および輪郭線で描かれた範囲が問題になる。標章が見える距離は、これらすべての要素、他言すれば、その赤色の範囲で決まる。夜間および日中の可視性実験の比較観測によれば、線だけで構成される記章も新月の表面もどちらも、同じ大きさの広がった十字より見えにくいことが明らかとなった。

第1項

4037　「状況に応じて適当な大きさとする」という表現は、特殊標章はできるだけ効果的な大きさにする必要性と、状況により標章が偽装され小さくされるという軍事的要請との妥協を意味する。

4038　特殊標章に関して行われた可視性実験によると、遠方から接近する車両の輪郭は、その色が見える前に裸眼で見ることができる。白地に赤十字標章は「できるだけ大きく」なければならないとするならば、標章を表わす赤と白の対比が見え始めたら直ぐに輪郭で標章が認識できるように車両の高さいっぱいに表示しなければならない。同じことが特殊標章を付した航空機、船舶および小型舟艇にも当てはまる。

4039　第2図により、特殊標章の形状と比率について知ることができ、また第2図は即席で特殊標章を作成するための基準として使用できる。特殊標章の作成に関す

---

[58] GC II の解説、第43条第1項、本書pp.76-77を参照。

[59] Ph. Eberlin, "Technical Note on the Colours of the Red Cross and Red Crescent Emblem", RICR, 1983年3月-4月号, p.77.

る更に詳細な情報は、ICRCにより三カ国語で出版された小冊子にあり、これには赤新月社が提案した新月の幾何学的構成の仕方が記されている。ジュネーブ諸条約には、白地における赤新月の位置または赤新月の大きさに関する規則はない[60]。

第2項

4040　夜間または可視度が低下したときに標章を識別する必要がある場合は、権限を有する当局が特殊標章を点灯もしくは照明することとする。

4041　標章は、投光または灯火により「照明」される。標章に投影された白い光が標章の形状と色を明瞭にする。

4042　白地に対して赤の標章を浮き立たせるために、標章に赤と白の灯火が当てられたとき、標章が「照明」されたことになる。赤色電球を標章の輪郭に沿って配置し、白色電球を白地の縁に配置することにより、標章を照明することができる。

4043　さらに白色光で囲まれた赤色灯の発光により標章自体を発光させてはならない理由はない[61]。このような種類の装置は、道路標識や宣伝用ネオン・サインを応用することができるが、これらは可視性実験を行うべきである。

4044　第2項にある探知に関する技術的方法は、本来、赤外線（IR）観測を含み、以下の三つの部類に分けることができる。

　　―赤外線の放射および反射像の受信を含むアクティブ方式赤外線電気光学観測
　　―赤外線写真
　　―熱源からの赤外線放射の探知を含むパッシブ方式赤外線電気光学観測

　　赤外線観測の方法は第二次世界大戦中に導入され、1971から1972年の専門家会議の時点では軍隊で広く使用されていた。当時、一般に知られるようになったその他の探知の技術的方法は、航空機から広範囲に地震感知器や化学的感知器のような機器を投下し、それにより自動無線信号で発信される情報を伝達するものであったが、これらは医療要員、組織および輸送手段を識別することができなかった。この新たな「世代」の探知技術に関する詳細な資料は少なく、医療組織の尊重

60　Ph. Eberlin, Protective Signs, 前掲書。新月は、二つの離心円の円周を交差させることで作成することができる。二つの円の中心は、互いに2ユニット分離され、その半径は、それぞれ6ユニットおよび5ユニットとする。新月の向きは、円の中心との関係で様々な向きとなる。

61　附属書Ⅰ解説の序文、本書p.192（3932-3933節）を参照。

および保護への影響を正確に評価できなかった。

4045　ICRCは、1972年および1976年に、夜間に特殊標章を探知するための赤外線観測の使用に関する実験を行ったが、これはスクリーンにプロジェクターと画像拡大機を使用したアクティブ方式電気光学赤外線観測に限られた。赤外線放射に使用された周波数は$0.8 \sim 2.0\mu m$であった[62]。観測距離はかなり短く、800mを超えなかった。

4046　赤外線感知フィルムで撮影された救急車の写真には、赤十字が全く写らなかったが、この写真をスペイン赤十字社がICRCに送付したことから、ICRCが準備し、赤外線写真実験が行われた。白黒およびカラーの赤外線写真は、日中の観測および上空からの戦闘および補給地域の監視のための各種技術により使用されることが想起される。これらの実験に使用された周波数は、$0.7 \sim 0.85\mu m$である。

4047　ICRCは、熱量測定型パッシブ方式電気光学センサーによる特殊標章の可視度の実験は行わなかったが、これは昼夜双方に使用することができ、戦闘および補給地域で発熱したエンジン、煙突、人および動物などから生じる温度差をパッシブ方式赤外線観測で探知するものである。この種のパッシブ方式赤外線電気光学観測は、$3 \sim 5\mu m$、および$10 \sim 14\mu m$の周波数を使用し、高度3,000mまでの上空から実施することができる。

4048　ICRCの実験によれば、特殊標章は、淡色の地に対する濃色のコントラストのある色彩である場合に限り、アクティブ方式赤外線電気光学観測で見えることがわかった。白地は赤外線の80％以上を反射するが、赤色は$0 \sim 10$％しか反射しない。赤色自体が淡色の地の上にある場合、コントラストは消滅する。これは写真にもあてはまる。白黒の赤外線フィルムをオレンジ色フィルターを付けて使用すると、赤と白に通常の塗装が施されている場合、標章は淡い灰色地に濃色の形として現われる。白地に反射材を使用し、赤の標章に光沢塗料を使用すればコントラストは改善される。

4049　カラー赤外線フィルムおよび黄色フィルターを使用すると、標章は赤みがかった灰色地に黄色として見える。

4050　コントラストを改善する様々な方法が実験された。
　　―記章の周囲に巡らした黒帯

---

[62]　μはギリシャ文字である。国際単位(SI)によると、μはミクロンあるいはマイクロメーターであり、μmとも略される。$\mu m = 10^{-6} m = 0.000001 m$である。赤外線周波数はときにはミリミクロン($m\mu$)、ナノメーター(nm)あるいはオングストローム(Å)とも表わされる。$1\mu = 10^3 \mu m = 10^3 nm = 10^4 Å$である。

—記章の周囲に巡らした細長い反射プラスチック材
　—記章にまたがった赤の反射材のけば付け
　—赤の塗料に黒の顔料を加える
　—赤の下地を黒く塗装する

　最後の方法が、濃淡のコントラストを改善するのに最も効果的であり、その他の方法は淡色の地で十字の形をより明瞭に際立たせることがわかった。

4051　ICRCは、特殊標章の色のコントラストは、パッシブ方式赤外線熱量測定探知機では認識できなかったことを知らされた。日中および夜間の空中観測に使用されるこの種の探知器により識別されるためには、標章の温度が背景の温度よりも10℃〜100℃高い必要がある。

4052　したがって、標章が上記赤外線探知機により識別されるために使用される材料は濃淡のコントラストを改善するもの、すなわち白地の反射特性を高め、赤の記章からの反射光を減少させるものである。各種製造業者が生産している反射材については、「国際赤十字雑誌」に掲載され、反射材は赤外線観測における特殊標章のコントラストの改善に最も効果的であることが立証されている[63]。

第4条　使　用　〈訳者注：現附属書第5条〉

参考資料
総　論

4053　特殊標章が一目で明瞭に識別されるためには、特殊標章全体がすべての方角から識別されなくてはならない。これは、ICRCにより1972年および1976年に行われた可視度実験および1936年3月と5月にオランダ空軍とスイス空軍により行われた空からの標章の可視度実験で実証された[64]。

4054　ICRC独自の実験に関する報告（D.1291）は、1972年の政府専門家会議に出席していた専門家に伝えられた。報告は標章の大きさ、標章が観測できた距離、すなわち100m〜1,000mおよび標章の作成に使用された材料の種類を示した。赤十字は80cm四方であり、100cm四方の白いパネルに表示された。赤新月は高さ80cmであった。異なる種類のパネル（木製、ボール紙および金属）が使用されたが、

63　Ph. Eberlin, "Modernization of Protective Markings and Signalling", RICR, March-April 1979, p.59.
64　附属書Ⅰ解説の序文、本書p.184以下および第2章の序文、本書pp.205-206を参照。

すべて平面であった。記章のいくつかには通常の塗料が使用されたが、他の記章は通常の、あるいは蛍光色で粘着性のある着色ビニールで作られた。燐光色および赤と白の逆反射材が実験され、また上記材料の様々な組み合わせの実験も行われた。

4055 これら実験の詳細は後述するが、これらの実験には旗、腕章、ベスト（tabards）、ヘルメット、担架、テントおよび医療用車両に付けられた小さな特殊標章を80m以内の距離から観測する実験が含まれていた。日中、夕暮れ時および夜間（月が上弦にある時）の晴天時に行われた実験では、これらの小さな記章では不十分であり、特に腕章の記章は不十分であった。

4056 夜間、可視光プロジェクターとペンシルビーム（小型の懐中電灯）が記章を見るために使用された。記章の赤外線探知にアクティブ方式電気光学観測が用いられた。赤外線を放出した場合、可視光の場合と同様、反射材をうまく使用すれば、色のコントラストと可視範囲を相当改善できる。逆反射材は、微細な球状ガラス玉を金属片または粘着性のある衣類もしくはビニール片に付着させ、特殊な透明素材フィルムで被膜したものでできている。反射された光は、観察者が入射角約四度の範囲外に移動すると見えなくなる。猫の目は自然の逆反射装置であり、逆反射材の発明の基礎となった光学特性を持っている[65]。逆反射材は、特に道路標識など広範囲に使用されている。

第1項

4057 旗は、常に現在でも優れた信号となっている。それは旗の本体と旗竿の一体で認識され、十分な大きさ（100cm四方）の場合には、その高さは裸眼に極めてよく目立つものとなる。

4058 赤の特殊標章を付けた白旗の掲揚は、見にくい記章よりも遠方の観察者が下方からでもはっきり見ることができ、可視信号を送るのと同等の効果がある。したがって戦闘地域で活動するICRCの車両は、前後左右のいずれからも識別できる特殊記章をできるだけ大きく表示するだけでなく、後部に装備した旗竿に100cm四方の赤十字旗を掲げている。

4059 特殊標章は平面に表示されなければ、特殊標章の一部が隆起した部分や凸凹した角度により隠されるため、一見しただけでは完全に見ることができない。一つの例として、屋根の頂稜にまたがって記章を表示すると、記章が凸凹して接近

---

[65] Ph. Eberlin, "Modernization of Protective Markings and Signals", 前掲書, pp.72-73を参照。

する航空機からは識別できない。識別されるためには、上空から直接に見えなければならない。同様のことが医療用テントの棟をまたぐ記章にもあてはまり、このような記章は地上の観察者には十分に見えず、したがって200m位の比較的近距離でも明らかに識別できない。

4060 あらゆる方角から識別できるために、特殊標章はすべての方角に面した平面に表示しなければならない。例えば、建物の側壁および構内、屋根の各斜面、医療用テントの壁面、ならびに建物の近くに設置された傾斜板などである。そのような面には、一般的に遠方から識別できる大きな表示をつけることができる。ICRCは5m四方と10m四方の赤十字旗を使用するが、この目的では旗竿は使用しない。

4061 移動中の車両に表示された特殊標章の可視度に関するICRCの実験によると、50cm四方またはそれより小さな標章は、常に変化する角度から見ると全く不十分である。そのような標章は250mの距離で識別が困難になる。医療用車両はできるだけ大きな赤十字標章を表示すべきだが、それは車両の種類による。つまり記章の一部が車体の輪郭で歪んだり曲がったりしても、記章は車体の高さいっぱいに付けるべきである。

4062 医療用車両の前後左右および屋根に表示された100cm四方の白いパネル上の80cm四方の特殊標章は、300m以内では容易に識別できる。晴天時に移動している車両に関しては、記章の可視度は300m以上先ではかなり低下し、約500mではゼロになる。

4063 様々な色の物質が標章の可視範囲への影響を調べるために実験された。これらの実験の結果については、国際赤十字雑誌に掲載された保護表示および信号の近代化ならびに特殊標章の色彩に関する論文で議論されている[66]。

4064 燐光性塗料はそれに投下される光を蓄積するが、暗所では少量の光しか放射せず、あまり役には立たない。蛍光性塗料は紫外線により活性化されるため、特に大気中の紫外線放射が短期間に増加し、蛍光色を非常に輝かせる夜明け時または夕暮れ時に大変効果的である。100cm四方のパネル上の蛍光性の赤十字は、完全に夜になるまで200mの距離から識別できる。500m先からでは、必ずしも識別できないが見ることはできる。

4065 逆反射材と同様、蛍光塗料は赤い記章と白地のコントラストを保つために上

---

66 前記第3条、脚注59および63、本書pp.210および212を参照。

手に使用されなければならない。同じことが反射特性により道路に印をつけるために使用されるキャッツ・アイ（猫の目）にもあてはまる。しかし、特殊標章のあらゆる要件を最良に満たす赤色および白色の物質を特定するためには研究が必要となる。つまり、できる限り遠方から日中でも夜間でも、悪天候時でも赤外線観測により、また光増幅器および次第に複雑化する軍事用電気光学システムを使用しても識別できる記章の研究が必要である。

第2項

4066 軍の医療要員および宗教要員と同様、常時のものであるか臨時のものであるかを問わず文民の医療要員および宗教要員にも特殊標章を付ける資格がある。ちなみに、ICRCの実験では、腕章は遠方から見た場合には効果がないことが明らかになったことを指摘するのは有益である。
　　—医療要員が左腕に付けなくてはならない腕章（第一条約第40条）は、腕章を付けている者がしゃがむか、右側または前後から見られた場合は80m以内でも識別できない。
　　—直径8cmの赤十字または赤新月を表示し、左腕に付け、かつ左側から見る条約で規定した腕章は80m以上遠くからは識別できない。
　　—保護される要員が両方の腕に腕章を付けていれば、80m以内の距離で側面から見る場合には、より簡単に識別できる。しかし、前後からは識別が非常に難しく、80m以上離れたところからは識別できない。

4067 第2項は、識別手段としての腕章の欠点を改善しようとするものであり、権限のある当局の許可に従うことを条件に、軍および文民の医療要員ならびに宗教要員に、戦闘地域で人道的任務を遂行する要員に限定された補足的な識別方法を提供すべきことを提案している。

4068 したがって、できる限り被保護者は、特殊標章を表示したヘルメット、衣服を支給されるものとし、それにより、第二次世界大戦で一般的となった白色塗装のヘルメットの前後左右および天辺に特殊標章を表示する慣行に公的地位を与えることになる。

4069 特殊記章をつけたベスト、外衣およびその他の白服も、上記条件で公認される。

4070 ヘルメット（headgear）、ベスト（tabards）および衣類に付ける特殊標章は必然

的に小型となり、要員を識別できる距離を限定してしまう。

 1) 通常の素材で作成され、前面と背面に記章を表示したベストは、80mでは、その前後からは識別できるが側面からは識別困難である。80m〜150mでは、多少は識別できるが、150m以上では赤十字が小さすぎて困難となる。

 2) 同様のことが、前面と背面に赤十字を表示した白地の外衣にも当てはまる。

 3) 腕章に関する記述は、赤十字を表示した白のヘルメットにも当てはまる。約8cmの赤十字を描いたヘルメットは、80mでは見ることができない。白のヘルメットは、色彩が明るい(純白な表面)ために約150m先からも識別できる。

4071 実験から、赤十字と同じ大きさの赤新月は、赤い部分が小さいので一層識別が困難であることが明らかとなった。

4072 戦闘地域で人道的任務を遂行する要員は、休戦協定の締結により最善の保護を受けることができ、それにより紛争当事者は、負傷者を看護し、死亡者と共に彼らを避難させることが可能となる。こうした状況でも医療および宗教要員は、あらゆる誤解を避けるために、第2項で提案された保護資材を支給されなければならない。

第1条および第2条のための身分証明書のひな形

表面

```
(この証明書を交付等
する許可権者の名を記
載するための余白)

         身分証明書
         IDENTITY CARD
                 常時の
自衛隊の衛生要員等以外の      医療関係者用
                 臨時の
         PERMANENT
   for            civilian medical personnel
         TEMPORARY
```

氏名/Name _____
生年月日/Date of birth _____

　この証明書の所持者は、次の資格において、1949年8月12日のジュネーヴ諸条約及び1949年8月12日のジュネーヴ諸条約の国際的な武力紛争の犠牲者の保護に関する追加議定書（議定書Ⅰ）によって保護される。
The holder of this card is protected by the Geneva Conventions of 12 August 1949 and by the Protocol Additional to the Geneva Conventions of 12 August 1949, and relating to the Protection of Victims of International Armed Conflicts (Protocol I) in his capacity as

_____

交付等の年月日/Date of issue _____　証明書番号/No. of card _____
　　　　　　　許可権者の署名/Signature of issuing authority

有効期間の満了日/Date of expiry _____

裏面

| 身長/Height ___ | 眼の色/Eyes ___ | 頭髪の色/Hair ___ |

その他の特徴又は情報/Other distinguishing marks or information:
血液型/Blood type
_____
_____
_____

所持者の写真
/PHOTO OF HOLDER

| 印章/Stamp | 所持者の署名/Signature of holder |

（日本工業規格A7［横74ミリメートル、立て05ミリメートル］)

■ジュネーブ諸条約第二追加議定書

第12条　特殊標章

> 医療要員及び宗教要員、医療組織並びに医療用輸送手段は、権限のある関係当局の監督の下で、白地に赤十字、赤新月又は赤のライオン及び太陽の特殊標章を表示する。特殊標章は、すべての場合において尊重するものとし、また、不当に使用してはならない。

【解説】4729 〜 4748節 ……………………………………………………

総　論

4729　傷病者と難船者を効果的に保護するために、これらの者を支援する要員および避難のための場所と輸送手段はすべて議定書の保護を享受する。

4730　これらの識別は赤十字、赤新月の特殊標章の使用により可能となる[1]。その使用は濫用を防止するために規則に従い管理されなければならない。これがこの条文の目的であり、これは傷病者および難船者の尊重保護の原則の最新の発展段階を示すものである。この原則は既に諸条約の共通第3条に含まれ、第二追加議定書第7条(保護及び看護)で再確認されている。

4731　この条文はジュネーブ諸条約の関連規定に基づいている。すなわち「特殊標章」の表題をもつ第一条約第7章および第二条約第6章、ならびに第四条約第18条、第20条、第22条である。

4732　これらの規則は第一追加議定書第18条と附属書Ⅰが補足している。ICRCが提出した草案の基本的内容は維持されたが、最終採択案は、より精緻な表現となった[2]。

1　前記、赤のライオン及び太陽標章については、AP I Commentary、第9条、脚注10、p.1419を参照。
2　第18条草案。

特殊標章

4733　赤十字、赤新月標章は二つの異なる機能を持ち、一つは武力紛争時の保護標章であり、もう一つは平時にも適用され、赤十字、赤新月組織に所属する人とものを意味する表示標章であり、これは保護の資格を与えるものではない。

4734　両議定書で使用される「特殊標章」の語は、保護の目的で使用される標章についてのみ言及する。第一追加議定書第8条(用語)小節(l)は、

「『特殊標章』とは、医療組織、医療用輸送手段、医療要員、医療機器、医療用品、宗教要員、宗教上の器具および宗教上の用品の保護のために使用される場合における白地に赤十字、赤新月または赤のライオン及び太陽から成る識別性のある標章をいう」[3]。

とある。

第二追加議定書のために起草された第12条は、ほとんど同じ定義に基づき採択された[4]。

4735　ここでの特殊標章は、他のすべてを除外し、規定で言及した人ともの、つまり、「医療要員と宗教要員および医療組織と医療用輸送手段」を保護する。したがってこの定義は極めて重要であり、ここで再び第12条について行われた交渉の主要な要素を想起すべきである。

特殊標章の使用拡大

4736　ICRC草案は、特殊標章の使用を赤十字および赤新月組織にまで広げることで標章の使用拡大を提案した。

「白地に赤十字(赤新月、赤のライオン及び太陽)の標章は、紛争当事者および赤十字(赤新月、赤のライオン及び太陽)組織の医療要員、医療組織および医療用輸送手段の特殊標章であり、あらゆる場合に尊重するものとする」[5]。

4737　諸条約では、各国赤十字、赤新月社は比較的小型の表示標章のみを表示する資格があり、保護標章は軍の医療組織のために留保された[6]。ICRCはその提案を

3　前記第8条小節(l)の解説、本書、p.145を参照。
4　「用品」の語は、「医療器具および物資」に代えられた。O.R.VIII, p.347, CDDH/II/386を参照。
5　Commentary草案、p.150.
6　GC I 第38条および第44条を参照。またGC IV 第18条も参照。

強調するために、内戦状況下で赤十字が果たす主要な役割、特に非政府当事者に対する役割を強調した。組織化された医療組織が存在しない場合には、各国赤十字社の活動は一層重要となり、赤十字社は両当事者のために機能し続けることになる唯一の人道機関となる[7]。

4738 条文を研究した作業部会はこの提案を詳しく研究し、次の結論に達した。

「作業部会で特殊標章の使用を拡大する必要性が議論されたとき、部会は近年の非国際的武力紛争における多くの事例を聴取した。その中で赤十字支部あるいは内戦で傷病者の看護を認められた団体が特殊標章を使用する必要性が明らかになった」[8]。

「作業部会は、特殊標章の使用拡大の要件を満たす規則を第二議定書草案のどこに挿入するのかを協議した。特別な規則を第18[12]条に挿入するか、第11条(f)[定義]の中で医療要員を適切に定義することでこの問題を解決するかのいずれかであった」[9]。

当初は、後者が好まれた。そこで医療要員の定義に関する草案は次の部類を含み起草された。

「紛争当事者の一により承認された赤十字(赤新月、赤のライオン及び太陽)団体の医療要員および武力紛争が起きている締約国の領域内にあるその他の援助団体の医療要員で紛争当事者の一により承認されているもの」[10]。

4739 議定書では定義に失敗したため、議論の流れは標章の使用拡大に賛意を表明したように見える。第二議定書第18条(救済団体及び救済活動)で「赤十字団体」に言及していることは、この解釈が認められたことを示している。「赤十字団体」の語は、定義では、

「政府側で提供される援助だけでなく、反政府側の既存の赤十字団体または支部および紛争中に設立された応急の団体をも含む」

ものとして使用された[11]。

4740 内戦の場合には実際的な理由から、新たな赤十字または赤十字社の医療要員、組織、輸送手段には、新たな赤十字団体としての承認なしに標章の使用権が拡大

7　O.R.XI, p.289, CDDH/II/SR.28, 50節。
8　同書, p430, CDDH/SR.40, 6節。
9　同書, 8節。
10　O.R.XIII, p.346, CDDH/II/386も参照。
11　O.R.XI, p.430, CDDH/II/SR.40, 9節を参照。

されることは明らかである。

4741　そのほか各国赤十字社は、平時同様、武力紛争時にも通常の社会的事業を継続する。文民および軍の医療組織を支援する以外の活動については、保護標章より小型の表示標章を使用し続けることができる[12]。

特殊標章は保護を受ける権利の必須条件か

4742　標章の使用は任意である。医療要員と医療組織、輸送手段はいかなる場合にも保護される。その保護は、第9条(医療要員、宗教要員の保護)、第11条(医療組織、医療輸送手段の保護)で明示的に許可されている。しかし、これらが敵だけでなく味方の軍隊や武装組織からも識別できるようにすることが保護を受けるものにとり直接的な利益となる。特に非国際的武力紛争の場合、対立地域が明確に特定できずにしばしば変化するので特にそうである。

4743　第一議定書第18条(識別)第1項は、「紛争当事者は、医療要員、宗教要員、医療組織及び医療用輸送手段が識別されることのできることを確保するよう努める」と規定している[13]。

4744　第二議定書第12条によれば、「特殊標章を表示する(shall be displayed)」とある。フランス語では命令形ではなく未来形"le signe distinctif[…]sera arbore"が使用されている。この文言は権利を表現するものと解され、そのように使用されるよう勧めている。

標章の寸法

4745　特殊標章は、できるだけ明瞭に識別できなければならない。「標章をできるだけ大きくする必要性は良識と論理の問題である。それを明示的に規定する必要はない」[14]。これは委員会の見解だった。第一議定書附属書Ⅰは、標章の寸法を同じように扱い、第4条(形状)第1項で「特殊標章は、状況に応じて適当な大きさとする」と規定している[15]。

12　Commentary草案, p.150を参照。
13　前記p.148、APⅠ第18条解説を参照。
14　O.R.XI, p.437, CDDH/II/SR.40, 49節。
15　前記p.209, APⅠ附属書Ⅰの解説を参照。

「権限のある関係当局」の指示

4746 標章が実効的に尊重されるには、その使用が監督に服さなければならないことが重要である。そうでなければ誰もが標章を使用しようとするだろう。特殊標章により与えられる保護は、その使用が権限のある関係当局の承認と監督に服することを要請する。その管理を効果的にするために必要な措置を講じるのは責任ある当局である。権限のある当局とは、文民または軍の当局である。合法政府と戦う者の場合、これは事実上の当局となるだろう。一般的に議定書の適用のための敷居は一定程度の組織であることを要求し、特に議定書の規則を適用するだけの叛徒側の能力を要求する[16]。

特殊標章は「常に尊重しなければならない。」

4747 この義務は絶対的であり、第11条(医療組織及び輸送手段の保護)第2項で言及する例外的な場合を除き、いかなる場合にもいかなる場所でも適用される[17]。

「不当に使用してはならない」

4748 標章は、本条で規定する人およびもの、すなわち医療および宗教要員ならびに医療組織と同輸送手段を保護するためにのみ使用することができる。これ以外のいかなる使用も不当使用であり禁止される[18]。

---

16 AP II 第1条および同Commentary、p.1347を参照。
17 AP II Commentary、第11条、p.1435を参照。
18 Commentary草案、p.150；O.R.XI, pp.433および438, CDDH/II/SR.40, 21節, 27節および57節.N.B. を参照。また標章の使用および標章の濫用防止に関する規定(GC I 第44条、第53条；GC II 第44条、45条；AP I 第18条第4項、第38条および第85条第3項(f)を参照。さらに、赤十字国際会議は、繰り返しジュネーブ条約締約国に対し、標章の濫用を抑止する国内法を強化するよう奨励してきた。例えば、1977年、ブカレストで開催された第23回赤十字国際会議が採択した決議11を参照。

■ジュネーブ諸条約第三追加議定書

〈訳者注：本議定書は、第三議定書標章(赤のクリスタル標章)の使用に関するものである。〉

【解　説】……………………………………………………………………

　われわれ一人ひとりが身につける標章は、いかなる特定の国、人または宗教の特権でもなく、傷者および無防備な犠牲者に対する尊重と苦難にあえぐ人々との連帯の証であることを心に留めていただきたい(Alexander Hay、ICRC総裁、マニラで開催された赤十字国際会議開催前のスピーチ)[1]。

Jean-François Quéguiner[*]

序　文

　白地に赤十字および赤新月の標章は、19世紀以来、武力紛争および自然災害の犠牲者を支援する普遍的な象徴として使用されてきた。これらの標章の長い歴史の詳細な説明は本解説の範囲を超えているが[2]、2005年12月8日に追加の標章、すなわち赤のクリスタルが採択された理由を理解するにあたり、若干の意義深い瞬間を回想するのも有益であろう。

---

[1] 第24回赤十字国際会議報告、マニラ、1981年11月7-14日、p.50。
[*] Jean-François Quéguinerは、ICRC法務部(Legal Division)の法律顧問である。本解説は著者の見解を反映したものであり、必ずしもICRCの見解ではない。本稿は、Anne Ryniker氏(ICRC)の参加により作成された。著者は、本稿の数多くの草稿の見直しに協力してくださり、意見を寄せてくださったすべての方、特にFrançois Bugnion、Jean-Christophe Sandoz、Stéphane HankinsおよびBaptiste Rolle (ICRC)の各氏に謝意を表する。また、Christopher Lamb氏(連盟)にも有益なご意見を賜り、謝意を表する。
[2] 標章問題に関する歴史の詳細は、François Bugnion著、"Towards a comprehensive solution to the Question of the Emblem", updated 4th edn, ICRC, Geneva, 2006年4月、p.105を参照。

1864年8月22日の最初のジュネーブ条約は、軍隊の衛生機関および篤志救護団体を識別する唯一の標章として赤十字を制定した[3]。この考えは、戦場で時折使用された様々な旗および特殊記章を、遠方から識別でき、認識し易く作成が容易な一つの標章に変更するというものであった[4]。しかし、これらの基準を満たし得る様々な記章の中から赤十字が選択された正確な理由は、依然として不明である[5]。

ほどなくして、一部の国が赤十字の標章には宗教的な意味があるとして異議を申し立てた。1876年、ロシアと戦争中のオスマン帝国は、条約の特殊記章の性格により「イスラム教徒兵士が不快感を抱き、トルコは条約に基づく権利を行使できていない」[6]と主張して、軍隊の衛生部隊を識別するため、以後、白地に赤新月を使用すると一方的に宣言した。ジュネーブ条約寄託国のスイスおよび同条約締約国の抗議により、厳密に当該戦争の期間に限り、赤新月の使用を認めるという妥協に至った。こうして、単一の特殊記章の原則がこのとき初めて破られた。

それ以降、その他の標章も登場したが、そのほとんどは短命であり[7]、ごく少数の標章のみが公式の承認要請の対象となった。特に、ジュネーブ条約改訂のための

---

3 1863年のジュネーブ国際会議は、既に決議8を採択し、篤志衛生要員は「すべての国において、白地に赤十字の腕章を統一の特殊記章として着用する」と規定した。しかし、この特殊標章を軍隊の衛生要員に対して課す権限がなかったため、その趣旨での勧告に留まった。この勧告が、スイス政府が召集した外交会議における作業の基礎となり、1864年8月の最初のジュネーブ条約採択へと繋がった。

4 「赤十字設立の遥か以前には、病院および野戦病院は戦場において往々単色の旗を以て標識とし、その色は場合により国により異なっていた。赤十字およびジュネーブ条約の責任者は当初から衛生要員および傷者が享受すべき免除の視覚的記号として共通の国際的標章の必要性を認めていた」。ジュネーブ第一条約第38条の解説；Jean Pictet, The Geneva Conventions, Commentary, Vol.1, Geneva Convention for the Amelioration of the Wounded and Sick in Armies in the Field, ICRC, Geneva, 1952, p.297.

5 前記脚注2、François Bugnionの著書 p.8によれば「理由は1863年10月の会議の議事録に記録する必要がないと判断されたため不明であるが、選ばれた標章は白地に赤十字であった。少なくともわれわれが入手可能な現代の会議文書には、その選択理由を明らかにするものは見当たらない。したがって推測することしかできない」。

6 1876年11月16日、オスマン・トルコ政府からスイス連邦評議会への急報。Bulletin international des Sociétés de Sacours aux Militaires blesses, No.29, 1877年1月、p.36

7 例えば、1877年、日本の救護社は白地に赤の太陽の下に赤横棒を使用した。その他、両大戦期のアフガニスタンの赤の門、第二次大戦後のインドの白地に赤の糸巻き車、スリランカの卍、シリアの赤の棕櫚など多くの標章が出現した。これらの諸国の政府は、結局、これらの標章の使用を止め、代わりにジュネーブ諸条約で承認された標章の一つを選んだ。これら各種の標章およびその歴史的概要の一覧は、François Bugnion, The Emblem of the Red Cross:A Brief history, ICRC, Geneva, 1977, pp.61-68を参照。

会議（1906年）の間、オスマン帝国により改めて表明された赤新月承認の要請に加え、ペルシャ（イラン）とシャム（タイ）がそれぞれ赤のライオン及び太陽ならびに赤の炎を使用する権利を要望した[8]。会議では、これら三つの公式承認を否決した。白地に赤十字の紋章記章は、スイスへの敬意を表して連邦色を転倒して採択されたものであり、この否決は、赤十字の非宗教的な性格を厳粛に再確認したものである[9]。とはいえ、会議により各国はジュネーブ条約の標章に関する規定に留保を付すことが認められた。オスマン帝国は、ペルシャと同様、この機会を利用して留保したが、シャムはそれを見送り赤十字を採用した。

白地に赤新月ならびに赤のライオン及び太陽は、「戦地にある軍隊の傷者及び病者の状態の改善に関する1929年7月27日のジュネーブ条約」によりようやく承認された。ただし、これらの使用は、いずれかの標章を1929年の条約採択以前から使用していた国に限るという制限が課せられた[10]。この解決策は、次の二つの必要性に応えたものである。第一は、単一標章からの逸脱という既成事実を承認し、それに法的効力を与えること。第二は、新たな特殊標章が今後増加することを防ぐことである。新たな特殊標章が増加すれば、保護される人、物および輸送手段の迅速な識別が困難となり、保護を弱める危険性が生じるためである。

1929年の条約に規定された解決策は、後に1949年8月12日のジュネーブ第一条約により追認された[11]。1949年の会議に参加した全権代表は、次の三つの代替案を否決した。すなわち、赤十字、赤新月ならびに赤のライオン及び太陽に代わるまったく新しい標章の採択、赤十字のみを使用することへの復帰、そして追加の標章としてのダビデの赤盾の承認である。最初の二提案は早々に退けられたが、イスラエル代表団により提出された第三の提案は白熱した議論となった。この提案の否決が最終的に正当と判断されたのは、これ以上の標章の増加を回避したいという願いが

8　こうした要望は、1899年および1907年のハーグ会議の際にも提出された。これらは1906年の会議と同様の判断を受けた。

9　1906年7月6日のジュネーブ条約第18条。この宣言は1949年8月12日のジュネーブ第一条約で再度明言された。

10　1929年7月27日のジュネーブ条約第19条では「赤十字の代わりに、白地に赤新月もしくは赤のライオン及び太陽を特殊記章として既に使用している国については、これらの標章が本条約の条項により認められるものとする」と指摘している。

11　1949年8月12日の戦地にある軍隊の傷者及び病者の状態の改善に関するジュネーブ第一条約第38条。

あっただけでなく、特にこの標章を認めれば、承認された特殊記章には宗教的な意味がないという主張の信頼性が失われるという懸念があったためである。イスラエルはこの後、1974年から77年の外交会議でダビデの赤盾の国際的な承認を得ようとしたが、同様の理由により失敗に終わった。

1929年の妥協は、このようにして数十年間持ちこたえた。しかし、この解決策は避けられない困難をいくつか生み出した。第一の困難は明白である。それぞれに主要な一神教を容易に連想させる二種類の記章が共存すれば[12]、特定の状況において、これら標章には宗教的または政治的な意味があるという誤った認識を助長してしまう[13]。この認識は、二つ以上の敵対当事者が異なる標章を使用する紛争時には特に問題となる。さらに、赤十字運動の構成員の活動基盤となっている基本原則の中立性、公平性に対して疑いを生ずる可能性がある。これにより標章に付与された敬意が損なわれ、標章を着用する者の保護を脅かすこととなる。

第二の困難は、一部の国と赤十字社が、1949年のジュネーブ諸条約により承認された標章についていずれにも共感できないとし、採択を拒否したことに起因する。この拒否は、赤十字運動の世界性の障害となった。というのも、2006年までの赤十字運動規約では、赤十字社の承認を得るための必要条件として赤十字または赤新月いずれかの使用が求められていたためである[14]。イスラエルの篤志救護団体であるダビデの赤盾社はこの問題に直面し、同様にエリトリアの救護団体もまた、赤十字および赤新月を並べて配置し、二重標章を使用しようとしたため、この問題に直面した[15]。

12　1980年9月4日付の外交文書によると、イラン・イスラム共和国は、赤のライオン及び太陽を使用する権利行使を取り下げ、赤新月を採用したが、新たな標章が認められた場合は赤のライオン及び太陽に復帰する権利を留保した。この観点から、本文では文脈により、赤十字および赤新月という二つの承認された標章のみに言及する。

13　さらに、この特殊標章の非宗教的性格に関する主張は、これまでに何度も繰り返されてきたが、キリスト教的西欧とイスラム圏のいわゆる分裂構造が強まる世界では、このような主張の伝達は一層困難になっている。

14　赤十字運動規約第4条は「各社の承認条件」と題され、(2006年の改正までは)「第5条第2項b)」により国の社として承認されるためには、その社は以下の条件を満たさなければならない…5.ジュネーブ条約に従い、赤十字または赤新月の名称および標章を使用するものとする」と明確に規定していた。

15　二重標章の問題については、前記脚注2のBugnion氏の著書p.18-21を参照。同氏が指摘する通り、カザフスタンの社は当初、二重標章を選択したが、その後、2001年12月20日に発効した法律により赤新月を単独で使用するとして、その使用を放棄した。

これらの困難を打開し、標章に関する疑問を包括的に解決するため、2005年12月5日から8日にジュネーブで開催された外交会議において、ジュネーブ諸条約締約国は第三追加議定書を採択した。この国際人道法の新文書の表題、前文および各条文に関する手短な解説は、以下の通りである。

1949年8月12日のジュネーブ諸条約および追加の特殊標章の採択に関する第三追加議定書

　第三追加議定書(AP III)の名称は、1977年6月8日に採択され、国際的および非国際的武力紛争に関する第一追加議定書および第二追加議定書の名称に基づいている。この表現にこの条約の固有の法的関連性が表れている。

　1977年の二つの追加議定書と同様、第三追加議定書は、単なる「追加」文書にすぎず、独立した文書と見なすことはできない。これは戦争犠牲者保護のための1949年8月12日のジュネーブ四条約と公式に関連しており[16]、既に諸条約の締約国でなければ(または同時に諸条約の締約国にならなければ)[17]議定書の締約国にはなれない。ジュネーブ諸条約の明文規定との関係も等しく強固である。第三追加議定書は、ジュネーブ諸条約の明文規定および履行体系を補完する一方、同議定書により改訂されなかった1949年の諸条約の関連諸規定——特に、総則と最終規定および諸条約に含まれる国際人道法の一般原則[18]——により規律される。

　しかし、第三追加議定書の内容は、1977年の二つの追加議定書と比べると限定的であり、第三追加議定書は追加の特殊記章の使用を許可することでジュネーブ諸条約を補完している。「追加の」という表現の反復使用により、第三議定書で制定された特殊標章は、1949年のジュネーブ諸条約で承認された標章に代わるものではない旨を明示しており、むしろ締約国および赤十字運動の他の構成員ならびに潜在的なその他の許可された関係者が、条文に規定された条件に従い、追加の標章を使用で

16　戦地にある軍隊の傷者及び病者の状態の改善に関するジュネーブ第一条約、海上にある軍隊の傷者、病者及び難船者の状態の改善に関するジュネーブ第二条約、捕虜の待遇に関するジュネーブ第三条約、戦時における文民の保護に関するジュネーブ第四条約。
17　この点に関しては、1949年8月12日のジュネーブ諸条約に追加される1977年6月8日の議定書コメンタリーを参照。ICRC/Martinus Nijhoff Publishers, 1987, pp.1069(3693節)および1076(3715節)。
18　同書、p.20(4-6節)。

きるようにしたものである。

前文

締約国は、

① 特殊標章の使用について、1949年8月12日のジュネーブ諸条約の諸規定(特にジュネーブ第一条約第26条、第38条、第42条および第44条)および適用がある場合には、1977年6月8日の同諸条約の追加議定書(特に第一追加議定書第18条および第38条ならびに第二追加議定書第12条)を再確認し、

② 特殊標章の保護すべき価値および普遍的性格を高めるように前記の諸規定を補完することを希望し、

③ この議定書は、締約国がジュネーブ諸条約および適用がある場合には、同諸条約の追加議定書に基づく義務に従って使用している標章を引き続き使用する締約国の認められた権利を害するものではないことに留意し、

④ ジュネーブ諸条約及び同諸条約の追加議定書によって保護される人および物を尊重する義務は、国際法に基づくそれらの保護されている地位に由来するものであって、特殊標章または信号の使用に基づくものではないことを想起し、

⑤ 特殊標章は、宗教的、民族的、人種的、地域的または政治的な意味を有することを意図するものではないことを強調し、

⑥ ジュネーブ諸条約および適用がある場合には、同諸条約の追加議定書において認められた特殊標章に関する義務の十分な尊重を確保することの重要性を強調し、

⑦ ジュネーブ第一条約第44条が特殊標章の保護のための使用と表示のための使用とを区別していることを想起し、

⑧ 更に、他国の領域内で活動する各国の赤十字社、赤新月社およびダビデの赤盾社が、その活動の枠組み内において使用することを意図する標章について、その活動が行われる国および通過国において使用することができることを確保しなければならないことを想起し、

⑨　既存の特殊標章の使用について一部の国および各国の赤十字社、赤新月社、ダビデの赤盾社が有する可能性がある困難を認識し、

　⑩　赤十字国際委員会、国際赤十字・赤新月社連盟および国際赤十字・赤新月運動がそれぞれの現行の名称および標章の維持を決意したことに留意して、

次のとおり協定した。

【解説】……………………………………………………………………………

　前文は、国際条約の導入部であり、通常、条文の背景にある論理的根拠を説明し、その対象および目的を明確に述べようとするものである。さらに前文は、特に条約成立の契機となった一般原則を想起することにより、条約の隙間を埋めるための追加規定が含まれることもある[19]。国際条約における前文の法的意義に関する複雑な問題(多くの場合、条約自体の性格による)はさておき、ここでは前文は条約が採択された背景の一部を構成し、それ故条約を解釈するためには重要な手引きであることを指摘しておく[20]。

第1項

　前文第1項は、第三追加議定書の内容が適合する法的枠組みを規定している。既述のとおり、第三追加議定書は、1949年8月12日のジュネーブ諸条約および適用がある場合には、1977年6月8日の二つの追加議定書の精神および関連諸規則に基づき解釈されなければならない。

　ジュネーブ諸条約ならびに同条約の第一、第二追加議定書の多くの規定は、明確に特殊標章に言及している[21]。本項ではその完全な一覧を作成することもできたが、あまり役立たないうえ、本文が不必要に難解になってしまうおそれがあった。第三追加議定書草案[22]では反対の方法を取り、関連諸条約に一般的な言及を行うにとど

19　Dictionnaire de droit international public, Bruylant, Brussels, 2001, p. 865を参照（"des dispositions supplétives destine à combler les lacunes du traité, notamment sous forme de rappel des principles généraux qui l'ont inspires"）。

20　1969年のウイーン条約法条約第31条第2項を参照。

21　しかし、これら特殊標章に言及している国際人道法の条約は、1949年のジュネーブ四条約および1977年の二つの追加議定書だけではない。1907年の陸戦の法規慣例に関するハーグ第四条約第23条(f)および同条約附属書である陸戦の法規慣例に関する規則も参照。

22　この草案は、ICRCがスイス政府に伝達し、スイス政府が寄託者としての資格により2000年7月5日に

め、個々の規定を特定していない。最終条文は妥協の産物である。最終条文は、「特に」という表現に見られるように、標章の使用および表示と特に関連性があり強調するのが有益と思われるジュネーブ第一条約および第一、第二追加議定書の若干の条文を列挙しているにすぎない。

第2項

序文で述べた通り、赤十字および赤新月は武力紛争と災害の犠牲者を支援する普遍的な象徴であっても、特定の限られた地理的状況においては、これら標章に付与された尊重が得られるわけではない。さらに、二つのうちいずれの標章にも共感できない、または両方を同時に使用する権利を望む国々もある。

そのため、第2項では、第三追加議定書が追及する主目的が明記されている。第三追加議定書は、ジュネーブ諸条約および最初の二つの追加議定書を補完する目的で策定され、追加の標章が採択された。この追加標章は、既存の標章が政治的または宗教的な意味を含むと誤って受け取られる可能性がある活動状況において、特殊標章の価値を高めると思われる。第三追加議定書はまた、国際赤十字・赤新月運動の一員であることを示す表示目的で、赤十字社がこの追加標章を使用することを許可している。本文書の採択は、赤十字または赤新月標章を唯一、かつ、もっぱら採用することを拒む赤十字社が赤十字運動に統合されることを認め、その結果、赤十字運動の世界性(普遍性)を更に強化するであろう。

第3項

概説の通り、第三追加議定書の標章は(純粋に「追加」的な性格であり)、1949年のジュネーブ諸条約により承認された標章(すなわち赤十字、赤新月および赤のライオン及び太陽)に代わるものではない。第3項は、ジュネーブ諸条約により規定された標章の一つを各国が継続的に使用できることを単に反復しているだけである。

ジュネーブ諸条約の全締約国に送付した第三追加議定書草案のことである(以下、最初の第三追加議定書草案と記す)。このほか、2000年10月12日付の草案は、2000年夏に行われた交渉を考慮して作成され、寄託国より回送され、2006年12月5日から8日に開催された外交会議の議論の基礎を築いた(この点については、外交会議の最終議定書(final act) 第5節を参照)。2000年の第三追加議定書の交渉過程の各段階に関しては、前記脚注2のBugnion氏の著書pp.32-6を参照。

しかし、留意事項として次の留保条項が含まれている。すなわち、これら標章を合法的に使用するためには、その当然の条件としてジュネーブ諸条約および適用がある場合には同条約の追加議定書の関連諸規則に従わなければならない。したがって、特殊標章の表示が許可されていない人、組織または輸送手段が使用する場合、もしくは通常、標章の使用が許可されている人、組織または輸送手段が標章の作成された目的を外れて使用する場合は、そのような使用は不当または不適切(および場合によっては背信行為)と見なされる。

第4項

　第4項は、保護されている地位を表示することは、保護のための必須条件ではないという国際人道法の基本原則を想起している。確かに国際人道法により承認された特殊標章、記章または信号は、具体的な表現形式を与えることにより保護を大いに促進させ、そこにこそ標章の実際的価値が存在する。しかし、人または物の保護される地位を承認すべきである敵が、これら標章、記章、または信号がないことを理由に、その保護される権利を無視することはできない[23]。実際、特殊記章が表示されていないという理由だけで攻撃を正当化しようとすれば、状況により戦争犯罪と見なされる可能性がある。

　ここでは、「標章(emblems)」という用語は、白地に赤十字、赤新月ならびに赤のライオン及び太陽をいう。「記章(signs)」という用語は、この原則がジュネーブ諸条約、同諸条約の追加議定書、またはその他の国際人道法諸文書により承認されたその他の特殊記章にも適用されることを示すために追加された。この記章とは、例えば、文民保護[24]、危険な力を内蔵する工作物および施設[25]、または文化財[26]に関連

---

23 「赤十字および赤新月は、単に便利な道具であり、保護に対する既存の国際的な法的権利の尊重を確保しようとするための実用的な手段である」。Michael Meyer, "The proposed new neutral protective emblem: a long-term solution to a long-standing problem", in International Conflict and Security Law: Essays in Memory of Hilaire McCoubrey, Cambridge University Press, Cambridge, 2005, p.88. Edited by Richard Burchill, Nigel D. White and Justin Morris.

24　第一追加議定書第66条第4項は、文民保護の国際特殊標章は、文民保護組織、同要員、建物および器材の保護ならびに文民の避難所に使用する場合は、オレンジ色地に青色の正三角形とすることとしている。

25　第一追加議定書第56条第7項は、危険な力を内蔵する工作物および施設の識別を容易にするため、紛争当事国はその物を同一軸上に置かれた三つの鮮やかなオレンジ色の円から成る特別の標識で表示することができると規定する。

26　1954年5月14日の武力紛争時の文化財の保護に関する条約第16条では、この条約の特殊標章は、先端

した記章を意味すると解される。最後に、「特殊信号」という用語は、もっぱら医療組織および医療用輸送手段の確認のために行う第一追加議定書の附属書Ⅰ第3章に定める信号をいう[27]。

第5項

ジュネーブ第一条約第38条の解説の言葉を借りれば、「赤十字標章は、ただ一つのことだけを意味しようとしている。しかし、それはとても重要なことである。つまり、苦難の中で無防備にさらされ、支援が必要とされる人々を国籍、人種、宗教、階級または意見により区別することなく、敵味方を問わず尊重することである」[28]。

特殊標章は、原則的にもっぱら救済の象徴として認識されなければならない。それは、武力紛争時における傷者、病者および難船者ならびに医療要員、医療組織および医療用輸送手段に対して与えられるべき保護の視覚的な印である。それらは必然的に中立でなければならず、それ以外にはいかなる意味も有していないことが必要である。

これが第5項で明快に再確認された原則である。同項では、（宗教的、民族的、人種的、地域的または政治的な）意味を幾つか一覧にしている。これらはしばしば特殊標章に起因すると誤解されるが、締約国は、決してそのような意味づけを特殊標章に与えるつもりはない。条文は、この点を明確にしていないが、その一覧は若干の例示にすぎず、網羅的ではないことは明瞭と思われる。

第6項

これら特殊標章の目的の一つが、武力紛争時、標章を付した人または物が特別な国際的保護を享受し、これらの人または物に対して攻撃が禁止されることを表示するためであることを考慮した場合、いかなる不当または不適当な使用も、あらゆる保護制度に対する信頼を損なうものとなる。

が下方に向き、かつ、青色と白色とで斜め十字に四分された楯（一角がその楯の先端を形成する紺青色の正方形、当該正方形の上方に位置する紺青色の三角形および当該三角形の両側を占める白色の三角形から成るもの）であると明記している。

27 「特殊信号」の用語の定義は、APⅠの第8条(m)を参照。
28 前記脚注4、p.224。

非武力紛争下でも、いかなる標章の不適当な使用も人々の標章のイメージを傷つけ、戦時下の保護的価値を弱体化させてしまう。

　このため第6項は、まさに標章に関する法的義務の尊重確保の重要性を想起させる。これに関連して、ジュネーブ諸条約締約国は処罰規定（行政措置、法的措置または懲戒措置の形をとる場合がある）を制定しており、これにより平時および戦時の双方において標章の不当使用を防止し、処罰が可能となることに留意する必要がある。

第7項

　第7項では、特殊標章は本質的に二つの異なる目的を果たすことができることを確認している。第一の目的である保護的使用は、軍の医療要員、医療組織または医療用輸送手段のほか、その他の正式に許可された団体、物および人に対して、ジュネーブ諸条約により承認された保護を目に見える形で与えるためのものである。この場合に特殊標章が意図する具体的な機能を考慮すると、遠方から視認できるよう、その状況において必要なだけ大型でなければならない[29]。第二の目的である表示的使用は、その人または物が赤十字運動と関連があることを示す。この状況下では、標章は比較的小型のものでなければならず、保護手段として使用される標章と混同されないよう使用しなければならない[30]。

　第三追加議定書により提案された追加標章の使用条件は、その使用が保護的または表示的のいずれかにより異なるため、上記の区別に留意することが重要である。

第8項

　1921年にジュネーブで開催された第10回赤十字国際会議で決議11が採択された

---

[29] 保護手段として使用される標章は、できる限り遠方から識別できなければならないという規則は、1965年にウイーンで開催された第20回赤十字国際会議で採択され、1991年のブダペストで開催された代表者会議で改正された各国赤十字社による赤十字・赤新月標章の使用規則第6条に反映されている。規則はさらに、標章は夜間または視界が低下する場合は、点灯または照明を施すことができる。標章は、できる限り探知の技術的手段により識別できるような材料で作成し、上空を含むできる限り、あらゆる方角から視認できる旗または平面に表示するものとする。

[30] GCIの解説、第44条、本書p.31以下、前記脚注4、；APIの解説、第38条、本書pp.167-168（1538-1539節）前記脚注17。また、各国赤十字社による赤十字・赤新月標章の使用規則第4条を参照。

が、第8項では、同決議で述べられた赤十字運動の適用規則を別の言葉で再確認しているにすぎない。同決議では「いかなる赤十字社も、特に赤十字の名称および標章の使用に関する限り、当該国赤十字社の中央委員会および自国赤十字社の中央委員会の承認なしに、支部、代表、委員会または機関を設置あるいは外国でのいかなる活動も行うことはできない」と規定する。この趣旨は、1938年にロンドンで開催された第16回赤十字国際会議で採択された決議Ⅶにより確認された[31]。

問題は、赤十字社が外国の領域、つまり社の「管轄権」の域外で活動している場合、当該活動地域で赤十字社が使用する標章の法的承認をいかにして確保できるかである。これには三つの要素が考慮される。第一に、当該標章が1949年のジュネーブ諸条約により承認されており、受入国がそれらの締約国である場合、当該標章は法的に容認されると推測される。第二に、その標章が1949年のジュネーブ諸条約で承認されたものとは異なる(例えば、赤のクリスタルの中にダビデの赤盾が組み込まれたもの)場合、国内法の分析が、それを表示できるか否かの判断を行うのに有益である。最後に国内法が存在しない場合、その判断基準は、受入国の赤十字社による許可(または不許可)となる。

第9項

これらの困難に関しては、序文および第2項の解説で既に手短かに言及した。これらの困難さの原因は、主に赤十字および赤新月には宗教的または政治的な意味があるとしてしばしば誤解されること、または若干の赤十字社がジュネーブ諸条約で承認された標章の中から一つを選択するのが困難なことである。第9項は、いかなる価値判断も示さず、単にこの事実に留意するにとどめている。

第10項

最終項では、ICRC、国際赤十字・赤新月社連盟(連盟)および赤十字運動は、この議定書の起草時、その名称および各特殊記章のいずれも変更しない旨決定したことを認めている。しかし、この記述は、ICRCおよび連盟が赤十字運動の国際的な構成員として特定の例外的な状況(特に第4条を参照)において第三追加議定書の標

---

[31] これら二つの決議文については、国際赤十字・赤新月運動ハンドブック、第13版、ICRC、ジュネーブ、1994年3月、pp.729-30を参照。

章を使用することを妨げるものではない。

したがって名称および標章の変更が可能となるのは、赤のクリスタルの使用を選択した赤十字社に限定される。第三追加議定書の採択の結果、赤十字社が本文書により制定された名称および特殊標章を使用するため、または第3条に定める諸条件に従い標章を組み合わせて（表示目的で）使用するために、赤十字運動規約の改訂が行われたことに留意すべきである[32]。赤十字社による赤十字・赤新月標章の使用に関する規則等の他の文書もまた、第三追加議定書が採択された結果、改訂されなければならない。

1949年の諸条約および1977年の同諸条約追加議定書とは異なり、全17条で構成される本条文は、「編」、「部」または「章」に分かれていない。最初の7カ条は本質的な内容を取り扱い、後半の10カ条は、条約法では伝統的に「最終規定」の項目に該当する内容を取り扱っている。後半部分は、諸条約および第一、第二追加議定書の本文に（同一でないとは言え）大きく触発されている。そのため、1949年および1977年の本文との相違点を指摘し、説明する非常に手短かな解説が含まれているのみである。一方、明文規定に関する解説は、より詳細なものとなる。

第1条　この議定書の尊重および適用範囲

> 1. 締約国は、すべての場合において、この議定書を尊重し、かつ、この議定書の尊重を確保することを約束する。
> 2. この議定書は、1949年8月12日の4つのジュネーブ諸条約および適用がある場合には、1977年6月8日の同諸条約の2つの追加議定書の特殊標章、すなわち、赤十字、赤新月および赤のライオン及び太陽に関する諸規定を再確認し、かつ、補完するものであり、これらの諸規定にいう事態と同一の事態について適用する。

32　第29回赤十字国際会議は、2006年6月22日に決議1を採択し、国際赤十字運動規約を第三追加議定書に適応させた。特に赤十字社は、承認されるためにジュネーブ諸条約に従い、赤十字または赤新月の名称および標章を使用する必要がなくなった。現在では、第4条第5項により「ジュネーブ諸条約および追加議定書に従い、名称および特殊標章を使用する」ことが求められている。

【解説】

第1項

　本項は、ジュネーブ四条約の共通第1条および第一追加議定書第1条第1項をそのまま引用している。第三追加議定書との関連では、具体的な言及は必要としない。読者はただ、諸条約および第一追加議定書の関連する解説を参照すればよい[33]。

第2項

　第2項の多くは、前文第1項の反復である。すなわち特殊標章に関する四つのジュネーブ条約および同条約の追加議定書の諸規定の妥当性を再確認し、同時にそれに関する法を発展させるという第三追加議定書の目的を繰り返している。本項はまた、追加議定書は他の文書を補完し、それらの規定のいずれにも取って代わるものではないことを明確にしている。

　本項最大の関心事は、第三追加議定書の適用範囲を(特に一時的な意味において)規定することにあり、これについて諸条約および1977年の二つの追加議定書の関連諸規定に言及している。第三追加議定書は、国際的、非国際的武力紛争を問わず適用される。しかし、標章に関する諸規定は、ジュネーブ諸条約の共通第2条の表現を引用すれば、「平時に実施すべきこれら規定」の一部を構成する。したがって、これらの適用は武力紛争の有無には無関係である。

第2条　特殊標章

> 1. この議定書は、ジュネーブ諸条約の特殊標章に加え、かつ、当該特殊標章と同一の目的のため、追加的な特殊標章を認める。これらの特殊標章は、同等の地位を有する。
> 2. この追加的な特殊標章は、白地に赤の正方形の枠により構成され、この議定書の附属書の図解に合致するものとする。この特殊標章は、この

---

[33]　特にAP I Commentary, pp.34-39(36-51節)、前記脚注17を参照。

> 議定書において「第三議定書標章」という。
> 3. 第三議定書標章の使用および尊重の条件は、ジュネーブ諸条約および適用がある場合には、1977年の追加議定書に定める特殊標章のための条件と同一である。
> 4. 締約国の軍隊の医療組織および宗教要員は、自国の現行の標章を害することなく、その使用により保護を強化しうる場合には、本条第1項に規定するいずれの特殊標章も一時的に使用することができる。

【解説】

表題

「特殊標章」の表現は、赤十字に言及した1949年のジュネーブ第一条約第38条の「軍隊の衛生機関の標章及び特殊記章」から引用している。第一追加議定書第8条(1)(f)は同様の表現を使用し、その定義を「医療組織、医療用輸送手段、医療要員、医療機器、医療用品、宗教要員、宗教上の器具及び宗教上の用品の保護のために使用される場合における白地に赤十字、赤新月又は赤のライオン及び太陽から成る識別性のある標章をいう。」としている。第8条は、本用語の範囲を第一追加議定書の目的上、限定しているが、第三追加議定書がこの表現を別の意味で解すると示唆するものは何もない。ここで考察する規定は、標章の保護的使用のみに言及していることになる。

第1項

第2条第1項は、1949年のジュネーブ諸条約により既に承認された標章に加え、追加の特殊標章を定め、この追加の標章は先行する標章と同一目的を有することを明記している。これは、表題に記されたように第三追加議定書の目的を反復しているに過ぎない。

本項の第2節は、条約法の発展を示している。ジュネーブ第一条約第38条では、承認された標章の間に一定の序列を定めた。すなわち赤十字の記章を通例とし、赤新月ならびに赤のライオン及び太陽が単に例外として承認された。序文で既述のとおり、当時の交渉担当者は赤十字以外の二つの記章を、既にこれらを使用していた国にのみ許可した(すなわち、その他の国がその後使用することを排除した)[34]。こ

---

34 前記序文参照、p.225。

のような特別な地位が赤十字に付与されたために、1949年のジュネーブ第一条約第Ⅶ章の表題で特殊標章が単数形で言及されたのである。しかし慣行により、次第にこれらの特殊標章は事実上、平等の地位を持つものとして扱われるようになった。本項では、(本議定書で規定されたものを含む)様々な標章の平等な法的地位を宣言してこの発展を明確に認め、論理的に複数形の「特殊標章(distinctive emblems)」の表現を採用している。

第2項

第2項は、この追加標章のために選ばれた形状を正式に解説している。この新しい特殊標章の使用を望む締約国の指針とするため、附属書で図解に言及している。このデザインが選択されたのは、長い過程にわたる研究およびスイス軍が実施した可視度に関する実験を反映した結果である。その選択に際する主要基準は、その単純さ、遠方(特に上空)からの識別の容易さ[35]および宗教、民族、人種、地域または政治的な意味を有しないことであった。

議定書の採択時、追加標章の形状は広範な合意を得たが、その名称は最終決定に至らず、暫定的に「第三議定書標章」という名称が付けられた。追加標章の名称は、非常に精確な基準に合致していなければならない。もちろん、いかなる宗教的または政治的な意味も有してはならない。また言語的に中立でなければならず、可能であれば、少なくとも赤十字運動の三つの規約上の言語(英語、スペイン語およびフランス語)および国連の公用語(特に、アラビア語、中国語およびロシア語)[36]を含むその他数々の言語で発音が容易でなければならない。この他、考慮する必要のある要素は、既存の標章の名称への追加のしやすさである。最後に、その名称は簡潔で覚えやすく、ダイナミックで重厚なイメージを伝えるものでなければならない。

これに基づき合意に至った用語は「red crystal(赤のクリスタル)」(フランス語で

---

[35] 当初想定されたデザインは、角を下にして立つ単純な赤の四角形だった。しかし、2000年8月21日から23日までICRCの支援によりスイス軍が実施した実験では、赤の四角形は特定の状況下(特に熱探知カメラを通して見た場合)では、赤十字および赤新月と比較して視認性が若干劣ることが証明された。そこで赤の四角形の中に白の四角形を組み込んだ標章の採用が推奨され、同時に2001年8月21日から27日まで視認性実験が実施された結果、この新たな標章は、あらゆる場面において1949年のジュネーブ諸条約で認められたものと同程度容易に識別できるとの結論が得られた。

[36] さらに第17条では第三追加議定書は6カ国語(英語、アラビア語、中国語、スペイン語、フランス語およびロシア語)で採択され、これら6つの原本は等しく正文であるとしている。

cristal rouge、スペイン語でcristal rojo）であった。クリスタルは清廉の印であり、往々にしてあらゆる人間の生活に不可欠な要素である水と関連している[37]。この合意は、2006年6月22日採択の第29回赤十字国際会議の決議1に具体化されている[38]。

第3項

　第1項は、第三議定書標章および既存の標章は同一の目的を果たし、平等の地位を有するという事実に注意を喚起したが、これと同様第3項は、それらの使用および尊重のための条件は全く同じであると規定する。すなわち本議定書は、特殊標章を使用できる人や物の範囲を追加したり、もしくは尊重または保護の条件を修正したり、特殊標章の現行の使用条件を変更するものではない。

　赤のクリスタルの使用を管理し、尊重する諸規則の詳細は繰り返さないが、ここで留意すべき点は、赤のクリスタルは武力紛争下において保護の目的を有し、特定の人および物を識別するためにのみ使用されるということである。これらは、何よりもまず軍隊の医療組織である。医療組織の概念は、ジュネーブ諸条約および第一追加議定書に数回登場するが正確には定義されていない[39]。この用語の意味は、概して以下の通りである。

- 医療要員、すなわち常時のものであるか臨時のものであるかを問わず、もっぱら医療目的または医療組織の運用、医療用輸送手段の運用もしくは管理のために配属された者
- 常時のものであるか臨時のものであるか、固定のものであるか移動可能なものであるかを問わず、紛争当事国の医療組織または紛争当事国が利用できる医療組織
- 常時のものであるか臨時のものであるかを問わず、もっぱら医療上の輸送に配属された紛争当事国の権限のある当局の管理の下にある輸送手段
- 医療組織、輸送手段および要員の医療用資材

　軍隊に配属された宗教要員もまた、保護目的で標章を着用することができる。「宗

37　Meyer、前記脚注23、p.231を参照。
38　第29回赤十字国際会議における本決議の第2節では「これ以降、第三議定書標章を『赤のクリスタル』とすることを決定する」とある。
39　この用語は、第三追加議定書本条の次項および第5条にも見られる。

教要員」の用語は、牧師のようにもっぱら聖職の任務に従事し、常時であるか臨時であるかを問わず、紛争当事国の軍隊または医療組織に配属されるか、紛争当事国の利用に供される者を含む[41]。

しかし、標章の保護的使用は、軍隊の医療組織および宗教組織にのみ限定されていない。確かにジュネーブ第四条約では、厳密に定義された一定の条件の下、文民病院およびそれら病院の運営と管理に正規にもっぱら従事する文民[42]もまた、特殊標章を使用することができる。第一追加議定書は、同様に厳密に定義された一定の条件の下、文民の医療および宗教要員、医療組織および医療用輸送手段に権利を認めることで標章着用を許可された文民組織の一覧を拡大した[43]。

ジュネーブ諸条約はまた、赤十字運動の国際機関および正当に権限を与えられたその職員に対しても、保護目的で標章を使用する権利を認めた（ただし、第三追加議定書第4条を参照のこと）。これらの条約では、さらに救済団体（例えば赤十字社または赤新月社）の構成員もまた、傷者、病者および難船者の収容、看護に従事する間は、緊急時に自らの判断で標章の使用が許されることを明記している。しかし、条約は、これらの救済団体は本国政府が正当に認めたものでなければならず、軍隊の医療要員と同一の任務に従事し、軍法に従う要員に限り、標章の保護的使用を認めている[44]。この場合、引き続き各国は救済団体が標章の濫用を行わないようにしなければならない。

40　医療組織の概念の定義はPietro Verri, Dictionary of the International Law of Armed Conflict, ICRC, Geneva, 1992, pp.70-71およびFrançois Bouchet-Saulnier, Dictionnaire practique du droit humanitaire, 3rd edn, La découverte, Paris, p.497より得られた。医療要員、医療組織、医療用輸送手段の定義については、それぞれAP I、第8条(c)、(e)および(g)を参照。

41　GC I 第40条、AP I 第18条第1項を参照。宗教要員の定義については、AP I 第8条(d)を参照。本項では、宗教要員は紛争当事国の文民保護組織にも配属できると明記している。

42　しかし、ジュネーブ第四条約第18条第3項では、国の許可がある場合に限り、（そのように当局により承認された）文民病院は標章によって表示できることを規定している。同条約の第20条第2項は、医療要員および宗教要員が標章によって識別される資格を地理的に制限し、「占領地域および作戦地帯」としている。

43　第一追加議定書の大部分は、既にジュネーブ第四条約により定められた条件を繰り返している。第18条第4項は、医療組織および医療用輸送手段は、文民のものであるか軍のものであるかを問わず、特殊標章によって表示するためには権限のある当局の同意が必要であると規定している。第18条第3項は、標章による文民医療要員および文民宗教要員の識別は「占領地域及び戦闘が現に行われ、または行われる虞のある地域」に限って許可している。

44　GC I 第26条を参照。

最後に、ジュネーブ諸条約は、傷者、病者を戦争の影響から保護するために紛争当事国の領域に設置される病院地帯および病院地区を含めることにより、保護目的での標章の使用が許可される人および団体の一覧を完全なものとしている。ジュネーブ第一条約附属書Ⅰの協定案には、これらの地域の外縁および建物に標章を用いて印を付すと記されている。

第4項

　本規定は、締約国の軍隊の医療組織が、通常使用する標章と異なる特殊標章を使用できるか否か（例えば赤新月の代わりに赤十字を使用する、またはその逆）を明確にしなかった条約法の不足部分を補完している。第4項は、そのような使用が保護を強化しうる場合、これは可能であるとしている。本議定書の追加標章と等しく、1949年に承認された標章も、このように柔軟に使用されるものであり、これにより様々な特殊標章の平等の地位がさらに確かなものとなる。

　本項では、通常使用する標章を他の一つの標章と置き換えることを認めているが、通常使用する標章の代わりに複数の他の標章を並べた組み合わせを使用することは認めておらず、この点は新たに認識されるべきである。この結論は、「いずれかの特殊標章の一時的使用を許可する場合には」、と単数形の表現が使用されていることから論理的に導かれる。さらに承認された標章の一時的な重複使用を本項が許可したと解した場合、先行法から著しく逸脱することになる。そのような逸脱は第3項と相容れない。第3項によれば、第三追加議定書は、標章の使用および尊重のために承認された条件の修正を意図していないからである。

第3条　第三議定書標章の表示的使用

1. 第三議定書標章の使用を決定する締約国の赤十字社は、関連する国内法に従って標章を使用するにあたり、表示目的のために、この(標章の)中に以下に掲げるものを組み込むことを選択することができる。
   a) ジュネーブ諸条約により承認された特殊標章またはこれらの標章の組合せ。
   b) 締約国により効果的に使用されており、かつ本議定書の採択前に寄託者を通じて他の締約国および赤十字国際委員会へ通報されたその他の標章。

   組み込みは、本議定書の附属書の図解に合致しなければならない。
2. 上記第1項に従い、第三議定書標章の中にその他の標章を組み込むことを選択する各国の社は、自国の領域内において国内法に従いその標章の名称を使用し、表示することができる。
3. 各国赤十字社は、国内法に従い、かつ例外的な場合において、および自己の活動を容易にするため、本議定書第2条に記された特殊標章を一時的に使用することができる。
4. 本条は、ジュネーブ諸条約および本議定書で認められた特殊標章の法的地位に影響を及ぼすものではなく、また、本条第1項に従って表示目的で組み込まれたいかなる特定の標章の法的地位に影響を及ぼすものではない。

【解説】

第1項

　赤十字社は、表示的使用のため第三議定書標章の使用を自由に決めることができる[45]。第三追加議定書の締約国は、第三議定書の規定を実施するためには標章の使用を管理する国内法を改正するだけでよい。

---

[45] 赤のクリスタルを表示目的で、(その中に他の標章を組み込まないで)単独使用する選択肢は、第三追加議定書第3条第1項の文言により暗示的に読み取ることができる程度にすぎない。もっとも、本議定書附属書第2条では明記されている。

第3条第1項はまた、二つの新たな可能性を提示している。第一に、赤十字社は、追加標章の中に1949年の既存の標章の一つまたは組合せを組み込んで使用することができる[46]。この組み込みは、第1項(a)に規定されているが、特定の条件に従う必要はない。下記の図解は網羅的なものではないが、主な組み込み方は、次の通りである[47]。

　第二に、第1項(b)は、第三議定書標章の中に組み込むことができる「その他の標章」に具体的な地位を認めているが、これは次の二つの条件をすべて満たした場合に限られる。第一の条件は実質的なものであり、もう一つは形式的なものである。実質的な条件とは、締約国がその他の標章を自国の通常の標章として既に十分長期間にわたり使用し、その国の社の標章として周知されていること、つまりこれが条文中の「効果的に使用されて」の意味である。形式的な条件とは、第三追加議定書の採択前に寄託者を通じてジュネーブ諸条約の締約国およびICRCへ通報されていなけれ

46　先の第三追加議定書草案では、赤のクリスタルに組み込まれる標章の大きさを詳述していた。しかし、本規定は最終的に不要であると判断され、条約から削除された。連盟の主導により作成された小冊子「赤十字、赤新月、赤のクリスタル標章—デザイン・ガイドライン」(2006年6月、http://www.ifrc.org/who/emblem.asp で入手可能)には、第三議定書標章を含むジュネーブ諸条約により承認された標章のデザインの正確な詳細が記されている。小冊子で推奨されたものとは異なる標章デザインを使用したとしても、標章の保護的または表示的な価値が変わることはなく、それに対する攻撃を正当化することはできない。
47　クリスタルの中に赤のライオン及び太陽を組み込んだデザインの選択肢は、ここでは再掲されていない。

ばならない。これらの両条件を満たす唯一の標章は、ダビデの赤盾である。この標章はイスラエルの社（イスラエルのダビデの赤盾社）により1930年代から使用されている。また、1951年7月6日にジュネーブ諸条約を批准する際のイスラエルの留保事項として、寄託者を通じて締約国およびICRCへ通報されている[48]。本規定の結果、ダビデの赤盾が唯一、第三議定書標章に組み込む資格を有するその他の標章となる。

第3条の表題は、その他の標章を組み込む選択は、標章を表示目的で使用する場合のみに制限されていることを明記している。その一方、保護目的の場合は、第三追加議定書第2条は赤のクリスタルを単独で何も組み込まずに使用することを求めているが、この要件は赤のクリスタルだけが唯一、追加標章として承認された事実からも容易に説明がつく。この理由はまた、実際的なものであり、遠方から良好な視認性を確保するには、クリスタルの中が余白であることが重要であるとの実験結果による[49]。

第2項

一定の条件下で、第三議定書標章の中に第1項で規定された標章を一つまたは複数組み込むことを選択した社は、第2項の規定により、赤のクリスタルの中に選択した標章を表示することなく、選択した標章の名称のみを使用し、それを表示することができる。例えば、第三議定書標章に赤十字・赤新月の両方を組み込むことを選択した社は、一定の条件下で、赤のクリスタルの枠内にそれら二つの標章を組み込まないで、そのまま両方の標章だけを並べて使用することができる。

第3条第2項で使用された表現は、制限なく認められているこれら標章の名称の使

---

[48] この留保は、条約の特殊記章および標章の不可侵性を尊重する一方で、イスラエルは自国軍隊の医療組織の標章および特殊記章としてダビデの赤盾を使用することを述べたものである。

[49] 1991年の標章規則第5条が次のように明記している点に留意する必要がある。すなわち、保護手段として使用する標章は、常にその原型を留めなければならず、十字、三日月または白地に何も付け加えないものとする。

用と、国の領域内でのみ可能な標章の表示とを区別している。その結果、第1項(a)または(b)に言及された標章の名称を持つ社が、国の領域内または領域外でその名称を使用しても異議を唱えることはできない。同様に、これらの標章が第三議定書標章に組み込まれていなくても、当該社の国の領域内で使用されていれば異議を唱えることはできない。対照的に、自国の領域外でこれらその他の標章を使用する場合の規定は存在しない。換言すれば、当該社が自国の領域外で活動に従事した段階で、その社は第三議定書標章の中にその他の標章を組み込まなければならない。

　実際には、ジュネーブ諸条約で承認された赤十字、赤新月ならびに赤のライオン及び太陽の一つを自らの標章として選択していれば、その社は従来通り、その標章を自国の領域外で使用できることを意味する。しかし、第三議定書標章の中にこれらの標章の一つまたはその組み合わせ、もしくは「その他の標章」(第3条第1項(b)の意味の範囲内にあるもの)を組み込むことにした場合は、第三議定書標章の中にそれら標章を組み込んで表示する場合に限り、自国の領域外で活動できる。以上すべての場合において、これら標章は、第三議定書標章の中に組み込まれていても、前文第8項の解説で述べた赤十字運動の規則に従う場合にのみ使用できることに留意することが有用であろう。

　最後に、国の構成要素である「国の領域」という表現は、国際公法の確立された概念と合致することに留意する必要がある[50]。第三追加議定書第3条第2項は、この基本概念の伝統的な理解から逸脱するものではなく、その内容を反故にする狙いや目的を持つものではない。

第3項

　本項は、保護的使用に関する第2条第4項と対をなすものである。ここでは、その社がどの標章を採用しているかに関係なく、当該社が表示目的で第三議定書標章を一時的に使用することを許可している。しかし、興味深いことは、本規定は当該社が赤のクリスタルのみを使用することを認める一方で、第2条第4項はより広く規定し、各国が自国軍隊の医療組織および宗教要員が従来から使用してきた標章とは異なるジュネーブ諸条約で承認されたその他の標章の一つを用いることを認めている。

50　「領域」についてはまた、赤十字運動規約第4条の赤十字・赤新月に関する箇所で言及されている。

もう一つ、第2条第4項との相違点として、第3条第3項はこの方法を選択する場合は、比較的厳密な条件を課していることが挙げられる。第一に、赤のクリスタルの使用は、国内法に準拠しなければならない。第二に、この選択肢は例外的な場合にしか利用できない。したがって、赤のクリスタルは一時的にしか使用することができず、例外的な事態が終了した時点で速やかに元の標章に復帰しなければならない[51]。最後に、一時的にこの標章を使用すると決定した場合、それは赤十字社の活動を容易にするものでなければならない。これら条件はすべて満たさなければならず、これら基準を満たすのはいかなる状況かを事前に判断するのは困難である。ここでは、本規定の起草者は本規定の適用を不必要に制限する意図はなかったことを是非強調しておきたい。しかし、起草者は慎重を期して、第3条第3項が赤十字社の従来の標章を赤のクリスタルに恒常的に置き換える根拠とならないようにした。

次の選択肢は第三追加議定書には明記されていないが、赤十字社が、自国軍隊の管理下に自らの要員、組織および/または輸送手段を配属するよう求められた場合、一時的に赤のクリスタル標章を保護目的で使用することになると想像するのは理にかなっている。軍隊の医療組織は、第2条第4項を根拠に、この標章の使用権を有していることから、軍隊の管理下に置かれた自らの要員を表示し、識別するために赤十字社が同じ特殊標章を使用することが許可されない事態は想像しがたい。

第4項

第3条第4項は、ジュネーブ諸条約および第三追加議定書で承認された特殊標章の法的地位を担保する保護条項である。したがって、これらの標章の地位は、本条文の内容に影響を受けることはない。本規定はまた、第1項に従い赤のクリスタルに組み込まれたその他の標章は、唯一、自国領域内でのみ組み込まない状態で使用が許可されるが、その結果、固有の国際法上の地位を得るものではない旨を明らかにしている。この説明が盛り込まれたのは、本規定が、この限られた文脈の域を超えて、第3条第1項で説明した二重標章またはダビデの赤盾を承認するものと解されるおそれがあるとの懸念に応えるためである。

---

51 （第三追加議定書第4条でも見られる）例外的な事態の概念が、どの程度までの事態を含むのか疑問が生じる。これに関して、この表現を使用しているものの、第2条第4項では保護強化の必要性について言及されており、ここでも同様の疑問が生じる。詳細な定義がないため、使用されたこの表現は限定された状況における適用を示唆している。

第4条　赤十字国際委員会および国際赤十字・赤新月社連盟

> 赤十字国際委員会および国際赤十字・赤新月社連盟ならびに正当に権限を与えられたこれらの要員は、例外的な場合において、かつ、自らの活動を容易にするため、本議定書第2条に言及された特殊標章を使用することができる。

【解説】

　ジュネーブ第一条約第44条第3項により、赤十字国際機関および正当に権限を与えられたその職員は、いつでも赤十字標章の使用が認められる。従前の第三追加議定書草案には類似の表現が盛り込まれており、赤十字運動の国際機関は必要と思われる場合にはいつでも第三議定書標章を使用することができた。

　しかし、第4条は現在のように別の論理に依拠している。本条は、現行の名称および標章を維持するICRC、連盟および赤十字運動の決意を表明している前文最終項(従前の前文には記載がなかった)との関連で解さなければならない。しかし、第4条は本文脈において、これら構成員に対して第3条第3項に既に規定された重層的な二つの条件、すなわち、その状況が例外的であり、その使用がこれらの者の活動を容易にすることを条件に赤のクリスタルを使用することを認めている[52]。

---

[52] しかし、第三議定書標章の例外的使用に関する条件は、赤十字社(第3条第3項)およびICRCならびに連盟(第4条)とでは異なる。確かに第3条第3項では、赤十字社による「一時的な使用」に言及しているが、第4条によれば、ICRCおよび連盟はこの条件を満たす必要がない。さらに第4条は、国内法令の尊重義務を規定していない。

第5条　国際連合の主催の下の任務

> 　国際連合の主催の下の活動に参加する医療組織および宗教要員は、参加国の同意のもと、第1条および第2条で言及するいずれかの特殊標章を使用することができる。

【解説】……………………………………………………………………………………

　2000年7月5日の第三追加議定書草案の第5条には「平和活動」の表題が付されていた。この用語には異議が唱えられたが、その理由は、国連憲章第7章に基づき、国連安全保障理事会が主導または許可する特定の活動を本規定の適用から除外する解釈ができるというものであった。そこで若干の国は、古典的な表現である「平和維持活動」を使用して第5条の表題を再命名する提案を行ったが、「国際連合の主催の下」の活動という表現を好む国もあった。最終的に、後者の表現が採用された。

　確かに「国際連合の主催の下の任務」という表現は法的に承認されていないが、（議事録の）準備作業では、この表現は世代の異なる平和維持活動を含む意味があることを示す傾向がある。したがって、この表現には伝統的に認められた平和維持の意味と合致した活動で、基本的には休戦ラインに沿って双方の紛争当事者を分離する活動および公平、紛争当事者双方の同意ならびに最小限の武力行使という三つの重要な基本原則を遵守する活動が含まれる。しかし、この表現には、冷戦終結後に新たに出現した更に複雑な活動も含まれ、軍民双方の性格を帯びた活動（例えば戦争で荒廃した社会の復興促進、制度構築）も含まれる。また、これらの状況下では、平和構築および平和執行活動も含まれる。

　しかし、第5条の適用範囲は、国際連合の主催の下で活動する軍隊に限定されていることに留意する必要がある。2000年7月の第三追加議定書草案とは異なり、本規定は、その他の世界的または地域的な国際機関（例えばNATOまたはECOMOG）が実施もしくは主催する任務には適用されない[53]。

53　本解説は、国連の管理下でない作戦に参加する軍隊が、国の派遣部隊として赤のクリスタルを使用することを妨げるものではない。

本質的には、国際連合はジュネーブ諸条約の正式な当事者でないため、これら諸条約および諸条約の追加議定書により承認された標章は使用できない。しかし、国際連合がその加盟国軍隊を通じて活動する場合、これら軍隊の医療組織および宗教要員には特殊標章を使用する権利があり、それらを尊重する義務があることに疑いの余地はない。これら規則は、武力紛争における犠牲者の保護の改善を目指しており、「国連軍による国際人道法の遵守」と題された国連事務総長告示第9条(7)でさらに明確に承認されている[54]。

　国際連合の主導下の作戦に派遣される各部隊の医療要員および宗教要員は、一般的慣行として、ある者は赤十字、別の者は赤新月というように通常使用する標章を自由に使用できるが、第5条はこの慣行を変更するものではない[55]。本規定の制定により、このような使用が完全に許容されていることは明らかである。本規定は単に識別および保護の目的のため、1949年の諸条約で承認された標章の中から一つを選ぶか、赤のクリスタルを選ぶかの選択肢を認めているにすぎない[56]。しかし、この一つの標章を選択する際は、多国籍軍に参加している国の承認を得なければならない。

　第5条には、国際連合の主催の下にある部隊の責任者に、医療要員および宗教要員全体に共通する標章を選択することを促す理由は明記されていない。理由を明記しないのは、例えば、作戦地帯に関する考慮の結果といえよう。これにより軍隊は、作戦が展開される国が従来から使用している標章、つまり一般市民に最もよく知られ、紛争当事者からもより大きな尊重を確保し得ると推測される標章を使用することになる。この決定はまた、多国籍軍の構成要素に影響を受ける可能性があり、選択する標章は、派遣部隊を構成する部隊の大多数が使用している標章次第となるで

54 　事務総長告示第9条(7)には「国連軍は、あらゆる状況において赤十字及び赤新月標章を尊重する。これら標章は、医療組織、医療施設、要員及び材料を表示し、または保護するためでなければ使用してはならない。赤十字または赤新月標章のいかなる濫用も禁止する」とある(ST/SGB/1999/13, 6 August 1999)。
55 　さらに、その他の方法は、第三追加議定書は標章の使用条件の変更を意図するものではないと明記している第2条第3項と矛盾することになるだろう。
56 　事実、第5条は、第1条および第2条で記述する特殊標章に言及している。第2条で記述する特殊標章の一つに言及するのは完全に論理的であるのに対して、第1条への言及は不要であるように思える。この言及の理由は説明目的にある。というのも、第1条第2項では、1949年のジュネーブ諸条約により承認された標章が列挙されているからである。

あろう。

　このような状況で、一部の国は、特定の状況下では自国の医療および宗教部隊が従来から使用していない標章で活動することを認めている。これが赤新月の代わりに赤十字を使用すること（またはその逆）になっても、これらの標章は普遍的に受け入れられたジュネーブ諸条約で承認されているため問題が生じることはない。もっとも、軍隊派遣国の一部が第三追加議定書の非締約国であっても、国連軍は、赤のクリスタルの使用を決定することはあり得る。しかし、そのような状況でも、法的に困難な状況を生み出すことはない。同一の特殊標章の下に医療および宗教部隊を統一するためには、軍隊派遣国の同意が必要だからである。さらに、ある国が国際連合との特別な合意により、特別な状況下で赤のクリスタルを使用し、自国が第三追加議定書に拘束されるとみなしても、それを禁止するものはない。

第6条　濫用の防止および抑止

> 1. ジュネーブ諸条約および適用がある場合には、1977年の追加議定書の特殊標章の濫用の防止および抑止に関する諸規定は、第三議定書標章にも等しく適用する。特に、締約国は、常に背信的な使用およびそれらを模倣した標章または名称の使用を含む、第1条および第2条に規定する特殊標章ならびにそれらの名称の濫用の防止および抑止のために必要な措置をとる。
> 2. 第1項の規定にかかわらず、締約国は第三議定書標章またはそれを模倣した標章を既に使用していた者に対し、その使用が武力紛争の際にジュネーブ諸条約および適用がある場合には、1977年の追加議定書の保護を与えられるものと認められるおそれがない場合であって、その使用の権利が本議定書の採択前に獲得されていた場合は、その使用を継続することを許可することができる。

【解説】……………………………………………………………………………………

第1項

　第6条第1項は、赤のクリスタルの管理制度を既存の標章の管理制度と同一のものとする要請を反映している。つまり本規定は、1949年のジュネーブ諸条約および1977年の追加議定書に定める濫用の防止と抑止に関する規則と同じ規則を第三議定書標章にも適用している。特に締約国は、特殊標章およびその名称の不当使用を防止し、違反者を処罰するために適当な国内法を採用しなければならない[57]。関連規定は、ジュネーブ第一条約第49条、第53条および第54条、ジュネーブ第二条約第50条および第一追加議定書第18条および第85条である。

　国際人道法で明示的に許可されていない使用は、いかなるものであれ、標章の濫用と見なされることを念頭に置くべきである。第6条第1項の本文では、特に防止または抑止すべき二種類の濫用を明記している。第一は背信行為であり、これは敵を殺傷し、捕えることを目的に保護の地位を装い、敵の信頼に訴え敵を欺くために特殊標章を使用するものである[58]。第二は模倣またはその形状もしくは配色またはその両方により特殊標章と誤解されやすい記章の使用である。もっとも条文の「〜を含む」という表現は、これらが単に例示にすぎないことを示している。したがって、不当使用もまた、標章の濫用と見なされる。不当使用とは、使用を許可されていない団体または個人(民間企業、薬剤師、開業医、NGO、一般個人など)が特殊標章を使用すること、または通常は使用が許可されている者が諸条約および議定書の規則もしくは赤十字運動の基本原則を尊重しないで使用することと定義される。

57　国の国内法令の作成業務を容易にし、支援するため、ICRCのアドバイザリー・サービスは、赤十字、赤新月および赤のクリスタル標章の使用および保護に関する法のひな形を作成した。ひな形はICRCのウェブサイトで参照できる。http://www.gva.icrc.priv/Web/fre/sitefre0.nsf/html/5FZG8V。また標章の使用および保護に関する様々な法的措置およびその他の国内的措置の情報は、アドバイザリー・サービスの国内履行データベース(National Implementation Database)を参照のこと。http://www.gva.icrc.org/ihl-nat で参照できる。

58　一定の条件下では、標章の背信的使用は戦争犯罪を構成する。これに関しては第一追加議定書第85条第3項(f)を参照のこと。同号により、赤十字、赤新月および赤のライオン及び太陽の背信的使用は第37条の違反となり、その行為が故意に行われ、相手を死亡または身体もしくは健康に重大な傷害を引き起こした場合には、重大な違反行為と見なされる。併せて国際刑事裁判所に関するローマ規程第8条第2項(b)(vii)も参照のこと。

第2項

　第6条第2項は、第三議定書標章の濫用禁止に関する時間的範囲に関する微妙な問題を取り扱っている。第三追加議定書により確立した解決策を深く理解するためには、ジュネーブ第一条約の関連規定の検討が有益である。

　ジュネーブ第一条約は、一方で赤十字に関する規則を、他方で二つのその他の特殊標章（例外として考案されたもの）に関する規則というように別々の規則を設定している。赤十字標章に関して、ジュネーブ第一条約第53条第1項は、標章の濫用を絶対的に禁止しており、（本条約で使用の権利を与えられていない）個人による標章またはその名称のいかなる使用も、「その使用の目的及び採用の日付のいかんを問わず」常に禁止する旨を強調している。同解説は「赤十字を組み込んだ商標および名称は、たとえ一世紀以上も使用されていようとも破棄しなければならない。商業上の利益がいかに合法的なものであっても、人道上のより高い目的のためには、その犠牲がいかに大きくても一歩譲らなければならない」と指摘している[59]。もっとも条約は、少なくとも1929年のジュネーブ条約の非締約国に対して、既にその特殊標章を使用していた者にその使用をやめさせるため、三年の猶予期間を与えている。しかし、この留保条項は、純粋に表示的な標章のみに該当し、武力紛争時において国際人道法の保護を与えるかのように見えるおそれがある標章を除外した。

　他方、第53条第4項は、赤新月ならびに赤のライオン及び太陽に対し、より柔軟な法的保護を与えている。これらの標章の使用禁止は、ジュネーブ第一条約の発効後に使用権を要求する者にのみ適用し、既得権を享受していたと思われる従前からの使用者に適用するものではない。同解説は、この取扱いの違いが存在するのは、極くわずかの国においてのみ中立の象徴として使用される記章を全世界から排除するのは不可能と思われるからだと説明している。

　従前の第三追加議定書草案では、第一条約の赤十字標章規則を新たな標章に適用し、標章またはその名称を既に使用していた者に対して三年間の猶予期間を与え、以後、それらの使用を放棄する全面的な義務を課すこととしていた。しかしこの提案は、若干の国が国内的、地域的または国際的な知的財産制度と矛盾する可能性を指摘したため排除された。第三追加議定書の第6条第2項で採用された最終的な解決

59　前記脚注4のGC I の解説、本書p.52、第53条の解説を参照。

策は、赤新月ならびに赤のライオン及び太陽を扱う1949年のジュネーブ第一条約第53条第4項と類似している。

最後に、第6条第2項は、従前から第三議定書標章を使用していた者の既得権の保護のみに言及し、(第1項とは異なり)その名称を使用していた者には言及していないことに留意すべきである。もっとも、本項を過度に文字通りに解釈することは避けなければならない。従前からの標章の使用と名称の使用に関して異なる法規則を設けることを正当化する合理的な理由はなく、双方とも等しく保護されるからである。

第7条(普及)〜第17条(条約正本)　省略

【結　論】

第三追加議定書が採択されるかなり以前に掲載されたある記事の中で、当時のICRC総裁のCornelio Sommaruga氏は、「複数の記章が存在することは、分裂および一定の相違を克服できず、宗教的、文化的相違を超越できないことの証である」とし、「一般の人々の視点では、赤十字運動の単一性は単一の標章により反映されなければならない」と強調した[60]。

単一の標章という解決策は、理論上は理想的であるが、残念ながら第三追加議定書の交渉段階では政治的に達成できなかった。赤十字運動の様々な構成員が赤十字を単一の標章として再度使用することは想像し難いだけでなく、何百万人もの人々が深い愛着を持ってきた現在の標章を放棄し、われわれすべてに共通する新たな標章を持つという合意に至るのは不可能であることが程なく明らかとなった。

こうした状況において、標章問題に関する唯一選択可能な包括的解決策は、宗教的、政治的またはその他の意味を持たない追加の特殊標章を認めることであった。歴史的な標章を維持する一方で、本解決策は、特定の活動状況において従来の標章を使用できない(または使用できなくなった)赤十字運動の構成員に対し、代案を提供するものである。また、これまで赤十字または赤新月の使用に強固に反対してきた救済団体に対し、彼らが今後は赤のクリスタルを採用できるという点で、赤十字

---

[60] Cornelio Sommaruga, "Unity and plurality of the emblems", International Review of the Red Cross, No.796, July-August 1992.

運動への扉を開くものとなった。同時に、追加標章の承認は、今後の更なる新たな標章の要求にも終止符を打つものである。

第三追加議定書は、赤十字および赤新月と同等の地位を持つ追加の標章を採択するという主要な目的を果たす他、標章の使用に関してある程度の柔軟性を提供している。実際、ICRCおよび連盟が現在のところ、現行の名称および標章を維持すると決断しても、第三追加議定書は、例外的な状況においてそれらが赤のクリスタルを使用することを認めている。また、国際連合主催の活動に参加する医療組織と宗教要員に対して、参加国の承認の下に赤のクリスタルまたは1949年の諸条約で承認されたその他の標章のいずれかにより、共通の標章を使用する選択肢を与えている。

第三追加議定書はまた、赤のクリスタルを選択した赤十字社に対し、1949年のジュネーブ諸条約で認められた標章にはなかった柔軟性を与えている。確かにこの文書は表示目的に限定しているものの、赤のクリスタルの中に1949年に承認された標章の一つまたは複数、もしくは特定の条件に適合するその他の標章を組み込むことを認めており、有効な選択肢を増やしている。

標章を組み込むことが可能となったことは、特に多様な宗教組織を持つ国の赤十字社にとり非常に好都合なものとなろう。確かに、一部の住民が1949年のジュネーブ諸条約の標章の一つを支持し、他の住民がその他の標章を支持している国では、これらの中から一つの標章を選ばなければならないとしたら、ボランティアや個人寄付の募集、そして何よりも中立的活動に対する信頼性に困難が生ずる。第三追加議定書が採択される以前は、これら二つの標章のうち、いずれかを選択しなければならなかったが、現在は赤のクリスタルを単独、またはその中に赤十字および赤新月の両方を組み込んで使用することができる。

またこの柔軟性により、赤十字社は従来から使用してきた赤十字または赤新月を完全に放棄せずに、追加の標章を採用することが可能となり、これらの標章を赤のクリスタルの中に組み込むこともできる。単一の標章に戻らなくとも、第三追加議定書により、最終的には赤十字運動内における統一性に復帰できる可能性がある。それは同運動を構成する社が、例えクリスタルの中に異なる標章を組み込んだとしても、すべての社が赤のクリスタルを共通の標章とするからである。

第3部　標章の使用に関するその他の規則と勧告

■各国赤十社による赤十字標章の使用規則

「1991年の標章規則」
Regulations on the use of the Emblem of the Red Cross or the Red Crescent by the National Societies

第20回赤十字・赤新月国際会議（ウィーン、1965年）で採択され、1991年（ブタペスト）の赤十字代表者会議で改訂される。

〈訳者注：本規則の解説は、"International Review of The Red Cross", No.289, pp.339-362, August 1992に掲載の同規則コメンタリーによる。〉

前　文

　各国赤十字社による赤十字・赤新月標章の使用規則は、1965年にウィーンで開催された第20回赤十字国際会議で採択され、1991年11月にブダペストの代表者会議で改訂された。第26回赤十字国際会議の延期の後、ICRCは、ジュネーブ諸条約締約国に本規則を送付し、本内容に異議がある場合には、6ヵ月の期間以内に通知するよう案内を行った。いかなる修正案も提出されなかったため、本規則は同期間末に発効した。

　標章の使用を管理する主要規則は、ジュネーブ諸条約に規定され、その内容は多くの国で主に標章の濫用を防止するための国内法の一部となっている。本規則は、各国赤十字社およびその構成員による標章の使用を管理する諸条件を詳細に規定している。

　1991年の規則改訂の目的の一つは、各社が、赤十字・赤新月の標章および名称の尊重を損なうことなく、財源を多様化し、拡大できるようにすることであった。

> ICRCは、本規則は法と合致するものであることを強調した。ICRCは、改訂版の範囲は、ジュネーブ諸条約の枠内でできる限り広いものであると考えたが、これらの広い解釈は受け入れ可能なものである。しかし、各社が望む場合には、一層厳しい規定を設けることを妨げるものではない。

序　文

1. 規則の目的

    これらの規則(以下、「規則」という)は、国際人道法および国際赤十字・赤新月運動(以下「赤十字運動」という)の基本原則の規定に従い、各国赤十字社が白地に赤十字または赤新月標章を使用する各種方法を規定する。

2. 法的基盤

    本規則は、1949年8月12日のジュネーブ諸条約、主にジュネーブ第一条約(戦地にある軍隊の傷者及び病者の状態の改善に関する条約)に準拠し、また若干の規定は、国際的武力紛争の犠牲者保護に関する1977年6月8日のジュネーブ諸条約第一追加議定書に準拠している。

    1949年8月12日のジュネーブ第一条約第44条は、標章の保護的使用と表示的使用を区別し、二つの使用を管理する一般規則の概略を規定している。

    第一追加議定書は、権限のある国の当局(以下「当局」という)が1949年の条約に含まれない部類の人および物に使用許可を与えることにより、標章の保護的使用を拡大している。同議定書はさらに視覚的、音響的、電子的な特殊信号の使用も導入している。

3. 適用範囲

    本規則は、すべての赤十字、赤新月社に適用する。本規則は、標章に関する各社の責務を規定したジュネーブ第一条約第44条を発展させたものである。したがって、標章の合法的な使用に本規則が課している制限は尊重されなければならないが、本規則は、各社が一層厳格な規則を制

定することを妨げるものではない。
　第一追加議定書が適用される場合には、本規則のいくつかの規定は一層広い意味を持ち、第一追加議定書が効力を有する国の赤十字社に適用する。しかし、同議定書の当事国でない国の赤十字社には、当局が同意しない限り適用しない。

4. 本規則の内容
　本規則は、保護的使用に関する部と表示的使用に関する部から構成される。二つの部に先立ち一般規則の部を設け、どちらの部でも個別に言及していない事例についての指針を与えている。
　本規則の条文には解説を付し、必要な場合にはジュネーブ諸条約と第一追加議定書の関連条文を参照する。

第1部　一般規則

第1条　標章の目的

　標章の保護的使用は、武力紛争時に尊重し、保護しなければならない医療要員および宗教要員ならびに同資材を表示するものである。
　標章の表示的使用は、人または物が赤十字運動に関係していることを示すために使用する。

【解説】
　標章は、ただ一つであるが、二つの異なる目的のために使用される。第一の標章の使用は、国際人道法により特定の人および物、特に軍隊の医療組織に配属された人および物ならびに赤十字・赤新月社、および文民保護組織の医療要員に与えられる保護の視覚的な記章としての標章である（ジュネーブ第一条約第38条、第44条；第一追加議定書第8条〔c〕）。
　第二の標章の使用は、標章を表示する人および物が、赤十字運動に関係していることを単に示すだけである。

第2条　赤十字社の権限

> 赤十字社は、保護手段としての標章を当局の同意を得て、当局が規定する条件に従い使用することができる。
> 赤十字社は、平時および武力紛争時に国内法、本規則ならびに赤十字運動規約で規定する制限内において表示手段としての標章を使用することができる。

【解説】

第1節

したがって、赤十字社は、単に国の赤十字社であるという理由だけで保護手段としての標章を使用する権利を持つわけではない。標章の保護的使用を許可し、監督するために必要な措置を講じるのは国の責務である。武力紛争時に赤十字社が準備不足に陥るのを避けるために、当局は、平時から軍の医療組織の補助機関である国の赤十字社の役割およびその医療要員と器材が標章を使用する権利を規定すべきである。

第3条　標章の威信と尊重

> 赤十字社は、赤十字運動が規定する諸原則に合致する活動のためにのみ標章を使用することができる。各国赤十字社は、いかなる場合にも標章の威信を損なわず、標章の尊重を低下させないものとする。

【解説】

前記の諸原則、特に赤十字の基本原則は、赤十字運動の目的を明確にし、その固有の活動である苦しむ者、また紛争の直接的、間接的な犠牲者および自然災害ならびに社会的災害の犠牲者への無償の支援の基盤となる。赤十字・赤新月の存在理由は、赤十字運動規約の前文に明記される。

赤十字社は、各社の本質的な任務とは関連が希薄な活動を行う場合には、標章を表示しないものとする。

第4条　二つの使用の区別

> 標章の保護的使用と表示的使用の混同は避けなければならない。武力紛争時に平時活動を継続する赤十字社は、人および物に表示される表示的使用の標章が、赤十字社との関連を示すものとして誤解されないよう、また国際人道法に基づく保護の権利を与えるものと見なされないように、あらゆる必要な措置を講じるものとする。特に、標章は比較的小型とし、腕章または屋根には表示しないものとする。赤十字社は、紛争の開始より保護手段としての標章との混同を避けるために平時から表示的使用の規則に従うよう努めるものとする。

【解説】……………………………………………………………………………

混同をもたらすのは、標章の図柄よりも、むしろ標章が表示される状況にある。したがって、混同は標章が保護手段として使用される状況、例えば、あらゆる混同を避ける必要がある武力紛争時において見られる。この危険を避けるために、赤十字社は、表示手段としての平時には、比較的小型の標章を使用することが奨励される。同様の理由から、赤十字社は、平時には腕章、屋根または旗に標章を表示しないよう奨励される。しかし重要なイベントのような場合には、救護員の識別を容易にするために大型の標章の使用は排除されない。

第5条　標章のデザイン

> 保護手段として使用する標章は、常にその原型を留めなければならない。すなわち、十字、三日月または白地に何も付け加えないものとする。一方が垂直、他方が水平の二つの片が中央で交差して形成される十字は、規則で規定されていない。十字も三日月も旗または盾の淵に接触しないものとする。赤の色調は特定されていない。地色は常に白色とする。
> 表示的使用の標章は、赤十字社の名称とイニシャルを添えるものとする。十字または三日月の上には、いかなる絵や文字も描かないものとする。地色は常に白色とする。
> 装飾目的の標章の使用は、公式行事または映画、出版物、メダルもし

くはその他の記念品のような赤十字社と赤十字運動の推進を目的とした物を対象に第3条の制限内で認められる。それらの使用には、国内法がそれを禁じていない場合には、より自由なデザインが許される。さらに表示手段として使用する標章は、できる限り装飾的なデザインと一緒に表示すべきである。

【解説】

第1節

　標章のデザインは、明瞭でなければならず、使用の権利を有する人と物が容易に識別でき、効果的に保護できるようにしなければならない。しかし、標章は保護を保障するものではなく、表示がされていない場合、もしくは適切に表示されていない場合であっても、そのために保護の権利を失わないことは明らかである。

第2、3節

　人または物が赤十字社と関係があることを示す厳密なデザインが要求される表示的使用と標章の名誉を損なわない限り、より自由なデザインが許される赤十字社と赤十字運動の推進を目的にした表示的使用は区別しなければならない。後者の場合は、国の法律および国の事情により、そうした使用を許可すべきか、指導すべきかを決定するのは赤十字社である。例えば、より自由なデザインとは、金色の赤十字、濃淡のぼかしをかけた赤新月、切り込みを入れた十字または紋様を付した標章である。これらは典型的な表示的使用の例であるので、赤十字社は、このようなデザインを自ら使用する建物やレターヘッドに使用してはならない。

第6条　保護手段として使用する標章の可視性

　保護手段として使用する標章は、できる限り遠方から視ることができなければならない。それはその状況において、必要な限り大きいものとする。夜間または視界が低下する場合には、点灯または照明を施すことができる。標章は、出来る限り探知の技術的手段により識別できるような材料で作成し、できる限り上空を含むあらゆる方角から視ることがで

きる旗または平面に表示するものとする。

第7条　赤十字社の内部規則

　　赤十字社は、標章の使用を管理する条件を規則または内部通達で規定するものとする。規則または通達は、例えば次の内容により構成する。
A. 標章の保護的使用に関して：
　　―本件に関する国内法および本規則についての言及
　　―標章の使用を許可する権限のある当局の指示
　　―標章の表示的使用との混同を避けるために紛争の初期段階にとるべき措置の一覧
　　―赤十字社の要員および物への標章の使用を管理する条件
B. 標章の表示的使用に関して：
　　―本件に関する国内法および本規則についての言及
　　―赤十字社の構成員および赤十字・赤新月ユースのメンバーによる標章の使用を管理する条件
　　―赤十字社の構成員ではないが、赤十字社が訓練し、標章の着用を認めたその他の者への言及
　　―標章の使用を認められた第三者機関が運用する救護所および救急車の一覧
　　―標章の寸法および比率
　　―資金募集および普及目的の標章の使用ならびにメダルやその他の記念品への使用に関する詳細
　　―標章の使用を証明するために要員または標章が表示される物を担当する要員が携行する文書を管理する規則

第2部　標章の保護的使用

第1章　一般原則

第8条　当局の同意および標章の使用を管理する条件

> 保護手段としての標章を使用する前に、赤十字社は当局の許可を受け、標章の使用を管理する規則を作成しなければならない。赤十字社は、その構成員がこれらの規則を尊重し、標章の表示的使用との混同を避けるために必要な措置を講ずるものとする。

【解説】..

赤十字社は、平時から常に当局とともに、武力紛争時にその要員および医療資材が使用する標章の保護的使用を管理する規則を作成するよう努めなければならない。混同の危険に関しては、前記第4条を参照のこと。

当局が許可を与えることが実際に不可能な場合（例えば、激しい騒乱時）、および明白かつ緊急に人道的措置をとる必要がある場合には、赤十字社は、そうした許可を既に得たものと見なして活動することができる。これは、人道の原則が要請する活動だからである。さらに赤十字社は、国際法の本来の目的は人道活動の顕著なニーズに直面した人類への奉仕にあるので、国際法上、いかなる処罰も受けるおそれはない。上述したような手続き上の障害は、法の精神に明瞭に合致する赤十字社のイニシアチブを妨げるものであってはならない。これらは、本規則の第8条から第10条に適用される。

第2章　要員

第9条　赤十字社の医療要員

> 保護手段としての標章の着用を許可された赤十字社の医療要員は、その任務の遂行中は最善の可視性が確保される方法で標章を表示するものとする。
> 　その地位を証明するために、これらの要員は当局が発給する身分証明

> 書を携帯するものとする。

【解説】……………………………………………………………………………

第1節

　赤十字社の要員は、軍の医療組織の管理下に置かれる場合（第一条約第26条）、およびその任務を遂行するに当たり、「文民病院の運営および管理に正規に専ら従事する」場合（第四条約第20条）には、医療要員の地位が与えられる。

　第一追加議定書は、当局が保護手段として標章を使用する権利をすべての文民医療要員に認めている。これらには、1949年のジュネーブ諸条約で規定していない赤十字社の医療要員も含まれる。医療要員の定義は、第一追加議定書第8条(c)に規定される。

　特に占領地域および戦闘が発生または発生しそうな地域で標章を着用する場合には、標章の可視性を特に強調しなければならない。前記第6条も参照。

第2節

　ジュネーブ第一条約第40条、第41条および同附属書Ⅱならびに第一追加議定書第18条3項、同附属書Ⅰ第1条、第2条を参照。赤十字社は、必要な場合には当局に対し、赤十字社の医療要員に対し身分証明書を発給する責務を喚起するものとする。

第3章　物

第10条　赤十字社の医療組織および輸送手段

> 　保護手段としての標章の表示を当局から許可された赤十字社の医療組織および輸送手段は、最大限の可視性を確保する方法で（赤十字標章を）表示するものとする。

【解説】……………………………………………………………………………

　ジュネーブ諸条約では、医療組織および輸送手段には、医療組織および同施設、医療用建築物、医療資材ならびに輸送手段を含む（ジュネーブ第一条約第3章、4章

を参照)。赤十字社に関しては、軍の医療組織の指揮下に置かれた場合には、これらは病院、救急車、病院船、航空機および医療資材の貯蔵庫を含み、さらに医療組織として承認され、標章の表示を当局から許可された場合には、赤十字社に所属する文民病院も含まれる(ジュネーブ第四条約第18条を参照)。

　第一追加議定書は、保護手段として標章を使用する権利をすべての医療組織と医療用輸送手段に許可できることを当局に認めている。それには、1949年のジュネーブ諸条約には含まれない赤十字社の医療組織と医療用輸送手段が含まれる。医療組織、医療用輸送および医療用輸送手段の定義は、第一追加議定書第8条(e)、(f)および(g)で規定する。

　標章の可視性に関する詳細な解説は、ジュネーブ第一条約第42条および第一追加議定書附属書Ⅰ第2章で扱う。前記第6条も参照のこと。

第11条　表示の特別規則

> 　赤十字社の病院船と沿岸救命艇は、1949年のジュネーブ第二条約第43条で規定する標章により表示するものとする。
> 　赤十字社の医療用航空機は、ジュネーブ第一条約第36条に従い表示するものとする。

【解説】……………………………………………………………………

第1節

　病院船および沿岸救命艇(または容積トン数が大きく航続距離が長いため、沿岸の沖合いで行動できるので現在では、そのように呼称される救命艇)は、それらの出航準備中または出航時は、当局の管理下にあることを証明する当局発給の文書を携帯しなければならない。これら船舶の名称、性質はすべての紛争当事者に通報しなければならない。これらの病院船および救命艇は拘束されない。表示に関する詳細規則は、ジュネーブ第二条約第43条に規定される。またジュネーブ第二条約第22条から第35条まで、および第一追加議定書附属書Ⅰ第3条から第11条までを参照のこと。

　さらに、一時的であれ常時であれ、医療目的のために使用される赤十字社のその

他の船舶および舟艇は、第一追加議定書第23条に準拠し、ジュネーブ第二条約第43条第2項の規定に従い表示するものとする。これらの船舶と舟艇は拘束される場合がある。

第2節

これらの関連規定は、ジュネーブ第一条約第36条、ジュネーブ第二条約第39条、ジュネーブ第四条約第22条および第一追加議定書第24条から第31条ならびに第一追加議定書附属書Ⅰ第5条から第13条である。

第12条　その他の識別信号

> 当局の同意を得て、赤十字社は標章に加え、その医療組織および輸送手段を承認されたその他の特殊信号、すなわち青色灯信号、無線信号および電子的識別手段により識別することができる。
> 　特殊信号に関する規則は、以下に規定される。
> 　―第一追加議定書附属書Ⅰ第5条―第8条
> 　―国際民間航空機関(ICAO)発行の航空安全基準技術マニュアルの文書9051(青色灯)
> 　―国際電気通信連合(ITU)発行の無線規則第2編第40条および第3編N40条(医療用輸送手段)
> 　―国際海事機関(IMO)発行の国際信号書の第14章

第13条　平時からの表示

> 赤十字社は当局の同意を得て、武力紛争時における医療目的の任務が明確に定められている組織および輸送手段を識別するために平時から標章およびその他の特殊信号を使用することができる。

第4章　特別な規則

第14条　保護および表示手段としての標章の同時使用

> それに反する当局の指示がない場合には、赤十字社はその構成員に対し、社名を付した表示手段としての標章を保護手段として使用する標章と同時に表示することを許可することができる。
>
> 同様の条件の下、当局の使用に供されるものにも、社の名称を付した標章を表示することができる。
>
> このような場合には、表示手段として使用する標章および社の名称は、小型のものでなければならない。

第15条　中立または紛争当事者以外のその他の国の赤十字社

> 医療要員または物資をいずれかの武力紛争当事者に提供しようとする中立国または紛争当事者以外のその他の国の赤十字社は、前述の当局および自国当局から事前の同意を得なければならない。標章の保護的使用を管理する規則は、前述の紛争当事者が作成しなければならない。前述の要員および物資は、任務の開始の時点から標章を表示することができる。

この点については、第一条約第27条を参照のこと。

第3部　標章の表示的使用
第1章　人

第16条　赤十字社の構成員および職員

> 社の構成員および職員は、通常、小型の標章を任務の間、着用することができる。
>
> 任務以外のときは、構成員は、例えばブローチまたはバッジ形の特に小型の標章のみを着用することができる。

> 例外的な場合を除き、標章は社の名称またはイニシャルを添えるものとする。

【解説】

第1節

　表示的使用では、標章は通常小型のものであるが、特に応急救護員を容易に識別できるようにする場合は、大型のものとすることができる（前記第4条および同解説を参照）。

第2節

　この場合、標章の使用は社を代表して行われる特別な活動とはいかなる関係もないので、標章は特に小型のものでなければならない。

第3節

　通常、ボランティアは、社の構成員と同一とみなされるべきである。しかし、場合によってボランティアは、例えば国内騒擾時、そうした表示が彼らの業務を妨げるおそれがある場合には、標章に並べて社の名称またはイニシャルを使用することを控えることが認められるべきである。

第17条　赤十字・赤新月ユースのメンバー

> 前記第16条が適用される。標章には「赤十字ユース（Youth）」または「赤新月ユース」の語、もしくは「RCY」のイニシャルを添えるものとする。

第18条　赤十字社が標章の着用を許可したその他の者

> 社は、社の内部規則に規定される条件に基づき、社の構成員ではないが社の講習を受講し、またはその試験に合格した者に対し、社の名称またはイニシャルを付した特に小型の標章を、例えばブローチまたはバッ

> ジの型で着用することを許可することができる。

【解説】………………………………………………………………………………
　これらの者は、通常、それにより人々への注意を喚起する応急救護員または看護師である。

第2章　物

第19条　赤十字社が使用する建物および敷地

> 　　社の名称を付した標章は、それらが赤十字社に所属するか否かを問わず、赤十字社が使用する建物および敷地に表示することができる。
> 　　建物の一部のみを赤十字社が使用する場合は、赤十字社が占有する部分にのみ標章を表示することができる。
> 　　標章は比較的小型とし、武力紛争時に保護手段として使用される標章との混同を避けるために、屋根には表示しないものとする。

【解説】………………………………………………………………………………
　第2節

　赤十字社が他の個人または団体と一つの建物を共有する場合には、それらの者、団体の活動が標章の威信を間接的に損なわないものであるようにしなければならない。

　第3節

　混同の危険性については、前記第4条を参照のこと。

第20条　赤十字社が所有するが占有しない建物および敷地

> 　　赤十字社は、赤十字社が所有するが赤十字社が占有せず、第三者に賃貸または貸与する建物または敷地には標章を表示しないものとする。

第21条　赤十字社の病院、救護所または輸送手段

> 　　赤十字社の名称を付した標章は、社が運営する病院および救護所ならびに輸送手段、特に社の構成員および職員が使用する救急車に表示することができる。第13条に従い、そのように使用される標章は、武力紛争時において保護手段として使用される標章との混同を避けるため、比較的小型のものとする。

【解説】……………………………………………………………………………………

　病院については、標章の表示的使用は、もっぱら赤十字病院だけが使用できることに留意すべきであるが、武力紛争時に当局から保護手段としての標章の使用許可を受けようとする病院は、当局の同意を得て、平時から標章を表示できることを忘れてはならない（前記第10および第13条を参照）。

　濫用を防止するため、赤十字社は、その輸送手段を他の団体に貸与する場合には、標章および社の名称を取り外すか遮蔽するものとする。

　混同の危険性については、前記第4条を参照。

第22条　第三者が運用または使用する救護所および救急車

> 　　赤十字社は、平時において国の法律に従い、もっぱら無償の治療に使用される救護所および救急車を表示するために、第三者に標章の使用を許可することができる。
> 　　赤十字社は、標章の使用を定期的に管理する権利を留保して、この許可を与えるものとする。赤十字社は、常にかつ即座に許可を取り下げる権利を留保する。

【解説】……………………………………………………………………………………

　ジュネーブ第一条約第44条第4項は、「無償で治療を行うためにもっぱら充てられる」救護所および救急車の表示を認めている。経験によれば無償の治療に関する本規則は、しばしば柔軟に解釈されている。この慣行は、治療がいかなる場合にも料金の支払いを条件とせず、赤十字運動と結びついた篤志の活動の理念と一致する場

合にのみ受容できるものであり、また条約の精神にも沿うものである。

第3章　普及と資金募集

第23条　赤十字社が組織するキャンペーンおよびイベント

　　赤十字社は、赤十字の活動を周知するために組織するキャンペーンおよびイベントを支援し、国際人道法および赤十字運動の基本原則の知識を普及するため、または資金を募集するために、本規則第2条から第5条の制限内において標章を使用することができる。

　　これらキャンペーンの印刷物、資材またはその他の広告資材に標章を表示する場合は、実際上可能な限り、社の名称または文言もしくは広告デザインを付すものとする。当該物はいかなる意味でも国際人道法上の保護、または赤十字運動の構成員であることを示唆するものではなく、また後日、濫用を生じさせるものであってはならない。当該物の寸法は小型とし、恒常的に使用できない素材で作成するものとする。

　　資金を募集するため、または普及活動を促進するために営利企業またはその他の団体と提携する赤十字社は、以下の条件を満たす場合には、企業の登録商標、ロゴまたは名称を赤十字社が使用する物品、広告資材または社が販売する物品に表示することができる。

　　a)　企業活動またはその製品の品質と標章もしくは赤十字社の間に人々に混同を生じさせてはならない。
　　b)　赤十字社は、キャンペーン全体、特に企業の登録商法、ロゴまたは名称が表示される物品の選択および表示の位置、形状ならびに寸法の管理を継続しなければならない。
　　c)　キャンペーンは、一つの特定の活動に関連したものでなければならず、また一般規則として、期間および地理的に限定されたものでなければならない。
　　d)　関連する企業は、いかなる意味でも赤十字運動の目的および原則に反する、または人々にそうした疑念を抱かせる活動に従事するものであってはならない。

e) 赤十字社は、企業活動が標章の尊重または威信を損なう場合には、関係企業との契約をいつでも、また直前の通知により解除する権利を留保しなければならない。

f) 赤十字社がキャンペーンから得る物質的または財政的利益は実質的なものでなければならず、社の独立を危うくするものであってはならない。

g) 赤十字社と提携企業との契約は書面によるものでなければならない。

h) 契約は、赤十字社の中央委員会の承認を得なければならない。

赤十字社は、営利企業またはその他の団体がそれらの広告媒体に、これらの者が赤十字社の事業に寄付または貢献していることを記載するのを許可することができる。これらの記載は、その収益の全部または一部が赤十字社に寄付される販売製品にも許可することができる。しかし、そうした許可は、前項の小節a)、c)、d)、e)、f)、g)およびh)で述べた条件に厳密に従うものとする。推進キャンペーン期間中は、赤十字社は、当該キャンペーンに属する企業勘定を閲覧する権利を留保するものとする。さらに、赤十字社は、前記の広告媒体または製品への支援の記載の仕方を慎重に監視するものとする。キャンペーンとの関係で使用される写真またはその他の視覚媒体も同様である。赤十字社は、販売製品に自社の標章を表示することを許可しないものとし、最大限の抑制をもって標章を小型のものとし、赤十字社への支援である旨の明確な説明を付す条件で広告媒体のみに表示を許可することができる。標章の使用を管理する条件が企業との契約の最も重要な部分であり、赤十字社は、これらの条件が故意に侵害された場合には、即座にいかなる賠償責任も負うことなく契約を終了する権利を確保するものとする。

【解説】

第1節

前記第3条の記述から、名称および標章は、資金募金を目的とする物品の販売または一時的な活動を提供するために使用することができるが、特にその活動が赤十字運動の伝統的活動と関連がなく、営利目的で提供されるその他の同様の活動と競

合する場合には、永続的または長期的な活動には使用できないという結論に至る。目的は、物の販売、赤十字の活動および赤十字が企画するイベントが、赤十字本来の人道的、社会的活動よりも赤十字社の代表的な活動にならないようにすることにある。

第2節

　一般に配布または販売される広告媒体は、リーフレット、出版物、ポスター、記念切手、記念品、フィルム、鉛筆など、あらゆる種類の印刷物ならびに物品からなる。衣料品、旗またはバナーについては、武力紛争時、これらの物品から生じることがある保護手段として使用する標章との混同の危険があるので、標章に赤十字社の名称または文言もしくは広告用デザインを付すことが重要である。

第3節

　最初の二項で述べた一般的規定は、第3項に記載された特殊な状況にも明らかに適用される。赤十字または赤新月の標章または名称を個人、団体、公的または民間を問わず企業や会社が使用することは、国際人道法（ジュネーブ第一条約第53条）により禁止されている。もっとも、一国の赤十字社が営利企業またはその他の団体から一定の支援を受けていることを記載することは許される。そうした支援の提供者を匿名にする場合、赤十字社が主要な資金源またはその他の利益を失う場合がある。しかし、赤十字社は、濫用または人々が混同する危険を避けるために、支援が公表される仕方を厳密に監視することが重要である。第3項で述べた条件は、この点に関する綿密な指針を提供する。

小節 a）および b）

　標章または赤十字社を人々が営利企業と混同することを避けることが最も必要である。そこで、赤十字社が当該キャンペーン（例えば、印刷物またはその他の物品の製作）で営利企業から支援を受けていることを公表する場合は、企業の役割を明確に限定し、標章がいかなる意味でも製品の品質を保証するものと解されないようにしなければならない。同時に赤十字社は、企業の登録商標、ロゴまたは名称が、表示の余白部分との比較において合理的な比率にとどまることを確保しなければならない。

小節 c)

赤十字社は、その事業全体に営利企業を参加させることはできないが、特定の事業においてのみ参加させることができる。企業との提携期間は事前に定めなければならず、3年を越えるべきではない。さらに提携は、キャンペーンが実施される領域にある他国の赤十字社（複数赤十字社）との協定がある場合を除き、自国の領域内に限定しなければならない。

小節 d)

企業によっては、それ自体、赤十字運動の目的に直接的に反する活動（例えば、武器、たばこ、アルコールまたは環境に明らかに有害と見なされる製品の製造または販売）に従事している。したがって、これらの企業の名称またはロゴと赤十字の名称またはロゴとの関連は避けなければならない。

小節 e)

赤十字運動の目的に反しない活動を行う営利企業との提携が協定の締結に至った場合でも、赤十字社が知ることのできない理由により問題が生じる場合がある（例えば、関係企業による重大な汚染）。その場合、赤十字社は即座に企業との提携を終了できることが重要である。

小節 f)

企業後援は、重要かつ重大な問題であるが、それは主要な契約が締結され、赤十字社に実質的な利益をもたらす場合にのみ考慮すべきものである。しかし、赤十字社は得られる利益により当該企業に財政的に依存することがないようにしなければならない。例えば、財政的利益は、赤十字社の総財源の一定の割合（最大20％）を超えないものとする。

小節 g)

赤十字社と契約企業または団体との協定の条項および条件は、書面契約によることが重要である。

小節 h)

赤十字社と契約企業または団体との間で協定を締結する前に、赤十字社の管理に属する意思決定に通常、責任を有する中心となる当局が協定内容を審査しなければならない。

第4項

主財源を失わないために、赤十字社は、赤十字事業に貢献している営利企業またはその他の団体が、その広告媒体または収益の全部もしくは一部が赤十字社に寄付される販売物品に、当該支援について記載することを許可することができる。しかし、これはかなり濫用の危険があるので、第3項の小節a)、c)、d)、e)、f)、g)およびh)で述べた条件を厳密に守らなければならない。

さらに、赤十字社は、そうした記載が慎重になされ、混乱を招かないようにしなければならない。標章は、企業の広告媒体に複製することができるが、販売物品には、標章を表示することは禁止される。その理由は、これらはしばしば継続的に販売され、赤十字社はその使用を管理できないからである。

こうした広告媒体での複製が認められる場合は、標章は小型のものでなければならず、人々が赤十字社と契約企業または団体との間の関係を明瞭に理解できるような説明を付すべきである。

さらに赤十字社は、推進キャンペーンと関連する活動に属する企業勘定を閲覧する権利を有するものとする。赤十字社は、この権利を自ら、または、例えば監査法人のような特別な機関を通じて行使することができる。

最後に、第23条第3項e)に規定された契約解除の権利に加え、赤十字社は、標章の使用を管理する条件が契約企業または団体により故意に侵害された場合には、即座に、いかなる賠償責任も負わずに契約を終了する権利を有しなければならない。

第24条　第三者による標章使用の申請

> 前記第18条、第22条および第23条で言及した場合ならびに赤十字社および赤十字運動の活動を推進するために本条で規定する場合を除き、赤十字社はいかなる第三者にも標章の使用を許可することはできない。
>
> 赤十字社が、一般への販売物品に標章を表示する申請を許可できるのは、ジュネーブ諸条約に従い、保護または表示記章として標章を表示で

きる人または物が当該物品に表示する場合および標章が当該企業の登録商標と一緒に表示されない場合である。この許可は一定の期間または物品数に限定するものとする。許可には報酬が伴う場合もあるが、その主たる目的は、国際人道法または赤十字社および赤十字運動の活動の普及に帰するものとする。

　赤十字社は、営利目的ではなく、赤十字社および赤十字運動の活動を周知または促進する団体に対し、標章の使用を許可することができる。

　赤十字社は、即座に許可を取り下げる権利を有し、標章の使用を管理するため、第三者に対し、常に必要なあらゆる便宜を供与するよう要請するものとする。

【解説】……………………………………………………………………………………

第1節

　したがって、前記の場合を除き、赤十字社は第三者が標章を使用することを許可できないことは明らかである。前記のような使用には、赤十字社の厳密な管理が必要であり、そのような使用は例外的なものでなければならない。

第2節

　例として、これらは軍の救急車や軍隊のミニチュアまたは赤十字社の医療要員を模倣したフィギュアがあげられる。この許可は、一ないしその他の数カ国の赤十字社との協定がある国を除き、許可を与える赤十字社の所在する国においてのみ有効となる。さらに赤十字社は、そうした許可を与えることで特定の企業を優遇し、他の企業を冷遇しないよう配慮しなければならない。財政支援の見返りとして標章の使用を許可することが認められない場合でも、標章の尊重に関する第23条で規定する規則は、本条で規定する状況に適用される。同様に、営利目的以外で標章の使用を希望する企業は、赤十字社に許可を求めなければならず、第23条に詳述する一般条件を満たさなければならない。

第3節

　赤十字社は、赤十字社および赤十字運動の活動を促進することを目的とする協会または財団のような団体であって、都合により、または法的理由(例えば、財政的

理由)により、赤十字社から独立した団体に許可を与えることができる。これらの団体は、赤十字社および赤十字運動の活動を周知し、促進するために使用する限りにおいて標章を使用する権利を有することに留意すべきである。したがって、標章の使用を厳密に管理するのは、これらの団体の構成員ではなく、赤十字社自身であることが重要である(前条第4節を参照)。

第4部　特別の規則

第25条　その他の団体との協力

> 赤十字社は、第23条および第24条で規定する場合に加え、例外的な場合で、その使用が慎重になされ、人々に赤十字社とその他の団体との混同をきたさない場合には、特定の事業において他の人道的団体と共同で標章を使用することができる。

【解説】..

　原則として、赤十字社は他の団体と共同で標章を使用してはならない。赤十字社は、そうした行動を避ける方法を見つけるよう努めなければならず、人道的活動または普及キャンペーン(例えば共同出版など)と関係する例外的な場合にのみ共同使用を行うべきである。この場合には標章の表示的使用のみが行われる。

第26条　メダルおよびその他の記念品

> 赤十字社は、社名および可能ならばメダルの目的または功績を記した文言を付すことを条件に、赤十字社が贈呈するメダルおよびその他の記念品に標章を描くことができる。デザインは装飾的とし、前記第5条第3節の条件に従うものとする。

第27条　救援物資

> 赤十字社は、社名または社のイニシャルを付し、鉄道、道路、海路または空路により、武力紛争または自然災害の犠牲者に送付される救援物資に標章を使用することができる。赤十字社は濫用を防ぐために必要な措置をとるものとする。

【解説】
　この権利は、使用される輸送手段にではなく、その出所を明らかにするために救援物資そのものに対してのみ適用されることに留意することが重要である。

■国際赤十字・赤新月運動規約

(1986年にジュネーブで開催された第25回赤十字国際会議で採択され、1995年の第26回赤十字国際会議決議7および2006年の第29回赤十字国際会議決議1により改訂)

第4条　各国赤十字社の承認の条件
　第5条第2項b)の規定により、赤十字社として承認されるためには、各社は以下の条件をみたさなければならない。
5.　ジュネーブ諸条約及び同追加議定書に従い、特殊標章及びその名称を使用すること。
　　(1～4及び6～10は省略)

■赤十字国際委員会規約

(1973年12月6日、1974年5月1日、1977年9月14日、1982年4月29日、1988年1月20日および1991年5月2日に改訂された1973年6月21日の同規約)

第3条　本部、標章およびモットー
1. ICRCの本部は、ジュネーブにおくものとする。
2. その標章は、白地に赤十字とする。そのモットーは、「戦争の中に慈悲を(Inter arma Caritas)」とする。同じく、「人道を通じて平和へ(Per humanitatem ad pacem)」のモットーも承認する。

■赤十字国際委員会と赤十字社連盟の協定

(1989年10月20日署名)

第5条　標章の使用

5.1　連盟と協力してICRCは、各社による標章の使用に関する規則草案を作成する。これら草案は、国際赤十字・赤新月運動代表者会議(以下、「代表者会議」と呼ぶ)の審議を経て、赤十字国際会議(以下、「国際会議」と呼ぶ)の承認を得るものとする。

5.2　連盟は、各国政府及び各社がジュネーブ諸条約及び他の関連諸規程に規定される標章の使用規程を尊重し、かつ尊重を確保するため取組みを支援するものとする。

■赤十字標章の使用に係る事業上および商業上その他の非事業上の課題に関する研究

「標章の研究」
Study on Operational and Commercial and Other Non-Operational Issues involving the Use of the Emblem

訳者注1) 本研究は勧告的性格のものであり、法的拘束力を持つものではない。
　　　2) 本研究は2009年11月23日から25日までケニアのナイロビで開催された赤十字代表者会議で採択された。

はしがき

　およそ150年にわたり、世界中で認知される赤十字、赤新月および赤のクリスタルの標章は、苦痛にあえぐ人々、特に武力紛争および自然災害の影響を受ける人々への支援を意味してきた。
　標章は、国際赤十字・赤新月運動のあらゆる構成員が危急のときに、人々の苦痛を予防し、軽減するために行う独立、中立、公平な人道活動の象徴である。標章は、運動の中核をなす精神と独自性を代弁している。
　その意義の故に、標章の使用を制限する規則が存在する。1949年のジュネーブ諸条約は、赤十字運動および軍隊の医療組織ならびに宗教要員が標章を使用する権利を承認した。この特権と引き換えに、私たちは活動を通じ、また規則を遵守することにより、常に標章の威信と尊重を維持する道義的、法的責任を有する。
　運動の構成員は、犠牲者支援のための援助を得るために、自らの視認性を高める必要があるが、標章の保護的な価値とその象徴的な力を損なうような方法で行うべきではない。
　この精神に立ち、ICRCは、標章の使用に係る事業上および商業上その他の非事業上の課題に関する研究を準備するよう勧告された。ICRCは、この研究が運動の

あらゆる構成員、国の当局その他の者にとり、また標章使用の管理規則に対する尊重を促進、強化する私たちの任務にとり価値ある文献となることを切望する。

序　文

目的および方法論

赤十字標章の使用に係る事業上および商業上その他の非事業上の課題に関する研究〈訳者注：「事業」の語は、赤十字諸機関の実施する保護救済活動全般を意味する〉は、2009年11月23日から25日までケニアのナイロビで開催された赤十字代表者会議の資料として配布するためにICRCにより作成された。

本文書における「標章」という用語は、1949年のジュネーブ諸条約および1977年ならびに2005年の追加議定書で承認されたあらゆる特殊標章(the distinctive emblems)、すなわち赤十字、赤新月、赤のライオン及び太陽[1]ならびに赤のクリスタル標章[2]を含む。

構　成

代表者会議が採択した国際赤十字・赤新月運動戦略(運動戦略)[3]は、ICRCに対し、標章の使用に関する研究を行うよう要請した。とりわけ、国際赤十字運動戦略改訂版のアクション10は、次のように規定する。

「ICRCは、国際赤十字・赤新月社連盟事務局および各国赤十字社・赤新月社と協力して、標章の使用に係る事業上および商業上の課題の包括的な研究を開始する」。

本書は、代表者会議のこの要請に対するICRCの回答である。ICRCは、標章の使

1　赤のライオン及び太陽は、イラン・イスラム共和国が1980年9月4日に赤のライオン及び太陽の代わりに特殊標章として赤新月の使用を希望すると宣言してから使用されていない。
2　本標章の研究は、国際人道法により承認されたその他の標識および標章(すなわち、文化財の特殊標章、文民保護組織の国際特殊標章または危険な力を内蔵する工作物および施設の国際特殊記章)の使用は扱わない。
3　国際赤十字運動の戦略は、2001年に代表者会議決議3により採択された。同戦略は、2005年に代表者会議決議6により更新された。

用は常に国際赤十字の独自性と明瞭に結びついていること、また国際人道法の一般的尊重を確保するため、運動にとり極めて重要な問題であると考えてきた。ICRCは、2005年の第三追加議定書（AP Ⅲ）の採択が弾みとなり、この問題に対する関心が喚起され、本研究の内容の普及に前向きな影響を与えることを信ずるものである。

目的および対象

本研究の作成にあたり、ICRCは以下の明確な目的を想定した。
- 標章の使用に関する最も困難な問題および各国赤十字社〈訳者注：以後、各国の赤新月社、赤のクリスタル社を含むものとする〉、ICRC、国際赤十字・赤新月社連盟の代表および国の当局並びに個人から受領した質問に基づき、最も頻繁に提起される問題に取組むこと。
- 1991年の標章規則、特に標章の使用に関する商業的問題に関する事項を現行の規則を適用することにより明確にすること。
- 赤十字運動の構成員および職員ならびに一般市民や民間団体に標章の適正使用と不当使用への対処方法について、特に国際赤十字運動規約第3条2項に規定する義務に沿って説明と指針を供することにより赤十字運動のあらゆる構成員の能力を強化すること。
- 赤十字運動の承認された標章に係る独自性の強化に役立つ手段を開発すること。
- 国の当局に対し、標章の使用に関する多くの規則および本件に関する国際人道法上の国の責務について理解を促進する手段を提供すること。
- 特定の対象および一般大衆に対して標章の使用に関する普及手段を開発するための資料として役立てること。

標章とその使用に関する理解と知識を強化することにより、本研究の究極の目的は、いかなる場合にも社会のあらゆる分野において標章への尊重を最大限確保すること、特に標章の保護的価値を強化することにある[4]。したがって、本研究は標章の使用を管理する規則の内容および標章の濫用に直面した場合に執るべき手続きに関する勧告を含む。

---

4 2001年版の国際赤十字運動戦略は、本研究の期待される成果を次のように記す。「標章は、紛争時および紛争時以外において、あらゆる当事者および社会構成員により理解され、保護されている」。

これらの目的は、人間の苦痛を防止し、軽減する赤十字運動の使命に適っている。赤十字運動の構成員は、その使命を達成するために犠牲者と苦痛にあえぐ人々に接触できなければならない。特に武力紛争時に接触を維持するためには、運動の構成員が当局と武力紛争当事者の信頼を得られることが肝要である。標章が濫用された場合、一般大衆および特に武力紛争の当事者に混乱と不信を招くことは間違いない。これにより赤十字運動の構成員への信頼が損なわれ、彼らの犠牲者への接触および彼ら自身の安全を脅かすことになる。標章への人々の理解を促進し、濫用に対応する勧告を行うことで、本研究は赤十字運動の一般的使命に貢献することになるだろう。

　同様に、標章の研究は、頻発する標章の濫用を減らし、撲滅するための手段であると考えられる。濫用は、国の軍隊の医療組織が保護救済する人々に接触するのを阻害することになる。

　最後に、標章の研究が目的としないことに言及する必要がある。まず、混乱および誤った期待を抱かないように、以下の事項に留意しなければならない。

- 本研究は、1991年の標章規則を改訂するためではなく、その幾つかの規定を明確にするために作成された。標章規則は、既に1949年のジュネーブ諸条約に沿った最も完璧な解説である。標章規則の前文第4節で言及するように、「改訂版の適用範囲は、ジュネーブ諸条約の枠内で可能な限り広いものである」。
- 本研究は、AP Ⅲの解説を意図したものではない。AP Ⅲの内容の幾つかは、本研究がまとめた勧告に影響を与える。その意味で、AP Ⅲが当然考慮されており、その関連規定にも言及している。しかし、AP Ⅲの解説は、別に用意されている[5]。

方法および作業過程

　標章の研究は、赤十字運動戦略の中で要請されたため、連盟と各国赤十字社との広範な協議により作成された。

---

[5] Jean-François Quéguiner "Commentary on the Protocol additional to the Geneva Conventions of 12 August 1949, and relating to the Additional Distinctive Emblem (Protocol Ⅲ)" IRRC, March 2007, No.865, pp.175-207, 本書p.223以下を参照。

2006年3月、国際赤十字・赤新月社連盟および約30社の各国赤十字社から専門家集団が指名された。2006年から2007年にかけて同集団は、議論すべき問題とその後の起草段階における問題を特定するために非常に価値ある洞察に満ちた見解と勧告を提供することができた。専門家たちは、本研究の予備分析および勧告の幾つかを自ら起草した。同時期に、各国赤十字社から意見とフィードバックを求める機会（例えば、ICRC主催の各国赤十字社法律顧問の年次総会、欧州法的支援集団総会、欧州公共支援集団総会など）が設けられた。

標章の研究の第1版は、2007年11月に開催された赤十字代表者会議に参考資料として提出された。赤十字運動の戦略決議7において、

代表者会議は、

「ICRCにより準備された『標章の使用に関する事業上および商業上及び非事業上の課題に関する研究』を歓迎し、標章の使用を管理する現行規則、特に1949年のジュネーブ諸条約、同追加議定書および1991年の各社による標章の使用規則に含まれる諸規則の有効性を再確認し、また、標章の保護的価値および保護と救済を必要とする人々への接近を保証し、中立で独立した人道機関としての赤十字運動のアイデンティティーを強化するために、これらの規則の尊重が極めて重要であることを強調し、

（…）

7. 赤十字運動の構成員に対して、本研究の勧告を活用して標章の使用を管理する規則の実施を向上させ、本研究の内容と利用について意見を寄せることを求める。
8. ICRCに対して、赤十字運動の構成員から寄せられた意見を考慮しつつ、また各国にその内容を提供しながら本研究作業を継続し、その成果を代表者会議に報告することを要請する。」（脚注省略）

とある。

決議7で規定された使命に基づき、ICRCは2008年と2009年に更に協議を行った。特に2008年5月30日、（幾つか修正をし、設問を幾つか追加した）標章の研究を、すべての国および赤十字・赤新月社に送付し、意見を求めた[6]。国との協議は、三つの

---

6 国との非公式協議は、既に2007年から国際人道法の履行に関する各国国内省庁間委員会を通じて始まったことに留意されたい。国際人道法の履行に関する国内省庁間委員会は、国レベルでの国際人道法の履行に関連するあらゆる問題を促進し、助言し、調整し、さらに法を遵守し、開発する権限をする。この

理由により行われた。
- 標章の使用を管理する規則を規定し、採択するのは国であること。
- 国、特にその軍隊の医療組織(衛生部隊)は、(国際人道法諸条約に従い)標章を使用する主役であること。また本研究が扱う多くの問題は、標章を国家が使用する場合に直接関連していること。
- 標章の尊重を確保する責任は、主として国にあること。

　各社からの意見は、本研究の実に広範な問題に言及していた。しかし、その主要な意見は、各社が資金募集活動(例えば、民間部門との提携における赤十字社ロゴの使用など)を行う場合および広報活動(例えば、赤十字社の資材や敷地に赤十字社ロゴを使用することなど)を行う場合の標章の使用に関するものであった。これを契機に、これらの問題を協議するために2009年2月23日、ジュネーブでワークショップを開催することとなった。これには各国赤十字社の高級代表、赤十字社連盟、ICRCが出席し、このワークショップは、標章の研究ならびに赤十字運動の構成員が実施する資金募集と広報活動という、赤十字社の任務を効果的に実施するために重要な二つの活動に関する対話の機会を提供した。
　このワークショップの主要な結論は、以下の通りだった。
- 赤十字運動の構成員は、自らを動員するとともに、特に国を動員し、標章の保護的価値を一層促進する。
- 標章とロゴは、「赤十字運動のブランドであり、アイデンティティー」の一部である。赤十字運動のイメージとブランドを高め、促進するための関連活動は、標章の使用を管理する現行の法的枠組みと合致しなければならない。
- 標章の研究とは別に、2－3年以内に、赤十字運動の「価値」と印象のより良い理解という基盤に立ち「赤十字運動のブランドとアイデンティティー」を発展させ、促進させるための考察を行うべきである。

　最後に、この標章の研究は、各国から受領した様々な局面に関する意見から利益を得た。これらの意見は、国との二国間の協議により、また2009年6月15日にジュネーブで開催された情報会議で公表された。
　したがって、本研究は、赤十字運動と各国政府との広範な協議を経た結果である

　　機関は、通常、国際人道法に関係する政府の全省庁の代表、司法、法規部門および赤十字社により構成される。

と考えなければならない。とはいえ、ICRCは、本研究に含まれる勧告について最終的な責任を負うものである。

構　成

目　次

　標章の研究は、三部から構成される。
　第1部は、事業上において、標章の使用にあたり何が合法で許され、推奨されるかを明確にすることを企図した。
　第2部は、標章使用に係る商業上（および非事業上）の問題を中心に扱う。
　最初の二部は、四章から構成され、以下の各種関係者により提起された標章の使用に関する問題を対象とする。
　　・国の当局による使用
　　・各国赤十字社による使用
　　・ICRCによる使用
　　・その他の団体による使用

　第3部は、濫用を防止または停止するための様々な団体（国、ICRC、赤十字社など）の義務と役割を詳述することを企図する。その主要目的は、標章の濫用に直面した場合に何をなすべきか、またその発生を防ぐ方法についての明確な指針を提供することである。

質問の形式

　特定されたそれぞれの質問に対し、本研究は、何が合法で許容されるかについて、あるいは必要な場合には、標章の特殊な濫用への対処の仕方についての勧告を提供する。それぞれの質問は、以下の順番による。
　　・質問に答えるために考慮すべき法的、規程上の根拠
　　・質問にいかに答えるかに関する勧告
　　・勧告の根拠となる分析

一般原則および概念

本節の目的は、標章に関する背景情報を提供し、標章の使用に関する幾つかの一般的概念および原則を定義し、明確にすることにある。

これらの概念および原則は、標章の研究に一貫して広く使用されている。したがって、各個別の問題毎にそれを繰り返すのを避けるために、それらを導入部に包括することが有益と思われた。

I．標章の歴史とデザイン

1859年、北イタリアを旅するスイスの実業家Henry Dunant（アンリ・デュナン）は、ソルフェリーノの戦いの恐るべき結果を目撃した。彼はジュネーブへ帰った後、目撃したことを『ソルフェリーノの思い出』という本に書き、その中で戦争犠牲者への支援を改善するための二つの提案を行った。

・平時において、すべての国に戦時の犠牲者を看護するためのボランティア組織を設立すること。
・各国に働きかけて救護者と戦場の傷病者を保護する考えを認めさせること。

第一の提案は、各国赤十字社の設立に至り、現在では赤十字運動が承認する赤十字社は185を超えている。第二の提案は、現在、すべての国家が受け入れる1949年の四つのジュネーブ条約の前身である1864年のジュネーブ条約の起草への道を開いた。

軍隊の医療組織、篤志の救護者および武力紛争の犠牲者を法的に保護することを示す唯一の識別標章を採択することは、1863年2月17日にデュナンの提案を研究するために会した五人委員会の主たる目的だった。同委員会は、後に赤十字国際委員会（ICRC）へと発展した。記章（sign）――あるいは標章（emblem）と呼ばれたものは、分かりやすく、遠方から識別でき、誰からも認知され、敵味方双方が同一のものでなければならなかった。

1864年にジュネーブで開かれた外交会議は、白地に赤十字――スイス国旗を転倒した色――の紋章型標章を採択した[7]。

---

[7] GC I 第53条2項は、「スイス連邦の配色を転倒して作成した」と記す。

1876年から1878年のロシアとトルコの戦争において、オスマン帝国は、自国の標章として赤十字の代わりに赤新月を使用するが、ロシアが使用する赤十字も尊重することを宣言した。ペルシャも赤のライオン及び太陽という別の標章を選択した。白地に赤新月と白地に赤のライオン及び太陽は、1929年の外交会議で正式に承認された[8]。赤のライオン及び太陽は、イラン・イスラム共和国が、軍隊の医療組織の特殊標章として赤新月を使用したいと宣言した1980年以降、使用されていない。

最後に、武力紛争の犠牲者と軍隊および人道機関要員の医療活動に与えられる保護を強化するために、また赤十字運動の普遍性を達成するために、追加の特殊標章——白地に赤のクリスタル——が、AP Ⅲ を採択した2005年の外交会議で承認された。この標章は、白地に赤の正方形の枠（AP Ⅲ 第2条）から成る。「赤のクリスタル」の名称は、AP Ⅲ には規定されておらず、2006年6月の第29回赤十字国際会議の決議1（2節）の採択により国際社会が承認したものである。

II．標章の使用を管理する主要規則

標章（および赤十字、赤新月、赤のクリスタルの名称）の使用を管理する主要規則は、次の文書で規定する。

- ジュネーブ第一条約（GC I）：第38条－第44条、第53条、第54条
- ジュネーブ第二条約（GC II）：第41条－第45条
- ジュネーブ第四条約（GC IV）：第18条－第22条
- ジュネーブ諸条約第一追加議定書（AP I）：第8条、第18条、第38条、第85条、附属書1
- ジュネーブ諸条約第二追加議定書（AP II）：第12条
- ジュネーブ諸条約第三追加議定書（AP Ⅲ）：第1条～第7条
- 1991年の標章規則：しかし、厳密には、この規則は、これらの規則を最大限適用することを約束した各国赤十字社とICRCおよび連盟のみを拘束する[9]。

8　両標章は、戦地にある軍隊の傷者及び病者の状態の改善に関する1929年のジュネーブ条約第19条で承認され、その後、GC I 第38条2項で確認された。赤のライオン及び太陽は、もはや使用されていないので本研究の分析および勧告では特に言及しない。しかし、標章の使用を管理する規則（および本研究の勧告）は、当然、他の標章同様、赤のライオン及び太陽にも同様に適用される。
9　1993年、代表者会議決議8第4節は、1991年の標章規則に規定する通り、ICRCおよび連盟が標章の表示的、装飾的な使用を管理する規則を遵守するよう求めた。

III．標章の保護的使用と表示的使用の区別

　標章は、一世紀以上にわたり、武力紛争の影響を受ける一定の領域に属する人々と彼らに人道支援を行う人々に対し、国際人道法に基づく保護を与えるための視覚的な標章として存在してきた。
　標章は、また赤十字運動とその構成員の中立性、独立性、公平性の象徴でもある。したがって、標章は、二つの全く異なる目的を果たすものであり、それは、
　　・保護標章として、または
　　・表示標章として
　　使用される。

　これらの二つの異なる標章の使用の区別は、GC I 第44条1項および第2項で規定する。

　　「本条の次項以下の項に掲げる場合を除く外、白地に赤十字の標章及び「赤十字」又は「ジュネーヴ十字」という語は、平時であると戦時であるとを問わず、この条約及びこの条約と同様な事項について定める他の条約によって保護される衛生部隊、衛生施設、要員及び材料を表示し、又は保護するためでなければ、使用してはならない。第38条2項に掲げる標章に関しても、それらを使用する国に対して同様である。各国赤十字社及び第26条に掲げるその他の団体は、この条約の保護を与える特殊標章を本項の範囲内でのみ使用する権利を有する。
　　更に、各国赤十字社（赤新月社又は赤のライオン及び太陽社）は、平時において、自国の国内法令に従い、赤十字国際会議が定める原則に適合する自己のその他の活動のために赤十字の名称及び標章を使用することができる。それらの活動が戦時に行われるときは、標章は、その使用によりこの条約の保護が与えられると認められる虞がないような条件で使用しなければならない。すなわち、この標章は、比較的小型のものでなければならず、また、腕章又は建物の屋根に付してはならない」。

　もっとも、標章に関するGC I およびAP I の条文で使用される用語は、常に明確なわけではない。
　　・GC I 第7章の表題は、「特殊標章」とある。

・上記のように、本章では、標章の「保護的」使用と「表示的」使用の間に区別を設け、この問題は1991年の標章規則でさらに詳説されている。
・APⅠ第8条(1)は、「特殊標章とは、医療組織、医療用輸送手段、医療要員、宗教要員もしくは医療機器、医療用品の保護のために使用される場合における「白地に赤十字、赤新月又は赤のライオン及び太陽の特殊標章」であると規定する。

　用語を明確にするために、本研究は、「保護標章」(「保護の手段として使用される標章」または「保護の目的で使用される標章」)または「表示標章」(「表示の手段として使用される標章」または「表示の目的で使用される標章」)のどちらかに言及することにより、標章の二つの異なる使用を区別することを強調する[10]。

　保護標章としての標章は、国際人道法(主にジュネーブ諸条約と同追加議定書)に基づき、特定の要員、組織ならびに輸送手段(特に医療要員、施設および輸送手段)を特別に保護する視覚的な印である[11]。こうした状況で最大限の視認性(可視度)を確保するため、標章は、それを表示する人または物に比較して大きくなければならず、標章または白地にいかなるものも追加してはならない。腕章または建物の屋根などの特定の場所に標章を表示することは、常に保護的使用と見なされる。

　表示標章としての標章は、それを表示する人または物と赤十字運動との繋がりを表す。この場合、標章は、それを表示する人や物に対して比較的小型でなければならない。また、通常、標章には付随する情報(例えば、赤十字社の名称または頭文字)を付さなければならない[12]。

　1991年の標章規則第4条(およびその解説)は、次のように規定する。

「標章の保護的使用と表示的使用の混同は避けなければならない。武力紛争時に平時活動を継続する赤十字社は、人および物に表示される表示的使用の標章が、赤十字社との関連を示すものとして理解され、国際人道法に基づく保護の権利を与えるものと見なされないように、あらゆる必要な措置を講じるものとする。特に、標章は比較的小型とし、腕章または屋根に表示しないものとす

---

[10] 本研究を通じての「標章」と「ロゴ」およびこれらの用語の使用の区別についての説明は、本序文(「一般原則および概念」)のⅤを参照。
[11] 保護標章を使用する資格のある要員、組織および輸送手段の一覧は、本序文のⅣを参照。
[12] 標章と運動の構成員のロゴの区別については、本項のⅤを参照。

る。赤十字社は、紛争の開始より保護手段としての標章との混同を避けるために平時から後者の規則に従うよう努めるものとする。

　混同をもたらすのは、標章の図柄よりも、むしろ標章が表示される状況にある。したがって、混同は標章が保護手段として使用される状況、例えば、あらゆる混同を避ける必要がある武力紛争時において見られる。この危険を避けるために、赤十字社は、表示標章としての平時には、比較的小型の標章を使用することが奨励される。同様の理由から、平時には赤十字社は、腕章、屋根または旗に標章を表示しないよう奨励される」。

しかしながら、保護または表示目的で使用する場合の標章の正確な寸法は規定していない。GCI第44条の解説は、この理由を次のように解説している。

「実際的な理由により、会議は、表示標章の最大の大きさを規定すべきとする提案を否決した。単に、比較的小さく——すなわち、所定の分野の人または物に使用される保護標章との比較において小さくすべきであると規定したにすぎない。実際の大きさは良識によらねばならない」[13]。

IV．標章の使用資格を有する者（一般規則）

以下は、いかなる人または物が標章を表示することができるかを決定する一般的な原則の一覧であるが、本研究の目的に照らし、詳述は控える。

a)　保護手段として

武力紛争時
- 国の軍隊の医療組織（その要員と病院、輸送手段等の組織など）と宗教要員[14]
- 軍隊の医療組織を支援するために国が正式に承認し、権限を与えた赤十字社の医療要員および医療組織ならびに輸送手段が、もっぱら軍隊の医療組織と

13　GCIの解説、第44条、本書p.38
14　GCI第39条－第44条およびGCII第41条－第44条。国の軍隊の医療活動および宗教要員は、GCI第19条－第25条および第35条、第36条、GCII第22条、第23条、第26条－第28条、第34条－第37条および第39条、API第8条(c)－(m)、第9条2項、第12条、第13条、第15条、第21条－第31条およびAPII第9条、第11条で規定する。本研究は、国の軍隊の医療活動のみに言及するが、軍隊の宗教要員にも同様の規則と勧告が適用される。

- 同じ目的で活動し、軍法と軍律に従う場合[15]
- 国の当局により承認された文民病院(公立または民間)で標章の表示を認められたもの[16]。また、占領地域と軍事行動地域では、文民病院の活動と管理にあたる(および捜索、収用、輸送および文民の傷病者、弱者、ならびに妊産婦への看護の提供にあたる)要員[17]
- 占領地域と戦闘が行われている、または起こりそうな地域のあらゆる文民医療要員と予備宗教要員[18]
- APⅠで規定され、権限のある当局により承認され、標章を表示する権限を与えられたあらゆる文民医療組織および医療用輸送手段[19]
- 承認され、権限を与えられた篤志の救護団体で、赤十字社に規定されたのと同一条件に従うもの[20]

平 時
- 国の軍隊の医療組織および宗教要員[21]
- 武力紛争時の医療義務が任務として定められている赤十字社の医療組織および医療用輸送手段は、平時から当局の同意を得て、保護標章としての標章を表示することができる[22]。

　ICRCと連盟は、いかなる場合(平時および武力紛争時)にも、制限を受けることなく標章を使用することができる[23]。

15　GCⅠ第40条および第42条－第44条。保護される各社の医療要員、組織、輸送手段は、GCⅠ第24条、第26条、第27条、第34条およびGCⅡ第24条、第25条、第27条、ならびにAPⅠ第8条(c)、(e)および(g)-(j)、第9条2項で規定する。

16　GCⅣ第18条3項。GCⅣは、同第21条、第22条の規定により陸路、海路、空路の輸送手段に標章を使用する権利を拡大している。GCⅣ附属書1および第6条は、「もっぱら傷病者のための地帯は、白地に赤十字(赤新月、赤のライオン及び太陽)標章により表示することができる、と規定する。文民病院および医療組織による標章の使用については、本研究のQ.6を参照。

17　GCⅣ第20条1項、第2項、第3項。

18　APⅠ第18条3項。保護される文民の医療、宗教要員は、APⅠ第8条(c)から(d)および第15条1項で規定される。この部類には、APⅠの定義に合致する場合には、各社の医療要員も含まれる。

19　APⅠ第18条4項。保護される文民の医療組織と輸送手段は、APⅠ第8条(e)および(g)で規定される。これらの部類には、APⅠの定義に合致する場合には、各社の医療組織および輸送手段が含まれる。

20　GCⅠ第44条1項。篤志の救護社は、GCⅠ第26条、第27条およびAPⅠ第9条2項(b)で規定する。

21　GCⅠ第44条1項。

22　1991年の標章規則第13条。

23　GCⅠ第44条3項。

b) 表示手段として

武力紛争時
- 各国赤十字社[24]
- 国際赤十字・赤新月社連盟
- ICRC

平　時
- 各国赤十字社[25]
- 国際赤十字・赤新月社連盟
- ICRC
- 例外的な措置として、第三者機関が運営する救急車、救護所でもっぱら傷病者に無料の看護を提供するために使用されるものが、国の法律に従い、赤十字社の明示の許可を得て使用する標章[26]

V．標章とロゴの区別

　　GC I（第44条）の解説は、標章が保護手段として使用される場合は、常にその原型を維持しなければならないと明確に述べている。

　　　「ジュネーブ条約に規定する白地に赤十字から成る保護標章は、いかなる変更も追加もせずに常に原型のまま表示しなければならない」[27]。

この詳細は、1991年の標章規則第5条第1節、2節で言及する。

　　　「保護手段として使用する標章は、常にその原型を留めなければならない。すなわち、十字、三日月または白地に何も付け加えないものとする。一方が垂

24　GC I 第44条2項。
25　GC I 第44条2項。
26　GC I 第44条4項。第三者の救急車および応急救護所による標章の使用については、本研究のQ.30を参照。便宜上、各社が承認した第三者の救急車および応急救護所による標章の使用は、「表示手段」の中に含まれる。しかし、これら使用者と運動との関連は、各社が承認を与えるということだけにあるので希薄である。
27　GC I の解説、第44条、本書p.40。

直、他方が水平の二つの片が中央で交差して形成される十字は、規則で規定されていない。十字も三日月も旗または盾の淵に接触しないものとする。赤の色調は特定されていない。地色は常に白色とする。

　表示的使用の標章は、赤十字社の名称とイニシャルを添えるものとする。十字または三日月の上には、いかなる絵や文字も描かないものとする。地色は常に白色とする」。

　したがって、原則として、以下の二つを明確に区別することが可能であり、また有益である。
・保護目的で使用される白地に赤十字、赤新月、赤のクリスタルの「標章」、および
・表示目的で使用される赤十字運動の当該構成員の名称またはイニシャルを付した白地に赤十字、赤新月、赤のクリスタルの「ロゴ」[28]

　特段の但し書きがない限り、本研究における「標章」の用語は、保護標章としての使用と関連し、一方、「ロゴ」の用語は、表示標章としての標章の使用を意味するものとする。

VI. 標章は、それ自体が保護を与えるわけではない。

　標章は保護手段として使用することができるが、それを表示する人および物に保護を与えるのは標章そのものではないことを繰り返すことが重要である。保護を与えるのは国際人道法(主としてジュネーブ諸条約と同追加議定書)である。標章は、単に保護を視覚的に表現したに過ぎない。

　標章を表示しないとしても、当該の人および物は依然として特に攻撃からの保護の権利を有する。しかし、保護を実効あるものにするために、敵は、被保護者または被保護組織を保護すべきものと認識できなければならない[29]。人または物が標章を使用する絶対的な義務はないが、標章には保護的な意味があるので、標章の使用が強く勧告される。

28　各社の大型のロゴの使用に関する詳細な議論は、本研究のQ.18を参照。
29　GC I の解説、第44条、本書p.33、1991年の標章規則第5条の解説を参照。

VII. 用　語：一般的表現としての「標章の濫用」

　本研究の「標章の濫用」の用語は、標章の使用を管理する規則のあらゆる違反を含む。特段の但し書きがない限り、以下の三つの濫用を含む。

- 模倣：記章の形状または色彩が、標章と混同するような記章を使用すること
- 不当使用：
    - 通常、標章を使用する権限がある者による標章の使用で、国際人道法の標章使用規定と合致しない方法での使用
    - 標章を使用する権限のない団体または個人（商企業、薬局、開業医、NGO、一般個人など）による使用または赤十字運動の基本原則に反する目的での使用
- 背信的使用：
    武力紛争時において敵対行為の遂行中に戦闘員または軍事施設を保護するための標章の使用。標章の背信的使用は、故意に行い、死亡または身体と健康への深刻な傷害を及ぼした場合には、国際的武力紛争、非国際的武力紛争において戦争犯罪を構成する[30]。

30　特に、AP I 第85条3項(f)およびCustomary IHL Study, 規則156, Commentary, p.599を参照。

── ◇略語一覧◇ ──

1907年ハーグ規則：陸戦の法規慣例に関する規則(ハーグにおける1907年10月18日の陸戦の法規慣例に関する第四条約附属書)

1991年の標章規則：第20回赤十字・赤新月国際会議(ウィーン、1965年)により採択され、代表者会議(ブダペスト、1991年)により改訂された各国赤十字社による赤十字または赤新月の標章の使用に関する規則

2003年の最低限必要な事項：2003年の代表者会議により採択された規則10に附属する「国際赤十字の構成員と外部事業、提携団体との事業協定に含まれるべき最低限必要な事項」

AP：追加議定書。第一追加議定書、第二追加議定書、第三追加議定書。

APⅠ：1949年8月12日のジュネーブ諸条約の国際的な武力紛争の犠牲者の保護に関する1977年6月8日の追加議定書(議定書Ⅰ)

APⅡ：1949年8月12日のジュネーブ諸条約の非国際的な武力紛争の犠牲者の保護に関する1977年6月8日の追加議定書(議定書Ⅱ)

APⅢ：1949年8月12日のジュネーブ諸条約の追加の特殊標章の採用に関する2005年12月8日の追加議定書(議定書Ⅲ)

AP：APⅠ、APⅡおよびAPⅢ

APⅠ、APⅡ解説：Yves Sandoz, Christophe Swinarski, Bruno, Zimmermann『1949年8月12日のジュネーブ諸条約の1977年6月8日の第一および第二追加議定書に関するコメンタリー』ICRC、ジュネーブ、1987年

APⅢ解説：Quéguiner Jean-François, 「1949年8月12日のジュネーブ諸条約の追加の特殊標章の採用に関する議定書(第三追加議定書)に関するコメンタリー」International Review of the Red Cross, No.865, March 2007.pp.175-207.

GCⅠの解説：Jean Pictet(編)、『ジュネーブ第一条約コメンタリー』ICRC、ジュネーブ、1952年

GCⅡの解説：Jean Pictet(編)、『ジュネーブ第二条約コメンタリー』ICRC、ジュネーブ、1960年

GCⅣの解説：Jean Pictet(編)、『ジュネーブ第四条約コメンタリー』ICRC、ジュネーブ、1958年

GCⅠ：戦地にある軍隊の傷者及び病者の状態の改善に関する1949年8月12日のジュネーブ条約(Ⅰ)

GCⅡ：海上にある軍隊の傷者、病者及び難船者の状態の改善に関する1949年のジュネーブ条約(Ⅱ)

GC Ⅲ：捕虜の待遇に関する1949年8月12日のジュネーブ条約(Ⅲ)
GC Ⅳ：戦時における文民の保護に関する1949年8月12日のジュネーブ条約(Ⅳ)
GC：ジュネーブ諸条約、ジュネーブ第一条約、ジュネーブ第二条約、ジュネーブ第三条約、ジュネーブ第四条約
Customary IHL Study：慣習国際人道法の研究:
　　Jean-Marie Henckaerts, Louise Doswald-Beck編, Caroline Alvermann, Knut Dörmann 及び、Baptiste Rolle 寄稿による "Customary IHL Study", Vol.Ⅰ, Rules, Cambridge University Press, Cambridge, 2005.
IAC：国際的武力紛争
ICC：国際刑事裁判所
ICRC：赤十字国際委員会
IHL：国際人道法
International Federation：国際赤十字・赤新月社連盟
IRRC：国際赤十字雑誌
Movement：国際赤十字・赤新月運動
NIAC：非国際的武力紛争
NS：各国の赤十字社・赤新月社
ONS：被援助社(又は被支援赤十字社)
PNS：援助社(又は支援赤十字社)
RICR(IRRC)：国際赤十字雑誌
運動規約：第25回赤十字国際会議(1986年10月、ジュネーブ)で採択され、第26回赤十字国際会議(1995年12月、ジュネーブ)、第29回赤十字国際会議(2006年6月、ジュネーブ)で修正された国際赤十字・赤新月運動規約
事務総長告示：国連軍による国際人道法の遵守に関する1999年8月6日の事務総長告示、UNdoc.ST/SGB/1999/13.
セビリア合意：代表者会議(セビリア、1997年11月25～27日)により採択された国際赤十字の構成員の国際的活動の調整に関する協定

第1部　標章の使用に係る事業上の課題に関する勧告

〈A．国の当局による使用〉

Q.1：武力紛争の当事国は、軍隊の医療組織の標章を一時的に変更することができるか。

法的または規程上の根拠
- GC I 第38条、第39条
- AP II 第12条
- AP III 第1条、第2条

勧　告

● 一旦、国がその標章(保護標章)――赤十字、赤新月または赤のクリスタル――を選択した場合、許可を得た団体は、恒常的にその標章に限り使用する権利を有する。

● しかし、それが保護を強化する場合には、AP III 締約国の軍隊の医療組織は、国際的武力紛争または非国際的武力紛争において既に決定した標章以外の標章を一時的に使用することができる。

● AP III が適用される場合には、非国際的武力紛争の武装集団の医療組織は、各権限のある当局の監督の下、その保護を強化するために既に選択した標章を一時的に他の標章に変更することができる[31]。

● しかし、一時的に標章を変更することには、最大限慎重でなければならない。国の法律と一般の人々のイメージの問題はさておき、(標章を一時的に変更しようと考えている医療組織およびその他の医療組織とその状況にある各社にとり)安全に関する付加価値を最も慎重に評価しなければならない。一時的に標章を変更する適切な動機だけが、標章の表示を許されている者の保護を可能にすることを忘れてはならない。

31　武装集団の医療組織による標章の使用については、本研究のQ.28を参照。

分　析

序　文

GC I 第38条、第39条により、国は承認されたあらゆる標章の中から一つを選び、それを軍隊の医療組織に使用する旗および腕章ならびにあらゆる資材に表示しなければならない。

国が選んだ標章は、赤十字、赤新月または赤のクリスタルであれ、その時点でGC I 第44条に基づき、その国が承認した団体が保護目的で恒常的に使用する標章となる。

ジュネーブ諸条約の実効性を確保するために、あらゆる国は、軍隊の医療組織およびその他、標章の使用が認められた団体の標章を規定する法律、規則、政策を制定することが求められる[32]。

国が採択し、法律または政策により履行される標章は、原則としてその国が武力紛争時に使用する唯一の標章でなければならない。既述したように、この原則は、すべての承認された標章は、平等な保護を与え、あらゆる面で中立と見なされねばならないという事実に基づく[33]。したがって、赤十字、赤新月または赤のクリスタルに対していかなる異議も唱えてはならない。

標章の変更

1. 国際的武力紛争および非国際的武力紛争における国の軍隊の医療組織の場合

最近まで、国際人道法は、国の軍隊の医療組織による一時的な標章の変更を明確

---

[32] GC I 第54条は、「締約国は、自国の法律が不十分な場合には、第53条で規定する濫用を予防し、禁圧するために常に必要な措置をとるものとする」とある。そのような法律の内容の例として、ICRCアドバイザリー・サービス が作成した「赤十字、赤新月及び赤のクリスタル標章の使用と保護に関する法のひな形」は、次の例を提示する。

「軍隊の医療組織による使用

1・国防省の管理の下、〔国名〕軍隊の医療組織は、平時及び武力紛争時において、その医療要員、医療組織及び陸上、海上、及び空の輸送手段を表示するために〔使用する標章の名称〕の標章を使用するものとする。」

[33] AP III 第2条1項を参照。

に扱っていなかった。しかし、2007年1月14日に発効したAP Ⅲ はこの問題を明確にした。AP Ⅲ は国際的であるか非国際的であるかを問わず、武力紛争時において適用されることに留意すべきである[34]。

いくつかの特異な状況、例えば、想起される宗教的、政治的な理由により、選んだ標章が十分に受け入れられない場合、または住民が承認された標章のうちの一つの標章だけしか知らない場合には、必要な保護を確実にするために特殊標章を一時的に使用する原則を柔軟に適用し、順応すべきである。

AP Ⅲ 第2条4項は、次のように規定する。

> 「締約国の軍隊の医療組織及び宗教要員は、自国の現行の標章を害することなく、その使用により保護を強化しうる場合には、本条1項に規定するいずれの特殊標章(すなわち、保護を高める場合における赤のクリスタルを含む承認された標章)も一時的に使用することができる」。

こうして、AP Ⅲ 締約国には、それが「保護を強化しうる場合」には、国が恒常的に使用を選択した標章の他に一つの標章を一時的に使用することが認められた。実際には権限のある軍当局が、関係するあらゆる軍隊と調整を行い、標章の表示を認められた団体の安全を確保する視点から事前評価を行い、決定すべきである。AP Ⅲ がもたらした可能性を活用するために、国は同議定書の当事国となることが勧奨される。

とはいえ、人道的、実際的配慮から、あらゆる国の軍隊の医療組織が、同様の状況において一時的に標章を変更することができるかは議論があるかもしれない。

あらゆる場合に実際的な考慮により、権限のある軍当局は、以下に留意すべきである。

a) 外国の軍隊(またはその合同軍)による一時的な標章の変更および軍隊が展開している国が使用する標章を外国軍隊が使用することは、敵の戦闘員と一般住民の間に外国軍/合同軍と被援助国軍隊の医療組織および被援助社のそれとを混同させる可能性がある。

b) 一時的に標章を変更する唯一の合法的な動機は、標章を使用することを許可された者の保護である。

---

[34] AP Ⅲ の解説、第1条2項、本書p.236。

c) 標章を変更する決定は、標章を採用している国の国内法に違反する可能性があり、それらの国の世論に影響を与える可能性があるが、それは当該国の責任である。

2. 非国際的武力紛争の当事者である武装集団の医療組織の場合

AP II 第12条は、次のように規定する。

> 「医療要員及び宗教要員、医療組織並びに医療用輸送手段は、権限のある関係当局の監督の下で、白地にそれぞれ赤十字、赤新月又は赤のライオン及び太陽の特殊標章を表示する。特殊標章は、すべての場合において尊重するものとし、また、不当に使用してはならない」。

追加議定書で使用する「特殊標章」の用語は、標章が保護目的で使用される場合のみに使用される[35]。AP I 第8条(1)は、「特殊標章」とは、「医療組織と医療用輸送手段又は医療要員と宗教要員、資器材の保護のために使用される場合、白地に赤十字、赤新月又は赤のライオン及び太陽の特殊標章を意味する」ことを明確にしている[36]。AP II 第12条は、正に同様の定義で採用された[37]。

非国際的武力紛争においては、被保護者が敵の当事者のみならず味方の軍隊または武装集団からも識別できるよう確保することが、保護を享受する者の直接的な利益となる[38]。

非国際的武力紛争の両当事者は、それぞれ権限のある当局の指示のもとに標章を使用する権利を有する[39]。AP IおよびII (第12条)の解説は、次のように説明する。

> 「権限ある当局は、文民でも軍でもよい。合法政府に対し戦闘を行う者にとり、これは事実上の担当当局となるだろう。議定書の適用に対する敷居は、一定程度の組織を要請し、特に議定書の規則を適用する叛徒側の能力を要請する」[40]。

---

35 AP I, IIの解説のAP II 第12条、本書p.219、4734節を参照。
36 AP III 第1条2項および2条1項、第3項により、白地に赤のクリスタルを「特殊標章」の一覧に追加しなければならない。
37 AP I, IIの解説のAP II 第12条、本書p.219、4734節を参照。
38 AP I, IIの解説のAP II 第12条、本書p.221、4742節を参照。
39 武装集団の医療組織による標章の使用については、本研究のQ.28を参照。
40 AP I, II の解説のAP II 第12条、4746節を参照。

非国際的武力紛争のすべての当事者は、――国家主体か武装集団かを問わず――国際人道法の関連規定に拘束される。国は当事国となっている条約に明示的に拘束され、適用される慣習法に拘束される。国家のみが正式に国際条約の当事者となれるが、非国際的武力紛争の当事者である武装集団もまたジュネーブ諸条約共通第3条、慣習国際人道法および適用可能な場合には、AP II を遵守しなければならない[41]。

同様に、AP III が適用される場合には、正統政府と戦う武装集団は、AP III 第2条4項の下、国の軍隊の医療組織と同じ条件で、一時的にその標章を変更することができる。

武装集団の医療組織が、事実上の当局により制定された標章以外の標章を一時的に使用することは可能であるが、それは保護を強化しうる条件で、当該当局の管理下でのみ可能である[42]。そうした状況は、非国際的武力紛争の相手側が一つの標章への尊重を欠く場合、特に宗教分派との紛争で生じる可能性がある。

41　ニカラグア対アメリカ（1986年6月27日のICJ判決、ICJ reports, 14, 114, 119節；Report No 55/97, Case No 11.137（Argentina）, 174節（1997年10月30日）、Report No 26/97 Case No 11.114（Colombia）, 131節（1997年9月30日）、国連安全保障理事会決議1193（1998年）12節（1998年8月28日、対アフガニスタン）；国連安全保障理事会決議812（1993年）8節（1993年3月12日、対ルワンダ）；国連安全保障理事会決議794（1992年）4節〔1992年12月3日、対ソマリア〕；No ICTR-6-4-T, p.248, 611節（1998年9月2日）；国連人権委員会決議1997/59の7節（1997年4月15日、対スーダン）を参照。
42　標章の表示は保護の条件ではなく、単に国際人道法で認められた保護の視覚的な印であることに常に留意するべきである（これに関しては、本研究序文の「一般的原則および概念」を参照）。

Q.2：国の軍隊の医療組織は、赤十字と赤新月の二重標章を使用することができるか。

法的または規程上の根拠
・GC I 第38条、第44条2項
・AP III 第2条

勧 告
●法的および実際的な理由から、軍隊の医療組織が二重標章を使用することはできない。

分 析
二重標章(例えば、赤十字と赤新月を並列させるもの)を国の軍隊の医療組織が保護目的で使用する問題は、十年来議論されてきた。結論として、法的および実際的な理由から、軍隊の医療組織による二重標章の使用は認められない。理由は、以下の通りである。

法的な議論
a) ジュネーブ諸条約は保護目的で二重標章を使用できるとする言及はない。GC I 第38条は、「赤十字の代わり」にその他の標章を使用することができることを国に認めている。二つの標章の組み合わせは、新たな標章を作ることになり、それは保護標章とは認められない。したがって、当該国は、一つの標章を選ばなければならず、それがGC I 第44条で使用許可を与えられた者が使用できる唯一の標章となる。

b) その意味で、二重標章の使用を望む国は、ジュネーブ諸条約を批准または加入するに際し、留保を行うべきだった。そのような留保は行われておらず、この問題は更に議論する必要はない[43]。

---

43 1969年5月23日のウィーン条約法条約第19条を参照。加入または承継後の留保は認められない。留保を希望する国は条約の廃棄を宣言し、再度、留保を付して加入しなければならない。2001年6月26日、カザフスタン共和国は、政府法令第863により1993年のジュネーブ諸条約加入に際して付した留保を破棄したことを強調する価値がある。同留保は、「カザフスタン共和国は、正規の標章として、また軍隊の医療組織の特殊標章として白地に赤新月と赤十字から成る二重標章を使用する」と規定した。

c) GC I 第38条に反し、軍隊の医療組織が二重標章を使用できることを示唆するような慣習規則の存在を暗示する実行も存在しない。

d) 二重標章の使用を許可する前に、ジュネーブ諸条約は外交会議で改訂されなければならなかったはずである。そうした外交会議が2005年12月に開催され、国家に改訂の機会を与えた。しかし、AP Ⅲ は国の軍隊の医療組織が二重標章を使用することを認めていないという事実は、この件に関して国際人道法の条文を修正しないという諸国の意思を確認している。

　一方、AP Ⅲ 第2条4項は、通常の標章を他の一つの標章に変更することを認めているが、通常の標章を他の数個の標章と並列して組み合わせることは認めていない。この結論は、いかなる特殊標章も一時的な使用を許可する場合、単独で標章を使用するということから論理的に帰結する。さらにAP Ⅲ の解説によれば、第2条4項を承認された標章の一時的な重複使用を許可するものと解する場合、先行法からの著しい逸脱を意味することになる。こうした逸脱は第3項に矛盾し、第3項によれば、AP Ⅲ は承認した標章の使用および尊重の条件を修正する意図はない[44]。

実際的な議論

a) 法的な考慮とは別に、標章の機能の効果的な保護を確保することが重要である。二重標章は、保護される主体の安全を確保するものではない。例えば、二重標章は、必要な可視性を確保できない。二重標章は、武力紛争時に標章の保護的機能を確保するために不可欠な遠方からの明瞭性、簡潔性、可視性に欠ける。

　あらゆる視覚による標識と同様、特殊標章が実効的であるためには、想定した可視範囲内において十分な可視性と識別性がなければならない。特殊標章は、医療要員、医療組織および医療用輸送手段を日中、明るい天候（霧、雪、雨天などでないこと）の下で、さらに戦闘員が射撃する際に、戦闘員が離れた距離からひと目で、肉眼で識別できなければならない[45]。

　最も効果的な保護を確保するために実施された[46]特殊標章の遠方からの可視性

44　AP Ⅲ の解説、第2条、本書p.237以下；AP Ⅲ 第2条4項は、「締約国の軍隊の医療組織及び宗教要員は、自国の現行の標章を害することなく、その使用により保護を強化しうる場合には、本条1項に規定するいずれの**特殊標章**も**一時的に**使用することができる」と規定する。(太字強調)

45　AP Ⅰ, Ⅱ の解説、AP Ⅰ 附属書1第Ⅱ章、本書p.206、4016節。

46　AP Ⅰ, Ⅱ の解説、AP Ⅰ 附属書1第Ⅱ章、本書pp.206-207, 4018－4026節を参照。；「ドイツ空軍の実験」、IRRC, 1936年3月, p204；「スイス空軍の実験」、IRRC, 1936年5月, p.408；Gèrald C. Cauderay, "Visibility of

に関する科学的実験では、標章の形を変えると戦場では保護する力が低下することが立証された。
b) 赤十字と赤新月(および赤のクリスタル)は、同等の保護を与え、あらゆる点で中立と見なされなければならない。したがって、どちらにも異論があってはならない。赤十字または赤新月が嫌われている地域では、保護目的で両方の標章を一緒に使用することが、より広く受け入れられるか疑問である。
c) 最後に、赤十字と赤新月の並列は、両標章に宗教的な意味合いがあることの証拠と受け取られるかもしれない[47]。

AP Ⅲ および赤のクリスタルで可能となったこと

AP Ⅲ の採択は、一定の条件下で、赤のクリスタル標章を使用できるようにし、国の軍隊の医療組織にその保護標章を変更できることを明示的に示したことで、二重標章の問題に具体的な解決策を提供した。

a) 例えば、一国が複数の宗教が緊迫した状況において、赤十字と赤新月のどちらかの選択が困難な場合、現在では、赤のクリスタルを恒常的に使用することを選択できる。原則として、その国は、1) AP Ⅲ の締約国である必要があり、2) 必要な国内法(または規則)を導入する必要がある[48]。
b) さらに、AP Ⅲ 締約国は、「その使用により保護を強化しうる場合」には、軍隊の医療組織を識別するために特殊標章(赤のクリスタルを含む)を一時的に使用することができる[49]。これは、当該国の軍隊の医療組織が使用する標章が嫌われている状況では特に有益である。

---

the Distinctive Emblem on Medical Establishments, Units, and Transports", IRRC, No. 277, pp. 295-321; Manual for the use of technical means of identification by hospital ship, coastal rescue craft, other protected craft and medical aircraft, 2nd ed., ICRC, Geneva, 1995.
47 François Bugnion, 'Red Cross, Red Crescent, Red Crystal', ICRC, Geneva, May 2007, p.20
48 AP Ⅲ は、2007年1月14日に発効した。ICRCアドバイザリー・サービスは、各国当局に法的・技術的支援を与えることができる。これにより各国が国際人道法の諸条約に参加し、それらの批准および履行に必要な法的または行政的措置をとることを意図している。
49 AP Ⅲ 第2条4項。

第3部　標章の使用に関するその他の規則と勧告　307

Q.3：同一の合同軍で活動する国の軍隊の医療組織は、二つの異なる承認された標章を同一の場所および輸送手段に表示することができるか。

法的および規程上の根拠
・GCⅠ第38条、第44条
・APⅢ第2条4項

勧　告
●二つの異なる承認された標章(保護標章)は、それが二重標章と見なされない限り、同一の合同軍で活動する国が分担する同一の場所(例えば、病院)および輸送手段(例えば救急車)に表示することができる。
●したがって、同一の拠点または輸送手段に表示される異なる標章は、互いに十分離して表示しなければならない。
●理想的には、またAPⅢが適用になる場合は、国は、そうした拠点または輸送手段を承認された一つの標章で識別することに同意することが望ましい。その標章は、論理的には活動を展開する地域で最もよく知られ、受け入れられた標章であるべきである。

分　析
　この問題は、軍隊の医療組織による標章の使用、すなわち、保護標章としての標章の使用に関するものである。
　原則として、同じ合同軍で活動するそれぞれの国の軍隊の医療組織は、分担する同一の敷地または輸送手段に二つの異なる承認された標章を表示することができる。しかし、Q.2で議論したように、軍隊の医療組織は二重標章を使用することはできない[50]。同じ合同軍に参加する異なる国の軍隊の医療組織が双方の標章を同じ敷地または輸送手段に使用することは、事実上、二重標章の使用に等しく、またそのように見なされるので許されないであろう。
　したがって、合同軍が二重標章を使用していると見られないための措置を講じなければならない[51]。これには幾つかの方法がある。

---

[50] GCⅠ第38条を参照。国連平和維持軍などの国際機関による標章の使用に関連する問題は、Q.27で扱う。
[51] 「二重標章」とは、二つの承認された標章を並べたものの組み合わせ(例えば、赤十字、赤新月、赤のクリスタルなど)を言う。

a) 赤十字と赤新月標章の両方を建物——例えば、病院や事務所——に使用しないこと、または赤十字と赤新月標章を並列して表示するのを避けること。すなわち、それらは互いに十分に離して表示し、二重標章の使用であると思われないようにすること。
b) 赤十字と赤新月標章を同じ車両に並列して使用しないこと。
c) 両方の標章を同時に旗に使用しないこと。

合同軍として活動する軍隊の医療組織は、合意により同じ敷地および合同軍に所属する輸送手段には、承認された標章のうちの一つだけを選び使用するであろう[52]。これについては、すべての承認された標章は、国際人道法の下で同じ法的地位を有し、等しく尊重されなければならないことに留意することが重要である[53]。

しかし、この解決策は実施が困難かもしれない。一定の敷地または輸送手段には、赤十字から赤新月に、あるいはその逆に標章を変更することは、合同軍の各国の国内法や規則に違反する可能性がある。

AP III の解説を強調しなければならない。AP III 第2条4項は、「締約国の軍隊の医療組織及び宗教要員は、自国の現行の標章を害することなく、その使用により保護を強化しうる場合には、本条1項に規定するいずれの特殊標章も一時的に使用することができる」と規定する。AP III を批准することで合同軍に参加する国は、この柔軟性を与えられる。しかし、AP III の条文を直接援用することは、議定書に批准または加入していない国にとっては法的に困難かもしれない。AP III の当事国の数が増えれば、この勧告を実施するのが一層容易になるだろう。

標章の選択に関する限り、最善の保護を確保するための第一の基準は、活動地域で最もよく知られ、受け入れられている標章を選ぶことである。例えば、赤新月が当事者および住民双方によく知られている地域の場合には、選ぶべき標章は赤新月であり、赤十字の場合にも同様である。そうした合同軍は、勿論、赤のクリスタルを使用することもできる。

---

52 国の軍隊の医療組織による標章の(一時的)変更の問題については、本研究のQ.1を参照。
53 これはAP III 第2条1項で確認され、同規定は「本議定書はジュネーブ条約の特種標章に追加して、またそれと同じ目的で追加の特種標章を承認する。この標章は同等の地位を享受する」。AP III の解説第2条1項、本書p.237。

Q.4：戦闘救命員(CLS)：これらの者は標章を使用することができるか。

法的および規程上の根拠
・GCⅠ第24条、第25条、第41条、第44条
・APⅠ第8条(c)、(e)、(k)

勧　告
●戦闘救命員(CLS：Combat Lifesaver)は、専ら医療任務の遂行のために配属されていない場合には、保護標章を使用する資格がない。例えば収容のための捜索、輸送、診断または応急処置を含む傷病者、難船者の治療および疾病の予防などの医療活動を遂行する場合には、戦闘救命員は尊重され、保護されなければならない。

分　析
序　文
戦闘救命員(CLS)の役割は、最前線での医療任務を遂行することにある。CLSは軍人であり、所属する部隊で適度な緊急医療特別訓練を受け、負傷兵に看護を施し、医療要員と自力救済の橋渡しとして活動する者である。CLSの目的は「黄金時間」、つまり負傷後の生死を分かつ60分以内に応急処置を施すことにある。また状況により、CLSは医療要員の支援も行う。問題は、戦闘救命員が標章を表示する権利を持つか否かである。

GCⅠ第44条1項は、国際人道法により保護される要員のみに標章を表示する権利を与えている[54]。したがって、戦闘救命員が属することになるGCおよびAPで保護される要員の部類を決定する必要がある。

ジュネーブ諸条約の体制：医療任務への常時および臨時の配属の区別
医療要員に関する限り、GCⅠは要員の医療任務への配属が常時のものであるか

---

[54] GCⅠ第44条1項は、以下のように記す。
　「本条の次項以下の項に掲げる場合を除く外、白地に赤十字の標章及び『赤十字』又は『ジュネーブ十字』という語は、平時であると戦時であるとを問わず、この条約及びこの条約と同様の事項について定める他の条約によって保護される衛生部隊、衛生施設、要員及び材料を表示し、又は保護するためでなければ、使用してはならない。」

臨時のものであるかにより二段階の保護を規定している[55]。

a) 常時の医療要員については、GC I 第24条は次のように述べる。

「傷者若しくは病者の捜索、収容、輸送若しくは治療又は疾病の予防にもっぱら従事する衛生要員、衛生部隊及び衛生施設の管理にもっぱら従事する職員並びに軍隊に随伴する宗教要員は、すべての場合において、尊重し、且つ、保護しなければならない」。

GC I の解説で説明したように、保護を確実にするために保護標章を使用する資格を有するためには、常時の医療要員は、ジュネーブ諸条約で制限的に列挙された任務、すなわち傷病者の捜索、収容、輸送および治療ならびに疾病の予防に常時従事しなければならない[56]。

b) 補助医療要員については、GC I 第25条は、以下のように規定する。

「必要が生じた場合に衛生兵、看護婦又は補助担架手として傷者及び病者の収容、輸送又は治療に当たるために特別に訓練された軍隊の構成員も、これら

---

55 GC I Commentary、第25条、pp.221-222. 同書,p.217(医療要員)は、保護される要員として6つの部類を明らかにしている。
本条約により保護される要員は、以下の6つの部類から構成される。
1. 傷病者の捜索、収容、輸送又は治療若しくは疾病の予防にもっぱら従事する軍の衛生要員(第24条)
2. 衛生部隊及び同施設の管理にもっぱら従事する軍の要員(第24条)
3. 軍隊に随伴する宗教要員(第24条)
4. 国の赤十字社及びびその他の承認された救済団体の要員で、I,2,および3に規定された要員と同一の任務に充てられ、軍法に従う者(第26条)
5. 中立国の救済団体の要員で、交戦当事者に援助を行い、その権限を与えられている者(第27条)
6. 緊急時に病院の雑役兵、看護兵または補助担架手として動員される特別に訓練を受けた軍隊の要員(第25条)
これらの部類のうち、最後の要員は「常時の要員」に対して「補助要員」として知られる。(第24条の見出しを参照。)この用語は、しばしば最初の5つの部類の要員を表すのに使用される。
56 GC I Commentaryは次のように記す。
「特定の任務へのもっぱらの配属は、医療要員にのみ適用される。それは、国が戦場において敵の軍隊の構成員に対し、特別な免除を与える条約に同意したという点に意義がある。「もっぱら従事する」の語は、配属は常時のものでなければならず、これが補助要員について規定する第25条の場合とは異なっている(同書,第24条、pp.218-219.)。

の任務を遂行しつつある時に敵と接触し、又は敵国の権力内に陥るに至った場合には、同様に尊重し、且つ、保護しなければならない」。

　GC I 第25条は、その時間の一部だけを医療任務の遂行のために従事する軍の特殊な部類の者について規定する。看護兵または補助担架手として特別に訓練されているので、軍のこれらの構成員は、上官から傷者の捜索や看護のために動員される。その他の時間は、これらの者は他の軍事的任務に配属される[57]。

　GC I 第25条によれば、補助医療要員は、「これらの任務を遂行しつつある時に敵と接触し、又は敵国の権力内に陥るに至った場合」、すなわち、戦闘地域において保護される。

　外交会議は、補助要員が保護標章を使用することを許可したが、それは腕章に「小型」に付さなければならない。GC I 第41条は次のように規定する。

　　「第25条に掲げる要員は、衛生上の任務の遂行中に限り、中心に小型の特殊記章を付した白色の腕章をつけるものとする。……
　　それらの要員が携帯すべき軍の身分証明書類には、それらの要員が受けた特別訓練の内容、それらの要員が従事している任務が一時的な性質のものであること及びそれらの要員が腕章をつける権利を有することを明記しなければならない」。

　ジュネーブ諸条約の起草者は、通常、常勤の医療要員が着用する腕章の使用が認められることになれば濫用の危険が高くなると感じていた。そこで彼らは補助医療要員には特別の腕章を付すこととした[58]。

　この解決策の二つの弱点は、当時既に明らかだった。標章の寸法を小型とすることは(補助要員を保護する)規定の目的を果たせない上に、二種類の腕章の存在が混乱を来たす危険性がかなり高かった[59]。

---

[57] 1949年まで補助医療要員の部類は、実際にはあまり多くはなかった。これには、例えば医療活動の指導を受けた軍楽隊員が含まれた。しかし、GC I Commentaryによれば、当時既に、言葉の真の意味で戦闘員である軍人がこの部類の業務を遂行するのを妨げるものは何もなかった。GC I Commentary、第25条、p.222を参照。

[58] GC I の解説、第41条、本書p.25.

[59] GC I の解説、第41条、本書p.25.

追加議定書の体制：医療任務への「もっぱら」の配属と「もっぱらでない」配属の区別

　ジュネーブ諸条約の体制の前述の二つの弱点を修正するため、第一追加議定書の起草者は、保護の水準に相違をつけ、「小型」の腕章を使用するという考えを放棄した。「医療要員」の定義は、APⅠ第8条(c)に規定され、国家の実行において広く適用されている[60]。

　　「『医療要員』とは、紛争当事者により、専ら(e)に規定する医療上の目的、医療組織の管理又は医療用輸送手段の運用若しくは管理のために配属された者をいう。その配属は常時のものであるか臨時のものであるかを問わない」。

　APⅠ第8条(k)は、臨時の要員がその限られた時間の配属において医療任務に「もっぱら」従事する義務を強調している。

　　「『常時の医療要員』、『常時の医療組織』及び『常時の医療用輸送手段』とは、期間を限定することなく専ら医療目的に充て(*assigned)られた医療要員、医療組織及び医療用輸送手段をいう。『臨時の医療要員』、『臨時の医療組織』及び『臨時の医療用輸送手段』とは、限られた期間につきその期間を通じて専ら医療目的に充て(*devoted)られた医療要員、医療組織及び医療用輸送手段をいう。別段の定めがない限り、『医療要員』、『医療組織』及び『医療用輸送手段』には、それぞれ、常時のもの及び臨時のものを含む」[61]。

　「常時」の語の解釈は難しい問題である。時間の制限は設けていない。しかし、最大可能な限り、活動中は医療要員又は医療目的の配属に変更があってはならない[62]。例えば、傷病者の捜索、輸送にもっぱら配属される歩兵は、国際人道法により保護され、保護標章を使用する権利を有する。

60　APⅠ第8条(c)は賛成多数で採択されたことは強調するに値する。Customary IHL Study, 規則25、p.82 も参照。
61　常時の要員と臨時の要員に関して、「充てる(assign)」と「充てる(devote)」の用語の使用についての起草委員会の説明は留意するに値する。
　「これらの二つの語は、常時の組織または要員の保護は、命令、配属または同様の活動と共に始まることを明確にするために選ばれた。一方、臨時の組織または要員の保護は、それらの者が実際に医療業務以外の活動を停止した時点で始まる」。

戦闘救命員（CLS）の場合

　通常、戦闘救命員は医療任務の遂行にもっぱら従事することはなく、直接戦闘に参加する前線に配属される。したがって、これらの者は、常時または臨時を問わず、医療要員の資格を有せず、保護標章を使用する資格はない。

　しかし、APⅠ第8条[63](c)、(e)および(f)の目的に照らし、CLSは、医療活動、すなわち応急処置を含む傷病者の捜索、収容、輸送、診断又は治療もしくは疾病の予防に従事する間は尊重され、保護[64]されなければならない[65]。

　もちろん、実際には、傷者に最大可能な支援を確保するために必要な柔軟性と信頼の上に成り立つ保護制度を維持するのに必要な医療任務の専従的性格を管理する厳格な規則との間に均衡を保つことが重要である[66]。

　権限のある軍の当局により戦闘救命員が医療要員を補充するために職権により配属される場合もあるかもしれない[67]。そのような場合には、それにもっぱら従事する間、戦闘救命員は保護標章を使用することができる。

62　APⅠ、Ⅱの解説、APⅠ第8条(k)、本書p.144、395節。
63　1969年の条約法に関するウィーン条約第31条1項により、「条約は、文脈によりかつその趣旨及び目的に照らして与えられる用語の通常の意味に従い、誠実に解釈するものとする。」
64　「尊重と保護」の用語の意味については、米国の陸戦マニュアルに規定される国家実行では、これらの要員は「故意に攻撃、発砲されてはならず、若しくはこれらの者が正当な職務を遂行するのを不必要に妨げられてはならない」ことを示している。米国「陸戦マニュアル」27‐10、米国陸軍省、1956年7月18日の「陸戦法規」、1976年7月15日修正No.1、225‐226。
65　APⅠ、Ⅱの解説は、医療要員には属さないが自発的に担架兵として活動する兵士の場合に着目している。これらの者はその活動に従事する間は尊重される。
66　APⅠ、Ⅱの解説、APⅠ第8条(k)、本書p.144、396節。
67　APⅠ、Ⅱの解説、APⅠ第8条(c)、本書p.135、354節。

> Q.5：標章を使用することができる軍の医療要員および医療用輸送手段は、武器を携行することができるか。

法的および規程上の根拠
・GC共通第3条
・GC I 第19条、第22条、第25条－第26条、第35条、第44条
・GC II 第35条1項、第36条
・GC IV 第18条、第20条、第21条
・AP I 第8条(c)、(e)、(g)、第12条、第13条、第15条、第18条、第21条、第28条3項
・AP II 第9条1項、第11条1項

勧　告
●軍の医療要員(衛生要員)、組織(衛生部隊)および輸送手段は国際人道法により保護されている限り、これらの者は保護標章を使用することができる。
●軍の医療要員が保護される地位は、これらの者が、単に自衛または患者を暴力から防衛するために「軽火器」を装備している場合には停止されない。
●医療要員が、機関銃および個人が容易に輸送できず、複数の者により操作しなければならないその他の重火器を使用する場合には、これらの医療要員、組織および輸送手段は国際人道法の保護を剥奪され、標章を表示する権利を失う。
●上記の勧告は、病院船が純粋に防衛に限られた手段を装備することを妨げるものではない。

分　析
序　文
保護手段としての標章は、救助者、医療要員、施設および輸送手段に特別の保護を与えるために国際人道法により認められた視覚的な記章である。GC I 第44条によれば、保護標章は、「本条約により保護される医療組織及び施設、要員並びに資材を表示し、保護するため」に使用される。

したがって、医療要員、組織および輸送手段が国際人道法による保護を失った場合には、これらは標章を使用する権利を同時に失う。本件の問題については、保護される者、組織および輸送手段による武器の使用が国際人道法によるこれらのもの

の保護および標章を使用する権利に影響を与えるか否かを検証する必要がある。

医療要員、組織および輸送手段の尊重と保護

　軍のものであるか文民のものであるかを問わず、もっぱら医療任務と医療目的に充てられる医療要員、組織および輸送手段は、あらゆる場合に尊重され、保護されなければならない。国家実行は、この規則を慣習国際法の規範として確立してきており、国際的武力紛争と非国際的武力紛争の双方において適用される[68]。

　医療要員については、この規則は、GC I 第19条、第24条―26条、GC II 第36条、GC IV 第20条に規定され、AP I 第15条は、軍の医療要員に加え、あらゆる場合に文民の医療要員（AP I で定義）を含むように拡大された。それはジュネーブ諸条約共通第3条で黙示的に、またAP II 第9条1項で明示的に言及されている。

　医療組織については、同じ規則がGC I 第19条およびGC IV 第18条に規定される。AP I 第12条は、軍の医療要員に加え、あらゆる場合に文民の医療要員（AP I で定義）を含むように拡大された。それはジュネーブ諸条約共通第3条で黙示的に、またAP II 第11条1項で明示的に言及されている。

　医療用輸送手段については、これらを尊重し、保護する義務は、GC I 第35条およびGC IV 第21条に規定されるが、AP I 第21条は、軍の医療用輸送手段に加え、あらゆる場合に文民の医療用輸送手段（AP1で定義）を含むように範囲を拡大している。

　「医療要員」、「医療組織」および「医療用輸送手段」の用語は、AP I 第8条(c)[69], (e)[70]

68　Customary IHL Study、規則25,28,29、pp.79,91-92および98.
69　AP I 第8条(c)は、次のように規定する。
　「『医療要員』とは、紛争当事者により、専ら(e)に規定する医療上の目的、医療組織の管理又は医療輸送手段の運用若しくは管理のために配属された者をいう。その配属は、常時のものであるか臨時のものであるかを問わない。医療要員には、次の者を含む。
　(i)　紛争当事者の医療要員（軍人であるか文民であるかを問わない。また、第一条約及び第二条約に規定する衛生要員並びに文民保護組織に配属された医療要員を含む。）
　(ii)　各国の赤十字社、赤新月社又は赤のライオン及び太陽社及び紛争当事者が正当に認める各国のその他の篤志救済団体の医療要員
　(iii)　次条2に規定する医療組織又は医療用輸送手段における医療要員」
70　AP I 第8条(e)は、次のように規定する。
　「『医療組織』とは、軍のものであるか軍のもの以外のものであるかを問わず、医療上の目的、すなわち、傷者、病者及び難船者の捜索、収容、輸送、診断若しくは治療（応急治療を含む。）又は疾病の予防のために設置された施設その他の組織をいう。これらのものには、例えば、病院その他の類似の組織、輸血施設、予防医療に関する施設及び研究所、医療物資貯蔵庫並びにこれらの組織の医薬品の保管所を含む。医療組織には、固定されたものであるか移動するものであるか、また、常時のものであるか臨時のものであるかを問わない。」

および(g)[71]でそれぞれ定義される。

医療組織および輸送手段の要員の武器の装備
医療組織

医療組織から保護を剥奪する条件を規定したGCⅠ第22条は、次のように規定する。

> 「次の事実は、第19条により保障される保護を衛生部隊又は衛生施設からはく奪する理由としてはならない。(1)**当該部隊又は施設の要員が武装しており、且つ、自衛又はその責任の下にある傷者及び病者の防衛のために武器を使用すること**」(太字強調)。

GCⅠの解説およびAPⅠ、Ⅱの解説ともに本条の解釈に次の要素を与えている。第一に、医療要員は武器を携行する権利を持つという原則が受容されるとしたら、それはそれらの要員が部隊の拘束に抗して武器を使用すべきだという理由からではないことは明らかである。そのような場合、これらの者はその地位とその地位から生じる保護の権利を失う。GCⅠ第22条は、これらの要員が制御のきかない部隊や略奪者に反撃したり、管理下にある部隊の秩序と規律の維持を確保する場合があることを認めている[72]。

第二に、「防衛」の語は、暴力への防衛という制限的な意味で解すべきである。医療要員は、敵の戦闘員が医療組織を拘束するのを防ぐために武器を使用すれば保護の権利を失うことになる[73]。

「防衛」の意味は、APⅠ第13条に規定され、武器を携行する権利を文民医療組織の要員に拡大している。GCⅠ第22条に基づき、APⅠ第13条は文民医療組織について規定し、保護の権利を失うことになる行為は何かを厳密に決めることを意図している。同条は次のように規定する。

> 「1. 軍の医療組織以外の医療組織が受けることのできる保護は、当該軍の医療

71　APⅠ第8条(g)は、次のように規定する。
　　「『医療用輸送手段』とは、軍のものであるか軍のもの以外のものであるか、また、常時のものであるか臨時のものであるかを問わず、専ら医療上の輸送に充てられ、かつ、紛争当時者の権限のある当局の監督の下にある輸送手段をいう。

72　GCⅠ Commentary、第22条、p.203。APⅠ, Ⅱ Commentary、APⅠ第13条2項、560節を参照。

73　APⅠ, Ⅱ Commentary、APⅠ第13条2項、561節。

組織以外の医療組織がその人道的任務から逸脱して敵に有害な行為を行うために使用される場合を除くほか、消滅しない。ただし、この保護は、適当な場合にはいつでも合理的な期限を定める警告が発せられ、かつ、その警告が無視された後においてのみ、消滅させることができる。

  2. 次のことは、敵に有害な行為と認められない。
  (a) 軍の医療組織以外の医療組織の要員が自己又はその責任の下にある傷者及び病者の防護のために**軽量な個人用の武器**を装備していること。
  (b) 軍の医療組織以外の医療組織が監視兵、歩哨又は護衛兵によって警護されていること。
  (c) 傷者及び病者から取り上げた小型武器及び弾薬であってまだ適当な機関に引き渡されていないものが軍の医療組織以外の医療組織の中にあること。
  (d) 軍隊の構成員又は他の戦闘員が医療上の理由により軍の医療組織以外の医療組織の中にいること」（太字強調）。

　文民医療組織の要員が武器を携行できるという原則が採用されたことは、文民医療要員は軍の医療要員と同様の危険にさらされ、同様の状況に対処しなければならないことが認められたためであり、この点は留意に値する。これはAP I が想定した文民医療要員の役割が拡大した結果である[74]。
　国家実行は、文民医療要員が保護される地位は、これらの者が単に患者又は自己を、例えば襲撃者の暴力から防衛するために装備を行っている場合には停止しないことを確認している[75]。

医療用輸送手段
　同じ規則が医療用輸送手段にも適用される。病院船については、GC II 第35条1項は、次のように規定する。

「次の事実は、病院船又は軍艦内の病室に与えられる保護をはく奪する理由としてはならない。
  (1) 当該病院船又は軍艦内の病室の乗組員が秩序の維持並びに自衛又は傷者及び病者の防衛のために武装していること」。

74　AP I , II Commentary、AP I 第13条、560節。
75　Customary IHL Study、規則25、p.85。

GC II の解説は、第35条1項の目的は、「疑いなく医療要員は、陸上の病院と同様、病院船又は病室において秩序と規律の維持を確保し、(略奪者又は軍隊の無責任な構成員による)個々の敵対行為から保護することができる」ことを指摘している。さらに解説は、次のように付言する。

　「陸上であるか海上であるかを問わず、医療施設は、軍事作戦に対する実質的な防御装備を所持することはできない。医療組織は、敵の組織的、意図的な攻撃に対し、武力により抵抗できるとは考えられない。それには相当の武力の行使が必要であり、定義上、医療施設はそのような武力を自由に行使することはできない」[76]。

もっとも、「海上武力紛争に適用される国際法サンレモ・マニュアル」の170節によれば、病院船が「純粋な回避手段」を装備することは禁止されない。「『病院船』はチャフ(＊訳者注：レーダー探知妨害用の金属片)やフレアー(＊訳者注：赤外線誘導ミサイル回避用に放出される燃焼性の欺瞞弾)のような純粋に防御用の回避手段を装備することができる。これらの装備の存在は通報しなければならない」。本条を強調する理由は、軍艦のミサイル回避技術が可能になったことにより、こうした軍艦の近傍にある病院船が回避されたミサイルの攻撃を受ける危険性があるからである。しかし、「病院船は防御用の回避手段のみ使用することに問題はなく、これは対空砲のような攻撃用に使用できるものを意味しない」[77]。

医療用航空機については、AP I 第28条3項が次のように規定する。

　「医療用航空機は、機上の傷者、病者及び難船者から取り上げた小型武器及び弾薬であってまだ適当な機関に引き渡されていないもの並びに機上の医療要員が自己及びその責任の下にある傷者、病者及び難船者の防護のために必要な軽量の個人用の武器を除くほか、いかなる武器も輸送してはならない」。

AP I , II の解説は、AP I 第28条3項に含まれる規則は、医療組織を管理する規則

76　GC II Commentary、第35条、pp.194-195.
77　「海上武力紛争に適用される国際法サンレモ・マニュアル」、170.1-170.3.p.235を参照。

と同じであることを確認している[78]。

　最後に、「海上武力紛争に適用される国際法サンレモ・マニュアル」の178節は、医療用航空機は、「自衛のための小火器を除き、武装してはならず、医療要員及び医療施設のみを輸送するものとする」と規定する[79]。

医療要員が保護を失うことなく装備することのできる武器の形態

　AP I 第13条は、軍および文民の医療要員と組織がどのような武器を所持できるか明確にしている。AP I, II の解説を考慮すれば、次のようにまとめることができる。

a)　軍の医療要員が武器を携行する権利を認められていた1949年当時は、これらの要員による武器の合法的な使用に関する見解は、これらの武器は軽量の武器でなければならないことを示唆していた。しかし、GC I 第22条では、これを明記する必要はないとされた。

b)　1974-1977年の外交会議において、AP I 第13条で、医療組織の文民要員が合法的に使用できる武器が「軽量の個人用の武器」に限定されることを明確にすることが決定められた[80]。

c)　GC I 第22条(軍の医療要員の規定)は、軍の医療組織はどのような武器を携行できるか明記していない。しかし、遂行する業務は、AP I 第13条(医療組織の文民要員の規定)に規定されるものと同一であるので、同条に規定されたもの(すなわち、「軽量の個人用の武器」)より重いいかなる武器も医療要員が携行すれば、国際人道法の保護を奪われ、標章を使用する権利を剥奪される[81]。

　さらにAP I, II の解説による解釈に沿い、多くの軍事マニュアルが、軽量の個人用の武器の携行は、医療要員から保護の地位を剥奪しないことを明確にしている[82]。特に、ドイツ軍事マニュアルは、「個人用の武器」は拳銃、軽機関銃およびラ

78　一例として、AP I, II の解説は、陸上に限り、特に航空機が着陸または着水を強制させられる場合には防御のための武器の使用は考えられるとする。
79　178節の解説は、AP I 第28条(178節に要約される)に含まれる規則は、慣習的性格であることを指摘する。「海上武力紛争に適用される国際法サンレモ・マニュアル」、178節1、p.244を参照。
80　AP I, II Commentary、AP I 第13条2項、563節。
81　AP I, II Commentary、AP I 第13条、562-564節。
82　例えば、アルゼンチンの軍事マニュアル、*Leyes de Guerra*, RC-46-1, Público, II Edición 1969, Ejército Argentino, Edición original aprobado por el Comandante en Jefe Ejército, 9 May 1967, para.3. 2007;オーストラリア、オーストラリア国防軍、武力紛争法、司令官の手引き、オーストラリア国防軍刊行、作戦シリーズ、ADFP 37 Supplement 1-Interim Edition, 7 March 1994, para.615; Australia, Australian Defence Force,

イフル銃であると規定する[83]。オランダ軍事マニュアルは、用語の同じ解釈を行い、それらにはミサイル発射機およびその他の対戦車武器ならびに破砕型手榴弾など、物に対して使用することを意図する武器を含むと明記している。

e) 「2005年の非合法小型武器の特定と追跡に関する国際文書」において、国連総会は、「小型武器」および「軽火器」を以下のように定義している。

「(a) 『小型武器(small arms)』とは、広義には個人用の武器である。これらにはとりわけ、回転銃、手動装填式拳銃、ライフル銃、カービン銃、小機関銃、突撃ライフル、軽機関銃を含む。

(b) 『軽火器(light weapon)』とは、広義には操作するために二人または三人が使用する武器である。しかし、一人が携行、使用する場合もある。これらにはとりわけ、重機関銃、携帯式手榴弾発射装置、携帯式対空砲、携帯式対戦車砲、無反動ライフル銃、携帯式対戦車ミサイル発射装置、ロケット砲、

Manual on Law of Armed Conflict, Australian Defence Force Publication, Operations Series,ADFP 37-Interim Edition, 1994, para.521,およびpara.911, 964を参照。；ベルギー、Droit de la Guerre,Dossier d'Instruction pour Soldat, à l'attention des officiers instructeurs, JS3, État-major Général, Forces Armées belges (undated),pp.18-19； ベニン、Le Droit de la Guerre, III fascicules, Forces Armées du Bénin, Minisetère, de la Defénse, État-major des Armées, Troisieme Division, Édition 1992, p.87, para.142；カナダ、Code of Conduct for CF Personnel, Office of the Judge Advocate General, Edition of 4 June 2001, Rule 10, para.6；フランス、Fiche de Synthèse sur les Règles Applicables dans les Conflicts Armes, Note No.432/DEF/EMA/OL.2/NP, Général de Corps d'Armée Voinot(pour l'Amiral Lanxade, Chef d'État-major des Armées), 1992 para.2.3；ドイツ、Humanitarian Law in Armed Conflicts, Manual, DSK VV207320067, edited by the Federal Ministry of Defence of the Federal Republic of Germany, VR II 3, August 1992, English translation of ZDv 15/2, Humanitäres Völkerrecht in bewaffneten Konflikten-Handbuch, August 1992, para.631, para.315, 619を参照。；ケニヤ、Law of Armed Conflict,Military Basic Course(ORS),4 Précis, The School of Military Police(undated), Précis No.3, p.9；オランダ、Toepassing Humanitair Oorlogsrecht, Voorschift No.27-412/1, Koninklijke Landmacht, Ministgerie van Defensie, 1993, p.IV-5；南アフリカ、Presentation on the South African Approach to International Humanitarian Law, Appendix A, Chapter 4: International Humanitarian Law(The Law of Armed Conflict), National Defence Force, 1996, para.48； スペイン、Orientaciones.El Derecho de los Conflictos Armados, Publicación OR7-004, 2 Tomos, aprobdo por el Estado Mayor de Ejercito, Division de Operaciones, 18 March 1996, Vol.I, para.4.5.b(1)(b)；イギリス、Manual of the Law of Armed Conflict, 2004. para.7.15；アメリカ合衆国、The Commander's Handbook on the Law of Naval Operations, NWP 1-14M/MCWP 5-2.1/COMDTPUB P5800.7, issued by the Department of the Navy, Office of the Chief of Naval Operations and Headquarters, US Marine Corps, and Department of Transportation, US Coast Guard, October 1995(formerly NWP 9(Rev.A)/FMFM1-10,October 1989), para.115.

83 ドイツ、Humanitarian Law in Armed Conflicts-Manual, DSK VV207320067, edited by the Federal Republic of Germany, VR II 3, August 1992, English translation of ZDv 15/2, Humanitäres Völkerrecht in bewaffneten Konflikten–Handbuch, August 1992.

84 オランダ、Toepassing Humanitair Oorlogsrecht, Voorschift No.27-412/1, Koninklike Landmacht, Ministerie van Defensie, 1993. Customary IHL Study、規則25, p.86を参照。

携帯式対空ミサイル発射装置、口径100ミリ以下の迫撃砲を含む」[85]。

　AP I で使用される「個人用軽火器」の用語は、上記で引用した文書で定義される「小型武器」と解される。

85　国連総会、2005年12月8日の『非合法小型武器の特定と追跡に関する国際文書』4節(a)-(b).

Q.6：保護標章の使用を許可する権限は誰にあるか。各国赤十字社は、これに関していかなる役割を担うか。

法的および規程上の根拠
・GC I 第39条、第42条4項
・GC IV 第18条3項
・AP I 第18条
・AP II 第12条
・1991年の標章規則第5条第1節

勧　告
●GC I（例えば国際的武力紛争）で保護標章の表示を認められた軍隊の組織に対して、国の軍当局は、標章の使用を許可する責任を持たなければならない。この責任は、赤十字社のような他の機関に委譲することはできない。したがって、仮に赤十字社（ICRCまたは連盟）が軍隊の医療組織から要請を受けた場合は、要請を断り、権限のある軍当局に差し向けるべきである。
●GC IV と AP I で保護標章の表示を認められた文民組織に対しては、責任ある国の当局は軍であっても文民であってもよい。国はこの権限を他の機関に代理させることができ、最も適切なのは、その国の赤十字社であろう。その場合、赤十字社は、当該団体の表示を許可することができ、表示にあたり積極的な役割を担うことができる。赤十字社が保護標章の使用を認める権限を与えられた場合は、赤十字社は、（保護標章の使用を許可された団体に）保護標章の表示のための材料を発給することも認められなければならない。
●AP II の適用になる非国際的武力紛争では、政府当局（文民または軍）と事実上の軍の当局が保護標章の使用許可および標章を表示する材料を提供することができる。

分　析
序　文
　GC I 第39条は、「権限のある軍当局の指示に基づき、医療組織が使用する旗、腕章及びすべての材料に表示しなければならない（太字強調）」と規定する。
　GC I 第42条4項は、「紛争当事国は、軍事上の事情が許す限り、敵対的行動が行わ

れる可能性を除くため、敵の陸軍、空軍又は海軍が衛生部隊及び衛生施設を表示する特殊標章を明白に識別することができるようにするために必要な措置を執らなければならない」(太字強調)と規定する。

最後にGC IV 第18条3項は、「文民病院は、国の許可がある場合に限り、GC I 第38条に定める標章によって表示するものとする(太字強調)」と規定する。

軍隊の医療組織と施設および文民病院を標章で識別する相対的な義務

本研究の序文で指摘したように、標章は——実際には、国際人道法で認められた——保護の本質的要素ではないが、保護標章として使用される場合は、保護の視覚的な宣言となる[86]。AP I 第18条1項は、「紛争当事者は、医療要員、宗教要員、医療組織及び医療用輸送手段が識別されることのできることを確保するよう努める」と規定する。

このため、GC I の解説は、交戦者は、その医療組織を標章で表示する絶対的な義務はないとする。場合によっては、物に標章[87]を表示することが不可能なこと、または医療組織を識別することが当事者の利益に反する場合もある[88]。

結論として、1991年の標章規則第5条第1節の解説が強調するように、保護される人と物は、表示がない場合でも、もしくは適切に表示されていなくても、保護の権利を失うことはない。

標章の保護的使用の責任を有する権限のある当局

1. 国際的武力紛争

a) 軍隊の医療組織と施設に関する限りは、GC I の解説には、「標章を管理し、その使用を許可または許可しないことができるのは、軍隊の指揮官である」とある[89]。さらに、同解説によれば、

---

86 本研究序文の「一般原則および概念」を参照。
87 「適当な例として小型の手術器材がある」。GC I の解説、第39条、本書p.16を参照。
88 「前線地帯では、指揮官はしばしば、部隊の展開または実際の戦力を隠蔽するために医療組織を偽装することがある」。GC I の解説、第39条、本書p.15を参照。文民病院に関しては、GC IV の解説、第18条、本書pp.92-93が詳細に分析している。
　「文民病院は、…表示するものとする、という一般的規則は、国の当局に従うもので選択的である。したがって、原則として文民病院の表示が義務的である一方、その適用は国の承認次第である。文民病院の表示は、その承認とは異なる問題である。表示は必ずしも承認に伴うものではない。保護標章を表示するすべての文民病院は、当然、正式に承認されなければならないが、すべての文民病院が必ずしも表示するわけではない。もちろん、実際には、正式な承認は、しばしば特殊標章を表示することを伴う」。
89 GC I の解説、第39条、本書p.16

「軍の当局は、常に標章の使用に責任を負い、常に使用を審査し、部隊または個人が不当に使用しないように監視しなければならない。……実際の慣行では、すべてに一度だけ一般的な命令が与えられる。軍隊の医療組織に関しては、この許可は広く推定されなければならない。権限のある軍当局とは誰なのか。1929年には、柔軟性を維持するために定義が意図的に避けられた。問題は、各国の軍隊内部の問題である」[90]ということである。

b)　文民病院については、GC IV 第18条3項は、権限のある当局について一層柔軟である。GC IV の解説は次のように示唆する。

「この規定は、表示の許可を与える主体を特定していない。規定は単に許可を与える当局は、国に帰属するとある。つまり規定は、あらゆる必要な柔軟性を有しており、**責任ある主体を決めるのは国内法による**こととなる。
　ストックホルムで採択された国と赤十字社の共同承認制度は、外交会議では承認されず、また政府専門家会議の草案で規定され、さらに外交会議でも若干の代表が再度盛り込もうとした軍の同意を条件とすることも採択されなかった。
　しかし、GC IV 第18条の現在の文言には、国が**軍当局、赤十字社またはその他の資格ある団体に権限を委譲することを妨げていない。重要なことは、国の責任は条約により確立していることである（太字強調）**」[91]。

AP I 第18条は、どの当局（軍、文民または赤十字社）が医療組織と輸送手段に標章使用の許可を与える権限があるかを特定していない[92]。AP I, II の解説は、この点に言及しておらず、第18条の解釈がここに適用される余地がある。
　最後に、赤十字社に保護標章使用の許可権限が与えられてきた場合には、保護標章を表示するための資材を（保護標章の使用を認められた団体に対し）発給することも認められなければならない。

90　GC I の解説、第39条、本書pp.16-17
91　GC IV の解説、第18条、本書p.93
92　AP I, II の解説は、「組織と輸送手段が文民のものであれ、軍のものであれ、標章の使用は所属する当事者の管理に従う。特殊標章は、当事者（特に占領地域では、この件に関する相手側当局である場合がある）の権限のある当局の同意なしに付けることはできない」とする。AP I, II の解説のAP I 第18条、本書p.155、766節。

2. 非国際的武力紛争

非国際的武力紛争では、権限のある当局の問題は、より複雑である。AP II 第12条は、「権限のある関係当局の監督の下」に医療要員、宗教要員および医療組織と医療用輸送手段は特殊標章を表示しなければならないと規定し、その解釈は、AP I、IIの解説に次のようにある。

> 「特殊標章が与える保護は、その使用は権限のある関係当局の許可と監督に従うことを要請している。そうした管理を実効あるものにするのに必要な措置を講ずるのは責任ある当局である。権限ある当局とは、**軍でも文民でもよい。合法政府と戦う者にとり、これは事実上の担当当局**となるだろう。追加議定書の適用の敷居は、一般的に一定程度の組織であることを要求し、特に議定書の規則を適用する叛徒側の能力を要求する」(太字強調)[93]。

赤十字社、ICRCまたは連盟に委譲できる権限

したがって、国の当局──軍または文民──は、標章の使用を許可し、標章を表示する資材の発給の方法、また標章を表示する方法を決める責任を負う。

a) GC Iの下で軍隊の組織に標章使用の許可を与える責任を、その他の団体に委譲することはできない。したがって、赤十字社、ICRCまたは連盟は、標章の表示許可または標章を表示する資材の表示許可要請を軍隊の医療組織から受けた場合には、それを断り、権限のある軍の当局に差し向けなければならない。

b) GC IVおよびAP Iの下で標章使用を許可された文民組織にとり、責任ある当局とは軍でも文民でもどちらの当局でもよい。国はこの権限を赤十字社のような他の機関に委任することができる。この点に関する特段の規定はないが、国が他の機関にこの権限を委任しようとする場合は、他の機関ではなく、人道分野における公当局の補助機関としての赤十字社に委任することが最も適切であろう。

そのような場合には、赤十字社は当該団体の表示を許可し、表示において積極的な役割を担うことができる。

c) 非国際的武力紛争では、AP IIにより、(文民または軍の)政府当局および武装集団の(文民または軍の)事実上の当局は、標章の使用および標章を表示する資材を許可する権限を有する。さらに、双方の当局が、その権限を当該国が承認する赤十字社に委任するのに法的障害はない。

---

93 AP I, II の解説のAP II 第12条、本書p.222、4746節。

> Q. 7：占領地域では、標章をいかに使用すべきか。
>   a) 占領国軍隊の医療組織による使用
>   b) 被占領国の文民病院（およびその要員）、文民医療組織、医療要員および輸送手段による使用

法的および規程上の根拠
- 1907年のハーグ規則第43条
- GC I 第39条
- GC IV 第18条, 第20－22条, 第56条, 第64条
- AP I 第8条, 第18条
- AP III 第2条4項

勧告
- 占領国軍隊の医療組織は、占領地域では自国の標章（保護標章）を表示しなければならない。すなわち、占領国の法律または政策で規定された標章である[94]。
- 正式に承認された文民病院、その建物と要員は、文民の医療組織、要員および輸送手段と同様、自国の標章を表示しなければならない。（標章を表示しなければならない場合）おそらく、国の当局は紛争が起こる前に、また占領の前に許可を与えることになる。
- 被占領国の権限のある当局が機能している場合は、同当局は、保護標章を表示する許可と権限を占領国から引き続き与えられる。当局が機能せず、正式な許可を与えることができない場合は、占領国は、被占領国の当局に代わり、標章使用のために適当な書類を発給する最終的な責任を有する。
- 文民病院、その建物および要員が使用する（保護）標章は、依然、被占領国の標章でなければならない。そうでなければ占領国は被占領国の法律を変更してはならないとする規定に反することになるだろう。

---

94 標章の変更については、本研究のQ.1を参照。

分析

占領期間中

1. 占領国軍隊の医療組織

占領国軍隊の医療組織は、占領地域では自国の標章を表示しなければならないのは当然である。すなわち、自国の法律または確立された慣習により規定された標章である。これは、特にGC I 第39条、占領国の国内法、規則、また既に見てきたように、国は、武力紛争中は原則として医療組織の標章を変更してはならないという事実から帰結する[95]。

つまり、赤十字標章を使用する占領国が、赤新月標章を使用する国の領土を占領した場合には、占領国軍隊の医療組織は、原則として赤十字標章を使用しなければならない。しかし、本研究のQ.1で指摘したように、AP III 第2条4項は、同議定書締約国に一層大きな裁量を与え、「それが保護を強化する場合には」、他の標章(赤十字、赤新月または赤のクリスタル)を一時的に使用する選択権を与えている。

2. 被占領国の文民病院(およびその要員)、文民医療組織、同要員と輸送手段

文民病院[96]、その職員[97]および文民医療要員[98]、同組織[99]ならびに輸送手段[100]により状況は異なる。

a) 占領地域で標章の使用を許可するのはどちらの国か。

一般的に1907年のハーグ規則第43条は、占領時における全体的責任は占領国にあると規定する。

> 「国ノ権力カ事実上占領者ノ手ニ移リタル上ハ占領者ハ絶対的ノ支障ナキ限占領地ノ現行法律ヲ尊重シテ成ルヘク公共ノ秩序及生活ヲ回復確保スル為施シ得ヘキ一切ノ手段ヲ尽スヘシ」。

---

[95] 標章の変更については、本研究のQ.1を参照。
[96] GC IV 第18条およびAP I 第12条。
[97] GC IV 第20条およびAP I 第15条。
[98] AP I 第15条。
[99] AP I 第12条。
[100] GC I 第21条、第22条およびAP I 第21−31条。

占領地にある文民病院に固有の問題について、GC IV 第18条3項[101]は、次のように規定する。

「文民病院は、国の許可がある場合に限り、戦地にある軍隊の傷者及び病者の状態の改善に関する1949年8月12日のジュネーブ条約第38条に定める標章によって表示するものとする」。

GC IV 第20条2項は、次のように規定する。

「前記の職員は、占領地域及び作戦地帯においては、身分を証明し、本人の写真を添付し、且つ、責任のある当局の印を浮出しにして押した身分証明書及び任務の遂行中左腕につけなければならない押印した防水性の腕章によって識別することができるようにしなければならない。この腕章は、国が交付するものとし、且つ、この腕章は、戦地にある軍隊の傷者及び病者の状態の改善に関する1949年8月12日のジュネーブ条約第38条に定める標章を付さなければならない」。

また同20条4項は、次のように規定する。

「各病院の事務所は、常に、それらの職員の最新の名簿を自国又は占領軍の権限のある当局に自由に使用させるため備えて置かなければならない」。

GC IV 第20条の解説は、「そのように要請された場合」には占領軍に名簿を提出しなければならないと指摘する[102]。この条文に規定するように、名簿はそれぞれの病院の担当者が提出しなければならない。しかし、この規定は、前記の承認と書類を交付する権限が誰にあるかは特定していない。

GC IV 第56条は、これにつき詳細を規定する。

「占領国は、利用することのできるすべての手段をもって、占領地域における医療上及び病院の施設及び役務並びに公衆の健康及び衛生を、国及び現地の

---

101 本条および同条以下の条文は、占領国の領域および武力紛争のその他のあらゆる当事者に適用される。
102 GC IV の解説、第20条、本書p.108。

当局の協力の下に、確保し、且つ、維持する義務を負う。占領国は、特に、伝染病及び流行病のまん延を防止するため必要な予防措置を採用し、且つ、実施しなければならない。すべての種類の衛生要員は、その任務の遂行を許されるものとする。

　占領地域において新しい病院が設立され、且つ、被占領国の権限のある機関がその地域で活動していない場合には、占領当局は、必要があるときは、それらの病院に対して第18条に定める承認を与えなければならない。また、この場合には、占領当局は、第20条及び第21条の規定に基づいて、病院の職員及び輸送車両に対しても承認を与えなければならない」。

API第18条3項および第4項は、次のように規定する。

「3.　軍の医療要員以外の医療要員及び軍の宗教要員以外の宗教要員は、占領地域及び戦闘が現に行われ又は行われるおそれのある地域において、特殊標章及び身分証明書によって識別されることができるようにすべきである。
　4.　医療組織及び医療用輸送手段は、権限のある当局の同意を得て、特殊標章によって表示する」。

　おそらく、国の当局は、紛争が起こる前に、また占領の前に危険にさらされている病院、組織、要員、輸送手段に承認を与え、必要な許可を与えることになるだろう。

　被占領国の権限のある当局が依然として機能している場合には、占領国は、被占領国の当局が標章を表示する正式な承認と許可を継続して与えることを認めなければならない。万一、それらが機能しておらず、承認を与えることができない場合には、占領当局は被占領国の当局に代わり、文民病院(特に、新しい病院)、文民医療組織とその要員および輸送手段に対して承認を与える書類を交付し、標章を表示する権利を与えなければならない[103]。占領当局は、標章を表示する承認および許可が適切に行われることを確保し[104]、身分証明書および腕章を文民病院の職員に交

103　GC IV Commentary、第56条、p.315。
104　API, II の解説(API 第18条4項、本書p.155, 766節)は、「特殊標章は、この当事者(特に占領地域の場合には、この件を扱う相手側当事者である場合がある)の権限のある当局の同意なしに付けてはならない」と規定する。

付する最終的な責任を負う[105]。占領当局は、GC IV 第18条、第20条および第21条に規定する条件を満たす病院、職員および医療用輸送手段に対してのみ、標章を表示する正式な承認と許可を与えなければならない[106]。

　b)　どの標章が許可されるのか。

　占領地域では、占領国は1907年のハーグ規則第43条に従い、それが絶対的に妨げられる場合でない限り、当該国の現行法を尊重しなければならない。またGC IV 第64条2項は、占領当局が、「自国がこの条約（GC IV）に基づくその義務を履行し、当該地域の秩序ある政治を維持し、且つ、占領国の安全、占領軍または占領行政機構の構成員および財産の安全ならびにそれらが使用する施設および通信線の安全を確保することができるようにするために必要な場合」には、占領地域の住民を新たな規定に従わせることができると規定している。

　占領期間中に、被占領国に所属する文民病院、病院職員および文民医療組織、要員ならびに輸送手段に表示する標章は、被占領国が、例えば標章法に基づいて選んだ標章となる。おそらく、適当な法律により選択した標章は、占領当局が変更することはできない。占領当局が、自国の標章以外の承認された標章を尊重することも、その使用を受け入れることも「絶対的に妨げられる」ことがなぜ起こるのかを想像することは困難である。なぜなら、それらの標章は、まさに保護としての同等の価値と法的地位を有するからである。

105　GC IV Commentary、第56条、p.315。
106　GC IV Commentary、第56条、p.315。

Q.8：文民病院および文民医療組織は、平時から標章を表示することができるか。

法的および規程上の根拠
- 1907年のハーグ規則第27条2項
- GC I 第27条、第44条
- GC IV 第18条
- AP I 第8条(e)、第9条2項、第12条、第18条
- AP I 附属書 I 第1章、第2章
- 1991年の標章規則第10条、第13条、第14条、第19条、第21条

勧 告
● 平時からあらゆる文民病院および文民医療組織(公的および民間)に保護標章を表示することは、以下の条件の下で許される[107]。
  1. 文民病院または医療組織が、そのような施設として承認されていること。
     つまり、病院および医療組織が傷病者、虚弱者、妊産婦に看護を提供するために組織されるものであること。この条件を満たす文民病院は、正式に承認される権利を有し、適当な当局により承認の証明書を発給されなければならない。
  2. そのようなものとして承認された場合に限り、文民病院および医療組織は、国の許可によって標章により識別することができる。
     そのような施設として承認された文民病院と医療組織は、直ちに標章を表示する権利を有するわけではない。権限のある国の当局が、表示の許可を与えなければならない。
  3. 国(または国がこの権限を委託した当局)は、文民病院および医療組織の表示を平時から承認するか否かを判断する。
     その際、二つの点を相互に考慮しなければならない。
     a) 攻撃からの保護を確実にするために、国により承認された文民病院と医療組織が武力紛争の開始当初から明瞭に視認できることの重要性。
     b) 平時にあまりにも多くの物に標章が表示された場合、人々に、それらの

---

[107] 本設問の趣旨から、各国赤十字社に所属し、または使用される病院および医療組織は、軍隊の医療組織の使用に供されない限り、文民病院および文民医療組織の部類に入る。

物と赤十字社およびその建物とを混同させる危険性。これは標章に付随する保護を低下させる危険がある。
● 平時には、公的病院または医療組織を保護標章で表示することは避け、止めるべきであり、この規則への唯一の例外は、病院および医療組織の屋根への塗装である。文民病院および医療組織は、武力紛争の当初より、明瞭に識別されるよう準備がなされているべきである。このための一つの方法として、必要な場合にこれらの外観に表示する赤十字または赤新月の旗を事前に用意することである。
● 標章は、一般の人々を文民病院または医療組織に案内することを目的とした案内標識または道路標識として使用すべきではない。このような場合は、同病院および組織を別の標識またはその状況に適した標識、すなわち、1968年の道路標識および信号に関するウィーン条約(道路標識条約)の規定に従い、病院の道路標識としての青地に白のHの文字を使用して表示する[108]。
● 表示標章の使用は、赤十字社に限り留保されているので、赤十字社が使用する文民病院および医療組織は、表示標章、すなわち赤十字社のロゴを表示することができる。

分 析
保護的な使用
1. 文民病院および医療組織の保護と表示
　1907年のハーグ規則第27条2項は、「被囲者ハ、看易キ特別ノ徽章ヲ以テ、右建物又ハ収容所ヲ表示スルノ義務ヲ負フ。右徽章ハ予メ之ヲ攻囲者ニ通告スヘシ」と規定する。「右建物」とは、特に同条1項に規定する病院〈訳者注：攻囲、砲撃にあたり損害を免れさせるべき病院および病者、傷者の収容所〉に言及している。
　しかし、この条文は、「被囲者(敵に包囲された者)」に限り適用され、平時に建物への表示を要請する場合の措置を規定するものではない。
　1907年のハーグ規則では、やや大まかに扱われた文民病院の保護の欠陥を埋めるため、GC IV は、軍隊の医療組織の衛生施設に与えられた保護を文民病院にも拡大している。AP I 第12条1項は、これらが紛争当事者の一に属するか、または紛争当事者の権限のある当局から承認、許可を与えられている場合、あるいは、AP I 第9条2項またはGC I 第27条に従い許可を得た場合には、文民の医療組織(公のものか

108　1968年の道路標識条約にについては、本研究のQ.32を参照。

私のものかを問わず)にも保護をさらに拡大している[109]。AP1第8条(e)は、医療組織の定義を次のように規定する。

> 「医療組織とは、軍のものであるか軍のもの以外のものであるかを問わず、医療上の目的、すなわち、傷者、病者及び難船者の捜索、収容、輸送、診断若しくは治療(応急治療を含む。)又は疾病の予防のために設置された施設その他の組織をいう。これらのものには、例えば、病院その他の類似の組織、輸血施設、予防医療に関する施設及び研究所、医療物資貯蔵庫並びにこれらの組織の医薬品の保管所を含む。医療組織は、固定されたものであるか移動するものであるか、また、常時のものであるか臨時のものであるかを問わない」。

文民病院への標章の表示に関しては、GC IV 第18条3項および第4項に規定する。

> 「文民病院は、国の許可がある場合に限り、戦地にある軍隊の傷者及び病者の状態の改善に関する1949年8月12日のジュネーブ条約第38条に定める標章によって表示するものとする。
> 紛争当事国は、軍事上の事情が許す限り、敵対的行為が行われる可能性を除くため、敵の陸軍、空軍又は海軍が文民病院を表示する特殊標章を明白に識別することができるようにするために必要な措置を執らなければならない」。

この条文はまた、赤十字社により運営または使用される文民病院(当該赤十字社に所属するか否かを問わず)にも適用される[110]。

AP I 第18条4項は、文民医療組織は、赤十字社により運営または使用されるもの(当該赤十字社に所属するか否かを問わず)を含み[111]、特殊標章で表示することができると規定する。しかし、GC I に基づく文民病院の場合のように、この表示もまた、権限のある当局の同意を得ることとなる。

---

109 医療組織への保護の拡大は、慣習法の一部である。慣習国際人道法は、すなわち国際的武力紛争および非国際的武力紛争において「もっぱら医療目的の任務にあたる医療組織は、あらゆる場合に尊重され、保護されなければならない」と述べる(Customary IHL Study, 規則28, pp.91-92およびpp.93-95)。
110 1991年の標章規則第10条および同解説を参照。
111 1991年の標章規則第10条(および同解説)ならびに第19条第1節を参照。

2. 文民病院および文民医療組織の表示の条件

表示の時機と範囲については、以下の規則と原則を適用しなければならない。

a) 文民病院または文民医療組織は、まず第一に、標章を表示する許可を得るためにGC IV 第18条2項に規定する国の承認を得なければならない。そのように承認された施設だけが保護を得るために標章を使用することができる[112]。この承認は、AP I およびAP II の解説が指摘するように、AP I においても医療組織に求められる[113]。

b) この承認は、国が公布する法的文書で正式に認められ、文民病院としてのこれらの地位を証明しなければならない。国はこれらの証明書を紛争の開始時または平時に発給することができる[114]。実際には、この承認は平時に与えることができ、しばしば、そのようになされる。

c) この承認を得るためには、病院／組織は、傷病者、弱者、妊産婦に看護を提供するために組織されなければならない。文民病院または医療組織がこの条件を満たす場合には、それらは公式に承認される権利を有し、権限のある当局から承認の証明書を発給されなければならない[115]。

d) GCもAPも承認の証明書を発給する責任ある当局を特定していないので、国はその権限を赤十字社に委譲または代行させることができる[116]。

一旦、文民病院が承認されれば、同病院は標章の表示許可を求めることができる。実際には、通常、公式な承認には標章の表示許可が伴うが、もし権限のある当局が、例えば軍事上の理由から、それが不適当と考える場合には、許可しないこともある[117]。

---

112 GC IV の解説、第18条、本書p.91。
113 AP I, IIの解説のAP I 第18条、本書p.156、767節：
 「しかし、実際には状況はより多様である。確かに当局は、議定書の意味における医療組織または輸送手段として認知されていない組織または輸送手段がこのように表示することは許可できない。一方、もし、多くの場合、それが自らの利益に反する場合には、そのように認められた医療組織または輸送手段が表示を止めることは問題がない。実際、例外的な場合には、特殊標章は目立ちすぎるので、軍事的な緊急事態には好ましくないこともある」。
114 GC IV の解説、第18条、本書pp.91-92。
115 これは、GC IV 第18条2項に準拠し、医療組織にも類推適用される。
116 GC IV の解説、第18条、本書pp.91-92。承認を与え、標章の使用を許可する権限のある当局については、本研究のQ.6を参照。
117 GC IV の解説、第18条、本書p.92。

GC IV の解説は、標章の表示を許可する権限は国にあることを確認している。したがって、国は適切な立法措置により、この業務に責任を有する権限のある当局を指名する責務がある。国はこの権限を国防省または上級の軍当局に指名したり、あるいは赤十字のようなその他の資格ある団体に委任することができる[118]。この承認と許可を得て始めて、文民病院と医療組織は表示が可能となる。

表示は、基本的に戦時の措置ではあるが、権限のある当局の同意を得て、平時から実施することができる。この措置は、表示をできる限り実効あるものにするために、戦争が起きた場合にとられるあらゆる実際的な考慮を確かなものにすることになる。GC IV の解説は、「実際には、あらゆる可能性を考慮する責任のある国が、平時から自国の文民病院を表示することができない理由はない」ことを強調している[119]。

同解説には、以下のようにある。

「表示する最善の時機の選択については、関係国政府に広汎な裁量権を委ねておくことが望ましい。特に平時において、戦争が急迫していると見なされ、また紛争の発生に備えて何らかの準備措置(動員準備、一部動員または全面動員等)が執られる事態では、国が病院に標章を使用させることは妥当といえるだろう。しかし、この場合には作業量と時間を要する固定の標章(例えば、屋根への標章の塗装など)を表示する措置に限定するのが望ましいと思われる」[120]。

1991年の標章規則第13条は、赤十字社に所属する医療組織(文民病院を含む)と医療用輸送手段は、権限のある当局の同意を得て、保護目的であることを識別する標章および特殊信号を平時から使用することができると規定する。しかし、これは武力紛争時における医療任務が既に明確に指定されていることが条件である。

保護目的の標章を表示するためには、国からの承認と許可を必要とするこの制度は、標章に付随する威信と保護が低下しないことを確実にするために作られたことを想起しなければならない。前記で検討した条文は、起こりうる武力紛争に十分備えるために平時から文民病院と医療組織を表示する必要性と、標章の使用(保護的

---

[118] GC IV の解説、第18条、本書p.93。本研究のQ.6を参照。
[119] GC IV の解説、第18条、本書p.93。
[120] GC IV の解説、第18条、本書p.93。

または表示的使用）および標章の意味についての人々の混乱を防ぐ必要性とのバランスを図ることを意図している。GC IV の解説は、この問題について次の留保を行っている。

　「国に選択権を委ねたこの制度は、標章の使用拡大に伴う危険性に留意して、標章の許可を任意的なものとするよう慎重に進めた外交会議の配慮を明確に示している。外交会議は、表示は国の許可事項とし、各国の事情と過去の経験により、この権利を行使するものとした。実際問題として、結果が良ければこの制度は広汎に適用され、これに反し、赤十字の使用が拡大し、その尊厳および保護の対象を害する濫用の原因になることが分かれば、表示標章の使用は制限されるだろう。このため、責任を自覚している国は、これに関してなされたことを規制することができるだろう」[121]。

　したがって、標章の表示を許可する責任者は、人々を混乱させたり、赤十字社の目的に疑念や曖昧さを生じさせないようにしなければならない[122]。そうした混乱を避けるため、赤十字社は、自社の建物や所有物に標章と一緒に社のロゴ、例えば、社名またはイニシャルを明瞭に表示すべきである[123]。
　前述したように、赤十字社に所属するものを含む文民病院および医療組織は、もっぱら戦時に生じる必要性を考慮して、平時から保護標章を表示するための承認を得ることができる。
　したがって、このような場合には敵が視認することができ、確実に識別できる表示のみが承認されるべきである。これには前述した標章を屋根に塗装することが含まれる。
　こうした保護目的の表示は、平時において病院の方角（例えば、道路標識など）を示すものではない。そうした表示は、公共の利益のために患者を病院に案内するのが目的であり、紛争時に敵対当事者の攻撃から病院を保護するものではない。平時に病院と医療組織を識別するための広告は、他の方法でなされるべきである。多くのヨーロッパ諸国が当事国である「1968年の道路標識および信号に関するウィーン

121　GC IV の解説、第18条、本書p.93。
122　GC IV の解説、第18条、本書p.93：
　　「平時において赤十字社の所有でない建物に不必要かつ過度に赤十字を使用することは、人々に混乱を生むかもしれない」。
123　GC IV の解説、第18条、本書p.93、脚注11。

条約」[124]の中の一部内容は、この目的で使用することができる。例えば、青地に白色のHは、病院の道路標識として使用できるだろう[125]。

国または国がこの権限を委任した当局が、文民病院または医療組織に平時から表示を許可するか決定する場合には、二つの要素を考慮すべきである。

a) 武力紛争の開始当初から、国が承認した文民病院および医療組織を攻撃から確実に保護するために明瞭に識別することの重要性。

b) 平時に標章があまりに多くの物に表示された場合、人々に赤十字社およびその敷地との混同を来たす危険性。これにより標章に伴う保護を低下させることになる。

理想的には、赤十字社は標章を保護するために当局を支援する一般的使命を有するので、承認許可を担当する当局と赤十字社がこの件について協働すべきである[126]。

国が承認し、(GC IV 第18条およびAP I 第18条に規定の通り)標章の使用を許可した文民病院および医療組織は、紛争勃発時に即座に建物に設置することができる大型の保護標章を配した旗またはその他のものを平時から保有すべきである。しかし、混乱を招く危険があるので、平時にはそれらを表示しないことである[127]。

これらの条文と原則を厳密に適用し、標章の保護的な力を守るために、(赤十字)旗の掲揚を許可された文民病院および医療組織は、引き続き、監督と監視に服すべきである[128]。

建物に標章を表示する許可を国が与えられた場合でも、監督と監視を止めるべきではなく、国は、常に前記原則に従って表示されていることを検証すべきである。

表示的使用

1. 表示的使用のみの場合

GC I 第44条2項および1991年の標章規則第19条、第21条によれば、標章の表示的

---

124 もっとも、標章の使用に関連するこの条約のある点には問題が残る。これらの分析については、本研究のQ.32を参照。

125 この条約附属書1のE II 編第11節は、車両の運転手に医療施設の近傍で求められる注意、特に不必要な騒音を発しないことの注意を喚起するために使用される。標章として青地に白の"H"の文字に言及している。

126 運動規約第3条(3)

127 唯一の例外は、標章をつけることに多大な労力が必要で、紛争が急迫しているような状況である。

128 GC IV の解説、第18条、本書p.93。

使用、すなわち赤十字社の名称またはイニシャルを添える標章は、元来、もっぱら赤十字社だけの特権である。標章はいかなる場合にも、この目的で赤十字社が使用していない文民病院または医療組織、すなわち国または民間団体に所属あるいは活用される病院または医療組織が使用することはできない。

もし、赤十字社が病院または医療組織を赤十字の建物の一部であることを識別したい場合は[129]、当該病院または医療組織は、保護的使用であるとの間違った印象を与えるような標章を表示することはできない。すなわち、赤十字社の名称のない大型の標章を表示することはできない[130]。

表示的使用では、赤十字社は、当該赤十字社の名称(例えば、社のロゴ)を標章に添え、比較的小さく表示する場合にのみ、社が使用する建物および敷地に標章を表示することができる。表示標章は、表示使用と保護使用の重要な区別が不明確になる可能性があるため屋根に表示することはできない。さらに、表示目的で使用する場合は、腕章や旗に標章を使用してはならない[131]。

2. 保護的使用と表示的使用の同時使用の場合

これらの表示的使用の規則は、赤十字社が、1991年の標章規則第14条に従い、既に保護標章が表示された文民病院または医療組織を赤十字社が使用している事実を表したい時にも適用する。換言すれば、これらの規則は、赤十字社が許可を得た保護的使用に加えて標章の表示的使用を希望する場合に適用される。前述したように、赤十字社はその場合、通常は屋根に塗装される保護標章と一緒に建物の前面に社のロゴを表示するか添えなければならない。

---

129 1991年の標章規則第19条。
130 GC I 第44条2項および1991年の標章規則第19条。
131 1991年の標章規則第4条と同解説を参照。

Q.9：国が提供する救援物資に標章を表示することができるか。

法的または規程上の根拠
・GCⅠ第19条、39条、第44条
・APⅠ第8条(e)、第18条4項

勧　告
●医療看護に必要な医療器材および医療物資のみが保護手段としての赤十字標章を表示することができる。これには、大型の器材――例えば、手術室用器材または野戦病院――および薬品も含まれる。一方、食糧品は医療器材のいかなる部類にも入らず、標章を表示することはできない。

分　析
序　文
これは国による保護標章としての標章の使用に関する問題、および標章を国が一般住民に提供する救援物資に表示することができるかどうかに関する問題である[132]。

医療器材と医療物資への標章の使用
GCⅠ第39条、APⅠ第18条4項は、医療組織とその器材は、権限のある当局の指示と同意を得て標章を表示しなければならないと規定する。

GCによる保護を希望する医療施設と医療組織に関しては、GCⅠの解説は、次のように指摘する。

「これらは医療組織に所属する要員および物資からのみ構成され、医療活動以外の目的に使用することはできない。したがって当該施設と組織は、とりわけ(GCⅠ)第24条と同様、もっぱら傷病者の治療または疾病予防のために使用しなければならない」[133]。

---

[132] 各社が提供する救援物資に各社のロゴを表示することについては、本研究のQ.17を参照。
[133] GCⅠ Commentary、第19条、p196。

GCⅠの解説は、「物に標章を表示することは、物理的に常に可能なわけではない。外科用小器具が好例である。これらの器材は、表示がなされる大きな医療組織の不可分の一部を構成する」[134]。

APⅠ第8条(e)[135]で定義する「医療組織」とは異なり、「医療組織で使用する器材」は、GCでもAPでも定義していない。しかし、APⅠの解説は次のように解説する。

「『医療器材または医療物資』の語については広く解するべきである。それは医療介護に必要なあらゆる資器材および物資──特に外科器材──を含むだけでなく、重器材(例えば手術室または野戦病院全体)もしくは単なる医薬品も含む」[136]。

結論として、「救援物資」は、APⅠ、Ⅱの解説が定義する「医療器材または医療物資」の部類に該当する場合に限り保護標章を表示する資格を有する。食糧のようなその他の「救援物資」は、「医療器材または医療物資」の資格がなく、標章を表示することはできない。

---

134 GCⅠの解説、第39条、本書p.16。
135 「医療組織とは、軍のものであるか軍のもの以外のものであるかを問わず、医療上の目的、すなわち、傷者、病者及び難船者の捜索、収容、輸送、診療若しくは治療(応急治療を含む。)又は疾病の予防のために設置された施設その他の組織をいう。これらのものには、例えば、病院その他の類似の組織、輸血施設、予防医療に関する施設及び研究所、医療物資貯蔵庫並びにこれらの組織の医薬品の保管所を含む。医療組織は、固定されたものであるか移動するものであるか、また、常時のものであるか臨時のものであるかを問わない」(APⅠ第8条(e))。
136 APⅠ、Ⅱの解説、APⅠ第8条(f)、本書p.140、382節；またAPⅠ、Ⅱ Commentary、APⅠ第14条2項、587節を参照。

第3部　標章の使用に関するその他の規則と勧告　341

Q. 10：国は、承認された白地の特殊標章を自国の国旗に使用することができるか。

法的および規程上の根拠
・GC I 第38条、第53条、第54条

勧　告
●ジュネーブ諸条約締約国の国旗は、承認されたいかなる標章を表示することも、または標章の模倣あるいは承認された標章のいずれかと混同する可能性のあるいかなる記章も表示してはならない。
●しかし、国が承認された標章、その標章の模倣もしくは承認された標章のいずれかと混同する可能性のある記章を描いた旗を保有する場合は、国は、自国の軍隊が武力紛争に参加する場合には、少なくとも国旗を使用するのを避けるべきである。

分　析
ジュネーブ第一条約の制度
　GC I 第53条は、ジュネーブ条約で使用が認められた者以外の「個人、団体、公私を問わない企業または会社」が、標章および標章に関連するいかなる名称ならびに「標章の模倣にあたるあらゆる記章または名称」を使用することを禁止する。
　この条文は、標章の使用目的がいかなるものであれ、標章またはその名称もしくは模倣の採用の日に無関係に禁止されることを付言する。同禁止規定はGCおよびAPが保護するあらゆる標章に適用される。
　GC I 第54条により、締約国は、第53条で規定する「濫用を防ぎ、抑止するための」適当な法律を採用する義務を負う。
　標章に類似するいかなる図案も一般的に模倣と見なされる[137]。これに関して、例えば、十字の形状について、ジュネーブ諸条約では詳細に定義していない。GC I の解説は、次のように解説する。

　　「白地に赤十字の標章は、『スイス連邦の配色を転倒して作成される』という文

137　標章の模倣については、本研究Q.49を参照。

言から、赤十字は既に固定しているスイス国旗の十字と同じ形状でなければならないと、しばしば考えられてきた。これは明らかにそうではない。「配色」という語は、文字通り、単に赤と白の色を指しているものと解すべきである。もしそれが連邦旗を指すつもりならば、「転倒して」の語は使用されなかったであろう。1906年の外交会議の議事はさらに明確である。会議は、赤十字の形状を定義すると危険な濫用を招くおそれがあるために、定義することを意図的に避けたのである。その理由は明らかである。もし十字の形状が厳密に規定されると、表示された標章が指定の規格と異なることを口実に、この条約で保護される施設への攻撃を正当化しようとする企てがなされるかもしれない。同様に、不謹慎な者が厳密な規定を逆手にとって、少し大きいか小さい赤十字を営利目的で使用することも起こるかもしれない。同様の理由から、条約は、白地の形状や厳密な十字の赤の色調を、スイスが自国の旗に定めているようには規定していない」[138]。

　GCⅠ第53条で引用した公の「個人、団体、企業または会社」が、ジュネーブ条約締約国自体を含むとは思えない。すなわち、国が要請する標章法は、たまたま承認された標章を国旗に描くことを国に禁じているとは思えない。

　もっとも、GCおよびAPにより、使用が禁止されている団体による標章の使用を禁止することは絶対的であるので、理論的には、ジュネーブ条約締約国の国旗はいかなる承認された標章も表示すべきではないということになると思われる。GCⅠの締約国になる前に、国旗に標章を使用してきた国は、したがって、この状況を修正するためにGCⅠの当事国になった後、最大3年の猶予期間を持つことができる。

実際的な配慮

　国旗の図柄に関する法的な議論、つまりGC1第53条の解釈に議論がある一方で、実際的な配慮から、国旗には標章を使用すべきではないという結論に至る。武力紛争時には、自国の国旗に赤十字標章を描く国は、敵対当事者が通常の兵士と医療組織を区別するのを事実上、不可能にするため、自国軍隊および標章の表示を許可されたその他の者および団体の医療組織の尊重と保護を危険にさらすことになる。

　さらに、国の誇りと尊厳から、国は、国家の独自性としての力強い象徴を他のも

138　GCⅠの解説、第38条、本書pp.13-14。

第3部 標章の使用に関するその他の規則と勧告　343

のと混同することを極端に嫌がる。さらに、GCおよびAPが承認する標章と同じ図柄の国旗を船舶、航空機またはその他の物や人に表示することは、混乱を生じさせる可能性が高く、国も赤十字運動もそれを望まないだろう。

　国旗の象徴的な価値または国旗と主権および国家の名誉との関係がいかにあろうとも、法的、実際的および安全確保上の配慮がこの件においては決定的に重要である。

具体的な事例

　標章またはその模倣を取り入れた国旗のデザインは、ジュネーブ条約上の国家の義務に反する。これらの諸国の標章保護法は、こうした標章の使用を考慮に入れるべきであった。

　もっとも、これら諸国の国際法上の義務は国内法に優先するかもしれないが、これは国の主権に深く関わるので国家にとりかなり微妙な問題となるだろう。したがって、承認標章を自国の国旗に使用している国から、これらの規則の尊重を確保することは非常に困難である。当然のことながら、そうした国旗を長く使用すればするほど、国旗の象徴的な意味が深く蓄積するため、国旗のデザインの変更を国に迫るのは困難だろう。

　上記で展開した法的、実際的な議論を考慮に入れた後でも、自国の国旗が国際法の規定と矛盾するデザインを有する国が国旗を変更すると期待するのは多少、空想に過ぎるかもしれない[139]。実際的な解決策を見出さなければならない。もし、禁止規定にもかかわらず、国が承認標章を使用する旗の保有を選択する場合、当該国は、少なくとも軍隊が武力紛争に参加するときは旗の使用を避けるべきである。

　イングランドの旗には、セント・ジョージの十字を表示する図柄が描かれている。セント・ジョージの十字は、何世紀もの歳月の歴史があり、赤十字標章の模倣とは見なすことができない。しかしながら、英国は混乱の危険を認識し、2005年初頭、英国軍は、イラクまたはその他のいかなる軍事行動地域でも、セント・ジョージの十字を表示しないよう命じる決定を行った[140]。

139　国家にとり唯一可能な解決策は、十字の色を赤と誤解されない、望ましくは国家と国民にとって意味のある他の色に変更することかもしれない。
140　さらに、英国標章保護法は大変適用範囲が広く、赤十字標章と誤解もしくは標章を示唆すると解される可能性のある赤十字標章と酷似するいかなる図案の使用も禁止している(1957年のジュネーブ条約法第6条2項b)。これは例えば、医療製品を広告するためにセント・ジョージの十字を使用している製造工場で起こりえる。実際には、そうしたことは稀である。

〈B．赤十字社による使用〉

> Q.11：各国赤十字・赤新月社は、一時的に標章（保護的または表示的使用）を変更することができるか。

法的または規程上の根拠
- GC I 第26条、第27条、第38－40条、第44条
- AP I 第9条2項b
- AP Ⅲ 第2条4項、第3条3項
- 1991年の標章規則第15条

勧　告
● 原則として、赤十字社は当該国政府が認めた標章以外の標章を使用すべきではない。
● もっとも、この原則には、保護的使用に限り、以下の二つの例外が認められる。
　　ｉ．紛争当事者の軍隊の医療組織に配属された赤十字社の要員および資材は、これらの軍隊がAP Ⅲ 第2条4項に従い一時的に採用または変更した標章とその標章を一致させなければならない場合には、自国の許可を得て、その標章を変更することができる[141]。
　　ⅱ．例えば、紛争当事国ではない国の赤十字社が、「赤新月を使用する」紛争当事国の軍隊の医療組織を支援する場合（GC I 第27条）は、赤十字社の要員および資材は、自国（「赤十字を使用する国」）の許可およびその国内法に従い、「援助を受ける」紛争当事国が制定した標章の保護的使用を管理する規則に従うために標章を変更することができる。
● 標章の表示的使用についてAP Ⅲ 第3条3項は、以下の条件を満たす場合には、赤十字社は同議定書第2条に規定する標章、すなわち、赤のクリスタルを一時的に使用することができるとしている。
　　a）　赤のクリスタルの使用が国内法に従う場合
　　b）　例外的な状況により、赤のクリスタルの一時的な使用が正当とされる場合
　　c）　赤十字社の活動を容易にする場合

---

[141] 以下の場合、赤十字社の要員と資材は、紛争当事国の軍の医療組織に配属されているとみなされる。
（a）赤十字社が自国の軍の医療組織の補助機関として機能する場合（GCI第26条）
（b）紛争当事国でない国の社が紛争当事国に対して支援を提供する場合（GCI第27条、API第9条2項(b)および1991年の標章規則第15条）

分 析

保護的使用

1. GC I 第26条により軍隊の医療組織の補助機関として活動する赤十字社の場合

　GC I 第38および39条は、国の軍隊の医療組織に標章を使用する権限を与えている。赤十字社は、国の軍隊の医療組織と同一の標章を使用すべきである。

　実際、GC I 第26条1項および第44条1項により赤十字社の要員が軍の医療要員と同等に扱われている場合でも、前者が後者の補助機関であり、(a)赤十字社がその政府から正式に承認され、(b)赤十字社の要員および資機材が国の軍隊の医療組織を支援し、もっぱら、後者と同じ目的のために使用され、(c)軍隊の医療組織が使用できる赤十字社の要員と資機材が軍法および軍律に従う場合には[142]、赤十字社は他の標章の使用を自ら決定することはできない。国の当局が赤十字社を承認する法律、政令、規則は、事実上、その社が使用できる特殊標章を規定している。

　AP III 第2条4項は、AP III 締約国軍隊の医療組織および宗教要員が、それにより保護を強化しうる場合には、承認された特殊標章、すなわち、赤十字、赤新月、赤のクリスタルのいずれかを一時的に使用することができると規定する。したがって、軍隊の医療組織の管理下にある赤十字社の要員および資機材が、その社に通常付与された標章以外の標章(赤十字、赤新月、赤のクリスタル)を使用できるのは、赤十字社が軍の医療組織の補助機関として活動し、また、これらの軍隊がその医療要員および資材に通常使用するものとは異なる標章を付す場合に限られる。したがって、赤十字社は、通常使用するものと異なる保護標章を使用することを自ら決定することはできない。

2. 紛争当事者を支援する紛争当事者以外の国の赤十字社の場合

　GC I 第27条は、以下のように規定する。

　　「中立国の承認された団体は、あらかじめ自国政府の同意及び関係紛争当事国の承認を得た場合に限り、その衛生要員及び医療活動による援助を紛争当事国に与えることができる。それらの要員及び組織は、当該紛争当事国の管理のもとに置かれるものとする」。

142　赤十字社が標章の保護的使用を認められる条件については、本研究のQ.14を参照。

AP I 第9条2項により、GC I 第27条の諸規定は、中立国または非紛争当事国の認められた救済団体が人道目的で紛争当事国に提供する常勤の医療組織および医療用輸送手段ならびにその要員に適用する。

　1991年の標章規則第15条は、紛争当事者に支援を行おうとする紛争当事者以外のその他の国の赤十字社に、当該紛争当事者および自国当局から事前の同意を得ることを求めている。さらに「標章の保護使用を管理する規則は、前述の紛争当事者が作成しなければならない」とある。

　ここでも赤十字社は自国政府の事前の合意を得る必要がある。しかし、前述の状況とは対照的に、赤十字社は自国の軍隊に編入または帰属されることはない。もっとも、これらの中立の要員は軍法および軍律に従うものとし、紛争当事者の軍隊の医療組織に配属されることとなる。

　したがって、支援を受ける紛争当事者が、(1991年の標章規則第15条で規定するように)保護標章の使用に関する規則を制定する場合は、第三国の赤十字社に同じ標章、すなわち、支援を受ける国と同じ標章を使用することを要請することとなる。これは、その軍隊が展開する国では被援助国の標章がよく知られていること、また異なる標章を使用すると混乱と困難を生じやすいという理由による。

　ここで強調すべきことは、AP III 第2条4項により被援助国が別の標章の**一時的な**使用を決定することは、GC I 第27条に基づき援助を行う赤十字社に新たな標章の使用を要請することになることである。この場合、援助を行う赤十字社の政府が AP III を批准していない場合でも、その社が**一時的に**別の標章を使用することが自国により**認められるべき**である。

表示的使用

　赤十字社が標章を変更することの一般的な禁止は、表示標章についても妥当する。実際、前述の例外は、第一に国の軍隊の医療組織の標章使用に関するものであり、保護標章に限っての使用である。

　しかしながら、AP III 第3条3項は、以下の場合、同議定書第2条の関連規定により赤のクリスタルと呼ばれる特殊標章を一時的に使用することができると規定する。

　　i　赤のクリスタルの使用が国内法に従う場合
　　ii　例外的な状況により、赤のクリスタルの**一時的な**使用が正当とされる場合
　　iii　赤十字社の活動を容易にする場合

Q. 12：赤十字社は、表示的または保護的目的のために赤十字・赤新月を並記した「二重標章」を使用することができるか。

法的または規程上の根拠
- GC I 第44条
- AP III 第2条および第3条
- 1991年の標章規則第3章
- 国際赤十字・赤新月運動規約第4条5項

勧　告
- 赤十字社(または保護標章の表示を認められたその他の個人もしくは団体)が二重標章を保護手段として使用することは認められない。
- AP III だけが、赤十字社が表示目的で、赤のクリスタルの中に二重標章を使用できると規定する。AP III 第3条2項に従い、赤のクリスタルの中に二重標章を組み込むことを選択している社は、国内法に従い、**自国の領域内においては**、赤のクリスタルに組み込まれていない二重標章を表示目的に限り使用することができる。
- 国際赤十字・赤新月社連盟と協働する赤十字社は、連盟の認可を得て、活動に関する合意に従い、表示目的に限り、赤の長方形に囲まれた白地に赤十字および赤新月が並列する連盟のロゴを連盟の名称とともに使用することができる[143]。

分　析
標章の保護的使用

1. 一般的規則

　国の軍隊の医療組織による二重標章、例えば赤十字と赤新月が並列する標章の使用の問題は、本研究のQ.2で扱った。この分析の結論が、赤十字社の保護標章の使用に援用される。

　　a)　赤十字社が国の軍隊の医療組織の補助機関として活動する場合
　　b)　赤十字社が、活動を展開している国から自社の医療組織のために保護標章

---

[143] これに関して、1993年の連盟およびICRC代表者会議は、それぞれのロゴの使用について、1991年の標章規則の表示および装飾的使用の規則を適用すると宣言したことに留意すること。1993年の代表者会議決議第8(標章の使用)を参照。

を表示する許可を得た場合[144]

結論として、法的、実際的な議論に基づけば、赤十字社(または保護標章の表示を認められたその他の要員、対象者)は、保護標章として二重標章を使用することはできない。

2. AP Ⅲ および赤のクリスタルにより可能となったこと

AP Ⅲ および赤のクリスタルの採択は、保護標章としての二重標章の使用が禁止されている事実を変えるものではない。AP Ⅲ 第2条1項および第3項は、「これらの特殊標章は、同等の地位を有する」ことを確認し、また「第三議定書の標章の使用及び尊重の条件は、ジュネーブ諸条約及、適用がある場合には、1977年の追加議定書に定める特殊標章のための条件と同一である」ことも確認している。

しかし、AP Ⅲ により、国の軍隊の医療組織にとり、二重標章の議論を意味のないものとする二つの可能性が生まれた。理論的には、これら二つの可能性は、赤十字社が国の軍隊の医療組織の補助機関として活動する場合にも当てはまる。

a) その国がAP Ⅲ の締約国であり、その趣旨に沿って必要な規則を採択した場合には、国は、その軍隊の医療組織に常時、赤のクリスタルを使用することができる[145]。このことは、国が赤十字または赤新月のどちらか一方を選択することが困難と判断するような場合(例えば、宗教紛争の場合)に非常に有効であろう。この追加標章は、いかなる宗教または文化を意味するものでもなく(実際には、その他の承認された標章と同様、過去に一部の人々から誤解されてきた)、この問題を解決し、二重標章を考慮する必要性すら排除した。

b) AP Ⅲ 締約国の軍隊の医療組織および宗教要員は、それにより保護が強化される場合には、承認されたいかなる特殊標章をも一時的に使用することができる。

標章の表示的使用

1. 一般的規則

GC Ⅰ 第44条2項および1991年の標章規則第3章にある標章の表示的使用に関する規則は、二重標章の使用を規定していない。規定では、赤十字社は表示目的にその

---

[144] 本研究のQ.14を参照。
[145] AP Ⅲ は2007年1月14日に発効した。

ロゴを用いるとし、すなわち、承認された標章の一つを比較的小型で社名またはイニシャルを付して使用すべきとしている（1991年の標章規則第16条は、例外的な状況を担保する）[146]。

2. AP Ⅲ により可能となったこと

AP Ⅲ 第3条は、赤十字社が表示手段として標章を使用する場合の新たな選択肢をもたらした。AP Ⅲ 第3条1項は、以下のように規定する。

「第三議定書の標章の使用を決定する締約国の赤十字社は、関連する国内法に従って標章を使用するにあたり、表示目的のため、この（標章の）中に以下に掲げるものを組み込むことを選択することができる。
   a) ジュネーブ諸条約により承認された特殊標章またはこれらの標章の組合せ
   b) 締約国によって実効的に使用されており、かつ本議定書の採択前に寄託者を通じて他の締約国及び赤十字国際委員会へ通報された他の標章」

赤のクリスタルとの組み合わせは、AP Ⅲ 第3条1項に規定する通り、国内法に従わなければならない。

したがって、AP Ⅲ は、赤十字社が表示目的に限り、赤のクリスタルの中に二重標章を使用することを認めている。

さらに、AP Ⅲ 第3条2項は、赤十字社は、赤のクリスタルの中に組み込むことを選択した標章（またはそれらの組み合わせ）を自国の領域内で、かつ国内法に従い単独で（すなわち、赤のクリスタルなしで）使用することができると規定する。したがって赤十字社は、原則として自国の領域内での表示目的に限り、二重標章を赤のクリスタルと併用しなくても使用できる。

特筆すべきは、AP Ⅲ 第3条3項は、特殊な状況下では、赤十字社は社の活動を容易にするために国内法に従い、既定の標章以外の標章を表示目的で一時的に使用することを認めていることである。

AP Ⅲ 第2条4項により、承認された標章（保護目的）のいずれかを一時的に使用することができる国の軍隊の医療組織とは異なり、赤十字社は、AP Ⅲ 第3条3項により、赤のクリスタル（表示目的）のみを一時的に使用することができる。前記により、赤十字社が国の軍隊の医療組織の補助機関として活動する場合には、AP Ⅲ 第2条4項の規定により、さらに柔軟な運用が可能となる。

146　1991年の標章規則4条および5条を参照。

3. 連盟の委託事業における連盟ロゴの使用

　GC I 第44条第3項により、連盟（およびICRC）は、無制限に標章を使用することができる。したがって、連盟と事業協定を結び、特に共同事業の運営に関する条件を定めた赤十字社は、連盟の名称を付した連盟のロゴ、すなわち、白地に赤の枠内に赤十字および赤新月を並列したものを使用することができる。二重標章を保護目的に使用することはできないので、こうしたロゴの使用は表示目的に限り認められる。通例に習い、赤十字社が使用するロゴは、比較的小型とし、人々を混乱させないようにしなければならない。したがって、腕章や屋根に付してはならない[147]。

147　1991年の標章規則第4条の解説を参照。

Q.13：二つの異なる承認された標章を、同じ敷地で複数の赤十字社が共有する輸送手段に表示することができるか。

法的または規程上の根拠
・GC I 第38条および第44条
・1991年の標章規則第3章

勧 告
● 二つの異なる承認された標章は、それが二重標章と解されない限り、赤十字社が共有する場所(例：病院)および輸送手段(例：救急車)に保護目的で表示することができる。
● したがって、同じ場所および輸送手段に表示する異なる標章は、互いに十分に離して表示しなければならない。
● 理想的には、また個々の法令がそれを禁止していない場合には、赤十字社は、これらの場所または輸送手段を承認された一つの標章、つまり活動を行う地域で最もよく知られている標章のみで識別するよう合意することが奨励される。
● 異なるロゴを互いに共有する場所および輸送手段に表示する二つの社は、その表示的使用が保護的使用であるとの印象を与えないようにしなければならない。また、それらの社は、そのような使用が連盟のロゴと解されないようにしなければならない。

分 析
序 文
　二つ(またはそれ以上)の社が同じ場所(建物など)、もしくは輸送手段を共有するような状況がある。例えば、彼らが共同事業を実施している場合である。

　この問題は、どの標章(保護または表示目的)を二つ(もしくはそれ以上)の社が共有する場所や輸送手段に表示すべきかを決めることにある。特に本項の目的は、二つの異なる標章を、そのような場所および輸送手段に並列に表示することができるかを明らかにすることである。

　援助社が被援助社の領域内で自国の標章を使用することは、被援助社の同意が得られており[148]、また、当該国の国内法では、承認された標章のいずれの使用も禁

---
[148] このような同意は1921年の第10回赤十字国際会議で採択された決議第11による。この問題に関する

止していないとみることができる。

標章の保護的使用

a) 当該社が自国軍隊の医療組織の補助機関として活動している場合は、これらの医療組織による標章の並列使用に関する結論が、赤十字社にも援用される[149]。

b) 赤十字社が、標章を保護目的で表示することを希望する場合は、その社が活動を行っている国(この場合、場所および当該輸送手段が位置する国)の当局の許可を得れば表示することができる[150]。

c) 二つまたはそれ以上の社が共有する場所および輸送手段の識別は、それらの社が異なる標章(例えば、赤十字および赤新月)を使用し、それらを並列して表示しようとする場合に問題となる。これまで見たように[151]、二つの標章を並列に使用することは二重標章の使用との印象を与えるため国際人道法で禁止され、また要員もしくは資材を保護するために最適な可視性を確保できない。

　このような場合、当該社は、理想的には互いに承認された唯一つの標章を使用するよう合意すべきである。赤十字か、赤新月または赤のクリスタル標章を選ぶかの決定的要素は、その活動が行われている状況がどのようなものかである。

d) しかし、そのような合意は現実的ではないかもしれない。例えば、国内法がその社自身の標章以外の標章を使用してはならないと規定していることもありえる。その場合には、二重標章の使用を連想させない方法で、異なる標章を表示すべきである。それらの異なる標章は、二重標章の印象を与えないように互いに接近させてはならない。例えば、建物(病院、事務所など)には、十分に離して表示しなければならない。これらは、同一車両に並列に配置したり、同一の旗に一緒に描いてはならない。

　詳細な分析は、本研究のQ.21を参照。
149　本研究のQ.3を参照。
150　援助社の保護標章の使用については、本研究のQ.14を参照。占領時において必要な許可を行う権限のある当局については、Q.7を参照。
151　本研究のQ.3を参照。

標章の表示的使用

　赤十字社は、場所または輸送手段を共有する場合、それらのロゴを一般的な規則（GC I 第44条2項および1991年の標章規則第3章）に従って使用することができる。これらの場所および輸送手段に異なる標章(社のロゴ)を使用することに法的な妨げはない。

　通例、唯一の制限は、表示標章が人々にいかなる保護的使用も連想させてはならないことである。したがって、標章を腕章や屋根に付してはならない[152]。

152　1991年の標章規則第4条の解説を参照。

> Q.14：いかなる条件で赤十字社は、標章を保護標章として使用することができるか。

法的または規程上の根拠
- GC I 第24条、第26条、第27条、第40－44条、第53条および第54条
- GC IV 第18条第3項、第21条
- AP I 第1条1項、第8条(c)、(e)、(g)、第9条、第12条、第15条、第18条および第2編第2部
- AP II 第1条1項、第9条、第11条、第12条
- 1991年の標章規則第15条
- 国際赤十字運動規約第2条3項

勧 告
国際的武力紛争時
- 自国軍隊の医療組織の補助機関として活動する場合、赤十字社は、以下のすべての条件に従い保護手段（GC I 第26条）としての標章を使用することができる。
    ⅰ．自国軍隊の医療組織を支援することが、自国の政府当局により認められている場合。
    ⅱ．交戦国の軍隊の正規の医療組織を支援し、同組織と同じ目的でもっぱら使用される赤十字社の要員、組織および資機材のみに標章を使用する場合。
    ⅲ．これらの赤十字社の要員および組織が、当該紛争当事国の管理下に置かれ、かつ軍法および軍律に従う場合。
- 他の紛争当事国の軍隊の医療組織に支援を行う場合（GC I 第27条）、非紛争当事国の社は、以下の場合には、前記と同様条件で保護手段としての標章を使用することができる。
    ⅰ．その社が紛争当事国から保護標章を使用する許可を得ている場合。
    ⅱ．その社の支援を受け入れる国の敵国が、赤十字社の自国（非紛争当事国）の同意があることを通報されている場合。
    ⅲ．こうした支援を受ける紛争当事国が、敵国にこのような受け入れについて通報している場合。
- 自国の領域内であるか領域外であるかを問わず、病院を識別するための保護手段としての標章を使用する場合には、赤十字社は、以下のすべての条件を満たさなけれ

ばならない。
　ⅰ．当該病院が、病院が位置する紛争当事国によりGC IV の規定による文民病院として認められている場合。
　ⅱ．当該病院が、当該国により保護的手段としての標章の使用を認められている場合。
●AP I に従い、赤十字社は、その要員、組織および輸送手段を識別するための保護手段としての標章を使用する場合には、以下のすべての条件を満たさなければならない。
　ⅰ．これらの要員、組織または輸送手段がAP I 第8条(c)、(e)および(g)に規定する「医療要員」「医療組織」および「医療用輸送手段」の定義に合致する場合。
　ⅱ．これらの要員、組織、輸送手段が動員される紛争当事国の権限のある当局から保護手段としての標章の使用を認められ、明示的に許可されている場合。
　ⅲ．これらの要員、組織または輸送手段が当該国の管理下で(または海外で活動する場合には、支援受入れ国がそのように指定する場合にはその国の受入れ社の管理下で)、保護手段としての標章を使用する場合。

　AP I の適用のない国際的武力紛争において、赤十字社が権限のある国の当局に保護手段としての標章の使用許可を申請する場合には、ICRCは、AP I の要件を満たしている場合には、当該当局が必要な許可を与えるよう奨励する。

非国際的武力紛争時
●赤十字社の医療要員、医療組織および輸送手段は、以下のすべての条件に従い、保護手段としての標章の使用が認められる。
　ⅰ．これらの要員、組織または輸送手段は、AP I 第8条(c)、(e)および(g)に規定する「医療要員」「医療組織」「医療用輸送手段」の定義に合致する場合、国際人道法により保護される。
　ⅱ．政府当局(文民または軍隊)であるか武装集団の当局(文民または軍隊)であるかを問わず、権限のある当局が標章の使用に同意している場合。
　ⅲ．これらの要員、組織または輸送手段が、権限のある当局の管理下で保護標章を使用する場合。

　AP II の適用のない非国際的武力紛争において、赤十字社が権限のある当局に保

護手段としての標章の使用許可を申請する場合には、ICRCは、AP II の要件を満たしている場合には、当該当局が必要な許可を与えるよう奨励する。

分　析
国際的武力紛争時
以下の状況においては、赤十字社は、保護手段としての標章を使用することができる。

1. GC I 第26条：赤十字社が自国軍隊の医療組織の補助機関として活動する場合

GC I 第26条第1項により、赤十字社は、以下の条件を満たす場合に、保護手段としての標章を使用することができる。

　　ⅰ．その社が自国政府により正式に承認されている場合。
　　ⅱ．その要員が国の軍隊の医療要員と同等の任務を負う場合[153]。
　　ⅲ．その要員が軍法および軍律に従う場合[154]。

2. GC I 第27条：非紛争当事国の赤十字社が紛争当事国の軍隊の医療組織に支援を行う場合

GC I 第40条および第42条－第44条に従い、紛争当事国の医療要員または組織に支援を与えようとする中立国の赤十字社は、以下のすべての条件を満たす場合には、保護手段としての標章を使用することができる[155]。

---

[153] GC I 第24条を参照。もっぱら医療組織と医療施設に配属された管理要員は、医療要員と同様の保護を享受することに留意すべきである。これらの者は、「傷病者の治療に直接関与しないが、医療組織とその施設の管理に従事する者である。これらの者には、事務要員、救急車運転手、調理員（男性又は女性）清掃員などを含む。…これらの者は、医療組織とその施設に不可欠な人々であり、これらの者がいなければ適切に機能することはできない」。
　　GC I Commentary、第24条、p.219.およびAP I 第8条(c)を参照。
　　これらの要員が実施する活動については、本研究のQ.16を参照。
[154] GC I 第26条1項は、次のように規定する。「各国赤十字社及びその他の篤志救済団体でその本国政府が正当に認めたものの職員のうち第24条に掲げる要員（傷病者の捜索または収容、輸送、もしくは治療、または疾病の予防にもっぱら従事する医療要員、医療組織及び施設の管理にもっぱら従事する職員、及び軍隊に随伴する宗教要員）と同一の任務に当たる者は、同条に掲げる要員と同一の地位に置かれるものとする。但し、それらの団体の職員は、軍法に従わなければならない」。（太字強調）
[155] AP I 第9条2項は、同様のすべての条件を満たす場合には、保護標章を表示する権限を中立国または紛争当事国以外の国の認められた救済団体が人道目的のために紛争当事国に提供する常勤の医療組織および輸送手段、ならびにその要員に拡大している。赤十字でも赤新月でもない民間団体による保護標章の使用については、本研究のQ.29を参照。

ⅰ．紛争当事国の医療組織に支援を与えることについて自国政府の承認があること[156]
　ⅱ．当該紛争当事国から標章表示に関する許可を得ていること[157]
　ⅲ．赤十字社の支援を受ける国の敵国が、その社の属する国が同意していることを通報されていること[158]
　ⅳ．こうした支援を受ける紛争当事国が、その相手国にその旨を通報していること[159]
　ⅴ．交戦国の軍隊の正規の医療組織を支援し、それと同一目的の任務にもっぱら従事する赤十字社の要員、組織および資材だけが標章を使用することができること[160]
　ⅵ．これらの社の要員、組織および資材が、紛争当事国の監督下に置かれ[161]、軍法および軍律に従うこと[162]。これは、それらの要員、組織および資材が交戦国の一の医療組織に配属されることを意味する。

3．GC IV第18条：赤十字社の病院

　GC IV 第18条および第21条は、文民病院(赤十字社のものを含む)、その医療要員および輸送隊は、紛争当事国により事前に「文民病院」として正式に認められ、当該国により標章を使用する許可がある場合には、保護手段としての標章を表示することができる[163]。

156　GC I 第27条第1項を参照。
157　GC I 第42条第1項を参照。
158　GC I 第27条第2項。同意の通報については、「中立国政府は、そのような援助を受ける国の敵国に前記の同意を通報しなければならない」。
159　GC I 第27条第2項。同意の通報については、「そのような援助を受ける紛争当事国は、援助を受ける前にその旨を敵国に通報しなければならない」。
160　GC I 第26条第1項。これらの要員の活動の詳細は、本研究のQ.16を参照。
161　GC I 第27条第1項。
162　特に、1991年の標章規則第15条により、これらの社の要員および組織は、前述の紛争当事国により制定された標章の使用を管理する規則を尊重しなければならない。
163　GC IV 第18条第2項、第3項。同条約の解説は次のように記す。「保護標章を表示するすべての文民病院は、必ず正式に承認を得なければならないとしても、すべての文民病院が必ずしも保護標章で表示されるわけではない」(GC IV の解説、第18条、本書p.92)平時における文民病院の標章使用については、本研究のQ.8を参照。占領下における標章の使用および同状況下における標章の使用許可に関する国の責任については、本研究のQ.7を参照。

4. APⅠ第18条：赤十字社の「医療要員、医療組織、医療用輸送手段」
APⅠ第18条3項、4項は、次のように規定する。

「軍の医療要員以外の医療要員及び軍の宗教要員以外の宗教要員は、占領地域及び戦闘が現に行われ又は行われるおそれのある地域において、特殊標章及び身分証明書によって識別されることができるようにすべきである。
医療組織及び医療用輸送手段は、権限のある当局の同意を得て、特殊標章によって表示する」。

「医療要員」、「医療組織」および「医療用輸送手段」は、APⅠ第8条において、APⅠ第8条(e)に掲げる「医療上の目的」のためにもっぱら配属され、組織されるものと定義される。したがって、「医療上の目的」にもっぱら配属され、組織される赤十字社の要員、組織および輸送手段は、APⅠの意味の範囲内で医療要員、組織および輸送手段としての資格を有する。

GCⅠ第44条およびAPⅠ第8条に従い、赤十字社の「医療要員」、「医療組織」および「輸送手段」は、以下の条件に従い保護標章を使用することができる。
　ⅰ．これらのものが、APⅠ第8条(c)、(e)および(g)に規定する「医療要員」[164]、「医療組織」[165]または「医療用輸送手段」[166]の定義に合致する場合には、国際人道法により保護される。

---

[164] 医療要員は、APⅠ第8条(c)で、「紛争当事者により、専ら(e)に規定する医療上の目的、医療組織の管理又は医療用輸送手段の運用若しくは管理のために配属された者をいう。その配属は、常時のものであるか臨時のものであるかを問わない。」と定義される。APⅠ,Ⅱの解説のAPⅠ第8条(c)、354節で強調するように、「保護標章の濫用防止に責任のある紛争当事者は、医療要員に与えられた保護を受けることができる者を決める権限を有することが重要である」。

[165] APⅠ第8条(e)は、医療組織を「軍のものであるか軍のもの以外のものであるかを問わず、医療上の目的のために組織された、…病院その他の類似の組織のような、…施設その他の組織」と定義する。国際人道法により尊重され、保護されるためには、赤十字の医療組織は「文民の医療組織」について規定したAPⅠ第12条2項の補足条件を満たさなければならない。すなわち、紛争当事者の権限のある当局による承認と許可を得なければならない。

[166] APⅠ第8条(g)は、医療用輸送手段を「軍のものであるか軍のもの以外のものであるかを問わず、また、常時のものであるか臨時のものであるかを問わず、専ら医療上の輸送に充てられ、かつ、紛争当事者の権限のある当局の監督の下にある輸送手段をいう」と定義する。医療用輸送手段は、APⅠ第2編第2部に規定される制限内で国際人道法により尊重され保護される。

ⅱ．これらのものが、紛争当事国の権限のある当局により、保護標章の使用を認められている場合[167]。

ⅲ．これらのものが、紛争当事者の権限のある当局の監督の下で保護標章を使用する場合[168]。この規定は、国に赤十字社の活動を厳格に監督する権利を与えるものではなく、標章の適正使用を確保することを目的とする。

もっとも、APⅠの規定は、（すべての国家がその締約国ではないので）あらゆる国際的武力紛争に常に適用されるわけではないことに留意する必要がある。この場合、赤十字社が、保護標章の使用許可を権限のある国の適当な当局に請求することを妨げる規定はない[169]。

このような場合、ICRCは、APⅠの要件を満たしていれば、必要な許可を与えることを当局に勧奨する。これは国際赤十字運動規約第2条3項に沿うものであり、同項は、「特に、自国領域に設立された社を承認した国は、可能な限り、運動の構成員の活動を支援する」と規定する。

非国際的武力紛争時

APⅡ第12条は、以下のように規定する。

---

[167] APⅠ第18条3項、4項を参照。「医療要員」について、APⅠは「権限のある当局の同意」について明示的に言及していないが、APⅠ第18条3項に規定するように、同意は医療要員の地位を証明する身分証明書の発行により黙示的に明らかとなる。「紛争当事者」については、APⅠ、Ⅱの解説は、次のように規定する。
「医療組織および輸送手段が文民のものであるか軍のものであるかを問わず、その使用はこれらが属する当局の管理に従う。したがって、特殊標章は権限のある当局（占領地域の場合は、当該事項を管轄する敵の当局）の同意なくして表示してはならない。明らかに、この当局には一つの選択肢しかない。つまり、組織と輸送手段に議定書の意味における医療組織または医療用輸送手段としての性格を認め、その場合にはこれらを特殊標章で表示することを許可または要請するか、あるいはこの性格を認めず、標章の使用を認めないかのいずれかである」(APⅠ, Ⅱの解説、APⅠ第18条4項、766節)。

[168] APⅠ第18条8項は、国際人道法の「特殊標章の使用の監督およびその濫用の防止と抑止に関する規定」に言及することにより、権限のある当局による標章使用の管理に言及する。GCⅠ第54条は、国は常に標章の濫用を防止および抑止のために必要な措置を講じなければならないと規定する。
APⅠ、Ⅱの解説、APⅠ第18条8項、791節および794節は、次のように説明する。
「ジュネーブ諸条約の体系は、特殊標章に対する信頼に大きく依存している。その使用の監督および濫用の防止は、この体系の不可欠な要素である。(……)
もっとも、締約国に属する人および物による特殊標章、信号の使用を監督する締約国（または議定書の場合は、それに拘束される他のあらゆる紛争当事者）の義務は、より一般的には締約国が条約と議定書を常に尊重し、尊重を確保することから生じる。」

[169] 保護標章の使用を正式に許可する権限のある当局については、本研究のQ.6を参照。

「医療要員及び宗教要員、医療組織並びに医療用輸送手段は、権限のある関係当局の監督の下で、白地に赤十字、赤新月又は赤のライオン及び太陽の特殊標章を表示する。特殊標章は、すべての場合において尊重するものとし、又、不当に使用してはならない」。

本条でいう「特殊標章」の表現は、「保護標章」と同義である。AP I、AP II の解説は、以下のように記す。

　両議定書で使用される「特殊標章」という語は、保護の目的で使用される標章についてのみ言及する。AP I 第8条(用語)小節(l) は；
「『特殊標章』とは、医療組織及び医療用輸送手段、医療要員及び宗教要員、宗教上の器具及び用品の保護のために使用される場合における白地に赤十字、赤新月、または赤のライオン及び太陽から成る識別性のある標章」と規定する。
　AP II の起草にあたり、第12条はほぼ同じ定義に基づいて採択された[170]。

　AP II には、「医療要員」「医療組織」および「医療用輸送手段」の定義はない。非国際的武力紛争時に使用されるこれらの用語は、AP I 第8条(c)、(e)および(g)で定義されたものと同義と解される[171]。上記のように、「医療上の目的」にもっぱら配属され、組織される赤十字社の要員、組織および輸送手段は、「医療要員」、「医療組織」および「医療用輸送手段」の資格を有する。
　したがって、赤十字社の医療要員、医療組織および医療用輸送手段は、次のすべての条件に従い、保護標章を表示することができる。
 i ．これらのものは、AP I 第8条(c)、(e)および(g)に含まれる「医療要員」、「医療組織」または「医療用輸送手段」に相当する場合には、国際人道法により保護される[172]。
 ii．これらのものが、「権限のある当局の監督の下」で標章を使用する場合。これは次のことを意味する。
　　・これらのものが政府の当局(文民または軍)であるか武装集団の当局(文民または軍)であるかを問わず、紛争当事者の権限のある当局により保護標章と

170　AP I, II の解説、第12条、本書p.219、4734節。
171　AP I、II の解説、AP II 第9条4663-4664節；同解説、AP II 第12条4711-4712節；Customary IHL Study、規則25、28、29、pp.82-83および95、100を参照。
172　AP II 第9条は、医療要員は、尊重され、保護されるものとする、と規定する。AP II 第12条は、医療組織および医療用輸送手段は、常に尊重され、保護されるものとする、と規定する。

しての使用を許可される場合。
・これらのものが紛争当事者の権限のある当局の管理の下で保護標章を使用する場合[173]。

　武力紛争当事者の権限のある当局は、政府のものであれ叛徒側のものであれ、濫用および違反(GC I 第53条、第54条の類推適用)の予防と抑止に必要な措置を講じなければならず、標章の適正な使用を確保するために周到、かつ、継続的な監督を行わなければならない[174]。

　AP II が適用されない非国際的武力紛争が起こることもある。しかし、そうした状況において、赤十字社が権限のある当局に保護標章の使用を要請する場合には、ICRCは、AP II の要件を満たしている場合には、当該当局が必要な許可を与えるよう勧奨する。
　この許可は、赤十字運動規約第2条3項に従い与えられる。同条は、「特に自国領域に設立された赤十字社を承認した国は、できる限り赤十字運動の構成員の活動を支援する」と規定する。

国内騒擾および緊張時

　標章は武力紛争時にのみ保護標章として使用することができる。したがって赤十字社は、国内騒擾および緊張時を含む他のいかなる状況においても保護標章を使用することはできない[175]。

173　AP I, II の解説は、次のように説明する。
　「もし標章が実効的に尊重されるとすれば、その使用は監督に服さなければならないことが重要である。そうでなければ、誰もが使用しようとするだろう。特殊標章に与えられる保護は、その使用が権限のある関係当局の許可と監督に服することを要請する。管理を効果的にするために必要な措置を執るのは責任ある当局である。権限のある当局は、文民でも軍でもよい。合法政府と戦う者にとり、これは事実上の担当当局となるだろう」AP I, II の解説、AP II 第12条、本書p.222、4746節。
174　叛徒側の当局の監督義務の履行については、Q.28を参照。
175　国内騒擾および緊張時の標章の使用については、本研究のQ.18を参照。

Q. 15：武力紛争時に赤十字社は、当局の明示の許可なしに保護標章を使用することができるか。

法的または規程上の根拠
- GC I 第44条および第53条
- AP I 第18条
- AP II 第12条

勧 告
- 武力紛争時、標章の使用を許可する責任を当局が履行できない場合は、赤十字社は、特別の許可を得ないで保護標章を使用することができる。
- 保護標章の使用は、以下の二条件に従うものとする。
  ⅰ．赤十字社が即座に人道の基本原則に従い活動することが求められる緊急、明白な人道的ニーズがある場合。
  ⅱ．国際人道法で保護される赤十字社の医療活動を表示するために標章が使用される場合。
- 権限のある当局が復帰次第、こうした状況は改善されるべきである。すなわち、赤十字社は、標章を使用する許可を得なければならない。

分 析[176]
序 文
　国際人道法では、武力紛争時における赤十字社による標章の保護的使用は、権限のある当局の許可を必要とする[177]。そのような当局は、濫用を防ぐため効果的な管理と監督を行わなければならない。

　もっとも、権限のある当局からの許可なしに標章を使用する例外的な場合も認められる。二つの場合が考えられる。これらは容易に調整できない二つの要素を含んでいる。このような使用に厳しく反対すれば、犠牲者に対する赤十字社の効果的な支援の提供を停止させ、不当に応急救護員の生命を危険にさらすことになる。一方、

176　この分析の多くは、Antoine Bouvier著 "Special aspects of the use of the red cross or red crescent emblem" *IRRC*, No. 272, September-October 1989, pp. 443-447の記事に依拠する。
177　特にAP I 第18条およびAPII第12条を参照。

それを許せば、標章の濫用を促進し、合法的に使用する資格のある要員の保護を弱めることになる。

　第一の場合は、複雑かつ激しい紛争により政府機能が低下し、政府が一時的または永続的に通常行う決定ができない場合である。その場合、赤十字社は、紛争犠牲者を救済する最後の機関の一つとなり、当初は政府の医療組織の単なる補助機関であったが、次第に医療活動の主要な提供者となる。こうした状況では監督に服することは不可能である。

　第二の場合は、非常に激しい非国際的武力紛争が起こり、領域の一部を実効支配する当局を認定することが不可能な場合である。この場合は、領域内で活動する赤十字社が通常要求される許可申請を行えないまま、自主的に活動しなければならない。

　さらに以下の三つの一般的見解を補足しなければならない。
- a) 前述のすべての場合において、当局は事実上、標章の使用を監督することができないが、赤十字社は、必ずしも医療活動を行う唯一の団体ではない。
- b) ICRCまたは連盟の事業で活動する赤十字社の職員は、これらの解説では説明しきれない。
- c) 国際人道法の適用に関する他の多くの問題と異なり、許可なく標章を使用することにより生ずる問題(および、その結果を含む)は、武力紛争が国際的か非国際的かによる相違はないように見える。

赤十字社が当局の明示の許可なく保護標章を使用することの長所と短所

1. 許可なき使用に賛成する議論
    - a) 標章の使用(そして、それにより保護される多くの応急救護員)を拡大することは、さらに多くの犠牲者が救われることを意味する。
    - b) 赤十字社が標章の使用を自主的に決定することを認めることは、赤十字社に責任を与え、より自由に行動することを可能とする。後者の点は、特に非国際的武力紛争において重要であり、その場合には赤十字社が政府から独立していることが極めて重要である。
    - c) 政府の管理機能が非常に弱体化し、赤十字社の活動を許可または監督することができない場合には、政府の許可なき標章の使用により、赤十字社は、そうでなければ麻痺したであろう活動を継続することができる。
    - d) 赤十字社の行動の自由を拡大することで、非国際的武力紛争時に「叛徒側」

の社が設立される危険性を低下させる。したがって、許可なき保護標章の使用は、単一の基本原則への尊重を助長する。

2. 許可なき使用に反対する議論
  a) 標章使用の権利を拡大することは、濫用を招き、既にその保護を享受している人々を害する。
  b) 適用される法（GC I 第44条および第53条、1991年の標章規則など）が規定する標章の使用条件は、長い議論の末に成立したものである。これらの条件を尊重することによってのみ、標章の真の保護的意味が維持される。
  c) ある状況で、許可なき標章の使用に同意することは、国の一般的な責任を免除することになる。それ以降、国は赤十字社の活動に全面的に依存し、監督も止め、（標章の濫用に対して）いかなる措置も講じなくなるだろう。
  d) もし、赤十字社が許可なく標章の使用を認められるとしたら、他の団体（赤十字・赤新月運動の構成員と異なり、その基本原則に拘束されない団体）もまた、標章の使用の権利を要求する危険性がある。

上記二つの議論を比較すると、一定のリスクはあるものの、明示の許可なき標章の使用は、原則として例外的な場合に認められるべきである。それにより、犠牲者の保護が強化され、赤十字社の活動が促進されるからである。

<u>例外的な状況において赤十字社が許可なく保護標章を使用できる可能性</u>
 武力紛争時において、赤十字社が明示の許可なく保護標章を使用することは、国際人道法では想定していない。しかし、例外的な状況で権限のある当局が機能しない場合には、赤十字社は、以下の条件で標章の使用を妨げられない。
  a) 緊急かつ明白な人道的ニーズが存在し、そのために赤十字社が、人道の基本原則に従って即座に活動することが求められる場合
  b) 標章が、国際人道法により保護された赤十字社の医療組織を表示するために使用される場合

 いずれの場合も、赤十字社は必要な許可を得るために可能な限りの努力を払ってきたことを示すべきである。
 強調すべきは、権限のある当局が回復したら、即座にその状況が改善されること

である。すなわち、赤十字社は、標章を使用する許可を得るべきである。

　最後に、現在の実行を考察すると、これらの結論が確認できることを強調しなくてはならない。経験的に、あらゆる紛争当事者に受け入れられ、尊重されている有能な社が、当局の特別な許可なく標章を使用している場合には、標章とその威信への尊重は損なわれず、より多くの人々が救われる。

Q.16：赤十字社の要員は、軍の医療組織の補助機関としての役割の枠内で、保護標章をどのような活動のために使用することができるか。

法的または規程上の根拠
・GCⅠ第24条、第26条、第27条および第40条－第44条
・APⅠ第8条
・1991年の標章規則第9条

勧 告
● 保護標章の使用資格を得るためには、軍の医療組織の補助機関として活動する赤十字社の要員は、医療活動のみに配属されなければならない。この活動には傷病者および難船者の捜索、収容、輸送および診断と治療および疾病の予防を含む。この活動には理論的には医療要員の訓練も含まれる。

分 析
GCⅠ第26条、第27条および第40条－第44条に従い、軍の医療組織を支援することを政府から正式に許可された赤十字社の医療要員は、軍の医療組織と同様の任務に配属され、軍法に従う場合には保護標章を使用することができる[178]。

これらの任務については、GCⅠ第24条で次のように規定する。

「傷者若しくは病者の捜索、収容、輸送若しくは治療又は疾病の予防にもっぱら従事する衛生要員、衛生部隊および衛生施設の管理にもっぱら従事する職員…」[179]。

GCⅠの解説は、これらの医療活動は、GCⅠ第24条に「制限的に列挙されて」いる[180]。しかし、APⅠ第8条(e)は、国際人道法で保護される医療活動の一覧に「診断」を加えている。

活動の一覧をより精確に定義するためには、以下を考慮しなければならない。

---

178 軍の医療組織の補助機関としての赤十字社による保護標章の使用については、本研究のQ.14を参照。
179 Customary IHL Study、規則25,pp.81-83を参照。
180 GCⅠ Commentary、第24条、p.219.

a) 「傷者」および「病者」の用語は、APⅠ第8条(a)で、次のように規定する。

「『傷者』及び『病者』とは、軍人であるか文民であるかを問わず、外傷、疾病その他の身体的又は精神的な疾患又は障害のために治療又は看護を必要とし、かつ、いかなる敵対行為も差し控える者をいう。これらの者には、産婦、新生児及び直ちに治療又は看護を必要とする者であって、いかなる敵対行為も差し控えるものを含む」。

結論として、犠牲者、その親族および社会への精神的支援は医療活動(例えば、ストレス疾患を抱えた兵士の親族への精神的支援の提供)に入ると考えられる。

b) GCⅠの解説は、疾病の予防を医療活動の一覧に入れることを次のように理由づける。

「現代の軍隊では、疾病の予防に対する衛生上、予防上の措置―接種、害虫駆除、水道の消毒など―は、衛生要員の業務の重要な一部を構成する。結果として、これらの措置を衛生部隊の要員が実施する業務の中に含ませる必要があった」[181]。

直接的に犠牲者の看護は行わないが、疾病予防により犠牲者の数を減らそうとする施設もまた、医療組織と考えられる。APⅠ第8条(e)および同解説によれば、「医療組織」の用語は、例えば、予防接種、輸血施設、予防医療に関する施設、医療物資貯蔵庫、これらの組織の医薬品の保管所を含む[182]。

c) 医療組織および医療施設の管理にもっぱら従事する要員は、国際人道法により保護され、保護標章を使用する権利があることに留意すべきである。GCⅠの解説によれば、「これらの者は、これらの者の援助がなければ適切に機能することができない医療組織と医療施設の中核を形成する」[183]。

結論として、医療組織および医療施設の管理にもっぱら従事する赤十字社の要員は、それらの活動が医療活動の部類に入らないとしても、同じ保護と保護標章を使

---

181 GCⅠ Commentary、第24条、p.219.
182 APⅠ,Ⅱの解説、APⅠ第8条、本書p.139、376節。
183 GCⅠ Commentary、第24条、p.219

用する権利を有する。

d) 医療要員の訓練は、ジュネーブ諸条約または追加議定書では医療活動の部類に特に規定していないが、以下の理由から論理的に医療活動と見なすことができる。
 i．医療訓練は、傷病者の近くで行われ、多くの場合、同じ建物(例えば、病院)の中で行われる。
 ii．医療活動は訓練なしには適切に機能することができないので、医療組織および医療施設の管理に適用される同じ理由が医療要員の訓練に適用される。医療要員の業務遂行の方法を要員に訓練することとその業務を遂行することの間に合理的な関連性がある。
 iii．APⅠ, Ⅱの解説は、「医療上の目的への配属は極めて柔軟に解さなければならない」ことを指摘している[184]。

---

[184] APⅠ, Ⅱの解説、APⅠ第8条、本書p.140、379節。

Q. 17. 赤十字社の医療要員は、軍の医療組織の補助機関として活動する時に、赤十字社のロゴを使用することができるか。すなわち、赤十字の医療要員は、保護標章をいつ使用することができるか。

法的または規程上の根拠
- GC I 第26条、第27条、第40条－第44条
- 1991年の標章規則第4条、第14条

勧 告
● 赤十字社は、軍の医療組織の補助機関として活動するその要員が、権限のある当局の監督に従う場合には、赤十字社のロゴ(表示記章)を保護標章と同時に表示することを許可することができる。
● しかし、保護標章と赤十字社のロゴの同時使用を許可する場合には、赤十字社と権限のある当局は最大の注意を払わなければならない。特にこれは標章の二つの異なる使用を混同する可能性があり、また紛争当事者の一と赤十字運動の構成員を混同する可能性がある。

分 析
GC I 第44条1項および2項は、次のように規定する。

　「…各国赤十字社及び第26条に掲げるその他の団体は、この条約の保護を与える特殊標章を本項の範囲内でのみ使用する権利を有する。更に、各国赤十字社(赤新月社又は赤のライオン及び太陽社)は、**平時において、自国の国内法令に従い、赤十字国際会議が定める原則に適合する自己のその他の活動のために赤十字の名称及び標章を使用することができる。それらの活動が戦時に行われるときは、標章は、その使用によりこの条約の保護が与えられると認められる虞がないような条件で使用しなければならない。すなわち、この標章は、比較的小型のものでなければならず、また、腕章又は建物の屋根に付してはならない**」(太字強調)。

GC I に従い、赤十字社は、
a) 軍の医療組織の補助機関としての役割の範囲内で保護標章を使用することが

b) 基本原則と適合する自己の活動のために表示標章を使用することができる。
c) 標章の保護的使用と表示的使用の区別を常に維持するようにしなければならない。

1991年の標章規則第14条は、次のように規定する。

> 「それに反する当局の指示がない場合には、赤十字社はその構成員に対し、社名を付した表示標章を保護標章と同時に表示することを**許可することができる**。同様の条件の下、当局の使用に供されるものにも、社の名称を付した標章を表示することができる。このような場合には、表示手段として使用する標章および社の名称は、小型のものでなければならない」（太字強調）。

したがって、1991年の標章規則第14条は、赤十字社の要員が保護標章と表示標章を同時に使用することを妨げていない。このような使用は、赤十字社の許可を条件とする。軍の当局は、臨時の措置または軍法に基づきそれを拒否する権限がある。赤十字社要員は、実際には軍法に従うことになるが、軍の要員となるわけではない。一般的に、これらの要員が着用する制服の問題は、国の調整に掛かる問題である[185]。

もっとも、保護標章と表示標章の同時使用は、否定的な影響もある。標章の表示使用は、それを表示する人と物が赤十字運動と関連性があることを意味する[186]。同時使用は、一般の人々に混乱を来たす可能性があるが、一層問題となるのは、次のように戦闘員に混乱を来た可能性があるからである。

a) 同様の状況で存在する軍と赤十字運動の構成員を混同すること。紛争当事者の軍の医療組織は「中立」と見なされなければならないが、赤十字社―および基本原則（特に中立、独立の原則）を遵守する赤十字運動のその他の構成員―は、紛争当事者と関連があると見なされる危険があり、それにより援助を必要する人々への接近、および最悪の場合、彼らの安全を危険にさらすことになる。
b) 標章の二つの目的の混同。標章の二つの異なる使用の重要な区別が曖昧にな

---

185 GC I Commentary、第26条、p.227.を参照。
186 本研究の序文「一般原則および概念」を参照。

ると、標章の保護的価値を危険にさらすことになる。

　したがって、保護標章と赤十字社のロゴの同時使用を許可することには、赤十字社は最大の注意を払わなければならない。また、自社の要員に赤十字社ロゴと保護標章の同時使用を認める赤十字社の決定を権限のある当局が検証する場合には、上記の危険性を考慮するよう勧奨する。

Q.18：赤十字社は、大型の表示標章(赤十字社のロゴ)を使用できるか。

法的または規程上の根拠
- GC I 第44条2項
- 1991年の標章規則第4条、第16条、第17条、第19条、第21条および第23条

勧 告
- 標章の保護的価値を保全し、強化するために、標章の保護的使用と表示的使用の区別が重要である。
- この区別を明確にする最も明瞭かつ通常の方法は、標章の大きさ(標章を表示目的で使用する場合は、その人や物に比較して小型であること)であるとしても、赤十字社は、表示目的には標章だけではなく、社のロゴ(標章に名称またはイニシャルを併記する)を使用するべきである。
- 赤十字社の応急救護員と施設は、以下の例外的な状況において大型の社のロゴを使用することができる。
    i．国内騒擾および国内緊張時に、(a)それにより暴力の犠牲者への医療支援が強化され、(b)そうすることが国内法により許可されているか、または少なくとも禁止されていない場合；もしくは、
    ii．自然災害時に主導的機関(セビリア合意の規定による)と被援助社の協議により、こうした使用が人命救助の機会を劇的に高める場合。
- その社の応急救護員と施設が、要請に応じてコンサートまたはスポーツ・イベントのような余暇的行事の機会に派遣される場合は、大型の(社の)ロゴの表示は避けるべきである。

分 析
序 文
　標章の使用を管理する規則の主な目的は、その保護的価値の保全にある[187]。これに関して保護標章と表示標章の使用の区別は、前者が「ジュネーブ諸条約により与えられた保護の視覚的記章」[188]であり、後者が人および物と赤十字運動との関係

187　本研究の序文「目的および方法」を参照。
188　GC I の解説、第44条、本書p.32

を示すのに役立つという点で重要である[189]。

赤十字の可視度を高め、その活動を促進することが重要な目的である。しかし、赤十字は、標準の保護的使用と表示的使用の区別を十分尊重しなければならない。

一つの標章：二つの目的による大きさの違い

GC I 第44条2項は、以下のように規定する。

> 「各国赤十字社(赤新月社または赤のライオン及び太陽社)は、平時において、自国の国内法令に従い、赤十字国際会議が定める原則に適合する自己のその他の活動のために赤十字の名称及び標章を使用することができる。それらの活動が戦時に行われるときには、標章は、その使用によりこの条約の保護が与えられると認められる虞がないような条件で使用しなければならない。すなわち、この標章は、**比較的小型のものでなければならず、腕章または建物の屋根に付してはならない**」(太字強調)。

「二つの使用の区別が明確になされるように注意が払われるべきである」[190]ため、GC I 第44条は、標章の二種類の使用を大きさで区別することの重要性を強調し、表示目的で使用する標章は、表示しようとする人や物に比較して小型のものとしている。

GC I の解説が指摘するように、「表示標章」と「保護標章」の実際の大きさは一般常識による。

> 「会議は、実際上の理由により、表示標章の最大の大きさを規定すべきとする提案を否決した。会議は、この標章が比較的小型のものでなければならないこと――すなわち、人または物に使用される保護標章に比較して小さいこと――を規定したにすぎない。具体的な大きさは良識により決定しなければならない。したがって、建物の入口に掲げられる1m四方の旗は表示標章として通用するだろうが、車両に表示される同じ大きさの標章は保護標章と見られるであろうから、例えば、20cm四方に縮小しなければならないだろう。また20cm四方の大きさの標章は人が付けるには大きすぎるから、1～2cmの記章で十分

189　GC I の解説、第44条、本書p.32。本研究の序文「一般原則および概念」を参照。
190　GC I の解説、第44条、本書p.32。

であろう」[191]。

これらの制限は、戦時にのみ適用されるとしても、赤十字社(および赤十字運動の他の構成員)には、以下のことが勧告されていることに留意する必要がある。

「赤十字社は平時においても軍隊の傷病者を救済する以外の活動では、小型の記章を使用することが強く期待される。戦争が起きた場合に記章の大きさを縮小することは経費を要し、短時間で実行するのは困難な仕事だが、これがなおざりにされ、適切に実行されないと重大な事態に至るかもしれない」[192]。

さらに、既に本研究の序文(「一般原則および概念」3.)に記したように、標章の二つの用法の区別を強調するため、赤十字運動の構成員は、表示目的の場合には、標章だけではなく社のロゴ(構成員の名称またはイニシャルを付した標章)を使用するよう勧奨されている[193]。

1991年の標章規則第16条、第17条、第19条、第21条および第23条は、そのロゴが、その社のメンバーおよび職員またはユースメンバーにより使用される場合や、建物、敷地、病院、救護所、輸送手段に使用される場合、または、その社のキャンペーンやイベントで使われる場合、「小型」または「比較的小型」のものでなければならないと規定する。

さらに、赤十字社に対して、ロゴを大型の旗に描かないよう勧告している[194]。しかし、(赤十字のロゴは比較的小型とする)規則が明確だとしても、「大型の標章(ロゴ)の使用は、応急救護員を容易に識別できるようにすることが重要な場合には除外されない」ことを補足している[195]。

191　GC I の解説、第44条、本書p.37。
192　GC I 解説、第44条、本書p.37。
193　例えば、1991年の標章規則第5条は、以下のように規定する。
　　「保護手段として使用する標章は、常にその原型を留めなければならない。すなわち、十字、三日月または白地に何も付け加えないものとする。(…)表示的使用の標章は、赤十字社の名称とイニシャルを添えるものとする」。
　　もっとも、1991年の標章規則第16条の解説によれば、「場合によって(赤十字ボランティアは)、例えば国内騒擾時において、そうした表示が彼らの業務を妨げる虞がある場合には、標章に並べて社の名称またはイニシャルを使用することを控えることが認められるべきである」とある。
194　1991年の標章規則第4条第2節を参照。
195　同様の例外が1991年の標章規則第16条第3節の解説に示されていることを強調する。

したがって、一般的な規則にも幾つかの例外があり、それは赤十字社の応急救護員の識別を容易にする必要がある場合である。特に犠牲者への支援および応急救護員の保護を改善する方が前記の混乱または濫用の危険よりも重要である場合がある。

赤十字社の大型のロゴの使用は次の特殊な場合には認められるか[196]

標章の保護的価値を損なう危険性があるため、最大の自制と慎重さをもって、一般原則の例外について考えるべきである。

1. 国内騒擾および国内緊張

1991年の標章規則の規定も解説も、赤十字社の応急救護員またはその救護所が大型のロゴを表示できる場合を規定していないが、国内騒擾および緊張時においては、大型のロゴが例外的に使用されるべきであり、それにより人命救助の機会を劇的に高めることができ、社の関心を暴力行為の犠牲者支援に動員される要員、病院、救護所、医療用輸送手段およびその他の資材の安全確保に向けることができる。

このような使用は国内法の許可を受けてなされるか、または少なくとも禁止されてはならないことに留意すべきである。

2. 自然災害

自然災害においては、より困難な法的問題が生じる。赤十字社の応急救護員は、人命救助の機会を高める場合に限り、社の大型のロゴを使用すべきである。実際問題として、前記の例外規則を無差別に適用することは、標章の表示的使用と保護的使用の基本的区別の意味を著しく脆弱にするだろう。

大型のロゴの使用は、主導的機関（場合によりICRC、連盟、または被援助社）と被援助社（それが主導的機関でない場合）との協議の上で決定すべきである。

3. 余暇行事

赤十字社の応急救護員がコンサートまたはスポーツ・イベントなどの機会に派遣される場合、その救護員または救護所による大型のロゴの使用は、人命救助の機会を劇的に高めるものでもなければ、その社のボランティアおよび要員を守るもので

---

[196] 想定しうる例外については、Antoine Bouvier著 "Special aspects of the use of the red cross or red crescent emblem" IRRC, No.272, September-October 1989, pp.448-451を参照。

もない。

　このような場合には、赤十字社の応急救護員(テント、救護所など)は、社のロゴ(比較的小型のもの)で識別すべきである。小型の赤十字ロゴとともにこれらの者はその他の記章を使用することができる。例えば、大型の緑地に白の十字／新月に「応急救護」と記したものである[197]。これに加え、またはその代わりに、救護所に赤字で大きく赤十字社の名称を描くこともできるだろう。

197　これについては、Q.27、Q.32およびQ.46を参照。

第3部　標章の使用に関するその他の規則と勧告　377

Q.19：赤十字社は、自国政府の海外での人道支援活動に参加する場合、1949年のジュネーブ第一条約第26条の範囲を超えて、その要員に当該赤十字社のロゴの使用を許可できるか。

法的または規程上の根拠
- GCI第26条
- API第61－66条
- 国際赤十字運動規約第1条2項および第2条4項
- 赤十字・赤新月運動の基本原則(独立、中立および公平)

勧　告
- 自国政府の人道支援活動の一部をなす赤十字社の要員は、(保護的手段として)標章を使用してはならない。
- 赤十字社の要員は、赤十字運動の公平、独立および中立を低下させるような混乱もしくは誤解を生じさせることがない場合を除き、赤十字社のロゴを(表示的手段として)使用することを避けるべきである。
- 赤十字社が政府から、同社の要員を国外における政府の人道支援活動に参加させる協定の締結を要請された場合は、協定に以下の事項を盛り込むことが奨励される：
  - ⅰ．いかなる場合にも赤十字社の要員がその基本原則を遵守すること。
  - ⅱ．当局によってそのような遵守が尊重されること。
  - ⅲ．上記に定められた標章の使用に関する勧告について赤十字社が了承していること。

分　析
序　文
　本設問は、赤十字社が政府からその人道的対応のために当局から赤十字社の要員(または資材)の提供を要請される状況を扱う。このような赤十字社の参加は、赤十字社と当局との間の調整に基づいて行われ、それにより赤十字社は、緊急出動および、例えばカウンセリング・サービスなどの支援の提供もしくはその他の活動を要請される[198]。最近の事例におけるICRCの記録によれば、これらの政府対応におけ

---

[198] すなわち、赤十字社の要員は戦闘地域からの住民の避難に協力することが要請され、または赤十字社の専門家は自然災害後の心のケアについて、政府の行う被災者支援活動に協力することが要請される。

る赤十字社の関与は、（例えば2〜3人が1〜2週間といった）その範囲と期間において限定されている。この限定された関与は、通常、例えば自然災害への政府の緊急対応の状況で起こる。

ここでの目的は、こうした活動が赤十字社の補助機関としての範囲に入るのかを決めるものでも、このような状況に赤十字運動の調整機能をいかに適用するかを探るものでもない。この分析の唯一の目的は、政府の人道的対応に参加する赤十字社がその運動のイメージならびに活動を脅かすあらゆる可能性を防ぐために、標章をどのように使用すべきかを明確にすることにある。

標章の使用

1. 保護的使用

原則として、上記に示される状況は、GCI第44条に基づき赤十字社が標章を保護的手段として使用できるいかなる状況にも該当しない[199]。

2. 表示的使用

検討中の事例において、赤十字社の要員は政府チームに編入され、その指揮下で活動を行う。論理的には、これらの要員は政府チームの一員と見なされねばならない。赤十字運動の公平性、独立性および中立性を低下させるような混同および誤解を避けるために、これら赤十字社の要員はそのロゴを表示的手段として使用すべきではない。

この勧告は、武力紛争状況および国内暴動において、もしくは武力紛争に（再び）発展するような状況において当該人道的対応が行われる場合に一層有効なものとなる。これらの状況下で、政府の対応と赤十字運動の活動との間に起こりうる混同は、暴動を伴わない状況よりも赤十字社の要員の（または赤十字運動の他の構成員の要員の）被災者への接近および彼らの安全に一層有害なものとなりうる。

もっとも、本勧告は、赤十字社のロゴに付される小型の識別記章の使用が赤十字運動の公平、独立および中立を損なうような混同や誤解をあまり生じさせない状況もあるので、絶対的なものではない。加えて、このような状況では、援助を受ける人々に象徴的価値を持つ赤十字社のロゴが与える安心感があるので、ロゴを表示す

---

[199] GC I 第26条に基づき国の軍隊の医療組織の補助機関として活動するとき、赤十字社の要員は、標章を保護的手段として使用することができる。赤十字社が標章を保護的手段として使用することができるすべての状況について、本研究の序文における「一般原則および概念」、さらに本研究のQ.14を参照。

ることは心理的に好結果をもたらすだろう。

3. その他の特殊標章

赤十字社の要員が自国の政府の対応に編入される場合、彼らは関連する条件が整えば、例えば文民保護の国際特殊標章のような他の識別記章を表示することを妨げられない[200]。

赤十字社と当局の協定に盛り込む事項

1. 標章の使用

本設問で議論された状況から、赤十字社と当局のあらゆる協定には、上記に規定された標章および赤十字社のロゴの使用に関する勧告を盛り込まなければならない。他の識別（例えば文民保護の国際特殊標章または他の記章もしくは標識）に関する特記事項は、想定される活動の種類により同様に盛り込むことができる。

2. 基本原則の尊重

赤十字運動の構成員は、いかなるときにも基本原則を遵守しなければならない[201]。特に赤十字およびその要員は、常に独立、中立および公平であり、一般市民からそのように見なされなければならない。当局は、赤十字社が基本原則を遵守することを尊重することが求められており[202]、赤十字社と当局との間の協定の条項の中に、これらの尊重が盛り込まれることが勧告される。

---

200 すなわち、赤十字社の要員が政府の文民保護組織に編入される場合、文民保護の国際特殊標章であるオレンジ色地に青色正三角形の標章を使用することができる。これは、いうまでもなく関係当局の許可およびAP I 第61－66条に規定する条件に従う場合に可能となる。特に、これら赤十字社の要員は文民保護組織に随伴し、もっぱら文民保護業務に従事しなければならない。加えて、AP I 第66条7項及び第8項に従い、文民保護標章は、(武力紛争時よりも)平時において広範に使用することができる。したがって一定の条件下では、上記活動に従事する赤十字社の要員により表示的記章として使用することができる。AP I および II Commentary, 2644－2650、2685および2690節を参照。
201 赤十字・赤新月運動規約第1条2項。
202 赤十字・赤新月運動規約第2条4項。

Q. 20：赤十字運動の構成員が国連機関またはその他の外部提携団体と提携して活動する場合、標章／赤十字社ロゴの使用については、どのような規則が適用されるか。

法的または規程上の根拠
- 1991年の標章規則第25条
- 2003年の最低限必要な事項(国際赤十字の構成員と外部事業、提携団体との事業協定に含むべき最低限必要な事項)
- 赤十字・赤新月運動の基本原則(独立、中立および公平)

勧　告
- 赤十字社は、標章および社のロゴ、すなわち、社の名称またはイニシャルを付して表示する社のロゴについて包括的な管理を行い、すべての権利を保有しなければならない。
- 外部提携団体のロゴと(保護手段として)標章を一体的に使用することは禁止する。
- 外部提携団体のロゴと(表示手段として)赤十字社のロゴを一体的に使用することは避けなければならない。
- 外部提携団体のロゴと赤十字社のロゴ(および名称)の一体的な使用は、以下のすべての条件を満たす場合にのみ認められる。
    ⅰ．例外的な場合、すなわち人道活動または普及キャンペーンとの関連において、一体的な使用が避けられない場合。
    ⅱ．特定の行事のため、すなわち、期間を限った特定の事業の場合。
    ⅲ．外部団体が人道団体である場合。
    ⅳ．一体的な使用が慎重になされ、人々に赤十字社と外部団体との混同が生じない場合。混同の可能性は、実際には赤十字社と外部提携団体との関係を明確にする短い声明文により避けることができるだろう。
    ⅴ．建物および車両ならびにその他の輸送手段を含む資機材に一体的使用が表示されていない場合。
    ⅵ．中立、公平および独立といった赤十字社の特性を損なわない場合。
- 赤十字社は、前述の条件(1991年の標章規則および2003年の最低限必要な事項に基く)が、外部提携団体と締結する協定書に反映され、遵守されることを確保する責任を負う。

●さらに、赤十字社が、ロゴの一体的使用を受け入れた条件が変更された場合は、赤十字社は、社および赤十字運動のイメージを保護するために、一体的使用を終了することができなければならない。常に最優先に考慮すべきことは、赤十字社の安全と犠牲者への赤十字社のアクセスを確保することである。
●赤十字社は、「二重ロゴ」の使用を避ける重要性およびそうすることの相互の利益について、外部提携団体にできる限り説明する意思と能力を持たなければならない。
●これらの制限は、報告、声明、広告および事業関連のあらゆる資材により寄付者および提携者などの外部協力者に最大限の謝意を表明する努力を低下させるものではなく、それを無にするものでもない。

分　析
序　文

　本設問は、赤十字社と外部提携団体との提携関係が、ある状況において、赤十字運動の構成員の印象に与える影響について取り上げる。

　赤十字社が、例えばUNHCRまたはWFPのような国連機関との共同事業の実施提携社となる場合、その社は事業実施にあたり外部提携団体と何らかの協定書を締結する。

　目に見える援助をしたいとの理由から、これら外部提携団体は、物資または資金による援助を希望し、赤十字社から認証されたいと思うかもしれない。提携関係への赤十字社の謝意表明が、新規事業の開始および実施に必須なものである場合、その社は、社の行動が赤十字運動とその構成員に対する見方にどう影響するかを考慮して細心の注意を払わなければならない。謝意表明が、標章、ロゴの一体的な使用の形をとる場合、──すなわち、赤十字社のロゴと外部提携団体のロゴを一緒に使用する場合──には、赤十字社と外部提携団体との協定にその旨を盛り込まなければならない。

　ロゴの一体的な使用は、中立、公平、独立な人道機関としての赤十字社の認知にとり危険性をはらんでおり、結果として、同様の状況で活動する赤十字運動の他のすべての構成員にも弊害となる可能性がある。ある状況下では、赤十字社が国連のような外部機関と提携関係を持つことは、援助を必要とする人々へのアクセスを危うくし、その要員およびボランティアの安全をも脅かしかねない。

　こうした協定の交渉にあたっては、赤十字社と外部提携団体が対等の立場にあることに留意することが非常に重要である。双方が各自の制約と義務、特に標章の使用を管理する規則を遵守するという運動の構成員の義務を知り、理解しなければならない。

外部提携団体との協定に含めるべきロゴの一体的使用に関する一般事項

　前述のような危険があるので、ロゴの一体的な使用は、できる限り避けるべきである。当然、過酷で緊迫した状況であればあるほど、こうした提携または独自性を失う融合は避けるべきである。

　以下は、外部提携団体との協定に含めるべき一般事項の主なものである。
　　a)　赤十字社はそのロゴおよび標章について、包括的な管理を行い、すべての権利を保有しなければならない。すなわち、赤十字社の意思に反して、社のロゴを外部提携団体と一体的に使用することを要求されてはならない。
　　b)　赤十字社は、ジュネーブ諸条約および同追加議定書、基本原則、1991年の標章規則ならびに2003年の最低限必要な事項を厳に尊重しなければならない。この尊重は、外部提携団体から理解され受け入れられなければならない。
　　c)　協定の当事者は、当事者の規則および規程ならびに国際法および国内法に合致しない形での名称およびロゴの使用を相手に求めてはならない。

ロゴの一体的使用に関する1991年の標章規則および2003年の最低限必要な事項に予め定められた条件

　赤十字運動は、ロゴの一体的な使用に関して定めた二つの規定を採択した。外部提携団体との協定への署名には、これらの規定の条項を反映させなければならない。
　　a)　1991年の標章規則第25条
　　b)　2003年の最低限必要な事項第2節

1991年の標章規則第25条および同解説は、以下のように規定する。

　　「赤十字社は例外的な場合でその使用が慎重になされ、人々に赤十字社とその他の団体との混同をきたさない場合には、特定の事業において他の人道的団体と共同で標章を使用することができる。
　　原則として、赤十字社は他の団体と共同で標章を使用してはならない。赤十字社は、そうした行動を避ける方法を見つけるよう努めなければならず、人道的活動または普及キャンペーン（例えば共同出版など）と関係する例外的な場合にのみ共同使用を行うべきである。この場合には標章の表示的使用のみが行われる」。

2003年の最低限必要な事項第2節は、以下のように規定する。

「協定には、赤十字社または赤十字運動の他の構成員は、自らの独自性を常に明確に表明し、国際赤十字・赤新月運動の一員であることを示さなければならない。二重ロゴまたは二つの標章を資機材に表示したり、車両に許可を与えることで赤十字は提携団体の個性を背負うことはない。前述の協定の責任を果たす場合でも、常に社の独自性を揺るがせにしてはならない。標章の使用に関する規則が常に適用される。保護標章は、これらの規則に従うときに限り使用できる」。

したがって、ロゴの一体的な使用は、1991年の標章規則および2003年の最低限必要な事項に定める条件を満たす場合に限り可能となる。これらの条件の解釈にあたり、どのような場合にロゴの一体的使用が可能かについて、以下の考察で明らかにする。

1) 赤十字社がロゴの一体的使用を行う場合は、「例外的な場合」でなければならない。つまり、当該事業は、食糧またはそれ以外の物資もしくは国際人道法に関する出版物、疾病予防対策に関する広報キャンペーンなどの形で援助を提供する人道的な性格のものでなければならない[203]。いずれの場合にも赤十字社は、1991年の標章規則第25条の解説に強調されているように、ロゴの一体的な使用を避ける方法を見つけるよう努めなければならない。

2) ロゴの一体的な使用を規定した協定は、特定の事業または期間を明確に定めて実施される事業に関するものでなければならない。赤十字社は期間の定めなくロゴの一体的な使用を行ってはならない。これは、その社と異なる使命または目的を持つ国連機関など、協定相手となる様々な提携団体と赤十字社が結びついていると人々から見なされるのを避けるためである。

3) 一体的な使用は、外部提携団体が人道的団体である場合に限り可能である。この条件は絶対的なものである。もし、赤十字社が政治的な目的または使命を持つ団体と提携するとすれば、社のイメージに重大な打撃となるだろう。紛争下においては、その社の安全を脅かすことにもなるだろう。さらに、特定の状況下で活動する運動の各種構成員の区別を行うことは現実的には困難であり、その状況下における他の構成員の活動を妨げることにもなる。一般的に、赤十字運動のイメージは国連と連想されてはならない。状況によっては、UNHCRまたはWFPといった国連人道機関と関係していると見なされることにも特に注意しなければならない。赤十字社は、一定の状況では、「人道

---

203 救援物資への赤十字社のロゴの使用については、本研究のQ.22を参照。

的団体」(例えば、ECHOまたはUSAID)が、一般大衆または戦闘員から武力紛争の当事者の一方と密接に関わっている団体と見られていないか、あるいは、それらの団体がいかなる理由であれ、中立でも公平でもないと見なされていないかを判断しなければならない。最後に、国の軍隊は、いかなる活動を行ってこようとも、「人道的団体」とは見なされないことは明らかである。

4) 一体的な使用は慎重でなければならず、人々に混乱を生じさせてはならない。ロゴの一体的な使用が可能とは言え、厳密に規定された状況の下では、(比較的大型の)標章は、それ自体が保護的使用のためにあるので、特に紛争下においては他団体のロゴと一体的に表示してはならない。したがって、ロゴを大きく使えば使うほど、一体的な使用は複雑になる。そこから生じるいかなる混乱も修正困難であり、特に標章の保護的価値を低下させる。混乱を防ぐ現実的な方法は、二つの団体の関係を説明する短い説明文を掲げることであろう。

5) もし、資材にロゴが一緒に表示されないのであれば、一体的な使用は可能である。この条件は、2003年の最低限必要な事項に見出せる。それは、前述の条件および赤十字運動のイメージを損なわない必要性ならびに人々の混同を避けることに深く関連している。この点で、建物、車両およびその他の輸送手段へのロゴの一体的な使用は、正にそうした混同を生じさせ、特に紛争下では多大な不利益をもたらしうる。もし、外部提携団体が事業の枠内で、赤十字社に車両またはその他の輸送手段を提供する場合には、それらの車両に表示された外部提携団体の記章を覆い隠すか、一時的に撤去することに同意しなければならない。

6) ロゴの一体的な使用は、その社の中立、公平、独立といった赤十字社の独自性および赤十字運動の構成員としての特性を損なわない場合に限り認められる。これは、その場の状況およびその状況における外部提携団体に対する人々のイメージに左右される。ロゴの一体的な使用がもたらす複雑さを考慮すると、ロゴを使わずに、単に提携団体の名称を表記することが現実的かつ効果的な選択肢かもしれない。

前記の条件から当然、赤十字社は、基本原則または一層直接的には赤十字運動のイメージへの尊重を損なう場合には、ロゴの一体的な使用を止めなければならない。このことは、当初、一体的な使用に合意した条件が変更された場合には、赤十字社は、いつでも自由に協定(少なくともロゴの一体的使用に関する部分)を終了しなけ

ればならないことを意味する。

外部提携団体との対話

　想定される外部提携団体と協定について協議する場合は、赤十字社が提携団体に対して、赤十字運動の構成員が中立、公平、独立（またはそう受け取られること）を維持することの利点を強調することが極めて重要である。基本原則の尊重により、外部提携団体が彼ら自身ではまったく近づくことができないような犠牲者に運動の構成員がアクセスできる可能性を生む。これは、赤十字社と提携団体の補完的な役割と赤十字社の付加価値を示すものである。

　最後に、赤十字社は、本設問で明らかになった議論の趣旨を提携団体に説明するのを止めてはならない。実際、標章／ロゴの使用に関する赤十字社の義務への認識を喚起し、提携者がそれらの義務を考慮に入れるようにすることは双方の権利であり義務でもある。これに関して最近の良い事例がある。例えば、USAIDの新たな表示規則には、USAIDのロゴを使用しない場合の根拠として、中立性と大衆の反応を明確に盛り込んでいる。USAIDは、「必要な表示が、国際的な中立原則を侵すことのないようにとの赤十字国際委員会の懸念に配慮して、想定される例外規定を追加してきた」ことを指摘している[204]。USAIDは、過去25年ないし40年にわたり、かなり厳密な「識別表示」の要件の作成に当り、主導的機関の一つとなってきた。こうした団体が、この問題に対処しているという事実（運動にとり歓迎すべきだが）は、その他の主要な貢献団体にも、多少の望みがあることを示すものである。

204　米国国際開発庁（USAID）, 22 C.F.R. Part 226［Aid Reg 226］, RIN 0412-AA55, Administration of Assistance Awards to U.S. Non-Governmental Organizations; Marking Requirements, 2 January 2006, Part A: General Comments, p.18. Specifically, paragraph 226.91(h)(1) of the marking rules provides that:（表示規則は次のように規定する）：

　「上記の節226.91(a)-(e)、表示に関する規定は、次の場合には適用しない。
　　i) 選挙監視、投票および有権者の広報資料、政党支持または政策提言もしくは改革、テレビ・ラジオ放送、新聞記事および社説のような独立したメディア、住民サービスの告知または世論調査およびアンケート調査といった独立性または中立性が事業および素材の重要な要素となる場合で、事業または素材の本来の独立性もしくは中立性が損なわれる場合
　　ii) データおよび知見が独立したものであると見なされねばならない監査、報告、分析、研究または政策提言において、その信頼性が損なわれる場合
　　iii) 国際法に抵触する場合」（太字強調）

Q.21：被援助者の領域で支援を提供する援助社の標章および赤十字社のロゴの使用に関して、被援助社はどのような役割を持つか。

法的または規程上の根拠
- GC I 第26-27、53および54条
- AP I 第9条2項(b)
- AP Ⅲ 前文第8項
- 赤十字運動の基本原則（人道および世界性）
- 1921年の第10回赤十字国際会議決議第11
- 1938年の第16回赤十字国際会議決議第7
- 条約法に関するウィーン条約第31条1項および第32条

勧　告
- 一般的に、被援助国における国際人道法履行のための国内法は、いかなる標章（保護手段および表示手段）を使用すべきか決定する上で最も重要である。しかし、できる限り以下の勧告を実効あるものとするために、十分な柔軟性を持って解釈および／または適用されなければならない。
- 被援助社は、単に援助社が使用する標章またはロゴを理由に、援助社の支援を拒否してはならない。
- 被援助社が、援助社から提供される支援を受け入れる場合には、援助社の標章またはロゴが国際的に承認されたものである限り、その標章、ロゴも受け入れなければならない。
- 援助社の要員の安全に危険が及ぶ例外的な場合においてのみ、被援助社は、主導的機関と協議の上、援助社に対してその標章またはロゴを使用しないよう提言できる。
- 被災者のニーズおよび赤十字運動の対応の有効性が、国外から支援を受け入れるか決定する場合の第一の判断基準であるべきである。

分　析
序　文
　原則として、1921年の第10回赤十字国際会議決議第11に従い、外国に支援を行おうとする援助社は、被援助社の合意を得なければならず、これには援助社が使用を

希望する標章も含む。

　被援助社が要求する同意の本旨を見極めるとともに、被援助社は単に援助社の標章を根拠にその援助を拒否できるのか、また被援助社の標章とは異なる標章を使用する援助社に与える同意は条件付きとすることができるのか明らかにする必要がある。

　本設問の範囲は、国外で活動する赤十字社が、保護目的と表示目的の両方で標章を使用することを含む。唯一の例外は、赤十字社が軍の医療組織の補助機関として活動するために保護目的で標章の使用を許可されている場合である。この場合、赤十字社はそれをどこで使用するにせよ、当該医療組織と同じ標章を使用しなればならず、1921年の決議第11にあるような赤十字運動の調整機能は適用されない。

適用される規定

　1921年の赤十字国際会議決議第11の1節は、以下のように規定する。

> 「いかなる赤十字社も、特に赤十字の名称および標章の使用に関して、当該国赤十字社および自社の中央委員会の同意なしに、外国において[205]支部、代表部、委員会または組織を設立、もしくは活動を行わないものとする」。

　AP III 前文第8項は、1921年の決議第11に由来する――事実、それは同じ原則の別の表現である――ので、本分析においても、この項を検討することが重要である。同項は、以下のように記す。

> 「更に、他国の領域内で活動する各国の赤十字社が、その活動の枠組み内において使用することを意図する標章について、その活動が行われる国および通過国において使用することができることを確保しなければならない」。

1. 一般的考察

　以下の考察に留意する価値がある。

a) 赤十字、赤新月および赤のクリスタル標章は、同等の保護を与え、その地位も同等で常に中立のシンボルと見なさなければならない。

b) 承認された標章の使用に反対するいかなる決定も遺憾である。

---

[205] 後の国際会議の決議は、決議第11の意味を明確にするために採択された。それは「外国において活動する」社については何ら言及していない(1938年の第16回国際会議において採択された決議第7)。

c) すべての社は自国の国内法に拘束され、これには勿論、赤十字、赤新月、赤のクリスタルを使用する許可を含む。したがって、被援助社が援助社にその標章の変更を求めることを認め、運用中の国内法を侵すような慣行は受け入れられない。

d) 被援助国の国内法は最も重要であり、この国内法(被援助社の見解ではない)が被援助国で活動する援助社の標章使用を管理しなければならない。援助社が自らの標章を使用して活動するのを認めるよう被援助社に期待するのは、それが現行国内法に違反する場合には困難であろう(以下を参照)。

2. 実例に基づく解釈

ICRCの文書には、援助社の標章が被援助社にとり克服できない障害となるような事例(特に被援助社が援助社の標章を理由に支援を拒否、もしくは被援助社が援助社が標章を変更することを条件に領域内での支援を受け入れる事例)はほとんど見られない。

ある事例では、被援助社が特定の援助社に、ある標章を使用しないよう勧告したが、それは安全上の配慮に基づくものであり、被援助社が援助社の存在と活動を受け入れる条件としたものではない。

したがって、実際の事例が乏しいところで結論を出すことは困難である。わずかな事例から言えることは、被援助社がその領域内において援助社が活動することに同意する場合は、同時に援助社の標章も受け入れるというのが一般的な理解であるということである。

つまり、被援助国の国内法の規定から生じる前述した様々な困難は別として、この原則の唯一の制限は、人道要員の安全上の要請がある場合に一定の標章を使用しないよう勧告する場合であろう[206]。

3. 1921年の決議第11およびAP Ⅲ前文第8項に基づく解釈

a) 1921年の決議第11

決議第11は、援助社は、「特に赤十字の名称および標章の使用に関して」、被援助社の「同意の下に」海外で活動することができると規定する。このことは、被援助社は自国の領域内で活動しなければならない援助社に自社の標章を強制することがで

---

206 このような勧告は、安全上の理由から必要と思われる場合、主導的機関により、または主導的機関と被援助社との協議の上なされることに留意する。

きるという意味だろうか。

　忘れてはならないのは、決議第11は、赤十字運動の対応について調整を図るものであり、この運動の目的は、支援を必要とする人々にできるだけ最善の支援を提供することである。したがって、援助社の支援の申し出は人道の原則に従い、犠牲者のニーズおよび赤十字運動の対応の有効性を考慮して、被援助社が誠意を持って検討しなければならないと推論することが妥当と思われる。

　例えば、被援助社は援助社の標章を「好まない」といった「誤った」理由で同意を拒否してはならない。考慮すべき唯一の基準は、支援を必要とする人々に提供する支援の有効性でなければならない。

　すべての社に同等の地位を与えている世界性の原則からみて[207]、被援助社が援助社に対して、自国の領域で活動することに同意する条件として標章を強要することは受け入れられないと思われる。標章自体の同等の地位は、同じ結論を示していると思われる。

　決議第11に関する同意の一方で、GC I 第53条および第54条（およびこれら条文を履行する標章に関する国内法）によれば、標章の使用に関する究極の監督当局は、国（通常、政府関係省庁）であり、被援助社ではないということを再確認する価値がある（以下を参照）。

b)　AP Ⅲ 前文第8項

　1969年の条約法に関するウィーン条約は、国際条約の解釈に関する規則を定めている。特に同条約第31条1項では、「条約は、文脈によりかつその趣旨及び目的に照らして与えられる用語の通常の意味に従い、誠実に解釈するものとする」と規定する。

　これに関して、あらゆる「人道条約」の究極の目的は、武力紛争時に、すべての犠牲者および支援を必要とする人々に、できうる最善の保護と救済を提供することであることを想起しなければならない。

　さらに、AP Ⅲ の解説は、「（議定書の）前文は、…通常、条文の背景にある論理的根拠を説明し、その対象および目的を明確に述べようとするものである」ことを強調する[208]。AP Ⅲ 前文第2項は、議定書の目的を定義し、AP Ⅲ は以下のことを期待すると記している。

　　「特殊標章の保護すべき価値及び普遍的性格を高めるように前記の諸規定（ジュ

207　赤十字運動規約第4条9項を参照。
208　AP Ⅲ の解説、前文、本書p.229

ネーブ諸条約及び追加議定書の特殊標章の使用に関する規定)を補完すること」。

AP Ⅲ の解説は、以下のように記す。

「赤十字および赤新月は武力紛争と災害の犠牲者を支援する普遍的な象徴であっても、特定の限られた地理的状況においては、これら標章に付与された尊重が得られるわけではない。さらに、二つのうちいずれの標章にも共感できない、または両方を同時に使用する権利を望む国々もある。
　そこで、第2項では、追加議定書Ⅲが追及する主目的が明記されている。追加議定書Ⅲは、ジュネーブ諸条約および最初の二つの追加議定書を補完する目的で策定され、追加の標章が採択された。この追加標章は、既存の標章が政治的または宗教的な意味を含むと誤って受け取られる可能性がある活動状況において、特殊標章の価値を高めると思われる」[209]。

AP Ⅲ 採択の主な目的が、既存の標章が宗教的または政治的な意味を持つと考えられることにより標章が使用できないような状況の改善策を見出すためであったことから、議定書の真の目的を無にするようにAP Ⅲ 前文第8項を解釈することは誤りだろう。

加えて、条約の条文が「曖昧または不明瞭」である場合には、条約法に関するウィーン条約は、その条約の採択または締結の前に行われた準備作業および締結に至った背景を考慮すべきである[210]と勧告している。AP Ⅲ の採択に先立つ議論の中で、ほとんどすべての国は、AP Ⅲ 前文第2項で言及する標章問題の解決策を見出すことに賛成していた。しかも、AP Ⅲ の規定は、過度に議論の種となるものでもない(ただし、若干の国は、AP Ⅲ 採択の時期が不適当だと考えたため、投票に付されることになった)。

したがって、理論上の結論は、被援助社と援助社は、相互に協力して、双方が受け入れ可能な承認された標章を誠実に選択することであり、常に、赤十字運動の人道の基本原則および双方の標章に関する国内法を念頭に置かなければならないと思われる。これは同時に、被援助社が、標章のみを理由に援助社の支援を拒否すること(または、援助社の標章を根拠に同社の活動への同意を取り下げること)により、

209　AP Ⅲ の解説、前文第2項、本書p.230
210　条約法に関するウィーン条約第32条参照。

議定書の目的に反するようにAP Ⅲ を解釈してはならないことを意味する。

<u>被援助社の国内法に関する問題</u>

　さらに、ジュネーブ条約のすべての締約国の国内法は、承認された標章の尊重および保護を規定しなければならないことを再確認する価値がある。ジュネーブ条約に必ずしも反するものでないとしても、承認されたいずれの標章の使用も禁止するいかなる規定も遺憾なこととされる。

　大多数の国の標章の使用と保護に関する国内法は、その国の社に標章の使用を認める規定を盛り込んでいる。特定の社だけが標章を使用する資格を持つと規定する国の例はごく僅かであるが、これは(援助社を含む)他の団体が標章を使用することを禁止していると解釈できるだろう[211]。しかし、こうした法律を制定する理由は、国の領域内における援助社の活動(またはICRCもしくは連盟の活動)が法の制定者には予測できないからであり、援助社が当該国において標章を使用するのを妨げることを意図したものではないように思われる。

　援助社が海外で標章を使用する場合は、常にジュネーブ諸条約と(適用可能であれば)同追加議定書、1991年の標章規則ならびに被援助国の国内法の規定に従うことになる。その国の権限のある政府関係省庁は、援助社が標章を濫用した場合には、常に介入することができる(実際、そうする義務を有する)。しかし、できる限り、被援助国のこの権限は、援助社が承認された標章のいずれかを使用するのを阻止する権限を与えるものと解してはならないし、それらのいずれの標章も同等の地位と意味を有し、等しく保護、尊重されなければならない。

結論として
　a)　国内法は、援助社が標章を使用する上で、ほとんど障害とはならない。
　b)　国内法が障害となる場合には、援助社の介入の真の目的を無にすることがないよう、あるいは人間の苦痛に対する赤十字運動の対応の有効性を損なうことがないよう柔軟な運用を図らねばならない。

<u>保護手段としての標章の使用</u>

　最後に、海外で活動する赤十字社が保護標章を使用する場合には、以下を考慮し

211　この結論は、ICRCのアドバイザリー・サービスが入手した標章の使用に関する国内法の調査から導き出される。

なければならない。

a) 当該赤十字社が自国の軍隊の医療組織(または他国の軍隊の医療組織)の補助機関として活動する場合には[212]、援助社(または被援助国の社)の承認問題は生じない。
b) 海外で活動する赤十字社の医療組織および要員が、AP I に従い、どのような場合に保護手段としての標章を使用できるかに関する特定の問題は、本研究の別の箇所で扱う[213]。

212　GC I 第26条、第27条およびAP I 第9条2項(b)を参照。
213　赤十字社が保護手段としての標章を使用できることについての詳細は、本研究のQ.14を参照。

Q.22：赤十字社が提供する救援物資に赤十字社のロゴ（または標章）を表示することができるか。

法的または規程上の根拠
- GCⅠ第26条および第44条1項
- APⅠ第8条、第18条1項
- 1991年の標章規則第10条および第27条

勧　告
- 医療資機材を提供する社が、保護手段としての標章を使用することが認められている場合に、「医療器材」または「医療物資」と認められた救援物資に限り、保護標章を表示することができる。
- 標章の表示的使用に関しては；
    i その社がもっぱら所有または使用および運用する輸送手段である場合を除き、救援物資の搬送に使われる輸送手段に社のロゴを表示してはならない。
    ii 救援物資の中味に社のロゴを表示すべきではない。救援物資の梱包に社のロゴを表示することが認められる場合でも、その使用を管理することができないので梱包の内容物、つまり個々の救援品目にはロゴを付すべきではない。

分　析
序　文
　赤十字社による標章の保護的使用と表示的使用の違いは、ここでも本分析の核となる。標章が保護手段として使用される場合、それは国際人道法の規定により特別な保護が与えられる救援要員、医療要員、施設および輸送手段の視覚的な記章である。表示標章に関しては、標章はそれを表示する人および物と赤十字運動との関連を示す[214]。

標章の保護的使用
　GCⅠ第44条1項は、「各国赤十字社及び第26条に掲げるその他の団体は、この条約の保護を与える特殊標章を本項の範囲内でのみ使用する権利を有する」と規定する

---

[214] GCⅠ第44条、本研究の序文「一般原則および概念」を参照。

が、これは、各国赤十字社が「この条約及びこの条約と同様な事項について定める他の条約によって保護される衛生部隊、衛生施設、要員及び材料を表示し、または保護するため」に標章を使用することができることを意味する[215]。

AP I 第18条1項は、保護標章の使用の権利を赤十字社のものを含む文民の医療組織および医療用輸送手段に拡大している[216]。1991年の標章規則第10条の解説の第2節は、次のように指摘する。

> 「赤十字社に関しては、軍の医療組織の指揮下に置かれた場合には、これらは病院、救急車、病院船、航空機および医療資材の貯蔵庫を含み、さらに医療組織として承認され、標章の表示を当局から許可された場合には、赤十字社に所属する文民病院も含まれる」。

結果として、保護標章によって表示される救援物資のみが、「医療物資」の部類に入る物であり、これは、AP I および II の解説で定義する「医療活動に必要なあらゆる器材及び材料——特に外科器材——ならびに一層大きな器材(例えば、手術室または野戦病院全体)」あるいは、換言すれば医薬品そのものである[217]。

標章の表示的使用

標章が表示手段として使用される場合には、標章を表示する人または物と赤十字運動との関連性を示している。特に、中立、独立で公平な運動の人道活動を象徴している。したがって、(1)物資を提供する赤十字社が、社のロゴを適切に使用することで援助の提供元への注意を喚起するニーズと、(2)救援物資を受け取る人々が赤十

---

215 GC I 第44条1項。
216 AP I 第8条(e)は、「医療組織」を次のように定義する。「軍のものであるか軍のもの以外のものであるかを問わず、医療上の目的、すなわち、傷者、病者及び難船者の捜索、収容、輸送、診断もしくは治療(応急治療を含む)または疾病の予防のために設置された施設その他の組織をいう。これらのものには、例えば、病院その他の類似の組織、輸血施設、予防医療に関する施設及び研究所、医療物資貯蔵庫ならびにこれらの組織の医薬品の保管所を含む。医療組織は、固定されたものであるか移動するものであるか、また、常時のものであるか臨時のものであるかを問わない」。AP I 第8条(g)は、「医療用輸送手段」を次のように定義する。「軍のものであるか軍のもの以外のものであるか、また、常時のものであるか臨時のものであるかを問わず、専ら医療上の輸送に充てられ、かつ、紛争当事者の権限のある当局の監督の下にある輸送手段をいう」。
217 AP I, II の解説のAPI第8条(f)、本書p.140、382節は、「医療用資機材」について言及する。本研究のQ.9 も参照。

字運動の一員であると思われることを避ける必要性、との均衡を維持することが特に重要となる。

救援物資の問題については、1991年の標章規則第27条は、以下のように定める。

> 「赤十字社は、社名または社のイニシャルを付し、鉄道、道路、海路または空路により、武力紛争または自然災害の犠牲者に送付される救援物資に標章を使用することができる。
> この権利は、使用される輸送手段にではなく、その出所を明らかにするために**救援物資に対してのみ**適用されることに留意することが重要である」(太字強調)。

この設問の趣旨から、「物資(consignment)」の語は、「輸送される物資の一式」と解される。したがって、比較的小型の標章は「物資一式(フランス語でun lot)」に表示すべきであり、個々の救援品に付すべきではない。

結論として、救援物資への標章の表示的使用には、二つの制約がある。

(a) 赤十字社のロゴは、救援物資の輸送手段に表示してはならない。この規則は、赤十字社が所有またはもっぱら使用もしくは運用する輸送手段には適用しない。

(b) 赤十字社のロゴは、救援物資の内容物には表示してはならない。救援物資を収めた梱包には、赤十字社のロゴを付すことはできるが、梱包の中味、すなわち個々の救援品には付してはならない。

Q.23：いかなる状況において各国赤十字社は、国旗またはその他の国の紋章を赤十字標章と同時に使用できるか。

法的または規程上の根拠
- GCⅠ第26条－第28条、第36条、第42条、第43条および第44条
- GCⅡ第24条、第25条、第27条および第43条
- GCⅢ第18条、第33条および第40条
- 1991年の標章規則第3条
- 赤十字運動の基本原則(独立、中立および公平)

勧　告
●国際的武力紛争において赤十字社が自国の軍隊の医療組織の補助機関として活動する場合は、赤十字社の要員の制服、組織、資材および輸送手段に国旗と保護標章を同時に表示することができる。赤十字社の要員が敵に拘束された場合には
　◎これらの者は引き続き、制服ならびに資材に標章および国旗を表示することができる。
　◎これらの者は、医療組織および輸送手段に標章以外のいかなる旗も引き続き掲げることはできない。
●国際的武力紛争において、中立国の赤十字社が正当な許可を得て、紛争当事者にその医療要員および組織の支援を提供する場合は、こうした同時表示は、赤十字社の要員の制服および組織、資機材に国旗と保護標章を同時に表示することができるが、それは赤十字社がその医療組織を支援している交戦国の関連する軍当局が反対の決定を行わない場合に限る。赤十字社の医療組織、輸送手段に保護標章と当該交戦国の国旗を同時に掲げることができる。
　当該社の要員が敵の権力内に陥った場合には、
　◎これらの者は引き続き、標章および自国の国旗を制服、医療組織および資材、輸送手段に表示することができる。
　◎これらの者は、社が支援する医療組織が属する交戦国の国旗を引き続き掲げることはできない。
●非国際的武力紛争では、自国の軍隊の医療組織の補助機関として活動している赤十字社の要員および組織は、同時表示が当該医療組織間の慣行となっている場合

には、国旗と同時に標章を表示することができる。その他の状況では、赤十字社の要員および組織は、国旗と標章を同時に使用することは避けるべきである。そうすることにより赤十字運動の基本原則を維持していると見なされ、紛争当事者のすべての信頼を得ることができる。

● 原則として、赤十字社は、表示目的の標章（自社のロゴ）を自国の国旗と同時に掲げることは避けるべきである。こうした行為は、標章の中立性を損なう可能性がある。それはまた、赤十字社の中立性、独立性、公平性に疑問を生じさせ、同時に、そのように連想されることで赤十字運動の他の構成員にも同様の疑問を生じさせることになる。

● しかし、平時の自国領域内では、特定の人道的業務または同活動の実施に当り、国の当局から受ける協力またはその他の支援に謝意を表明するために、赤十字社が自国の国旗を自社のロゴと同時に表示することができる。赤十字社（ロゴ）と国（国旗）の関係を説明した文言があれば、赤十字社と公当局との区別を保つのに役立つだろう。

分　析
保護的使用

　ジュネーブ諸条約は、赤十字社が保護標章を描いた旗と国旗（旗竿に掲揚されるような国旗）を同時に使用することに言及している。この記述は、国の軍隊の衛生部隊の補助機関として活動する赤十字社の医療組織および施設（GCⅠ第42条）との関連でなされている[218]。国旗と保護標章の同時表示は、病院船および小舟艇を表示（GCⅡ第43条）する場合も認められる。医療用航空機には、標章とともに「国旗」を使用することを規定している（GCⅠ第36条）。これらの規定により、自国軍隊の医療組織の補助機関である赤十字社の医療組織および輸送手段は、国旗とともに標章を描いた旗を掲げることができる。

　自国軍隊の補助機関として活動する場合、赤十字社の要員の制服は、国ごとに個別に決められる。赤十字社の要員が「軍法に従い」（GCⅠ第26条を参照）、自国軍隊の医療組織の制服を着用する場合には、赤十字社は、例えば、バッジまたはその他

218　GCⅠ第42条は、次のように規定する。
　　「この条約で定める特殊の旗は、この条約に基づいて尊重される権利を有する衛生部隊及び衛生施設で軍当局の同意を得たものに限り、掲揚するものとする。
　　移動部隊及び固定施設においては、それらの部隊又は施設が属する紛争当事国の国旗を前記の旗とともに掲揚することができる。」

の国の紋章として国旗のデザインを含むことができる。

　これらの者が捕虜となった場合は、軍隊の医療組織で活動する赤十字社の要員は、被抑留者としてGC Ⅲ（GC Ⅰ第28条）の規定による利益を享受することにより、国の徽章を維持、着用する権利を有する（GC Ⅲ第18条および第40条）。しかし、GC Ⅰ第42条は、「敵に拘束された衛生部隊は、条約で定める旗以外の旗を掲揚してはならない」と規定する。

　紛争当事国を支援する中立国赤十字社の医療組織（GC Ⅰ第27条）は、標章を描いた旗を掲げることができ、また交戦当事国の指揮官の指示に従い、通常、捕虜となった場合でも自国の国旗を掲げることができる。さらに、捕虜とならない限り、これらの者は、その医療組織を支援している交戦国がそのように決定した場合には、その交戦国の国旗をも掲げることができる[219]。中立国の社の要員は、自国軍隊の医療組織の制服、または支援している当事国の制服を着用することができ、これには当該当事国の国旗のデザインを含めることができる。

　非国際的武力紛争において、赤十字社が自国の国旗を標章と同時に使用することについて国際条約やその他の規則（例えば1991年の標章規則）では規定していないが、国内法で規定する場合があるかもしれない。そのような場合には、国の軍隊の医療組織に配属された赤十字社の要員および組織は、国旗を標章と同時に使用することについて、確立された慣行に引き続き従うことになるだろう。

　しかし、内戦のすべての当事者に、中立および独立の基本原則を遵守するよう赤十字社が説得するのは難しい場合があるだろう（特に、社の一部の組織が、その国の軍隊の医療組織の補助機関として活動している場合）。したがって、赤十字社は、国の軍隊の医療組織の補助機関としての役割以外の活動の場合には、国旗を標章と同時に使用することは避けなければならない。

表示的使用

　赤十字社のロゴを国旗と同時に使用することについては、それを禁ずる規定も認める規定もない。とはいえ、赤十字社は、社の中立性、独立性および標章の中立性

219　GC Ⅰ第43条は、次のように規定する。
　　「中立国の衛生部隊で、第27条に定める条件に基づいて交戦国に役務を提供することを認められたものは、その交戦国が第42条によって与えられる権利を行使するときは、いつでも、その交戦国の国旗をこの条約で定める旗とともに掲揚しなければならない。
　　それらの衛生部隊は、責任のある軍当局の反対の命令がない限り、すべての場合（敵国の権力内に陥った場合を含む。）に自国の国旗を掲揚することができる」。

を損なう可能性を考慮して、同時使用が適切か否かを常に熟慮しなければならない。

　1991年の標章規則は、表示標章の使用に関する主要な指針であるが、国内法もまた同様である。標章規則の序文（またその第3条）およびGC I 第44条は、標章の使用は赤十字運動の基本原則に従わねばならないことを明確にしている。標章と国旗の関係があまり過度に密接になると、標章の使用が国家主義的な色彩を帯び、標章と赤十字社の双方にとり悪い影響をもたらし、運動のその他の構成員にとり不都合な結果を生むかもしれない。平時のこうした同時使用は、国内騒擾または武力紛争時に赤十字社の障害となる場合もある。一般的に、赤十字社のロゴと国旗は同時に使用しないのが賢明であり、それにより赤十字社と政府の関係が近すぎるとの印象を与えるのを避けることができる。

　もっとも、一般規則への例外もある。平時に、また自国の領域内では、赤十字社は一定の人道活動の実施に当たり、国の当局が提供する協力およびその他の支援に対して謝意を表すために、自国の国旗を社のロゴと同時に表示することができる。これらの例外は、以下の場合である。

- a）　赤十字社が、救急車事業または国の献血事業のように、国に代わり人道事業を提供する場合。
- b）　政府資金で購入した救援物資を赤十字社が配給する場合[220]。それら救援物資が赤十字社を通じて海外に送付される場合には、社のロゴを国旗と一緒に表示すべきではない。もっとも、そのような物資には、「…の支援により」といった説明文を付すことができる。
- c）　災害対応において、赤十字社が公当局と緊密に活動する場合。
- d）　国際人道法の普及会議のような、赤十字社の活動またはイベントに政府が後援をしている場合で、これらに関連する広報およびその他の資材に使用する場合。
- e）　国民の休日のような特別の機会に実施される活動の場合。

　国の事情により、もし可能ならば、赤十字社（そのロゴ）と国（国旗）の関係について、「X赤十字社が運営する国の救急車事業」または「Y赤新月社が支援する救急（first aid）事業」、「…の共催による会議」のような説明文を付すことが有効である。これは、赤十字社と公当局との区別を保つのに有効である。

---

[220]　救援物資への標章の使用については、本研究のQ.9とQ.22を参照。

〈C．ICRCによる使用〉

> Q.24：ICRCは、いかなる場合に赤十字標章を表示しない決定を行うことができるか。その場合、いかなる条件で；
> a) いかなる標章も使用しない決定ができるか。
> b) 赤のクリスタルを使用する決定ができるか。
> c) 赤新月標章を使用する決定ができるか。

法的または規程上の根拠
- GC共通第1条
- GC I 第44条3項
- AP Ⅲ 前文第10項および第4条
- 国際赤十字運動規約第3条2項3小節、第5条2項(g)、第6条4項(i)
- ICRC定款第3条2項および第4条1項(g)

勧 告

● ほとんどの場合、ICRCが使用する標章に関して問題が生じたことはない。しかし、ICRC要員が危険にさらされる例外的な状況(例えば、赤十字を標的にする犯罪者の存在または標章が特定のイメージで見られる場合)では、ICRCは(1)保護または表示手段としての標章の使用を暫定的に停止し、または／もしくは(2)武装警護の選択肢を考慮する[221]。こうした例外的な状況では、ICRCは、保護または表示手段としての赤十字標章の使用を停止することができる。例えば、(1)ICRCが抑留者を訪問する場合、(2)ICRC相互間の連絡の場合、(3)ICRCの共同事業の場合、(4)ICRCの普及活動の場合、(5)ICRCの支援および現地活動の場合、(6)ICRCのメディアとのインタビューの場合、(7)赤十字通信を扱う場合、(8)ICRCが支援または復興した場所、施設、資機材の場合、および(9)自動車、航空機および舟艇または船舶などの車両またはその他の輸送手段、などの場合である。

● ICRCはAP Ⅲ により、赤のクリスタルを使用することができる。赤十字標章の使用が要員の安全を危険にさらすような例外的な状況では、赤のクリスタルがICRCの中立および独立な人道活動が受け入れられるために役立つと考えられる。

---

221 武装警護またはその他の形態の武装保護を受ける場合のICRCの標章使用については、本研究のQ.26を参照。

もっとも、赤のクリスタルを使用する決定は、まず、標章の意味と使用法に関する情報を普及する必要性を考慮して行う。
● 国際赤十字運動規約およびAP Ⅲ 前文第10項によれば、ICRCは、その標章も名称も変更する意図はない。
● 例外的な場合において、ICRCは、事業実施上の絶対的な必要性があれば、赤新月標章の一時的な使用を決定することができる。

分　析
序　文
　この分析に先立ち、(a)赤十字標章の意義および(b)この特殊標章とICRCの歴史的関係について前置きする。
　　a）　1863年10月の国際会議は、軍隊の医療組織の中立の地位およびそれらに与えられる保護を視覚的に示すものとして赤十字標章を採択した[222]。
　　　　1863年の国際会議の予備文書には、篤志看護者および軍隊の医療組織に対する特殊標章に宗教的な意味を持たせる意図を示すものはない。採択された標章は、スイス連邦の永世中立の立場に「敬意を表して」、その国旗の配色を転倒して作成された[223]。
　　b）　ICRC自ら考案して、その最初の使用者であったという事実にもかかわらず、1949年のジュネーブ条約までは、「理論上」[224]、ICRCは赤十字標章を使用することができなかった。GC Ⅰ の解説（第44条3項）は、「戦時においてICRCがなすべき重要な任務に鑑み、委員会が標章を使用する権利に誰も反対しなかった」と指摘する[225]。

222　「議論の末、（中立の唯一の識別標識として白の腕章を左腕に付けるという）アッピア氏の提案に、腕章には赤十字を付けるという趣旨の修正がなされて提案は採択された。"Compte rendu de la Conférence Internationale réunie à Genève les 26, 27, 28 et 29 octobre 1863 pour étudier les moyens de pourvoir à l'insuffisance du service sanitaire dans les armées en campagne, Genève, Imprimerie Fick, 1863, p.119, quoted in François Bugnion, Red Cross, Red Crescent, Red Crystal, ICRC, Geneva, 2007年5月, p.6
223　GCI第38条1項は、以下のように記す。「スイスに敬意を表するため、スイス連邦の国旗の配色を転倒して作成した赤十字の紋章は、軍隊の医療機関の標章及び特殊記章として維持されるものとする。」赤十字を選択したことについての最初の解説は、1906年の戦地にある軍隊の傷者および病者の状態の改善に関するジュネーブ条約第18条に登場する。さらにFrançois Bugnion, Red Cross, Red Crescent, Red Crystal, ICRC, Geneva, 2007年5月, p.8を参照。
224　GC Ⅰ の解説、第44条、本書p.41を参照。
225　GC Ⅰ の解説、第44条、本書p.42を参照。

1949年のジュネーブ諸条約は、同条約がICRCに託した多くの重要な任務をICRCが遂行できるように、ICRCに留保なしに赤十字標章を使用することを正式に認めている[226]。GC I 第44条3項は、以下のように規定する。

「赤十字国際機関および正当に権限を与えられたその職員は、いつでも白地に赤十字の標章を使用することを許される」。

ICRC定款第3条2項は、ICRCの記章は「白地に赤十字」と定めている。また、AP IIIの前文第10項は、現行の名称および標章を維持するICRCの決意に言及する。

ICRCがその記章とロゴを変更する意思がないことを明確にしなければならない。ICRCは、そのすべての事業で白地に赤十字を使用し続けるだろう。しかし、以下に示すような特別な場合には、ICRCが標章を全く表示しないか、あるいは赤のクリスタルもしくは赤新月標章を例外的に表示する場合もありえる。

ICRCが赤十字標章の表示をしない、または、代わりに赤のクリスタルの表示を決定することができる場合

赤十字標章は世界中で中立かつ独立の人道活動のシンボルとして知られ、尊重されてきた。多くの場合、ICRCの標章使用に問題はないが、極めて限られた状況で赤十字標章の使用が困難を生じさせることを強調しなければならない。

ICRCは、特定の団体や個人によるその組織と標章の受け止められ方により、しばしば困難に直面する。例外的な状況では、そうした受け止められ方は、標章の保護的機能を弱め、ICRC要員の安全にとり危険な要素となる。

a) ICRCとその標章が「裕福な」団体を意味すると受け止められた結果、犯罪者の標的となる場合に、別の特殊標章を使用することで問題の解決を図ろうとすることは現実的ではない。

そのような例外的な状況では、ICRCは、(1)保護または表示としての標章の使用を一時的に停止し、あるいは(2)武装警護の選択肢を検討する[227]。

b) ICRCまたはその標章が、要員を危険にさらすような特定の意味を持つと受

---

226 GC I の解説、第44条、本書p.42を参照。
227 武装警護またはその他の形態による武装保護を受ける場合のICRCの標章使用については、本研究のQ.26を参照。

け取られる例外的な状況では、ICRCは、次のような場合に保護または表示としての赤十字標章の使用を一時的に停止する決定をすることができる。
1) 抑留者の訪問
2) 相互の連絡
3) 共同事業
4) 普及活動
5) 支援および現地での活動
6) メディアのインタビュー
7) 赤十字通信
8) 後方支援または復興支援の現場、施設、資機材
9) 自動車または航空機、舟艇、船舶などの車両またはその他の輸送手段

　ICRCは、GC I 第44条3項により赤十字標章の使用を「単に」許可されているだけであり、使用する義務はない。しかし、赤十字標章を使用しないという決定は、事業上の必要性のみによるべきである。このような現実的な考慮に基づく決定は、常に現場におけるICRCの取組み方の一貫性を考慮しなければならないことに留意することが重要である。
　AP III 第4条は、ICRCおよびその正当に権限を与えられた職員は、「例外的な場合において、かつ、自らの活動を容易にするため」赤のクリスタルを使用できると規定する。したがって、ICRCは、以下の条件に合致する場合には、赤のクリスタルを使用する資格がある。すなわち、(1)例外的な状況が存在し、(2)自らの活動を容易にする必要性がある場合である。
　標章の使用が、ICRC要員の安全に危険を及ぼす要素があるような例外的な状況では、赤のクリスタルにより、ICRCの中立かつ独立の人道活動がより広く受け入れられるようになるだろう。
　もっとも、この選択を行う前に、AP III および赤のクリスタルの意味について広範かつ効果的な普及キャンペーンが行われていない状況では、赤のクリスタルを使用することの妥当性について評価を行わなければならない。実際、ICRCが現場で赤のクリスタルの表示を決める前に、戦闘員と文民および一般住民が武力紛争時の新しい保護手段としての赤のクリスタルについて十分知っていることが必要であろう。

　国、赤十字社、ICRCおよび連盟は、標章の主たる使用者であるので、AP III およ

び赤のクリスタルの普及に責任があることを想起する必要がある[228]。

ICRCが赤新月標章の使用を決定することができる場合

赤新月標章を使用する前に、ICRCは、以下のことを考慮しなければならない。
- a)　三つの保護標章が同等の地位をもつこと。
- b)　ICRCは、それぞれGC I 第44条3項およびAP III 第4条により、赤十字、および──既述した二つの条件の下に──赤のクリスタル標章を使用する資格を有する。
- c)　ICRCは、赤新月の使用を明示的には認められていない。
- d)　もっとも、ICRCは事業の必要性による例外的な状況では、赤新月標章の使用を決定することができる。

　赤新月標章の例外的な使用は、(1)特定のICRCの拠点または輸送手段もしくは特定の活動を示すもの、と(2)特殊な状況での全国的または代表部規模での広範な使用とが区別される。

　第一に、ICRCの首席代表は、AP III 第4条の類推適用により、すなわち例外的な場合に代表部の活動を容易にするため赤新月標章の使用を許可することができる。したがって、赤新月標章の表示は、一定の期間に限り、一定の場所、輸送手段および活動に限定しなければならない。

　後者の例では、特殊な場合に赤新月標章の広範な使用を許可する決定は、赤十字社と紛争当事者との協議の上、ICRC本部の適当な部署によってのみ行われるべきである。

　いずれの場合も、ICRCはその決定を関係当局と共有し、説明する必要があるだろう。

228　AP III 第7条、赤十字運動規約第3条2項、第5条2項(g)、第6条4項(i)

Q. 25：赤十字標章とICRCロゴの違いは何か。ICRCは、それらをどのように使用するか。

法的または規程上の根拠
・GC I 第44条第3項
・1991年の標章規則第1条、第4条および第5条

勧　告
●ICRCのロゴは、「円形」である。すなわち、二重の同心円に囲まれて赤十字が入り、その間に「COMITE INTERNATIONAL GENEVE」の文字が書かれ、その下部に適当なイニシャル（CICR, ICRC, MKKKなど）を付している。
●ICRCのロゴは、表示目的で使用される。
●ICRCは、（表示目的の）ロゴを（保護目的の）赤十字標章と一緒に同一の物に表示することができる。

分　析
序　文
標章と赤十字運動の構成員のロゴとの一般的な区別は、本研究の序文で既述した[179]。以下において、標章とICRCロゴのデザインと用法の相違を説明することにより、双方の区別の仕方を示す。

標　章

ICRCが使用する赤十字標章は、明らかに標章そのものである。すなわち、原型に何も変更も追加もしない白地に赤十字である[180]。

赤十字標章は、1864年のジュネーブ条約で承認され、その後の条約により確認されている。ICRCは、赤十字標章をデザインし、最初に使用した団体である。GC I は、その権利を明示的に確認している。特に、GC I 第44条3項では、「赤十字国際機関及び正当に権限を与えられたその職員は、いつでも白地に赤十字の標章を使用することを許される」

229　本研究の「一般原則および概念」を参照。
230　ICRCによる赤のクリスタルまたは赤新月の使用の議論は、本研究Q.24を参照。

と規定することにより、ICRCに標章使用を比較的自由に認めている。

GCⅠの解説は、「ジュネーブ条約に規定する白地に赤十字で構成される保護記章は、いかなる変更や追加もすることなく、常に原型の形で表示しなければならない」と記している[231]。敵対行為の間、保護の視覚的な記章として、特に要員、車両、舟艇または船舶、航空機および建物を表示するために大型の標章が（旗、大型のバッジ、軍服のゼッケン（dossards）／胸当／軍外套／防御衣などに）使用される。

ICRCは、以下のために標章を使用する。

- 10m×10mの赤十字標章（または建物群の場合には複数の標章）により上空から建物を識別可能にするため。
- 航空機の上部、側面、下部に（できるだけ大きく）赤十字を描くことにより、地上および上空での識別を可能にするため。
- 外装、可能ならば、その他の外面にも赤十字を（できるだけ大きく）塗装することにより船舶および舟艇の識別を可能にするため。
- ICRCに所属する車両の屋根に（できるだけ大きく）赤十字を塗装することにより、上空（基本的にヘリコプター）からの識別を可能にするため。

ICRCは、その「円形」ロゴ（二重の同心円に囲まれて赤十字が入り、その間に「COMITE INTERNATIONAL GENEVE」の文字が描かれたもの）を保護目的で使用する慣行を発展させてきており、この慣行は長く受け入れられてきた[232]。

ICRCのロゴ

ICRCのロゴは、ICRCの「円形」のもので、その下に（CICR, ICRC, MKKKなどの）適当なイニシャルが付されている。

ICRCのロゴは、表示的なのものである（したがって比較的小型である）。それは、

---

231 GCⅠの解説、第44条、本書p.40
232 ICRCの円型ロゴの使用は1865年にさかのぼる。Gustave MoynierとHenry Dunantの3éme Circulaire: Le Comité International de Geneve a Messieurs les Présidents et les Membres des Comité de Secours aux militaires blessés dans les divers Pays, Geneva, 31 July 1865を参照。この慣行が長期に受け入れられてきたのは、以下の理由による。
 a) 赤十字標章が、紛争当事国の一のものであるという特殊な事情から、ICRCを区別する必要がある。
 b) 特殊な状況において、ICRCがより模倣しにくい識別標章を使用することにより、赤十字標章を濫用する者からICRCを区別する必要がある。
 c) あらゆる武力紛争下で活動しなければならないICRCの使命から、結果としてICRCは、その特殊な使命を効果的に達成するため容易に識別される必要がある。

すべてのICRCの出版物、ホームページ、名刺、広告用品、チラシ、パンフレットなどに使用される。

　ICRCは、以下のような配付資材にロゴを使用することを認めている。

- ・文房具、名刺、あいさつ状
- ・パンフレット、リーフレット、チラシ、ポスター、書籍、フォルダなど
- ・ペン、マグカップ、時計、キーホルダー、カレンダー、文鎮、名刺入れ、ピンバッジなどの広報物品や贈呈品
- ・パワーポイント・プレゼンテーション、スライド、配布資料
- ・報道発表や報告書のような通常文書
- ・ビデオ、CD、DVD、およびこれらのカバー

　ICRCが、(保護標章としての)大型の標章と一緒に(表示標章としての)ロゴを表示することを禁じる規定はない。

Q. 26：ICRCは武装保護を受ける場合、標章をいかに使用することができるか。

法的または規程上の根拠
・1993年代表者会議決議第5、人道支援に対する武装保護
・1995年代表者会議決議第9、人道支援に対する武装保護

勧　告
● 武装保護を受ける場合、ICRCは、状況に応じて標章を使用するかどうか検討する。
● 特にその判断は、以下の状況による。
　　ⅰ．(例えば、護送車両隊のような)ICRCが紛争当事者から識別される必要がある場合。
　　ⅱ．ICRCとその武装保護要員との区別が不明瞭な場合。
● 武装保護を使用することを決定した場合、ICRCは常に；
　　ⅰ．紛争当事者にそうする理由およびそのことの意味を説明しなければならず、
　　ⅱ．人道要員と武装保護要員との区別の尊重を確保し、特に、武装保護要員が赤十字運動の構成員の一員ではないこと、およびこれらの者が標章を使用しないことを確保しなればならない。

分　析
序　文
　ICRCの安全は、基本的に国際人道法の規則、特に標章に関する規則への尊重から生まれるものでなければならない。ICRCが、その任務遂行のために武装保護に頼ることは、非常に例外的な措置である。実際、武器の存在は標章への信頼を低下させ、敵を支援したり、背信的意思を持つという印象を与えかねない。
　しかし、ICRCの要員の安全が危険にさらされ、標章の保護の意味が認知されないような例外的状況においては、武装保護を考慮しなければならない。
　最後にICRCは、武装保護とは、特定の場所(警護)または移動中(護衛)において、ICRCの要員、建物または財産を公当局の正規軍に属する武装要員(軍隊、警察)、不正規軍(ゲリラ部隊)、国際軍(国連軍)もしくは民間の警備会社により保護することを意味するものと理解する。

標章を使用する判断とその結果

　武装保護を受ける場合、ICRCは、標章の使用を状況に応じて判断する。特にその判断は、以下の考慮による。
　　a)　ICRCが紛争当事者から識別される必要性(例えば、護送車両隊)
　　b)　ICRCとその武装保護要員との区別が不明瞭なことによる危険性

武装保護を使用することを決定する場合には、ICRCは常に；
　　a)　あらゆる紛争当事者に武装保護を行う理由およびその意味、すなわち、国際人道法により特別な保護が与えられている標章に加え、犯罪者に対する武装保護の必要性を説明しなければならず、
　　b)　人道要員と武装保護要員との区別を尊重することを確実にしなければならない。

人道要員と武装保護要員との区別に関して、ICRCの代表は、次のことを確実にしなければならない。
　　a)　武装保護要員は赤十字運動の構成員ではないこと。
　　b)　これらの者が標章を使用しないこと。

　実際、これらの者が護送車両隊の一部を構成する場合、武装保護要員は標章を使用しない車両で移動し、赤十字・赤新月の要員と区別ができなければならない。もし、警備員の同乗が即時的なものである場合(例えば、道案内のため)には、武装していない一人またはそれ以上の警備員が標章を表示した車両に同乗できる場合もある。また、他に利用できる輸送手段がない場合にも、同様に行うことができる。

〈D．その他の団体による標章使用〉

Q. 27：国際機関(例えば国連、アフリカ連合、欧州連合、ＮＡＴＯ)は、標章を使用することができるか。

法的および規程上の根拠
- GC I 第44条
- AP III 第2条、5条
- 事務総長告示第9条7項

勧 告
- 国際機関(IOs)は、標章(保護および表示標章)を使用することはできない[233]。
- しかし、**国際機関の指揮下または管理下で活動する軍の医療組織**は、国の部隊の分遣隊であるので、国際人道法の規則で承認されているように保護標章を使用することができる。
- 国際機関の指揮下または管理下で活動する異なる軍隊の医療組織は、異なる保護標章(例えば、赤十字と赤新月)をそれが二重標章になるような方法で、特に敷地(病院など)および輸送手段(救急車など)に表示することはできない[234]。したがって、同一の敷地または輸送手段に表示される異なる標章は、互いに十分に離して配置しなければならない。
- 国際機関の指揮下にある国の部隊がAP III の当事国から派遣される状況において、国際機関の指揮官が承認された保護標章の一つだけを使用することを決定する場合には、その主たる基準は、最適の保護を確保するために、選択した標章は、作戦行動地域において最もよく知られた標章にすることである。
- さらに、使用する場合には、国際機関の記章、例えば「UN」と記した記章は、保護標章から離して表示しなければならず、(変更も追加もせずに)その原型を留めなければならない。これは標章を、例えば救急車またはその他の医療用車両の同じ面に配置しないことで達成することができる。

---

233 この規定の唯一の例外は、国際機関の応急救護所または救急車の場合であり、これらは合法的に特殊標章(小型のもの)を表示できるが、その場合は、平時に限りこの例外が適用されることを含むGC I 第44条4項に規定する5つの条件の全てを満たさなければならない。

234 合同で行動する国の軍隊の医療組織を識別するために承認された一つの標章を選択する問題については、本研究のQ3を参照。

分　析

序　文

　国際機関はジュネーブ諸条約の正式な当事者ではない[235]。したがって、そのような機関としての国際機関は、主にジュネーブ諸条約当事国の軍隊の医療組織のためにある標章を使用することはできない。

　GC I 第44条1項は、ジュネーブ諸条約で保護される要員および物だけが標章を使用することができると指摘する。このように、標章はジュネーブ諸条約と追加議定書により与えられる武力紛争犠牲者および看護を必要とする者の保護の視覚的な宣言である。

　しかし、国の軍隊の分遣隊で構成される国際機関の主催下で行動する軍隊と国際機関そのものおよびその職員は区別される。

　本設問の目的から、「国際機関の軍隊」という表現は、国際機関の指揮下または管理下で行動する軍隊について言及する。

「国際機関の軍隊」

1. 国際機関の軍隊は、国の軍隊の分遣隊により構成される。

　「国際機関の軍隊」は国際機関の指揮下または管理下で機能するが、国の軍隊の分遣隊により構成される。したがって、これらの軍隊が国際機関の構成国の軍隊から派遣される限り、ジュネーブ諸条約と追加議定書に規定される権利と義務は有効である。

　国際機関の使用に供される国の分遣隊の医療要員、組織および輸送手段は、GCおよびAPの枠内で、個別国家の軍隊の医療組織が使用する標章を使用することができる[236]。

2.「国際機関の軍隊」が異なる標章を使用する国の分遣隊で構成される場合は、国際機関の軍隊はどの保護標章を使用すべきか。

---

[235] 本設問の趣旨から、「国際機関(IO)」の用語は、それらが世界的(例えば国連機関)であるか地域的(例えばアフリカ連合、欧州連合、NATO)であるかを問わず、あらゆる政府間機関を含む。

[236] 例えば、国連軍について事務総長告示第9条7項は、次のように記す。
　「国連軍は、あらゆる場合に赤十字および赤新月標章を尊重する。これらの標章は、医療組織、医療施設、要員および材料を表示し、保護する場合以外に使用することはできない。赤十字または赤新月標章のいかなる濫用も禁止される。」

国際機関の指揮下または管理下で行動する国の軍隊の医療組織は、それぞれの国が選んだ標章を表示しなければならない。すなわち、標章の使用に関する権利と義務に変更はない。したがって、国際機関の指揮下の作戦では、異なる標章を使用することができる。

しかし、AP III 第2条4項に明記するように、それが「保護を強化する」場合には、AP III の締約国の医療組織は、国際的武力紛争時であるか非国際的武力紛争時であるかを問わず、既に選んだ標章以外の標章を一時的に使用することができる。

「国連軍」については、AP III 第5条は、「国連の主催下で行動する医療組織は、参加国の同意により、第1条および第2条（赤十字、赤新月または赤のクリスタル）で言及された特殊標章の一つを使用することができる」と規定する[237]（太字強調）。

強調すべきことは、AP III 第2条4項も第5条も二重標章（例えば、赤十字と赤新月を一緒に表示すること）の使用を認めていないことである[238]。二つの異なる標章の組合せは、新たな標章となるので保護目的としては認められない[239]。

さらに、国際機関の指揮官が承認された保護標章の一つだけを使用する決定をする場合、AP III 第2条4項または第5条に規定された条件を満たす場合には、最適な保護を確保するための主たる基準は、選ばれる標章が作戦地域で最もよく知られた標章であることである。

もちろん、一つの標章を選ぶ決定は、当該作戦に責任を有する国際機関の指揮官レベルでの協議を経て行われることになる。AP III が多くの国および関係国の国内法により批准または承認されていない事実は、国際機関の指揮官による合同決定の障害となるかもしれない。

---

[237] さらに、AP III 第5条は、国連の主催下で活動する国の軍隊の医療組織が、異なる標章の「一時的な使用」の場合ではなく、AP III 第2条4項に規定する「保護を強化する」場合でもない場合でも、標章を変更できる可能性を規定しているのに留意する価値がある。

[238] AP III の解説、第2条4項によれば、
「本項は、通常使用する標章を他の一つの標章と置き換えることを認めるが、複数の他の標章を並列に組合わせ、通常使用する標章の代用とすることは認めておらず、この点はあらたに認知されるべきである。この結論は、「いずれかの特殊標章」の一時的使用を許可する場合には、と単数形の表現が使用されていることから論理的に導かれるものである。さらに承認された標章の一時的な重複使用を許可したものとして本節を解釈した場合、先行法から著しく逸脱することになる。そのような逸脱は第3項と相容れない。第3項によると、追加議定書 III は、標章の使用および尊重のために承認された条件の修正を意図していないからである」（AP III 第2条4項の解説、本書p.241）。

[239] 国の軍隊の医療組織による二重標章の使用については、本研究のQ.2を参照。

3. 国際機関の特殊標章と組合わせた保護標章の使用[240]

GC I の解説は、「ジュネーブ条約に規定されるように白地に赤十字から成る保護記章は、常にその原型にいかなる変更も追加もせずに表示しなければならない。」と記す[241]。

したがって、国際機関の特殊標章、例えば「UN」または「ISAF」の文字記章は、国際機関の標章と保護標章から成る二重標章の使用とならないように保護標章から離して表示しなければならない。これらの文字記章と保護標章の使用が二重標章とならないようにする最良の方法は、それらを例えば、救急車又はその他の医療用車両の同じ面に配置しないことである。

本件における「国際機関の軍隊」と同じ状況で活動する赤十字運動の構成員が独立、中立および公平な人道的団体と見なされることになれば、この勧告の尊重は重要であると言うべきである。

特殊な場合：GCI第44条4項に基づく国際機関の救急車、応急救護所による標章の使用

本研究の序文で指摘したように、国際機関はジュネーブ諸条約の正式な当事者ではない。したがって、国際機関は標章を使用することができない。国際機関とその諸機関が合法的に標章を使用できる唯一の場合は、GC I 第44条4項に基づく場合であろう。同項は次のように規定する。

> 「例外的措置として、この条約で定める標章は、国内法令に従い、且つ、各国赤十字社(赤新月社又は赤のライオン及び太陽社)の一から明示の許可を受けて、救急車として使用される車両を識別するため、及び傷者又は病者に無償で治療を行うためにもっぱら充てられる救護所の位置を表示するため、平時において使用することができる」[242]。

この例外は、いかなる意味でも保護標章の使用を規定したものではないのは明らかである。GC I の解説は、この例外は極めて厳密に解さなければならず、以下の条件に絶対的に従わなければならないとする[243]。

---

240 AP I 第37条、第38条で規定される「特殊標章と国連標章」は、本設問における「国際機関の特殊標章」が意味するものの例示である。
241 GC I の解説、第44条、本書p.31以下。
242 GC I 第44条4項に基づく救護所および救急車による標章の使用については、本研究のQ.31を参照。
243 GC I の解説、第44条、本書p.31以下を参照。

1. 標章の使用は、平時にのみ認められる。

　　国が武力紛争の当事者になった場合には、このような標章は国の領域から撤去しなければならない。したがって、権限のある赤十字社は、緊張状態または武力紛争に発展しそうな状況では、このような使用を許可すべきではない。

2. この標章の使用は、国内法に従わなければならない。

　　国は標章の使用を制限し、または追加の保護手段(公当局の同意、監督など)に従わせることができるが、その使用を拡大することはできない。

3. 標章の使用は、赤十字社の明示の許可を必要とする。

　　したがって、黙示の許可では不十分である。国内法が認める場合(上記2. を参照)、その権限を与えられた赤十字社は、その許可を与えることができる。その他の団体は、例え国といえどもこの権利を有せず、赤十字社はこの権利を他に委譲することはできない。

4. 応急救護所(または救急車)は、傷病者のためにもっぱら使用しなければならず、提供する治療は無償でなければならない。

　　治療が有償を条件とし、赤十字運動の奉仕の精神が維持されていない場合には、標章の使用許可は取り消されなければならない。

5. 標章は、例外的な措置としてのみ使用することができる。

　　標章の使用は、規定されたもの以外の場合に拡大することはできない。以下は、例外的と認められる場合の例である。公の集会や大会における救護所、事故に備えて幹線道路に一定間隔で設置される救急箱および救急車である。

　このように、国際機関による標章の使用は、上記のすべての条件を満たす場合にのみ合法的であると見なされる。しかし、国際機関の諸機関は、その救護所(救急車)を表示するために標章を使用せず、むしろ緑地に白十字や白の三日月に「救急」の文字を付す代替記章を使用するよう奨励される。この「救急」の標識は多くの国により正式に認められており、その使用は実際の状況において、救護所と赤十字運動の構成員の活動の混同を避けるのに大いに役立つだろう[244]。

244　これに関しては、本研究のQ.18, Q.32およびQ.46を参照。

Q. 28：非国際的武力紛争において武装集団の医療組織は、標章を使用できるか。

法的および規程上の根拠
- GC I 第53条、第54条
- AP I 第8条(c)、(e)、(g)
- AP II 第9条、第11条、第12条

勧 告
●武装集団の医療要員、医療組織および輸送手段は、以下のすべての条件に従い保護標章を使用することができる。
 i．これらのものが、AP I 第8条(c)、(e)および(g)で規定する「医療要員」「医療組織」もしくは「医療用輸送手段」の定義に合致する場合、国際人道法により保護される。
 ii．紛争当事者の権限のある当局（文民または軍隊）が標章の使用を許可している場合。
 iii．紛争当事者の権限のある当局の監督の下でこれらのものが保護標章を使用する場合。

AP II が適用されない非国際的武力紛争において、武装集団の医療要員、医療組織および同輸送手段が権限のある当局に対して、保護標章の使用許可を求めた場合、ICRCはAP II の条件が満たされることを条件に、当局が必要な同意を与えることを奨励する。

分 析
AP II 第12条は、以下のように規定する。

「医療要員及び宗教要員、医療組織並びに医療用輸送手段は、権限のある関係当局の監督の下で、白地に赤十字、赤新月又は赤のライオン及び太陽の特殊標章を表示する。特殊標章は、すべての場合において尊重するものとし、また、不当に使用してはならない」。

「特殊標章」の表現は「保護標章」と同義である。AP I、AP II の解説は、以下のよ

うに記す。

　　「両議定書で使用される「特殊標章」の語は、保護目的で使用される標章についてのみを言及する。AP I 第8条(用語)(l)は「『特殊標章』とは、医療組織、医療用輸送手段、医療要員、医療機器、医療用品、宗教要員、宗教上の器具および宗教上の用品の保護のために使用される場合における白地に赤十字、赤新月又は赤のライオン及び太陽から成る識別性のある標章をいう」。AP II のために起草された第12条は、ほとんど同じ定義に基づき採択された[245]。

　AP II は「医療要員」「医療組織」「医療用輸送手段」を定義していない。これらの用語は、非国際的武力紛争において使用される場合、AP I 第8条(c)、(e)および(g)の定義と同様に解される[246]。
　「医療要員」、「医療組織」および「医療用輸送手段」はAP I 第8条で規定され、特に、AP I 第8条(e)に規定する「医療上の目的」のためにもっぱら配属され、組織される。しがたって、「医療上の目的」のためにもっぱら配属され、組織される武装集団の医療要員、医療組織および医療用輸送手段は、AP I の意味の範囲内における医療要員、医療組織および医療用輸送手段の資格がある。
　したがって、武装集団の医療要員、医療組織および医療用輸送手段は、以下のすべての条件に従い、保護標章を表示することができる。
ⅰ．これらのものは、AP I 第8条(c)、(e)および(g)に含まれる「医療要員」「医療組織」[247]および「医療用輸送手段」に相当する場合には、国際人道法による保護を受ける[248]。
ⅱ．これらのものが、「権限のある当局の監督の下」に標章を表示する場合。これは、次のことを意味する。
　　・紛争当事者の権限のある当局(文民または軍)により保護標章の使用を許可さ

245　AP I , II の解説、AP II 第12条、本書p.219、4734節。
246　AP I , II Commentary、AP II 第9条、4663-4664節；同解説、AP II 第12条、4711-4712節；Customary IHL Study, 規則25, p.82-83, 95, 100を参照。
247　武装集団の医療組織は、AP I 第8条(e)の意味における「軍の医療組織」とみなされる。したがって、AP I 第12条2項で規定する「文民医療組織」が尊重され、保護されるための補足条件は、これらのものには適用されない。
248　AP II 第9条は、医療要員は尊重され、保護されるものとすると規定する。AP II 第11条は、医療組織および医療用輸送手段は尊重され保護されるものとする、と規定する。

れている場合。
- これらのものが、紛争当事者の権限のある当局の監督の下で保護標章を使用する場合[249]。

　紛争当事者の権限のある当局は、濫用および違反(GC I 第53条、第54条の類推適用)の防止ならびに抑止に必要な措置をとり、標章の適正使用を確保するために周到かつ絶え間ない監視をしなければならない。
　通常、叛徒側当局が関連規定を完全に履行することを期待することが非現実的な場合でも、叛徒側は、最低限、略式の管理手続きを作成し、適用しなければならない。標章の適正使用を確保するための管理の必要性は最も重要であり、適正に使用できない場合は、それが故意であれ当局の能力不足が原因であれ、国際人道法の違反とみなされなければならない。

　非国際的武力紛争においてAP II が適用されない状況がありうる。そのような状況においても、武装集団の医療組織が権限のある当局に対して、標章を保護目的で使用する許可を求めた場合、ICRCはAP II の条件が満たされることを条件に、当局が必要な同意を与えるよう奨励する。

249　AP I, II の解説は、次のように記す。
　　「標章が実効的に尊重されるには、その使用が監督に服さなければならないことが重要である。そうでなければ、誰もが標章を使用しようとするだろう。特殊標章により与えられる保護は、その使用が権限のある関係当局の承認と監督に服することを要求する。その管理を効果的にするのに必要な措置を執るのは当局である。権限のある当局は、文民または軍の当局である。合法政府と戦う者の場合、これは事実上の担当当局となるであろう」。
　　AP I, II の解説、AP II 第12条、本書p.222、4746節。

Q.29：国の軍隊または赤十字運動の構成員の医療組織以外の団体、特に非政府機関(NGO)は標章を保護標章として使用することができるか。

法的および規程上の根拠

・GC I 第24－第27条、第44条、第53条、第54条
・AP I 第8条(c)、(e)、(g)、第9条、第12条、第15条、第16条、第18条、第62条、第64条、第66条9項および第2編第2部
・AP II 第9条、第12条

勧 告

●赤十字・赤新月以外の民間団体[250]（例えばNGO）は、標章（保護標章または表示標章）を使用することはできない。

●GC I 第26条により、当該国の軍隊の医療組織の補助機関として活動を行う場合には、以下の条件をすべて満たす場合、この種の団体は保護手段として標章を使用することができる。

　ⅰ．当該団体が、当該国の軍隊の医療組織を支援するために政府から承認されている場合。

　ⅱ．軍隊の医療組織を支援し、軍隊の医療組織と同じ目的のために従事する団体の要員、組織および資材だけが標章を使用する場合。

　ⅲ．これらの要員および組織が当該国の軍隊の当局の下に置かれ、軍法に従う場合。

●AP I 第9条2項(b)により、当該国軍隊の医療組織の補助機関として認められた赤十字または赤新月以外の民間団体は、当該国が紛争当事者でない場合は、以下のすべての条件を満たす場合、標章を保護手段として使用することができる。

　ⅰ．これらの団体の要員、組織および輸送手段が紛争当事国の使用に供されている場合。

　ⅱ．要員、組織、輸送手段が医療活動のみを行う場合。

　ⅲ．要員、組織、輸送手段が当該国および紛争当事国から承認を得ている場合。

　ⅳ．要員、組織、輸送手段が紛争当事国の当局の監督の下にある場合。

　ⅴ．このような組織の支援を受け入れる敵国が、その組織の本国がその活動に

---

250 「赤十字・赤新月以外の民間団体」という表現は、ここでは国家の軍隊の医療組織でもなく、赤十字運動の一員でもない団体を指す。

同意していることを通報されている場合。
　　ⅵ．紛争当事国が支援への同意をその紛争当事国の敵側に通報している場合
●APⅠ第9条2項(c)により、当該国が活動を認めた団体以外であっても、「公平で国際的な人道的団体」は、公平の原則を尊重し、人道的性格を有し、人道的活動を行う場合には、APⅠ第9条2項(b)（上記を参照）に定められた条件の下に、保護標章としての標章を使用することができる。
●APⅠにより、赤十字・赤新月以外の民間団体は、その医療組織および輸送手段を特定するために、以下のすべての条件を満たす場合、保護目的の標章を使用することができる。
　　ⅰ．これらのものが、APⅠ第8条(c)、(e)および(g)に規定する「医療組織」または「医療用輸送手段」の定義に合致する場合、国際人道法により保護される。
　　ⅱ．紛争当事者のいずれかの国の権限のある当局により標章を保護標章として使用することを認められ、明示的に許可されている場合。
　　ⅲ．これらのものが紛争当事者の権限のある当局の監督の下で保護標章を使用する場合。
●非国際的武力紛争において、現地の赤十字・赤新月以外の民間団体は、以下の条件の下、保護手段としての標章を使用することができる。
　　ⅰ．これらのものが、APⅠ第8条(c)、(e)および(g)に規定する「医療要員」「医療組織」または「医療用輸送手段」の定義に合致する場合、国際人道法により保護される。
　　ⅱ．武力紛争当事者の権限のある当局（文民または軍隊）または武装集団の当局（文民または軍隊）であるとを問わず、当局から標章の使用を認められている場合。
　　ⅲ．これらのものが武力紛争当事者の権限のある当局の監督の下で保護標章を使用する場合。

分　析
序　文
　1970年代初めに、多くの赤十字・赤新月以外の民間団体(特に新たな種類の医療団体)が設立された。これらの団体が赤十字・赤新月標章を保護のために使用するのに時間を要しなかった。また、標章の使用が国際人道法により厳しく制限されていることを見過ごすのにも時間を要しなかった。

互いに相反するかにみえる二つの目的を調和しなければならない。つまり1)保護標章としての標章の濫用を防ぐという極めて重要なニーズおよび2)敬意に値する有能な団体に対して、普段から国際人道法の下で可能な最善の保護を提供すること、である。

赤十字・赤新月以外の民間団体による保護標章の使用条件
1. 国際的武力紛争の場合
a) 自国軍隊の医療組織の補助機関として活動する場合(GCⅠ第26条)

赤十字社に保護標章の使用を認めているGCⅠの規定は、GCⅠ第26条により各国赤十字社と「同等」の地位にある「その他の篤志救済団体」にも適用される[251]。したがって、赤十字・赤新月以外の民間団体は、自国軍隊の医療組織の補助機関として活動する場合、赤十字社と同じ条件の下に保護標章として標章を使用することが認められる。すなわち、以下の場合である。

　ⅰ．これらの団体が自国の政府により承認されている場合。
　ⅱ．要員が自国軍隊の医療要員と同じ業務に従事する場合。
　ⅲ．当該要員が軍法に従う場合[252]。

b) 紛争当事者に支援を供している場合(APⅠ第9条2項(b)および(c))

GCⅠ第27条は、中立国の赤十字社の医療要員および医療組織が他の紛争当事国の軍隊の医療組織を支援する場合、当該赤十字社は、GCⅠ第44条に従い保護標章を使用することができる条件を規定する[253]。

APⅠ第9条2項(b)は、同様の条件で、保護標章を使用する権利を「常時の医療組織及び常時の医療用輸送手段…並びにこれらの要員であって…国の認められた救済団体が人道目的で紛争当事者の利用に供するもの」に拡大している。これらの「救済団体」は、GCⅠ第26条で規定する「篤志救済団体」と解することができる。すなわち、潜在的に赤十字・赤新月以外の民間団体を含む定義となる。

同様に、APⅠ第9条2項(c)は、同様の条件で保護標章を使用する権利を「常時の医療組織及び常時の医療用輸送手段…並びにこれらの要員であって…公平で国際的な

251　GCⅠ Commentary、第26条、p.226. マルタの騎士団および聖ヨハネ騎士団は、そのような「その他の篤志救済団体」の例である。
252　Q.14も参照。
253　保護標章使用の条件は、本研究のQ.12に詳説されている。

人道的団体が人道的目的で紛争当事者の利用に供するもの」に拡大している。赤十字・赤新月以外の民間団体が公平で国際的な人道的団体と見なされる基準を満たす場合には、GC I 第27条に規定する条件の下に保護標章を使用することができる。
　AP I およびAP II の解説は、これら「公平で国際的な人道的団体」について解説している。

>　「ある団体が『真に公平であるという条件を満たす』場合に、その団体は「公平」であるとみなされる。これは、その団体が活動において無差別の原則を守り、第9条に規定される医療支援を提供する場合に、『人種、色、宗教または信条、性別、門地もしくは貧富あるいはその他類似の基準による不利な差別をしない』ことを意味している。(中略)団体の『人道的性格』については、まず、武力紛争においてその活動が純粋に人道的性格を維持する必要がある。もっとも、同時にその団体「自身」が人道的性格を持ち、そのようなものとして人道の目的だけに従う必要がある。この制約により、政治的または商業的性格の団体は除かれる」[254]。

　これを判断するのは実際には大変難しいことは明らかである。この解説が適切に述べているように、「現在のところ、必要な基準に沿う団体を指定すること」または「定義を満たす、あらゆる団体を正確に指定することは不可能である」[255]。
　そのような事例が生じた場合、標章の使用が許可される前に満たさなければならない要件は、現場の問題を避けるためにも厳密に評価されなければならない。標章の使用を許された他の団体のためにも、標章の尊重と保護の力が損なわれないように、その団体の公平性に注目すべきである。

c)　AP I（AP I 第18条）に規定する文民の医療要員、医療組織および医療用輸送手段
　AP I 第18条3項および4項は、次のように規定する。

>　「軍の医療要員以外の医療要員及び軍の宗教要員以外の宗教要員は、占領地域及び戦闘が現に行われ又は行われるおそれのある地域において、特殊標章及

254　AP I Commentary、AP I 第9条2項、439節-440節。
255　AP I Commentary、AP I 第9条2項、437節および440節。われわれの知る限り、そのような事例はこれまでない。

び身分証明書によって識別されることができるようにすべきである。医療組織及び医療用輸送手段は、権限のある当局の同意を得て、特殊標章によって表示する」。

「医療要員」、「医療組織」および「医療用輸送手段」は、APⅠ第8条により、主として、APⅠ第8条(e)に掲げられる「医療上の目的」のためにもっぱら配属され、組織されるものと定義される。したがって、「医療上の目的」のために、もっぱら配属され、組織される赤十字以外の民間団体の要員、組織および輸送手段は、APⅠの意味の範囲内にいて医療要員、医療組織または医療用輸送手段としての資格を有する。

GCⅠ第44条およびAPⅠ第18条によれば、赤十字以外の民間団体の医療要員、組織および輸送手段は、次のすべての条件に従う場合に保護標章を表示することができる。

 ⅰ．APⅠ第8条(c)、(e)および(g)に規定する「医療要員」[256]、「医療組織」[257]または「医療用輸送手段」[258]の定義に合致する場合、国際人道法により保護される。

 ⅱ．紛争当事者の権限のある当局により保護標章として標章を使用することが認められている場合[259]。

---

256 APⅠ第8条(c)によると、医療要員は「紛争当事者により、専ら(e)に規定する医療上の目的、医療組織の管理又は医療用輸送手段の運用若しくは管理のために配属された者をいう。その配属は、常時のものであるか臨時のものであるかを問わない」と定義されている。APⅠ第8条(c)の解説、354節が強調するように、保護標章の濫用を防止する責任を有する紛争当事国は、医療要員として保護される者の資格を決める権限を有する。

257 APⅠ第8条(e)によると、医療組織は「軍のものであるか軍のもの以外のものであるかを問わず、医療上の目的…のために設置された病院その他の類似の組織」と定義されている。赤十字・赤新月以外の民間団体は、国際人道法により尊重され、保護されるためには、「文民医療要員」を規定したAPⅠ第12条2項(b)の補足条件を満たさなければならない。すなわち、「紛争当事国の一の権限のある当局により承認されなければならない」。

258 APⅠ第8条(g)によると、医療用輸送手段は「軍のものであるか軍のもの以外のものであるか、また、常時のものであるか臨時のものであるかを問わず、専ら医療上の輸送に充てられ、かつ、紛争当事者の権限のある当局の監督の下にある輸送手段」と定義されている。医療用輸送手段は、APⅠ第2編第2部に規定された制限内で国際人道法により尊重され保護される。

259 APⅠ第18条3項、4項を参照。「医療要員」について、APⅠは「権限のある当局の同意」について明示的に言及していないが、APⅠ第18条3項に規定するように、同意は医療要員の地位を証明する身分証明書の発行により黙示的に明らかとなる。「紛争当事者」については、APⅠ,Ⅱの解説は、次のように規定する。「医療組織および輸送手段が文民のものであるか軍のものであるかを問わず、その使用はこれらが属する当局の管理に従う。したがって、特殊標章は権限のある当局(占領地域の場合は、当該事項を管轄する敵の当局)の同意なくして表示してはならない。明らかに、この当局には一つの選択肢しかない。つまり、組織と輸送手段に議定書の意味における医療組織または医療用輸送手段としての性格を認め、その場合にはこれらを特殊標章で表示することを許可または要請するか、あるいはこの性格

ⅲ．紛争当事者の権限のある当局の監督の下で保護標章を使用する場合[260]。

赤十字・赤新月以外の民間団体は、元来、保護標章として標章を表示する権利を有せず、紛争当事者のいずれかの承認が必要であることに留意しなければならない。

2. 非国際的武力紛争の場合[261]

APⅡ第12条は、以下のように規定する。

> 「医療要員及び宗教要員、医療組織並びに医療用輸送手段は、権限のある関係当局の監督の下で、白地に赤十字、赤新月又は赤のライオン及び太陽の特殊標章を表示する。特殊標章は、すべての場合において尊重するものとし、また、不当に使用してはならない」。

この規定にある「特殊標章」の用語は、「保護標章」と同義である。APⅠおよびAPⅡの解説は、以下のように述べている。

> 「両議定書で使用される「特殊標章」という語は、保護の目的で使用される標章についてのみ言及する。第一議定書第8条(用語)小節(1)は、「特殊標章とは、医療組織、医療用輸送手段、医療要員、医療機器、医療用品、宗教要員、宗教上の器具および宗教上の用品の保護のために使用される場合における白地に赤十字、赤新月または赤のライオン及び太陽から成る識別性のある標章をいう」。

を認めず、標章の使用を認めないかのいずれかである」(APⅠ,Ⅱの解説、APⅠ第18条4項、766節)。
本件に関する赤十字社の潜在的役割を含む保護標章の使用を許可する権限のある当局については、本研究のQ.6を参照。

[260] APⅠ第18条8項は、国際人道法の「特殊標章の使用の監督およびその濫用の防止と抑止に関する規定」に言及することにより、権限のある当局による標章使用の管理に言及する。GCⅠ第54条は、国は常に標章の濫用を防止および抑止のために必要な措置を講じなければならないと規定する。
APⅠ,Ⅱの解説、APⅠ第18条8項、791節および794節は、次のように説明する。
「ジュネーブ諸条約の体系は、特殊標章に対する信頼に大きく依存している。その使用の監督および濫用の防止は、この体系の不可欠な要素である。(……)
もっとも、締約国に属する人および物による特殊標章、信号の使用を監督する締約国(または議定書の場合は、それに拘束される他のあらゆる紛争当事者)の義務は、より一般的には締約国が条約と議定書を常に尊重し、尊重を確保することから生じる」。

[261] この分析は、この問題の総合的な研究であるIRRC掲載のAntoione Bouvierの以下の論文の一部による。"Special Aspects of the Use of the Red Cross or Red Crescent Emblem", IRRC, No.272, 1989, pp.438-458.

「第二議定書のために起草された第12条は、ほとんど同じ定義に基づき採択された」[262]。

AP IIは、「医療要員」「医療組織」「医療用輸送手段」について定義していない。これらの用語は、非国際的武力紛争で使用される場合には、AP Iの定義と同様に解することができる[263]。上述したように赤十字以外の民間団体の要員、組織および輸送手段は、「医療上の目的」のために、もっぱら配属されている場合は、「医療要員」、「医療組織」および「医療用輸送手段」の資格を有する。

ここで検討中の医療要員(医療組織および医療用輸送手段)、つまり赤十字・赤新月以外の民間団体の医療要員に関しては、人道法に関する外交会議(CDDH)に参加した国々は、この種の団体の中で「現地」と「外国」の団体を区別しようとしたようである。この解釈は、ICRCおよびAP IならびにAP IIの解説の著者も同意しているが、現地の救済団体だけが標章の使用を許されることになる[264]。

したがって、現地の赤十字以外の民間団体の医療要員、組織および輸送手段は、次のすべての条件に従う場合には、保護標章を表示する資格を有する。
ⅰ．これらのものがAP I 第8条(c)、(e)および(g)に含まれる「医療要員」、「医療組織」および「医療用輸送手段」に相当する場合[265]。
ⅱ．これらのものが、「権限のある当局の指示の下に」標章を使用する場合。これは次のことを意味する。
　・これらのものが、紛争当事者の権限のある当局により保護標章の使用を許可されていること。
　・これらのものが、紛争当事者の権限のある当局の監督の下で保護標章を使用

262　AP I, IIの解説のAP II 第12条、本書p.219、4734節を参照。
263　Customary IHL Study, 規則25, p.82を参照。
264　Official Records of the Diplomatic Conference on the Reaffirmation and Development of International Humanitarian Law Applicable in Armed Conflicts (Geneva, 1974-1977), Vol. XII, p. 270, CDDH/11/SR.80, 16節を参照。これはAP I, II Commentary、AP II 第12条、4667節に引用される。この解釈の根拠については、AP I, II Commentary、AP II 第9条1項、4660節、4664-4667節およびAP II 第12条、本書p.220、4739-4740節を参照。
265　AP II 第9条は、医療要員は尊重され、保護されるものとする、と規定する。AP II 第11条は、医療組織および医療用輸送手段は尊重され、保護されるものとする、と規定する。

すること[266]。

　権限のある当局は、濫用および違反（GC I 第53条、第54条の類推適用）の防止および抑止に必要な措置をとり、標章の適正使用を確保するために周到かつ継続的な監視を行わなければならない。

　通常、叛徒側当局が、すべての関連規定を完全に適用することを期待するのは現実的ではないとしても、彼らは、少なくとも、監督のための簡易な手続を考案し、適用しなければならない。標章の適正使用を確保するための監督は最も重要であり、それが故意であれ当局の能力不足によるものであれ、それを怠ると国際人道法の違反とみなさなければならない。

　AP II が適用されない状況があることに留意する必要がある。もっとも、そのような場合においても、現地の赤十字・赤新月以外の民間団体が、権限のある当局に対して保護目的で標章を使用する許可を求めた場合には、ICRCは、当局に対してAP II から派生する前述の基準を適用するよう奨励する。

266　AP I, II の解説は、次のように記す。
　　「標章が実効的に尊重されるには、その使用が監督に服することが重要である。そうでなければ誰もが標章を使用しようとするだろう。特殊標章により与えられる保護は、その使用が権限のある関係当局の承認と監督に服することを要求する。その管理を効果的にするのに必要な措置を執るのは責任ある当局である。権限のある当局は、文民または軍の当局である。合法政府と戦う者の場合、これは事実上の担当当局となるだろう。一般的に議定書の適用のための敷居は一定程度の組織であることを要求し、特に議定書の規則を適用するだけの叛徒側の能力を要求する」。AP I, II の解説、AP II 第12条、4746節。

Q. 30：民間軍事／警備会社(PMC/PSC)は、標章を使用することができるか。

法的および規程上の根拠
- GC共通第1条、第3条
- GCⅠ第18条3項、第24条－第27条、第44条、第53条、第54条
- APⅠ第1条1項、第8条(c)、(e)、(g)、第9条、第12条、第15条、第18条、第Ⅱ編第2部
- APⅡ第1条1項、第9条、第11条、第12条

勧　告
●PMC/PSCは、そのようなものとして標章(保護および表示標章)を使用することはできない。
●PMC/PSCの医療要員、医療組織および医療用輸送手段は、次のすべての条件に従う場合には、国際的武力紛争および非国際的武力紛争において、保護標章を使用することができる場合がある。
　ⅰ．これらのものがAPⅠ第8条(c)、(e)、(g)に含まれる「医療要員」「医療組織」または「医療用輸送手段」の定義に合致する場合には、国際人道法により保護される。
　ⅱ．これらのものが武力紛争当事者の権限のある当局により保護標章の使用を許可されている場合。
　ⅲ．武力紛争当事者の権限のある当局の管理下に保護標章を使用する場合。

分　析
序　文
　10年以上にわたり、国家だけでなく、民間会社、国際的・地域的政府間機関、非政府機関が武力紛争下において民間軍事／警備会社(PMC/PSC)の業務に依存するようになってきた。経済力学を動機として、これらの会社は伝統的に国家が特権的に担ってきた軍事的、治安的機能を果たしている[267]。
　より伝統的な兵站支援に加え、PMC/PSCは、より頻繁に軍事作戦の中核に迫るような活動に従事するようになってきた。これにより、国際人道法により保護され

267　"Private military companies", IRRC,Vol.88,September 2006,pp.442-711を参照。

る要員に大変密接に近づいている[268]。これらの活動にはあらゆる段階における医療支援が含まれる[269]。

「武力紛争時における民間軍事／警備会社の活動に関する国家の国際法上の義務と履行に関するモントレー文書」では、PMC/PSCは次のように定義される。

> 「PMC/PSCは、自らをいかに呼称しようとも、軍事業務および／または警備業務を提供する民間営利団体である。特に軍事業務および警備業務には、武装警護および要員や護送車両隊、建物およびそれらの敷地など物の保護、武器の整備および操作、囚人の拘禁、現地部隊および警備要員への助言、訓練を含む」[270]。

したがって、問題は、一定の状況下でPMC/PSCの要員、組織および輸送手段が国際人道法により保護されるか否かである。仮に保護される場合には、これらのものは保護標章を使用することができるか否かである。

本節の趣旨から、国の二つの主要な部類、すなわちPMC/PSCを雇用する者とPMC/PSCが活動する領域にある者および武装集団は、国際人道法[271]を尊重し、尊重を確保する責務がある。

PMC/PSCによる保護標章の使用

GC I 第44条、AP I 第18条およびAP II 第12条は、国際人道法により保護される要員、組織、輸送手段に標章を使用する権利を認めている。

国際人道法により保護されるためには、また標章を使用する資格を持つためには、

268　第30回赤十字国際会議へのICRC報告書第2部"International Humanitarian Law and the Challenge of Contemporary Armed Conflicts", 301C/07/8.4, Geneva, October 2007, pp.24-28を参照。これは、下記のウェブサイトで利用できる。
　　http://ww.icrc.org/web/eng/siteeng0.nsf/htmlall/30-international-conference-working-documents-121007/$File/301C
269　例えば、Sandline Inc.が提供するサービスを参照。http://www.sandline.co/company/index.html（visited 26 August 2009）;Medical Support Solutions（MSS）,http://www.medsupportsolutions.com/（visited 26 August 2009）,Tangiers International, http://tangiersinternational.com/（visited 26 August 2009）,Global Operational Resources Group, http://www.gorgrp.com（visited 26 August 2009）.
270　Montreux Document on Pertinent International Legal Obligations and Good Practice for States Related to Operations of Private Military and Security Companies during Armed Conflict, はICRCの協力によりスイス政府が主催した民間軍事／警備会社に関する文書（モントレー文書）。Mantreux,17 September 2008,para.9.3.
271　GC共通第1条、第3条、AP I 第1条1項、AP II 第1条1項。AP I , II Commentary、AP II 第１部、4442節およびCustomary IHL Study、規則139、pp.495-498も参照。

要員、組織、輸送手段は「篤志救済団体」(GCⅠ第26条、第27条)か、「救済団体」(APⅠ第9条2項(b))[272]、「公平で国際的な人道的団体」(APⅠ第9条2項(c))、または「医療組織」および「医療用輸送手段」(それぞれAPⅠ第8条(c)、(e)、(g))の部類に入るものでなければならない。

1. 国際的武力紛争の場合
 a) PMC/PSCは、「篤志救済団体」「救済団体」の資格があるか。
 「篤志救済団体」(GCⅠ第26条、第27条)または「認められた救済団体」(APⅠ第9条2項(b))の要員および組織は、その職員が同様の任務のために動員され、軍法に従う場合には、GCⅠ第24条で規定される軍の医療組織と同等の保護が認められる[273]。
 GCⅠの解説は、「篤志救済団体」という表現は、これらの団体の職員が必ずしも無給であることを意味しないと指摘する。それは、これらの業務が国に対する義務ではなく、自発的な意志による契約に基づくことを意味する[274]。
 「篤志救済団体」または「救済団体」の定義では、団体の人道的性格は不明確であることは強調に値する。これらの職員は給与を受けることができる。しかし、団体自体は、もっぱら人道的(救済)目的を追求しなければならない。
 PMC/PSCの要員は、事情により医療業務も提供する。しかし、その性格上、PMC/PSCは、「自らをいかに呼称しようとも、軍事業務および/または警備業務を提供する民間営利団体」であり、「救済団体」の定義とは相容れない[275]。したがって、これらは保護されず、標章を使用することはできない。
 b) PMC/PSCは、APⅠ第9条2項(c)により、「公平で国際的な人道的団体」の資格があるか。
 「公平で国際的な人道的団体」を規定するAPⅠ、Ⅱの解説(APⅠ第9条2項(c))は、この問題について、GCⅠの解説より一層明確である。それは次のように記す。

> 「団体は、純粋に公平であるという資格を満たせば、「公平」であると言うことができる。これは、その活動にあたり無差別の原則を守り、第9条に規定する

---

272 APⅠ第9条2項(c)で保護標章を表示する権利を拡大された「中立国の認められた救済団体」は、GCⅠ第28条で規定する「篤志救済団体」であると解される。APⅠ, Ⅱ Commentary、APⅠ第9条、433節。
273 GCⅠ第26条1項。
274 GCⅠ Commentary、第26条、pp.224-225.
275 Montreux Documant on Pertinent International Legal Obligations and Good Practice for States Related to Operations of Private Military and Security Companies during Armed Conflict, はICRCの協力によりスイス政府が主導した民間軍事／警備会社に関する文書。Mantreux,17 September 2008, para.9.p.3

医療支援を提供する時は、人種、色、性、言語、宗教または信条、政治的またはその他の意見、国籍または社会的出身、貧富、出生またはその他の地位またはその他類似の基準によるいかなる不利な差別をしないということを意味する。(…)団体の「人道的性格」については、第一に、武力紛争の状況においてその活動が純粋に人道的性格を維持することが必要である。しかし、その団体自体が人道的性格を有し、そのような団体として人道的目的を追求することが同様に重要である。この制限は政治的または営利的性格の団体を除外する」[276]。

PMC/PSCは、利潤という経済力学を動機とし、人道的性格を有せず、公平とは見なされない。これらは「国際的な人道的団体」としての資格をもたない。したがって、これらは保護されず、もしくはこの資格による標章を使用することはできない。
c) PMC/PSCは、APⅠで定義する「医療要員、組織および輸送手段」の資格があるか。APⅠ第18条3項および4項は、次のように規定する。

「軍の医療要員以外の医療要員及び軍の宗教要員以外の宗教要員は、占領地域及び戦闘が現に行われ又は行われるおそれのある地域において、特殊標章及び身分証明書によって識別されることができるようにすべきである。(……)
医療組織及び医療用輸送手段は、権限のある当局の同意を得て、特殊標章によって表示する」。

「医療要員」、「医療組織」および「医療用輸送車両」は、本来、APⅠ第8条(e)に掲げられた「医療上の目的」のためにもっぱら配属され、または組織されるためにあるとAPⅠで定義される。したがって、「医療上の目的」にもっぱら配属され、または組織されるPMC/PSCの要員、組織および輸送手段は、APⅠの意味における医療要員、組織または輸送手段としての資格を有する。

GCⅠ第44条およびAPⅠ第18条によれば、PMC/PSCの医療要員、組織および輸送手段は、次のすべての条件に従う場合には、保護標章を使用することができる。
ⅰ．これらのものがAPⅠ第8条(c)、(e)および(g)に含まれる「医療要員」[277]、「医療組

---

[276] APⅠ, Ⅱ Commentary、APⅠ第9条2項、439-440節。
[277] 医療要員は、APⅠ第8条(c)では、「紛争当事者により、専ら(e)に規定する医療上の目的、医療組織の

織」²⁷⁸、「医療用輸送手段」²⁷⁹の定義に相当する場合、国際人道法により保護される。

ⅱ．これらのものが紛争当事者の権限のある当局により保護標章の使用を許可されている場合²⁸⁰。

ⅲ．これらのものが紛争当事者の権限のある当局の監督の下で保護標章を使用する場合²⁸¹。

2．非国際的武力紛争の場合

AP Ⅱ 第12条は、次のように規定する。

「医療要員及び宗教要員、医療組織並びに医療用輸送手段は、権限のある関係当局の監督の下で、白地に赤十字、赤新月又は赤のライオン及び太陽の特殊

管理又は医療用輸送手段の運用若しくは管理のために配属された者をいう。その配属は、常時のものであるか臨時のものであるかを問わない。」と定義する。AP Ⅰ 第8条(c)の解説、354節が強調するように、「さらに保護標章の濫用を防止する責任ある紛争当事者が、医療要員に与えられる保護を享受する資格のある者を決定する権限を保持することが重要である」。本設問の趣旨から、PMC/PSCの医療要員を「医療上の目的」に配属する責任ある当局は、これらPMC/PSCを雇用する紛争当事者の当局と解される。

278 医療組織とは、AP Ⅰ 第8条(e)の定義によれば、「軍のものであるか軍のもの以外のものであるかを問わず、医療上の目的、…病院その他類似の組織」と定義される。本設問の趣旨から、PMC/PSCの医療要員を「医療上の目的」のために組織する責任ある当局は、これらPMC/PSCを雇用する紛争当事者の当局と解される。これらのものの特殊な性格からPMC/PSCの医療組織は、国際人道法により尊重され、保護されるためには、AP Ⅰ 第12条2項(b)で「文民医療組織」のために特に規定された補足的条件を満たさなければならない。すなわち、「紛争当事者の一の権限のある当局により承認される」ことである。

279 医療用輸送手段は、AP Ⅰ 第8条(g)で「軍のものであるか軍のもの以外のものであるか、また、常時のものであるか臨時のものであるかを問わず、専ら医療上の輸送に充てられ、かつ、紛争当事者の権限のある当局の監督の下にある輸送手段をいう。」と定義される。本設問の趣旨から、PMC/PSCの医療要員を「医療上の目的」に配属する責任ある当局は、PMC/PSCを雇用する紛争当事者の当局と解される。医療用輸送手段は、AP Ⅰ 第2編第2部に規定される制限内で国際人道法により尊重され、保護される。

280 AP Ⅰ 第18条3項および4項を参照。「医療要員」については、AP Ⅰ は、「権限のある当局の同意」について明示的に言及していないが、その同意はAP Ⅰ 第18条3項に規定するように、医療要員の地位を証明する当局による身分証明書の発行により黙示的に明らかである。本設問の趣旨から、保護標章の使用許可を与える「紛争当事者の当局」は、PMC/PSCを雇用する紛争当事者の当局と解される。AP Ⅰ, Ⅱ の解説、AP Ⅰ 第18条4項、本書p.155、766節を参照。

281 AP Ⅰ 第18条8項は、国際人道法の「特殊標章の使用の監督および標章の濫用の防止および抑止に関する諸規定」に言及することにより権限のある当局による標章の使用の管理に言及する。ちなみに、GC Ⅰ 第54条は、国は常に標章の濫用を防止し、抑止するために必要な措置を執らなければならないと規定する。AP Ⅰ, Ⅱ の解説、AP Ⅰ 第18条8項、本書p.162、791節および794節は、次のように説明する。

「ジュネーブ諸条約の体系は、特殊標章に対する信頼に大きく依存している。その使用の監督および濫用の防止は、この体系の不可欠な要素である。(……)

もっとも、締約国に属する人および物による特殊標章、信号の使用を監督する締約国(または議定書の場合は、それに拘束される他のあらゆる紛争当事者)の義務は、より一般的には締約国が条約と議定書を常に尊重し、尊重を確保することから生じる」。

標章を表示する。特殊標章は、すべての場合において尊重するものとし、また、不当に使用してはならない」。

AP Ⅱ は、「医療要員」、「医療組織」および「医療用輸送手段」の定義を規定していない。非国際的武力紛争で使用されるように、これらの用語は、AP I 第8条(c)、(e)および(g)で定義するのと同じ意味に解することができる[282]。上述したように、もっぱら「医療上の目的」のために配属され、または組織されるPMC/PSCの要員、組織および輸送手段は、「医療要員」、「医療組織」および「医療用輸送手段」の資格を有することになる。

したがって、PMC/PSCの医療要員、組織および輸送手段は、次のすべての条件に従う場合には、保護標章を使用することができる。

ⅰ．これらのものが、AP I 第8条(c)、(e)および(g)に含まれる「医療要員」、「医療組織」および「医療用輸送手段」の定義に相当する場合[283]、国際人道法により保護される。

ⅱ．これらのものが「権限のある当局の監督の下」で標章を使用する場合。これは、次のことを意味する。

・これらのものが、紛争当事者の権限のある当局により保護標章の使用を許可されている場合。

・これらのものが、紛争当事者の権限のある当局の監督の下で保護標章を使用する場合[284]。

PMC/PSCを雇用する紛争当事者の権限のある当局は、それが政府側当局であれ

---

[282] AP I , II Commentary、AP Ⅱ 第9条、4663節-4664節を参照。AP I , II Commentary、AP Ⅱ 第11条、4711-4712節；Customary IHL Study、規則25、28、29、pp.82-83,95および100を参照。本研究Q.23も参照。AP I における医療要員、組織、輸送手段の定義については、上記の「PMC/PSCは、AP I で定義する「医療要員、組織および輸送手段」としての資格を有するか」の部分を参照。

[283] AP Ⅱ 第9条は、医療要員は尊重され、保護されるものとする、と規定する。AP Ⅱ 第11条は、医療組織および輸送手段は尊重され、保護されるものとする、と規定する。

[284] AP I , Ⅱ の解説は、次のように規定する。
「実際に標章が尊重されるには、その使用が監督されることが重要である。そうでなければ誰もが標章を使用することになるだろう。特殊標章により与えられる保護は、その使用が権限のある関係当局の承認と管理に服することを要求する。その管理を効果的にするために必要な措置を執るのは責任ある当局である。権限のある当局とは、文民または軍の当局である。合法政府と戦う者にとっては、これは事実上の担当当局となるだろう。一般的に議定書の適用のための敷居は一定程度の組織であることを要求し、特に議定書の規則を適用するだけの叛徒側の能力を要求する」。AP I , Ⅱ の解説、AP Ⅱ 第12条、本書p.222、4746節。

叛徒側当局であれ、濫用と違反（GC I 第53条、第54条の類推適用）を防止し、抑止するために必要な措置を執らなければならず、標章の適正使用を確保するために周到かつ継続的な監督を行わなければならない[285]。

---

[285] 叛徒側の当局による監督義務の履行については、本研究のQ.28を参照。

Q. 31：1949年のジュネーブ第一条約第44条4項による第三者の救急車および救護所への標章の使用について赤十字社の役割は何か。

法的および規程上の根拠
- GCⅠ第44条4項
- 1991年の標章規則第22条および第23条
- 赤十字運動の基本原則(公平および中立)

勧 告
- GCⅠによると、第三者の救急車および救護所は、以下の条件をすべて満たした場合、標章を使用することができる。
  ⅰ．標章は、例外的措置としてのみ使用できる。
  ⅱ．その使用は、国内法に従わなければならない。
  ⅲ．赤十字社の明示の許可を得なければならない。
  ⅳ．救急車および救護所は、傷者および病者のためだけに使用され、また救護は無料でなければならない。
  ⅴ．使用は、平時にのみ許される。
- 国内法でそれが認められている場合でも、特に赤十字社の敷地および財産と混同される可能性があるため、赤十字社は、第三者の救急車および救護所に標章の使用を許可する場合は慎重さが要求される。
- 赤十字社が与える許可について規定する国内法には、GCⅠ第44条4項にあるすべての条件を国内法に盛り込まなければならない。国内法は、第三者の救急車および救護所による標章使用を制限すること、または標章使用を公当局の同意および監督など、追加の保護手段に従わせることができる。もっとも、国内法は、赤十字社の明示の許可なしに救急車または救護所に標章使用の許可を与えるものではない。
- しかし、赤十字社が標章の使用許可を与える場合は、以下の基準を満たさなければならない。
  ⅰ．特に国籍、人種、宗教的信条、階級または政治的意見に関して差別なく救護がなされる。
  ⅱ．第三者およびその要員は戦闘行為に参加せず、または政治的、人種的、宗教的もしくは思想的性格の紛争に参加しない。

iii．救急車および救護所と各国赤十字社(赤十字社の車両、組織など)を人々が混同しないようにする。そのために、「無料の救護」というような説明書きを標章の近くに付すことができるだろう。
iv．当該の救急車および救護所は、赤十字社に標章使用の申請を書面で行い、標章使用に関する規則を尊重する約束を書面で行う。
v．許可は、赤十字社本社の幹部により行われる。
vi．赤十字社は、標章使用の効果的かつ恒常的な監督を行う。
vii．標章は、保護標章と混同されないよう比較的小型でなければならない。

● 赤十字社は、国内騒擾または武力紛争が切迫した場合には、第三者の救急車および救護所に新たな許可を与えず、既に与えた許可を取り消すことが奨励される。

分析
序文

本項は、平時における第三者の救急車および救護所による表示標章について扱う。GCI第44条4項により、赤十字社と全く関係のない救急車および救護所であっても、当該赤十字社の明示の許可を得れば、これらの救急車および救護所の場所を示すためだけに表示記章を使用することができる。GCI第44条4項は、以下のように規定する。

「例外的措置として、この条約で定める標章は、国内法令に従い、且つ、各国赤十字社(赤新月社又は赤のライオン及び太陽社)の一から明示の許可を受けて、救急車として使用される車両を識別するため、および傷者又は病者に無償で治療を行うためにもっぱら充てられる救護所の位置を表示するため、平時において使用することができる」。

GCIの解説で説明しているように、第三者の救急車および救護所による標章の使用は、「標章に関する条約の指導原理の適用除外である」[286]。これは、こうした標章の使用が、平時に厳しい条件の下で例外的な措置としてのみ認められると解説している。

---

286 GCIの解説、第44条、本書p.43。

各国赤十字社による厳しい条件および監督の下での例外的な使用

「あらゆる状況下で標章が保たなければならない威信を損なう」標章の濫用を防ぐために厳しい条件が規定されている[287]。GCⅠの解説(第44条4項)は、標章が第三者の救急車および救護所により使用される条件を、以下のように規定する。

a) 標章は、例外的措置としてのみ使用できる。規定された場合以外に使用を拡大することはできない。

b) 標章の使用は、国内法に従わなければならない。したがって、政府は標章の使用を制限し、望ましいと思う追加の保護手段(公当局の同意、監督など)に標章の使用を従わせることができる。

c) 標章の使用は、赤十字社による明示の許可が必要である。したがって、黙示の同意では十分ではない。前記(b)に基づき、その権限が与えられた赤十字社だけが許可を与えることができる。その他の団体は国といえども、この許可を与える権限はない。また、赤十字社は、この権限を委譲することはできない。

d) 救護所は、傷者および病者のためにのみ使用され、供される救護は無料でなければならない。こうして標章の理念が保護される。救護所で治療が有料で行われるか、または薬品が有料の場合、標章の使用許可は取り消されるべきである。

e) 標章の使用は、平時に限り許される。国が紛争当事国になった場合には、そうした標章はその全領域から直ちに撤去しなければならない。許可が与えられる目的は、戦時においても同様に役立つと考えられるので、これは厳しいように思えるかもしれない。しかし、この規定は極めて明確である。赤十字の本質的な価値は、それが保護の象徴となる戦時にあることを想起しなければならない。他のすべてのことは、この理念に従わなければならない[288]。

---

287 GCⅠの解説、第44条、本書p.43。
288 GCⅠの解説、第44条、本書p.44。「無料の救護」の条件に関して、1991年の標章規則第22条の解説は、GCⅠ第44条4項および同解説よりも若干寛容であるが、同じ原則を承認していることを強調しなければならない。すなわち、「第一条約第44条4項は、救急車に加えて、『無償で治療を行うためにもっぱら充てられる』救護所の表示を認めている。経験によれば、この無償の治療の原則は、ある程度の柔軟性をもって解されている。治療が有料を条件とせず、運動に関連する奉仕の原則が遵守される場合にのみ、この慣行は許容され、ジュネーブ条約の精神と合致する」。

1. 国内法

国内法が各国赤十字社に第三者の救急車および救護所に標章使用を許可する権利を与えている場合には、その国内法は、GC I 第44条4項に掲げるすべての条件、特に赤十字社の標章使用を許可する独占的な権限を含まなければならない。

国内法は、各国赤十字社の明示の許可なく、標章使用を自動的に許可するものではないが、そのような使用をさらに制限するか、または公当局の同意や監督のような追加の保護手段に従わせることができることは強調するに値する。

2. 各国赤十字社の役割

各国赤十字社の許可は、GC I 第44条4項に従い、第三者が標章を使用するための前提条件である。

「標章が代弁する原則の高い道義的な意義」[289]を考慮し、各国赤十字社は、標章の使用を許可する権限を最大限慎重に行使することが勧奨される。特にそのような許可を与える前に、赤十字社は、赤十字運動の基本原則および1991年の標章規則第23条に基づく下記の基準が満たされるようにしなければならない。

a) 国籍、人種、宗教的信条、階級または政治的意見、もしくはその他のあらゆる理由による差別なく救護が行われる[290]。
b) 第三者およびその要員は、戦闘行為に参加せず、または政治的、人種的、宗教的もしくは思想的性格の紛争には参加しない[291]。
c) 救急車および救護所と各国赤十字社(赤十字社の車両、組織など)を人々が混同しないようにする。そのために、「無料の救護」というような説明書きを標章の近くに付すことができるだろう[292]。
d) 当該の救急車および救護所は、赤十字社に書面で標章使用の申請を行い、標章使用に関する規則を尊重する約束を書面で行う。
e) 許可は、赤十字社の幹部により行われる。一般的に、標章使用については

---

289 General Rapporteur of the Convention for the Amelioration of the Condition of the Wounded and Sick in Armies in the Field (Geneva, 27 July 1929), in Actes de la Conference diplomatique de Genève de 1929, Geneva 1930, p.619. GC I の解説、第44条、本書p.45に引用がある。
290 公平の基本原則に従う。
291 中立の基本原則に従う。
292 1991年の標章規則第23条第3節aの類推による。

赤十字社内の統一的な方針が重要であるため、標章使用についての問題は赤十字社支部ではなく本社により対応すべきであることに留意することが重要である[293]。

f) 赤十字社は、考慮中の標章使用を効果的かつ恒常的に監督することができる[294]。標章の使用を許可する権限は、監督を行い、使用から不利益が生じないようにする義務を伴う[295]。1991年の標章規則第22条は、「赤十字社は、標章の使用を定期的に管理する権利を留保して、この許可を与えるものとする。赤十字社は、常にかつ即座に許可を取り下げる権利を留保する」と規定する。

g) このような救急車または救護所で使用される標章は比較的小型でなければならず、標章は、いかなる場合にも保護標章と混同されてはならない。

3. 平時においてのみ許可される使用

GC I の解説は、「赤十字の本質的な価値は、それが保護の象徴となる戦時にあることを想起しなければならない。他のすべてのことは、この理念に従わなければならない」[296]と指摘する。したがって、この保護の価値を守るために、各国赤十字社は、国内騒擾時または武力紛争が切迫した場合には、第三者の救急車および救護所に新たな許可を与えず、既に与えた許可を取り消すことが奨励される。

<u>混乱を生む危険性</u>

標章の濫用は、特に医療関係者によるものが多いことがよく知られている。国際人道法により許可権限が認められてはいるが、各国赤十字社は、第三者の救急車および救護所に標章を表示する許可を与える場合は、極めて慎重になるべきである。こうした標章の使用は、人々に混乱を生じさせ、また赤十字社の活動をここで考察している第三者の活動と区別することが困難となるであろう。

293　1991年の標章規則第23条第3節(g)の類推による。
294　病院または民間企業により救急車が運用されている場合に、この最後の条件が特に妥当することは注目に値する。1991年の標章規則第23条第3節(b)の類推による。GC I の解説、第44条、本書p.31も参照。
295　GC I の解説、第44条、本書p.44にも以下のように概説されている。
　「赤十字社がこれらの規定に従い許可を与える場合は、標章がいかなる場合にも維持しなければならない威信を損なう濫用が生じないよう、許可した使用を常に注意深く監視することが賢明である（中略）。各国赤十字社は、新たに使用を許可する前に、その使用から不利益が生じないようにすることが賢明である。各国赤十字社は、効果的かつ恒常的な監督ができるという条件が満たされない場合には、許可を行わないこともできるだろう」。
296　GC I の解説、第44条、本書p.44。

第2部　商業上その他の非事業上の標章使用に関する課題への勧告

〈A．国の当局による使用〉

> Q. 32：「1968年11月8日の道路標識および信号に関する国際連合条約」および「1971年5月1日の道路標識および信号に関する条約を補足する欧州協定」：これらの条約は標章使用に関する規則と矛盾しないか。

法的および規程上の根拠
- GC I 第44条4項
- GC IV 第18条
- 「1968年11月8日の道路標識および信号に関する国連条約」(1968年の道路標識条約)：前文；第5条1項(b)および(c)；第一附属書第F．II部第1節；標識E(13a、13b)およびF(1a、1bおよび1c)
- 「1971年5月1日の道路標識および信号に関する条約を補足する欧州協定」(1971年の欧州補足協定)

勧告
- 病院および救護所の標識に関する1968年の道路標識条約の規定は、特にジュネーブ条約の標章使用規定と矛盾する。その理由は、以下のとおりである。
  - ⅰ．平時に文民病院が標章を表示することのできる唯一の目的、すなわち、武力紛争の当初から明白に識別できるようにするという目的に合致しない。
  - ⅱ．1968年の道路標識条約の規定の適用は、赤十字社(およびその敷地)と混同される可能性がある。
- 1968年の道路標識条約および1971年の欧州補足協定は、ジュネーブ条約の規定を保護するために、最終的には改訂されるべきである。特に、救護所を示す標識F(1a、1bおよび1c)の標章は変更されるべきである。
- 病院を示すためには、青地に白の大文字Hだけを使用するように強く勧奨する。

●各国赤十字社は、可能な限り病院を示す標識(青地に白の大文字H)および救護所の代替標識(緑地に白の十字または新月の救護所の標識)を普及し、当局に対して標章を道路標識に使用しないよう勧奨すべきである[297]。

分析
1968年の道路標識条約と1971年の欧州補足協定は、国際人道法の標章に関する規定と矛盾しないか。

1. 問題
1968年の道路標識条約は、文民病院の方向を表すために以下の二つの道路標識を使用することができると規定する。
- 青地に白の大文字H(標識E、13a)
- 青地に白のベッドおよび赤十字(標識E、13b)
  同条約は、また救護所を表すために以下の三つの異なる標識を選べると規定する。
- 白地に赤十字(標識F、1a)
- 白地に赤新月(標識F、1b)
- 白地に赤のライオン及び太陽(標識F、1c)[298]

2. ジュネーブ条約における平時の文民病院の表示に関する若干の考察
文民病院の表示に関する一般的な規則に留意することが有益である。
GC IV 第18条は、「文民病院は、国の許可がある場合に限り…標章によって表示するものとする」と規定する[299]。GC IV は、平時にも表示が許されるかについては特に

---

297 緑地に白の十字は多くの国で公式に使用が認められている。救護所の標識の使用については、本研究のQ.18、Q.27、Q.46を参照。
298 文民病院に関して、1971年の欧州補足協定は、1968年の道路標識条約(E、13aおよび13b)と同じ標識を使用することを規定する。救護所については、赤十字(F、1a)のみを使用でき、赤新月(F、1b)または赤のライオン及び太陽(F、1c)は使用できない。
299 いかなる場合も、赤十字標章を表示するためには(平時、武力紛争時を問わず)、文民病院はGC IV 第18条に規定された条件を満たさなければならないことに留意すべきである。すなわち、
・文民病院は、同病院として承認されなければならない。つまり、病院は「傷者、病者、虚弱者及び妊産婦を看護するために設けられる」(GC IV 第18条1項)ことを意味する。文民病院がこの条件を満たす場合、文民病院として公式に認められる権利があり、当局は証明書を発行しなければならない(GC IV 第18条2項)。
・認められた文民病院は、「国の許可がある場合に限り」(GC IV 第18条3項)赤十字標章により識別されるこ

規定していない。これに関しては、GC I の解説が指針を示している。

「文民病院の表示は、本質的には戦時のためにある。表示が重要性を発揮するのは戦時である。しかし、表示が十分に効果的であるために実際上の考慮から、規則は柔軟に適用されるべきである。実際、あらゆる可能性を考慮する義務がある国が、平時から文民病院を表示できないという理由はない。(中略)赤十字社に属していない建物への平時における不必要で無秩序な赤十字の使用は、人々に混乱を生じさせるおそれがある」[300]。

したがって、平時において文民病院を表示する許可を国が行うべきかどうか決める場合に、二つの点を比較検討しなくてはならない。つまり、武力紛争の当初から国により認められた文民病院が明白に識別できることの重要性と、平時に赤十字以外の多くのものが標章を表示する場合、赤十字社(およびその敷地)とその他の物が人々に混同される危険性である。この問題は、各国赤十字社と当局の間で議論されなければならない。一般的に、平時から文民病院を標章で識別することは、人々に混乱を生じさせる危険性があるため奨励するべきではない。これは文民病院が武力紛争の当初から識別できるように準備をしてはならないという意味ではない(例えば、病院の正面に表示するために標章の大きな旗を準備しておくことはできる)[301]。

この勧告は、文民病院への方向を示す道路標識に関しては、さらに妥当するであろう。この場合、病院への道を示すことが目的であるため、武力紛争の当初から文民病院を明白に識別させるという基本的利益を考慮する必要はない。したがって、人々を混乱させないという二次的利益が優先し、標章は道路標識に使用してはならない。

3. ジュネーブ条約における救護所の表示

GC I 第44条4項は、以下のとおり規定する。

とが可能となる。傷病者の治療に配属されるという条件が満たされた場合には承認が義務だとしても、文民病院として認められた病院は、直ちに標章を表示する資格を持つわけではないことに留意すべきである。権限を有する国の当局が表示の許可を与えなければならない。この問題の詳しい考察については、本研究のQ.8を参照。

300　GC IV の解説、第18条、本書p.84以下。
301　これについては、本研究のQ.8への回答も参照。

「例外的措置として、この条約で定める標章は、国内法令に従い、且つ、各国赤十字社(赤新月社又は赤のライオン及び太陽社)の一から明示の許可を受けて、救急車として使用される車両を識別するため、および傷者又は病者に無償で治療を行うためにもっぱら充てられる救護所の位置を表示するため、平時において使用することができる」。

したがって、標章により合法的に救護所が表示されるためには、以下の五つの条件が満たされなければならない。
　a) 標章は、例外的措置としてだけ使用する。
　b) 標章の使用は、国内法令に従わなければならない。
　c) 標章の使用は、各国赤十字社の明示の許可を得る。
　d) 救護所または救急車は、傷病者のためだけに使用され、提供される治療は無償でなければならない。
　e) 標章の使用は、平時においてのみ許可される[302]。

したがって、救護所への順路を示すために標章を表示する道路標識の使用(1968年の道路標識条約に規定される)は、GC I 第44条に矛盾することは明らかである。

さらに、応急措置については、確立された標識が存在する。つまり、緑地に白の十字は、欧州連合、北アメリカ、オーストラリアおよびその他の国々において公的に承認されている。この標識は、「First Aid」という文字とともにしばしば表示される。この標識は正確なだけでなく、それを使用することは、赤十字・赤新月が救急を表す一般的標識であるという共通の誤解を正すのに役立つ[303]。この標識(または他の適当な代替物)[304]は、救護所または標章の代わりとして道路標識に使用されるべきである。

4. 1968年の道路標識条約

この条約の前文にあるとおり、「国際道路交通を促進し、道路の安全性を向上させ

302　救護所(および救急車)の標章の表示についての詳細は、本研究のQ.31を参照。
303　赤十字運動の各構成員は、赤十字の応急救護活動とその物品、例えば救急法のマニュアルが赤十字標章とその名称ではなく、適当な白と緑の標識で表示されるようにするために一層努力することができるだろう。これは、中立と保護の象徴としての標章に独特な重要性を維持するのに役立つであろう。応急救護の標識の使用については、本研究のQ.18、Q.27、Q.46を参照。
304　国によっては、「First-aid stations」という文字が朱書され、救護所を示すために使用されている。

る」ことがこの条約の目的であることを強調することが重要である。これは、武力紛争の当初から病院を識別できるようにすることとは全く無関係であり（前述第2章を参照）、平時から文民病院を標章(赤十字または赤新月)で表示することは国際人道法によってのみ正当化される。

　病院および救護所の標識は、1968年の道路標識条約において類別しているが、そのもとになっている道路標識の二つの種類をみると、同じ結論に至る。すなわち、病院（または救護所）の標識の目的は、病院への標章の表示を正当化するような目的（前記第2章に示される）と全く無関係なことである。

a) 「特別規則の標識」(病院の標識)は、1968年の道路標識条約によると、「道路使用者に彼らが守らなければならない特別な義務、制限又は禁止を知らせる」ことを意味する(第5条1項(b))。条約第1附属書(第EII章第11節)は、さらに「HOSPITAL」という標識を、「自動車の運転手に医療施設の近くで、特に不必要な騒音を発してはならないといった必要な注意を払うべきことを知らせるために使用するものとする。この標識には、二つのひな形がある。すなわち、E13aとE13bである。(中略)標識E13bの赤十字は、第f編第II部第1節にあるシンボルの一つに変更することができる」と規定する。

b) 「告知標識」(救護所の標識)は、1968年の道路標識条約によると、「道路使用者が旅行中に道路使用者を導き、又は有益なその他の情報を提供すること」を意味する(第5条1項(c))。

　1968年の道路標識条約の前記規定は、ジュネーブ条約の関連規定と以下の理由により矛盾する。

　　i．1968年の道路標識条約は、病院または救護所自体の表示の問題は扱わず、赤十字または赤新月標章を示した道路標章の使用のみを扱っている。

　　ii．1968年の道路標識条約で表明された目的は、GC IV において病院を標章により表示することを正当化する理由に該当しない。

　　iii．1968年の道路標識条約におけるこのような道路標識の使用は、人々に各国赤十字社およびその敷地との間に混同をきたすであろう。

この問題に対処するために、どのような措置をとるべきか
1. 過去の経緯
　1968年の道路標識条約および1971年の欧州補足協定の採択は、ほとんど注目され

なかった。不幸にも、こうした事情により、これらの条約の条文がジュネーブ条約と矛盾しないようにする行動がとられなかったようである。

ICRCの資料によると、少なくとも西欧においては1980年代初頭まで、青地に白のHの大文字だけが病院への道を示すために使用されていた。これもまた、1968年と1971年の条約が修正されなかった理由でもある。

2. 1968年の道路標識条約および1971年の欧州補足協定の改訂

ICRCが受理した種々の要望および特に欧州諸国赤十字社との議論から、標章を表示した道路標識の使用が問題となることは明白である。

本研究で懸念を示したように、赤十字運動はこの問題を改善するために行動し、努力する義務がある。最終的な目標は、1968年の道路標識条約(および1971年の欧州補足協定)を改訂し、ジュネーブ条約の規定を守ることである。

これに関して、いかに取組み、現在できることは何かを評価することが適当であろう。効果的な第一歩は、国連および欧州経済委員会の政策の枠組みの中で活動する道路交通安全作業部会と接触することであろう。同作業部会は、その他の義務とともに、「1968年にウィーンで調印された道路交通および道路標識並びに信号に関する条約と1971年の同条約を補足する欧州協定を発展させ、更新する」ことを任務としている[305]。この最初の接触ができれば、この問題にいかに対処するか決めることができるはずである。

3. 病院および応急救護の代替標識の普及

最終的に、これらの条約の改訂という目標に到達するために、人々がHの白の大文字および応急救護の標識(赤十字／赤新月標章ではないもの)を見て、病院および救護所を連想するようになれば非常に役立つだろう。

ある調査によれば、青地に白の大文字のHよりも(赤十字)標章の方が病院を示すとしばしば考えられており、標章は救護所を示すと信じられている[306]。

これは、単に赤十字・赤新月・赤のクリスタルの標章と意義および使用権者に関

---

305 Report of the Working Party on Road Traffic Safety on its Forty-Seventh Session, Addendum 1, 12-15 September 2005, Doc. TRANS/WP.1/100/Add.1, 27 October 2005, p3.
306 例えば、ANWB, Onderzoek verkeersboden (Research on Traffic Signs), 2005, available at: http://www2.anwb.nl/published/anwbcms/content/binaire-bestanden/pdfs/verkeer/verkeersborden_onderzoek-267236_270424.pdf.を参照。

する情報を普及するだけではなく、青地に白の大文字のHを描いた標識(または病院への道を示すその他の標識)の存在と有用性および応急救護の代替標識に関する情報を積極的に普及する必要があることを明らかにしている。各国赤十字社は、できる限りこの種の普及を行うようにすべきである。

4. 道路標識に標章を使用しないよう当局に助言すること[307]

　赤十字社は、遭遇する様々な状況で、道路標識の使用に関して当局に助言することが重要になる。そうした状況とは、当局が道路標識に赤十字標章を表示できると考えている場合、または1968年の道路標識条約により既にそのように決定してしまった場合である。当局は、そのようなことができるか赤十字社の見解を得るために赤十字社に相談することもありうる。

　これらの状況において、赤十字社は、現在使用されている標章を描いた道路標識を中止させ、また将来的に使用されるのを予防するために、あらゆる可能な行動をとるべきである。赤十字社は、この問題およびジュネーブ条約と1968年の道路標識条約(および1971年の欧州補足協定)の規定が矛盾することを関係省庁に情報提供すべきである。赤十字社の主張は、以下の事項に基づくべきである。

　　a)　この問題に関して行った分析、特に標章を道路標識に使用する代わりに、青地に白のHの大文字および救護所への代替標識を使用する重要性
　　b)　二つの対立する利害に直面し、例えば、紛争や災害の影響を受ける人々の生命を守り、これらの人々に支援を行う者の安全確保という重要な目的に照らし、優先すべきことは何かという事実
　　c)　国の軍隊の医療組織を含む標章の使用権限を有するあらゆる者に対して、そうした決定が与える潜在的に有害な影響

　さらに、本件が問題となり、または問題になりそうな場合には、赤十字社は、この問題を解決するために当局が道路交通法規を改善する機会を利用して問題提起を行い、適当な議員および／または省庁に問題を主張すべきである。

---

[307] 標章の保護を確保するために、当局と協力する各国赤十字社の義務に関する詳細な考察は、本研究のQ.46を参照。

〈B．各国赤十字社による使用〉

> Q.33：各国赤十字社は、一般に配布または販売する物品に標章および社のロゴを表示することができるか。

法的および規程上の根拠
・GCⅠ第53条1項
・1991年の標章規則前文、第3条および第23条第1節、第2節

勧　告
●赤十字社は、一般に配布または販売する物品に標章(保護記章、すなわち、文字を付さない原型)を表示することはできない。
●赤十字社は、一般に配布または販売する物品に社のロゴ(表示記章)を以下の条件により広報、普及または資金募集キャンペーン(またはイベント)期間中に使用することができる。
　ⅰ．販売または物品の性質が、赤十字運動の基本原則に反することなく、また標章への信頼と尊重を損なうことがないこと。
　ⅱ．赤十字社のロゴを表示する物品は、小型のものとするか、恒常的に使用できない素材で作成しなければならず、国際人道法の保護を示唆するものであってはならず(赤十字社のロゴは小型とする)、また赤十字運動の一員であるとの示唆を与えるものであってはならない(赤十字社のロゴは、キャンペーンを示す文字または図柄を付さなければならない)。

分　析
序　文
　この問題は、赤十字社が主催するキャンペーンまたはイベントにおける標章または赤十字社のロゴの使用、例えば、赤十字社が一般に配布または販売する広告資材への使用などに関するものである。1991年の標章規則第23条は、赤十字社による普及、促進および資金募集に関連したキャンペーンまたはイベントのための標章使用に言及している。
　明確なことは、このような場合の標章の使用は、保護目的ではないということである。したがって、標章そのもの(その原型)の使用は禁止されている。そこで、こ

の分析では、赤十字社のロゴの使用のみ扱うこととする。

　各社および赤十字運動の構成員にとり、その活動を促進し、効率的な方法で資金を募集できることの重要性は過小評価されてはならない。広報促進と資金募集は、赤十字社の使命を遂行する能力に影響を与える。この点は1991年の標章使用規則の前文で認識されており、「1991年の規則改訂の目的の一つは、赤十字または赤新月の標章および名称への尊重を害することなく、赤十字社がその収入源を多様化し、拡大できるようにすることであった」とある。

　しかし、1991年の標章規則第23条の解釈に入る前に、同規則前文の次の文章に留意する必要がある。

　　「(ICRC)は、(標章規則)改訂版の範囲は、ジュネーブ諸条約の枠内で可能な限り広いものであると考えたが、これらの広い解釈は受け入れ可能なものである。しかし、各社が望む場合には、一層厳しい規定を設けることを妨げるものではない」(太字強調)。

各国赤十字社が、一般に配布または販売する物品に社のロゴを表示するための条件

　1991年の標章規則第23条第1節は、以下のように規定する。

　　「赤十字社は、赤十字の活動を周知するために組織するキャンペーンおよびイベントを支援し、国際人道法および赤十字運動の基本原則の知識を普及するため、または資金を募集するために、規則第2条から第5条の制限内において標章を使用することができる」。

　1991年の標章規則第3条によると、赤十字社は、基本原則に一致する活動のためにのみ標章を使用し、「いかなる場合も標章の信頼を損なわず、標章の尊重を低下させないものとする」[308]。これらの条件は、厳正に守らなければならない。

　加えて、1991年の標章規則第23条第1節の解説によれば、赤十字社は、そのロゴを付した物品を一般に配布または販売することができるが、その場合には、「物の販売、赤十字の活動および赤十字が企画するイベントが、赤十字本来の人道的、社会的活動よりも赤十字社の代表的な活動にならないようにする」ことが条件である。

---

[308] 例えば、動物に関連した物品、選挙で候補者を支持する物品、環境に明白に有害な物品、または言うまでもなく、タバコや武器に標章を付すことがこれに当たる。

したがって、配布または販売は、長期にわたってはならない[309]。さらに、販売される物品は、「小型のものとし、恒常的に使用できない素材で作成するものとする」[310]。

1991年の標章規則第23条第2節にある主要な規定によれば、赤十字社が一般に配布または販売する物品に表示する標章は、「国際人道法の保護、または赤十字運動の構成員であることを示唆するものであってはならない」、つまり、標章の保護的使用とも表示的使用とも見なされてはならない。

a) 標章の保護的使用を連想させないために、1991年の標章規則第23条の同項は、販売される物が「小型」でなければならないと規定する。

b) 標章の表示的使用を連想させないために、1991年の標章規則第23条第2節の解説は、赤十字社のロゴは、キャンペーンを示す文書もしくは広告デザインを付すことが望ましいとしている[311]。販売される物品は、「印刷物およびリーフレット、刊行物、ポスター、切手類、映画、鉛筆など、あらゆる種類の物からなる」[312]。したがって、その使用が使用者と赤十字社および／または赤十字運動が同じものであると連想させるような場合（例えば衣類）は、（そうすることは禁止されていないが）物品に赤十字社のロゴを表示することは避けるべきである[313]。

---

309 1991年の標章規則第23条1項の解説で指摘するように、「名称および標章は、物を販売したり、一時的なサービスを提供する資金募集目的に使用することができるが、例えば、永続的に販売したり、長期にわたるサービスの提供などには使用することができない。特にそのサービスが、赤十字の伝統的な活動とは無関係であったり、商業ベースで提供される同様のサービスと競合する場合には、特にそうである」。
310 1991年の標章規則第23条第2節。
311 赤十字社がその職員、メンバーまたはボランティアに販売または配布する目的の物品で、標章の表示使用を連想させないという条件は適用しない。
312 1991年の標章規則第23条第2節の解説。
313 1991年の標章規則第23条2項の解説は、「衣服、旗またはバナーについては、武力紛争時にこれらのものが保護手段として使われる標章と混同される危険があるので、標章には赤十字社の名称または文言もしくは広報デザインを確実に付すことが重要である」と指摘する。

Q. 34：各国赤十字社は、提携企業が配布または販売する物品もしくは広告資材に標章または赤十字社ロゴを表示することを許可できるか。

法的および規程上の根拠

- GC I 第44条、第53条1項
- 1991年の標章規則前文、第23条第3節、第4節
- 2005年の代表者会議決議第10、附属書「企業との提携に関する国際赤十字・赤新月運動の方針の明文規定」(企業との提携に関する赤十字運動の方針)

勧　告

- 2005年の代表者会議で採択された「企業との提携に関する赤十字運動の方針」は、赤十字社が企業と提携する際は、常に尊重されなければならない。
- 赤十字社が提携企業に対して標章(保護標章、すなわち、文字を付さない原型)を表示する許可を行うことは絶対に許されない。
- 1991年の標章規則第23条第4節により、赤十字社は、提携企業が赤十字社の活動に寄付またはその他の貢献を行っている旨を販売または配布物品に記載することを許可することができる。その際は、1991年の標章規則第23条第3節a)およびc)からh)に従い、赤十字社のロゴは示さず、そうした言及は控えめなものとし、また赤十字社と提携企業との関係を混同させないという規定に従わねばならない。
- 赤十字社は、提携企業に対して、以下のすべての条件に従う場合、赤十字社のロゴ(表示標章)を提携企業の広告資材に表示することを許可することができる。
    - ⅰ．赤十字社のロゴは小型であり、赤十字社への支援についての明確な説明文を付していること。
    - ⅱ．1991年の標章規則第23条第3節a)およびc)からh)に従わなければならない。つまり、表示は、特定のイベントまたはキャンペーンと関連し、時間および場所が限定されていること。
    - ⅲ．そうした表示は控えめなものであり、赤十字社と提携企業との関係に混同を生じさせないこと。

分　析

序　文

この問題は、赤十字社が提携企業に与える以下の物への標章または赤十字社のロ

ゴ使用の許可に関連する。
- ●企業により販売または配布される物品
- ●企業の広告資材

　明確なことは、このような場合、標章は保護目的のために使用されるものではないということである。したがって、標章そのもの(その原型)の使用は禁止される。そこで、ここでは赤十字社ロゴの使用のみ扱うこととする。

　本研究のQ.33で指摘したように、赤十字社および赤十字運動の構成員が効率的な方法で資金を募集できる重要性は過小評価されてはならず、それは赤十字社の使命を遂行する能力に影響を与える。このことは、1991年の標章規則前文で認識されており、前文には「1991年の標章規則改訂の目的の一つは、各社が赤十字または赤新月の標章および名称への尊重を害することなく、赤十字社がその収入源を多様化し、拡大できるようにすることであった」とある。

　しかし、1991年の標章規則第23条の解釈に移る前に、規定前文の一節を引用する価値がある。

　　「(ICRC)は、(標章規則)改訂版の範囲は、ジュネーブ諸条約の枠内で可能な限り広いものであると考えたが、これらの広い解釈は受け入れ可能なものである。しかし、各社が望む場合には、一層厳しい規定を設けることを妨げるものではない」(太字強調)。

　最後に、2005年の代表者会議が「企業との提携に関する運動の方針」を採択したことを想起することが重要である。企業と提携する場合、赤十字社は、常にこの方針の規定を尊重しなければならない。この規定は、赤十字社が提携関係に入る企業の選定基準に、また運動の一員の提携契約のための義務的および勧告的要件に特別な効力を持って適用される[314]。

各国赤十字社のロゴは、提携企業が配布または販売する物品に表示することができるか

　1991年の標章規則第23条第4節は、「販売製品または物品は、しばしば継続的に販

314　2005年の代表者会議決議第10、附属書「企業との提携に関する国際赤十字・赤新月運動の方針の明文規定」

売され、赤十字社はその使用を管理できないため」、赤十字社が販売物品に標章を表示することを企業に許可することを禁じている[315]。

包装表示またはラベル表示は、販売物品の一部である。したがって、赤十字社は、社のロゴを提携企業が配布または販売する物品の包装表示またはラベル表示に許可することはできない。

もっとも、これら物品販売に関して、その売り上げの全部または一部が赤十字社に寄付される場合には、赤十字社は企業に対して、社の活動への寄付またはその他の貢献を行っている旨の文言の記載を許可することができる（この場合、1991年の標章規則第23条のa、c、d、e、f、gおよびhの各号を厳しく守る必要がある）[316]。

企業は、特定製品の価格の一部が赤十字社（または赤十字社の特定事業）に寄付されることを記載することができるが、標章および赤十字社のロゴを表示することはできない。加えて、1991年の標章規則第23条第4節の解説にあるとおり、赤十字社は、「そうした記載が慎重になされ、混乱を招かないことを確保しなければならない」[317]。

各国赤十字社のロゴを提携企業の広告資材に表示することができるか

1991年の標章規則第23条第4節によれば、赤十字社は、「広告資材には、最大限の抑制と標章が小型のものであり、赤十字社への支援である旨の明確な説明を付す条件で」ロゴの表示を許可することができる。そうした説明文により、人々は赤十字

315　1991年の標章規則第23条第4節の解説。
316　1991年の標章規則第23条第3節は、以下のように規定する。
　「a）　企業活動またはその製品の品質と標章もしくは赤十字社を、人々が混同してはならない。
　b）　（略）
　c）　キャンペーンは、一つの特定の活動に関連したものでなければならず、また一般規則として、期間および地理的に限定されたものでなければならない。
　d）　関連する企業は、いかなる意味でも赤十字運動の目的および原則に反する、または人々にそうした疑念を抱かせる活動に従事するものであってはならない。
　e）　赤十字社は、企業活動が標章の尊重または信頼を損なう場合には、関係企業との契約をいつでも、また直前の通知により解除する権利を留保しなければならない。
　f）　赤十字社がキャンペーンから得る物質的または財政的利益は実質的なものでなければならず、社の独立を危うくするものであってはならない。
　g）　赤十字社と提携企業との契約は書面によらなければならない。
　h）　契約は、赤十字社の中央指導部の承認を得なければならない」。
　これらの条件の詳細説明は、1991年の標章規則第23条3項の解説を参照。また本研究のQ.35も参照。
317　1991年の標章規則第23条第4節の解説。

社と提携企業の関係を明確に理解することができる[318]。

「広告資材」という用語は、企業または製品を宣伝し、「永続的使用を目的としない」物(ポスターまたは小冊子、放送もしくはインターネット広告など)を含む。赤十字社は、1991年の標章規則第23条のすべての条件が満たされた場合に、そのような資材だけに社のロゴの表示を許可することができる。特に、表示は特定のイベントまたはキャンペーンに関連し、時期および場所が限定されていなければならない。

318　1991年の標章規則第23条第4節の解説。

Q. 35：各国赤十字社は：
   a) 赤十字への支援企業の名称またはロゴを赤十字社のウェブサイトに表示することができるか。
   b) 標章または赤十字社のロゴを支援企業のウェブサイトに表示することができるか。

法的および規程上の根拠
・GC I 第44条および第53条1項
・1991年の標章規則前文、第23条第3節および第4節
・2005年の代表者会議決議第10、附属書「企業との提携に関する国際赤十字・赤新月運動の方針の明文規定」

勧 告
●赤十字社は、2005年の代表者会議で採択された「企業との提携に関する赤十字運動の方針」を、企業と提携する際は常に尊重しなければならない。
●標章使用に関する規則、特に1991年の標章規則第23条は、その他の使用と同様、赤十字社のロゴ（および名称）のインターネット上の使用にも完全に適用される[319]。
●赤十字社は、1991年の標章規則第23条第3節に基づき、以下の基準をすべて満たした場合に、（非常に重要な支援を正当評価するために）主要な支援企業のロゴをウェブサイト上に表示することができる。

   ⅰ．赤十字社と支援企業の性格の違いが混同されてはならない。支援企業の名称またはロゴが赤十字社のウェブサイトに表示される理由を明確にしなければならない（例えば、支援企業のロゴに「XYZ会社は、赤十字社の麻疹対策事業を支援しています」といった記述を付す）。
   ⅱ．赤十字社は、そのウェブサイト上の支援企業のロゴおよび名称の表示を管理しなければならない。
   ⅲ．支援企業のロゴおよび名称の表示は、一つの特定の活動に関連するものであり、期間を限定しなければならない。
   ⅳ．支援企業は、赤十字運動の目的および原則に反する、または人々にそうし

---

[319] インターネットにおける標章（および名称）の誤用に対処する措置としては、本研究のQ.50を参照。

た疑念を抱かせる活動に従事するものであってはならない。
- v．赤十字社が支援企業から得る物質的または財政的利益は実質的なものでなければならない。
- vi．支援企業のロゴおよび名称の表示は、赤十字社との書面の契約／合意の一部に盛り込まなければならず、その契約／合意は、赤十字社本社の中央委員会により正式に承認されなければならない。赤十字社は、支援者の活動が標章の尊重または信頼を損なう場合には、企業との契約をいつでも、直前の通知により解除する権利を持つ。

●赤十字社の支援企業のウェブサイト上において、赤十字社のロゴ(表示標章)は、以下のすべての条件を満たした場合、支援者の宣伝目的のために表示することができる。
- i．前記iiの条件(赤十字社による直接的な管理)を除き、前記の条件(赤十字社のウェブサイトの場合)がすべて満たされた場合。
- ii．支援企業のウェブサイト上の声明は、赤十字社に与える支援の性格を明確にしなければならない。また、赤十字社のロゴの表示は、赤十字社が支援企業、その製品、サービス、意見または政治的見解を支持するものと解されないようにしなければならない。
- iii．赤十字社と支援企業の書面による契約／合意には、以下の要素を含まなければならない。
  - a．支援企業は、そのウェブサイト上において赤十字社のロゴを使用する前に、また使用する際は、常に赤十字社の同意を得なければならない。
  - b．支援企業は、赤十字社から赤十字社のロゴをそのウェブサイト上で使用しないように求められた場合には、速やかにロゴを削除しなければならない。

●赤十字社は、第三者のウェブサイト上に標章(保護標章、つまり文字を付さない原型)を表示することを許可してはならず、また、社のロゴまたは名称の表示を許可する場合には、極めて慎重に行わなければならない。

分析
序文
特に赤十字社の活動のために資金を募集する目的で、赤十字社と民間部門が提携関係にはいることは増えている。この問題は、赤十字社が民間部門と構築した提携関係を宣伝する際のインターネットの使用に関するものである。したがって、2005

年の代表者会議が、「企業との提携に関する赤十字運動の方針」を採択したことを想起することが重要である。民間部門と提携する場合は、赤十字社は常に、この方針の規定を尊重しなければならない。この規定は、特に赤十字社が提携関係に入る企業の選定基準および運動の一員の提携契約のための義務的、勧告的基準に関するものである[320]。これらすべては、インターネットを通じた提携の場合に明確に適用される。

インターネット媒体は誰もがどこでも閲覧可能であるため、標章または赤十字社のロゴをインターネットのウェブサイト上で使用する場合には、赤十字社（および赤十字運動の構成員一般）は、運動またはその活動および原則について人々に混同や誤解が生じないよう特に注意しなければならない。

標章使用規則のウェブサイトへの適用

ジュネーブ諸条約、二つの追加議定書および1991年の標章規則が採択された当時は、インターネットが存在しなかったことは明らかである（または一般的に使用されていなかった）。

しかし、これは前記の文書に規定された規則がインターネットへの標章使用に適用されないことを意味しない。GCⅠ第53条1項は、以下のように規定する。

> 「公のものであると私のものであるとを問わず、個人、団体、商社または会社でこの条約に基いて使用の権利を与えられていないものが、「赤十字」若しくは「ジュネーブ十字」の標章若しくは名称またはそれを模倣した記章若しくは名称を使用することは、その使用の目的及び採用の日付のいかんを問わず、常に**禁止する**」（太字強調）。

同様に、1991年の標章規則前文は、改訂規則の目的の一つは、標章の尊重を損うことなく、赤十字社がその使命を遂行するために重要な収入源を多様化し、拡大できるようにするものだったことを明確にしている。

各国赤十字社のウェブサイトへの支援企業の名称またはロゴの表示

ウェブサイトであるかその他の媒体であるかを問わず、赤十字社が社のロゴを支援企業の名称またはロゴと一緒に使用することについては、1991年の標章規則第23

---

[320] 2005年代表者会議決議第10、附属書「企業との提携に関する国際赤十字・赤新月運動の方針の明文規定」

条第3節に規定される。同規定は、「資金を募集するため、または普及活動を促進するために営利企業またはその他の団体と提携する赤十字社は、以下の条件を満たす場合には企業の登録商標、ロゴまたは名称を赤十字社が使用する物品、広告媒体または社が販売する製品に表示することができる」と定める。

　1991年の標章規則第23条第3節の解説で説明しているように、赤十字社は、支援企業から受けた支援に謝意を表明しなければならない。寄付者を完全に匿名にしておけば、寄付者を見つけ、維持することは難しかったであろう。しかし、「赤十字社は、濫用または人々の混乱の危険を避けるために、支援が公表される方法を厳密に監視することが重要である」。したがって、第23条第3節は、支援企業の名称およびロゴを赤十字社のウェブサイト上に表示できるために、赤十字社は、以下のすべての条件を満たすよう定めている。インターネットに適用すれば、これらの条件は以下のようになる。

a）　赤十字社と支援企業（または支援者の活動もしくはその製品）のそれぞれの独自性が混同されてはならない。支援企業の名称およびロゴを赤十字社のウェブサイトに表示する理由を通常の理解力のある者に明らかにしなければならない（例えば、支援企業のロゴが、「XYZ会社は、赤十字社の麻疹対策を支援しています」といった記述を付す）。

b）　赤十字社は、そのウェブサイト上で、支援企業のロゴおよび名称の表示を管理しなければならない。特に、支援企業の名称またはロゴは、適当な大きさでなくてはならない。

c）　支援企業のロゴおよび名称の表示は、一つの特定の活動に関連し、しかも期間を限定しなければならない。

d）　支援企業は、赤十字運動の目的および原則に反する、または人々にそうした疑念を抱かせる活動に従事するものであってはならない。1991年の標章規則第23条第3節dに関する解説および「企業との提携に関する赤十字運動の方針」は、このような部類に入る活動の例を幾つか挙げている。すなわち、武器、弾薬の製造および販売、健康に有害であると公に認められた製品の製造または販売、武力紛争または自然災害に物質的に寄与するような商慣習、あるいは運動の評判、イメージもしくは標章を傷つけるような活動である[321]。

e）　支援から赤十字社が得る物質的または財政的利益は実質的なものでなくてはな

321　特に「企業との提携に関する赤十字運動の方針」のセクション3.3に規定された分類を参照。

らない。しかし、赤十字社の独立が支援企業からの多くの支援により侵害されてはならない。

f) 支援企業のロゴおよび名称の表示は、赤十字社との書面での契約あるいは合意に含まれていなければならず、その契約あるいは合意は赤十字社本社の中央委員会により正式に承認されなければならない。赤十字社は、支援者の活動が標章の尊重または威信を損なうような場合には、関係企業との契約をいつでも、また、直前の通知により解除する権利をもつ[322]。

支援企業のウェブサイトにおける赤十字社のロゴの使用

1991年の標章規則第23条第4節は、特に以下のように規定する。

「赤十字社は、販売製品に自社の標章を表示することを許可しないものとし、広告媒体だけに、最大限の抑制をもって標章を小型のものとし、赤十字社への支援である旨の明確な説明を付す条件で、表示を許可することができる」。

したがって、第23条は、支援企業により販売される製品に赤十字社のロゴを表示することを禁じているが、支援企業の広告媒体への表示については許可できるとしている[323]。ウェブサイト上に含まれる多くの物が宣伝用であるとしても、ウェブサイト自体を「広告媒体」とみなすことは、恐らくできないだろう。さしあたり、ほぼ「販売製品」とみなされるような製品のオンライン販売用ウェブページが想像できるだろう。

しかし、いかなる場合でも、支援企業のウェブサイト上に赤十字社のロゴを表示する許可は、明らかに支援企業の(製品販売目的ではなく)広報目的のためでなければならず、それは、赤十字社のウェブサイト上に支援企業のロゴまたは名称を使用する際の前記条件と同じ条件に厳密に従う必要がある。唯一の例外は、第二の条件(すなわち、赤十字社が支援企業のウェブサイト上のロゴおよび名称の表示を完全に監督しなければならないという条件)であるが、これは適用が非常に難しい。他方、支援企業によるいかなる濫用も避けるため、以下の二つの条件を加えなくてはならない。

---

322 1991年の標章規則第23条第3節eの解説は、協定に署名した時には赤十字社が知らなかった理由により、障害をきたすような支援企業の活動の例として、当該企業による重大な汚染を挙げている。
323 本研究Q.33も参照。

a) 支援企業のウェブサイト上の声明は、赤十字社が受ける支援の性格を明確にしなければならず、また赤十字社のロゴの表示は、赤十字社が支援企業、その製品、サービス、意見または政治的見解を支持したと解されないように支援の性格を明確にしなければならない[324]。
b) 赤十字社と支援企業の契約または合意は、以下の要素を含まなければならない。
 ⅰ．支援企業は、そのウェブサイト上で赤十字社のロゴを使用する前、または使用する際に、常に赤十字社の同意を得なければならない。
 ⅱ．支援企業は、赤十字社から赤十字社のロゴをそのウェブサイト上で使用しないように求められたときは、速やかに削除しなければならない。

最後に、インターネットは世界中で活用されており、「濫用の危険が相当ある」（1991年の標章規則第23条第4節に関する解説が述べるとおり）ことから、当然、非常に慎重でなくてはならない。これは、赤十字社は、支援企業のウェブサイト上には、社のロゴ／名称の表示だけを最大限の慎重さをもって許可すべきであることを意味している。

---

324 この条件は「運動構成員の提携関係契約のための必須要件」（2005年の代表者会議決議第10、附属書第5、3、6節）による。

Q. 36：赤十字社が所有または管理し、その利益または資金が赤十字社に納付される赤十字社の営利会社もしくはその他の法人は、標章または赤十字社のロゴを使用することができるか。

法的および規程上の根拠
・GC I第44条および第53条
・1991年の標章規則第2－5条、第23条、第24条
・赤十字運動の基本原則
・2005年の代表者会議決議第10、附属書「企業との提携に関する国際赤十字・赤新月運動の方針の明文規定」

勧 告
●赤十字社の営利会社（赤十字社が所有または管理する法人）は、標章（保護記章、すなわち、文字を付さない原型）を使用することはできない。
●赤十字社は、その営利会社が以下のすべての条件を満たす場合には、赤十字社のロゴ（表示記章）の使用を許可することができる。

各国赤十字社の営利会社は、
ⅰ．赤十字社の営利会社の物品販売またはサービスが、赤十字社が行う人道的、社会的活動よりも赤十字社の代表的な活動にならない。
ⅱ．赤十字社の営利会社は、以下に反した活動に従事してはならない。
　a)　赤十字運動の目的および基本原則
　b)　国際人道法の諸原則
　c)　国際的に認められた人権基準

赤十字社の営利会社による赤十字社のロゴ使用は、
ⅰ．1991年の標章規則第23条第2節から5節までの制限を尊重する。特に、赤十字社のロゴは小型とし、過度に使用せず、不適当な物に表示してはならない。
ⅱ．赤十字社の営利会社の活動またはその製品の品質と標章もしくは赤十字社を人々が混同しないようにしなくてはならない。
ⅲ．赤十字社は、そのロゴ使用を厳正に管理しなければならない。
ⅳ．赤十字社は、赤十字社のロゴ使用を許可し、管理する書面による協定を営利会

社と結ばなければならない。

分 析

序 文

この問題は、赤十字社の営利会社による赤十字社のロゴの使用に関するものである。赤十字社の営利会社は別法人ではあるが、赤十字社が所有または管理し、利益は赤十字社に納付される。株主については、赤十字社は常に営利会社を支配するのに十分な持ち株を保有すべきである。

1991年の標章規則第24条第3節が規定するとおり、赤十字社および赤十字運動の活動を周知または促進することだけが目的である非営利の独立法人には、この問題は波及しない[325]。

法的および政策的枠組み

a)　1991年の標章規則第23条第1節によれば、赤十字社は、「国際人道法および赤十字運動の基本原則の知識を普及するため、または資金を募集するために規則第2条から第5条の制限内において」標章およびその名称を使用することができる。これは、各国赤十字社は、物品販売または一時的なサービスの提供など資金募集活動のために赤十字社の名称およびロゴを使用することができることを意味する。

しかし、赤十字社の物品販売またはサービスは、本来の人道的、社会的活動よりも赤十字社の代表的な活動になってはならない[326]。1991年の標章規則第23条第1節は、赤十字社自身による標章の使用を規定するが、この条件は赤十字社の営利会社の販売またはサービスにも適用される。

b)　1991年の標章規則第23条第3節、4節は、「営利企業またはその他の団体」について規定する。これらは赤十字社とは全く別の団体である。

2005年の代表者会議が、「企業との提携に関する赤十字運動の方針」を採択したことを指摘しなければならない。企業と提携する場合、赤十字社は、この方針の規定を常に尊重しなければならない。これは、特に赤十字社が提携関係に入る企業の選択基準および運動構成員の提携関係契約に必要な義務的かつ勧告的要件に妥当する[327]。

325　1991年の標章規則第24条第3節によれば、各国赤十字社は、営利目的ではない法人(例えば、協会または基金)がロゴを使用することを許可できるが、その後は使用を監督しなければならない。
326　1991年の標章規則第23条第1節の解説。本研究Q.33も参照。
327　2005年の代表者会議決議第10、附属書「企業との提携に関する国際赤十字・赤新月運動の方針の明文規定」

赤十字社は、営利企業またはその他の団体(赤十字社の営利会社を除く)に対して、1991年の標章規則第23条第3節a)およびc)からh)に規定された条件に厳格に従うことを条件に、かつ、「最大限の慎重さをもって、かつ標章を小型とし、社に与える支援について明確な説明を付すことを条件」に、広告媒体のみに赤十字社のロゴの表示を認めることができる[328]。

c) 赤十字社とは別団体ではあるが赤十字社に協力する企業とは対照的に、赤十字社が設立した企業が赤十字社のロゴを使用することについては、1991年の標章規則は沈黙しているかのように見える。しかし、第23条における企業またはその他の団体への言及は、赤十字社が設立した会社をも含むと解すべきである。赤十字社と法的関係を持ち、その唯一の目的が赤十字社の資金募集と活動支援であるような会社が、赤十字とは全く別の団体よりも不利な立場に置かれることは不条理に見えるのは確かである。

したがって、同条の類推適用により、赤十字社は、以下の基準を満たす場合には、自社の営利会社に対して社のロゴの使用を認めることができる。

赤十字社の営利会社は、以下に反する活動に従事してはならない。
a) 赤十字運動の目的および基本原則[329]
b) 国際人道法の諸原則
c) 特に1948年の世界人権宣言、1998年の労働の基本原則および権利に関する宣言、1965年の人種差別撤廃条約、1979年の女子差別撤廃条約に表現された国際的に認められた人権基準[330]

赤十字社の営利会社が赤十字社のロゴを使用する場合の条件は；
a) 1991年の標章規則第23条第2節から第5節までの制限を尊重する。特に、赤十字社のロゴは小型とし、過度に使用せず、不適当な物に表示してはならない[331]。
b) 赤十字社の営利会社の活動またはその製品の品質と標章および赤十字社を人々

---

328 1991年の標章規則第23条第4節。本研究Q.34およびQ.35も参照。
329 例えば、古着を提供することは適当であるが、タバコまたは宗教的、政治的もしくは議論を呼ぶような出版物を販売することは不適当である。これについては、濫用を引き起こすような製品への標章および赤十字社の名称使用は慎重でなければならない。例えば、赤十字社の営利会社が一般にカバン類を販売することは、それが濫用される可能性があるので不適当である。
330 2005年の代表者会議決議10附属書第3. 3条の類推による
331 1991年の標章規則第23条第1節の類推適用による。

が混同することがないようにしなければならない[332]。
c) 赤十字社は、そのロゴ使用に対して厳正に管理を行なわなければならない[333]。
d) 赤十字社は、赤十字社のロゴ使用を許可し、管理する書面による協定を営利会社と結ばなければならない。

具体的な事項

1. 赤十字社による赤十字社の営利会社の活動の管理

　既述したように、赤十字社は、赤十字社の名称およびロゴの使用を含む営利会社の活動の管理権を保有する必要がある。営利会社は別法人であるので、赤十字社は営利会社に対して同社が赤十字社のロゴを使用できる条件を定める文書を正式に作成すべきである。例えば、赤十字社内にロゴの使用の内部規則および承認手続きが存在する場合には、営利会社は定められた手続きに従うことが求められる。

　赤十字社は、その営利会社に対して不公正競争の申し立てがなされないよう注意しなければならない。例えば、赤十字社の営利会社が、緑地に白の十字の救急表示のような表示をしないで目立つ赤十字標章を自社の救急用品に使用しているのに、同様の製品を販売する他の企業は標章を使用できないといったことである。

2. 赤十字社とその営利会社の関係の説明

　第一に、小切手または為替の受取人としての役割に限定される営利会社の場合には、赤十字社のロゴを使用して赤十字社を支援するために、カードやギフトカタログまたは映画のプレミア上映のような活動もしくは資金募集イベントを推進することができるだろう。そのような場合、赤十字社のロゴと営利会社の名称を表示する必要はないが、実際上の理由から、営利会社と赤十字社の関係を文書で簡潔に説明するのは有益であろう。

　しかし、例えば、赤十字社の慈善ショップや古着ショップなど、赤十字社の営利会社が社のロゴを使用する必要がある重要な活動もある。例えば、「ブルーランド赤十字ショップ」または「ニューランド赤新月古着店」のような事業との関連で赤十字社の名称を使用することができるだろう。その場合、赤十字社の小さなロゴを、例えば「✚ブルーランド赤十字ショップ」または「☪ニューランド赤新月古着店」のように使用することができるだろう。この事業と赤十字社の関係は明確にすべきであり、

---

[332] 1991年の標章規則第23条第3節aの類推適用による。
[333] 1991年の標章規則第23条第4節の類推適用による。

例えば、店舗内のレジ近くか請求書または同様の書類にその旨を表記すべきである。そのような表記は、例えば「ブルーランド赤十字ショップ会社(登録企業番号第1234号)は、ブルーランド赤十字社(登録慈善団体番号第6789号)に所属し、赤十字社のための資金募集を目的として営利活動を行う」といったものである。

3. 赤十字社の営利会社との提携企業による赤十字社ロゴの使用

赤十字社の営利会社は、その他の法人、提携企業に赤十字社ロゴの使用を許可することはできない。これらのその他の法人は、赤十字社自体の許可により、1991年の標章規則第23条に規定された条件に厳密に従い、赤十字社のロゴ使用を許可される[334]。

4. 赤十字社が会社の支配に十分な持ち株を喪失した場合

赤十字社が社の営利会社を支配するのに十分な持ち株を失った場合には、その営利会社は、自社の名称に赤十字社の名称およびロゴを使用することはできない。これは赤十字社または赤十字運動以外の株主が企業の主要な受益者となることであり、この場合には、その会社が営利企業となるからである。しかし、1991年の標章規則第23条に規定する条件に従い、適当な方法で小さなプリントを文房具の下部またはその他の印刷物に付し、標章または赤十字社のロゴを付けないような赤十字社が得る小さな利益に言及することはできる[335]。

結 論

赤十字社の営利会社が赤十字社のロゴを使用することについて、1991年の標章規則に言及はない。したがって、標章の信頼および赤十字社の名称が常に尊重されるように細心の注意を払わなければならない。その際、標章の主要な目的は、武力紛争時の保護記章であり、人命救助の力を損なってはならないことを常に想起しなければならない。

334　1991年の標章規則第23条に規定された要件については、本研究Q.34を参照。
335　1991年の標章規則第23条に規定された要件については、本研究Q.34を参照。

第3部　標章の使用に関するその他の規則と勧告　463

Q. 37：スポンサー：スポーツ・チームまたは選手は、どの程度、宣伝もしくは資金募集の目的で赤十字社の標章またはロゴを使用することができるか。どのような契約が可能で、その制限は何か。

法的および規程上の根拠
・GCⅠ第44条および第53条
・1991年の標章規則第2－5条および第23条
・2005年の代表者会議決議第10、附属書「企業との提携に関する国際赤十字・赤新月運動の方針の明文規定」

勧　告
● 2005年の代表者会議で採択された「企業との提携に関する赤十字運動の方針」は、赤十字社が企業と提携する際は常に尊重しなければならない。
● 赤十字社と提携するスポーツ・チームや選手は、大型の標章(保護記章、すなわち、文字を付さない原型)を表示することはできない。
● 赤十字社(および赤十字運動)のイメージおよび標章の信頼を損なうおそれがあるので、赤十字社は、スポーツ・チームや選手に対して赤十字社のロゴ(表示記章)を表示する許可を与えないよう強く勧奨される。
● しかし、赤十字社が資金募集またはプロモーションの目的でスポーツ・チームや選手にロゴを使用する許可を与える場合には、以下の条件をすべて満たさなければならない。
　　ⅰ．一般的にスポンサーは、基本原則を支援するものであり、特にスポーツ・チームや選手との協力が赤十字社または赤十字運動のその他の構成員の中立および独立を危うくするものであってはならない。
　　ⅱ．スポーツ・チームや選手の活動および行動が、標章への信頼を傷つけず、または標章の尊重を損なうものであってはならない。
　　ⅲ．チーム・ユニフォームの赤十字社のロゴは小型のものとし、スポンサーについて説明する文言を付さなければならない。
　　ⅳ．赤十字社とその他のロゴが表わす会社が混同されないようにし、また赤十字社と会社の提携を示唆するようなことを避けるために、チーム・ユニフォームの赤十字社のロゴは、その他のロゴとできるだけ明確に離さなければならない。

v．ロゴは選手が着るユニフォームのみに使用することができ、スポーツ・チームやクラブが一般に販売するユニフォームに使用してはならない。

vi　赤十字社とスポーツ・チームまたは選手との契約は、以下を遵守しなければならない。

a)　書面によること

b)　効力は短期間であること（例えば、1年から3年）

c)　赤十字社のロゴ使用に関する前述のすべての条件を記載すること

d)　赤十字社のロゴ使用に関する条件が破られ、またはスポーツ・チームや選手の活動もしくは行動が標章の信頼を損なう場合には、赤十字社は、いつでも賠償責任を負わずに直ちに契約を終了すること。

分　析

序　文

　赤十字社にとり、資金を募集し、活動を推進するために新たな方法を見いだすことは重要である。それが、場合により赤十字社がスポーツ・チームと提携してきた理由である[336]。しかし、2005年の代表者会議が「企業との提携に関する赤十字運動の方針」を採択したことに留意しなければならない。企業と提携する場合、赤十字社は常にこの方針の規定を尊重しなければならない。これは、特に赤十字社が提携関係に入る会社の選択基準および赤十字運動の構成員の提携契約に必須かつ奨励すべき要件に関連する[337]。

　多くの赤十字社が、大規模なスポーツ・イベントでは救急チームを派遣する。救急チームの派遣は、通常は書面の契約による。したがって、多くの赤十字社が多くのスポーツ・チームとの関係を構築しており、しばしば、スポーツ・イベントでの活動により赤十字社の救急チームはメディアに露出する。

　同時に大きな人道危機にあたり、スポーツ・チームは赤十字社の資金募集活動を支援し、赤十字活動を普及促進するようになった。資金募集または普及促進イベントは、競技や試合の形をとり、資金募集イベント等への主要選手の出席などがある。

　また時には赤十字社、スポーツ・チームおよびスポーツ・チームを何十年と後援してきた民間企業（例えば、金融または保険会社）との間で提携が行われることもあ

---

[336]　この問題の分析上、「スポーツ・チーム」は「スポーツ選手」を含むものとする。

[337]　2005年の代表者会議決議第10、附属書「企業との提携に関する国際赤十字・赤新月運動の方針の明文規定」。

る。時には、民間企業は、赤十字社とスポーツ・チームの双方のスポンサーとなることに興味を持つ。

　赤十字社がそうした提携にもたらす効果の一つは、赤十字社のイメージである。しかし、これは二つの重大な問題を提起する。
● スポーツ・チームは、標章または赤十字社のロゴをその選手のユニフォームに付けることを許されるか。許されるとすれば、いかに許されるか。
● 標章または赤十字社のロゴ使用を許可する赤十字社とスポーツ・チームの契約には何を盛り込むべきか。

スポーツ・チームは標章または赤十字社のロゴを選手のユニフォームに付けることができるか。できるとすれば、いかにして可能か。
　1991年の標章規則は、赤十字社が収入源を多様化し、拡大させる重要性を十分認識した上で起草された。規則前文第3節は、以下のように規定する。

> 「1991年の規則改訂の目的の一つは、各社が、赤十字・赤新月の標章および名称の尊重を損なうことなく、収入源を多様化し、拡大できるようにすることであった」。

　1991年の標章規則は、ジュネーブ条約の広義の解釈であることを想起しなければならない。規則前文に記されるとおり、ICRCの見解では、規則が許容する範囲は「できるだけ幅広い」ものである。したがって、規則の規定は厳密に守らなければならない。
　1991年の標章規則第23条第1節によれば、赤十字社は、その活動を周知し、国際人道法と基本原則の知識を普及するために、または資金募集のために行うキャンペーンやイベントを支援するために標章を使用することができる。しかし、そのような標章の使用は、常に1991年の標章規則の「第2条から第5条までの制限内」で行われ、特に以下が重要となる。
a)　1991年の標章規則第4条第1節により、「標章の保護的使用と表示的使用の混同は避けなければならない」。本件の場合には、保護的使用の問題は生じない。この研究の序文で記したとおり、そのような場合に使用しなければならず、「比較的小型でなければならない」のは、赤十字運動の構成員のロゴだからである[338]。1991

338　1991年の標章規則第4条第1節。

年の標章規則第23条第2節によれば、「当該物はいかなる意味でも国際人道法上の保護、または赤十字運動の構成員もしくは後に濫用を生じるような示唆を与えるものではないものとする」339。後者の規定に関する注釈によれば、服装において混同の危険性が強い。

　これらの規定から、スポーツ・チームは、赤十字社のロゴの表示が認められるが、それは小型でなくてはならず、できる限り説明文を付すべきである、という結論になる340。スポーツ・チームが赤十字社のロゴを使用する場合、望まない混同を生じさせる危険があることは明らかである。すなわち、チームが「赤十字／赤新月／赤のクリスタルのチーム」と思われるか、または、チームが保護標章を表示したゼッケンを着用する場合に、チームが赤十字運動の構成員のスタッフと混同されるという危険性である。

b)　標章規則第3条によれば、「赤十字社は、赤十字運動が規定する諸原則に合致する活動のためにのみ標章を使用することができる。各国赤十字社は、いかなる場合にも標章の威信を損なわず、標章の尊重を低下させないものとする」。この非常に一般的な条項は、常に標章の威信と尊重を保たなければならないことを再確認しているので重要である341。

　したがって、スポーツ・チームは赤十字社あるいは赤十字運動の人道活動に反するか、基本原則に反するような活動に決して関与してはならない。これについては、一般的イメージと評価が高いスポーツ・チームが存在するのは確かである。スポーツ・チームの一般的イメージおよびスポーツ活動と赤十字社の募金および広告活動のためのスポンサーを結びつけることで、赤十字社は通常ならば手の届かないところにある集団に近づくことができる。しかし、赤十字社はそのような繋がりがもたらす利点と危険性のバランスを慎重に考慮しなければならない。実際、たとえば麻薬スキャンダル、拝金主義、暴力、暴行そして人種差別的な言動

339　1991年の標章規則第5条第3節は、「装飾目的の標章の使用は、公式行事または映画、出版物、メダルもしくはその他の記念品のような赤十字社と赤十字運動の推進を目的とした物を対象に第3条の制限内で許可される」と明記している。そのような場合は、「より自由なデザインが許される」。もっとも、標章の大きさについては例外はなく、比較的小型でなければならず、また標章への信頼を常に維持しなければならない(標章規則第5条第2節、第3節の解説を参照)。

340　一般的に、誤解を避けるため、一般の人々になぜ赤十字社のロゴがスポーツ・チームのユニフォームに表示されているか理解させることは重要である。

341　これに関し、1991年の標章規則第23条第3節dは、営利企業またはその他の団体と提携する赤十字社は、企業の商標を表示することができるが、特に「関連する企業は、いかなる意味でも赤十字運動の目的および原則に反する、または人々にそうした疑念を抱かせる活動に従事するものであってはならない」と定めている。

により、プロスポーツはしばしば否定的なイメージを帯び、これは標章の威信と尊重に有害な影響を与えかねない。最低限、スポーツ・チームの評判とその「言動」を慎重に評価し、定期的に監視すべきである。

最後に、標章の威信を保護するため、赤十字社ロゴをチームのユニフォーム上に表示する場合は、その位置について非常に慎重な配慮を払わなくてはならない。可能な限り、一般の人々が赤十字社のロゴとその他のロゴを混同することがないよう、また赤十字社のロゴとその他のロゴが同一であるように示唆するようなことがないようにすることが重要である。

c) 1991年の標章規則第23条第4節は、赤十字社は「販売製品には自社の標章を表示することを許可しないものとする」とも定めている。したがって、赤十字社がスポーツ・チームのユニフォームに社のロゴの表示を許可する場合には、チームの選手が実際に着用するユニフォームのみにロゴの使用を許可し、スポーツ・チームあるいはクラブが一般に販売するユニフォームにロゴを使用することを許可してはならない。

標章あるいは赤十字社のロゴの使用を許可する赤十字社とスポーツ・チームの契約に含めるべき事項

赤十字社のロゴ使用をスポーツ・チームに認める赤十字社が締結する契約は、多くの重要な条件を含まなければはならない。1991年の標章規則第23条第3節、第4節により、最も重要な条件は以下のとおりである。

    a) 赤十字社とその提携先の間の契約は書面でなければならない。
    b) 契約は短期間(1年から3年)のみ有効なものとし、また赤十字社は標章の威信と尊重が損なわれていないことを定期的に評価しなければならない。
    c) 特に1991年の標章規則第23条第4節により、標章使用に関する条件は契約の重要要素でなければならず、これらの条件に故意の違反があった場合、赤十字社は賠償責任を負わずに即座に契約を終了することができる。同様に、スポーツ・チームの活動あるいは言動により、標章の威信が損なわれたときは、赤十字社には契約を終了する権利がある。

また、書面による契約が締結される前に、赤十字社の法律顧問の承認を得なければならないことも重要である。

警 告

　このような二面性または三面性を持つスポンサー契約に入ることは、法的にもビジネスの面からも難しいことである。赤十字社にとり、赤十字運動の活動を妨害し、赤十字社のロゴの地位を危うくするような状況をすべて予見することは簡単ではない。特に率先して契約に入るには細心の注意を払わなくてならない。また赤十字社は、提携関係における役割およびスポーツ・チームのユニフォームに表示されるロゴから得る利益について十分に説明する準備が必要である。

　スポンサーを開拓し、赤十字社の露出度を高めることは、赤十字社にとり重要な目標である。しかしながら、標章の使用および赤十字社並びにその延長線上にある赤十字運動のイメージの尊重の点からは困難と危険が伴う。これらの困難や危険があるので、赤十字社との提携関係の枠内でスポーツ・チームに赤十字社のロゴ使用を許可することは奨励できない。

Q. 38：どの標章およびロゴをどのような方法で赤十字社の出版物の表紙に使用するか。

法的および規程上の根拠
・GC I 第44条2項
・AP III 前文第10項
・赤十字運動規約第3条第2節第3小節

勧　告
● 赤十字運動の構成員および連盟のメンバーとして、赤十字社は、その出版物に赤十字と赤新月を並列して（赤十字運動を表わすために）表示し、また連盟のロゴを表示することが許される。
● 赤十字社はICRCの許可を得ない限り、ICRCのロゴをその出版物に使用することはできない[342]。
● 赤十字社がその出版物の表紙に連盟のロゴを表示する場合は、「国際赤十字・赤新月社連盟のメンバーである」といった文言を加えることができる。
● 自社の出版物に関しては、国際法の最近の発展（AP III の採択など）に鑑み、赤十字社は採択の順番により赤十字、赤新月および赤のクリスタルを表示するよう奨励される。赤十字運動の構成員は、赤十字運動の名称あるいは標章が変更されたと示唆するような方法で標章を使用すべきではないので、例えば、以下のような文言を付して表示すべきである。
　　ⅰ.「国際赤十字・赤新月運動の特殊標章」
　　ⅱ.「国際赤十字・赤新月運動の構成員が使用する特殊標章」[343]

分　析
序　文
　赤十字社は、赤十字運動の構成員および連盟のメンバーであるので、例えば、その出版物の最初または最後のページに連盟の記章を表示することができる。

342　ICRCのロゴ使用については、本研究のQ.25を参照。
343　これらは文言の例えである。赤十字社は正しいメッセージを伝えれば、異なる表現を自由に使用することができる。疑問がある場合、各国赤十字社はICRCに相談することができる。ICRCのこの問題に関する方針については、本研究のQ.40を参照。

しかし、赤十字社はその出版物にICRCのロゴを使用することはできない[344]。ICRCと赤十字社は赤十字運動の異なった構成員であり、互いに独立している。

AP III 締約国は、AP III 前文第10項に、「赤十字国際委員会、国際赤十字・赤新月社連盟および国際赤十字・赤新月運動がそれぞれの現行の名称及び標章の維持を決意した」ことに留意している。

したがって、赤十字社がその出版物の、例えば最初または最後のページに連盟および赤十字運動あるいはそのいずれかをグラフィックで描写する場合には、赤十字社は、赤十字および赤新月のみを表示することができる。

連盟のグラフィック描写

赤十字社がその出版物の最初または最後のページに連盟を表現する場合には、赤十字社は連盟のロゴに「国際赤十字・赤新月社連盟のメンバー」というような文言を加えなければならない。連盟のロゴは白地に赤枠の中に赤十字および赤新月が並び、「国際赤十字・赤新月社連盟」という言葉が添えられているものである。

赤十字運動の構成員が使用できる標章

AP III 前文第10項により、赤十字運動の構成員は赤十字運動の名称または標章の変更を示唆するような方法で、赤十字、赤新月および赤のクリスタルを同時に使用すべきではない。

国際赤十字運動規約第3条2項は、赤十字社に「国際人道法を普及し、また国際人道法の普及にあたり政府を支援する」権限を与えている。したがって、（出版物などによる）AP III の普及、特に赤のクリスタルの重要性に関する普及は赤十字社の義務である。

この点および国際法の最近の発展（AP III の採択など）に鑑み、赤十字社はその採択の順番により、赤十字、赤新月そして赤のクリスタルを表示するよう奨励される。このような表示には、例えば、以下のような説明を付すべきである。

 i.「国際赤十字・赤新月運動の特殊標章」、または、
 ii.「国際赤十字・赤新月運動の構成員が使用する特殊標章」[345]

これらは説明の例である。赤十字社は、正しい内容であれば別の表記を自由に使用することができる。疑問がある場合は、赤十字社はICRCに相談するよう求められる。

344　ICRCのロゴの使用については、本研究のQ.40を参照。
345　この問題に関するICRCの方針については、本研究のQ.40を参照。

第3部　標章の使用に関するその他の規則と勧告　471

Q. 39：赤十字社はそのレターヘッドにどの標章とロゴを使用すべきか。

法的および規程上の根拠
- GC I 第44条2項
- 1991年の標章規則第1条および第5条
- AP III 前文第10節、第2条、第3条1項および第2項
- 赤十字運動規約第3条2項

勧　告
- 赤十字社はそのレターヘッドにロゴ(表示記章)を使用することができるが、ロゴに関する一般規則が適用され、装飾を施さず、デザインは厳密(標章と赤十字社の名称またはイニシャルを併記)でなくてはならない。
- 赤のクリスタルの採用については、表示目的で標章の組合せ(AP III 第3条1項(a))または締約国により実質的に使用され、AP III 第3条1項(b)のその他の要件を満たす他の標章の使用を希望する赤十字社は、レターヘッドまたは自国の領域外に送付される可能性のある他の資材には、選択した標章(一つまたは複数)を赤のクリスタルの中に組み込まなければならない。
- 連盟のメンバーとして、赤十字社は連盟のロゴをレターヘッドに付すことができる。これには、「国際赤十字・赤新月社連盟のメンバー」というような説明を付さなければならない。
- レターヘッドについては、国際法の最近の発展(AP III の採択など)に鑑み、赤十字社はその採択の順番により、赤十字、赤新月そして赤のクリスタルを表示することが奨励される。赤十字運動の構成員は、赤十字運動の名称または標章の変更を示唆するような方法で、三つの標章を同時に使用すべきではないため、そのような表示には、例えば以下のような説明を付すべきである。
    i．「国際赤十字・赤新月運動の特殊標章」、または
    ii．「国際赤十字・赤新月運動の構成員が使用する特殊標章」[346]
- 赤十字運動の構成員に混乱を生じさせないように、赤十字社はICRCのロゴをレターヘッドに付してはならない。
- レターヘッドはもっぱら表示的性格を持つため、赤十字運動の構成員は、外部の

346　この問題に関するICRCの方針については、本研究のQ.40を参照。

提携企業と同一視されないように、その会社のロゴと赤十字社のロゴを一緒に便せんに表示してはならない[347]。

分析
レターヘッドのロゴ：標章の表示的使用
　1991年の標章規則第5条第2節、第3節の解説は、「人または物が赤十字社と関連があることを示す表示的使用」と「標章の名誉を損なわない限り、より自由なデザインが許される赤十字社と赤十字運動の推進を目的とした表示的使用」を区別している。
　解説は、標章のレターヘッドへの使用は、標章使用の前者にあたるとしている[348]。

1．ロゴは表示の意味である
　ロゴは「純粋な」表示的使用であるので、赤十字社が便せんおよびその他の公文書（および出版物）に標章を使用する場合は、以下の1991年の標章使用規則第5条第2節に従わなければならない。
　「表示的使用の標章は、赤十字社の名称または略称を添えるものとする。十字または三日月（あるいはクリスタル）の上には、いかなる絵や文字も描かないものとする。地色は常に白色とする」。

　したがって、1991年の標章規則第5条第2節に従い、赤十字社はロゴの中に正式名称（または略称）を記すことが奨励される[349]。「赤十字」「赤新月」「赤のクリスタル」

347　このような「二重ロゴ」の問題の詳細な考察については、本研究のQ.22を参照。
348　これについては、解説のフランス語版は英語版よりもより明確に述べている。フランス語版は以下のとおりである。
　　"Il faut ici distinguer l'utilisation de l'emblème pour indiquer qu'une personne ou un bien est rattaché à la Société, utilisation pour laquelle la rigueur du graphisme s'impose, et l'utilisation à titre de promotion de la Société et du Mouvement, où une certaine souplesse est tolérable si elle ne porte pas atteinte au prestige de l'emblème. Dans ce dernier cas, c'est à la Société naionale de juger, en fonction de la législation nationale et de son contexte national, s'il est possible et opportun d'autoriser un tel usage. La souplesse du graphisme pourra consister par exemple en une croix rouge sertie d'or, un croissant dont la nuance du rouge contient des gradations, une crois découpée, un emblème recouvert d'un motif. **La Société n'usera pas d'un tel graphisme sur les bâtiments qu'elle utilise, ni sur son papier à lattres, puisqu'il s'agit là à l'évidence de cas d'usage indicatif.**"（太字強調）
349　「正式名称または略称」とは、国により赤十字社として設立され、ICRCにより承認された際の名称を意味する。各国赤十字社の名称または略称は、赤十字・赤新月・赤のクリスタルの右側または左側、あるいは標章の下もしくはその他の場所に付けることができる。

「赤十字・赤新月」などは赤十字社の名称でも略称でもないので、国名を付けずに「赤十字」などと呼称するのは非常に疑問のある慣行である。

また、一般の人々に赤十字運動の構成員について混乱を生じさせる重大かつ具体的な危険性がある。もし、あらゆる赤十字社が国名を付けずに「赤十字」「赤新月」「赤のクリスタル」またはそれらの併用を呼称としてロゴに使用するとしたら、赤十字社を区別することはほとんど不可能になるであろう。

2. ロゴはあくまでもロゴである

表示の機能を持つ標章(ロゴ)は、1991年の標章規則第5条第2節の第二文[350]に明記されているように厳密なデザインでなければならない。つまり、標章と赤十字社の名称または略称が一緒でなければならない。したがって、厳密なデザインに装飾を施すことは避けなければならない。

加えて、赤十字運動の構成員(各国赤十字社、連盟、ICRC)は、それぞれの独自性を保つことが重要である。例えば、赤十字社は、標章の周囲に一つの円または二重の円を描いてICRCのロゴと混同させてはならない[351]。

3. 赤のクリスタルの使用

赤のクリスタルの表示的使用については、AP III 第3条1項および第2項で、以下のように規定している。

「1. 第三議定書標章の使用を決定する締約国の赤十字社は、関連する国内法に従って標章を使用するにあたり、表示目的で、この(標章の)中に以下に掲げるものを組み込むことを選択することができる。
a) ジュネーブ諸条約により承認された特殊標章またはこれら標章の組合せ。
b) 締約国によって効果的に使用されており、かつ本議定書の採択前に寄託者を通じて他の締約国及び赤十字国際委員会へ通報されたその他の標章。(…)
2. 上記第1項に従い、第三議定書標章の中に他の標章を組み込むことを選択する各国の社は、自国の領域内において国内法に従いその標章の名称(またはこれら標章の併用の名称)を使用し、表示することができる」。

---

350 1991年の標章規則第5条第2節の解説。
351 ICRCによる円形紋章の使用は1865年7月にまでさかのぼる。Gustave Moynier and Henry Dunant, 3ème Circulaire: Le Comité International de Genève à Messieurs les Présidents et les Membres des Comités de Secours aux militaries blessés dans les divers Pays, Geneva, 31 July 1865.

したがって、赤十字社が赤のクリスタルを標章として使用するのであれば（そのためには国内法の改正が必要となろう）、赤のクリスタルの中に、表示目的で既存の標章の一つまたは複数を組み込むことができる。

赤のクリスタルを選んだ場合、その社は「赤のクリスタル社」の名称を使用することができるが、赤い枠の中に入れ込んだ標章（または複数の標章の併用）の名称を用いることもできる。各国の社にとり、「赤のクリスタル社」「赤十字社」「赤新月社」「赤十字・赤新月社」がAP Ⅲ 第3条1項および第2項で規定された可能性の具体例である。

レターヘッドについては、1991年の標章規則第5条第2節を厳正に適用すると、各社のロゴの中の赤十字社の標章の名称の近くに国名（またはその形容詞形）を付す必要がある。

最後に、AP Ⅲ のコメンタリー（第3条2項）によれば、赤十字社は赤のクリスタルの中に組み込まれた標章の名称をその社の名称として常に保有することができるが、枠に入っていない標章の併用（AP Ⅲ 第3条1項(a)）あるいは「締約国によって効果的に使用されており、かつ本議定書の採択前に寄託者を通じてその他の締約国および赤十字国際委員会へ通報されたその他の標章」（AP Ⅲ 第3条1項(b)）は領域内でのみ使用することができる[352]。

例えば、ある社が「赤十字・赤新月社」という名称を選んだ場合は、国外では、赤のクリスタルの中に組み込まれていない赤十字および赤新月を表示目的で表示することはできない。

したがって、標章の組み合わせ使用、または締約国により実効的に使用され、かつAP Ⅲ 第3条1項(b)のその他の要件を満たす他の標章を使用することを希望する赤十字社は、自社が選んだデザインまたは図柄を便せんまたは国外に送付するその他のいかなる資料にも表示してはならない。そのような赤十字社は、国外に送付する手紙または資料には、社が選んだ標章を赤のクリスタルの中に組み込むべきである。

赤十字社のレターヘッドにその他の赤十字機関のロゴを使用すること[353]

1. ICRCのロゴ

上記のとおり、赤十字社がICRCロゴに類似したロゴを使用することに関して、赤十字運動の各構成員は、各自の独自性を維持したほうがよいであろう。この勧告

---

352 AP Ⅲ の解説、第3条2項、本書p.244。
353 各国赤十字社の出版物または文書への赤十字運動の画像描写に関する分析については、Q.38を参照。

の趣旨に沿えば、赤十字社はICRCのロゴをレターヘッド（レターヘッドは「純粋に」表示目的である）に添えてはならない。

　赤十字社とICRCは、同じ赤十字運動の構成員であり、それぞれの使命を遂行するため非常に密接に協力しているが、これらは別の独立した機関である。ICRCのロゴを赤十字社の便せんに採用すること（またはICRCが各国赤十字社のロゴをICRCの便せんに採用すること）は、赤十字運動の各構成員について不必要な混乱を生じさせるであろう。

2．連盟のロゴ

　赤十字運動の各構成員がそれぞれの独自性を維持することが重要であることは既に述べた。しかし、各国赤十字社は連盟のメンバーである。したがって、赤十字社はその便せんに連盟のロゴを添えることができる[354]。この場合、「国際赤十字・赤新月社連盟のメンバー」というような記述を添えなくてはならない。

3．赤十字運動の構成員が使用できる標章

　AP Ⅲ 前文第10項により、赤十字運動の構成員は赤十字運動の名称または標章の変更を示唆するような方法で、三つの標章を同時に使用すべきではない。

　しかし、国際赤十字運動規約第3条2項は、各国赤十字社に「国際人道法を普及し、国際人道法の普及にあたり政府を支援する」権限を与えている。したがって、（出版物などによる）AP Ⅲ の普及、特に赤のクリスタルの重要性に関する普及は、赤十字社の義務である。

　国際法の最近の発展（AP Ⅲ の採択など）に鑑み、各国赤十字社はその採択の順番により、赤十字、赤新月そして赤のクリスタルを表示することが奨励される。そのような表示には、例えば、以下のような説明を付すべきである。

　a)　「国際赤十字・赤新月運動の特殊標章」　または
　b)　「国際赤十字・赤新月運動の構成員が使用する特殊標章」[355]

354　連盟のロゴは、長方形の中に赤十字および赤新月が入れ込まれ、"International Federation of Red Cross and Red Crescent Societies"の記述があることに注意しなければならない。
355　この問題に関するICRCの方針については、本研究のQ.40を参照。

4. 外部提携企業のロゴ[356]

1991年の標章規則で説明しているように、レターヘッドに使用されるロゴは標章の表示使用の「典型的な例」である[357]。それは、ロゴが赤十字社の独自性を明らかにしていることを意味する。

赤十字運動の独立、中立および公平を確保するため、また一般の人々および戦闘員が赤十字運動はこれらの原則を遵守するという信頼を持てるようにするために、赤十字運動の構成員は外部の提携企業と同一視されないようにしなければならない。したがって、赤十字運動の構成員は外部の提携企業のロゴを赤十字社のロゴに添えたりレターヘッドに表示すべきでないことを勧告する。

---

356 このような「二重ロゴ」の問題の詳細な考察については、本研究のQ.22を参照。
357 1991年の標章規則第5条第2節、第3節の解説。

〈C．ICRCによる使用〉

Q.40：ICRCは、国際赤十字・赤新月運動に関する出版物に、いかなる標章を表示すべきか。

法的または規程上の根拠
・GC I 第44条3項
・AP III 前文第10項
・国際赤十字運動規約第5条2項(g)
・ICRC定款第4条1項(g)

勧　告
●原則としてICRCは、標章またはその他赤十字運動の諸問題に関するあらゆる出版物に赤十字、赤新月および赤のクリスタルの標章を表示すべきである。
●標章は、その採択順に表示すべきである。赤十字を最初に、続いて赤新月、そして最後に赤のクリスタルとする。
●赤十字運動の構成員は、運動の名称または標章の変更を示唆すると解されるような標章の使用を行ってはならない。そのため、運動の諸問題に関するICRCの関連文書の表紙に三つの特殊標章を表示する際は、脚注を併記する。ICRCは「国際赤十字・赤新月運動の特殊標章」の文言を採用している[358]。

分　析
序　文

AP III 前文第10項では、締約国は、「赤十字国際委員会、国際赤十字・赤新月社連盟及び国際赤十字・赤新月運動がそれぞれの現行の名称および標章の維持を決定したこと」に留意している。

これは、赤十字運動の現行の名称または標章の変更に関する公式決定は、運動の法的機関(すなわち、赤十字国際会議)のみが行うことができるという意味である。

しかし、AP III 前文第10項は、例えば、報告書の表紙または赤十字運動の諸問題に関するその他の文書に三つの特殊標章(赤十字、赤新月および赤のクリスタル)を

---

[358] 赤十字運動の他の構成員に対する赤十字運動関連文書/出版物における標章表記に関する勧告は、本研究のQ.38およびQ.39を参照。

説明のために併記することを禁じていないが、国際赤十字ハンドブックの表紙などICRCの関連文書への表記には、解説文を併記すべきである。

普及のためのICRC出版物への特殊標章の表示

ICRCが普及目的で赤のクリスタルを出版物に表記する理由としては、次の二つの見解が本質的に重要である。

　　a)　武力紛争時における戦闘員および個々の文民の他、概して一般住民も同様に、新たな保護手段としての赤のクリスタルに習熟する必要がある。この標章は、赤十字、赤新月と同様に尊重され、保護されなければならない。

　　b)　国際赤十字運動規約第5条2項(g)およびICRC定款第4条1項(g)のいずれにおいても、ICRCは「武力紛争に適用される国際人道法の知識の理解と普及のために活動し、また、その発展のための準備をすること」を宣言している。必然的に、ICRCはその使命を果たすため、比較的新しいAP Ⅲ の内容を普及する義務がある。

ICRCは、標章はその採択順、すなわち赤十字(正式承認1863-1864年)、赤新月(正式承認1929年)そして赤のクリスタル(正式承認2005年)の順番で表記することに決めた。

ICRCの関連文書への特殊標章の表示

AP Ⅲ 前文第10項に基づき、赤十字運動が新たな図柄表記を採用しないことを明確にするため、運動の諸問題に関するICRCの関連文書に表記される三つの特殊標章には、解説文を併記すべきである。

ICRCは、「国際赤十字・赤新月運動の特殊標章」の文言を採用している[359]。

---

[359] 前置詞「of」は、広く解さなければならない。解説文の文言は、三つの標章の同時表記が運動の図柄表記を構成するとの意味で解されてはならない。

Q. 41：ICRCは、その名称、ロゴおよび画像を商業目的でいかに使用できるか。

法的または規程上の根拠
- GC I 第44条3項
- 1991年の標章規則第23条
- 2005年の代表者会議決議第10、附属書「企業との連携に関する国際赤十字・赤新月運動の方針の明文規定」

序　文
本項は、ICRCの名称、ロゴおよび画像の使用に係る商業的問題に関連してICRCが採択した次の諸文書を扱う。
- 商品およびサービスの提供者によるICRCの名称および画像の使用に関するガイドライン
- 資金募集を目的とした赤十字標章およびICRCの名称、ロゴの使用に関するガイドライン
- ICRC企業支援グループ（Corporate Support Group）

　ICRCが1991年の標章規則を可能な限り適用すると約束したことを再確認するのが重要である。同規則前文に示されるように、ICRCは「本規則改訂版の範囲は、ジュネーブ諸条約の枠内で可能な限り広いものである」と述べている。したがって、本項で示されたガイドラインや方針は、1991年の標章規則、特にその第23条に定義された基準の遵守を意図している。他の関連した法的または規程上の根拠となるものは、GC I 第44条3項および「企業との提携に関する国際赤十字・赤新月運動の方針の明文規定」（2005年代表者会議・決議第10附属書）である。

　本項の構成は、本研究のその他の部分とは若干異なる。本項では勧告はなく、代わりにICRCがその名称、ロゴおよび画像の使用に関する商業問題に対処してきた方法を手短に解説している。

　赤十字社が、これらガイドラインおよび方針が自らの目的に合致すると見なすのであれば、ICRCは、各社に同様の諸文書を採用するよう奨励する。

a) 商品およびサービスの提供者によるICRCの名称および画像の使用に関するガイドライン

商品およびサービスの提供者による
ICRCの名称および画像の使用に関するガイドライン

2005年9月採択

目 的

本ガイドラインは、ICRC[1]に商品およびサービスを提供する企業(以下、提供者)に対するICRCの名称および画像の使用に関する枠組みを定めたものである。特に、ICRCが広報[2]を目的としたその名称および画像の使用許可を提供者に与える場合の諸条件を定めている。

本ガイドラインの目的は、ICRCのイメージ、評価と一貫性の維持にある。また、ICRCとの提携が支援企業にとり常に魅力的で価値あるものとするため、ICRCの名称および画像を民間企業が使用する際の排他的な特性を維持することにある。

一般的な原則

提供者は、ICRCロゴ[3]を使用してはならない。本ロゴは、一定の条件下にICRCとの提携関係にある支援企業のみが使用できる。ICRCは、予め、これら企業の活動および行動に関する倫理評価[4]を行うこととする。

原則として、提供者は広報目的でICRCに言及してはならない。ICRCが提供者と締結する契約では、事前の許可なしにICRC(の名称、画像またはロゴ)もしくは赤十字、赤新月の標章[5]を使用できない旨、明確に規定しなければならない。

提供者が「ICRC」(または「赤十字国際委員会」)の名称またはICRCが映った画像の使用を希望する場合、まずICRCの明示の許可を得なければならない。ICRCは、販売物品への名称および画像の使用を禁止する。

条 件

ICRCの名称および画像の使用許可、およびその許可証[6]の交付は、次の条件を満たした提供者にのみ認められる。

a) ICRCの名称および画像の使用により、ICRCと提供者の活動および／または製品の品質およびサービスに関して、一般の人々にいかなる混同も生じさせないこと。
b) ICRCの名称および画像は、明確に指定された期間のみ使用が許可されること。
c) ICRCの名称および画像は、実際に提供される商品またはサービスに限り使用が許可されること。
d) ICRCは、提供者との良好な関係を通じて、その名称および画像の使用許可により物質的、財政的な利益[7]が得られること。

提供者側の方針または活動が、企業との提携に関する赤十字運動の方針[8]に反する場合、ICRCは提供者に対して、名称または画像の使用の許可を行わないものとする。ICRCはまた、提供者側との関係の終了の妥当性について検討するものとする。

許可の取り消し

ICRCは、提供者の活動がICRCの評価を損なうおそれがあると判断した場合には、いつでも許可を取り消すことができる権利を有する。

法的措置

ICRCは、赤十字／赤新月標章、商標、人格の保護に関するスイス国内法および、提供者の国の法律が少なくともスイス国内法と同程度の保護を与えている場合には、その国の法律を活用し、かつその規定の下でいかなる措置をもとる権利を有する。

〔注〕
1. ICRCの名称は、頭字語「ICRC」（または「CICR」など）またはフルネーム「赤十字国際委員会（International Committee of the Red Cross）」（または"Comité international de la Croix-Rouge"）を意味するものと解される。ICRCの画像とは、あらゆるICRCまたはその活動（例えば、ICRCバッジを着用した要員、ICRC旗を掲げた建物またはICRCのシールを貼った車両またはトラック）の描写である。
2. 広報には、広報戦略および同活動の両方が含まれる（メディアとの関係、ウェブサイト、マーケティング活動、キャンペーン、視聴覚製品など）。提供者の自社の社員や子会社との間で交わされる内部通信は、広報には含まれない。

3. ICRCのロゴは、CICR（またはICRCなど）のイニシャルの上に、"Comité international Genève"の文字が間に入った二つの同心円に囲まれた赤十字で構成される。
4. 倫理的評価は、ICRC外資調達部（External Resources）の企業提携担当部長（Head of Corporate Partnership）が担当する。
5. 標章は、戦時には保護的使用が行われる。標章の濫用とは、GCおよびAPにより明示の許可を得ない、あらゆる使用をいう。
6. ICRCは、許可を行った後に証明書を発行し、その裏面には提供者によるICRCの名称および／または画像の使用計画を記載するものとする。
7. 費用対効果（原価回収）に鑑み、これらのガイドラインの実施に必要な投資額は、提供者が容認した販売条件よりも更に有利な条件を得るなど、必ず予想される利益額よりも明らかに低く抑えることが重要である。
8. この方針は、2005年11月にソウルで開催された代表者会議で採択された。それによると、運動の構成員は、運動の目的や原則に反する活動を行う企業（武器の製造、人権・国際人道法・労働法の違反、健康に有害な活動、または運動の活動能力に悪影響を及ぼす可能性がある活動）との提携関係を禁止している。

附属書　ICRCの名称および画像使用許可証

赤十字社は、自社の画像を使用することの許可証の発行について、以下に提示した様式と同様のものを採用することができる。これらの方法および証明書のひな形は、赤十字社にとり有益と思われる。本証明書の裏面には「商品およびサービスの提供者によるICRCの名称および画像の使用に関するガイドライン」が再掲されていることに留意いただきたい。

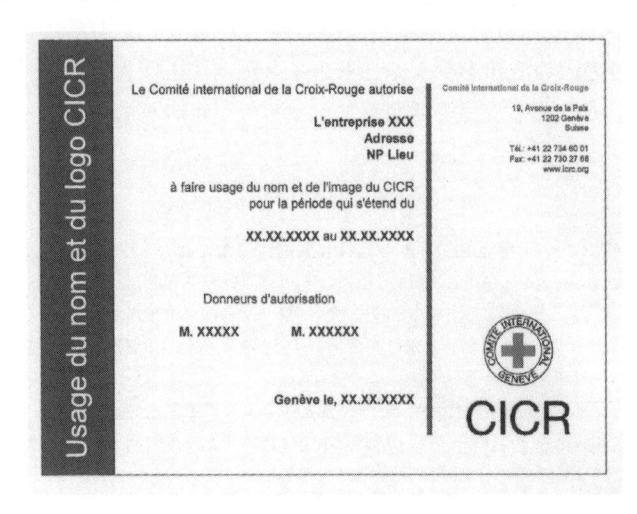

b) 募金を目的とした赤十字標章およびICRCの名称、ロゴの使用に関するガイドライン

募金を目的とした赤十字標章およびICRCの名称、ロゴの使用に関するガイドライン

本稿は、提携に関する標章使用の基本的な疑問に答えるものである。

1. 序　文

　白地に赤十字の赤十字標章は、保護記章(保護的使用)であり、国際赤十字・赤新月運動の標章(表示的使用)でもある。武力紛争時には犠牲者およびその救護者に対し、ジュネーヴ諸条約により保護を与える視覚的な記章であり、平時には赤十字国際委員会が創設者たる国際赤十字・赤新月運動に関係ある人や物を示す。したがって、標章は運動の七つの基本原則、すなわち人道・公平・中立・独立・奉仕・単一・世界性の象徴でもある。

2. ICRCロゴの使用について

　ICRCは、運動の標章使用規則に従い、資金募集イベントやキャンペーンでロゴを使用することができる。民間企業は、次の条件の下、これらのイベントやキャンペーンと提携することができる。

(a) 企業活動または製品の品質とICRCロゴまたはICRC自身との間で、一般の人々にいかなる混同も生じさせない。

(b) イベントやキャンペーンは、ある特定の活動と関連していること。したがって、ロゴの使用期間は限定される。

(c) 関連する企業は、いかなる場合にも、運動の目的および原則に反し、または人々にそうした疑念を抱かせる活動に従事するものであってはならない。

(d) 当該企業の活動により、標章またはICRCロゴへの尊重または威信を損なう場合には、ICRCは、関係企業に対し、いつでも、また直前の通知により契約を解除する権利を有する。

(e) ICRCが当該イベントやキャンペーンから得られる物質的または財政的な利益は実質的なものでなければならない。

(f) ICRCは、販売物品へのICRCロゴの使用は許可しないものとするが、販売物品に付随する個別の小冊子および企業の広告資材への掲載は許可することができる。

(g) 商品に添付した小冊子を含め、ICRCロゴが記載されたすべての広告媒体には、イベントやキャンペーン、ICRCに提供されたサービスおよび収益

金の使途に関する明確な説明を記載しなければならない。
(h) ICRCロゴの寸法は、表示のその他の部分と比較しても適度な比率でなければならない。
(i) ICRCロゴを表記するいかなる広告物も、印刷や製造の前にICRCの承認を得なければならない。

3. ICRCの名称の使用

上記ガイドラインは、「赤十字国際委員会」の名称およびその頭字語「ICRC」の使用にも適用される。英語、フランス語、ドイツ語およびスペイン語の正確な名称および頭字語は、次の通り。

- International Committee of the Red Cross（ICRC）
- Comité international de la Croix-Rouge（CICR）
- Internationales Komitee vom Roten Kreuz（IKRK）
- Comité Internacional de la Cruz Roja（CICR）

その他の言語での正式な名称および頭字語は、要請に応じて提供される。

c) ICRC支援企業グループ

ICRCは、何十年もの間、文民・軍の当局、国際機関、NGOおよび学術機関と緊密な関係を構築してきた。しかし最近まで、ビジネス業界との組織的な連携体制は、民間企業から商品やサービスを購入する場合を除きほとんど存在しなかった。

ICRCは、1990年代末までに幾つかの目的から、民間企業との関係を通じて専門知識とノウハウを交換するなどネットワークを拡大し、資金源の多角化を図る必要があると考えた。そこで近年、スイスに拠点を置く複数の企業と接触し、支援企業グループ（Corporate Support Group, CSG）を創設した。

CSG会員の資格要件は、次の通り。

- 高い倫理観を持ち、企業の方針および活動がICRCの原則および価値観に合致すること。
- 6年間にわたり、最低300万スイスフランの寄付を約束していること。
- 「企業との提携に関する赤十字運動の方針」に定める基準を満たすこと[360]。
- 下記の「提携への指針となる倫理諸原則」を満たすこと[361]。

---

360 2005年の代表者会議決議第10には「企業との提携に関する国際赤十字・赤新月運動の方針の明文規定」が付属する。
361 これら原則は、提携企業と締結する覚書に常に付属する。

提携への指針となる倫理諸原則

　企業との提携に関するICRCの倫理諸原則は、ICRCとその支援企業による関係の枠組みを確立し、運動の諸原則、国際赤十字運動規約およびICRCの特別な使命に合致している。

　提携関係を結ぶ決定は、次の三点を比較考量の上、状況により判断する。

1. 絶対的な最優先事項として、ICRCはその使命を果たすための組織的能力を危うくすると判断する場合には、企業からの支援を受けない。
2. ICRCは、企業の方針および活動が国際赤十字運動規約およびICRCの特別な使命と根本的に矛盾しないことを条件に、民間企業からの支援を受け入れる。
3. ICRCは、提携が大衆のイメージに与える潜在的影響を調査する。

これらを決定するにあたっての指針とするため、ICRCは、次の倫理基準を作成した。

- ICRCは、武器を直接製造または販売する企業またはそのような企業の株式の大部分を保有する企業からは、支援を受けない。
- ICRCは、世界中の紛争多発地域で活動する際に知り得た情報により、いかなる行為であれ、国際人道法違反への関与が判明した企業からは支援を受けない。
- ICRCは、世界的に認知された人権基準および基本的な労働基準、特に「世界人権宣言」および「労働における基本的原則および権利に関するILO宣言」に定める基準を尊重しない企業からは、支援を受けない。
- ICRCは、その製品が健康に有害であると広く知られた企業または、世界保健機関（WHO）が作成した広く知られる規則および基準を遵守していないとの信憑性ある主張がなされる企業からは、支援を受けない。
- ICRCはまた、企業の製品、方針または活動を巡る主要な論争の有無を考慮する。これには、専門の格付会社による報告および調査、ならびに信頼に足る情報源から入手し得るその他の情報を元に判断する。

　ICRCは、上記の基準を満たす企業との提携を求めている。また、持続可能な開発および環境保護活動に関する基本原則を重視し、実行する企業との提携にも賛同する。

CSG会員は、寄付金を赤十字国際委員会基金(The Foundation for the ICRC)の元金に加えるか、または「寄付基金」もしくは現場での人道活動に直接配分することができる。CSG会員は、これらを組み合わせることもできる。基金から得られる利子は、ICRC職員の継続的な訓練費用に充てられる。

CSG会員は、ICRCとの独占的な提携関係から利益を得ることができる。CSG会員になることで、企業は次のような利益を得ることができる。

1. 真にグローバルな人道機関との特権的な関係

CSG会員は、世界市場におけるグローバルな企業である。世界のいかなる場所であれ大規模な人災が発生すれば、何らかの形で企業やその利害関係者に影響を与える。ICRCは、80カ国以上で活動を行い、人道上の惨劇に対して緊急対応を行う数少ない真にグローバルな組織である。提携企業にとり、CSG会員となることは、ICRCとの長期にわたる独占的で特権的な関係を構築することを意味し、これにより双方が相互に協議を行い、緊急の人道的危機に対処することを可能にする。

2. 利害関係者との関係

提携企業がその従業員、顧客、特別な顧客または納入業者などの主要な利害関係者(ステークホルダー)を対象に特別行事の開催を望む場合には、ICRCは要請に応じ積極的な役割を果たすことができる。

一例として、ICRC事業統括担当者が現地から帰任の際に、その経験や見識を共有するために報告会を開催することができる。また、ICRC幹部または専門家による危機管理、保健サービス、水処理および給水、危機管理調査などの特定の議題に焦点を絞った講演を行うことも可能である。

さらにICRCは、速報、ビデオ、ポスター、出版物、その他の通信手段により、「紛争地域」における人道活動に関する情報を継続的に提供することができる。

3. 会員限定の会合、情報および技術交流

提携企業は、ICRCとの対話および情報交換において独占的な利益を得ることができる。

ICRCは、CSG会員との間で、相互の関心事である戦略的諸問題に焦点を当てた高官レベルの年次会合を開催することができる。

上級管理職対象の臨時会合を、ICRCおよび特定の問題(地政学的な動向、危機に際してのコミュニケーションおよび人材管理、危機管理調査など)への対処に関心を持つ提携企業との間で開催することができる。

4. 画像および通信

以下の内容がQ.41の最も重要な部分である。CSG会員には一定の特権が認められているが、その特権は常に1991年の標章規則に従わなければならない。CSG会員となった企業には、ICRCの書面による事前承諾に従い、社内通信において下記ICRCの名称、画像およびロゴの使用が許可される。下記に掲げた基本形「ICRC Corporate Partner」は、CSG会員専用である。

CSG会員は、この基本形を社内通信で使用することができる(しかし、広告、営業活動および製品やサービスの販売目的では使用できない)。

なお、CSG会員との間で署名する覚書には、上記「募金目的での赤十字標章およびICRCの名称ならびにロゴの使用に関するガイドライン」(本項ポイント(b))を常に添えることに留意することが重要である。

最後に、ICRCは、ICRC組織が行う諸通信(例えば、ICRCの年次報告)の中で提携企業の貢献に対する謝意を表明するものとする。CSG会員の一覧は、ICRCウェブサイトの支援企業の部に関するページで公表される。

〈D．その他の団体による使用〉

Q.42：赤十字社がすでに承認されている国において、NGOまたは民間企業が「赤十字」「赤新月」または「赤のクリスタル」として登録する問題にどう取り組むか。

法的または規程上の根拠
・GCⅠ第38条、第53条1項および第54条
・国際赤十字運動規約　第2条3項および第4項、第4条2項
・赤十字運動の基本原則(単一)

勧　告[362]
● 承認された赤十字社が存在する国において、NGOまたは民間企業が「赤十字」「赤新月」（または「赤のクリスタル」）として登録することは、名称および標章の使用を管理する諸規則に違反するとともに、赤十字基本原則の「単一」にも違反するため、禁止されている。
● 違反が発生した場合、承認された赤十字社は、権限のある各国当局と協議の上、問題解決のため適切な手続を開始しなければならない。
　　ⅰ．友好的な介入(NGOまたは民間企業に対する連絡)
　　ⅱ．登録官庁に対するNGOまたは民間企業の「登録抹消」に関する公式な要請
　　ⅲ．NGOまたは民間企業に対する法的手続
● 標章の使用を管理する諸規則の適切な尊重を確保する責任は、主として各国当局にあり、赤十字社はその当局に協力しなければならない。そのため、上記手続は、赤十字社および／または当局により行われなければならないが、常に互いの協議のもとに行われなければならない。ICRCおよび連盟は、本件にかかる赤十字社の手続を支援する。

分　析
序　文
承認された赤十字社が存在する国において「赤十字」「赤新月」または「赤のクリス

---

[362] 勧告は、必要な変更を加え、名称および/または標章を使用するNGOまたは民間企業が未登録である場合にも適用される。

タル」社もしくは団体が登録される[363]事態は、既に数カ国で発生している。

NGOまたは民間企業による「赤十字」「赤新月」または「赤のクリスタル」の登録は、当該国の状況および法的枠組みにより異なる根拠により生じる。例えば、

a) 権限のある登録官庁における信託組織として
b) 団体の登録管理官庁における団体として
c) 会社の登録管理官庁における会社法により設置された公益会社として
d) 組合法〔会社法〕により設置された民間の組合として
e) 関連法により設置されたNGOとして

なぜ問題なのか

この状況は、二つの異なる角度から考察した場合、看過することができない。

1. 名称および標章の濫用

GC I 第53条1項は、次のように規定する。

> 「公のものであると私のものであるとを問わず、個人、団体、商社または会社でこの条約に基いて使用の権利を与えられていないものが、『赤十字』または『ジュネーヴ十字』の標章若しくは名称またはそれを模倣した記章または名称を使用することは、その使用の目的及び採用の日付のいかんを問わず、常に禁止する」。

GC I 第54条では、更に「締約国は、自国の法令が充分なものでないときは、第53条に掲げる濫用を常に防止し、かつ、抑止するため必要な措置を執らなければならない」としている。

赤十字／赤新月／赤のクリスタルの名称および標章は、国際法で保護されており、各国はこれら保護を国内法で履行する義務を負う[364]。この法律は、承認された赤十字社を含む、赤十字／赤新月／赤のクリスタルの名称および標章の使用が許可された者および団体を規定する[365]。

したがって、そのような名称および／または標章の濫用は禁止されており、権限

---

[363] 時に、「設立」という表現が「登録」の代わりに使用される。
[364] 本件に関する国の責任については、本研究のQ.44およびQ.45を参照。
[365] 法律の伝統および制度に応じて、この法令はジュネーブ諸条約法でも標章の使用および保護に関する個別の法律でも良い。

のある当局により防止または停止されなければならない。既に承認された赤十字社が存在する国において、ある団体が赤十字、赤新月または赤のクリスタルの名称および標章を使用した場合、それは濫用となる。

2.「単一」の基本原則に対する違反

「単一」の基本原則(国際赤十字運動規約前文に記載)は、「いかなる国にもただ一つの赤十字社あるいは赤新月社しかありえない」と記す。

また、国際赤十字運動規約第4条2項は、「国の社として承認されるためには、その社は以下の条件を満たさなければならない。(…)その国において唯一の赤十字社または赤新月社である」と記す。

大多数の国では、赤十字社は確かに、国内で活動を行える唯一の社として承認されている。この承認は通常、法律の一部として、またはその社の地位を規定する法令に含まれる[366]。同様の条項は、通常その社の定款にも規定されている。これは重要である。もし登録、設立を行う官庁が、こうした規定を含む定款に基づき赤十字社の登録／設立を行った場合には、同一標章を使用する他の団体を登録、設立することは道理を無視したことになる。

したがって、承認された赤十字社が存在する自国領域内に、別の赤十字／赤新月／赤のクリスタル団体を登録、設立すれば、その国の赤十字社のみならず、責任ある官庁にとっても重大な問題となる。

国際赤十字運動規約第2条3項および第4項では、次の通り規定する。

> 「締約国、特にその領域内にその国の社の設立を承認した国は、可能な場合には常に、運動の構成員の業務を支援する(…)締約国は常に、運動の全構成員が基本原則を厳守することを尊重するものとする」。

各国は、赤十字国際会議の一員として、全会一致で国際赤十字運動規約を採択した。各国には承認された赤十字社を「支援する」義務の一部として、少なくとも定款の諸規定に矛盾した措置を取らないことが求められる。

---

[366] 赤十字運動は、赤十字社の承認に関する法のひな形を1999年の赤十字国際会議の枠組みの中で作成した。法のひな形第1条3項によると、そのような法律に含まれるべき最小限の要件事項として「その社は、(国名)における唯一の赤十字または赤新月社であること」と明記している。本規定は、赤十字社がICRCから承認を受ける際、法的に最小限必要とされる要件の一部である。

第3部　標章の使用に関するその他の規則と勧告　491

援用できる主張

本章で現在検討している問題に対処する際、赤十字社（および各国当局）は、次の主張を展開することができる。

a) 赤十字、赤新月および赤のクリスタルの標章および名称は、国際法（特にGC I 第38条および第53条）により保護され、当局は標章および名称の濫用を常に防止し、かつ、抑止するため必要な措置を執らなければならない（GC I 第54条）。

b) これら標章と名称は、各国の国内法でも保護されており、これらを許可なく使用した者または団体に対する処罰が規定されている。

c) 標章の濫用により、深刻な被害が懸念される。標章の濫用は、あらゆる場合において戦闘員および文民が運動に対して抱く敬意を損ない、人道的任務を果たす運動の能力を弱める。また濫用は、標章および名称の意義を巡る混乱を招き、武力紛争時に使用を許可された者に対する保護を脆弱にする。

d) 承認された赤十字社は、国内法（承認法または法令）により設立され、承認されている。承認された赤十字／赤新月社／赤のクリスタル社が、その国で唯一の社であると規定する法律条文は、当局への申立手続に引用することができる。

e) 標章および名称を濫用している団体の登録、設立は、単一の基本原則に違反する。この基本原則は、国際赤十字運動規約に規定されており、本問題の当事国も参加した1986年の赤十字国際会議で採択されたものである。

f) 標章を濫用している団体に対しては、代替の標章および名称を提案する（例えば、「赤」十字または新月の代わりに「緑」）[367]。

g) 友好的な介入が失敗に終わった場合に備え、国内法に基づく訴訟手続の可能性を最後まで留保し、標章を濫用する関係者にはその旨を伝えておく。

問題を改善するための手順

あらゆる標章濫用を停止させる第一の責任は、各国当局にある。その場合、赤十字社は、当局と互いに協力する使命を負う。そのため問題への対処を効果的に行うには、赤十字社および権限のある各国当局による協議、協力が重要である。

しかし、この状況は赤十字社に直接影響を及ぼすため、赤十字社自身が主体的に

---

367 他の代替標章の例については、本研究のQ.46を参照。

取り組む必要があることを強調しなければならない。この問題は、赤十字社の優先事項(当局にとっては優先事項とは限らない)であるため、赤十字社が先頭に立ち、問題を改善するための手続を行うべきである。

ICRCおよび連盟は、このような場合に赤十字社を支援する[368]。

申立て手続は、次の順序で行うことが望まれる。

a) 赤十字社がとる第一の措置は、権限のある公当局と協議の上、名称および標章を濫用している団体に対し、常に公式に連絡(口頭または書面)[369]をとり、名称および標章の変更を要請することである。前記で説明した主張の一部が、この最初の手続で使用される。ほとんどの場合、濫用は現行の諸規則への無知が原因である。協議中の事案においても、問題点の明確な説明が効を奏することが期待される。

b) 次に、赤十字社は、権限のある国の当局宛てに書簡を送り、問題の団体に対してジュネーブ諸条約、同追加議定書および国内法の諸規定に基づき標章および名称の変更を求める文書を送付するよう依頼する。この場合の権限のある当局とは、国際人道法の履行または標章の保護を管轄する責任省庁か、赤十字社を所管する省庁のいずれかとなる。

c) 問題の団体が標章および名称を変更するために適切な手順を講じない場合、次の手順は、赤十字社、権限のある各国当局が適切な登録当局宛てに書簡を送り、当該団体の登録抹消要請を行うことである[370]。これは、抹消によりその団体が以後まったく登録、設立できなくなるわけではなく、別の標章および名称の下、合法的に「登録、設立」されることが可能である。

d) 問題の団体が標章および名称の変更を拒否する場合には、赤十字社および／または権限のある各国当局のとりうる他の可能性は、標章の使用および保護に関する法律に基づき、適切な裁判所へ提訴することである[371]。そこで裁判所は、団体が標章(および名称)を濫用している旨の判断を下し、標章お

---

368 標章の濫用が発生した場合の国当局、赤十字社およびICRCの個別の役割に関する説明は、本研究の第3章A-Dを参照のこと。連盟については、興味深いことに、連盟の第19回理事会(1946年にオックスフォードで開催)決議第9が次の通り言明している。
　「理事会は、各国赤十字社と同時に、同じ名称を違法に使用する他社がしばしば存在することに留意し、かかる状況においては、連盟が介入してこの事態を停止させ、そのために努力する赤十字社を支援するよう各国政府に要請する」。
369 本設問の附属書1の手紙のひな形を参照。
370 本設問の附属書2の手紙のひな形を参照。
371 国の状況に応じて、手続および権限のある裁判所は、異なる種類の法律により規定される。

よび名称の変更を命ずる(および適用される法律が定める罰則を科す)。法的手段に訴える前に、手順の複雑さや勝訴の確率、経費や手続の長さなどを丹念に考慮しなければならない。いずれにしろ、どのような法的手段であれ、赤十字社は、権限のある各国当局の支援が必要となる(当局自身が、これら法的手続を主導しない場合でも)。

問題処理のための要素

1. 法律

国際人道法を履行し、標章を保護するために各国が採択した国内法の質が高く、的確であれば、問題解決の上で重要な役割を果たすことは明らかである。

法律が明確であれば、標章の濫用者は、標章および名称を変更すべき理由を容易に理解でき、また赤十字社はその主張の申し立てが容易になり、(事案が裁判で解決されねばならないとすれば)裁判所は適切な判断を下すことが容易になる。

同様に、赤十字社に関する法律／法令において赤十字社の法的地位およびその国で唯一承認された社であるという事実が明確に規定されている場合には、濫用主体および必要ならば権限のある裁判所の説得は、かなり容易になる。

したがって、赤十字社は権限のある当局に対し、適切な法律を制定するよう働きかけることが重要である。

この点において、ICRCは、赤十字社および各国に対し、適切な法律作成の際に役立つ、次のひな形の存在を想起したい。

 a) 赤十字・赤新月・赤のクリスタル標章の使用および保護に関する法のひな形
 b) 上記同様、ICRCアドバイザリー・サービスにより起草されたジュネーブ諸条約法のひな形
 c) 第27回赤十字国際会議で採択された「2000-2003年の行動計画」において言及された赤十字社の承認に関する法のひな形[372]

2. 普及活動

これらの問題を未然に防ぐため、赤十字社の役割、運動の基本原則および標章の意義、その使用を管理する諸規則に関する情報の普及が非常に重要である。多くの場合、標章濫用はこれら諸規則への無知が原因であるため、赤十字社による効果的

---

[372] 第1決議、第2附属書、最終目標3.3、第14節(b)

な普及計画は、この「二つの赤十字社」の発生を防ぐ最善の方法である[373]。

附属書1：手紙のひな形：赤十字社からNGO／民間企業／団体宛

○○様

　弊社は、このたび、[xxxx赤十字／赤新月／赤のクリスタル]という貴団体の存在を知りました。弊社は、[国名]における唯一の承認された赤十字／赤新月／赤のクリスタル社として、貴団体の名称および標章の変更を強くお願い申し上げます。

　赤十字／赤新月／赤のクリスタルの標章および名称は、戦争犠牲者の保護を定めた1949年のジュネーブ諸条約（特にジュネーブ第一条約第38条および第53条）および同追加議定書により保護されています。[国名]は、ジュネーブ諸条約の締約国となることにより、これら標章および名称の濫用を常に防止し、かつ、抑止するため必要な措置を執ることを約束しています（ジュネーブ第一条約第54条）。

　これに関連して、[国名]の国内法においても、赤十字、赤新月および赤のクリスタルの標章および名称は保護され、許可なく使用した者や団体に対する罰則が規定されています（xxxxx法第xxxxx条参照）。

　貴団体に是非ご理解いただきたいことは、いかなる場合にも、標章および名称の濫用は、戦闘員や文民が赤十字運動に対して抱く敬意を蝕み、赤十字運動の人道的任務を果たす能力を損なうものとなります。濫用はまた、標章および名称の意義を巡る混乱を招き、それにより武力紛争時に使用を許可された者に対する保護を脆弱にします。

　xxxxx赤十字／赤新月／赤のクリスタル社は、[数字]年に設立され、[承認に関

373　ICRC代表部は、言うまでもなく、赤十字社がそのような普及活動を計画・実施する際には、支援・協力を行う。

する法律名]により承認されています。この[法律名]は、xxxxx赤十字／赤新月／赤のクリスタル社こそが[国名]の領域内において唯一活動を許可された赤十字／赤新月／赤のクリスタル社であることを明言しています。

したがって、貴団体による赤十字／赤新月／赤のクリスタルの名称および標章の使用は、[締約国名]の法律に違反するものとなります。

国際赤十字・赤新月運動は、全会一致で採択された七つの基本原則を指針としています。これらの諸原則は、国際赤十字運動規約に規定されていますが、これはジュネーブ諸条約締約国が参加・投票を行った1986年の第25回赤十字国際会議において採択されたものです。この基本原則の一つである「単一」の原則は、「いかなる国にも、ただ一つの赤十字社あるいは赤新月社しかありえない。赤十字社、赤新月社は、すべての人に門戸を開き、その国の全領土にわたって人道的事業を行なわなければならない」と明確に記しています。

前述の通り、弊社は、貴団体に対し、赤十字／赤新月／赤のクリスタルの名称および標章の使用を停止するよう、強くお願い申し上げます。弊社は、貴団体の名称および標章を、例えば[緑十字／新月／クリスタル]の名称および標章を使用したものに変更していただくよう、ご提案申し上げます。これは、貴団体にとりましても、財政的な負担とならず、実行可能な解決策であると思われます。

cc(本状写の送付先)： [IHLの履行・標章の保護を所管する]省庁
　　　　　　　　　　[赤十字社を所管する]省庁
　　　　　　　　　　ICRC代表部
　　　　　　　　　　連盟代表部

附属書2：手紙のひな形：赤十字社から登録／設立官庁宛

○○様

　弊社は、このたび、xxxx赤十字／赤新月／赤のクリスタル社が、[xxxx法]に基づきNGOとして登録／企業として設立されていることを知りました。

　xxxxx赤十字／赤新月／赤のクリスタル社は、[年]年に設立され、[承認に関する法律名]により承認されています。この[法律名、第xxxx条]に基づき、xxxxx赤十字／赤新月／赤のクリスタル社こそが、[国名]の領域内において唯一活動を許可された赤十字／赤新月／赤のクリスタル社です。

　したがって、xxxx赤十字／赤新月／赤のクリスタル社の登録／設立は、[国名]の法律に違反するものです。

　更に、標章の使用および保護に関する法律／ジュネーブ諸条約法[法律の正式名称、第xxxx条]は、赤十字／赤新月／赤のクリスタルの名称および標章の使用が許可された者を明記しており、これら名称および標章を許可なく使用した場合、[犯罪名]違反となります。

　xxxx赤十字／赤新月／赤のクリスタル社の登録／設立は、この観点からも[国名]の法律に違反していることになります。

　最後に、国際赤十字・赤新月運動は、赤十字国際委員会（ICRC）、国際赤十字・赤新月社連盟および各国赤十字・赤新月社により構成され、全会一致で採択された七つの基本原則を指針としています。これら諸原則は、国際赤十字運動規約に規定されていますが、これは、ジュネーブ諸条約締約国が参加・投票を行った1986年の第25回赤十字国際会議において採択されたものです。この基本原則の一つである単一の原則は「いかなる国にも、ただ一つの赤十字社あるいは赤新月社しかありえない。赤十字社、赤新月社は、すべての人に門戸を開き、その国の全領土にわたって人道的事業を行なわなければならない」と明確に記し

ています。

　したがって、xxxx赤十字／赤新月／赤のクリスタル社の登録／設立は、単一の基本原則に違反します。

　前述の通り、弊社は、NGO／企業としてのxxxx赤十字／赤新月／赤のクリスタル社の登録／設立に対して強い懸念を表明するとともに、[国名]における本組織／企業の登録／設立を無効とする、または撤回されるよう、要望いたします。

cc（本状写の送付先）：　［IHLの履行・標章の保護を所管する］省庁
　　　　　　　　　　　　［赤十字社を所管する］省庁
　　　　　　　　　　　　ICRC代表部
　　　　　　　　　　　　連盟代表部

Q. 43：「自発的な募金者」は、標章／赤十字社のロゴを使用することができるか。

法的または規程上の根拠
・GC I 第53条1項
・1991年の標章規則第2条－第5条および第23条

勧　告
●一般原則として、GC I 第53条1項に従い、公のものであると私のものであるとを問わず、個人、団体、商社または会社で本条約に基づいて使用の権利を与えられていない者が、標章またはそれを模倣した記章を使用することは、その使用のいかんを問わず、運動構成員に対する募金を含め、常に禁止される。
●赤十字社への事前告知なしに募金活動を行う個人または団体は、赤十字社のロゴを使用してはならない。
●赤十字社は、特殊標章（またはそれを模倣したもの）を表記しない特別なロゴを作成することができ、要請に応じて、次の条件付きで「自発的な」募金者にその表示を許可することができる。
　　ⅰ．募金者の活動またはその製品の品質と、赤十字社との間で人々に混同を生じさせないこと。
　　ⅱ．ロゴの表示は、一つの特定の活動に関連したものでなければならず、一般規則として、期間および地理的に限定されたものでなければならないこと。
　　ⅲ．募金者の活動が、運動の目的および基本原則に反する、または人々にそうした疑念を抱かせるものであってはならないこと。

分　析
序　文
　広範なメディア報道など多くの要因により、大衆は人道危機およびその対応を身近なものと感じ、連帯感が生まれる。自発的な募金とは、個人または団体が運動構成員を支援するために赤十字が知らないところで実施する募金イベントまたはキャンペーンであるが、これはごく普通の人道的な動機の一つの産物である。

　運動の事業支援のため実施される第三者による自発的な募金には、二種類あると

考えられる。すなわち、第三者によるイベントまたは活動において
- a) 赤十字社に直接寄付するよう、単に寄付者に呼びかけるもの(タイプa)
- b) 募金を「赤十字／赤新月」に送金する約束を掲げ、寄付者から資金を集めるもの(タイプb)

募金を目的とした標章の使用を管理する諸規則

GC I 第53条1項は、次の通り規定する。

「公のものであると私のものであるとを問わず、個人、団体、商社又は会社でこの条約に基いて使用の権利を与えられていないものが、(…)標章若しくは名称又はそれを模倣した記章又は名称を使用することは、その使用の目的及び採用の日付のいかんを問わず、常に禁止する」。

他方、1991年の標章規則第23条は、次の条件により赤十字社の主導で実施される募金活動において、その社のロゴの使用を認めている。
- a) 赤十字社は、1991年の標章規則第2条から第5条で規定する範囲内において、募金のために標章を使用することができる[374]。1991年の標章規則第23条第2節では、「これらキャンペーンの印刷物、資材またはその他の広告媒体に標章を表示する場合は、実際上可能な限り、社の名称または文言もしくは広告デザインを添えるものとする」と規定する。
- b) 赤十字社が募金または普及活動を推進するため、営利企業またはその他の組織と協力する場合は、1991年の標章規則第23条第3節で規定された八つの条件を満たすことを条件に、物品、広告資材または赤十字が販売する物品において、企業の登録商標、ロゴまたは名称を表示することができる[375]。

---

[374] 1991年の標章規則第23条第1節。本件に関する詳細は、本研究のQ.33を参照。
[375] 1991年の標章規則第23条第3節は、次の通り明記している。
- a) 企業活動またはその製品の品質と標章もしくは赤十字社の間に、混乱を生じさせてはならない。
- b) 赤十字社は、キャンペーン全体、特に企業の登録商法、ロゴまたは名称が表示される物品の選択および表示の位置、形状ならびに寸法の**管理**を継続しなければならない。
- c) キャンペーンは、一つの特定の活動に関連したものでなければならず、また一般規則として、期間および地理的に限定されたものでなければならない。
- d) 関連する企業は、いかなる意味でも赤十字運動の目的および原則に反し、または人々にそうした疑念を抱かせる活動に従事するものであってはならない。
- e) 赤十字社は、企業活動が標章の尊重または威信を損なう場合には、関係企業との契約をいつでも、また直前の通知により**解除する**権利を留保しなければならない。

これらの条件は、厳密なガイドラインを明示しており、これにより赤十字社は「濫用または人々の混乱の危険を避ける」[376]ため、自社が受ける支援が公表される方法を慎重に監視することができる。したがって、赤十字社が主導的な役割を果たす場合、赤十字社は第三者およびその活動を基本原則および運動の目的に必ず合致させることができる。国内法においても、寄付金に対して税務申告用領収書を発行する条件として、当該規則および当該手続の厳守が必要となるであろう。

「自発的な募金」の問題

　個人または民間団体が、正式な許可なく運動の構成員を支援するために募金を行い、それが赤十字の認知なく行われた場合、それらの活動（環境破壊など）または第三の組織（武器製造会社など）との関与が運動の目的と合致しない恐れがある。

　赤十字／赤新月／赤のクリスタル（またはそれを模倣したもの）の標章または名称を自由に使用させたり、それを助長すると厄介な問題を生じ、そのような場合には赤十字社は個人からの寄付金を拒否しなければならない。

　「タイプa)の自発的な募金」は、個人が自発的に行う募金であり、赤十字社は寄付者から直接行われた寄付が任意の募金の結果であると気づかない場合がある。通常、これらの募金は受領され、税務申告用の領収書が発行される。募金活動と寄付との関連が判明した場合、赤十字社は募金の実態を検証し、基本原則および赤十字社自身の目的と合致する場合、その活動が無許可であっても寄付金は受領できる。しかし基本原則および赤十字社自身の目的と合致しなければ、寄付金は寄付者に返還される。

　「タイプb)の自発的な募金」の場合、募金方法の性質は、赤十字社に資金が実際に寄付されるまで判明しないことが多い。この場合も、上記同様の検証を行い、要求される適合性が明らかに認められる場合、寄付は受領される。もし合致しなければ受領は拒否され、資金を集めた者は、拠出者に返金するよう促されるか（実際には非現実的だが）、あるいはその募金活動の趣旨に見合った目的（事業）を模索すべき

---

　　f)　赤十字社がキャンペーンから得る**物質的または財政的利益**は実質的なものでなければならず、社の独立を危うくするものであってはならない。
　　g)　赤十字社と提携企業との**契約**は**書面**によらなければならない。
　　h)　契約は、赤十字社の中央委員会の**承認**を得なければならない。(太字強調)

[376] 1991年の標章規則第23条第3節の解説。

である。募金者に対しては、赤十字社との「第三者による募金に関する適切な合意」に基づく赤十字社の許可を得ず、このような活動が行われたことの不当性を伝え、併せて赤十字／赤新月／赤のクリスタルの名称および標章の濫用についても説明を行うべきである。

<u>標章の使用</u>

　個人または団体により運動構成員への事前告知なく実施される「タイプa）」および「タイプb）」の自発的な募金活動では、いずれの場合も、ジュネーブ諸条約および1991年の標章規則により特殊標章の使用は認められない。

　赤十字社は、「自発的な募金者」に対して、これらの標章および名称、ロゴの使用が禁止されていることを通知する。また赤十字社は、基本原則に合致した方法で勧誘された募金のみ受領することを説明する。これを念頭に、赤十字社は、これから募金を行おうとする民間の募金者のために特別のロゴを作成できる。

　特別のロゴには、いかなる標章も表示してはならない。そのロゴは、例えば、次のような文言と赤の下線で構成される。

　　<u>「（赤十字社名／イニシャル）を支援しています」</u>

　要請に応じて、赤十字社は、「自発的な」募金者に対し、下記の三つの条件を満たす場合にチラシ、広告物または販売予定物品に上記ロゴの使用を許可することができる。

- a) 募金者の活動または、その製品の品質と赤十字社の間で、人々に混同を生じさせないこと[377]
- b) ロゴの表示は、一つの特定の活動に関連したものでなければならず、一般規則として、期間および地理的に限定されたものでなければならないこと[378]
- c) 募金者の活動が、運動の目的および原則に反する、または人々にそうした疑念を抱かせるものであってはならないこと[379]

377　1991年の標章規則第23条第3節aの類推適用による。
378　1991年の標章規則第23条第3節cの類推適用による。
379　1991年の標章規則第23条第3節dの類推適用による。

第3部　標章濫用の防止および停止の勧告

〈A．国の責任〉

Q.44：国がとるべき法的、規程上および実際的措置は何か。

法的または規程上の根拠
- GCⅠ第1条、第38-44条、第47条、第49条、第53条および第54条
- GCⅡ第1条、第41-45条および第48条
- GCⅣ第1条、第18条3項および4項、第20条3項および第144条
- APⅠ第1条、第18条、第23条、第37-38条、第83条、第85条3項(f)および第87条2項
- APⅡ第12条および第19条
- APⅢ第1条1項、第6条および第7条
- 1949年の外交会議における決議第5
- 1977年ブカレストにおける第23回赤十字国際会議決議第11

勧　告
● 各国は、国内において法的、規程上、および実際的措置を講じなければならない。その一例は、次の通り。
　　ⅰ．各国で承認・保護された標章を規定する。
　　ⅱ．これら標章の許可された使用法を規定する[380]。
　　ⅲ．これら標章の使用を許可された者を規定する[381]。
　　ⅳ．これら標章使用の規制および監視を委任された国の当局を明確にする。
　　ⅴ．これら標章の使用を許可された者が、その使用により自らを識別する手段

381　本研究序文の「一般原則および概念」を参照。
382　本研究序文の「一般原則および概念」を参照。

を規定し、(例えば、軍の医療組織の旗、腕章および器材への特殊標章の表示)その標章が認知されるよう規定する。

　　vi. 軍、公務員および大衆を含むすべての関係者に対し、これら標章の適正使用を周知する[382]。

●各国は国内法において、平時戦時を問わず、あらゆる標章の濫用の防止、抑止および処罰の措置を規定することが要求される。かかる措置は、刑事罰、行政罰または懲戒罰の形をとることができる。

●国内法および訴訟手続に適切な諸規則を組み込む場合、様々な形式を取ることができる。ある国では、使用を規制し、濫用者の処罰を規定した特別法が適切かもしれない。他の国では、様々な国内法規定(刑法、軍法または行政法、赤十字社の承認と地位に関する国内法または商標法を含む)に組み込む必要がある場合もある。また、標章の使用および保護に関する諸規定を軍の諸規則および教範に含める必要がある場合もある。

●ICRCのIHLに関するアドバイザリー・サービスは、包括的な「赤十字、赤新月、赤のクリスタル標章の使用および保護に関する法のひな形」および「ジュネーブ諸条約法」のひな形を作成し、その中に濫用を処罰する具体的な諸規定を盛り込んだ。これらの法のひな形は、それぞれ市民法または慣習法体系を持つ国が考慮できるよう提示したものである。

分　析
序　文

　ジュネーブ諸条約の共通第1条では、同締約国は、すべての場合において、これらの条約を尊重し、かつ、これらの条約への尊重を確保することを約束している。この義務は、第一追加議定書および第三追加議定書にも明記されているが[383]、国際法を尊重する各国の一般的な義務の一部であり、国際的武力紛争および非国際的武力紛争の双方に適用される慣習国際法規範として国家実行により確立されている[384]。

　尊重し、かつ、尊重を確保するという「二面性を持つ義務」[385]とは、国は、(a)政府機関ならびにその管轄下にあるその他のすべての者が、当該諸規則を尊重するよ

---

[382] 標章の使用を管理する諸規則の周知については、本研究のQ.45を参照。
[383] AP I 第1条1項およびAP III 第1条1項。
[384] Customary IHL Study, 規則139, p.495.
[385] Laurence Boisson de Chazoumes, Luigi Condorelli, "Common Article 1 of the Geneva Conventions revised: Protecting Collective interests", IRRC, No. 837, 2000, pp.67-87.

うあらゆる手段を講ずること、および(b)その諸規則がすべての者に尊重されるよう、あらゆる可能な措置を講ずることを意味する。

国際人道法の諸規則から生ずる国の義務

　GC I 第54条は、その締約国に対し、同条約第53条に掲げる標章の濫用を常に防止し、かつ、抑止するため必要な措置を執ることを国内法で規定するよう求めている[386]。GC I の解説は、その意味を次の通り説明する。

>　「各国は、権限のある当局が常に実施しなければならない行政措置の他、包括的であると個別的であるとを問わず、濫用を禁止し、処罰するために立法措置をとる必要がある。戦時の保護標章に対する違反行為は、戦争の法規慣例に対する違反を扱う刑法の対象となる。それ以外の濫用行為は、通常、ジュネーブ諸条約の適用に関する特別法の対象となる。これらの法規は、公法または行政法の一部をなすものであり、その中には勿論罰則が含まれる」[387]。

　これに関して、GC I 第53条1項および第4項は、極めて明快である。

>　「公のものであると私のものであるとを問わず、個人、団体、商社又は会社でこの条約に基いて使用の権利を与えられていないものが、「赤十字」又は「ジュネーヴ十字」の標章若しくは名称又はそれらを模倣した記章又は名称を使用することは、その使用の目的及び採用の日付のいかんを問わず、常に禁止する。(……)
>　本条1項に定める禁止は、第38条2項に掲げる標章および記章に関しても適用する。但し、従前からの使用により取得されている権利に影響を及ぼさないものとする」[388]。

---

[386] GC I 第54条は、「締約国は、自国の法令が充分なものでないときは、第53条に掲げる濫用を常に防止し、かつ、抑止するため必要な措置を執らなければならない」と規定する。海戦については、GC II 第45条もまた、第43条に定める標章の濫用を防止し、抑止することを締約国に求めている。更に、1949年にジュネーブで開催された外交会議の決議第5では、「各国が、戦地にある軍隊の傷者及び病者の状態の改善に関する1949年8月12日のジュネーブ条約第38条で規定する[赤十字]標章およびその他の標章の権威を維持し、その重要な意味を保護するため、ジュネーブ諸条約に規定する制限内でそれらを使用するよう厳重な措置を講ずること」を勧告している。

[387] GC I の解説、第54条、本書p.56。

[388] GC I の解説は、「この条文(GC I 第53条)は、条約中のその他の禁止規定(傷者、医療組織などに関して)と同等の地位を占めている」としている。GC I の解説、第53条、本書p.48。

GCⅠの解説は、保護記章の濫用と表示記章の濫用との間に明確な区別を設けなければならないとする。

> 「第一の濫用は、戦時においては人命に係わるものであるから、極めて重大である。違反行為の軽重は状況により異なる。例えば、医療要員の構成員でないにも拘わらず、悪意なくして赤十字の腕章を付けるような無思慮な医師の行為もあれば、敵を欺くために軍需品集積場に大型の標章を掲げるような背信行為もある。こうした両極端の中間に、程度の差こそあれ様々な濫用があることを想像することができる」[389]。

GCⅠ第54条は義務規定である。締約国自身はジュネーブ諸条約の批准に際して、そこから生じる義務をすべて容認している。そのため、自国の法令に不備がある場合、それらを改訂しなければならない[390]。

国際人道法の諸規則の履行に関する国内措置
1. 立法措置

ジュネーブ諸条約締約国は、第23回赤十字国際会議（ブカレスト、1977年）の決議第11により、標章の濫用を防止し、抑止するための「現行の国内法を効果的に履行」し、かかる法制が存在しない場合には立法措置を行い、違反者を処罰する適切な罰則を規定することが要請されている[391]。

---

[389] GCⅠの解説、第53条、本書p.47。また、同解説は、「ある記章が模倣であるかどうかを決めるのは、各国当局である。これを決めるのは時には困難を伴うかもしれない。その基準は、一般の人々にその記章と赤十字標章との間に混同を生じさせる危険があるかどうかである。この規定が防止しようとしているのは、これに他ならない」と言明している。

[390] GCⅠの解説、第54条、本書p.57。

[391] 決議第11は、次のように言明する。
　「第23回赤十字国際会議は、若干の国において、多数の許可を得ない個人、民間企業および団体による赤十字、赤新月、赤のライオン及び太陽の標章の濫用がひき起した問題を考慮し、1949年8月12日のジュネーブ第一条約の規定が標章の使用を制限し、それに従い本条約締約国が、常に標章の濫用を防止し、抑止するために必要な措置を講じてきたことを想起し、ジュネーブ条約締約国政府が、赤十字、赤新月、赤のライオン及び太陽の標章の濫用を防止するための現行国内法を効果的に実施し、かかる法制の存在しない場合には、立法措置を講じ、違反者を処罰するのに十分な罰則を規定するよう奨励し、ICRCがこの分野で各国赤十字社と共に取り組んだ措置に深く留意し、必要な場合には、政府と協力してその努力を継続するよう奨励し、各国赤十字社に対し、自国政府がこれらの義務を履行するのを支援し、そのためのICRCの努力を支持するよう奨励する」。

各国の立法者が考慮すべき典型的な問題は、次の通りである。
   a) 標章の保護的および表示的使用の区別を強調すること[392]。
   b) 保護の範囲を規定すること[393]。
   c) 国内法により保護される特殊標章および記章を規定すること。
   d) 保護手段として標章を使用することができる団体、人、要員、組織および輸送手段を規定し、これらを使用できる状況および条件を規定すること。
   e) 赤十字社および運動内の国際的機関が標章を使用できる条件を規定すること。
   f) 標章の濫用を規制し、防止するための措置、特に背信的使用を戦争犯罪として訴追するなど、濫用時の適当な刑事罰を規定し[394]、また軍隊への普及措置を規定すること[395]。
   g) 濫用時に執るべき措置、例えば物や資材の押収および／または破棄を規定すること。
   h) 標章およびそれら記章を濫用する団体、社名および商標の登録を防止するための措置を規定すること。
   i) 標章の使用を監視する国の当局を規定し、この分野における赤十字社の役割および貢献について規定すること。

ICRCは、この手続きを容易にするため、立法者が標章の濫用を防止し、抑止するために国内法を起草または現行法を改訂する際に、立法者の参考に供することを願い、法のひな形を作成した[396]。

強調したいことは、本件に係る包括的な立法措置は、特別法の形をとるか、各種国内法および規則（刑法または軍刑法、商標法、赤十字社の承認と地位に関する国内法、軍律）に編入する場合があるということである。

「赤十字、赤新月および赤のクリスタル標章の使用および保護に関する法のひな形」は、1949年のジュネーブ諸条約および1977年、2005年の追加議定書に基づいて

---

392 GC I 第38―44条、GC II 第41条および第42条、GC IV 第18条および第20条、AP I 第18条、AP II 第12条、AP III 第3条を参照。本研究序文の「一般原則および概念」も参照。
393 各国は、AP I 第18条に基づき、同議定書附属書 I により医療組織および輸送手段を識別するための特殊信号を保護することが求められる。
394 特にAP I 第85条3項(f)および国際刑事裁判所(ICC)規程第8条(b)(vii)を参照。
395 特にGC I 第47条、GC II 第48条、GC IV 第144条、AP I 第83条および第87条2項、AP II 第19条およびAP III 第7条を参照。標章の使用を管理する諸規則の普及については、本研究のQ.45を参照。
396 Jean-Philippe Lavoyer, "National Legislation on the Use and Protection of the Emblem of the Red Cross or Red Crescent", IRRC, No.313, 1996, pp.482-485を参照。

いる[397]。このひな形は、ジュネーブ諸条約および追加議定書の要件に沿い、標章の使用を制限し保護するため、包括的な法体系に含むべき諸規定を概説している。

　この法のひな形の目的は、法律に盛り込むべき内容の範囲を例示するため分かりやすい実用的な資料を各国に提供することにある。もちろん、ひな形に改作、修正、補足を加え、各国個々の法体系および必要要件に適合するようにすべきである。

　慣習法体系の国では、標章の保護規定は通常、ジュネーブ諸条約法の中に規定される。これらの国がAP Ⅲの締約国になる場合、またはなろうとする場合には、ジュネーブ諸条約関連法を改訂し、赤十字および赤新月標章の保護制度を新たな標章（赤のクリスタル）にも拡大し、AP Ⅲの条文を別表として盛り込むべきである。

　ICRCの国際人道法に関するアドバイザリー・サービスでは、ジュネーブ諸条約関連法のひな形を作成しており、AP Ⅲの諸規定履行に際して、どのような技術的支援の問い合わせにも応じている[398]。

　さらに、IHL履行のための国内措置の実現を促進するため、各国は、すべての適当な国の当局により構成される国内委員会を設置することが求められる。この国内委員会は、標章の使用および保護に関する法律の起草を担当することもできるだろう[399]。

2. 追加措置

　各国はまた、特に公務員、とりわけ軍隊および専門家集団などのあらゆる当事者が標章規制に関する規則を理解するよう、また識別のための準備措置が執られるよう（例えば、特殊標章を旗、腕章および軍隊の衛生部隊の器材に表記すること）、一連の規定上または実務上の追加措置を執ることを考慮しなければならない。

結　論

　赤十字、赤新月および赤のクリスタルは、国際人道法により承認され、保護された記章である。これらの記章が意味する人道支援の提供と関連する公平性と中立性

---

[397] ICRCは、この法のひな形を、戦争犠牲者保護のための国際会議の最終宣言（1993年8月30日～9月1日にジュネーブで開催）および政府間専門家会議の勧告（1995年1月23～27日にジュネーブで開催）に従い、各国に提案している。AP Ⅲ採択後に改訂された法のひな形は、次のアドレスでアクセスできる。http://www.icrc.org/Web/eng/siteeng0.nsf/htmlall/emblem-model-law-150708/$File/Model%20law.emblem-0708_eng%20.pdf（2009年8月26日現在）

[398] http://www.icrc.org/web/eng/siteengO.nsf/htmlall/advisory_service_ihl?OpenDocument（2009年8月26日現在）を参照。

[399] Jean-Philippe Lavoyer, "National Legislation on the Use and Protection of the Emblem of the Red Cross and Red Crescent", IRRC, No.313, July-August 1996, pp.482-485.

を維持するためには、記章の尊重を確保する国内措置を実行することが不可欠である。これにより、保護と救済を必要とする人々の状態を改善することが、かなり容易となる。

　国が適当な手続を怠った場合、標章の濫用を招き、標章に伴う尊重と信頼が損なわれることとなる。また、平時における濫用の放置は、戦時における濫用の引き金となることを忘れてはならない。これにより標章の保護的な価値を損ね、使用を許可された者の生命を危険にさらし、文民のみならず、傷病兵への看護および保護の提供を妨げることとなる。

Q. 45：標章の使用を管理する諸規則の普及に関する国の責任とは何か。

法的または規程上の根拠
- 1907年のハーグ規則第1条
- GC I 第47条
- GC II 第48条
- GC III 第127条
- GC IV 第144条
- AP I 第80条、第83条2項および第87条2項
- AP II 第19条
- AP III 第7条

勧　告
● 締約国は、他の国際人道法諸規則と同様、標章の使用を管理する諸規則を、武器携行者、意思決定者および一般住民にできる限り広く普及する義務がある。
● 標章の使用を管理する諸規則が軍隊で普及される場合、これらの諸規則は、通常の訓練および作戦行動に組み込まれ、習熟されなければならない。特に指揮官は、標章の濫用（背信的使用を含む）に対する所定の対応を、意思決定の過程およびその実行段階に取り入れるよう訓練されなければならない。
● 高等教育機関で普及する場合は、国際人道法（また標章の使用を管理する重要規則）を公式の標準プログラムおよび大学法学部ならびに国際関係学部、大学院、研究科の履修課程に含むべきである。
● 各国はまた、若者に対しても国際人道法（また標章の使用を管理する重要規則）を普及するよう強く奨励される。

分　析
序　文
　国際人道法諸文書を批准し、それらを国内法により履行することは、国際人道法の諸規則を遵守するために必要な措置である。この他にも、その内容をできる限り広く普及することが、法遵守行為をもたらす環境作りの戦略における重要な要素となる。国際人道法の諸規則は、まず軍隊、高等教育および大学、さらに若者に普及

されなければならない。

軍隊における普及活動[400]

a) 1907年のハーグ条約批准により、各国は「その陸軍軍隊に対し本条約に附属する陸戦の法規慣例に関する規則に適合する訓令を発する」ことを確約している[401]。

同様に、ジュネーブ諸条約の批准により、締約国は「原則を知らせ」、「軍事(…)教育の課目中にこの条約の研究を含ませる」ことを約束している[402]。

AP I は、その義務を詳しく説明しており、とりわけ締約国に対し、次の通り規定している。

「義務を履行するため、遅滞なくすべての必要な措置をとる(…)の遵守を確保するために命令及び指示を与え、(…)その実施について監督する」(AP I 第80条)。

「武力紛争の際に諸条約及びこの議定書の適用について責任を有する軍当局又は軍当局以外の当局は、諸条約及びこの議定書の内容を熟知していなければならない」(AP I 第83条2項)。

「指揮官に対し、その指揮の下にある軍隊の構成員が諸条約及びこの議定書に基づく自己の義務について了知していることをその責任の程度に応じて確保するよう求める」(AP I 第87条2項)。

非国際的武力紛争に関しては、AP II 第19条で規定された義務、すなわち同議定書の内容を「できる限り広い範囲に」普及することは、武力紛争に参加する政府軍およびすべての武装集団の双方に適用される。

b) 軍隊は、軍事的側面と同様、将来起こり得る紛争における人道的側面にも、既に平時から備えておかなければならない。軍事行動中における国際人道法(IHL)の遵守は、同法が軍隊生活のあらゆる側面に前もって組み込まれているかどうかで大きく異なる。

---

400 ICRCの軍および治安部隊関係班(Unit for the Relations with Armed and Security Forces)が作成した文書「軍隊；IHLの統合」(Armed Forces; Integration of IHL)を参照。次のアドレスで入手可能。http://www.icrc.org/web/eng/siteeng0.nsf/htmlall/armed-forces-ihl-integration-310503?opendocument.
401 1907年のハーグ条約第1条。
402 GC I 第47条、GC II 第48条、GC III 第127条およびGC IV 第144条。

IHL諸規則の遵守を強化するためには、関連法を教範、教育、訓練および懲戒措置を通じて軍隊の文化に組み込むことが必要である[403]。

手始めとして、IHL諸文書の自国語への翻訳は不可欠であるが、標章に関しては、兵士が標章尊重の必要性、またはその使用を管理する諸規則の詳細を周知されるだけでは不十分である。武力紛争時において標章の使用を管理する重要規則は、他のIHLの重要規則と同様、兵士の訓練および行動に組み込まれ、習熟されていなければならない。

指揮官は、自己の指揮下にある部下の濫用(特に背信的使用)に対処するために必要な具体的措置を知らなければならない。これらの知識が、意思決定の過程およびその実行段階に組み込まれるよう訓練されなければならない。

高等教育における普及

締約国は、その権限が及ぶ範囲で、ジュネーブ諸条約および追加議定書の内容をできる限り広く普及しなければならない。国際人道法(IHL)を軍事教育に組み込むことが不可欠であるのと同様、IHLが保護しようとする一般住民および公務員、判事、法律家、外交官、ジャーナリスト、学生のように、その内容を既に適用しなければならないか、将来、適用が予想される人々に普及することも重要である。これは、武力紛争時におけるIHLの履行確保のためにも不可欠である[404]。

したがって、IHLを高等教育において、大学の公式な標準プログラム、大学の法学部および国際関係学部、大学院、研究科の履修課程の中に含むべきである[405]。

さらに、IHL分野における研究および出版活動を支援すべきである。特に法律、国際関係、人権などを教授する大学教員を対象としたIHL資料センターおよび訓練プログラムが促進されるべきである。模擬裁判、小論文コンクールや大学間の交流などの広報イベントを通じてIHLに対する大学生の知識や関心を高めることもできるであろう。

---

403 ICRC小冊子 Integrating the Law, ICRC, Geneva, 2007、および本研究のQ.47を参照。
404 Marco Sassoli, Antoine Bouvier, How Does Law Protect in War?, Volume I, ICRC, 2nd Edition, Geneva, 2006, p. 274; Umesh Kadam, "Teaching International Humanitarian Law: an Overview of an ICRC Dissemination Programme", IRRC, No.841, 2001, pp.167-169.
405 Stéphane Hankins, "Promoting International Humanitarian Law in Higher Education and Universities in the Countries of the Commonwealth of Independent States", IRRC, No.319, 1997, pp.451-454; Luisa Vierucci, "Promoting the Teaching of International Humanitarian Law in Universities: the ICRC's experience in Central Asia", IRRC, No.841, 2001, pp.155-165.

若者に対する普及

　IHLの知識は、若者にとっても有意義かつ有益である。このテーマは、特定の国における武力紛争またはその他の暴力行為の状況にかかわらず、いかなる場所にも妥当し、時宜を得たものである。その理由は、次の通りである。
　　a) 今日、世界中の多くの場所で、若者が武力紛争やその他の暴力行為の影響を受けるようになっていること。
　　b) 若者は、かつてないほどの頻度で、マスコミ報道により暴力行為を目の当たりにする機会が増えていること、また暴力行為の影響を軽視した娯楽に触れる機会が増えていること。
　　c) 紛争後の状況や社会復興期のような深刻な社会的・政治的緊張時には、教育プログラムにより間接的に緊張を和らげる効果が期待できること。

　ICRCは、教育開発センター社(Educational Development Centre, Inc.＝EDC)との緊密な協力のもと、「人道法の探究(Exploring Humanitarian Law＝EHL)」と題した教育プログラムを作成した。EHLは世界中の13歳から18歳の若者を対象としている。その目的は、生命および人間の尊厳の尊重と保護という考え方を、武力紛争およびその他の実際の暴力的状況に適用させることを重視することにより、青年期の若者に対してIHLの基本的な諸規則を教えることにある[406]。

　各国および赤十字社は、この有益な教育教材を活用するよう強く奨励される。このプログラムは、標章使用を管理する諸規則の詳細な取扱いについては言及していないため、指導者には、本研究の序文を参照するよう奨励する。

406　一連の指導教材、指導計画、討論活動、ビデオクリップなどの情報入手は、次のウェブサイトを参照。http://www.ehl.icrc.org/ (2009年8月26日現在)

〈B．赤十字社の役割〉

Q.46：標章の使用に関する赤十字社の使命と責任は何か。

法的または規程上の根拠
- 国際赤十字運動規約第3条1項および第2項、第5条2項(f)および第4項(a)
- 1991年の標章規則序文第3節および第7条

勧　告
- 赤十字社は、特に標章／赤十字社のロゴを使用する場合、常にジュネーブ諸条約（GC）および追加議定書（AP）、自社の定款、1991年の標章規則ならびに国内法に従い、人道的な活動を行わなければならない。
- また赤十字社は、社内で標章への尊重を確保するために内部規則を作成するよう奨励される。
- 国レベルでは、赤十字社は、国の当局がGCおよびAPを批准し、あわせて標章に関する国内法を採択するよう働きかけを行う。
- さらに赤十字社は、標章の保護を確保する（濫用を防ぎ、停止させる）ため、当局と協力する。実際には、赤十字社は標章濫用を停止させるため、次の措置を講ずることが強く奨励される。
    ⅰ．標章濫用者に対する（電子メールまたは手紙による）連絡。標章が享受する保護の内容や濫用がもたらす危険性を説明し、代替記章を提示すること。
    ⅱ．最初の連絡の後、フォローアップを確実に行うこと（電話連絡など）。
    ⅲ．これらの対応がすべて失敗に終わった場合、更なる措置のため権限のある当局に報告すること。
- 赤十字社は、とりわけ自社職員、自社のボランティア、武器携行者（例えば、警察および軍隊）、学生および一般大衆に標章の意義を認識させ、普及し、訓練を実施するものとする。
- 赤十字社は、これらに関して一層の支援、助言または情報交換が必要な場合には、ICRC代表部および／または同本部に連絡を行うよう奨励される。標章保護の経験を有する他の赤十字社から助言と情報を得るのも有益である。

分 析

序 文

　赤十字社が標章を使用できる権利には、二つの義務が伴う。赤十字社は、標章の使用を管理する諸規則を尊重しなければならず、また標章の使用を監視する際に国の当局と協力しなければならない[407]。

　これは時として、重荷に感じられるとしても、Michael Meyerが述べたようにこの重要な任務は、「運動が、その独特な地位を保つために支払う代償の一部」として考えなければならない[408]。

赤十字社による標章の使用

　国際赤十字運動規約第3条1項は、赤十字社は、「運動の使命を追及し、赤十字社の定款およびその国の法律に従い、また基本原則に則り、その人道的活動を遂行しなければならない」と規定する。

　標章に関しては、赤十字社は常に1991年の標章規則によって課せられた諸制限を尊重しなければならない。もちろん、赤十字社は一層厳格な諸規則を独自に制定することもできる[409]。

　1991年の標章規則とGCとの関連は、同規則序文に記されている。同規則は、「標章に関する各社の責務を規定したジュネーブ第一条約第44条を発展させたもの」[410]である。APに関しては、「第一追加議定書が適用される場合には、本規則のいくつかの規定は、一層広い意味を持ち、第一追加議定書が効力を有する国の赤十字社に関係する。しかし、同議定書の当事国でない国の赤十字社には、当局が同意しない限り関係ない」[411]。

　赤十字社が、常にGCおよびAP、1991年の標章規則に従い標章を使用しなければならないことは明らかである。さらに、赤十字社は社内で標章に対する尊重を確保するために内部規則を作成しなければならない。1991年の標章規則は、次のように

407　Michael Meyer, "Protecting the Emblems in peacetime: the experience of the British Red Cross Society", IRRC, No. 272, 1989, pp. 459-464.
408　Michael Meyer, "Protecting the Emblems in peacetime: the experience of the British Red Cross Society", IRRC, No. 272, 1989, p. 459.
409　1991年の標章規則、序文第3節。また同規則前文第4節を参照。
410　1991年の標章規則、序文第3節。
411　1991年の標章規則、序文第3節。

述べる。

「赤十字社は、標章の使用を管理する条件を規則または内部通達で規定するものとする。規則または通達は、例えば、次の内容により構成する。

A. 標章の保護的使用に関して：
―本件に関する国内法および本規則についての言及
―標章の使用を許可する権限のある当局の指示
―標章の表示使用との混乱を避けるために紛争の初期段階にとるべき措置の一覧
―赤十字社の要員および物への標章の使用を管理する条件

B. 標章の表示的使用に関して：
―本件に関する国内法および本規則についての言及
―赤十字社の構成員および赤十字・赤新月ユースのメンバーによる標章の使用を管理する条件
―赤十字社の構成員ではないが、赤十字社が訓練し、標章の着用を認めたその他の者への言及
―標章の使用を認められた第三者機関が運用する救護所および救急車の一覧
―標章の寸法および比率
―資金募集および普及目的の標章の使用ならびにメダルやその他の記念品への使用に関する詳細
―標章の使用を証明するために要員または標章が表示される物を担当する要員が携行する文書を管理する規則」

標章保護のために自国政府を支援する赤十字社の役割

a) 国がGCを批准し、同時にその内容を国内法で履行する場合には、標章濫用を止めさせることが容易になる。その場合、赤十字社の標章濫用への取り組みは、GC（およびAPが批准され、発効している場合にはAP）ならびに国内法に基づいて行われる。

赤十字社は、国の当局に対し、GCおよびAPを批准し、標章に関する国内法の制定を促すことにより、標章の使用を管理する諸規則の履行に重要な役割を果たすことができる[412]。

---

412 各国当局による国内の法的、規程上および実際的な措置については、本研究のQ.38を参照。

b) 標章の意義に関する普及活動は、一般大衆および／または特定の住民層に対する理解を増進し、認識を高めることに役立つ。

国際赤十字運動規約では、赤十字社にはIHLを普及する明確な使命が与えられているが、その中には明らかに標章の使用を管理する諸規則も含まれる。国際赤十字運動規約第3条2項では、赤十字社は「国際人道法を普及し、またその普及に当り自国政府を支援する」と規定している。

また、国際赤十字運動規約第5条2項(f)および第4項(a)は、ICRCおよび赤十字社は協力して、IHLの普及、医療要員の訓練および医療資材の準備を行うよう規定する。

以下は、これに関連する赤十字社による取組みの一例である。
- ポスター(例:「撃たないで、の350の言語表現」英国赤十字社)
- 小冊子(例:「この標識が分かる?」オランダ赤十字社)
- ウェブページ(例:カナダ赤十字社による標章の濫用報告用オンライン報告用紙)[413]
- ベルギー赤十字社ホームページ内の標章クイズ(フランドル語版ページ)
- 特許庁に対して連絡および情報提供を行い、登録商標における標章(または名称)の濫用／模倣の発生を予防する(ノルウエー赤十字社)
- 定期的に小冊子または他の文書をデザイン事務所、病院および他の関係者に送付する(例:カナダ赤十字社が、コンピューターゲームの開発者に送付した公開書簡)。ほとんどの標章濫用は医療分野で発生しているため、専門医療・歯科団体を始め、保健省への定期的な連絡を行い、その後適当な団体や施設に情報を知らせる。大学医学部の履修課程にIHLを含めるよう働きかけることもまた、有効である[414]。

c) 赤十字社は、標章使用を監視し、濫用に対処するため、重要な役割を果たすことが求められる。赤十字社は、次のような段階的な取組みを行うことが奨励される。

　ⅰ．標章およびその記章の濫用の可能性を通報する

標章およびそれら記章が許可なく使用され、またはその濫用が疑われる場合、個人および赤十字社のメンバーは赤十字社の本社に通報する。標章濫用に対して

---

413 「標章濫用報告用紙」を参照。http://www.redcross.ca/article.asp?id=010952&tid=001.(2009年8月26日現在)
414 これらは、赤十字社が標章の使用に関して実施した措置として非常に重要な数少ない事例である。

は、あらゆる場合に一貫性のある対応をとることが非常に重要である。

ⅱ．電子メール／手紙を送る[415]

赤十字社の職員が、丁寧かつ適切な電子メール／手紙を送付し、IHLにより使用が制限されている標章および濫用が引き起こす害について注意を喚起する。あわせて代替記章も提案する。

手紙では、標章使用の監視を支援する赤十字社の特別な役割と濫用時の事後対応を行う上での赤十字社の支援について説明する。

国内レベルで標章を保護する国内法規の関連条文の写しの他、代替記章案も手紙に同封または電子メールに添付する。

手紙／電子メールでは、標章の根本的意味を丁寧に説明し、その使用制限に関する法的根拠を詳細に説明しなければならない。しかし、手紙は過度に法律一辺倒な口調であってはならない。同様に、法的手続に出る可能性をあまりに強調する手紙は、赤十字運動に対する共感を失わせ、逆効果となるだろう。

過去の事例から、手紙および電子メールは、双方とも比較的うまく機能することが示されている。もっとも手紙は、より礼儀に適った対応であることに加え、赤十字社にとりIHL、赤十字社、運動および標章に関する追加情報を掲載した冊子を同封することが可能となる。

代替記章の使用を提案する場合、以下を例示することができる。

1　応急救護所の記章　緑地に白十字　　4　薬局
2　救急車　　　　　　　　　　　　　　5　薬局　白地に緑十字
3　病院　青地に白の大文字H　　　　　　6　医療

ⅲ．電話による連絡

電話連絡は、最初の連絡には手紙や電子メールほど適していないが、事後の対応には非常に便利である。

415　本項に附属する手紙のひな形を参照。

iv. 法的措置

　問題の関係者が標章の濫用停止を拒否する場合、法的措置の是非を検討する。これは国の当局または赤十字社の主導により行われる。過去の事例では、こうした場合は、通常、赤十字社が法的措置を開始している。一例として、赤十字社は、問題の関係者を検察当局に告発するよう働きかけることができるだろう。

　法的手続は、政府機関の管理下で行われるが、赤十字社は助言を求められることもある。

　これら法的措置にかかる経費は、金銭的にも時間的にも非常に高くつくことに留意しなければならない。したがって、これは最終手段として考慮することが望ましい。

　　注：ICRCは、赤十字社がこれらの問題に対処するために必要な支援を現場および本部職員を通じて提供する用意がある[416]。同様に、標章保護の経験を有する他の赤十字社もまた、助言および情報を得るのに有益であろう。

附属書：手紙のひな形

○○様

　最初に、弊社にご連絡いただき、有難うございます。ご承知の通り、赤十字／赤新月／赤のクリスタル標章の使用は、弊社および国際赤十字運動全体の活動に与える影響が大きいため、赤十字社にとり非常に重要な問題となっています。

　この点に関しまして、次の点にご注目いただきたいと存じます。

1　赤十字標章およびその他の保護された標章(赤新月および赤のクリスタル)の使用は、1949年のジュネーブ諸条約および同条約の三つの追加議定書により、常に(戦時平時を問わず)制限されています。

　　1949年のジュネーブ第一条約第44条第1～3項は、次のように規定しています。

　　「本条の次項以下の項に掲げる場合を除く外、白地に赤十字の標章及び『赤十字』または『ジュネーヴ十字』という語は、平時であると戦時であるとを問

416　標章の濫用防止および抑止に関するICRCの役割については、本研究のQ.47を参照。

わず、この条約及びこの条約と同様な事項について定める他の条約によって保護される衛生部隊、衛生施設、要員及び材料を表示し、または保護するためでなければ、使用してはならない。第38条2項に掲げる標章に関しても、それらを使用する国に対しては同様である。赤十字社及び第26条に掲げるその他の団体は、この条約の保護を与える特殊標章を本項の範囲内でのみ使用する権利を有する。

　更に、各国赤十字社(赤新月社または赤のライオン及び太陽社)は、平時において、自国の国内法令に従い、赤十字国際会議が定める原則に適合する自己のその他の活動のために赤十字の名称及び標章を使用することができる。それらの活動が戦時に行われるときは、標章は、その使用によりこの条約の保護が与えられると認められる虞がないような条件で使用しなければならない。すなわち、この標章は、比較的小型のものでなければならず、また、腕章または建物の屋根に付してはならない。

　赤十字国際機関及び正当に機限を与えられたその職員は、いつでも白地に赤十字の標章を使用することを許される」。

2　以上のように、赤十字標章(またはその他の保護された標章)の使用を許可された団体は、1949年のジュネーブ諸条約により規定されています。詳細は省略しますが、主に以下がその対象となります。
　―国の軍隊の医療組織
　―国際赤十字・赤新月運動の構成員、すなわち赤十字国際委員会、国際赤
　　十字・赤新月社連盟および各国赤十字・赤新月社、ならびに
　―文民病院および医療組織(一定条件下で)

3　民間企業は、原則的に標章の使用が許可されていません。唯一の例外は、非常に厳格な条件の下で、救急車として使用される車両を識別するため、および傷者・病者に無償で治療を行うためにもっぱら充てられる救護所に使用することが許されています(1949年のジュネーブ第一条約第44条4項)。

4　貴職よりご提出いただいたロゴ／貴職が使用されている[青十字の背景に赤十字]のロゴは、1949年のジュネーブ諸条約で承認された赤十字標章とまったく同一ではありませんが、国際法により保護された標章に非常に酷似しています。これは、禁止されている赤十字標章の模倣に該当すると思われます。

　これに関連して、次のように規定する1949年のジュネーブ第一条約第53条

1項の条文にご注目いただきたいと存じます。

「公のものであると私のものであるとを問わず、個人、団体、商社または会社でこの条約に基いて使用の権利を与えられていないものが、『赤十字』または 『ジュネーヴ十字』の標章若しくは名称又は<u>それを模倣した記章又は名称</u>を使用することは、その使用の目的及び採用の日付のいかんを問わず、常に禁止する」(下線強調)。

若干の修正が施されているとしても、白地に赤十字は禁止されている模倣となります。この見解は、1949年のジュネーブ第一条約解説(1949年8月12日のジュネーブ諸条約の解説、第1巻、第53条、ICRC、ジュネーブ、1952年刊、385頁)でも支持されています。実際に、そのロゴが標章の模倣と見なされるかどうかの判断は、ロゴと赤十字標章との間で一般の人々に混乱を招く危険があるかを基準に行われるべきです。この条文は、まさにこの混乱の防止を意図しているからであります。仮に使用者に悪意がない場合でも、異なるロゴを代用しなければなりません。

5 さらに、1949年のジュネーブ諸条約の締約国は、赤十字標章およびそれを模倣した記章の濫用を常に防止し、かつ、抑止するための法律を採択する義務があることに、どうぞご留意ください(1949年のジュネーブ第一条約第54条)。

6 [赤十字社の名称または、そのイニシャル]は、ご提出いただいたロゴの使用は、赤十字標章の濫用に当たると考えております。そのため、[社名・イニシャル]は、貴職に対し当該ロゴの使用を控えていただき、その他の図柄[例えば、背景に赤十字のない青十字]を選択の上、貴社ロゴとしてご使用いただくよう、お願い申し上げます。

最後になりましたが、これら諸規則は厳しいようにも思えますが、犠牲者(特に武力紛争の)およびその人道的使命に対する利益を最優先に考え、1949年のジュネーブ諸条約締約国により採択されたものです。この点からも、標章の保護は非常に重要であります。標章の濫用はいかなるものであれ、人々に混乱を招き、標章の使用を許可された者を危険にさらすことになります。弊社は、本趣旨が必ずや貴職にご理解賜り、これら原則にご同意いただけるものと確信いたしております。

敬　具

〈C．ICRCの役割〉

Q. 47：標章の使用に関するICRCの使命と責任は何か。

法的または規程上の根拠
- GC I 第44条3項
- 国際赤十字運動規約第5条2項(c)、(g)
- ICRC定款第4条1項(c)、(g)
- セビリア合意第6条1.2.A)(d)
- 1993年の代表者会議決議第8条4項

勧　告
- ICRCは、常に標章の使用を管理する諸規則を尊重しなければならない。
- 「国際人道法の守護者」として、ICRCは可能な限りあらゆる状況、特に武力紛争時において標章の使用を管理する諸規則が理解され、受け入れられ、普及され、適用されるよう努めなければならない。
- この使命を果たすため、ICRCは特に次の活動を行う。
    - ⅰ．特に標章の使用および保護に関する国際人道法諸文書への加入、批准および国際人道法の履行に関する国内措置の発展のため、各国を支援する。
    - ⅱ．武器携行者(特に国の軍隊)、大学または青少年などの適切な関係者に対して標章の使用を管理する諸規則を普及する。
    - ⅲ．標章濫用の防止および／または停止のために必要な助言を与え、または必要な措置を執る。
    - ⅳ．確実に標章を保護(濫用を防止および停止)するため、赤十字社が当局と一層緊密に協力できるよう支援を行う[417]。
    - ⅴ．必要な場合には、標章使用に関して直面した深刻な問題およびその可能な解決策、その解決策が法改正を伴うかどうかに関する議論を促す。

---

[417] 赤十字社の標章保護に関する役割の詳細な考察は、本研究のQ.46およびQ.51を参照。

分 析

序 文

　ICRCは、Henry Dunantがその著書『ソルフェリーノの思い出』に記した二つの提案を検討し、実現するため1863年に設立された。すなわち、(1)平時に篤志救護団体を設立し、戦時に軍隊の医療組織の補助機関として活動すること、および(2)各国に働きかけ戦場の傷者や救護者を保護する条約に署名させることである。第一の提案は赤十字運動の起源となり、第二の提案は国際人道法の起源となった[418]。

　軍隊の医療組織および篤志救護団体の双方を表示する単一の特殊記章の採択は、ICRCがその設立当初から掲げた主たる目的の一つであった[419]。

　赤十字標章により識別されるICRCは、国際機構の中で独自の役割を担い、標章使用を管理する諸規則を含む国際人道法を忠実に適用および普及し、発展させるために尽力している。

ICRCによる標章の使用

　GCⅠ第44条3項は、「赤十字国際機関及び正当に機限を与えられたその職員は、いつでも白地に赤十字の標章を使用することを許される」と規定している。

　したがって、ICRC(および連盟)は、標章の使用を無条件に許可されている[420]。この権利を有するということは当然、標章使用に関する規則を厳密に尊重するという、その権利に伴う責任を負うということである。

　GCⅠの解説で強調する通り、「国際機関も各国赤十字社と同様に、かなり寛大に許されたこの権利を行使するに当たっては注意深く慎重を期し、真に必要な場合のみに使用を限るべきである」[421]。

418　François Bugnion, "Red Cross, Red Crescent, Red Crystal", Geneva, ICRC, May 2007, pp. 4-5; また、Yves Sandoz, "The International Committee of the Red Cross as guardian of international humanitarian law", ICRC, Geneva, 1998, p.32も参照。

419　Jean Pictet, ed., "Unpublished documents relative to the founding of the Red Cross, Minutes of the Committee of Five", IRRC, English supplement, Vol. II, No. 3, March 1949, p. 127; Procès-verbaux des séances du Comité international de la Croix-Rouge, 17 février 1863-28 août 1914, ed. Jean-François Pitteloud, with Caroline Barnes and Françoise Dubosson, Geneva, ICRC and Henry Dunant Society, 1999, p. 18, quoted by François Bugnion, "Red Cross, Red Crescent, Red Crystal", Geneva, ICRC, May 2007, p. 5.

420　GCⅠの解説に記されているように、「この承認には留保が付されていない。したがって―会議における議論で明らかに分かるように―状況または仕事の性質により、この標章は保護的意味を持つことができる」。GCⅠの解説、第44条、p.42(脚注省略)。

421　GCⅠの解説、第44条、本書p.42。

さらに、1993年の代表者会議で採択された決議8第4節では、ICRC（および連盟）に対し、1991年の標章規則に定める標章の表示的使用および装飾的使用を管理する規則を遵守するよう求めている。1991年の標章規則は、「GC I 第44条を発展させる」[422]ことから、ICRC（および連盟）が同規則の規定から逸脱する理由はまったく見当たらない。

以上の考慮から、ICRCが標章使用を管理する規則をあらゆる活動、あらゆる状況において尊重しなければならないことは明白である。この義務を遵守する見返りとして、ICRCは国際人道法、特に標章を管理する規則に関する独特の役割を果たす上で必要な信頼を得る。

「国際人道法の守護者」としてのICRC

国際赤十字運動規約第5条2項(c)および(g)は、ICRCの役割を次のように規定している。

c) ジュネーブ諸条約によりICRCに課せられた任務を遂行し、武力紛争に適用される国際人道法が忠実に適用されるように努め、また同法の違反の申し立てに基づくあらゆる苦情を受理すること。
(…)
g) 武力紛争に適用される国際人道法の知識と理解の普及のために活動し、また、その発展のための準備をすること[423]。

標章に関しては、セビリア合意もまた、ICRCに固有の役割を与えている。セビリア合意第6条1.2.A) (d)では、ICRCが主導的機関として活動する状況においては、「保護を目的とした現行の赤十字および赤新月標章に関する規則の尊重を確保すること」がICRC固有の責務であるとしている。

セビリア合意は、武力紛争時の標章使用に関するICRC固有の責務を強調している。しかしこの責務が、その他の国際人道法(IHL)に対する違反行為同様、あらゆる状況における標章の濫用を防止し、停止させるために最善を尽くすというICRCの全般的な責務を代替したり、これを無効にするものではない。

422　1991年の標章規則序文第3項。
423　ICRC定款第4条1項(c)および(g)にも同文がある。

「IHLの守護者」たる役割の枠内で、また標章との関連で、ICRCは三つの目的を達成するため、幅広い活動を行ってきた。
―現行の諸規則ができる限り広範囲で承認され、認知され、理解され、そして適用されること。
―国および運動構成員が標章使用を普及し、標章濫用から標章を保護するのに必要な能力を身に付けること。
―必要な場合には、標章の保護的な価値を強化するために規則を適応させること。

ICRCによる具体的な活動
1. 国による国際人道法諸条約への参加および国内履行措置

　国際人道法を普及するため、ICRCは各国に対し、外交会議で採択された諸文書の批准を働きかけている。特に武力紛争が発生した場合には、あらゆる当事者が同一の規則により管理されることが不可欠である。

　ICRCのアドバイザリー・サービスは、各国当局に対して、国際人道法諸文書（例えば、加入および批准のひな形諸文書）の締約国となることを容易にし、またそれら諸文書の批准および履行の条件となる法的措置、規則上または行政上の措置の採用を容易にするため、法的・技術的支援を行う[424]。

　同サービスはまた、各々、市民法または慣習法体系を有する国のために、「赤十字、赤新月および赤のクリスタル標章の使用ならびに保護に関する法律」のひな形および「ジュネーブ諸条約法」のひな形を作成した。これらのひな形は、標章の使用および保護を規定する包括的な法体系に含まれるべき規定を強調している[425]。

2. 標章の使用を管理する規則の統合および普及

　既述した通り、各国はできる限り広範囲に国際人道法（IHL）を普及する義務がある[426]。ICRCは、長年にわたり、各国がこの義務を果たすために支援を行い、また広範囲にわたる普及活動や関連普及資材の作成を支援してきた。

　軍隊、警察およびその他の武器携行者に対する普及に関して、ICRCは「法の統

---

[424] AP Ⅲ の加入、批准に関するひな形文書は、インターネットの次のアドレスで入手が可能。
http://www.icrc.org/Web/eng/siteeng0.nsf/html/emblem-ratificationkit-110107/（2009年8月26日現在）
[425] 各国によるIHL履行に関する国内措置については、本研究のQ.44を参照。
[426] 本研究のQ.45を参照。

合」[427]という概念を発展させてきた。この概念は、軍事行動がIHL（ひいては標章使用に関する規則）に従って遂行されるためには、IHLが次の四つの要素の不可分の一部となる必要があることを意味する。これら四つの要素とは、教範[428]、教育[429]、訓練／技術[430]および処罰[431]である。

ICRCは、武器携行者に対する専門的な実際的な技術訓練は実施していない。しかし、ICRCは、軍事行動における法的枠組みに焦点を当て、これらの者が作戦との関係および法遵守のために執るべき行動を明確にするための支援を行う。

若者層や高等教育、大学に対するIHLの普及に関して、ICRCはIHL諸規則が教養課程の一部として教えられるべきであると確信する[432]。そこでICRCの教育・行動班(Education and Behavior Unit)では、特に青年期の若者[433]に対する新たなIHL普及教材を提供している。それらは、教育省との教育プログラムの計画[434]、IHLに関する大学プログラムの支援[435]、赤十字社との協力による年一度の夏季IHLコースの実施[436]および模擬裁判の競技会の共催、支援[437]である。

427　ICRC小冊子 Integrating the Law、ICRC刊行物、ref.0900, 2007, p.17を参照。
428　「教範(doctrine)とは、戦略、作戦および戦術レベルにおいて武器携行者の行動指針となるあらゆる標準的原則のことである。これらの原則の形式は問わない」。ICRC小冊子Integrating the Law, ICRC, ref.0900, 2007, p.23を参照。
429　「教育(education)は、要員に対して何を行うべきかという理論上の知識を提供することに重点を置く」ICRC小冊子Integrating the Law, ICRC, ref.0900, 2007, p.26を参照。
430　「武器携行者の訓練(training)は、要員に対して、法を遵守しながらいかにして各自の役割を果たすかという実践的な経験の提供に重点を置く」。「装備(equipment)は、法に基づき任務を遂行するために必要な道具を要員に提供する」。ICRC小冊子Integrating the Law, ICRC, ref.0900, 2007, p.29およびp.32を参照。
431　「処罰(sanction)は、明瞭かつ予測可能で効果的でなければならない」。ICRC小冊子Integrating the Law, ICRC, ref.0900, 2007, p.35を参照。
432　本研究のQ.45を参照。
433　ICRCは一例として、青年期の若者(13歳～18歳)にIHLの基本的規則および原則ならびにその関連問題を教育するため、人道法の探究(EHL)という教育プログラムを開発した。標章の意義およびその使用の管理に関する基本的規則が本プログラムに収録されている。
434　Stéphane Hankins, "Promoting International Humanitarian Law in Higher Education and Universities in the Countries of the Commonwealth of Independent States", IRRC, No.319, 1997, pp.451-454; Yves Sandoz, The International Committee of the Red Cross as guardian of international humanitarian law, ICRC, Geneva, 1998, 32 pp.; Luisa Vierucci, "Promoting the Teaching of International Humanitarian Law in Universities: the ICRC's experience in Central Asia", IRRC, No. 841, 2001, pp.155-165を参照。
435　一例として、ジュネーブの「国際人道法および人権学院(Academy of International Humanitarian Law and Human Rights)」は、武力紛争および緊急事態に関連する法的分野を専門とする。
436　ICRCの年次夏期IHL講座は、講義やケーススタディを通じて、IHLに関する包括的な概論を提供する。
437　ジャン・ピクテ競技会は、学生を対象とした一週間のIHLに関する研修イベントであり、シミュレーションやロールプレイにより構成され、競技会の審査員が各チームのIHLに関する理論的知識や実践的理解力を評価する。

3 標章の濫用を防止し、停止させるための助言および対策

ICRCは、標章／ロゴに関するあらゆる問題について、特に国、赤十字社、NGO、企業および個人に対して支援を行う。

標章の濫用時、ICRCはその違反者に連絡を取り、その行為がICRCおよび運動全体の活動に与える影響について注意を喚起し、標章の使用を管理する適当な規則に言及し（標章の本来の意味および法的基盤）、代替標章を使用するなど可能と思われる解決策を提示し、濫用が停止されるまで事後対応を行う。これらの助言および対策は、必要であれば常にICRC本部の技術的支援を得てICRC代表部が行う。

ICRCは、代表部を通じて諸問題およびニーズに関する調査を分担したり、行動計画を立案して、赤十字社の「標章保護キャンペーン」の立案や実施も支援する[438]。

4 赤十字社の能力向上のための支援

本研究の別の箇所で説明した通り、赤十字社には標章の保護を確保するため、公当局と協力する使命がある[439]。

ICRCは、この点において赤十字社がその使命を果たすための能力を構築できるよう、できる限りの支援を行う。この支援は、特に次の形をとる。

a. 標章の濫用を停止（または防止）するための措置（上記のポイント3で記したように）をICRCと赤十字社が共同で行うことにより、赤十字社は、この問題に対する知識を強化できる（同様にICRCにも役立つ）。

b. ICRCは、赤十字社（または他の関係者）のために新たな資材および道具を開発する。例えば、新しい小冊子"three emblems, one Movement, serving humanity"（連盟と共作）、ポスター、パワーポイントのプレゼンテーションなどである。

c. ICRCはまた、赤十字社の「法と基本原則」プログラムを資金面または技術面から支援する。このプログラムには、標章の使用を管理する規則と意義を普及することが含まれる。

---

[438] これは、例えばバングラデシュ、インド、ネパールまたはウガンダで実施されたキャンペーンの事例である（本研究のQ.51を参照）。
[439] 標章に関する赤十字社の役割については、本研究のQ.46およびQ.51を参照。

5 新たな条約の開発

　ICRCは通常、IHLの新たな条約を発展させるために取組んでいるが、これには標章に関する新たな条約が含まれる。

　この取組みは、APⅢのような新たな国際条約の採択に帰結する場合もあるが、必ずしもそうなるとは限らない。1991年の標章規則の採択および改訂、そしてある程度、本研究を考慮すると、この問題に対するICRCの取組みの結果、様々な新たな手段および条約の誕生が予想される。

Q. 48：ICRCがセビリア合意に基づき主導的機関として活動する場合、標章使用に関するICRCの責任は何か。またICRCはいかなる措置を講ずるべきか。

法的または規程上の根拠
- 国際赤十字運動規約第5条
- セビリア合意第6条1.2.A) (c)、(d)

勧 告
- ICRCは、主導的機関の役割として標章使用を管理する規則の尊重を確保する責任がある。これらの規則は、ICRCの主要パートナーである被援助社と協力して作成した現場で運用される安全確保策に組み込まれる。この安全確保策は、赤十字運動の協調的取組みの中で活動する要員の身の安全をできる限り保障することを目的としている。標章の適正使用は、この安全確保策を運用する上で非常に重要である。
- ICRCは「国際人道法の守護者」としての使命を果たすため、セビリア合意で繰り返し明記されている通り、ICRCが主導的機関として活動する場合も含め、標章の適正使用(保護的および表示的)を確保するために最善を尽くさなければならない[440]。
- 特に武力紛争時には、運動の構成員は、標章使用についてICRCに助言を求め、その勧告に従うことが望ましい。

分 析
セビリア合意におけるICRCの責任

セビリア合意第6条1.2.A) (d)では、ICRCが主導的機関として活動する場合には、ICRCは「保護目的の赤十字および赤新月標章の使用に関する現行規則に対する尊重を確保する」という固有の責任があると規定している[441]。

セビリア合意第6条1.2.A) (c)では、ICRCが主導的機関として活動する場合には、ICRCは「現場で救援活動にあたる要員の身の安全をできる限り保障するために必要な措置の適用を明らかにし、確保しなければならない」と規定している。

---

440 標章の使用に関するICRCの全般的な使命および責任については、本研究のQ.47を参照。
441 連盟または赤十字社が主導的機関として活動する場合も同様に、標章使用に関する現行規則の尊重を確保する責任があることに留意すること。

これら二つの規定は明らかに相互に関連している。可視性と明瞭な識別性は、運動の構成員である活動要員とボランティアの身の安全を確保するためには不可欠である。同時に、標章の適切な尊重を保障するために極めて重要なことは、その使用を許可された人および団体が標章の使用を管理する規則を尊重することである。

セビリア合意第6条1.2.A）(d)は、標章が保護的手段として使用される場合、標章の尊重が確保されることが重要であることを強調している。しかし、本研究の随所で指摘した通り[442]、標章の表示的機能の濫用は、標章一般に与えられた尊重に影響を与え、また保護的機能にも同様に影響を与えることは明らかである。したがって、ICRCは、その恒久的な使命の一環として、また主導的機関としての一時的な役割として、セビリア合意に基づき標章の使用に関するあらゆる問題に対処することが固有の責任であると考える。

責任の履行

主導的機関としての責任を履行するため、ICRCは次のことを実施する。

- ICRCは、標章の使用に関する事項を盛り込んだ包括的な「赤十字運動の安全確保の枠組（Movement Security Framework）」の構築を継続する。これは、武力紛争時の安全を確保するため運動構成員が従うべき全般的な枠組みである。

- ICRCの代表部は、必要な場合には、特定の状況で突然生じる個別問題に対処するための指針を作成する。これらは特定の状況のために作成された特別の指針であり、特定された個別問題や危険に対処するためのものである。それらは、非常に特殊な主題に特化した詳細なものもあれば、所与の状況に適用されるべき基本的規則の繰り返しにすぎないものもある。これらのガイドラインは、ICRCの主要パートナーである被援助社（および場合によっては、関係するあらゆる運動の構成員）と協議のもとに作成（および承認）され、被援助社の内部で可能な限り広く普及されるべきである。被援助社との協力が極めて重要である理由は、同社は、当該状況および標章使用に伴う潜在的な障害ならびに関連法規に体験的知識を有しているからである。

- ICRCは、標章の使用に関して運動の構成員といかなる問題協議にも応じる。例えば、ICRCは標章使用に関して個別的、全般的な助言を与える用意があり、

---

442 例えば、本研究の前文および第3部を参照。

構成員から報告された標章の濫用を停止させるために必要な介入を行う用意がある。
・ICRCは、当局(その他のすべての人または団体)が標章を適正に使用することを確保するために当局に必要な説明を行う用意がある。

主導的機関としてのICRCの期待

ICRCは、運動の安全確保の枠組を確立、管理し、維持する責任を負うとともに、武力紛争時には運動内における標章の適正使用を確保する責任を負う。ICRCは、長年にわたる経験と成功事例に関する幅広い知識を有している。

ある状況における運動構成員の標章の使用の仕方、および一般的には、彼らがいかに識別されるかは、その場における運動構成員の活動の影響および成功にとり非常に重要な要素となる。したがって、標章の使用に関する規則の一貫性と尊重確保が必要となる。ICRCは、この点に関して適切な指針を提供するよう最善を尽くすことを約束する。同時にICRCは、武力紛争に巻き込まれた運動の全構成員に対し、ICRCに助言を求め、その勧告に従うよう要請する。

「国際人道法の守護者」としてのICRC

ICRCは、あらゆる状況において標章の使用を管理する規則を最大限尊重するよう、今後も関与し続けることを忘れてはならない[443]。ICRCは「国際人道法の守護者」として、これを念頭に勧告を行い、標章の濫用を防止し、停止させるために必要な説明を行う使命が与えられている。

最後に、ICRCは主導的機関として活動する場合、標章の適正使用を確保する特別な役割が与えられているが、同時に、運動の全構成員はそれぞれ、常に標章を適正に使用する責任を負っていることを忘れてはならない。

---

443 国際赤十字運動規約第5条2項(c)に基づき、ICRCには「国際人道法が誠実に適用されるように努める」義務がある。本件に関する詳細な分析は、本研究のQ.47を参照。

Q. 49：標章またはその名称の「模倣」という用語の国際人道法上の意味は何か。

法的または規程上の根拠
- GC I 第53条および第54条
- AP Ⅲ 第6条(1)

勧　告
- 模倣とは、標章またはその名称の濫用の一種であり、すなわち、その形状および／または色彩もしくは称号により、標章またはその名称との間で混乱をきたす可能性のある記章または名称の使用である。
- 当該表示が模倣か否かを判断する基準は、その表示と標章またはその名称との間で、一般の人々に混乱を生じさせる危険があるかどうかにより決めるべきである。この裁定は、GCおよび標章（および／または名称）にとって最も有利となるよう解釈すべきである。
- 特別な条件のもと標章の使用を許可された団体または個人は、その使用条件が満たされない場合は、その模倣をしてはならない。

分　析
序　文
標章（および/または名称）の濫用は、1864年のジュネーブ条約の採択以来、常に存在し続けてきた[444]。最初に標章が承認されたほぼ当初から、商標に標章を使用することを含む濫用が問題を引き起こすことは明白であり、国際法で明確に禁止すべきであったが、1864年のジュネーブ条約では禁止されていなかった。

1906年のジュネーブ条約第23条および第27条は、この欠陥を修正し、標章の濫用を明確に禁止した[445]。しかし、この明確な禁止が採択されて間もなく、企業は赤

---

[444] 戦地軍隊における傷者および病者の状態改善に関する条約、1864年8月22日にジュネーブで採択。詳細の説明は、一例としてGC I の解説、第53条、本書p.45以下を参照。また、他に明記されていない限り、本設問における標章の濫用（模倣）は「赤十字」、「赤新月」および「赤のクリスタル」の名称の濫用（模倣）にも言及している。

[445] 戦地軍隊における傷者および病者の状態改善に関する条約、1906年7月6日にジュネーブで採択。1906年のGCは、その第23条および第27条において次の通り規定する。

「第23条　白地に赤十字の記章及び『赤十字』又は『ジェネヴァ十字』なる称号は、平時と戦時とを問わ

十字とは言えないが、赤十字であるような印象を与える記章を使用し始めた。これらの企業は、それにより標章に伴う威信を追訴されることなく利用できると信じていた[446]。

標章の模倣の禁止

このような問題に終止符を打つため、1929年のジュネーブ条約第24条および第28条は、標章自体を許可なく使用することを禁止しただけでなく、標章および称号を模倣したすべての記章または名称の使用を禁止した[447]。この革新的な規定は、GC I 第53条第1項、第2項および第4項に踏襲された。その内容は次のとおりである。

ず、本条約によって保護される衛生上の移動機関、固定営造物、人員及び材料を保護し又は標榜するためでなければこれを使用することはできない。(⋯)
　第27条　記名国政府にしてその現行法が完全なものでない場合は、本条約によって権利を享受するもの以外の個人又は協会において『赤十字』又は『ジェネヴァ十字』なる記章又は名称を使用し、なかんずく商業上の目的を以て製造標又は商標の方法によってこれを用いることを常に防止するために必要な手段を執り又はこれをその立法府に提案すべきことを約束する。
　前項に規定した記章又は名称の使用禁止は、各国の法則によって定められた時期よりその効力を生じるため、遅くとも本条約実施後5年以内にその効力を生じなければならない。本条約実施後は、同禁止に抵触する製造標又は商標の使用を以て不法とする」。(＊訳者注：日本語正文をかな表記に改変)

446　一例として、GC I の解説、第53条、本書p.48以下を参照。
447　戦地軍隊における傷者及び病者の状態改善に関する条約、1929年7月27日にジュネーブで採択。1929年のGCは、その第24条および第28条において次の通り規定する。
　「第24条　白地赤十字の標章及び赤十字又は『ジュネーヴ』十字の語は、平時と戦時とを問わず本条約によって保護される衛生上の部隊及び営造物並びに人員及び材料を保護し又は表示するためでなければ、これを使用することはできない。(……)
　第28条　締約国政府にして現にその法令が充分なものでないときは、下記事項を常に防止するために必要な措置を執り又はこれをその立法機関に提案すべきである。
　（イ）　商業上の目的を以て行うと他の如何なる目的を以て行うとを問わず、個人又は本条約によって使用の権利を有するもの以外の団体による赤十字又は『ジュネーヴ十字』の標章又は名称並びにその模倣となる一切の記章及び名称の使用。
　（ロ）　スイス連邦の国旗の着色を転倒したものの採用により同国に対して敬意が表せられたことに鑑み、商業上の誠実に反する目的によるとスイスの国民的感情を毀損することがあるような状態であるかを問わず、個人又は団体によるスイス連邦の紋章又はその模倣となる記章の製造標若しくは商標又は上記製造標若しくは商標の要部としての使用。
　赤十字又は『ジュネーヴ』十字の標章又は名称の模倣となる記章又は名称の使用の（イ）に規定された禁止及びスイス連邦の紋章又はその模倣となる記章の使用の（ロ）に規定された禁止は、各法令により決定された時期よりも遅くとも本条約の実施後5年にしてその効力を発生すべきである。上記実施後は、上記禁止に反する製造標又は商標を採用することは、適法ではない」。(太線強調)（＊訳者注：日本語正文をかな表記に改変)

「公のものであると私のものであるとを問わず、個人、団体、商社又は会社でこの条約に基いて使用の権利を与えられていないものが、『赤十字』若しくは『ジュネーヴ十字』の標章若くは名称又はそれを**模倣**した記章若しくは名称を使用することは、その使用の目的及び採用の日付のいかんを問わず、**常に禁止す**る。(……)

スイス連邦の国旗の配色を転倒して作成した紋章の採用により同国に対して払われる敬意並びに**スイスの紋章及びこの条約の特殊標章との間に生ずることのある混同を考慮して**、商標としてであると又はその一部としてであるとを問わず、商業上の道徳に反する目的で又はスイス人の国民感情を害する虞のある状態で私人、団体又は商社がスイス連邦の紋章又はそれを模倣した記章を使用することは、常に禁止する。(……)

本条第1項に定める禁止は、第38条第2項に掲げる標章及び記章に対しても、適用する。但し、従前からの使用により取得されている権利に影響を及ぼさないものとする」[448]。(太字強調)

模倣の定義

本研究の冒頭に述べたとおり、模倣は標章濫用の一種であり、それはすなわち、その形状および／または色彩もしくは称号により、標章またはその名称との間で混乱をきたす可能性のある記章または名称の使用である。

GC I 第54条によると、当該マークが模倣かどうかを決めるのは、各国当局である[449]。GC I の解説(第53条)にも記されているとおり、その基準は一般の人々にその記章または名称と標章またはその名称との間に**混乱を生じさせる危険があるか**どうかである[450]。

記章に関しては、その記章の**形状および色彩**が赤十字標章と極めて似通っており、それが積み重なり、一般の人々に混乱を生じさせる要因となる可能性のあるものである。赤い馬または黄色い十字は模倣とはならないが、それは馬および黄色のいずれもが標章のデザインや赤色からかけ離れすぎているためである。一方、色調によっては、オレンジ十字または紫新月は標章の模倣となる可能性がある。

---

448 赤のクリスタルの模倣禁止は、AP III 第6条(1)で規定している。
449 「各国当局」は広義に解されるべきであり、最高執行機関だけでなく、標章の濫用を防止、抑止するために必要な措置を執る責任を有するであろう裁判所やその他の国の機関も含める必要がある。
450 GC I の解説、第53条、本書p.48以下。

GCⅠの解説(第53条)には、赤十字標章の模倣について次のような例があげられている。

「図形を配したり、その他の十字を添えた赤十字がある。また輪郭もしくは一部を赤色にした十字、地色を他の色にした十字、二色を逆にした地色に半分赤色、半分白色にした十字、遠方から見ると赤十字に見える赤色の星などがある」[451]。

以下の記章は、その他の模倣例の描写である。

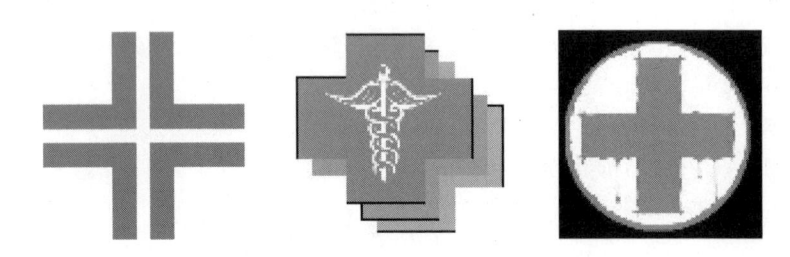

一般の人々に混乱を生じさせる危険性に関する前述の基準はまた、標章の名称の模倣にも適用される。したがって、例えば"bed cross"や"rex crystal"は、国際人道法で禁止された標章の名称の模倣となる。

原則として、標章を不当使用または模倣している者の意図は考慮してはならない。標章の不当使用および模倣は違法である[452]。しかし、あるマークが模倣であるかどうかの疑念がある場合、その者に人々を騙す意図や、標章の威信を利用する意図があったかどうか裁定する試みが行われてもよい。GCⅠの解説(第53条)を踏まえると、その裁定はGCおよび標章にとって最も有利となるよう解釈すべきである。

「もし使用者に悪意がないとしたら、なぜ彼は赤十字(または赤新月もしくは赤のクリスタル)に似たマークを選ばねばならないのだろうか。全く異なるシンボルに代えるのに何も支障はないはずである」[453]。

451　GCⅠの解説、第53条、本書p.50。
452　標章の不当使用と模倣の違いについては、本研究序文の「一般原則および概念」を参照。
453　GCⅠの解説、第53条、本書p.50。仏語版のGCⅠの解説、第53条では、標章の普遍的な認知を悪用する試みと、(商業上の)利益のために標章に向けられた好意を悪用する試みが強調されている。"[N]'y a-t-il aucune idée de fraude, aucune arrière-pensée de profiter de la notoriété de l'emblème ?" See La Convention de

したがって、もしマークまたは記章が標章と誤認されるであろう合理的な疑念が存在する場合、それらは模倣とみなさなければならず、それゆえ商標として登録されてはならず、またはその他の方法でも使用されてはならない。

最後に、特別な条件のもと標章の使用を許可された団体または個人は、その使用条件が満たされない場合は、その模倣を使用してはならないことを強調しておきたい。

Genève pour l'amélioration du sort des blessés et des malades dans les forces armées en campagne, Commentaire publié sous la direction de Jean S. PICTET, Genève, CICR, 1952, p. 434.

> Q.50：インターネット上の赤十字標章およびその名称の濫用にどのように取り組むべきか。

法的または規程上の根拠
・GC I 第53条および第54条
・国際赤十字運動規約第2条3項、第3条2項、第5条2項(c)、(g)および第6条4項(j)

勧告
●各国は、赤十字運動の構成員と協力の下、他の形態の濫用に対する責任（GC I 第53条、第54条に規定されたように）と同様、インターネット上の標章（およびその名称）の濫用を防止し、抑止する責任を有する[454]。特に標章（およびその名称）の不正使用に対しては、できるだけ速やかに行動をとる適切な仕組みが整備されるべきである。

●国別トップレベル・ドメイン（Country Code Top Level Domains, CCTLDs）における濫用の場合、次の措置がとられるべきである。

　ⅰ．各国は、措置を講じる責任を有する当局を特定し、赤十字社に連絡すべきである。

　ⅱ．各国のインターネット規制者は、標章またはその名称を濫用した電子メールのメッセージが送信されたサーバの特定を支援し、執るべき適切な行動を助言すべきである。

　ⅲ．赤十字社は、他の形態の標章（またはその名称）の濫用に関して既述したのと同様の手段と手続に従うべきである。すなわち、ウェブサイトの所有者またはプロバイダーに連絡し、標章が享受する保護を説明し、濫用を止めるよう要請し、かつ、必要とあれば、権限のある当局に当該案件を報告する[455]。

　ⅳ．赤十字社は、他者の介入によるCCTLDs使用の可能性を排除するため、それを保有することが奨励される。

　ⅴ．赤十字社は、ドメインの所有と管理を徹底するため、自国のインターネット規制者から得られる技術に精通することが奨励される。

454　標章濫用の防止および抑止に関する国の役割と責任については、本研究のQ.44を参照。
455　赤十字標章（およびその名称）の濫用に直面したときに執るべき手続と措置については、本研究のQ.44を参照。

●グローバル・トップレベル・ドメイン(Global Top Level Domains, GTLDs)おける濫用の場合、次の措置がとられるべきである。
　ⅰ．標章またはその名称の濫用に関与するGTLDウェブサイトの所有者が明らかになった場合、該当ウェブページ閉鎖のために必要な手段を講じるのは、その所有者が帰属する国の責任である。その場合、上記のCCTLDsに関する措置に従うことができる。
　ⅱ．複数の国が関与している場合、それら諸国の当局および関係国の赤十字社が、できるだけ速やかに、違法な素材を削除するために協力すべきである。また、それらはICRCと連盟にも通報すべきである。
　ⅲ．GTLDウェブサイトにおける標章またはその名称の不正使用の最も重大な案件に数ヵ国が関係する場合(例えば、取締まり活動が数ヵ国間の調整を必要とする可能性がある場合)は、国際刑事警察機構(インターポール、ICPO)がその役割を果たす必要があるかも知れない。
●連盟およびICRCは、赤十字社が自らの努力でインターネット上の標章およびその名称の濫用に取り組む際、助言を行う用意がある。

分　析
序　文
　今や、インターネットは多くのビジネスの重要な媒体であり、ニュース、情報および娯楽の主要な源である。
　個人または企業は、簡単に彼らの素材をインターネットに掲載できるため、その結果、あらゆる種類の商標侵害が激増し、また所有することが犯罪行為となり得る素材が流通するようになった。また個人や団体が、ロゴ、商標または他の事業もしくは団体の識別記号をダウンロードし、それらを利用するのが比較的容易になっている。これは、事業を魅力的に見せたり、読者を欺いたり、騙したりするやり方で商品を紹介するためにしばしば行われる。こうした状態は次第に増えている。
　インターネットは、「ドメイン」のシステムを通じて運営されるが、ウエブを管理するのは国際機関と国の当局である。ドメインは、カリフォルニアにある民間の非営利企業「アイキャン(the Internet Corporation for Assigned Names and Numbers, ICANN)」により運営されている。グローバル・トップレベル・ドメイン(GTLD)は、インターネット・アドレス(URLs)に「.com」、「.net」などのサフィックスが付いて終わるものを言う。国別トップ・レベル・ドメイン(CCTLD)のアドレスは、国別サ

フィックス（ch＝スイス、eg＝エジプト、など）が付いて終わるものを言う。一般的に、CCTLDのウェブサイトに掲載されている素材は、その国において印刷されたものであるとみなすべきである。

インターネット上の標章の濫用は、その他のメディアによる濫用よりも多く、世界中のどこからでも発見し、通報することができるが、これはインターネットの広がりによるものである。不正行為を探知する商業サービスも存在しており、いくつかの赤十字社はそれを利用している。ほとんどの濫用の例は、偶然それを発見した赤十字社のメンバーか、騙された一般の人々により通報される。

インターネットは世界中どこからでもアクセス可能だが、素材の掲載の仕方により、その作者の正体とその場合に適用できる法律の手掛かりが得られる。

インターネット上の標章使用に関する規則の適用およびその履行義務

GC、AP I、II ならびに1991年の標章規則が採択された時点では、インターネットは存在していなかった（または一般的に使用されていなかった）のは明らかである。

しかし、これは上記諸規定に定義された規則がインターネット上の標章使用には適用されないという意味ではない。むしろ、GC I 第53条1項および第54条は、次のように規定する。

> 「公のものであると私のものであるとを問わず、個人、団体、商社または会社でこの条約に基いて使用の権利を与えられていないものが、「赤十字」若しくは「ジュネーヴ十字」の標章若しくは名称又はそれを模倣した記章若しくは名称を使用することは、その使用の目的及び採用の日付のいかんを問わず、常に禁止する。（……）
> 締約国は、自国の法令が充分なものでないときは、第53条に掲げる濫用を常に防止し、かつ、抑止するため必要な措置を執らなければならない」。

これらの条文から得られることは、インターネット上の標章（およびその名称）の濫用を「防止し、かつ、抑止するために必要な措置を執る」一義的な責任は、その他すべての状況と同様、国にあるということである[456]。したがって、各国は国際人道法の尊重を確保するという一般的な義務の一部として、適当な法律または諸規定を整備し、このような濫用に速やかに対処しなければならない。

---

456 標章濫用の防止および抑止に関する国の役割と責任については、本研究のQ.44およびQ.45を参照。

赤十字社については、(国際赤十字運動規約第3条2項に規定された)「自国の政府に協力し、(…)ジュネーブ諸条約およびそれら条約の追加議定書により承認された特殊標章を保護する」使命は、インターネット上の標章の濫用に関しても不変である[457]。したがって、赤十字社は「従来型の」標章濫用と同様の方法で当局と協力する用意がなくてはならない。

留意すべき重要な点は、国および赤十字社の義務と使命は、明らかにインターネット上の標章(またはその名称)の濫用を対象とし、標章およびその名称が享受する保護は、現在ではすべての国がジュネーブ諸条約の締約国であるため普遍的である。

ICRCおよび連盟は、各々の役割と責任において、こうした濫用に取り組むため、国の当局および赤十字社への支援に最善を尽さなければならない[458]。ICRCおよび連盟の双方は、インターネット上の標章およびその名称の濫用に取り組むために執られる措置に関して、赤十字社と国の当局に助言を与える用意がある。

しかし、インターネット特有の性格が、標章またはその名称の濫用を停止させるための過程を複雑なものにしている。濫用を停止させようとする場合には、このインターネットの特性を考慮しなければならない。

インターネット上の標章およびその名称の濫用に、どのように取り組むべきか

1. CCTLDウェブサイトにおける濫用

どのような言語であっても、「赤十字」「赤新月」または「赤のクリスタル」の名称ならびに標章の濫用または悪用が報告されれば[459]、常にあらゆる手を尽くして速やかにワールドワイド・ウェブ(WWW)から削除されるようにすべきである。

国の当局は、特に次の措置を執るべきである。

 a) 国は、そのような場合に措置を講じる責任ある当局を特定しなければならない。この当局は、赤十字社および政府の適切な人物に知られていなければならない。それにより問題ができるだけ速やかに、かつ、効果的に対応されるようにする。

 b) インターネットで不正行為を働くのは、ドメイン名を使用している者より

---

457 標章濫用の防止および抑止に関する赤十字社の役割と責任については、本研究のQ.44を参照。
458 国際赤十字運動規約第5条2項(c)、(g)を参照。標章濫用の防止および抑止に関するICRCの役割と責任については、本研究のQ.47を参照。国際赤十字運動規約第6条4項(j)では、連盟の機能の中に「(ICRCが)国際人道法を推進、発展させるのを援助する」義務が規定されている。
459 不正行為は時に「自国の」赤十字社に対してではなく、他の赤十字社またはICRCもしくは連盟に向けられるものがある。これらの場合でも行動を執るべきである。

は、むしろ電子メールのアドレスを使用している者であるのが典型である。各国のインターネット規制者は、そのようなメッセージが送信されたサーバの特定を支援し、適切な行動を提案できるようにすべきである。

同様に、A国に由来する濫用でB国の住民を対象にしたもの(例えば、B国の言語を使用する人々を標的にしたもの)は禁止されていることに留意すべきである。しかし、禁止措置は、A国の当局が執行する必要がある。

CCTLDsのウェブサイトで、標章またはその名称の濫用が発生した場合の赤十字社の役割については、多くの場合、赤十字社は当該国の活字媒体で濫用が発生した場合と同様、それを削除させることが可能である。しかし、そのような濫用への対処法は、ドメインおよびインターネットが管理されている方法に従い、国ごとに異なる。

インターネット上の標章濫用に取り組むために、赤十字社は；
 a) ドメインの所有と管理を徹底するため、自国のインターネット規制者から得られる技術に精通することが奨励される。これは不正な内容を削除するため、あらゆる戦略において重要な要素である。
 b) 標章濫用のその他の形態に関して、既述したものと同様の手段と手続に従う。ウェブサイトの所有者またはプロバイダーに連絡し、標章が享受する保護を説明し、濫用を止めるよう要請し、かつ、必要とあれば権限のある国の当局に当該案件を報告する[460]。
 c) 濫用と闘うことに加え、先制措置を執ることを検討する。赤十字社は、他者の介入によるCCTLDs使用の可能性を排除するため、CCTLDsを確保しておくことが今や一般的に最良の方法であることに留意すべきである。

2. GTLDウェブサイト上の濫用

GTLDウェブサイト上の濫用が発生した場合、これらは世界中どこからでも管理できるため、問題はより複雑である。しかし、ドメインの所有者に関する基本的な情報を得て、そこから手続をとることも可能である。ほとんどのGTLDはアメリカ合衆国に本部を置く傾向にあり、CCTLDsの選択肢(.us)を選ぶインターネットの利

---

[460] 赤十字が標章(およびその名称)の濫用に直面したときに執るべき措置については、本研究のQ.46を参照。

用者は比較的まれである。

　濫用の事例が発見された場合、最初の一歩は、犯罪になる素材を扱っているGTLDsウェブサイトの所有者を確認することである。次に必要な措置を執り、該当するウェブページを閉鎖するのは当該国の責務である。しかし、これは多くの場合、複数の国が関与することになる。関係する当局は、違法な素材を可能な限り早急に削除することを視野に協力すべきである。

　当該赤十字社は、この過程でも重要な役割を果たすべきである。多くの場合、赤十字社自身が標章またはその名称の濫用を自国の権限のある当局に通報し、そのような濫用を停止させるための措置を執るよう要請することになる。

　同様に、赤十字社はICRCおよび連盟に対して、そのような事例および執られた措置の結果を知らせるべきである。複雑な事例で特に複数の国が関与した場合、ICRCおよび連盟の関与は付加価値を持つかもしれない。

　最後に、これまでにもGTLDウェブサイトが、赤十字運動の名称および標章を含む、明らかに濫用を伴う素材を扱ったり、警察の行動が求められる素材を掲示したことがある。このような取締まり活動が数カ国間の調整を必要とする場合には、国際刑事警察機構がその役割を果たす必要があるかもしれない。

〈D．特別な課題〉

Q.51：標章への意識を高め、濫用を防止、減少させるためには、どのような戦略が有効か。「標章保護キャンペーン」から得られる教訓。

法的または規程上の根拠
・国際赤十字運動規約第3条2項、第5条2項(f)および第4項(a)
・標章の使用および保護に関する関連国内法

勧　告
●標章の広範な濫用が顕著な状況では、赤十字社は標章の保護を確保する使命に従い、標章の保護と尊重を改善するためのキャンペーンを開始すべきである。
●標章保護キャンペーンを成功裡に実施するため、赤十字社は、以下に掲げる状況の有無を見極め、無い場合には、キャンペーンを実施する一方で、それらの実現に最大限努めるべきである。
　ⅰ．標章濫用の根絶に向けた個別的、組織的な関与と意欲が確保されなければならず、特にキャンペーンの責任の中心的役割を負う担当または班を指名しなければならない。
　ⅱ．標章保護のための法的枠組み（その長所と短所）をあらゆる関係者が熟知しなければならず、キャンペーンを導くために利用しなければならない。
　ⅲ．赤十字社が自ら実例を示してリードするため、そのメンバー、職員およびボランティアに標章の使用法を指示する内部規則を採用すべきである。
　ⅳ．赤十字社は、できるだけ早急に、（国、地域レベルで）重要な政府およびその他の利害関係者(医療団体等)の関与を、特に適切な省庁からの書面による声明の形で得るべきである。また、赤十字社は規制団体を説得して書面による約束をとりつけ、キャンペーンを支援する指示を出してもらうようにすべきである。
　ⅴ．キャンペーンの到達範囲を広げるために赤十字ボランティアのネットワークを活用すべきである。
　ⅵ．赤十字社は、あらゆる標章濫用者を説得して濫用を止めさせるため、地域社会におけるその地位と信頼性を利用すべきである。また赤十字社は、自らのイメージと独自性を促進するため、キャンペーンを活用すべきである。

vii. 赤十字社は、既存の知識を活用すべきである。キャンペーンの開始は、標章の適正な使用を既に知っていながら、それを濫用している者に対し、必要な変更を実施させるための契機として役立てるべきである。

viii. キャンペーンは、友好的かつ教育的手法で実施されるべきであり、自らのロゴを変更し、新たなロゴを使用するよう要請されている者を支援し、過去の標章濫用者が行った成果に謝意を表する（および場合により顕彰する）べきである。

ix. 赤十字社は、キャンペーンの目標のために必要に応じて赤十字運動の他のパートナーを巻き込み、赤十字運動の支援者を動員すべきである。ICRC代表部は、その能力と資源が許す限り、標章保護キャンペーンの策定または実施に関して支援を与える用意がある。

・赤十字社は、前記すべてを考慮の上、包括的な行動計画を策定しなければならない。その計画は、次の要素が組み込まれていることを確認しなければならない。これらの要素は、濫用の根本的な原因調査、適切な予算、関係者すべてに明確な役割と責任を割り当てること、標章の濫用者および一般大衆向けの適切な戦略（例、書簡、戸別訪問活動など）、明確な時間的枠組み、必要な資材の作成、「濫用のない環境」を創出するためにあらゆる利用可能な機会を利用する決意、活動計画のモニタリング、評価および調整のシステム、長期的な持続戦略である。

分　析

序　文

既に強調したとおり、赤十字社は国際人道法を普及し、標章の保護を確保する使命がある[461]。

いくつかの地域や国では、標章濫用の慣行は主に商業目的であるが、それらは根が深く広範囲にわたっている。この原因はほとんどの場合、標章の本来の重要性およびその使用条件に対する認識不足にあると考えられる。標章を濫用する人および団体の範囲は、非常に広範囲である（広告代理店、映画制作者、スーパーマーケット・チェーン、様々な種類および規模の商社など）。しかし、広範囲にわたる濫用の主たる責任は、医療および医薬の分野ならびにそれに関連する施設、団体（薬剤師、医師、薬局、パラメディカル集団または組織）で見られる。

461　本研究のQ.46を参照。

赤十字社は、このような状況で自らの使命を果たすため、このような形の濫用を減少させ、制限し、徐々に撲滅するためにできることを慎重に検討すべきである。その一つの可能性が、包括的な「標章保護キャンペーン」の開始である。その目的は、濫用を最小限に抑え、標章の保護的、表示的な価値に対する意識を喚起することにある。

事例研究から得られた結論を基に[462]、次の一節は、「標章キャンペーン」をいかにして成功裏に実施するかの示唆を与えている。

以下に記された条件のいくつかは、キャンペーン開始以前から存在していたものかもしれない。これにより、キャンペーンが成功する公算が高くなる。もし、これらの条件が存在しなければ、キャンペーンを計画する過程で考慮されなければならない。

「標章保護キャンペーン」を成功させるための条件

キャンペーンの成功に資する必須条件は、次の通り要約することができる。

1. 標章の濫用を根絶するための個別的、組織的な関与

組織的な関与は、熱意ある献身的な個人の関与によりもたらされ、共通の目的を達成する。確固とした赤十字社の組織的な関与は、指導部の若干の主要人物の熱意によりもたらされるが、包括的な標章保護キャンペーンを開始する際には、キャンペーンの成功のためにこの関与が重要な条件となることは強調し過ぎることはない。

散発的で計画性のない取組みで、主に自覚を促すことに主眼を置き「行動すること」を喚起しないものは成功しない可能性が高い。例えば、普及研修で標章の適正使用について学習した熱心な赤十字社のボランティアが、標章の濫用者に対するアプローチの方法を教えられていなければ、ボランティアは時折不必要に攻撃的な態度をとるかもしれない。この種の態度は(キャンペーンの)成功に貢献せず、赤十字

462　本設問は、主に2007年当初にLeslie Leachにより準備された二つの調査に基づいている。
　　―ネパール赤十字社とICRCの共同実施による「Nepal Red Cross Society. Emblem Protection Campaign Review」、2007年2月。
　　―バングラデシュ赤新月社とICRCの共同実施による「Bangladesh Red Crescent Society. Emblem Protection Campaign Review」、2007年3月。
　　その他の標章保護キャンペーンも幾つか検討されてきた。例えば、1992年9月から1993年3月までのウガンダでのキャンペーン。

社の肯定的な印象を高めることはない。したがって、赤十字社の指導部は（可能ならばICRCの支援のもと）、意識的により集中的で包括的なアプローチを取ることが不可欠である。

また、赤十字社内の各指導部層は、標章保護キャンペーンの当事者意識を高め、それへの関与を深めなければならない。例えば、赤十字社総会において定期的に決議を出し、キャンペーンのために指示を与え、優先順位を明らかにすることができる。赤十字社の管理部門は、十分に練り上げられ、適切な予算配分がなされた戦略を作成してキャンペーンを支援すべきである。

キャンペーンの担当者または担当班、いわゆる「中心となる担当者（focal point）」の配置は必須である。法律分野の経歴など、この任務に適した資格、情熱、想像力、進取の精神およびキャンペーンの目標への献身などの資質が、「中心となる担当者」を選ぶ際に考慮されるべきである[463]。「中心となる担当者」は、戦略および行動計画の作成、募金活動ならびにキャンペーン関連の活動実施において赤十字社のあらゆる職員とボランティアの協力を得られなければならないことは明らかである。「中心となる担当者」の任務を支援するため、赤十字社内の中心的な人々を組織することもできる。

赤十字社の本社は、充分に練られた段階的実施計画の調整と支援に責任を負わなければならない[464]。これは意思決定およびキャンペーンを動員する責任と権限の分散体制の構築を排除するものではない。

2. 標章保護のための法的枠組み

標章の使用と保護に関する法律がよく発達し、運用されていることは、標章保護キャンペーンの成功のためには重要である[465]。法律には、標章の使用を許可された人および団体ならびに濫用時の罰則規定が明確に規定された方がよい。これは強い抑止効果を持ち、濫用を止めさせるのが容易になるであろう。

しかし、ネパールの場合で指摘しなければならないのは、標章保護法も標章保護

463　例えば、ネパールの場合、普及部長が「中心となる担当者」に任命された。Leslie Leach、ネパール赤十字社とICRCの共同実施による「Nepal Red Cross Society. Emblem Protection Campaign Review」、2007年2月、p.8を参照。
464　既述のとおり、赤十字社内における標章使用に関連するあらゆる問題は、本社（中央）レベルの責任でなければならない。その理由は、赤十字社内全体にける使用の一貫性を確保する必要があるためである。
465　そのような法律を制定する国の義務およびその内容については、本研究のQ.45を参照。

規定を盛り込んだジュネーブ諸条約法のどちらも存在しないにもかかわらず、ネパール赤十字社は自らの標章保護キャンペーンを成功裏に行うことができた。ネパール赤十字社が成功した鍵となる要素は、保健省と専門的な規制団体の有力な利害関係者による積極的な支援が得られたことと、彼らによる手紙にあった。この場合、「倫理上または道徳上の説得」を強調する方針がとられ、各個人に対し、武力紛争時には、真に中立で公平な組織として保護される赤十字社を持つことが、彼ら自身にとり最善の利益であり、それにより赤十字は苦しむ者に一層の保護と援助を与えることができることを説得することであった。

これら二つの特徴、すなわち適切な法律および当局による声明または規制を通じての強力な支援は、キャンペーンの成功に強い影響を与える[466]。

キャンペーンを成功させるためには、赤十字社は、自国における標章の使用を保護する法的枠組みを非常に明確に理解していなければならない。この法的枠組みには、上記二つの特徴のほか、ジュネーブ諸条約、同追加議定書および1991年の標章使用規則で規定された標章の使用に関する規則が含まれる。

3. 標章の使用に関する内部規則

赤十字運動の構成員は、常に標章の適正使用に関して良い手本を示さなければならない。これがさらに重要になるのは、赤十字社が標章保護キャンペーンの実施を決めた場合である。

赤十字社のメンバー、職員またはボランティアが標章を不適切に使用すれば、赤十字社の努力はまったく非生産的なものとなってしまう。したがって、重要なのは適切な内部方針および指針を用意し、赤十字社の要員(職員、ボランティアおよびメンバーを識別する手段と衣服)ならびにその資材(印刷物、救急車、市販品など)への表示標章と保護標章の使用を管理することである。

4. 主要な政府およびその他の利害関係者の関与

キャンペーンの序盤から最高レベルの影響力のある利害関係者の指導力と支援を確保することは、成功のためには不可欠である。この点については、強力で根拠に基づいた主張と説得方法を用いるべきである。これはキャンペーン開始前でも開始中でもよいが、できるだけ早期に確保しなければならない。

---

[466] 世界の異なる地域の法と当局ならびにそれらと国民の関係の一般的理解が、標章キャンペーンの成功のための法的枠組みの重要性に影響を与えるかもしれない。

事前に主要省庁および規制機関／団体の支援を得ることは、キャンペーンの信頼性と権威を大いに高め、キャンペーンの「草の根」部分を成功裏に実施することが容易になる。

　キャンペーンでは、規制機関が自らの会員に手紙を送り、標章の使用を中止して自らの団体ロゴの使用を開始するように助言するのが早ければ早いほどよい。これが赤十字社の戸別キャンペーン前に実施されれば、標章の濫用者に対する最初の連絡が非常に容易になる。

　また、適当な省庁の支援もキャンペーンを成功させるためには欠かすことができない。赤十字社（および状況により赤十字運動の構成員）は主要な政府代表者との関係を構築し、強化しなければならない。これら当局者が、キャンペーンの理論的根拠をキャンペーンの開始以前に理解すれば、多くの時間と労力が省ける。

　ネパールの例を見てみよう。保健省は新聞で告示を行い、すべての関係機関に手紙を送付し、標章を使用しない確約を求め、また許可されない標章を付した車両の保健省構内への立ち入りを禁止した。キャンペーン用に作成された冊子の中で、彼らの支援を強調した。聞き取り調査したすべてのネパール赤十字社の支部が指摘したことは、冊子に掲載された保健省の声明文が標章の濫用者を説得し、その行為を変えさせる主要な要素になったということである。この声明は、薬局、医師および救急医療隊／救急サービスと関連した様々な医療団体の関与および支援を確保する上で有益であった[467]。

　地域または地方当局者は、キャンペーンを成功させるために重要な貢献を行うことができる。例えば、標章の濫用者も含まれている最も影響力のある人々が集う集会に参加したり、キャンペーンを支援する発言を行うことでキャンペーンを強化したり、時には変更を拒否する者に対して処罰の可能性を示唆することもできる。

5. 赤十字社の強力かつ多様なネットワーク

　標章の濫用が一般的に固定化し、国の遠隔地域にまで広範囲に蔓延している状況では、キャンペーンを成功させるためには多数の献身的なボランティアや職員の存在が必要となる。赤十字社は、標章が濫用されるあらゆる地域に到達するために、キャンペーンにボランティアの参加を求めることに躊躇すべきではない。これらのボランティアは、知識が豊富で、よく訓練されていなければならない。

467　Leslie Leach、ネパール赤十字社とICRCの共同実施による「Nepal Red Cross Society. Emblem Protection Campaign Review」、2007年2月、p.9を参照。

ネパールにおける標章保護キャンペーンでは、赤十字社のユース・ボランティアが遠隔地域を含む全国から動員され、訓練を受けた。彼らはキャンペーンの戸別訪問時に役立った[468]。

6. 地域社会における赤十字社の信頼性

地域社会における赤十字社の地位が高ければ高いほど、標章の濫用者に対して標章保護キャンペーンを支援するよう説得するのが容易になる。

赤十字社が全国的に、あらゆる地域でよく知られていれば、赤十字社の信頼性を高めることになり、キャンペーンの信頼性は大きな利益を得ることになる。

赤十字社および赤十字社が提供するサービスが熟知されていれば、一般の人々に対してキャンペーンに参加するよう説得しやすくなる。

赤十字社は、自らのイメージ、使命および活動をキャンペーンの立案に組み込むよう試みるべきである。これにより自らの独自性を高める効果がある。

7. 主要団体に対する普及活動の歴史

地方または地域当局者および医療団体のメンバーを含む主要な利害関係者ならびに主要地域の住民に対する普及集会の実施は、組織の内外においてキャンペーンへの道を開くものとなる。もしかすると、これら当局者および標章の濫用者は、既に標章の適正使用について知っているが、「行動する決断」ができないために、または態度を変える要請がなされなかったために態度を変える理由を与えられなかったのかもしれない。キャンペーンの開始は、これらの人々の態度を変化させる要因になるかもしれない。赤十字社は、これらの人々が標章の適正使用が何であるかを知っているという事実を利用すべきである。

医療団体に所属するこれらの多くの者が赤十字社のメンバーになれば、一層の利益となるであろう。そして彼らは、キャンペーンの目標を支援してくれるようになる可能性が高くなる。

8. 協力的アプローチ

既述したとおり、キャンペーン期間中に赤十字社のボランティアがどのように標

---

468 Leslie Leach、ネパール赤十字社とICRCの共同実施による「Nepal Red Cross Society. Emblem Protection Campaign Review」、2007年2月、p.10を参照。

章の濫用者に働きかけるかがキャンペーン全体の成功に影響を与えることになる。ネパールの場合もそうであるが、標章の濫用者との接触は攻撃的であってはならず、友好的かつ啓発的な手法であるべきである。結局、その目標は、これ以上標章を使用しないよう要請する妥当性を納得してもらうことにある[469]。

協力的アプローチは、次のような手法で実施することができる。

a) ロゴを変更しなければならない者に対して、新たなロゴを一般の人々に普及するための支援を行う。赤十字/赤新月の上からペンキを塗るのを手伝い、彼らの新たなロゴのシールを提供する。

b) これらの新たなロゴを一般大衆に普及する支援を行う。これは同時に、医療団体(またはその他の団体)が新たなアイデンティティーに転換するのを支援することになる。

c) 赤十字社、主要な利害関係者(政府と規制団体)および過去の標章の濫用者による改善成果を認証し、謝意を示す。

d) 赤十字社の内外で成功事例を讃え、標章濫用が発生しない環境作りの取り組みに地域社会を巻き込む。

e) 過去の標章の濫用者に対し、赤十字社のメンバーになる機会を提供する。

「標章保護キャンペーン」のこうした威圧的でない手法により、その副次的効果として地域社会での赤十字社と赤十字運動に対するイメージの向上をもたらすことができる。

9. 赤十字運動のその他の構成員による支援

ICRCは、「標章保護キャンペーン」の策定および実施にあたり、若干の赤十字社を支援してきた[470]。このようなキャンペーンおよびその肯定的な成果は、ICRCと赤十字運動自体にとり意義深い。

ICRC代表部は、その資源が許す限り、こうしたキャンペーンの開始を望む赤十字社を支援する。特に、現在抱える問題とニーズ調査の分担および行動計画の策定を支援する。

ICRC代表部のほか、赤十字社はキャンペーンを開始しようとする国の様々な赤

---

469 Leslie Leach、ネパール赤十字社とICRCの共同実施による「Nepal Red Cros Society.Emblem Protection Campaign Review」、2007年2月、pp.7-8, 15-16および24-25を参照。

470 例えば、バングラデシュ、インド、ネパールおよびウガンダでキャンペーンの支援を行った。

十字運動構成員(連盟および援助社)と連絡をとるべきである。赤十字社はキャンペーンについて絶えず情報を提供し、彼らがキャンペーンを成功させるためにどのように貢献できるのか(助言や資金援助のような物的支援を通じて)意見を交換すべきである。

状況を調査し、戦略と行動計画を立てる

　キャンペーンは、慎重に計画しなければならない。標章の濫用者および一般大衆の関心を得るため、また特定された濫用の形態にうまく対処するため、更にキャンペーンに資金を呼び込むために適切な戦略と行動計画を策定しなければならない。

　行動計画と戦略を策定するに当たっては、前述の要素を考慮すべきであり、次の行動を実施すべきである。

- a)　状況を調査し、環境を理解し分析する。特に標章の濫用者およびその理由を特定し(範囲および問題分析)、さらに濫用の根本原因と標章の濫用者(医療団体、看板制作者、製造業者、メディア、大使館、寄付者ほか)に対処しなければならない。
- b)　対象(標章の濫用者)により、国および地区レベルで明確に示された役割、責任および戦略／活動を盛り込んだ包括的な計画と予算を策定する。
- c)　各種の適切な戦略を選択する。例えば説明会、メディア・キャンペーン、戸別キャンペーン、手紙送付、一定の成果に報いて顕彰することなどである。
- d)　キャンペーンの明確な時間枠を設定する。
- e)　計画には、赤十字社内および地域社会における標章の適正使用が含まれていること。
- f)　標章を濫用する者の中で最も重要または影響力のある者を主対象とすることに加え、計画には一般大衆を加えるようにし、標章の使用を許可された者が誰なのか理解してもらうようにする。また計画は、薬局、救急車、医師／診療所、病院のための代替標章を盛り込まなければならない。
- g)　必要なマーケティング資材を準備し、印刷、配布する。メディア・キャンペーン用の資材を作成する。青少年を含む地区／地域の要員を訓練する。資金を得る。
- h)　年間を通じて、あらゆる機会を利用し、標章の濫用が発生しない環境を促進する(赤十字社および規制団体の会報に記事を掲載する。赤十字社の指導部による主要なスピーチすべて、およびプレス・レリーズの適切な個所に標

語として標章に関するテーマを含める。あらゆるスピーチおよび年次報告などの外部報告書で標章に関して言及する。すべての赤十字社のあらゆる計画および普及集会で標章に関して強調する。世界赤十字デーのテーマで祝典を開催する。標章保護認識週間の計画など)。
i) 進捗状況を監視、評価し、必要に応じて計画を修正する。
j) 将来の濫用を防止するため、長期戦略を策定し、実施する。

環境：武力紛争の存在

　武力紛争の発生は、標章保護キャンペーンの必要性を浮き彫りにするかもしれない(例えば、ネパールがそうであったように)。もちろん、武力紛争がそのようなキャンペーンを成功させるための必要条件と考えてはならない。しかし、武力紛争状態は、赤十字社および外部の利害関係者双方に影響を及ぼすと言わざるを得ない。

　武力紛争状態は悲劇かもしれないが、赤十字社にとっては全国的および支部レベルの双方でキャンペーンを成功させようとする強い動機づけとなる。また、武力紛争状態およびそれに伴う不幸な結果は、標章の濫用者、メディアおよび当局者に対し、キャンペーン支援への説得の手助けになるであろう。

　武力紛争時に救済を必要とする人々に安全にアクセスする上で赤十字社が直面する障害が、標章の濫用に原因がある場合には、赤十字社の指導部は、標章保護キャンペーンの必要性を優先的に考えるだろう。またキャンペーンで地域社会を説得するために利用できる実例を赤十字社に提供することができるだろう。赤十字社がすべきことは、社が直面する安全およびアクセス上の問題に関する分析を行う一方で、救済を必要とする人々を支援する努力を行うことであり、さらに標章濫用の横行がどの程度、赤十字社が活動する際に赤十字の独自性と認知の障害となっているかを調査することである。この調査は、例えばネパールで実施したように、ICRCの支援のもとに行うことが可能である[471]。

　さらに、武力紛争の存在は、政府当局者に標章保護キャンペーンを成功させる必要性を説得する助けにもなるだろう。それは標章の濫用により軍隊の医療組織が直面する危険性と、一般大衆および戦闘員に標章への尊重意識を持たせることの重要性を明らかにするであろう。

471　Leslie Leach、ネパール赤十字社とICRCの共同実施による「Nepal Red Cross Society. Emblem Protection Campaign Review, 2007年2月、p.7を参照。

武力紛争状態では、標章の濫用者に期待通りの影響を及ぼすのが困難なことは明らかである。自らを保護するために標章を使用し続けたいと望む者もいれば、救援を必要とする人々に保護と支援を提供できる明瞭に識別された赤十字社を持つことが、彼ら自身と家族のためにも有益であることに賛成する者もいるだろう。もちろん、後者の可能性を強調することが重要であり、それにより標章の濫用を最小限に抑えるために、できるだけ多くの人々の態度を変えることができるのである。

■「工業所有権の保護に関する1883年のパリ同盟条約」(1979年改訂)

1900年12月14日にブラッセルで、1911年6月2日にワシントンで、1925年11月6日にヘーグで、1934年6月2日にロンドンで、1958年10月31日にリスボンで及び1967年7月14日にストックホルムで改正され、1979年9月28日に改正された工業所有権の保護に関する1883年3月20日のパリ条約

第6条の3　国の紋章等の保護

(1) (a)　同盟国は、同盟国の国の紋章、旗章その他の記章、同盟国が採用する監督用及び証明用の公の記号及び印章並びに紋章学上それらの模倣と認められるものの商標又はその構成部分としての登録を拒絶し又は無効とし、また、権限のある官庁の許可を受けずにこれらを商標又はその構成部分として使用することを適当な方法によって禁止する。

(b)　(a)の規定は、1又は2以上の同盟国が加盟している政府間国際機関の紋章、旗章その他の記章、略称及び名称についても、同様に適用する。ただし、既に保護を保障するための現行の国際協定の対象となっている紋章、旗章その他の記章、略称及び名称については、この限りでない。

(c)　いずれの同盟国も、この条約がその同盟国において効力を生ずる前に善意で取得した権利の所有者の利益を害して(b)の規定を適用することを要しない。(a)に規定する使用又は登録が、当該国際機関と当該紋章、旗章、記章、略称若しくは名称との間に関係があると公衆に暗示するようなものでない場合又は当該使用者と当該国際機関との間に関係があると公衆に誤って信じさせるようなものと認められない場合には、同盟国は、(b)の規定を適用することを要しない。

(2)　監督用及び証明用の公の記号及び印章の禁止に関する規定は、当該記号又は印章を含む商標が当該記号又は印章の用いられている商品と同一又は類似の商品について使用されるものである場合に限り、適用する。

(3) (a)　(1)及び(2)の規定を適用するため、同盟国は、国の記章並びに監督用及び証明用の公の記号及び印章であって各国が絶対的に又は一定の限度までこの条の規定に基づく保護の下に置くことを現に求めており又は将来求めることがあるものの一覧表並びにこの一覧表に加えられるその後のすべての変更を、国際事務局を通じて、相互に通知することに同意する。各同盟国は、通知された一覧表を適宜公衆の利用に供する。

　　　　もっとも、その通知は、国の旗章に関しては義務的でない。

　　(b)　(1)(b)の規定は、政府間国際機関が国際事務局を通じて同盟国に通知した当該国際機関の紋章、旗章その他の記章、略称及び名称についてのみ適用する。

(4)　同盟国は、異議がある場合には、(3)の通知を受領したときから12箇月の期間内においては、その異議を国際事務局を通じて関係国又は関係政府間国際機関に通報することができる。

(5)　(1)の規定は、国の旗章に関しては、1925年11月6日の後に登録される商標についてのみ適用する。

(6)　前記の諸規定は、同盟国の国の記章(旗章を除く。)、公の記号及び印章並びに政府間国際機関の紋章、旗章その他の記章、略称及び名称に関しては、(3)の通知を受領した時から2箇月を経過した後に登録される商標についてのみ適用する。

(7)　同盟国は、国の記章、記号又は印章を含む商標で1925年11月6日前に登録されたものについても、その登録出願が悪意でされた場合には、当該登録を無効とすることができる。

(8)　各同盟国の国民であって自国の国の記章、記号又は印章の使用を許可されたものは、当該記章、記号又は印章が他の同盟国の国の記章、記号又は印章と類似するものである場合にも、それらを使用することができる。

(9)　同盟国は、他の同盟国の国の紋章については、その使用が商品の原産地の誤認を生じさせるようなものである場合には、許可を受けないで取引においてその紋章を使用することを禁止することを約束する。

(10)　前記の諸規定は、各同盟国が、国の紋章、旗章その他の記章、同盟国により採用された公の記号及び印章並びに(1)に規定する政府間国際機関の識別記号を許可を受けないで使用している商標につき、第6条の5B3の規定に基づいてその登録を拒絶し又は無効とすることを妨げない。

第2編　赤十字標章に関する国内文書

第1部　赤十字標章の使用を制限する規定

■赤十字の標章及び名称等の使用の制限に関する法律

昭和22年12月10日法律第159号
改　正：平成16年6月18日法律第112号

第1条　白地に赤十字、赤新月若しくは赤のライオン及び太陽の標章若しくは赤十字、ジュネーブ十字、赤新月若しくは赤のライオン及び太陽の名称又はこれらに類似する記章若しくは名称は、みだりにこれを用いてはならない。

第2条　日本赤十字社は、前条の規定にかかわらず、白地に赤十字の標章及び赤十字の名称を用いることができる。

第3条　傷者又は病者の無料看護に専ら充てられる救護の場所を表示するために、白地に赤十字、赤新月又は赤のライオン及び太陽の標章を用いようとする者は、日本赤十字社の許可を受けてこれを用いることができる。

第4条　第1条の規定に違反した者は、6月以下の懲役又は30万円以下の罰金に処する。

附　則

　この法律は、昭和23年1月1日から、これを施行する。

附　則（平成16年6月18日法律第112号）抄
（施行期日）

第1条　この法律は、公布の日から起算して3月を超えない範囲内において政令で定める日から施行する。

■赤十字の標章及び名称等の使用の制限に関する法律施行上留意事項の件

昭和23年2月27日社乙第10号　各都道府県知事あて厚生省社会局長通知
改　正：平成16年9月 社援発第0913027号

　赤十字の標章及び名称等の使用の制限に関する法律の施行については客年12月23日厚生省発社第162号を以て厚生次官より通牒せられたのであるが、これが実施に当っては下記事項御留意相成りたく、なお同法第3条の規定による日本赤十字社の許可は別紙の通り日本赤十字社において規程を制定し、これによることとなったからこれが周知方御取計相成りたい。

記

1. 類似する記章
　同法第1条に規定する類似する記章とは
　　①赤色系統の十文字は正しい十たると傾いた十又は図案化せられたるとを問わず、一切類似とみなされる。
　　②他の図案の一部に用いられる場合においても赤色系統の十文字は正しい十文字たると傾いた×印又は図案化せられたる十文字たるとを問わず一切類似とみなされる。
　　③地となる色については、完全な白地でなくとも、白色系統であれば類似とみなされる。
　　④赤色系統の新月又はライオン及び太陽の標章についても、上記1から3までと同様である。
　なお、同法第1条に規定する赤十字、赤新月及び太陽の標章は以下のとおりである。

赤十字　　　　　　赤新月　　　　　　赤のライオン及び太陽

2. 類似する名称

同法第1条に規定する類似する名称とは

赤十字看護婦会、あか十文字株式会社、ジュネーブ十字商会、ジュネーバー十字出版会社等その名称等に赤十字、ジュネーブ十字なる文字又はこれと紛らわしい文字を使った名称はすべて類似とみなされる。

また、その名称等に赤新月若しくは赤のライオン及び太陽なる文字又はこれと紛らわしい文字を使った名称についても類似とみなされる。

3. みだりに

同法第1条に規定するみだりにとは法的な根拠なくほしいままという意味で左記以外の場合をいう。

　①日本赤十字社
　②赤十字の標章及び名称等の使用の制限に関する法律（昭和22年法律第159号）第3条により日本赤十字社の許可を受けたる場合。
　③外国赤十字（赤新月）社及び赤十字国際機関の人員、資材等（国際的儀礼として）
　④武力攻撃事態における外国の医療関係者及び救護機関、衛生材料等。
　⑤赤十字標章及び衛生要員等の身分証明書に関する訓令（昭和39年防衛庁訓令第32号）に従い自衛隊等が使用する場合。
　⑥武力攻撃事態における国民の保護のための措置に関する法律（平成16年法律第58号）第157条の規定に基づき使用する場合。

前　文　（平成16年9月社援発第0913027号）
〔前略〕平成16年9月17日から適用する（後略）
別紙略

以　上

■商標法(抄)

昭和34年4月13日法律第127号
最終改正:平成15年5月30日法律第61号

(商標登録を受けることができない商標)
第4条 次に掲げる商標については、前条の規定にかかわらず、商標登録を受けることができない。
(2) パリ条約(1900年12月14日にブラッセルで、1911年6月2日にワシントンで、1925年11月6日にヘーグで、1934年6月2日にロンドンで、1958年10月31日にリスボンで及び1967年7月14日にストックホルムで改正された工業所有権の保護に関する1883年3月20日のパリ条約をいう。以下同じ。)の同盟国、世界貿易機関の加盟国又は商標法条約の締約国の国の紋章その他の記章(パリ条約の同盟国、世界貿易機関の加盟国又は商標法条約の締約国の国旗を除く。)であって、経済産業大臣が指定するものと同一又は類似の商標
(3) 国際連合その他の国際機関を表示する標章であって経済産業大臣が指定するものと同一又は類似の商標
(4) 赤十字の標章及び名称等の使用の制限に関する法律(昭和22年法律第159号)第1条の標章若しくは名称又は武力攻撃事態等における国民の保護のための措置に関する法律(平成16年法律第112号)第158条第1項の特殊標章と同一又は類似の商標

(侵害の罪)
第78条 商標権又は専用使用権を侵害した者(第37条又は第67条の規定により商標権又は専用使用権を侵害する行為とみなされる行為を行った者を除く。)は、10年以下の懲役若しくは1000万円以下の罰金に処し、又はこれを併科する。

《改正》平18法055

第78条の2 第37条又は第67条の規定により商標権又は専用使用権を侵害する行為とみなされる行為を行った者は、5年以下の懲役若しくは500万円以下の罰金に処し、又はこれを併科する。

■軽犯罪法(抄)

昭和23年5月1日法律第39号
最終改正：昭和48年10月1日法律第105号

第1条　左の各号の一に該当する者は、これを拘留又は科料に処する。
　　15　官公職、位階勲等、学位その他法令により定められた称号若しくは外国におけるこれらに準ずるものを詐称し、又は資格がないのにかかわらず、法令により定められた制服若しくは勲章、記章その他の標章若しくはこれらに似せて作った物を用いた者
第2条　前条の罪を犯した者に対しては、情状に因り、その刑を免除し、又は拘留及び科料を併科することができる。
第3条　第1条の罪を教唆し、又は幇助した者は、正犯に準ずる。

■意匠法(抄)

昭和34年4月3日法律125号
改　正：平成20年4月18日法律16号

（意匠登録の要件）
第3条　工業上利用することができる意匠の創作をした者は、次に掲げる意匠を除き、その意匠について意匠登録を受けることができる。
　1.　意匠登録出願前に日本国内又は外国において公然知られた意匠
　2.　意匠登録出願前に日本国内又は外国において、頒布された刊行物に記載された意匠又は電気通信回線を通じて公衆に利用可能となった意匠

3. 前2号に掲げる意匠に類似する意匠

《改正》平11法041

2　意匠登録出願前にその意匠の属する分野における通常の知識を有する者が日本国内又は外国において公然知られた形状、模様若しくは色彩又はこれらの結合に基づいて容易に意匠の創作をすることができたときは、その意匠（前項各号に掲げるものを除く。）については、前項の規定にかかわらず、意匠登録を受けることができない。

（意匠登録を受けることができない意匠）
第5条　次に掲げる意匠については、第3条の規定にかかわらず、意匠登録を受けることができない。
1. 公の秩序又は善良の風俗を害するおそれがある意匠
2. 他人の業務に係る物品と混同を生ずるおそれがある意匠
3. 物品の機能を確保するために不可欠な形状のみからなる意匠

（意匠登録無効審判）
第48条　意匠登録が次の各号のいずれかに該当するときは、その意匠登録を無効にすることについて意匠登録無効審判を請求することができる。
1. その意匠登録が第3条、第3条の2、第5条、第9条第1項若しくは第2項、第10条第2項若しくは第3項、第15条第1項において準用する特許法第38条又は第68条第3項において準用する特許法第25条の規定に違反してされたとき。
2. その意匠登録が条約に違反してされたとき。
3. その意匠登録が意匠の創作をした者でない者であってその意匠について意匠登録を受ける権利を承継しないものの意匠登録出願に対してされたとき。
4. 意匠登録がされた後において、その意匠権者が第68条第3項において準用する特許法第25条の規定により意匠権を享有することができない者になったとき、又はその意匠登録が条約に違反することとなったとき。

《改正》平10法51
《改正》平15法047
《改正》平18法055

2　意匠登録無効審判は、何人も請求することができる。ただし、意匠登録が前項第1号に該当すること（その意匠登録が第15条第1項において準用する特

許法第38条の規定に違反してされたときに限る。）又は前項第3号に該当することを理由とするものは、利害関係人に限り請求することができる。

《追加》平15法047

（侵害の罪）
第69条　意匠権又は専用実施権を侵害した者（第38条の規定により意匠権又は専用実施権を侵害する行為とみなされる行為を行った者を除く。）は、10年以下の懲役若しくは1000万円以下の罰金に処し、又はこれを併科する。

第2部　赤十字標章に関する国民保護関連の規定

■武力攻撃事態等における国民の保護のための措置に関する法律（抄）

平成16年法律第112号

（赤十字標章等の交付等）

第157条　何人も、武力攻撃事態等において、特殊信号（第一追加議定書（1949年8月12日のジュネーヴ諸条約の国際的な武力紛争の犠牲者の保護に関する追加議定書（議定書Ⅰ）をいう。以下この項及び次条第一項において同じ。）第8条(m)の特殊信号をいう。次項及び第3項において同じ。）又は身分証明書（第一追加議定書第18条3の身分証明書をいう。次項及び第3項において同じ。）をみだりに使用してはならない。

2　指定行政機関の長又は都道府県知事は、武力攻撃事態等においては、赤十字の標章及び名称等の使用の制限に関する法律（昭和22年法律第159号。次項及び第4項において「赤十字標章法」という。）第1条及び前項の規定にかかわらず、指定行政機関の長にあっては避難住民等の救援の支援を行う当該指定行政機関の長が所管する医療機関又は当該指定行政機関の職員（その管轄する指定地方行政機関の職員を含む。次条第2項第1号において同じ。）である医療関係者（第85条第1項の政令で定める医療関係者をいう。以下この項及び次項において同じ。）に対し、都道府県知事にあってはその管理の下に避難住民等の救援を行う医療機関若しくは医療関係者又は当該避難住民等の救援に必要な援助について協力をする医療機関若しくは医療関係者に対し、これらの者（これらの者の委託により医療に係る業務を行う者を含む。以下この項において同じ。）又はこれらの者が行う医療のために使用される場所若しくは車両、船舶、航空機等（次項及び次条において「場所等」という。）を識別させるため、赤十字標章等（白地に赤十字、赤新月又は赤のライオン及び太陽の標章をいう。次項及び第4項において同じ。）、特殊信号又は身分証明書を交付し、又は使用させることができる。

3　前項に規定する医療機関及び医療関係者以外の医療機関及び医療関係者は、武力攻撃事態等においては、赤十字標章法第1条及び第1項の規定にかかわらず、これらの者（これらの者の委託により医療に係る業務を行う者を含む。以下この項

において同じ。)又はこれらの者が行う医療のために使用される場所等を識別させるため、あらかじめ、医療機関である指定公共機関にあっては当該指定公共機関を所管する指定行政機関の長の、医療機関である指定地方公共機関にあっては当該指定地方公共機関を指定した都道府県知事の、その他の医療機関及び医療関係者にあっては当該者が医療を行う地域を管轄する都道府県知事の許可を受けて、赤十字標章等、特殊信号又は身分証明書を使用することができる。
4 　赤十字標章法第3条の規定は、武力攻撃事態等においては、適用しない。ただし、対処基本方針が定められる前に同条の許可を受けた者は、武力攻撃事態等においても、同条に規定する傷者又は病者の無料看護を引き続き行う場合に限り、前項の規定にかかわらず、赤十字標章等を使用することができる。

(特殊標章等の交付等)
第158条　何人も、武力攻撃事態等において、特殊標章(第一追加議定書第66条3の国際的な特殊標章をいう。次項及び第3項において同じ。)又は身分証明書(同条3の身分証明書をいう。次項及び第三項において同じ。)をみだりに使用してはならない。
2 　次の各号に掲げる者(以下この項において「指定行政機関長等」という。)は、武力攻撃事態等においては、前項の規定にかかわらず、それぞれ当該各号に定める職員で国民の保護のための措置に係る職務を行うもの(指定行政機関長等の委託により国民の保護のための措置に係る業務を行う者を含む。)又は指定行政機関長等が実施する国民の保護のための措置の実施に必要な援助について協力をする者に対し、これらの者又は当該国民の保護のための措置に係るこれらの者が行う職務、業務若しくは協力のために使用される場所等を識別させるため、特殊標章又は身分証明書を交付し、又は使用させることができる。
　1　指定行政機関の長　当該指定行政機関の職員
　2　都道府県知事　当該都道府県の職員(次号及び第5号に定める職員を除く。)
　3　警視総監及び道府県警察本部長　当該都道府県警察の職員
　4　市町村長　当該市町村の職員(次号及び第6号に定める職員を除く。)
　5　消防長　その所轄の消防職員
　6　水防管理者　その所轄の水防団長及び水防団員
3 　指定公共機関又は指定地方公共機関は、武力攻撃事態等においては、第1項の規定にかかわらず、当該指定公共機関若しくは指定地方公共機関が実施する国民の

保護のための措置に係る業務を行う者(当該指定公共機関又は指定地方公共機関の委託により国民の保護のための措置に係る業務を行う者を含む。)若しくは当該指定公共機関若しくは指定地方公共機関が実施する国民の保護のための措置の実施に必要な援助について協力をする者又は当該国民の保護のための措置に係るこれらの者が行う業務若しくは協力のために使用される場所等を識別させるため、あらかじめ、指定公共機関にあっては当該指定公共機関を所管する指定行政機関の長の、指定地方公共機関にあっては当該指定地方公共機関を指定した都道府県知事の許可を受けて、特殊標章又は身分証明書を使用することができる。

■赤十字標章等及び特殊標章等に係る事務の運用に関するガイドライン

平成17年8月2日
赤十字標章等、特殊標章等に係る事務の運用に関する関係省庁連絡会議申合せ

1 目 的

このガイドラインは、武力攻撃事態等における国民の保護のための措置に関する法律(平成16年法律第112号。以下「国民保護法」という。)第157条及び第158条に規定する事務を円滑に実施するため、武力攻撃事態等における赤十字標章等(国民保護法第157条第1項の特殊信号及び身分証明書並びに同条第2項の赤十字標章等をいう。以下同じ。)及び特殊標章等(国民保護法第158条第1項の特殊標章及び身分証明書をいう。以下同じ。)の交付又は使用の許可(以下「交付等」という。)に関する基準、手続等を定めることを目的とする。

2 赤十字標章等の交付等に関する基準、手続等

(1) 交付等の対象者

・許可権者(指定行政機関の長及び都道府県知事(地方自治法(昭和22年法律第67号)第252条の19第1項の指定都市にあっては、指定都市の長。2(1)(②(ウ)を除く。)において同じ。)をいう。以下2において同じ。)は、次に定める区分に従い、赤十

字標章等の交付等を行うものとする。
① 指定行政機関の長が交付等を行う対象者
　　(ア)　避難住民等の救援の支援を行う当該指定行政機関の長が所管する医療機関
　　(イ)　避難住民等の救援の支援を行う当該指定行政機関の職員(その管轄する指定地方行政機関の職員を含む。)である医療関係者(武力攻撃事態等における国民の保護のための措置に関する法律施行令(平成16年政令第275号)第18条の医療関係者をいう。以下2において同じ。)
　　(ウ)　(ア)及び(イ)に定める対象者以外の当該指定行政機関の長が所管する医療機関である指定公共機関
　　(エ)　(ア)から(ウ)までに定める対象者の委託により医療に係る業務(捜索、収容、輸送等)を行う者
② 都道府県知事が交付等を行う対象者
　　(ア)　当該都道府県知事から国民保護法第85条第1項の医療の実施の要請、同条第2項の医療の実施の指示等を受けて、当該都道府県知事の管理の下に避難住民等の救援を行う医療機関及び医療関係者
　　(イ)　当該都道府県知事から国民保護法第80条第1項の救援に必要な援助についての協力の要請等を受けて、当該都道府県知事の管理の下で行われる避難住民等の救援に必要な援助について協力をする医療機関及び医療関係者
　　(ウ)　(ア)及び(イ)に定める対象者以外の当該都道府県知事が指定した医療機関である指定地方公共機関
　　(エ)　①(ア)から(ウ)まで及び②(ア)から(ウ)までに定める対象者以外の当該都道府県(地方自治法第252条の19第1項の指定都市にあっては、指定都市。(2)(ア)において同じ。)において医療を行う医療機関及び医療関係者
　　(オ)　(ア)から(エ)までに定める対象者の委託により医療に係る業務(捜索、収容、輸送等)を行う者
(2)　交付等の手続、方法等
・赤十字標章等の交付等は、次に定める区分に従い行うものとする。
　　(ア)　指定行政機関又は都道府県の職員並びにこれらの者が行う医療のために使用される場所及び車両、船舶、航空機等(以下「場所等」という。)を識別させるための赤十字標章等については、許可権者が作成して交付するものとする。

（イ）　対象者の委託により医療に係る業務（捜索、収容、輸送等）を行う者（以下（イ）において「受託者」という。）及び受託者が行う医療に係る業務を行う場所等を識別させるための赤十字標章等については、原則として当該対象者が自ら作成して許可権者に対して使用の許可の申請（申請書の様式の例は、別紙の様式1のとおりとする。）を行い、使用の許可を受けるものとする。
　　　（ウ）　（ア）及び（イ）に定める対象者以外の対象者並びに当該対象者が行う医療のために使用される場所等を識別させるための赤十字標章等については、当該対象者が自ら作成して許可権者に対して使用の許可の申請（申請書の様式の例は、別紙の様式1のとおりとする。）を行い、使用の許可を受けるものとする。
・許可権者は、人命の救助等のために特に緊急を要し、対象者からの申請を待ついとまがないと認めるときは、当該申請を待たずに白地に赤十字の標章のみを交付することができる。
・許可権者は、武力攻撃事態等において交付等を行う方法と平時において交付等をしておく方法とのいずれを採用するか、対象者の種別、対象者が行うことが想定される医療の内容等に応じて定めるものとする。ただし、赤十字標章等の濫用を防止する必要があることを踏まえ、武力攻撃事態等において医療等を行う蓋然性が少ないと考えられる者に対しては、平時においては赤十字標章等の交付等を行わないものとする。
・許可権者は、申請書の保管、赤十字標章等の交付等をした者に関する台帳（当該台帳の様式の例は、別紙の様式2のとおりとする。）の作成など交付等した赤十字標章等の管理を行うものとする。
・赤十字標章等の交付等を受けた者は、赤十字標章等を紛失し、又は使用に堪えない程度に汚損若しくは破損した場合には、赤十字標章等の再交付又は再許可を受けることができるものとする。この場合において、汚損又は破損した赤十字標章等を返納しなければならない。
(3)　赤十字標章等の様式等
　①赤十字等の標章
・我が国関係者については、すべて白地に赤十字の標章を使用するものとする。なお、白地に赤新月又は赤のライオン及び太陽の標章については、外国から派遣された医療関係者等による使用を想定している。
・白地に赤十字、赤新月又は赤のライオン及び太陽の標章（以下(3)及び(7)におい

て「赤十字等の標章」という。)は、状況に応じて適当な大きさとする。なお、赤十字、赤新月並びに赤のライオン及び太陽の形状のひな形は図1のとおりである。
・赤十字等の標章の赤色の部分の色は、金赤（CMYK値：C-0,M-100,Y-100,K-0、RGB値：#FF0000）を目安とする。ただし、他の赤色を用いることを妨げるものではない。

　　　［図1］

・場所等を識別させるための赤十字等の標章は、できる限り様々な方向から及び遠方から（特に空から）識別されることができるよう、可能な限り、平面若しくは旗に又は地形に応じた他の適当な方法によって表示するものとする。
・場所等を識別させるための赤十字等の標章は、夜間又は可視度が減少したときは、点灯し又は照明することができるものとすることが望ましい。
・赤十字等の標章の赤色の部分は、特に赤外線機器による識別を容易にするため、黒色の下塗りの上に塗ることができるものとする。
・対象者を識別させるために赤十字等の標章を使用する際は、できる限り赤十字等の標章を帽子及び衣服に付けるものとする。
②特殊信号
・対象者が使用することができる特殊信号は、発光信号、無線信号及び電子的な識別とする。
・特殊信号の規格等については、1949年8月12日のジュネーヴ諸条約の国際的な武力紛争の犠牲者の保護に関する追加議定書（議定書Ⅰ）（以下「第一追加議定書」という。）附属書Ⅰ第3章の規定によるものとする。
③身分証明書
・常時の医療関係者等の身分証明書は、第一追加議定書附属書Ⅰ第2条の規定も踏まえ、次の要件を満たす同一の形式のものとし、その様式は別紙の様式3のとおりとする。
　　（ア）　赤十字等の標章を付し、かつ、ポケットに入る大きさのものであること。
　　（イ）　できる限り耐久性のあるものであること。

(ウ) 日本語及び英語で書かれていること。
(エ) 氏名及び生年月日が記載されていること。
(オ) 所持者がいかなる資格において1949年8月12日のジュネーヴ諸条約（以下単に「ジュネーヴ諸条約」という。）及び第一追加議定書の保護を受ける権利を有するかが記載されていること。なお、所持者の資格については、○○省の職員、救援を行う△△（医療機関）の職員又は医療関係者、指定地方公共機関である××の職員等と記載することとする。
(カ) 所持者の写真及び署名が付されていること。なお、写真の標準的な大きさは縦4センチメートル、横3センチメートルとするが、所持者の識別が可能であれば、これと異なる大きさの写真でも差し支えない。
(キ) 許可権者の印章（公印）が押され、及び当該許可権者の署名が付されていること。（いずれも印刷されたもので差し支えない。）
(ク) 身分証明書の交付等の年月日及び有効期間の満了日が記載されていること。なお、有効期間については、武力攻撃事態等において交付等する場合にあっては対象者が行う医療等の実施が必要と認められる期間等を勘案し、平時において交付等する場合にあっては対象者である職員の在職予定期間等を勘案して、許可権者が決定することとする。
(ケ) 所持者の血液型が判明している場合には、身分証明書の裏面に所持者の血液型（ABO式及びRh式）が記載されていること。

・臨時の医療関係者等の身分証明書については、原則として、常時の医療関係者等の身分証明書と同様のものとする。ただし、常時の医療関係者等の身分証明書と同様の身分証明書の交付等を受けることができない場合には、これらの者が臨時の医療関係者等として医療等を行っていることを証明し並びに医療等を行っている期間及び赤十字等の標章を使用する権利を可能な限り記載する証明書であって、許可権者が署名するものを交付等するものとする。この証明書には、所持者の氏名、生年月日及び当該医療関係者等が行う医療等の内容を記載するとともに、所持者の署名を付するものとする。
・常時の医療関係者等及び臨時の医療関係者等の区別については、当該医療関係者等が行う医療等の内容、その期間等を勘案し、許可権者が決定することとする。

(4) 赤十字標章等の使用に当たっての留意事項
・何人も、武力攻撃事態等において、赤十字標章等をみだりに使用してはならないとされていることを踏まえ、以下のとおり取り扱うものとする。

(ア) 赤十字標章等の交付等を受けた者は、当該赤十字標章等を他人に譲り渡し、又は貸与してはならない。
(イ) 赤十字標章等の交付等を受けた者は、医療を行っていない場合には、赤十字標章等を使用してはならない。
(ウ) 赤十字標章等により識別させることができる場所等については、当該場所等が専ら医療のために使用されていなければならない。

(5) 訓練及び啓発
・許可権者及び対象者は、国民の保護のための措置(以下「国民保護措置」という。)についての訓練を実施するに当たって、赤十字標章等を使用するよう努めるものとする。
・国〔内閣官房、外務省、厚生労働省、消防庁、文部科学省等〕は、地方公共団体等と協力しつつ、ジュネーヴ諸条約及び第一追加議定書に基づく武力攻撃事態等における赤十字標章等の使用の意義等について教育や学習の場などの様々な機会を通じて国民に対する啓発に努めるものとする。

(6) 体制の整備等
・許可権者は、本ガイドラインに基づき、必要に応じて具体的な運用に関する要綱を作成するものとする。なお、許可権者は、ジュネーヴ諸条約及び第一追加議定書並びに国民保護法の規定を踏まえ、それぞれの機関の実情に応じた取扱いを当該要綱で定めることができる。
・許可権者又は対象者は、武力攻撃事態等における赤十字標章等の必要量を勘案した上で、武力攻撃事態等において赤十字標章等を速やかに交付等し、又は使用できるようあらかじめ必要な準備を行うよう努めるものとする。
・国及び地方公共団体は、必要に応じて、職員の服制に関する規定の見直し等を行うものとする。
・国〔内閣官房、外務省、厚生労働省、消防庁〕は、許可権者の間で運用の統一が図られるよう必要な措置を講ずるものとする。

(7) 平時における赤十字等の標章の使用等
・平時においては、(5)に定める場合を除いて、赤十字の標章及び名称等の使用の制限に関する法律(昭和22年法律第159号。(7)において「赤十字標章法という。)の規定に基づき、日本赤十字社及び日本赤十字社の許可を受けた者に限って赤十字等の標章を使用することができるものとする。
・武力攻撃事態等における我が国の平和と独立並びに国及び国民の安全の確保に関

する法律(平成15年法律第79号)第9条第1項の対処基本方針が定められる前に日本赤十字社から赤十字等の標章の使用の許可を受けた者は、武力攻撃事態等においても、赤十字標章法第3条に規定する傷者又は病者の無料看護を引き続き行う場合に限り、改めて国民保護法に基づく交付等を受けることなく赤十字等の標章を使用することができるものとする。

3　特殊標章等の交付等に関する基準、手続等
(1)　交付等の対象者
・許可権者(国民保護法第158条第2項の指定行政機関長等をいう。以下3において同じ。)は、次に定める区分に従い、特殊標章等の交付等を行うものとする。なお、「国民保護措置の実施に必要な援助について協力をする者」とは、国民保護法第70条第1項、第80条第1項、第115条第1項及び第123条第1項に基づいて、許可権者が実施する国民保護措置の実施に必要な援助について協力をする者等を指すものである。

①指定行政機関の長が交付等を行う対象者
　　(ア)　当該指定行政機関の職員(その管轄する指定地方行政機関の職員を含む。)で国民保護措置に係る職務を行うもの
　　(イ)　当該指定行政機関の長の委託により国民保護措置に係る業務を行う者
　　(ウ)　当該指定行政機関の長が実施する国民保護措置の実施に必要な援助について協力をする者
　　(エ)　当該指定行政機関の長が所管する指定公共機関

②都道府県知事が交付等を行う対象者
　　(ア)　当該都道府県の職員(③(ア)及び⑤(ア)に定める職員を除く。)で国民保護措置に係る職務を行うもの
　　(イ)　当該都道府県知事の委託により国民保護措置に係る業務を行う者
　　(ウ)　当該都道府県知事が実施する国民保護措置の実施に必要な援助について協力をする者
　　(エ)　当該都道府県知事が指定した指定地方公共機関

③警視総監又は道府県警察本部長が交付等を行う対象者
　　(ア)　当該都道府県警察の職員で国民保護措置に係る職務を行うもの
　　(イ)　当該警視総監又は道府県警察本部長の委託により国民保護措置に係る業務を行う者

(ウ) 当該警視総監又は道府県警察本部長が実施する国民保護措置の実施に必要な援助について協力をする者

④市町村長が交付等を行う対象者
(ア) 当該市町村の職員(当該市町村の消防団長及び消防団員を含み、⑤(ア)及び⑥(ア)に定める職員を除く。)で国民保護措置に係る職務を行うもの
(イ) 当該市町村長の委託により国民保護措置に係る業務を行う者
(ウ) 当該市町村長が実施する国民保護措置の実施に必要な援助について協力をする者

⑤消防長が交付等を行う対象者
(ア) 当該消防長の所轄の消防職員で国民保護措置に係る職務を行う者
(イ) 当該消防長の委託により国民保護措置に係る業務を行う者
(ウ) 当該消防長が実施する国民保護措置の実施に必要な援助について協力をする者

⑥水防管理者が交付等を行う対象者
(ア) 当該水防管理者の所轄の水防団長及び水防団員で国民保護措置に係る職務を行うもの
(イ) 当該水防管理者の委託により国民保護措置に係る業務を行う者
(ウ) 当該水防管理者が実施する国民保護措置の実施に必要な援助について協力をする者

(2) 交付等の手続、方法等
・特殊標章等の交付等は、次に定める区分に従い行うものとする。
(ア) 許可権者の所轄の職員で国民保護措置に係る職務を行うもの及び当該国民保護措置に係る当該職員が行う職務のために使用される場所等を識別させるための特殊標章等については、許可権者が作成して交付するものとする。
(イ) 許可権者の委託により国民保護措置に係る業務を行う者又は許可権者が実施する国民保護措置の実施に必要な援助について協力をする者及び当該国民措置に係るこれらの者が行う業務又は協力のために使用される場所等を識別させるための特殊標章等については、原則として当該対象者が許可権者に対して交付の申請(申請書の様式の例は、別紙の様式1のとおりとする。)を行い、許可権者が作成して交付するものとする。
(ウ) 指定公共機関若しくは指定地方公共機関が実施する国民保護措置に係る業務を行う者(当該指定公共機関又は指定地方公共機関の委託により国民保

護措置に係る業務を行う者を含む。）又は当該指定公共機関若しくは指定地方公共機関が実施する国民保護措置の実施に必要な援助について協力をする者及び当該国民保護措置に係るこれらの者が行う業務又は協力のために使用される場所等を識別させるための特殊標章等については、指定公共機関又は指定地方公共機関が自ら作成して許可権者に対して使用の許可の申請（申請書の様式の例は、別紙の様式1のとおりとする。）を行い、使用の許可を受けるものとする。

・許可権者は、人命の救助等のために特に緊急を要し、対象者からの申請を待ついとまがないと認めるときは、当該申請を待たずに特殊標章のみを交付することができる。

・許可権者は、武力攻撃事態等において交付等を行う方法と平時において交付等をしておく方法とのいずれを採用するか、対象者の種別、対象者が行うことが想定される国民保護措置に係る職務、業務又は協力の内容等に応じて定めるものとする。ただし、特殊標章等の濫用を防止する必要があることを踏まえ、武力攻撃事態等において国民保護措置に係る職務、業務又は協力を行う蓋然性が少ないと考えられる者に対しては、平時においては特殊標章等の交付等を行わないものとする。

・許可権者は、申請書の保管、特殊標章等の交付等をした者に関する台帳（当該台帳の様式の例は、別紙の様式2のとおりとする。）の作成など交付等した特殊標章等の管理を行うものとする。

・特殊標章等の交付等を受けた者は、特殊標章等を紛失し、又は使用に堪えない程度に汚損若しくは破損した場合には、特殊標章等の再交付又は再許可を受けることができるものとする。この場合において、汚損又は破損した特殊標章等を返納しなければならない。

(3) 特殊標章等の様式等
①特殊標章
・特殊標章は、オレンジ色地に青色の正三角形とし、原則として次の条件を満たすものとする。なお、そのひな形は図2のとおりである。
　　（ア）　青色の三角形を旗、腕章又は制服に付する場合には、その三角形の下地の部分は、オレンジ色とすること。
　　（イ）　三角形の一の角が垂直に上を向いていること。
　　（ウ）　三角形のいずれの角もオレンジ色地の縁に接していないこと。

・特殊標章の大きさは、状況に応じて適当な大きさとする。
・特殊標章の色については、オレンジ色地の部分はオレンジ色（CMYK値：C-0、M-36、Y-100、K-0、RGB値：#FFA500）を、青色の正三角形の部分については青色（CMYK値：C-100、M-100、Y-0、K-0、RGB値：#0000FF）を目安とする。ただし、他のオレンジ色及び青色を用いることを妨げるものではない。

　　［図2］

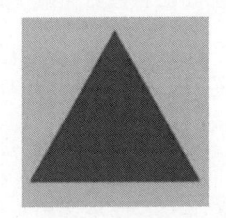

・場所等を識別させるための特殊標章は、できる限り様々な方向から及び遠方から識別されることができるよう、可能な限り、平面又は旗に表示するものとする。
・場所等を識別させるための特殊標章は、夜間又は可視度が減少したときは、点灯し又は照明することができるものとすることが望ましい。
・対象者を識別させるために特殊標章を使用する際は、できる限り特殊標章を帽子及び衣服に付けるものとする。

②身分証明書
・身分証明書は、第一追加議定書附属書Ⅰ第15条の規定も踏まえ、次の要件を満たす同一の形式のものとし、その様式は別紙の様式4のとおりとする。
　（ア）　特殊標章を付し、かつ、ポケットに入る大きさのものであること。
　（イ）　できる限り耐久性のあるものであること。
　（ウ）　日本語及び英語で書かれていること。
　（エ）　氏名及び生年月日が記載されていること。
　（オ）　所持者がいかなる資格においてジュネーヴ諸条約及び第一追加議定書の保護を受ける権利を有するかが記載されていること。なお、所持者の資格については、○○省の職員、△△県の職員、指定地方公共機関である××の職員等と記載することとする。
　（カ）　所持者の写真及び署名が付されていること。なお、写真の標準的な大きさは縦4センチメートル、横3センチメートルとするが、所持者の識別が可能であれば、これと異なる大きさの写真でも差し支えない。
　（キ）　許可権者の印章（公印）が押され、及び当該許可権者の署名が付されてい

ること。(いずれも印刷されたもので差し支えない。)
- (ク) 身分証明書の交付等の年月日及び有効期間の満了日が記載されていること。なお、有効期間については、武力攻撃事態等において交付等する場合にあっては対象者が行う国民保護措置に係る職務、業務又は協力の実施が必要と認められる期間等を勘案し、平時において交付等する場合にあっては対象者である職員の国民保護措置を担当する部局における在職予定期間等を勘案して、許可権者が決定することとする。
- (ケ) 所持者の血液型が判明している場合には、身分証明書の裏面に所持者の血液型（ABO式及びRh式）が記載されていること。

(4) 特殊標章等の使用に当たっての留意事項
・何人も、武力攻撃事態等において、特殊標章等をみだりに使用してはならないとされていることを踏まえ、以下のとおり取り扱うものとする。
- (ア) 特殊標章等の交付等を受けた者は、当該特殊標章等を他人に譲り渡し、又は貸与してはならない。
- (イ) 特殊標章等の交付等を受けた者は、国民保護措置に係る職務、業務又は協力を行っていない場合には、特殊標章等を使用してはならない。
- (ウ) 特殊標章等により識別させることができる場所等については、当該場所等が専ら国民保護措置に係る職務、業務又は協力のために使用されていなければならない。

(5) 訓練及び啓発
・許可権者及び対象者は、国民保護措置についての訓練を実施するに当たって、特殊標章等を使用するよう努めるものとする。
・国〔内閣官房、外務省、消防庁、文部科学省等〕は、地方公共団体等と協力しつつ、ジュネーヴ諸条約及び第一追加議定書に基づく武力攻撃事態等における特殊標章等の使用の意義等について教育や学習の場などの様々な機会を通じて国民に対する啓発に努めるものとする。

(6) 体制の整備等
・許可権者は、本ガイドラインに基づき、必要に応じて具体的な運用に関する要綱を作成するものとする。なお、許可権者は、ジュネーヴ諸条約及び第一追加議定書並びに国民保護法の規定を踏まえ、それぞれの機関の実情に応じた取扱いを当該要綱で定めることができる。
・許可権者又は対象者は、武力攻撃事態等における特殊標章等の必要量を勘案した

上で、武力攻撃事態等において特殊標章等を速やかに交付等し、又は使用できるようあらかじめ必要な準備を行うよう努めるものとする。
・国及び地方公共団体は、必要に応じて、職員の服制に関する規定の見直し等を行うものとする。
・国〔内閣官房、外務省、消防庁〕は、許可権者の間で運用の統一が図られるよう必要な措置を講ずるものとする。

(7) 平時における特殊標章の使用
・平時におけるいたずらな使用が武力攻撃事態等における混乱をもたらすおそれがあることにかんがみ、平時における特殊標章の使用については、(5)に定める場合を除いて使用しないこととする。

[様式1]　　　　　　　　　　　　　　　　　　　　　　　　　　　（別紙）

赤十字　　　　　交　付
　　　標章等に係る　　　　申請書
特　殊　　　　使用許可

平成　　年　　月　　日

（許可権者）　様

　私は、国民保護法第157条又は第158条の規定に基づき、赤十字標章等又は特殊標章等の交付又は使用許可を以下のとおり申請します。

氏名：(漢　字) ------------------------------- （ローマ字） -------------------------------	生年月日（西暦） ------　年　----　月　----　日

申請者の連絡先 　住　　所：〒 　　　------------------------------------- 　　　------------------------------------- 　電話番号：---------------------- 　E-mail ：----------------------	写　真 縦4×横3cm （身分証明書の交付又は 使用許可の場合のみ）

識別のための情報（身分証明書の交付又は使用許可の場合のみ記載） 　身　　長：　　　　cm　　　　眼の色：----------   　頭髪の色：----------　　血液型：----------（Rh因子　--------　）

標章を使用する衣服、場所、車両、船舶、航空機等の概要及び使用する標章の数等 （標章又は特殊信号の交付又は使用許可の場合のみ記載）   --- ---

(許可権者使用欄) 　資　格： 　　　-------------------------------------- 　証明書番号：　　　　　　　　交付等の年月日： 　　　-------------------　　　　------------------- 　有効期間の満了日： 　　　------------------- 　返納日： 　　　-------------------

[様式2]

赤十字標章等／特殊標章等の交付／使用許可をした者に関する台帳

証明書番号	氏名(漢字)	氏名(ローマ字)	生年月日	資格	交付等の年月日	有効期間の満了日	身長	眼の色	頭髪の色	血液型	その他の特徴等	標章の使用	返納日	備考
(記載例) 1	国民 保護	Hogo Kokumin	1975/6/18	○○県の職員	2005/6/18	2007/6/18	173	茶	黒	O(Rh+)		帽子、衣服用×1	2007/6/18	所属：国民保護課
2														
3														

［様式３］

表面

（この証明書を交付等する許可権者の名を記載するための余白）

身分証明書
IDENTITY CARD

自衛隊の衛生要員等以外の　常時の／臨時の　医療関係者用
PERMANENT for civilian medical personnel TEMPORARY

氏名/Name ＿＿＿＿＿＿＿＿＿＿＿＿＿＿＿＿＿＿＿＿

生年月日/Date of birth ＿＿＿＿＿＿＿＿＿＿＿＿＿＿＿＿

　この証明書の所持者は、次の資格において、１９４９年８月１２日のジュネーヴ諸条約及び１９４９年８月１２日のジュネーヴ諸条約の国際的な武力紛争の犠牲者の保護に関する追加議定書（議定書Ｉ）によって保護される。
The holder of this card is protected by the Geneva Conventions of 12 August 1949 and by the Protocol Additional to the Geneva Conventions of 12 August 1949, and relating to the Protection of Victims of International Armed Conflicts (Protocol I) in his capacity as

＿＿＿＿＿＿＿＿＿＿＿＿＿＿＿＿＿＿＿＿＿＿＿＿＿＿

交付等の年月日/Date of issue ＿＿＿＿＿　証明書番号/No. of card ＿＿＿＿＿

許可権者の署名/Signature of issuing authority

有効期間の満了日/Date of expiry ＿＿＿＿＿

裏面

身長/Height ＿＿＿＿　眼の色/Eyes ＿＿＿＿　頭髪の色/Hair ＿＿＿＿

その他の特徴又は情報/Other distinguishing marks or information:

血液型/Blood type

所持者の写真/PHOTO OF HOLDER

印章/Stamp　　所持者の署名/Signature of holder

（日本工業規格Ａ７（横７４ミリメートル、縦１０５ミリメートル））

［様式４］

表面

（この証明書を交付等する許可権者の名を記載するための余白）

身分証明書
IDENTITY CARD

国民保護措置に係る職務等を行う者用
for civil defence personnel

氏名/Name ＿＿＿＿＿＿＿＿＿＿＿＿＿＿＿＿＿＿＿＿

生年月日/Date of birth ＿＿＿＿＿＿＿＿＿＿＿＿＿＿＿＿

　この証明書の所持者は、次の資格において、１９４９年８月１２日のジュネーヴ諸条約及び１９４９年８月１２日のジュネーヴ諸条約の国際的な武力紛争の犠牲者の保護に関する追加議定書（議定書Ｉ）によって保護される。
The holder of this card is protected by the Geneva Conventions of 12 August 1949 and by the Protocol Additional to the Geneva Conventions of 12 August 1949, and relating to the Protection of Victims of International Armed Conflicts (Protocol I) in his capacity as

＿＿＿＿＿＿＿＿＿＿＿＿＿＿＿＿＿＿＿＿＿＿＿＿＿＿

交付等の年月日/Date of issue ＿＿＿＿＿　証明書番号/No. of card ＿＿＿＿＿

許可権者の署名/Signature of issuing authority

有効期間の満了日/Date of expiry ＿＿＿＿＿

裏面

身長/Height ＿＿＿＿　眼の色/Eyes ＿＿＿＿　頭髪の色/Hair ＿＿＿＿

その他の特徴又は情報/Other distinguishing marks or information:

血液型/Blood type

所持者の写真/PHOTO OF HOLDER

印章/Stamp　　所持者の署名/Signature of holder

（日本工業規格Ａ７（横７４ミリメートル、縦１０５ミリメートル））

■厚生労働省の赤十字標章、特殊信号及び身分証明書に関する交付要綱

第1章　総則

（目的）

第1条　この要綱は、武力攻撃事態等における国民の保護のための措置に関する法律（平成16年法律第112号。以下「国民保護法」という。）並びに「赤十字標章等及び特殊標章等に係る事務の運用に関するガイドライン」（平成17年8月2日閣副安危第321号内閣官房副長官補（安全保障・危機管理担当）付内閣参事官（事態法制企画担当）通知）に定めるもののほか、武力攻撃事態等における厚生労働省の赤十字標章等（国民保護法第157条第1項の特殊信号及び身分証明書並びに赤十字標章（同条第2項の白地に赤十字の標章をいう。以下同じ。）をいう。以下同じ。）の交付及び使用（以下「交付等」という。）に関し、必要な事項を定めることを目的とする。

（交付等の対象者）

第2条　厚生労働大臣は、武力攻撃事態等において国民保護法第10条の規定に基づく国民保護措置を行う者として、次に定める区分の者に対し、赤十字標章等の交付等を行うものとする。

　　(1)　避難住民等の救援の支援を行う厚生労働大臣が所管する医療機関

　　(2)　避難住民等の救援の支援を行う厚生労働省の職員（地方厚生局その他施設等機関の職員を含む。）である医療関係者（武力攻撃事態等における国民の保護のための措置に関する法律施行令（平成16年政令第275号）第18条の医療関係者をいう。）

　　(3)　前2号に定める対象者の委託により医療に係る業務（捜索、収容、輸送等）を行う者

（交付等の手続）

第3条　厚生労働大臣は、前条第1号及び第3号に規定する者に対し、原則として当該対象者が自ら作成する赤十字標章等に係る使用許可申請書（別記様式1）による申請に基づき、その内容を適正と認めるときは、当該対象者の赤十字標章等の使用を許可し、当該赤十字標章等の使用を許可した者に関する台帳（別記様式2）に登録する。
2　厚生労働大臣は、前条第2号に規定する者に対し、赤十字標章等の交付をした者に関する台帳（別記様式3）に登録し、赤十字標章等を作成して交付する。

第2章　赤十字標章の交付等

（腕章及び帽章の交付等）
第4条　厚生労働大臣は、第2条第2号に規定する者に対し、平時において、あらかじめ腕章及び帽章を交付することができる。
2　厚生労働大臣は、第2条第1号及び第3号に規定する者及び同条第2号に規定する者のうち前項の規定により交付を受けた者以外の者に対し、武力攻撃事態等において、腕章及び帽章を交付することができる。
3　前2項に規定する腕章及び帽章の表示又は制式は、別紙又は別図1のとおりとする。

（旗及び医療用輸送手段に係る標章の交付等）
第5条　厚生労働大臣は、前条第1項又は第2項の規定に基づき、腕章及び帽章を交付する場合、必要に応じ、国民保護措置に係る職務、業務又は協力のために使用される場所等（以下「場所等」という。）を識別させるため、施設、車両、航空機、船舶等ごとに旗又は医療用輸送手段に係る標章を交付することができる。
2　前項に規定する旗及び医療用輸送手段に係る標章の表示又は制式は、別紙又は別図2のとおりとする。

（訓練における使用）
第6条　厚生労働大臣は、国民保護措置に係る訓練に従事させる場合に、第4条第2項の規定にかかわらず、第2条第1号及び第3号に規定する者に対し、腕章及び帽章を貸与することができる。
2　厚生労働大臣は、前項に基づき腕章及び帽章を貸与する場合、必要に応じ、施設、車両、航空機、船舶等ごとに旗又は医療用輸送手段に係る標章を貸与することが

できる。

(赤十字標章等の特例交付等)
第7条　厚生労働大臣は、第2条第1号及び第3号に規定する者のうち、武力攻撃事態等において医療等を行う者について、平時においてあらかじめ当該対象者が自ら作成する赤十字標章等が本交付要綱に反するものでないときは、第3条第1項の規定にかかわらず、当該赤十字標章等を使用させることができる。
2　厚生労働大臣は、人命の救助等のために特に緊急を要し、対象者からの申請書の提出を待ついとまがないと認めるときは、これを待たずに赤十字標章等を交付又は使用させることができる。

(赤十字標章等の再交付)
第8条　厚生労働大臣から赤十字標章等の交付を受けた者又は使用の許可を受けた者は、赤十字標章等を紛失した場合又は使用に堪えない程度に汚損若しくは破損した場合には、赤十字標章等再交付申請書(別記様式4)又は赤十字標章等再許可申請書(別記様式5)により、速やかに厚生労働大臣に申請し、赤十字標章等の再交付又は再許可を受けることができる。
2　前項の規定により再交付を受けた者は、汚損又は破損した赤十字標章等を遅滞なく返納しなければならない。

第3章　特殊信号の使用等
(特殊信号の使用)
第9条　厚生労働大臣は、第2条各号に規定する者に対し、平時において、あらかじめ特殊信号の使用を許可することができる。
2　前項に規定する特殊信号の規格等については、1949年8月12日のジュネーヴ諸条約の国際的な武力紛争の犠牲者の保護に関する追加議定書(議定書Ⅰ)附属書Ⅰ第3章の規定によるものとする。

第4章　身分証明書の交付等
(身分証明書の交付等)
第10条　厚生労働大臣は、赤十字標章を交付した者に対し、身分証明書を交付する。
2　厚生労働大臣は、赤十字標章の使用の許可をした者に対し、自ら作成する身分

証明書に係る使用許可申請書(別記様式6)による申請に基づき、その内容を適正と認めるときは、当該対象者の身分証明書の使用を許可し、当該身分証明書の使用を許可した者に関する台帳(別記様式7)に登録する。
2　前2項の身分証明書の規格及び様式は別図3のとおりとする。

(身分証明書の携帯)
第11条　厚生労働大臣から身分証明書の交付又は使用の許可を受けた者は、赤十字標章を使用する必要があるときは、身分証明書を携帯しなければならない。

(身分証明書の再交付等)
第12条　厚生労働大臣から身分証明書の交付又は使用の許可を受けた者は、身分証明書を紛失した場合又は使用に堪えない程度に汚損若しくは破損した場合には、身分証明書再交付申請書(別記様式8)又は身分証明書再許可申請書により、速やかに厚生労働大臣に申請し、身分証明書の再交付又は使用の再許可を受けることができる。また身分証明書の記載事項に変更があった場合も同様とする。
2　前項の規定により再交付を受けた者は、汚損又は破損した身分証明書を遅滞なく返納しなければならない。

第5章　保管及び返納

(保管)
第13条　厚生労働大臣は、申請書及び赤十字標章の腕章、帽章、旗及び医療用輸送手段に係る標章に番号を付し、鍵のかかる保管庫に保管しなければならない。
2　赤十字標章等の交付又は使用の許可を受けた者は、医療を行っていない場合又は訓練時以外の場合は、赤十字標章等を厳重に保管しなければならない。

(返納)
第14条　厚生労働大臣から赤十字標章等の交付を受けた者は、身分を失ったとき又は離職したときその他の事由があったときは、赤十字標章等を返納しなければならない。

第6章　濫用の禁止等

(濫用の禁止)

第15条　赤十字標章等の交付等を受けた者は、赤十字標章等を他人に譲り渡し、又は貸与してはならない。
2　赤十字標章等の交付又は使用の許可を受けた者は、医療を行っていない場合又は訓練若しくは啓発時以外は、赤十字標章等を使用してはならない。
3　赤十字標章等により識別させることができる場所等については、当該場所等が専ら医療のために使用されていなければならない。

（周知）
第16条　厚生労働大臣は、赤十字標章等の交付を受ける者又は使用の許可を受ける者に対し、赤十字標章の意義、使用及び管理等について、交付又は許可時における説明その他必要な機会を捉え、あらかじめ周知する。

（雑則）
第17条　厚生労働省における赤十字標章等に関する全体調整は、医政局総務課が行い、赤十字標章等の交付、使用及び管理に関する事務は、下表の左欄に掲げる機関ごとに、右欄に掲げる部局課室が行うものとする。

機　関	部局課室
本省内部部局	医政局総務課
地方支分部局	
地方厚生局	各厚生局総務課
都道府県労働局	各労働局総務部
施設等機関	
検疫所	各検疫所総務課
国立高度専門医療センター	各国立高度専門医療センター庶務課
国立ハンセン病療養所	各国立ハンセン病療養所庶務課
国立医薬品食品衛生研究所	総務部
国立保健医療科学院	総務部
国立社会保障・人口問題研究所	総務課
国立感染症研究所	総務部
国立武蔵野学院	庶務課
国立きぬ川学院	庶務課
国立身体障害者リハビリテーションセンター	管理部総務課

国立函館視力障害センター	庶務課
国立塩原視力センター	庶務課
国立神戸視力障害センター	庶務課
国立福岡視力障害センター	庶務課
国立伊東重度障害者センター	庶務課
国立別府重度障害者センター	庶務課
国立秩父学園	庶務課

附　則

この要綱は、平成20年3月31日から施行する。

別　紙

区　分	表　示			制　式
	位　置	寸　法	材　質	
腕　章	左腕	別図1、①のとおりとする。	ビニール	①白地に赤十字の標章とする。 ②赤十字の標章の赤色の部分は、特に赤外線機器による識別を容易にするため、黒色の下塗りの上に塗ることができる。 ③赤十字の標章は中央に配する。 ※一連の登録番号を表面右下すみに付する。 （例：厚生労働省001）
帽　章	帽子(ヘルメットを含む。)の前部中央	別図1、②のとおり	ステッカー又はワッペン	
旗	施設の平面に展張又は掲揚、船舶に掲揚し、識別可能な状態に置くこと	別図2、①のとおり	プリント	
医療用輸送手段に係る標章	車両の両側面及び後面	別図2、②、(大)のとおり	マグネット	
	航空機の両側面	別図2、②、(小)のとおり	ステッカー	

(注) 腕章及び帽章は同時に付けるものとする。

〔別図1〕
①腕章

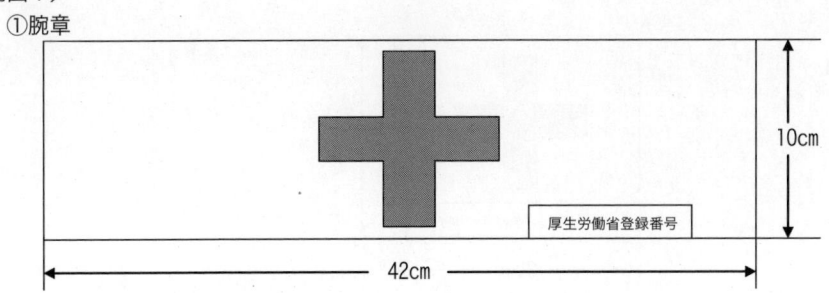

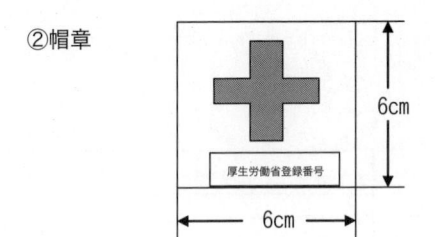

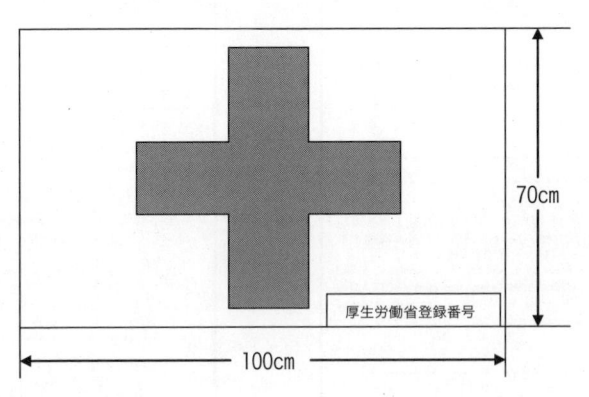

10cm
42cm
厚生労働省登録番号

②帽章

6cm
6cm
厚生労働省登録番号

〔別図2〕
①旗

70cm
100cm
厚生労働省登録番号

②医療用輸送手段に係る標章
（大）

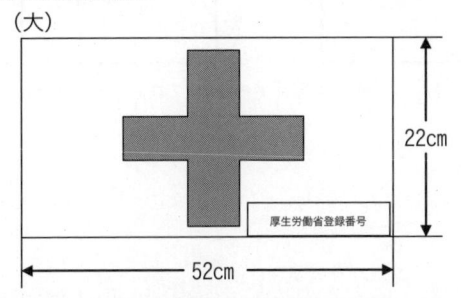

22cm
52cm
厚生労働省登録番号

（小）

21cm
30cm
厚生労働省登録番号

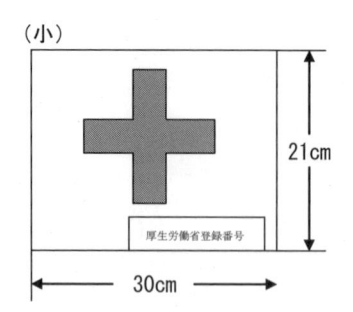

表面

（この証明書を交付等する許可権者の名を記載するための余白）

身分証明書
IDENTITY CARD

自衛隊の衛生要員等以外の　常時の／臨時の　医療関係者用
PERMANENT for civilian medical personnel
TEMPORARY

氏名/Name ----------------------

生年月日/Date of birth ----------------------

この証明書の所持者は、次の資格において、1949年8月12日のジュネーヴ諸条約及び1949年8月12日のジュネーヴ諸条約の国際的な武力紛争の犠牲者の保護に関する追加議定書（議定書I）によって保護される。
The holder of this card is protected by the Geneva Conventions of 12 August 1949 and by the Protocol Additional to the Geneva Conventions of 12 August 1949, and relating to the Protection of Victims of International Armed Conflicts (Protocol I) in his capacity as

----

交付等の年月日/Date of issue ------- 証明書番号/No. of card -------
許可権者の署名/Signature of issuing authority

有効期間の満了日/Date of expiry -------

裏面

| 身長/Height ----- | 眼の色/Eyes ----- | 頭髪の色/Hair ----- |

その他の特徴又は情報/Other distinguishing marks or information:
血液型/Blood type

所持者の写真
/PHOTO OF HOLDER

| 印章/Stamp | 所持者の署名/Signature of holder |

（日本工業規格A7（横74ミリメートル、縦105ミリメートル））

[別紙様式1]

赤十字標章等に係る使用許可申請書

平成　　年　　月　　日

厚生労働大臣　殿

　私は、国民保護法第157条の規定に基づき、赤十字標章等の使用の許可を以下のとおり申請します。

氏名：（漢　字）	生年月日（西暦）
（ローマ字）	年　　月　　日

申請者の連絡先
　住　　所：〒

　電話番号：
　E-mail：

写　真
縦4×横3cm
（身分証明書の交付又は使用許可の場合のみ）

識別のための情報（身分証明書の場合のみ記載）
　身　　長：　　　　cm　　　　眼の色：

　頭髪の色：　　　　　　　　　血液型：　　　　（Rh因子　　　　）

標章を使用する衣服、場所、車両、船舶、航空機等の概要及び使用する標章の数等

（許可権者使用欄）
　資　格：

　証明書番号：　　　　　　　　使用の年月日：

　有効期間の満了日：

[別紙様式2]

赤十字標章等の使用等を許可した者に関する台帳

証明書番号	氏名(漢字)	氏名(ローマ字)	生年月日	資格	許可等の年月日	有効期間の満了日	身長	眼の色	頭髪の色	血液型	その他の特徴等
(記載例) 1	国民 保護	Hogo Kokumin	1975/6/18	○○センター職員	2005/6/18	2007/6/18	173	茶	黒	O(Rh+)	
2											
3											

[別紙様式3]

赤十字標章等の交付した者に関する台帳

証明書番号	氏名（漢字）	氏名（ローマ字）	生年月日	資格	交付等の年月日	有効期間の満了日	身長	眼の色	頭髪の色	血液型	その他の特徴等	標章の使用	返納日	備考
（記載例）1	国民 保護	Hogo Kokumin	1975/6/18	○○センター職員	2005/6/18	2007/6/18	173	茶	黒	O(Rh+)		帽子、衣服用×1	2007/6/18	
2														
3														

[別紙様式4]

赤十字標章等再交付申請書

年　月　日

厚生労働大臣　殿

　　　　　　　　　　申　請　者
　　　　　　　　　　住　　所　　　　　　　　（電話　　　　　）
　　　　　　　　　　氏　　名　　　　　　　　　　　　　　　印

1　紛失（破損等）した赤十字標章の種別及び登録番号

2　紛失（破損等）年月日

3　紛失の状況（破損等の理由）

4　その他必要な事項

※　受　付　欄	※　経　過　欄

備　考　1　この用紙の大きさは、日本工業規格A4とする。
　　　　2　※印の欄は、記入しないこと。

[別紙様式５]

赤十字標章等再許可申請書

年　　月　　日

厚生労働大臣　殿

申　請　者
住　所　　　　　　　　（電話　　　　　）
氏　名　　　　　　　　　　　　　　　　印

1　紛失（破損等）した赤十字標章の種別及び登録番号

2　紛失（破損等）年月日

3　紛失の状況（破損等の理由）

4　その他必要な事項

※　受　付　欄	※　経　過　欄

備　考　1　この用紙の大きさは、日本工業規格Ａ４とする。
　　　　2　※印の欄は、記入しないこと。

[別紙様式6]

身分証明書に係る使用許可申請書

平成　年　月　日

厚生労働大臣　殿

　私は、国民保護法第157条の規定に基づき、身分証明書の使用の許可を以下のとおり申請します。

氏名：（漢　字）	生年月日（西暦）
（ローマ字）	年　月　日

申請者の連絡先	
住　　所：〒	写　真 縦4×横3㎝ （身分証明書の交付又は使用許可の場合のみ）
電話番号：	
E-mail ：	

（許可権者使用欄）
　資　格：

　証明書番号：　　　　　　　　　使用の年月日：

　有効期間の満了日：

[別紙様式7]

身分証明書の使用を許可した者に関する台帳

証明書番号	氏名(漢字)	氏名(ローマ字)	生年月日	資格	許可等の年月日	有効期間の満了日	身長	瞳の色	頭髪の色	頭髪の性	血液型	その他の特徴等
(記載例) 1	国民 保護	Hogo Kokumin	1975/6/18	○○センター職員	2005/6/18	2007/6/18	173	茶	黒		O(Rh+)	
2												
3												

[別紙様式8]

身分証明書再交付申請書

年　　月　　日 厚生労働大臣　殿 　　　　　　　　　　申　請　者 　　　　　　　　　　住　所　_____（電話　　　　） 　　　　　　　　　　氏　名　_____印
1　旧身分証明書番号 2　理　由 3　その他必要な事項

※　受　付　欄	※　経　過　欄

備　考　1　この用紙の大きさは、日本工業規格Ａ4とする。
　　　　2　理由には、紛失、汚損、破損及び記載事項の変更等を記入する。
　　　　3　紛失の場合は、紛失の日時、場所及び紛失の状況を追記する。
　　　　4　記載事項の変更の場合は、旧記載事項を追記する。
　　　　5　※印の欄は、記入しないこと。

■国民の保護に関する基本指針（抄）

平成17年3月

　この基本指針は、武力攻撃事態等における国民の保護のための措置に関する法律（平成16年法律第112号）第32条第4項の規定に基づき、国会に報告するものである。

第4章　第4節　6 赤十字標章等及び特殊標章等の交付等
○国〔内閣官房、外務省、厚生労働省、消防庁等〕は、国民保護法第157条第1項の特殊信号及び身分証明書、同条第2項の赤十字標章等並びに国民保護法第158条第1項の特殊標章及び身分証明書（以下6において「標章等」という。）の交付等に関する基準、手続等をジュネーヴ諸条約及び同第一追加議定書の規定を踏まえて定めるものとする。これに基づき、標章等の許可権者（赤十字標章関係については指定行政機関の長及び都道府県知事、特殊標章関係については国民保護法第158条第2項の指定行政機関長等をいう。）は、必要に応じ、具体的な交付等に関して、必要な要綱を作成するものとする。

○国〔内閣官房、外務省、厚生労働省、消防庁、文部科学省等〕は、地方公共団体等と協力しつつ、ジュネーヴ諸条約及び同第一追加議定書に基づく武力攻撃事態等における標章等の使用の意義等について教育や学習の場などの様々な機会を通じて啓発に努めるものとする。

■各省庁の国民保護計画（抄）

●厚生労働省国民保護計画（抄）

平成17年10月

第6章　第4節　赤十字標章等・特殊標章等の交付等

○厚生労働省（赤十字標章等については医政局、特殊標章等については厚生労働省関係部局）は、赤十字標章等及び特殊標章等の具体的な交付等に関して、必要な要綱を作成し、これにより、日本赤十字社又は厚生労働省の職員で国民保護措置に関する職務を行う者等に対し、赤十字標章等又は特殊標章等を交付し、又は使用させるものとする。また、当該標章等の意義等について、教育や学習の場など様々な機会を通じて啓発に努めるものとする。

○厚生労働省医政局は、赤十字標章等の交付等が的確に実施されることを確保するため、必要な措置を講じる。このため、厚生労働省社会・援護局は、平素においても、日本赤十字社と協力し、赤十字の標章及び名称等の使用の制限に関する法律（昭和22年法律第159号）の趣旨の周知、適切な実施を確保するものとする。

●外務省国民保護計画（抄）

平成17年10月

第2章　6　赤十字標章等及び特殊標章等の交付等

(1) 人権人道課は、赤十字標章等及び特殊標章等に係る事務の運用に関するガイドラインの適切な実施を通じて、ジュネーヴ諸条約及び同第一追加議定書上の義務が履行されるよう確保する。特に、同ガイドラインを変更する必要が生じた場合には、ジュネーヴ諸条約及び同第一追加議定書の関連規定と整合的であることを確保する。

(2) 人権人道課は、関係省庁及び地方公共団体等と協力しつつ、ジュネーヴ諸条約及び同第一追加議定書に基づく武力攻撃事態等における標章等の使用の意義等について様々な機会を通じて啓発に努める。

(3) 外務省は、外務省の職員で国民保護措置に係る職務を行う者等に対し、特殊標章又は身分証明書を交付し、又は使用させることについて、別に定める。

●防衛省国民保護計画（抄）

平成17年10月28日　（最終改正　平成19年10月5日）

第3章　第2節　2(5)　赤十字標章等の交付等

実施部隊等の隊員で医療等に係る業務に従事する者に対しては、関連するジュネーヴ諸条約等の規定を実施するため、別途定める基準、手続き等により、赤十字標章又は身分証明書を必要に応じ交付し、使用を許可する。

●消防庁国民保護計画（抄）

平成17年10月（平成19年1月一部改訂）（平成19年10月一部改訂）
総務省〔消防庁〕

第2章　第8節　3　特殊標章等に関する平素の備え

(1) 職員に対する周知
○消防庁は、職員に対し、特殊標章等の使用及び管理等についてあらかじめ周知をする。
(2) 地方公共団体及び消防機関に対する助言
○消防庁は、地方公共団体及び消防機関における特殊標章等の交付及び使用の許可に関し必要な助言を行う。

第3章　第7節　特殊標章等の交付及び管理

○長官は、赤十字標章等及び特殊標章等に係る事務の運用に関するガイドラインに基づき、別に定める交付要綱により、以下のとおり、特殊標章等を交付し、又は使用させる。
　(1) 交付等の対象者
　　・消防庁の職員で国民保護措置に係る職務を行う者
　　・長官の委託により国民保護措置に係る業務を行う者
　　・長官が実施する国民保護措置の実施に必要な援助について協力する者
　(2) 特殊標章の様式等

① 特殊標章
・法第158条第1項の特殊標章(オレンジ色地に青の正三角形)
② 身分証明書
・法第158条第1項の身分証明書(様式のひな型は下記のとおり)
③ 識別対象
・国民保護関係者
・国民保護措置に係る職務等のために使用される場所、車両、船舶、航空機等
　(オレンジ色地に青の正三角形)
　(国民保護措置に係る職務等を行う者用の身分証明書のひな型)

●文部科学省国民保護計画(抄)

平成19年10月5日　文科施第248号 修正

第4章 第2節 10　赤十字標章等及び特殊標章等の交付等

　文部科学大臣及び文化庁長官は、赤十字標章等及び特殊標章等に係る事務の運用に関するガイドライン(平成17年8月2日赤十字標章等、特殊標章等に係る事務の運用に関する関係省庁連絡会議申合せ)に基づき、別に定める交付要綱により、以下のとおり、赤十字標章等及び特殊標章等を交付し、又は使用させる。

(1)　赤十字標章等
　ア．交付等の対象者
避難住民等の救援の支援を行う文部科学大臣が所管する医療機関
避難住民等の救援の支援を行う文部科学省の職員である医療関係者
①及び②に定める対象者以外の文部科学大臣の所管する医療機関である指定公共機関〔放射線医学総合研究所〕
①から③までに定める対象者の委託により医療にかかる業務(捜索、収用、輸送等)を行う者
　イ．赤十字標章等の様式等
赤十字等の標章
・国民保護法第157条第2項の白地に赤十字等の標章
身分証明書
・国民保護法第157条第1項の身分証明書(様式のひな型は下記のとおり)
識別対象

・医療を行う医療関係者
・医療を行う医療機関
・医療に係る職務のために使用される場所又は車両、船舶、航空機等

（白地に赤十字の標章）　　（医療を行う医療関係者の身分証明書のひな型）

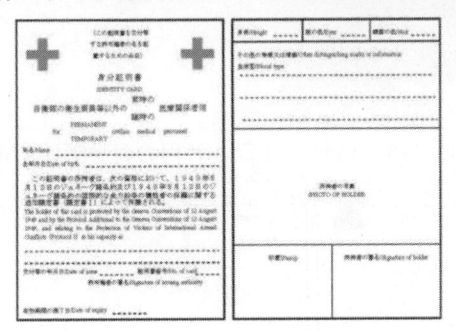

(2)　特殊標章等

ア．交付等の対象者

文部科学省及び文化庁の職員で国民保護措置に係る職務を行う者
文部科学大臣及び文化庁長官の委託により国民保護措置に係る業務を行う者
文部科学大臣及び文化庁長官が実施する国民保護措置の実施に必要な援助について協力する者

イ．特殊標章等の様式等

特殊標章
・国民保護法第158条第1項の特殊標章(オレンジ色地に青の正三角形)
身分証明書
・国民保護法第158条第1項の身分証明書(様式のひな型は下記のとおり)
識別対象
・文部科学省及び文化庁の職員で国民保護措置に係る職務を行う者
・文部科学大臣及び文化庁長官の委託により国民保護措置に係る業務を行う者
・文部科学大臣及び文化庁長官が実施する国民保護措置の実施に必要な援助について協力する者
・国民保護措置に係る職務等のために使用される場所又は車両、船舶、航空機等

(オレンジ色地に青色正三角形)

(国民保護措置に係る職務等を行う者用の身分証明書のひな型)

●内閣府国民保護計画(抄)

平成17年10月　内閣府本府

第1章　2節　5　特殊標章等の交付等
○内閣総理大臣又は沖縄総合事務局長は、別に定める要綱により、内閣府本府又は沖縄総合事務局の職員で国民保護措置に係る職務を行う者等に対し、特殊標章又は身分証明書を交付し、又は使用させる。

●法務省国民保護計画(抄)

平成17年10月

第3章　第4節　5　赤十字標章等及び特殊標章等
(1) 赤十字標章等及び特殊標章等の交付等
○法務大臣は、別に定める要綱により、法務省の職員である医療関係者及び職員で

国民保護措置に係る職務を行う者等に対し、赤十字標章等又は特殊標章等を交付し、又は使用させるものとする。
(2) 要綱の作成
○連絡会議は、赤十字標章等及び特殊標章等に係る事務の運用に関するガイドラインに基づき、赤十字標章等及び特殊標章等の具体的な運用に関する要綱を作成するものとする。
(3) 意義等の周知
○連絡会議及び所管各庁は、関係職員に対して、ジュネーヴ諸条約及び同第一追加議定書に基づく武力攻撃事態等における標章等の使用の意義等について、研修及び訓練等を通じて周知を図るものとする。

●総務省国民保護計画（抄）

平成17年10月28日　総務省訓令第56号

総務省国民保護計画を次のように定める。

第3章　第7節　特殊標章等に関する事項

1　総務大臣は、別に定める要綱により、各機関の職員で国民保護措置に係る職務を行う者等に対し、特殊標章又は身分証明書を交付し、又は使用させるものとする。
2　特殊標章等の交付等に関する事務及び交付等した特殊標章等の管理は、大臣官房総務課で行う。

●国家公安委員会・警察庁国民保護計画（抄）

平成17年10月28日（平成10年1月9日変更）
国家公安委員会、警察庁

第2章　第2節　15　特殊標章等の交付

警察庁及び都道府県警察は、武力攻撃事態等においては、別に定める基準に従い、警察職員、その国民保護措置に協力する者等に対し、国民保護法第158条第1項の特殊標章及び身分証明書を交付するものとする。

●公安調査庁国民保護計画(抄)

平成17年10月

第3章 第4節 3 特殊標章等の交付等

(1) 特殊標章等の交付等

　　公安調査庁長官は、別に定める要綱により、公安調査庁の職員で国民保護措置に係る職務を行う者等に対し、特殊標章又は身分証明書を交付し、又は使用させるものとする。

(2) 要綱の作成

　　連絡会議は、別に定められた「赤十字標章等及び特殊標章等に係る事務の運用に関するガイドライン」に基づき、特殊標章及び身分証明書の具体的な交付等に関して、必要な要綱を作成するものとする。

(3) 意義等の周知

　　連絡会議、公安調査局及び公安調査事務所は、関係職員に対し、ジュネーヴ諸条約及び同第一追加議定書に基づく武力攻撃事態等における標章等の使用の意義等について、研修及び訓練等を通じて周知を図るものとする。

●財務省・国税庁国民保護計画(抄)

平成17年10月

第2章 第2節 4 特殊標章等

(1) 大臣又は国税庁長官は、別に定める要綱により、財務省又は国税庁の職員で国民保護措置に係る職務を行う者等に対し、特殊標章又は身分証明書を交付し、又は使用させるものとする。

(2) 特殊標章及び身分証明書の交付等に関する要綱は、大臣官房長及び国税庁長官が別に定める。

●国土交通省国民保護計画(抄)

平成17年10月(最終変更:平成19年10月)

第2章 第1節 4 特殊標章の交付等

○政府が定める国民保護法第158条第1項に基づく特殊標章及び身分証明書の交付等

に関する基準及び手続等に基づき、特殊標章等の交付等のために必要な手続を定めるものとする。

●環境省国民保護計画(抄)

平成17年10月

第3章 第5節 特殊標章等に関する事項
○環境大臣は、別に定める要綱により、環境省の職員で国民保護措置に係る職務を行う者等に対し、特殊標章又は身分証明書を交付し、又は使用させるものとする。

●気象庁国民保護計画(抄)

平成17年10月28日

第2章 第1節 3 特殊標章の交付等
○政府が定める国民保護法第158条第1項に基づく特殊標章及び身分証明書の交付等に関する基準及び手続等に基づき、特殊標章等の交付等のために必要な手続を定めるものとする。

●経済産業省、資源エネルギー庁、原子力安全・保安院、中小企業庁国民保護計画(抄)

平成19年10月
平成19年10月12日変更(平成19・10・01総第1号)
(平成19・10・01資庁第1号)
(平成19・10・01原院第2号)
(平成19・09・28中庁第2号)
経済産業省

第2章 第2節 4 特殊標章等の交付等
　経済産業大臣、資源エネルギー庁長官、原子力安全・保安院長及び中小企業庁長官は、別に定める要綱に従い、所轄の職員で国民保護措置に係る職務を行う者等に対し、国民保護法第158条第1項の特殊標章又は身分証明書を交付し、又は使用させるものとする。

●国土地理院国民保護計画(抄)

平成17年10月

第2章 第1節 4 特殊標章等の交付等

　政府が定める国民保護法第158条第1項に基づく特殊標章及び身分証明書の交付等に関する基準及び手続等に基づき、特殊標章等の交付等のために必要な手続を定めるものとする。

■都道府県国民保護モデル計画(抄)

平成17年3月 消防庁国民保護室

第12章　赤十字標章等及び特殊標章等の交付及び管理

　県は、ジュネーヴ諸条約及び第一追加議定書に規定する赤十字標章等及び特殊標章等を交付及び管理することとなるため、これらの標章等の適切な交付及び管理に必要な事項について、以下のとおり定める。

※【赤十字標章等及び特殊標章等の意義】

　1949年8月12日のジュネーヴ諸条約の国際的な武力紛争の犠牲者の保護に関する追加議定書(第一追加議定書)において規定される赤十字標章等及び国際的な特殊標章等は、それぞれ国民の保護のために重要な役割を担う医療行為及び国民保護措置を行う者及びその団体、その団体が使用する場所若しくは車両、船舶、航空機等を識別するために使用することができ、それらは、ジュネーヴ諸条約及び第一追加議定書の規定に従って保護される。

(1) 国民保護法で規定される赤十字標章等及び特殊標章等
　①赤十字標章等(法第157条)
　ア　標　章
　　　第一追加議定書(1949年8月12日のジュネーヴ諸条約の国際的な武力紛争の犠牲

者の保護に関する追加議定書(議定書Ⅰ))第8条(l)に規定される特殊標章(白地に赤十字、赤新月又は赤のライオン及び太陽から成る。)。

イ　信号

第一追加議定書第8条(m)に規定される特殊信号(衛生部隊又は医療用輸送手段の識別のための信号又は通報。)。

ウ　身分証明書

第一追加議定書第18条3に規定される身分証明書(様式のひな型は下記のとおり。)。

エ　識別対象

医療関係者、医療機関、医療のために使用される場所及び医療用輸送手段等。

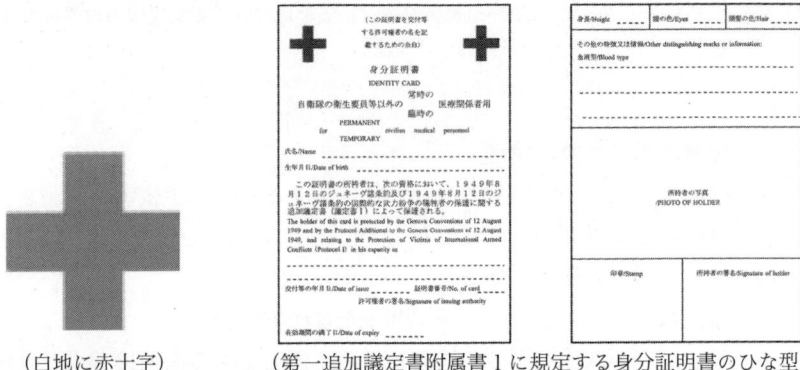

（白地に赤十字）　　　　（第一追加議定書附属書1に規定する身分証明書のひな型）

※　ただし、赤のライオン及び太陽の標章は、いずれの国も1980年以降使用していない。また、赤新月の標章は、イスラム教国において使用されるものである。

②国際的な特殊標章等(法第158条)

ア　特殊標章

第一追加議定書第66条3に規定される国際的な特殊標章(オレンジ色地に青色の正三角形)。

イ　身分証明書

第一追加議定書第66条3に規定される身分証明書(様式のひな型は下記のとおり。)。

ウ　識別対象

国民保護関係者、保護のために使用される場所等。

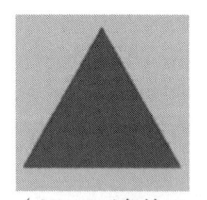

（オレンジ色地に青色の正三角形）

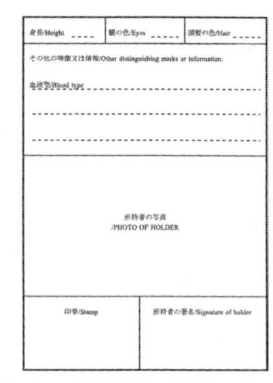

（第一追加議定書附属書Ⅰに規定する文民保護の要員の身分証明書のひな型）

(2) 赤十字標章等の交付及び管理

①知事は、国の定める赤十字標章等の交付等に関する基準・手続等に基づき、必要に応じ、具体的な交付要綱を作成した上で、以下に示す医療関係者等に対し、赤十字標章等を交付及び使用させる。

　　ア　避難住民等の救援を行う医療機関または医療関係者
　　イ　避難住民等の救援に必要な援助について協力をする医療機関または医療関係者（ア及びイに掲げる者の委託により医療に係る業務を行うものを含む）

②知事は、以下に示す医療機関等から赤十字標章等に係る申請を受けた場合は、交付要綱の規定に基づき、赤十字標章等の使用を許可する。

　　ア　医療機関である指定地方公共機関
　　イ　区域内で医療を行うその他の医療機関又は医療関係者

(3) 特殊標章等の交付及び管理

①知事又は県警察本部長は、国の定める特殊標章等の交付等に関する基準・手続等に基づき、必要に応じ、具体的な交付要綱を作成した上で、それぞれ以下に示す職員等に対し、特殊標章等を交付及び使用させる。

ア　知　事
・国民保護措置に係る職務を行う県の職員
・知事の委託により国民保護措置に係る業務を行う者
・知事が実施する国民保護措置の実施に必要な援助について協力をする者

イ 県警察本部長
  ・国民保護措置に係る職務を行う県警察の職員
  ・県警察本部長の委託により国民保護措置に係る業務を行う者
  ・県警察本部長が実施する国民保護措置の実施に必要な援助について協力をする者
②知事は、指定地方公共機関から特殊標章等の使用に係る申請を受けた場合は、交付要綱の規定にもとづき、特殊標章等の使用を許可する。
※ 国の定める赤十字標章等及び特殊標章等の交付等に関する基準・手続等については、平成17年度中に国(内閣官房、消防庁、厚生労働省、外務省)が定めることとしている。

(4) 赤十字標章等及び特殊標章等に係る普及啓発

　県は、国、日本赤十字社及びその他関係機関と協力しつつ、ジュネーヴ諸条約及び第一追加議定書に基づく武力攻撃事態等における標章等の使用の意義及びそれを使用するに当たっての濫用防止のための規定等について、教育や学習の場などの様々な機会を通じて啓発に努める。

■市町村国民保護モデル計画(抄)

第11章　特殊標章等の交付及び管理
　市(町村)は、ジュネーヴ諸条約及び第一追加議定書に規定する特殊標章及び身分証明書(以下「特殊標章等」という。)を交付及び管理することとなるため、これらの標章等の適切な交付及び管理に必要な事項について、以下のとおり定める。
※　特殊標章等の意義について
　　1949年8月12日のジュネーヴ諸条約の国際的な武力紛争の犠牲者の保護に関する追加議定書(第一追加議定書)において規定される国際的な特殊標章等は、国民保護措置に係る職務、業務又は協力(以下この章において「職務等」という。)を行う者及びこれらの者が行う職務等に使用される場所若しくは車両、船舶、航空機等(以下この章において「場所等」という。)を識別するために使用することができ、それらは、ジュネーヴ諸条約及び第一追加議定書の規定に従って保護される。
(1) 特殊標章等
ア　特殊標章
　　第一追加議定書第66条3に規定される国際的な特殊標章(オレンジ色地に青の正三角形)。
イ　身分証明書
　　第一追加議定書第66条3に規定される身分証明書(様式のひな型は下記のとおり。)。
ウ　識別対象
　　国民保護措置に係る職務等を行う者、国民保護措置に係る協力等のために使用される場所等。
(身分証明書のひな型)
(オレンジ色地に青の正三角形)
(2) 特殊標章等の交付及び管理
　　市(町村)長、消防長及び水防管理者は、「赤十字標章等及び特殊標章等に係る事務の運用に関するガイドライン(平成17年8月2日閣副安危第321号内閣官房副長官

補(安全保障・危機管理担当)付内閣参事官(事態法制担当)通知」に基づき、具体的な交付要綱を作成した上で、それぞれ以下に示す職員等に対し、特殊標章等を交付及び使用させる(「市(町村)の特殊標章及び身分証明書に関する交付要綱(例)」及び「消防本部の特殊標章及び身分証明書に関する交付要綱(例)」(平成17年10月27日消防国第30号国民保護室長通知)を参考。)。

①市(町村)長
・市(町村)の職員(消防長の所轄の消防職員並びに水防管理者の所轄の水防団長及び水防団員を除く。)で国民保護措置に係る職務を行うもの
・消防団長及び消防団員
・市(町村)長の委託により国民保護措置に係る業務を行う者
・市(町村)長が実施する国民保護措置の実施に必要な援助について協力をする者

②消防長
・消防長の所轄の消防職員で国民保護措置に係る職務を行うもの
・消防長の委託により国民保護措置に係る業務を行う者
・消防長が実施する国民保護措置の実施に必要な援助について協力をする者

③水防管理者
・水防管理者の所轄の水防団長及び水防団員で国民保護措置に係る職務を行うもの
・水防管理者の委託により国民保護措置に係る業務を行う者
・水防管理者が実施する国民保護措置の実施に必要な援助について協力をする者

(3) 特殊標章等に係る普及啓発
　市(町村)は、国、県及びその他関係機関と協力しつつ、特殊標章等及び赤十字標章等の意義及びその使用に当たっての濫用防止について、教育や学習の場などの様々な機会を通じて啓発に努める。

第３部　赤十字標章に関する自衛隊の規定

■赤十字標章及び衛生要員の身分証明書に関する訓令

昭和39年9月8日　防衛庁訓令第32号
改正平成18年3月27日庁訓第12号
平成19年1月5日庁訓第1号

(昭和39年防衛庁訓令第32号)の全部を改正する。

第1章　総　則

(趣旨)
第1条　この訓令は、戦地にある軍隊の傷者及び病者の状態の改善に関する1949年8月12日のジュネーヴ条約(以下「第1条約」という。)、海上にある軍隊の傷者、病者及び難船者の状態の改善に関する1949年8月12日のジュネーヴ条約(以下「第2条約」という。)、1949年8月12日のジュネーヴ諸条約の国際的な武力紛争の犠牲者の保護に関する追加議定書(議定書Ⅰ)(以下「第1追加議定書」という。)及び1949年8月12日のジュネーヴ諸条約の非国際的な武力紛争の犠牲者の保護に関する追加議定書(議定書Ⅱ)(以下「第2追加議定書」という。)を実施するため、自衛隊における赤十字標章及び衛生要員等の身分証明書に関して、必要な事項を定めるものとする。

2　幕僚長等は、この訓令に規定するもののほか、赤十字標章及び衛生要員等の身分証明書に関する第1条約、第2条約、第1追加議定書及び第2追加議定書の各規定の実施を確保しなければならない。

(定義)
第2条　この訓令において、次の各号に掲げる用語の意義は、当該各号に定めるところによる。
　(1)　赤十字標章　白地に赤十字の標章をいう。
　(2)　赤十字旗　赤十字標章を表示した旗をいう。
　(3)　特殊信号　第1追加議定書第8条(m)に規定する、専ら衛生部隊又は医療用輸送手段の識別のために用いる信号又は通報をいう。

(4) 幕僚長等　防衛大学校長、防衛医科大学校長、統合幕僚長、陸上幕僚長、海上幕僚長又は航空幕僚長をいう。
(5) 衛生要員　陸上における衛生要員及び海上における衛生要員をいう。
(6) 陸上における衛生要員　防衛大学校、防衛医科大学校、陸上自衛隊、海上自衛隊又は航空自衛隊において傷者若しくは病者の捜索、収容、輸送、診断若しくは治療又は疾病の予防に専ら従事する者として幕僚長等が指定した隊員及び衛生機関又は臨時衛生組織の管理に専ら従事する隊員(次号に規定する者を除く。)をいう。
(7) 海上における衛生要員　海上において傷者、病者又は難船者の捜索、収容、輸送、診断若しくは治療又は疾病の予防に専ら従事する者として幕僚長等が指定した隊員及び病院船のすべての乗組員である隊員をいう。
(8) 特別要員　防衛大学校、防衛医科大学校、陸上自衛隊、海上自衛隊又は航空自衛隊において補助衛生員、補助看護員又は補助担架手として傷者若しくは病者の収容、輸送又は治療に当たるために特別の訓練を受けた者として幕僚長等が指定した第1条約第25条に該当する隊員をいう。
(9) 臨時衛生要員　役務契約又は自衛隊法(昭和29年法律第165号)第103条第2項の規定に基づき、傷者若しくは病者の捜索、収容、輸送、診断若しくは治療又は疾病の予防に専ら従事する者として幕僚長等が指定した隊員以外の者及び衛生機関又は臨時衛生組織の管理に専ら従事する隊員以外の者をいう。
(10) 衛生要員等　陸上における衛生要員、海上における衛生要員、特別要員及び臨時衛生要員をいう。
(11) 衛生機関　防衛大学校、防衛医科大学校、陸上自衛隊、海上自衛隊又は航空自衛隊において傷者若しくは病者の捜索、収容、輸送、診断若しくは治療又は疾病の予防を行う衛生部隊及び衛生施設として幕僚長等が指定したものをいう。
(12) 臨時衛生組織　契約又は自衛隊法第103条第1項若しくは第2項の規定に基づき、傷者、病者又は難船者の捜索、収容、輸送、診断若しくは治療又は疾病の予防を行うための施設及び組織をいう。
(13) 臨時衛生資機材　契約又は自衛隊法第103条第1項若しくは第2項の規定に基づき、臨時衛生組織が使用する医療機器、医療用品又は医療用輸送手段をいう。

第2章　赤十字標章

（衛生機関が使用する装備品等及び臨時衛生資機材の標識）

第3条　幕僚長等（統合幕僚長、陸上幕僚長、海上幕僚長又は航空幕僚長の委任を受けた者を含む。以下第6条までにおいて同じ。）は、衛生機関が使用する装備品等（第1条約第35条第1項の傷者及び病者又は衛生材料の輸送手段、第2条約第27条第2項の沿岸固定施設及び同条約第28条の艦艇内の病室を含む。）及び臨時衛生資機材に赤十字標章を表示させるものとする。

（衛生要員の腕章）

第4条　衛生要員が着用する腕章は、幕僚長等が衛生要員に対し発給するものとし、その制式は別表第1のとおりとする。

2　前項の腕章の発給を受けた者は、これを着用の資格のないものに貸与してはならない。

3　幕僚長等は衛生要員に対して、自衛隊法第6章の行動に際しその職務に従事しているとき及びそのための訓練に従事しているとき、その他勤務の性質上腕章を着用する必要があるときは、第1項の腕章をその左腕に着用させるものとする。

（特別要員の腕章）

第5条　特別要員が着用する腕章は、幕僚長等が特別要員に対しそれを使用させる必要が生じた場合において発給し、左腕に着用させるものとし、その制式は別表第2のとおりとする。

2　前条第2項の規定は、前項の腕章について準用する。

（臨時衛生要員の腕章）

第6条　臨時衛生要員が着用する腕章は、幕僚長等が臨時衛生要員に対し発給するものとし、その制式は別表第1のとおりとする。

2　幕僚長等は、前項の腕章を発給した場合には、これを当該発給を受けた者以外のものに貸与させてはならない。

3　幕僚長等は、臨時衛生要員がその職務に従事しているときは、第1項の腕章をその左腕に着用させるものとする。

（赤十字旗）

第7条　赤十字旗は、幕僚長等の定めるところに従い、衛生機関又は臨時衛生組織に掲揚するものとし、その制式は別表第3のとおりとする。

2　幕僚長等は、赤十字旗の掲揚に代えて、又は赤十字旗を掲揚するほか、衛生機

関又は臨時衛生組織の建造物の屋根、壁その他適当な箇所にこれと同一の制式による標識を塗装その他の方法によって表示するよう定めることができる。

(衛生航空機及び病院船の赤十字標章等)
第8条　衛生航空機及び病院船の赤十字標章並びに病院船の赤十字旗の制式については、防衛大臣が別に定める。

(特殊信号)
第9条　幕僚長等は、衛生機関及び臨時衛生組織に対し、この章に定める赤十字標章に併せ、特殊信号を使用させることができる。
2　特殊信号の制式は、防衛大臣が別に定める。

第3章　衛生要員等の身分証明書

(衛生身分証明書の発行等)
第10条　幕僚長等は、衛生要員に対して、その身分証明書(以下「衛生身分証明書」という。)を発行し、これを交付するものとする。
2　衛生身分証明書には、衛生要員の氏名、生年月日、階級、認識番号、身体の特徴(血液型を含む。)及び資格を記載し、並びにその者の写真、署名及び指紋を付さなければならない。この場合において、資格の欄には、医師、歯科医師その他の職務の名称を記入するものとし、医師にあっては更にその専門の科目を明らかにするものとする。
3　前項の衛生身分証明書は、大学校印又は幕僚監部印を浮き出しにして押すものとし、かつ、幕僚長等が押印して証明しなければならない。
4　衛生身分証明書の規格及び様式は、別表第4のとおりとする。

(臨時衛生身分証明書の発行等)
第11条　幕僚長等は、臨時衛生要員に対して、その身分証明書(以下「臨時衛生身分証明書」という。)を発行し、これを交付するものとする。
2　臨時衛生身分証明書には、臨時衛生要員の氏名、生年月日、身体の特徴(血液型を含む。)及び資格を記載し、並びにその者の写真及び署名若しくは拇印又はその双方を付さなければならない。この場合において、資格の欄には、医師、歯科医師その他の職種の名称を記入するものとし、医師にあっては更にその専門の科目を明らかにするものとする。
3　前項の臨時衛生身分証明書は、大学校印又は幕僚監部印を浮き出しにして押すものとし、かつ、幕僚長等が押印して証明しなければならない。

4 臨時衛生身分証明書の規格及び様式は、別表第5のとおりとする。

（衛生身分証明書及び臨時衛生身分証明書の携帯）

第12条　衛生要員は、自衛隊法第6章の行動に際して、その職務に従事しているとき及びそのための訓練に従事しているとき、その他勤務の性質上腕章を着用する必要があるときは、衛生身分証明書を携帯しなければならない。

2　幕僚長等は、臨時衛生要員がその職務に従事しているときは、臨時衛生身分証明書を携帯させなければならない。

（衛生身分証明書及び臨時衛生身分証明書の再交付等）

第13条　幕僚長等は、衛生要員が衛生身分証明書を亡失し、又は使用に堪えない程度に汚損若しくは破損した場合には、再交付を行うものとする。

2　幕僚長等は、衛生要員の氏名、階級又は資格その他衛生身分証明書の記載事項に異動があった場合には、衛生身分証明書の訂正又は再交付を行うものとする。

3　前2項の規定により再交付を行う場合は、亡失した場合を除き、従前の衛生身分証明書と引換えに行うものとする。

4　前3項の規定は、臨時衛生身分証明書の再交付等を行う場合について準用する。

（衛生身分証明書及び臨時衛生身分証明書の返還）

第14条　衛生要員は、衛生要員としての身分を失ったとき又は離職したときは、その際に衛生身分証明書を返還しなければならない。

2　幕僚長等は、臨時衛生要員が臨時衛生要員でなくなったときは、その際に臨時衛生身分証明書を返還させなければならない。

（特別要員の通常の身分証明書への記入事項）

第15条　特別要員に該当する自衛官の通常の身分証明書を発行する者は、これにその者が受けた特別訓練の内容、その任務が一時的なものであること及びその者が第5条に規定する腕章を着ける権利を有することを明記しなければならない。

第4章　雑　則

（委任規定）

第16条　この訓令の実施に関し必要な事項は、幕僚長等があらかじめ防衛大臣の承認を得て定める。

附　則

1　この訓令は、平成17年11月15日から施行する。

2 この訓令の施行の際現に所持している衛生要員等の特別の身分証明書は、この訓令の第10条に規定する衛生身分証明書を発行し、これを交付したものとみなす。
3 隊員の任免等の人事管理の一般的基準に関する訓令

(昭和37年防衛庁訓令第66号)を次のように改正する。
　第23条第1項中「(昭和39年防衛庁訓令第32号)」を「(平成17年防衛庁訓令第77号)」に改める。

附　則(平成18年3月27日庁訓第12号)
1　この訓令は、平成18年3月27日から施行する。

第４部　赤十字標章に関する日本赤十字社関連の規定

■日本赤十字社法(抄)

昭和27年8月14日
法律第305号
改訂:平成18年6月2日法律第50号

第1条(目的)　日本赤十字社は、赤十字に関する諸条約及び赤十字国際会議において決議された諸原則の精神にのっとり、赤十字の理想とする人道的任務を達成することを目的とする。

第2条(国際性)　日本赤十字社は、赤十字に関する国際機関及び各国赤十字社と協調を保ち、国際赤十字事業の発展に協力し、世界の平和と人類の福祉に貢献するように努めなければならない。

第3条(自主性)　日本赤十字社の特性にかんがみ、その自主性は、尊重されなければならない。

第4条(法人及び組織)　日本赤十字社は、社員をもって組織する。

第5条(標章)日本赤十字社は、その標章として、白地赤十字を使用する。

第6条　以下省略。

■赤十字の標章の表示標章としての使用に関する規程

第1条　赤十字の標章の表示標章(以下「表示標章」という。)としての使用については、この規程の定めるところによる。

第2条　表示標章は、日本赤十字社が使用又は作製する、次の各号に掲げるものに使用することができる。

(1) 建物及び応急救護所
(2) 車輌、船舶、航空機(以下「車輌等」という。)
(3) 救護物資(救援物資、救護資材等を含む。)
(4) 備品
(5) 表彰状
(6) リーフレット、ポスター、パネル等の宣伝資料
(7) バッジ、ワッペン、ユニフォーム、ステッカー、幟等日本赤十字社の活動を表示するために使用するもの
(8) 記念品その他の無料配布品又は販売品
(9) 式典若しくは公式の行事又は社旨普及のための印刷物あるいは出版物等に装飾的目的のために使用するもの

2　前項第2号に規定する車輌等とは、日本赤十字社が所有又は借上げたもの及び奉仕団等赤十字に対する協力者が日本赤十字社の指揮下に入って赤十字活動に従事する際に使用するものをいう。

第3条　表示標章を前条第1項各号に掲げるものに使用するときは、使用するものに比較対照してなるべく小型のものとし、かつ同項第2号から第9号に掲げるものに使用するときは表示標章の周囲又は下に、社名等を記入しなければならない。

第4条　表示標章を赤十字奉仕団の団旗並びに団員のバッジ、胸章及び肩章に使用するときは、その標章の周囲又は下に「日本赤十字奉仕団」の文字を、また青少年赤十字の旗並びにメンバー等のバッジ及び肩章に使用するときは、その標章の周囲又は下に「青少年赤十字」又はその略号「JRC」の文字を記入しなければならない。

第5条　表示標章は、次に掲げるものにしるしてはならない。
(1) 屋根
(2) 腕章
(3) 日本赤十字社の所有する建物であって、第三者に貸与しているもの
(4) その他赤十字の標章の尊厳をそこなうと認められるもの

第6条　第2条第7号に規定する表示標章の使用にあたっては、支部及び支部長の所管する施設にあっては支部長の、本社及び本社直轄施設にあっては社長の承認を得なければならない。

第7条　表示標章を使用するときは、いかなる場合であってもその標章の中に「マーク」、「絵」、「文字」等をしるしてはならない。

第8条　表示標章をしるした旗は、配布及び車輛等に使用してはならない。

附　則（平成10年10月本達丙第24号）
1　この規程は、平成10年11月1日から施行する。
2　日本赤十字社救護員制服、看護服装規程等により本社が使用を定めている赤十字の標章は、この規程にかかわらず、当分の間使用することができる。

■赤十字の標章使用許可規程

第1条　傷者又は病者の無料看護に専ら充てられる救護の場所を指示するために、赤十字の標章及び名称等の使用の制限に関する法律第3条により日本赤十字社の許可を受けようとする者は、申請書を当該救護の場所を所管する日本赤十字社支部長（以下「支部長」という。）に提出しなければならない。

第2条　申請書には、申請者の住所、氏名（官公署にあっては、その名称、長の氏名及び官公署所在の場所、法人にあっては、その名称及び事務所所在の場所並びに代表者の氏名）、救護の場所を設置する目的、設置場所、開設年月日、設置期間並びに設備の大要を記載しなければならない。

第3条　支部長は、申請書を受理したときは、これを審査し、その内容が適正と認められるときは、これを許可することができる。

2　支部長は、前項の許可を行ったときは、遅滞なく、申請書の写を添えてその旨を社長に報告しなければならない。

第4条　支部長は、非常災害その他緊急事態に対処するために、必要があると認めるときは、予め許可を与えて置くことができる。

第5条　支部長は、公益上有害であると認めるときは、白地赤十字の標章の使用の許可を取消すことができる。

附　則（平成10年3月本達甲第4号）
　この規程は、平成10年4月1日から施行する。

■赤十字標章の適正使用について

平成元年4月3日総務第64号　各支部事務局長あて総務部長通知
改　正：平成11年2月総務第30号

　赤十字の標章については、いわゆるジュネーブ条約に基づく「赤十字の標章及び名称等の使用の制限に関する法律」によって、その使用が制限されているところでありますが、最近この法律に反した標章乱用のケースが数多く見受けられます。しかしながら、そのほとんどが前記法律の存在することを知らなかったケースと思われ、一般国民に対するPRが不足しているところであります。
　そこで、本社では標章の意義等について常日頃から広く周知することが必要との観点から、昨年秋の全国支部事務局長会議においても支部等の機関誌その他の広報手段により極力そのPRに努めるよう特に依頼したところであり、さらに加えてこのたび、別添のとおり赤十字マークに関するパンフレットを作成し、広くご活用願うこととといたしました。
　ついては、赤十字の標章の適正使用について、下記事項をご留意の上、これが周知徹底方よろしくお取計らい願います。
　なお、同パンフレットは、別便小包にて貴職あて発送しておりますので念のため。

記

1　一般への周知について
　　本社では、報道機関並びに日本医師会、日本薬剤師会等の関連中央機関等にこのたび作成にかかる赤十字のマークに関するパンフレットを送付し、ご理解願うこととしているが、支部においても地区、分区、支部管下施設等に可能な限り同

パンフレットを配備し、周知徹底を図られたいこと。
2 現在、赤十字標章を許可を得ず使用している向きへの理解促進について
   (1) 事務局長文書(別紙文書案参照)に、赤十字マークのパンフレットを同封送付のうえ、理解を求めること。
   (2) 理解促進を図ることが当面最大のねらいであるので、特に周知対象者の中には日本赤十字社社員その他の立場で日頃からの協力者も多いとの前提に立ち、慎重にかつ時間をかけて対処することが肝要であること。
   (3) 民間の医療施設等で赤十字病院と混同するような標章の使用は、赤十字病院の信頼関係を損なうことも危惧されるので、再三に亘り理解促進に努めたにもかかわらず善処されない場合は、その後の処置について本社と協議願いたいこと。
3 赤十字標章を赤十字社自ら使用する場合の留意事項について
   支部、施設等が赤十字標章を自ら使用する場合においては、特に「赤十字標章の使用に関する規程」並びに同施行通知(別添参照)により定められているので、これを遵守ねがいたいこと。
4 削 除

〈別紙〉

(現在赤十字マークを使用しているところへの理解促進のための文案例)

　謹啓　○○の候、ますますご健勝のこととお喜び申し上げます。
　赤十字の活動につきましては、平素からご理解とご協力をいただきまして、厚く御礼申し上げます。
　さて、突然お手紙を差し上げまして、誠に失礼とは存じますが、貴○○におかれましては、○○○○○○○に赤十字標章(の類似標章)を使用されていることが確認されました。
　赤十字標章につきましては、その使用方法等についてジュネーブ条約により国際的に定められており、これを受け我が国においては、「赤十字の標章及び名称等の使用制限に関する法律」(昭和22年12月10日法律第159号)により厳しく制限されております。また、商標法におきましても、商標登録を受けることができないこととされております。
　つきましては、別添のとおり、商標に関するパンフレットを同封いたしましたので、何卒ご高覧のうえ、標章の意義について何卒ご理解をいただきたく、お願い申し上げる次第でございます。
　末筆ながら、今後とも赤十字の活動へのご支援を賜りますようお願い申し上げます。

敬具

　　年　月　日

　　　　　　　　　　　　　　　　　日本赤十字社　　　支部
　　　　　　　　　　　　　　　　　　事務局長　○　○　○　○
　　　　　　　　　　　　　　　　　　　　　　○　○　○　○　様

■巻末資料

赤十字・赤新月標章の描き方

　赤十字標章・赤新月標章の寸法について規定はないが、実際にこれらを描く場合には、下記の方法を参照することができる。

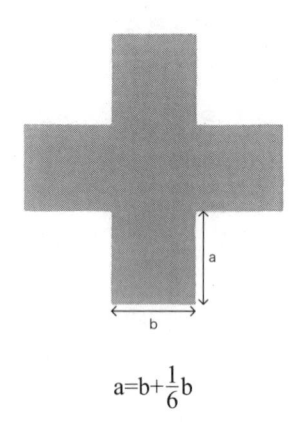

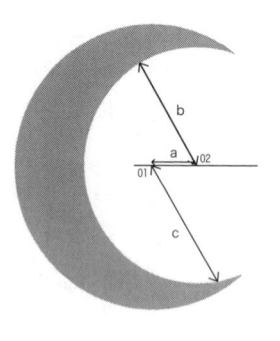

$a = b + \dfrac{1}{6}b$

a:b:c = 1:2.5:3
　a: 大きい円と小さい円の中心の距離
　b: 小さい円の半径
　c: 大きい円の半径
　01: 大きい円の中心
　02: 小さい円の中心

　赤の色は、金赤（CMYK値：C-0, M-100, Y-100, K-0、RGB値：#FF0000）を目安とすることができる（本書p.571を参照）。

その他の主な国際特殊標章

● 文化保護標章 — オレンジ色／青色

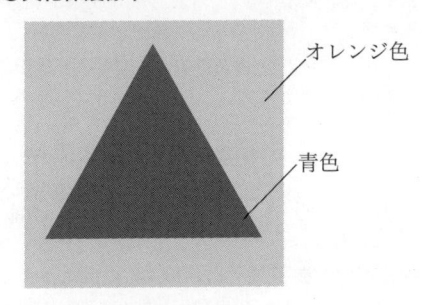

● 病院・安全地帯の表示 — 赤色／白色

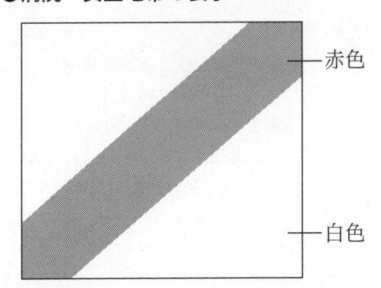

● 文化財の保護標章

（一般保護の文化財） — 白／青色

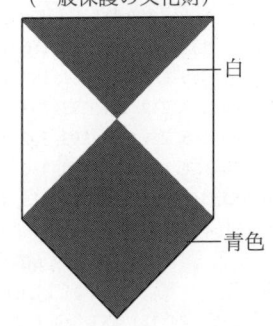

（特別保護の文化財）

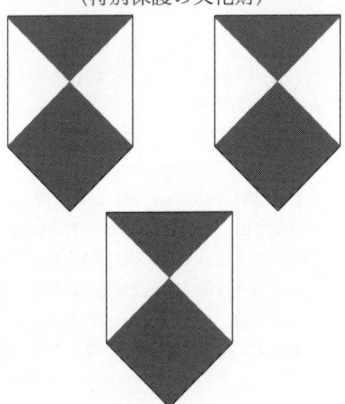

● 危険な力を内蔵する工作物、施設を表示する標章（国際的な特別標章） — オレンジ色

索　引

［ア行］

青色閃光灯　159, 160, 172
赤のクリスタル標章（第三追加議定書標章）　223, 243, 246, 251, 282, 300, 306, 352, 387, 404, 493, 503, 506, 518, 524
赤のライオン及び太陽社　8, 31, 44, 121, 290, 315, 369, 373, 413, 434, 441, 519
赤のライオン及び太陽標章　145, 150, 178, 218
アスクレピオスの杖　149, 150
アドバイザリー・サービス　251, 300, 306, 391, 493, 503, 507, 524
安全地帯　35, 117, 118, 173, 629
意匠法　562
医薬品　51, 52, 121, 140, 315, 333, 340, 367, 394, 587
医療国際法　149
医療組織　16, 33, 35, 36, 48, 120-122, 134, 136-140, 143-149, 151-153, 155-158, 160, 165, 169-172, 176, 184, 187, 190, 210, 218-222, 232, 233, 237, 239-241, 244-246, 248, 249, 254, 258, 259, 264, 265, 266, 281, 284, 286, 288, 289, 291-293, 299-308, 312, 314-319, 322-327, 329-340, 342, 344-349, 352, 354-360, 363, 364, 366-370, 378, 387, 392, 394, 396-398, 401, 410, 411, 412, 415-424, 426, 428-431, 444, 503, 504, 506, 519, 522, 551
　──の保護　169, 332
　移動──　33, 139
　軍隊の──　16, 172, 237, 239-241, 244-246, 249, 258, 281, 284, 286, 288, 289, 292, 293, 299-301, 303-308, 322-327, 331, 332, 344-349, 352, 354, 356, 378, 392, 396-398, 401, 410-412, 418, 420, 444, 519, 522, 551
　占領国軍隊の──　326, 327
　武装集団の──　299, 302, 303, 415-417
　文民（の）──　155, 165, 169, 176, 293, 316, 317, 326, 327, 329-334, 358, 394, 416, 430

医療物資貯蔵庫　121, 315, 333, 340, 367, 394
医療要員
　──の定義　133, 137, 220, 264
　軍隊の──　240, 345, 356, 420
　常時の──　121, 144, 181, 182, 310, 312
　文民の──　134-136, 148, 149, 153, 154, 170, 215, 315, 319, 421
　補助──　310, 311
　臨時の──　312
医療用航空機　34, 63, 64, 112, 113, 114, 115, 121, 134, 142, 150, 158, 159, 160, 169, 173, 176, 184, 187, 188, 189, 191, 192, 193, 194, 195, 196, 197, 208, 265, 318, 319, 397
医療用輸送手段　109-111, 120-122, 134, 136, 137, 139-148, 151, 155, 156, 158, 159, 161, 169-172, 176, 184, 188, 191, 195, 208, 218, 219, 221, 232, 233, 237, 239, 240, 265, 266, 291, 293, 302, 305, 312, 314-317, 323, 325, 329, 330, 335, 346, 355, 358-360, 375, 394, 415, 416, 419-424, 426, 428-431, 584, 586, 588, 609, 615, 616
印章　17, 19, 23, 24, 69-71, 74, 181, 553, 554, 572, 577
　軍当局の──　17, 19, 23, 69, 70
インターネット　451-455, 457, 524, 536-540
衛生要員　6, 7, 15, 17, 18, 20-26, 33, 34, 37, 46, 48, 64, 69-75, 98, 100, 101, 106, 107, 112, 115, 120, 136, 137, 167, 170, 224, 310, 314, 315, 329, 345, 366, 367, 560, 615-620
　──による旗の使用　20, 71
沿岸救難所　170
援助社　298, 301, 351, 352, 372, 375, 386-392, 528, 529, 550
　被──　298, 301, 351, 372, 375, 386-391, 528, 529
援助団体　169, 170, 220
　中立国の──　170

応急救護　　　139, 268, 269, 294, 362, 363, 372,
　　　374-376, 410, 413, 414, 441, 443, 444, 517, 623
　──員　　　　　268, 269, 362, 363, 372, 374-376
　──所　　　　139, 294, 410, 413, 414, 517, 623
欧州委員会人道支援事務局(ECHO)　　　384
オランダ空軍による実験　　　　　189, 206
オレンジ色地に青色の正三角形　178, 198, 231, 576,
　　　　　　　　　　　　　　　　　　609, 610

[カ行]

外部提携団体　　　　380, 381, 382, 383, 384, 385
外務省国民保護計画(抄)　　　　　　　　600
可視性　　　　　25, 27, 71, 77, 85, 94, 101, 153,
　　　156, 206-210, 261-265, 305, 352, 529
　表示の──　　　　　　　　　　　　　94
可視度　　　　　　　75, 79, 183, 189, 207,
　　　210-212, 214, 238, 291, 373, 571, 577
　──実験　　　　　　　　　189, 207, 212
画像の使用に関するガイドライン　479, 480, 482
環境省国民保護計画(抄)　　　　　　　　607
看護手(看護婦・看護師)　　　24, 99, 104, 149,
　　　　　　　　　203, 269, 310, 560, 633
慣習国際人道法　　　　　　　　298, 303, 333
慣習法規則　　　　　　　　　　　　　166
管理要員　　　　　22, 72, 73, 87, 100, 170, 356
企業との提携に関する赤十字運動の方針　448, 452,
　　　　　454, 455, 459, 463, 464, 481, 484
危険な力を内蔵する工作物および施設　164, 173,
　　　　　　　184, 186, 187, 198, 231, 282
　──の国際的な特別標章　　　　　　　198
気象庁国民保護計画(抄)　　　　　　　　607
基本原則　　35, 151, 226, 231, 248, 251, 257, 259,
　　　271, 296, 362, 364, 370, 377, 379, 380,
　　　382, 384-386, 390, 396-399, 433, 436,
　　　445, 446, 458460, 463, 465, 466, 483,
　　　485, 488, 490, 491, 493, 495-498, 500,
　　　　　　　　　　　　　501, 514, 526
救護所　　　　　31, 40, 43, 44, 51, 60, 139,
　　　262, 270, 294, 374-376, 410, 413,
　　　414, 433-444, 515, 517, 519, 623
　無料の──　　　　　　　　43, 433-436, 624
救護ポスト　　　　　　　　　　　　43, 44
救済団体　　　18, 21, 22, 33-36, 38, 51, 59, 64, 68,

　　　70, 73, 77, 121, 170-172, 204, 220, 240,
　　　253, 310, 315, 346, 356, 420, 424, 428
救済品　　　　　　　　　　　　　　　81
休戦旗　　　　　　　163, 164, 166, 175, 176, 179
行政罰　　　　　　　　　　　　　　　503
許可権者　　　　　　　　568-570, 572-579, 599
虚弱者　　　　　　　59, 65, 84, 86, 88, 89, 96, 99,
　　　104, 109, 112, 113, 120, 125, 331, 439
ギリシャ十字　　　　　　　　　　　　66, 167
国の紋章　　　53-55, 201, 396, 398, 553, 554, 561
国別トップレベル・ドメイン　　　　　　536
グラフィック描写　　　　　　　　　　470
　連盟の──　　　　　　　　　　　　470
グローバル・トップレベル・ドメイン　　537
軍使　　　　　　　　　　　　　　　　175
軍事目標　　　　　　　29, 84, 90, 94, 95, 118
　──からの分離　　　　　　　　　　　95
経済産業省、資源エネルギー庁、原子力安全・
　保安院、中小企業庁国民保護計画(抄)　607
軽犯罪法　　　　　　　　　　　　　　562
外科器材　　　　　　　65, 139, 140, 340, 394
権限のある関係当局　　　　218, 222, 302, 325,
　　　360, 361, 415, 417, 423, 425, 430, 431
権限のある当局　　56, 59, 61, 62, 82, 96, 101, 108,
　　　121, 135, 142, 147, 155, 169, 180-182,
　　　199, 203, 204, 215, 222, 239, 240, 262,
　　　293, 299, 302, 316, 323-326, 328, 329,
　　　332-335, 339, 352, 355, 358-362, 364,
　　　369, 371, 394, 415-417, 419, 422-426,
　　　429-431, 489, 492, 493, 504, 513, 515,
　　　　　　　　　　　　　　　536, 541
公安調査庁国民保護計画(抄)　　　　　　606
工業所有権の保護に関する1883年3月20日の
　パリ同盟条約　　　　　　　　14, 53, 553
工業所有権の保護に関する1925年11月6日の
　パリ同盟条約　　　　　　　　　　　53
工業的意匠　　　　　　　　　　　　　61
厚生労働省国民保護計画(抄)　　　　　　600
合同軍　　　　　　　　　　301, 307, 308
交付申請書　　　　　　　　　　585, 586
公平　　　　　　　11, 36, 39, 41, 67, 168-171,
　　　226, 248, 281, 290, 377-381, 384, 385,
　　　394, 396, 397, 413, 419, 420, 421, 428,

632　索　引

	429, 433, 436, 476, 483, 507, 546
国際海事機構(IMO)	176, 208
国際機関	31, 36, 41, 42, 60, 171, 174, 195, 240, 247, 248, 307, 402, 405, 410, 411-414, 484, 519, 522, 537, 553, 554, 560, 561, 622
――の軍隊	411, 413
――の特殊記章	413
国際救命艇会議	197
国際刑事警察機構(ICPO)	537, 541
国際言語	202
国際信号(書)	114, 208, 266
国際人道法	122, 227, 229, 231, 249, 251, 252, 257, 258, 260, 271, 273, 276, 282, 283, 285, 286, 290, 291, 295, 296, 298, 300, 303, 305, 306, 308, 309, 312, 314, 319, 323, 333, 352, 355, 358-360, 362-364, 366, 367, 383, 386, 393, 399, 408-410, 415-417, 419, 420, 422, 423, 425-427, 430, 431, 437, 439, 442, 445-447, 458-460, 465, 466, 470, 475, 478, 482, 485, 492, 493, 504, 505, 507, 509-511, 516, 521-525, 528, 530, 531, 534, 538, 539, 543, 633
国際赤十字雑誌(IRRC→RICR)	189, 196, 197, 206, 209, 212, 214, 298
国際赤十字・赤新月運動(赤十字運動)	229, 230, 234, 257, 279-282, 298, 347, 383, 449, 454, 459, 464, 470, 471, 475, 477-479, 483-484, 495, 496, 519
国際赤十字・赤新月運動規約(赤十字運動規約)	235, 283, 354, 359, 377, 400, 401, 470, 475, 477, 478, 485, 488, 490, 491, 495, 496, 513, 514, 516, 521, 523, 528, 530, 536, 539, 542
国際赤十字・赤新月社連盟(連盟、赤十字社連盟)	42, 229, 234, 247, 282, 283, 285, 294, 298, 347, 469-471, 475, 477, 496, 519
国際的な特別標章(国際特別標章)	164, 198, 629
国際的武力紛争	145, 220, 221, 227, 236, 257, 296, 298-300, 302, 303, 315, 322, 323, 325, 333, 354-356, 359-361, 363, 396, 398, 412, 415-417, 419, 420, 423, 424, 426, 428, 430, 431, 503, 510
非――	220, 221, 227, 236, 296, 298-300, 302, 303, 315, 322, 325, 333, 355, 359-361, 363, 396, 398, 412, 415-417, 419, 423, 424, 426, 430, 431, 503, 510
国際電気通信連合(ITU)	194, 266
――発行の無線規則	266
国際特殊標章(特殊標章)	164, 173, 178, 186, 231, 282, 379, 629
国際標準化機構(ISO)	200, 201
国際民間航空機関(ICAO)	176, 195, 266
――発行の航空安全基準技術マニュアル	266
国際民間航空に関するシカゴ条約	115
国土交通省国民保護計画(抄)	606
国内騒擾	268, 361, 372, 374, 375, 399, 434, 437
――および緊張時	361, 375
国民の保護に関する基本指針	599
国民保護計画	600-602, 604-608
国民保護措置	573-576, 578, 583, 584, 600-608, 610-613
国民保護法	568, 569, 573, 574, 578, 583, 599, 602, 603, 605-608
国連	163, 177, 179, 238, 248-250, 298, 303, 307, 320, 321, 380, 381, 383, 408, 410-413, 438, 443
――旗	177
――機関	177, 380, 381, 383, 411
――軍	249, 250, 298, 408, 411, 412
――標章	177
国連難民高等弁務官(UNHCR)	381, 383
護送車両隊	34, 42, 59, 109, 110, 111, 141, 144, 408, 409, 427
国旗	6, 7, 9, 11, 12, 14, 26, 27, 28, 29, 30, 45, 52, 53, 54, 55, 60, 66, 67, 75, 76, 78, 80, 82, 113, 114, 156, 163, 167, 207, 209, 288, 341-343, 396-399, 401, 532, 533, 561
――の使用	28
交戦国の――	29, 30, 78, 80, 396, 398
中立国の――	30, 78
国家公安委員会・警察庁国民保護計画(抄)	605
固定医療施設	27, 28, 33
固定沿岸施設	79
コマンド部隊	127
コールサイン	114

[サ行]

財務省・国税庁国民保護計画(抄) 606
作戦地帯 15, 96, 98, 102, 103, 105, 240, 249, 328
サナトリウム 88
自衛隊 560, 614-617, 619
支援企業 452-457, 480, 484, 485, 487
　——グループ(CSG) 484
　——会員 484, 486, 487
　——のウェブサイト 452, 453, 456, 457
歯科治療 139
識別票 23, 74
資金募集 262, 271, 286, 445-447,
　　　　459-465, 479, 483, 515
市町村国民保護モデル計画 612
指定行政機関 566-569, 574, 599
指定公共機関 567-569, 574-576, 602
指定地方行政機関 566, 569, 574
指定地方公共機関 567-569, 572, 574-577, 610, 611
自発的な募金者 498, 501
事務総長告示 249, 298, 410, 411
宗教要員 15, 18, 20-22, 33, 34, 59,
　　　64, 71-73, 121, 122, 137, 138, 140, 145,
　　　147, 152-155, 171, 181-183, 187, 199,
　　　200, 202-205, 215, 216, 218, 219, 221,
　　　222, 237, 239, 240, 245, 248, 249, 254,
　　　258, 281, 291-293, 301, 302, 305, 308,
　　　310, 323, 325, 329, 345, 348, 356, 358,
　　　360, 415, 416, 421, 423, 429, 430
重大な違反行為 49, 82, 112, 166, 176, 178, 179, 251
受託者 570
ジュネーブ(ヴ)十字 7, 31, 33, 36, 45,
　　　50, 59, 60, 290, 309, 454,
　　489, 504, 518, 520, 532, 533, 538, 558, 560
ジュネーブ諸条約共通第3条 303, 315
常勤職員 98, 100, 101, 104-108
　——の識別 100
傷者 6, 7, 15, 17, 19, 20, 23, 24, 31, 32, 37, 48, 58-60,
　　　64, 67, 71, 79, 84-86, 96, 99, 101, 102,
　　　109-113, 115-117, 120, 121, 124-133,
　　　139-142, 144, 148, 149, 158, 159, 165,
　　　167, 188, 192, 195, 216, 223-225, 227,
　　　232, 240, 241, 257, 289, 297, 310, 311,
　　　313, 315-318, 328, 332, 333, 340, 366,

　　　367, 394, 401, 413, 433-435, 439, 441,
　　　504, 519, 522, 531, 532, 558, 567, 574,
　　　615, 616, 617, 624
　言葉の通常の意味における—— 124, 125
商船隊 34
商標 45-47, 49, 52-54, 60, 61, 252, 271, 273,
　　　276, 455, 466, 481, 499, 503, 506, 516,
　　　531-533, 535, 537, 553, 554, 561, 627
　——法 503, 506, 561, 627
消防庁国民保護計画(抄) 601
条約旗 27, 145
　——の使用 27
白地に斜め赤帯 164, 173, 178
人道的団体 169, 171, 277,
　　　382-384, 413, 419-421, 428, 429
　公平で国際的な—— 169, 419-421, 428
人道的任務 91, 103, 159, 167,
　　　168, 215, 216, 317, 491, 494, 622
スイス空軍 189, 206, 207, 212, 305
　——による実験 189, 206, 207
　——の実験 305
スイス十字 51, 53, 54, 66
スイス連邦 6, 7, 12-14, 45, 47, 52, 53, 55, 60,
　　　66, 195, 209, 224, 288, 341, 401, 532, 533
　——の国旗 6, 12, 45, 53, 55,
　　　60, 66, 209, 401, 532, 533
　——の紋章 45, 47, 52, 55, 60, 532, 533
水中音響 191-194
　——識別 192, 193
　——識別信号 192
　——システム 191
聖アンデレの十字架 66
聖アントニウスの十字架 66
生体認証 200
　——技術を使った身分証明書 200
政府専門家会議 9, 85, 93, 96, 117, 122,
　　　145, 146, 149, 150, 191, 198, 212, 324
世界食糧計画(WFP) 381, 383
世界保健機関(WHO) 485
世界無線通信会議(WARC) 176
赤外線観測 210, 211, 212, 215
赤外線灯 191
赤十字国際委員会(ICRC) 8, 229, 242, 247, 279, 280,

──基金	288, 298, 349, 385, 470, 473, 474, 477, 480, 481, 483, 484, 486, 496, 519
──基金	486
──定款	400, 402, 477, 478, 521, 523
──のロゴ	406, 469-471, 473-475, 480, 482-484
赤十字社	14, 18, 21, 31-33, 35-40, 42, 45-47, 51, 58-60, 62, 64, 70, 85, 86, 91, 93, 121, 136, 161, 168, 172, 189, 190, 208, 211, 220, 221, 226, 228, 230, 234, 235, 240, 242, 243, 248, 254, 256-280, 282-295, 297, 298, 322, 324, 325, 332, 338, 344-367, 413, 414, 420, 433-476, 479, 482, 488-501, 503, 506, 512-519, 522, 525-526, 536-552, 558-560, 573, 574, 600, 611, 622-624, 626, 627
赤十字社(の)ロゴ	286, 332, 369, 370-372, 377-381, 383, 386, 393, 395, 398, 399, 445-450, 452-454, 456-468, 472, 475, 476, 498, 513
赤十字・赤新月ユース	262, 268, 515
赤十字の形状	13, 14, 342
赤十字の標章及び名称等の使用の制限に関する法律	559-561, 566, 573, 600, 624, 625
赤十字の標章使用許可規程	624
赤十字の名称および標章の保護に関する法のひな形	58, 82
赤十字の紋章	6, 14, 63, 209, 225, 401
赤十字標章	
──再許可申請書	585, 586
──再交付申請書	584, 586
──等及び特殊標章等に係る事務の運用に関するガイドライン	583, 600-602, 605, 606, 612
──等の使用を許可した者に関する台帳	570, 576, 581, 584
──等の様式等	570, 602
──の起源	6, 7
──の交付	584
──の性格	11
──の適正使用について	625
──の模倣	48, 343, 519, 534
──の濫用	46, 48, 50, 165, 168, 520
赤新月社	11, 14, 31, 42, 44, 121, 168, 171, 172, 205, 210, 219, 228, 229, 234, 240, 247, 257, 258, 282, 283, 285, 290, 294, 298, 315, 344, 347, 369, 373, 399, 413, 434, 441, 469-471, 474, 475, 477, 490, 491, 495, 496, 519, 544
赤新月標章	146, 161, 168, 201, 219, 230, 233, 235, 249, 256, 257, 308, 327, 400-402, 404, 411, 419, 442, 443, 481, 507, 523, 528, 628
セビリア合意	298, 372, 521, 523, 528, 529
──におけるICRCの責任	528
1991年の標章規則	244, 256, 283, 284, 289, 291, 293-295, 297, 322, 323, 331, 333, 335, 337, 338, 344, 346-351, 353, 354, 357, 364, 366, 369, 370, 372, 374, 375, 380, 382, 383, 391, 393-396, 398, 399, 405, 433, 435-437, 445-452, 454-463, 465-467, 471-474, 476, 479, 487, 498-501, 513, 514, 523, 527, 538
1931年3月30日の道路標識の統一に関する条約	43
1971年の欧州補足協定	438, 439, 442-444
1929年の条約	8, 15, 16, 18, 19, 24, 28, 31, 37, 41-43, 48, 49, 52, 55, 56, 58, 68, 191, 195, 225
1949年の条約(ジュネーブ諸条約)	25, 28, 35, 43, 48, 53, 56, 57, 59, 71, 148, 165, 195, 196, 257
1906年の条約(1906年のジュネーブ諸条約)	28, 47, 52, 55, 56
1969年の条約法に関するウィーン条約	304, 313, 386, 389, 390
1968年の道路標識条約	43, 332, 438, 439, 441-444
──附属書	43
戦時海軍力を以ってする砲撃に関するハーグ条約	176
戦争犯罪	178, 231, 251, 296, 506
セント・ジョージの十字	343
船内病棟	171
占領地域	91, 96, 98, 102, 105, 112, 115, 147, 153, 156, 172, 195, 199, 240, 264, 293, 324, 326-330, 358, 359, 421, 422, 429
総務省国民保護計画(抄)	605
ソルフェリーノ	288, 522
──の思い出	288, 522
──の戦い	288

[タ行]

第三者　　　　　　　　111, 262, 269, 270, 275, 276,
　　　　　　294, 433-437, 453, 498-501, 515, 623
　──の救急車および救護所　433, 434, 435, 436, 437
ダビデの赤盾社　　　　　　9, 226, 228, 229, 244
着陸命令　　　　　　　　　　　　　　115, 116
中立　　　　　　　　　　　　9, 10, 11, 13,
　　　　　　18, 22, 29, 30, 33, 34, 56, 64, 67, 70, 73,
　　　　　　75, 77, 78, 129-133, 169-171, 177, 179,
　　　　　　191, 192, 226, 232, 238, 252, 254, 267,
　　　　　　281, 285, 290, 300, 306, 310, 345, 346,
　　　　　　356, 357, 370, 377-381, 384, 385, 387,
　　　　　　394, 396-398, 400-403, 413, 420, 428,
　　　　　　433, 436, 441, 463, 476, 483, 507, 546
中立国衛生部隊　　　　　　　　　　　　29
懲戒罰　　　　　　　　　　　　　　　503
提携企業　　　　　　　　272, 448-451, 462, 471,
　　　　　　　　　　　　476, 484, 486, 487, 500
提携への指針となる倫理的諸原則　　　484, 485
手紙のひな形　　　　　　　　　　　　494-497
　赤十字社からNGO/民間企業/団体宛──　494, 495
　赤十字社から登録/設立官庁宛──　　　496, 497
敵対行為　　　　　　　　　　17, 21, 58, 69, 72,
　　　　　　84, 91, 97, 100, 105, 107, 110, 111, 113,
　　　　　　120, 124-127, 129, 148, 179, 181, 191,
　　　　　　　　　　　　　　296, 318, 367, 406
　──を差し控える必要性　　　　　125, 127
電子的識別(手段)　146, 152, 172, 179, 196, 266, 571
電子ドッグタグ　　　　　　　　　　　　200
灯火信号　　　　　　　　　　　　192, 194, 196
　──システム　　　　　　　　　　　　196
　特殊──　　　　　　　　　　　　　192, 194
道路標識条約(1968年11月8日の道路標識および
　　信号に関する国連条約)　　　48, 332, 336,
　　　　　　　　　　　　　　　438, 439, 441-444
篤志救済団体　　　　121, 171, 315, 356, 420, 428
特殊信号　122, 146, 147, 153, 157-160, 162, 164, 172,
　　　　　　173, 179, 180, 184, 232, 257, 266, 335,
　　　　　　506, 566-568, 571, 583, 585, 599, 609,
　　　　　　　　　　　　　　　　　　615, 618
　──の定義　　　　　　　　　　　　　146
特殊灯火信号　　　　　　　　　　　192, 194
特殊標章等に係る交付・使用許可申請書　　580

独立　　　　　　　123, 203, 227, 272, 277, 281, 285,
　　　　　　290, 363, 370, 377-381, 384, 385, 394,
　　　　　　396-398, 400, 402, 403, 413, 450, 456,
　　　　　　459, 463, 470, 475, 476, 483, 500, 573
特例交付　　　　　　　　　　　　　　585
都道府県国民保護モデル計画　　　　　608

[ナ行]

内閣府国民保護計画(抄)　　　　　　　604
難船者　　　　　58, 64, 71, 113, 120, 121, 126-133,
　　　　　　139-141, 148, 170, 172, 218, 227, 232,
　　　　　　240, 297, 309, 315, 318, 333, 340, 366,
　　　　　　　　　　　　　　394, 615, 616
　──の地位　　　　　　　　　　　　128
二重標章　226, 246, 304-308, 347-352, 410, 412, 413
二重ロゴ　　　　　　　　　381, 383, 472, 476
2003年の最低限必要な事項　297, 380, 382, 383, 384
日本赤十字社法　　　　　　　　　　　622
妊産婦　59, 65, 84, 86, 96, 99, 104, 109, 112, 113, 117,
　　　　　　　　　　　　125, 293, 331, 334, 439

[ハ行]

ハーグ規則　　84, 89, 95, 163-166, 174-176, 297, 326,
　　　　　　　　　　　　　327, 330-332, 509
背信行為　46, 165, 166, 175-177, 179, 231, 251, 505
　──の禁止　　　　　　　165, 166, 176, 177, 179
背信的使用　　　176, 177, 251, 296, 506, 509, 511
発光信号　　　　　　　　　　　　160, 184, 571
飛行禁止　　　　　　　　　　　　　114, 115
　敵の領域上空の──　　　　　　　　114
ひな型　17, 69, 181-183, 201, 204, 602-604, 609, 610,
　　　　　　　　　　　　　　　　　　612
非武装地帯　　　　　　　　　　164, 174, 179
病院職員　97, 99, 100, 102, 103, 106, 108, 110, 330
　──の名簿　　　　　　　　96, 97, 108, 328
病院船　　　　　　8, 34, 59, 64, 65, 72, 75-81, 110, 112,
　　　　　　128-132, 136, 142, 156, 157, 170, 171,
　　　　　　189-195, 197, 207-209, 265, 314, 317,
　　　　　　　　　　318, 394, 397, 616, 618
病院地区　　　　　　　　　34, 35, 59, 171, 241
病院地帯　　　　　　　　　34, 59, 117, 173, 241
病院の標識　　　　　　　　　　　　　442
表示

――記号　114
――的使用　233, 242, 257, 258, 260-263, 267, 268, 270, 277, 290, 291, 295, 336-338, 344, 346, 348, 351, 353, 370, 372-375, 378, 382, 393-395, 398, 447, 465, 472, 473, 483, 506, 515, 523
――標章(記章)　32, 33, 35, 37, 38, 41, 43, 46, 47, 49, 51, 60, 64, 92, 146, 165, 168, 169, 219, 221, 275, 290-292, 295, 332, 336, 338, 346, 353, 369, 370, 372, 373, 393, 399, 407, 410, 418, 426, 434, 448, 453, 458, 463, 471, 505, 546, 622-624
大型の――標章　372
純粋な――　36, 37, 41, 43, 49, 60
病者　15, 22, 23, 28, 31, 33-35, 37, 38, 43, 44, 58-60, 65, 73, 81, 84-89, 96, 97, 99, 101, 104, 107, 109-113, 115-117, 120, 121, 124-135, 139-141, 145, 148, 149, 165, 168, 170-173, 188, 192, 194, 195, 218, 220, 225, 227, 232, 240, 241, 257, 288, 289, 293, 294, 297, 309, 310, 312, 313, 315-318, 328, 331-334, 339, 340, 356, 366-368, 374, 394, 401, 413, 414, 433-435, 439-441, 504, 519, 531, 532, 558, 567, 574, 615-617, 624
言葉の通常の意味における――　124, 125
標章
　――等に係る使用許可申請書　580, 591
　――等の交付した者に関する台帳　581, 593
　――等の使用を許可した者に関する台帳　581, 592
　――等再交付申請書　594
　――等再許可申請書　59
　――とロゴの区別　294
　――の威信　41, 44, 49, 50, 93, 259, 269, 281, 466, 467, 534
　――の外観　40
　――の使用資格を有する者　292
　――の使用を管理する主要規則　256, 289
　――の表示的使用　242, 258, 262, 263, 267, 270, 277, 337, 338, 344, 348, 353, 375, 382, 393-395, 447, 472, 515, 523
　――の変更　235, 300, 301, 326, 327, 388, 470, 471, 475, 477, 492, 494

――の保護的使用　237, 240, 257-260, 262, 263, 267, 290, 291, 323, 344, 345, 347, 352, 362, 370, 372, 393, 447, 465, 515
――の濫用　41, 46-48, 50, 57, 58, 81-83, 135, 147, 165, 168, 176, 222, 240, 250-252, 256, 283, 284, 287, 296, 358, 359, 363, 364, 420, 422, 423, 430, 435, 437, 482, 489, 491-493, 501, 503-506, 508, 509, 516, 518, 520, 523, 526, 530, 531, 533, 538, 539, 543, 544, 547-552
――の歴史とデザイン　288
――保護キャンペーン　526, 542-546, 548, 549, 551
危険な力を内蔵する工作物および施設の
　特殊――　173
国際的な特別――　164, 198
従属――　39, 40
装飾――　39, 40
代替――　55, 254, 491, 526, 550
代替――の保護　55
特別(の)――　164, 179, 186, 198
文化財の保護――　163, 164, 629
認められた――　163, 254
連想――　39, 40
普及
　軍隊における――　510
　高等教育における――　511
　若者に対する――　512
武器を持たない戦士　168
武装警護　400, 402, 427
武装集団　299, 302, 303, 325, 355, 360, 415-417, 419, 427, 510
　――の医療組織　299, 302, 303, 415-417
武装保護　400, 402, 408, 409
　人道支援に対する――　408
武力紛争時に適用される国際人道法の再確認と発展のための外交会議(CDDH)　122, 123, 133, 137-139, 143, 152, 154-156, 158, 160, 162, 166, 174, 176, 185, 186, 187, 198-200, 202, 203, 219-222, 424
武力紛争時の文化財保護条約　164
文化財の保護標章(文化財の保護のための国際特殊標章)　163, 164, 166, 174, 176, 179, 629
文民抑留施設　173

文民船舶	130, 132, 133
文民病院	34, 36, 57, 59, 65, 84-89, 91-101, 103, 104, 106-108, 110, 111, 169-171, 199, 240, 264, 265, 293, 323, 324, 326, 327, 328-338, 355, 357, 394, 438, 439, 440, 442, 519
──の職員	34, 96, 97, 98, 106, 107, 329
文民保護	95, 97, 120, 121, 136, 164, 169-171, 173, 184-187, 198, 199, 231, 240, 258, 282, 315, 379, 610
──組織	120, 121, 136, 169-171, 231, 240, 258, 282, 315, 379
──組織の国際特殊標章	282
米国開発庁（USAID）	384, 385
平和維持活動	177, 248
防衛省国民保護計画（抄）	601
防衛庁訓令	560, 615-620
法的必要信念（opinio juris sive necessitates）	166
法務省国民保護計画（抄）	604
保護される人および物	32, 59, 148, 228
保護的使用	168, 233, 237, 240, 245, 257-260, 262, 263, 267, 290, 291, 323, 338, 344, 345, 347, 351-353, 362, 370, 372, 373, 375, 378, 384, 393, 397, 447, 465, 482, 483, 515
保護の利益を享受する者	124, 126
保護標章（記章）	15, 18, 32-38, 40-42, 46-49, 51, 56, 58, 64, 82, 92, 94, 98, 100, 135, 142, 163-169, 171-174, 176-179, 189, 195, 201, 207, 219, 221, 290-295, 299, 304, 306, 307, 309-314, 322-324, 326, 331, 332, 336-340, 345-348, 352, 354-364, 366, 367, 369-373, 379, 383, 391, 393, 394, 396, 397, 404, 406, 407, 410-413, 415-424, 426-431, 434, 437, 445, 448, 453, 458, 462, 463, 465, 466, 483, 504, 505, 546, 629
補助看護師	104
補助担架手	24, 310, 311, 616
没収	23, 75
──の禁止	23, 75
捕虜資格	129
捕虜収容所	173, 174

[マ行]	
マルタの騎士団	35, 171, 420
水治療院	88, 89
三つのオレンジ色の円	179, 198, 629
身分証明書	
──再交付申請書	598
──に係る使用許可申請書	585, 596
──の使用を許可した者に関する台帳	586, 597
──のひな形	71, 199, 201, 217
──の様式	73
生体認証技術を使った──	200
民間軍事会社（PMC）／民間警備会社（PSC）	426-431
民間団体	283, 338, 356, 418-425, 500
無線規則	266
無線信号	146, 172, 179, 189, 210, 266, 571
無防備地区	164, 174, 179
モナコ医療法律委員会	196, 197
模倣	45, 48, 50, 52-55, 57, 60, 149, 250, 251, 276, 296, 341, 343, 406, 454, 489, 498-500, 504, 505, 516, 519, 520, 531-535, 538, 553
──の定義	533
文部科学省国民保護計画（抄）	602
[ヤ・ユ・ヨ]	
輸血施設	121, 139, 315, 333, 340, 367, 394
呼出符号	114
予防医療施設	139
予防接種施設	139
予防措置	28, 43, 72, 90, 91, 95, 101, 135, 329
予防療養所	88, 89
[ラ行]	
濫用	14, 19, 25, 41, 43, 44-58, 66, 71, 81-83, 92, 93, 97, 101-103, 108, 112, 115, 135, 142, 147, 148, 158, 162-165, 167, 168, 172, 174-176, 178, 179, 218, 222, 240, 249-252, 256, 270, 271, 273, 275, 278, 283, 284, 287, 296, 300, 311, 336, 341, 342, 358, 359, 361-364, 375, 391, 406, 411, 417, 420, 422, 423, 425, 430, 432, 435, 437, 455-457, 460, 466, 482, 489-494, 500-506, 508, 509, 511,

	513, 515-518, 520, 521, 523, 524, 526, 529-531, 533, 536-545, 547-552, 570, 576, 586, 611, 613		

[ワ]

腕章　　6, 15, 17-21, 23-27, 31, 33, 35-37, 46, 58, 60, 63, 65, 69-75, 96, 100-103, 105-108, 148, 153, 168, 205, 207, 213, 215, 216, 224, 260, 290-292, 300, 311, 312, 322, 328, 329, 338, 350, 353, 369, 373, 401, 503, 505, 507, 519, 576, 584, 586, 588, 617, 619, 623

故意の——　　174-176
利益保護国　　80
履行に関する国内措置　　505, 521, 524
リハビリテーションセンター　　139, 587
臨時職員　　98, 104, 105, 106, 108
　——の識別　　105
レーダー識別　　194, 196
レーダー・トランスポンダ　　191, 196
レターヘッド　　261, 471, 472, 474, 475, 476

——の着用を管理する条件　　102
——の様式　　70, 101
特別の——　　18, 25, 26, 33, 311

〈編・訳者〉
　井上 忠男(いのうえ ただお)
日本赤十字秋田看護大学教授。主要著書『戦争と救済の文明史』(ＰＨＰ新書)、『戦争のルール』(宝島社)、『医師・看護師の有事行動マニュアル』(東信堂)、『解説　赤十字の基本原則』(東信堂)、『国際人道法の発展と諸原則』(訳書・日本赤十字社)など。

〈訳者〉
　角田 敦彦(かくた あつひこ)
日本赤十字社広島県支部組織振興課振興係長。主要論文『赤十字標章の統一を巡る議論とその運用における今日的な課題に関する考察』(共著・日本赤十字秋田短期大学紀要no.12)など。

　河合利修(かわい としのぶ)
日本赤十字豊田看護大学准教授。主要著書等『日本赤十字社と人道援助』(東京大学出版会・編著)、『第一次世界大戦中の日本赤十字による英仏露国への救護班派遣』(『軍事史学』第43巻第2号)、『赤十字資料による人道活動の展開に関する研究報告書』(日本赤十字豊田看護大学)など。

　森　正尚(もり まさなお)
日本赤十字社大阪府支部事業課救護係長。主要著書『赤十字関係者のための国際人道法普及入門』(日本赤十字社)など。

赤十字標章ハンドブック　　　　　　　　　　　　　　＊定価はカバーに表示してあります
2010年3月20日　初　版　第1刷発行　　　　　　　　　　　　　　　　　〔検印省略〕

編訳者Ⓒ井上忠男　　発行者　下田勝司　　　　　　印刷・製本／中央精版印刷
東京都文京区向丘1-20-6　　郵便振替00110-6-37828　　　　　　　　　発行所
〒113-0023　TEL(03)3818-5521　FAX(03)3818-5514　　　　株式会社　東信堂

Published by TOSHINDO PUBLISHING CO., LTD
1-20-6, Mukougaoka, Bunkyo-ku, Tokyo, 113-0023, Japan
E-mail：tk203444@fsinet.or.jp
ISBN978-4-88713-976-3　C3032　ⒸINOUE, Tadao

東信堂

国際法新講〔上〕〔下〕	田畑茂二郎	〔上〕二九〇〇円／〔下〕二七〇〇円
ベーシック条約集 二〇一〇年版	編集代表 松井芳郎	二六〇〇円
ハンディ条約集	編集代表 松井芳郎	一六〇〇円
国際人権条約・宣言集〔第3版〕	編集代表 松井芳郎	三八〇〇円
国際経済条約・法令集〔第2版〕	編集 松井・薬師寺・徳川	三九〇〇円
国際機構条約・資料集〔第2版〕	編集 小坂田・山形・小畑・桐山・德川	三三〇〇円
判例国際法〔第2版〕	編集代表 安藤仁介	三八〇〇円
国際立法——国際法の法源論	村瀬信也	六八〇〇円
条約法の理論と実際	坂元茂樹	四二〇〇円
武力紛争の国際法	真山全編	一四二八六円
国連安保理の機能変化	村瀬信也編	二七〇〇円
海洋境界画定の国際法	村瀬信也編	二八〇〇円
国際刑事裁判所	洪恵子・江村信一 共編	四二〇〇円
自衛権の現代的展開	村瀬信也編	二八〇〇円
国際法から世界を見る——市民のための国際法入門〔第2版〕	松井芳郎	三六〇〇円
国際法／はじめて学ぶ人のための	大沼保昭	三六〇〇円
国際法と共に歩んだ六〇年	小田滋	六八〇〇円
国際法学の地平——歴史、理論、実証	小田滋	三八〇〇円
スレブレニツァ——あるジェノサイドをめぐる考察	長有紀枝	三八〇〇円
海の国際秩序と海洋政策（海洋政策研究叢書1）	栗林忠男・秋山昌廣 編著	三二〇〇円
21世紀の国際機構：課題と展望	中川淳司・寺谷広司 編著	七一四〇円
国際機構法の研究	位田隆一	六八〇〇円
〔21世紀国際社会における人権と平和〕（上・下巻）	小田滋	六八〇〇円
国際社会の法構造——その歴史と現状	中村道	八六〇〇円
現代国際法における人権と平和の保障	編集代表 山手治之・香西茂	五七〇〇円
	編集代表 山手治之・香西茂	六三〇〇円

〒113-0023 東京都文京区向丘1-20-6　TEL 03-3818-5521　FAX 03-3818-5514　振替 00110-6-37828
Email tk203444@fsinet.or.jp　URL:http://www.toshindo-pub.com/

※定価：表示価格（本体）＋税

東信堂

政治学入門――日本政治の新しい夜明けはいつ来るか	内田満	一八〇〇円
政治の品位	内田満	二〇〇〇円
帝国の国際政治学――冷戦後の国際システムとアメリカ	山本吉宣	四七〇〇円
解説 赤十字の基本原則――人道機関の理念と行動規範	J・ピクテ 井上忠男訳	一〇〇〇円
医師・看護師の有事行動マニュアル――医療関係者の役割と権利義務	井上忠男	一二〇〇円
社会的責任の時代	大木啓介編著	三四〇〇円
国際NGOが世界を変える――地球市民社会の黎明	功刀達朗編著	三二〇〇円
国連と地球市民社会の新しい地平	功刀達朗・毛利勝彦編著	二〇〇〇円
公共政策の分析視角	野村彰男編著	三二〇〇円
実践 マニフェスト改革	松沢成文	二三〇〇円
NPO実践マネジメント入門	松沢成文	一八〇〇円
実践 ザ・ローカル・マニフェスト	松沢成文	一二三八円
NPOの公共性と生涯学習のガバナンス	高橋満	二八〇〇円
インターネットの銀河系	カステル著 矢澤・小山訳 パブリックリソースセンター	三六〇〇円
〈現代臨床政治学シリーズ〉		
リーダーシップの政治学	石井貫太郎	一六〇〇円
アジアと日本の未来秩序	伊藤重行	一八〇〇円
象徴君主制憲法の20世紀的展開	下條芳明	二〇〇〇円
ネブラスカ州の一院制議会	藤本一美	一六〇〇円
ルソーの政治思想	根本俊雄	二〇〇〇円
海外直接投資の誘致政策	邊牟木廣海	一八〇〇円
シリーズ《制度のメカニズム》		
アメリカ連邦最高裁判所	大越康夫	一八〇〇円
衆議院――そのシステムとメカニズム	向大野新治	一八〇〇円
フランスの政治制度	大山礼子	一八〇〇円
イギリスの司法制度	幡新大実	二〇〇〇円

〒113-0023 東京都文京区向丘1-20-6　TEL 03-3818-5521　FAX03-3818-5514　振替 00110-6-37828
Email tk203444@fsinet.or.jp　URL:http://www.toshindo-pub.com/

※定価：表示価格（本体）＋税

東信堂

私立大学マネジメント	(社)日本私立大学連盟	四七〇〇円
ヨーロッパ近代教育の葛藤	関啓子	三二〇〇円
大学教育を科学する—地球社会の求める教育システムへ	太田美幸 編著	
大学の自己変革とオートノミー	山田礼子 編	三六〇〇円
大学教育の創造—歴史・システム・カリキュラム	寺﨑昌男	二五〇〇円
大学教育の可能性—点検から創造へ	寺﨑昌男	二五〇〇円
大学は歴史の思想で変わる—評価・実践・教養教育	寺﨑昌男	二五〇〇円
大学改革 その先を読む—評価・FD・私学	寺﨑昌男	二八〇〇円
グローバルな学びへ—協同と刷新の教育	田中智志 編著	一三〇〇円
大学における書く力考える力	F・C・ファウラー著 堀和郎監訳	二〇〇〇円
スクールリーダーのための教育政策研究入門		三二〇〇円
学校改革抗争の100年—20世紀アメリカ教育史	ダイアン・ラヴィッチ著 末藤・宮本・佐藤訳	六四〇〇円
大学の責務	ドナルド・ケネディ著 立川・坂本・井上訳	三八〇〇円
あたらしい教養教育をめざして	絹川正吉	二八〇〇円
大学教育の思想—学士課程教育のデザイン	大学教育学会 25年史編纂委員会 編	二九〇〇円
現代大学教育論—学生・授業・実施組織	—大学教育学会25年の歩み:未来への提言	
大学授業研究の構想—過去から未来へ	山内乾史	二八〇〇円
ラーニング・ポートフォリオ—学習改善の秘訣	京都大学高等教育研究開発推進センター 土持ゲーリー法一	二五〇〇円
転換期を読み解く—潮木守一時評・書評集	潮木守一	二六〇〇円
一年次(導入)教育の日米比較	山田礼子	二八〇〇円
学生の学びを支援する大学教育	溝上慎一編	二四〇〇円
大学教授職とFD—アメリカと日本	有本章	三三〇〇円
大学教授の職業倫理	別府昭郎	二三八一円

〒113-0023 東京都文京区向丘1-20-6
TEL 03-3818-5521 FAX 03-3818-5514 振替 00110-6-37828
Email tk203444@fsinet.or.jp URL:http://www.toshindo-pub.com/

※定価:表示価格(本体)+税

― 東信堂 ―

いま親にいちばん必要なこと	春日耕夫	二六〇〇円
大学のイノベーション――経営学と企業改革から学んだこと	坂本和一	二六〇〇円
30年後を展望する中規模大学――マネジメント・学習支援・連携	市川太一	二五〇〇円
大学行政論Ⅱ	川本八郎 近森節子 編	二三〇〇円
もうひとつの教養教育――職員による教育プログラムの開発	近森節子 編著	二二〇〇円
政策立案の「技法」――職員による大学行政政策論集	伊藤昇 編著	二五〇〇円
大学の管理運営改革――日本の行方と諸外国の動向	杉本均 編著	三六〇〇円
教員養成学の誕生――弘前大学教育学部の挑戦	遠藤孝夫 福島裕敏 編著	三二〇〇円
校長の資格・養成と大学院の役割	小島弘道 編著	六八〇〇円
改めて「大学制度とは何か」を問う	舘昭	一〇〇〇円
原点に立ち返っての大学改革	舘昭	一〇〇〇円
戦後日本産業界の大学教育要求――経済団体の教育言説と現代の教養論	飯吉弘子 著	五四〇〇円
アメリカの現代教育改革――スタンダードとアカウンタビリティの光と影	松尾知明	二七〇〇円
現代アメリカの教育アセスメント行政の展開	北野秋男 編	四八〇〇円
現代アメリカのコミュニティ・カレッジ――その実像と変革の軌跡	宇佐見忠雄	二三八一円
日本のティーチング・アシスタント制度――その実像と変革の軌跡	北野秋男 編著	二八〇〇円
アメリカ連邦政府による大学生経済支援政策	犬塚典子	三八〇〇円
アジア・太平洋高等教育の未来像	静岡県総合研究機構 馬越徹 監修	二五〇〇円
戦後オーストラリアの高等教育改革研究	杉本和弘	五八〇〇円
大学教育とジェンダー――ジェンダーはアメリカの大学をどう変革したか	ホーン川嶋瑤子	三六〇〇円
アメリカの女性大学：危機の構造	坂本辰朗	二四〇〇円

〒113-0023 東京都文京区向丘1-20-6
TEL 03-3818-5521 FAX 03-3818-5514 振替 00110-6-37828
Email:tk203444@fsinet.or.jp URL:http://www.toshindo-pub.com/

※定価：表示価格（本体）＋税

東信堂

【世界美術双書】

バルビゾン派	井出洋一郎	二〇〇〇円
キリスト教シンボル図典	中森義宗	二二〇〇円
パルテノンとギリシア陶器	関 隆志	二二〇〇円
中国の版画——唐代から清代まで	小林宏光	二二〇〇円
象徴主義——モダニズムへの警鐘	中村隆夫	二二〇〇円
中国の仏教美術——後漢代から元代まで	久野美樹	二二〇〇円
セザンヌとその時代	浅野春男	二二〇〇円
日本の南画	武田光一	二二〇〇円
画家とふるさと	小林 忠	二二〇〇円
ドイツの国民記念碑——一八一三ー一九一三年	大原まゆみ	二二〇〇円
インド・アジア美術探索	永井信一	二二〇〇円
日本・アジア美術探索	袋井由布子	二二〇〇円
古代ギリシアのブロンズ彫刻	羽田康一	二二〇〇円

【芸術学叢書】

芸術理論の現在——モダニズムから	藤枝晃雄編著	三八〇〇円
絵画論を超えて	谷川渥	三八〇〇円
いま蘇るブリア＝サヴァランの美味学	尾崎信一郎	四六〇〇円
美術史の辞典	川端晶子	三八〇〇円
バロックの魅力	中森義宗・デューロ他訳	三六〇〇円
新版 ジャクソン・ポロック	小穴晶子編	二六〇〇円
美学と現代美術の距離——アメリカにおけるその乖離と接近をめぐって	藤枝晃雄	三八〇〇円
ロジャー・フライの批評理論——知性と感受性の間で	要 真理子	四二〇〇円
レオノール・フィニ——境界を侵犯する新しい種	尾形希和子	二八〇〇円
アーロン・コープランドのアメリカ	G・レヴィン／J・ティック編 奥田恵二訳	三三〇〇円
イタリア・ルネサンス事典	J・R・ヘイル編 中森義宗監訳	七八〇〇円
キリスト教美術・建築事典	P・マレー／L・マレー 中森義宗監訳	続刊
芸術／批評 0〜3号	藤枝晃雄責任編集	一六〇〇〜二〇〇〇円

〒113-0023 東京都文京区向丘1-20-6
TEL 03-3818-5521 FAX03-3818-5514 振替 00110-6-37828
Email tk203444@fsinet.or.jp URL:http://www.toshindo-pub.com/

※定価：表示価格（本体）＋税